U0546824

- 教育部人文社会科学研究青年基金项目（项目编号：12YJC710063）
- 国家社会科学基金青年项目（项目编号：13CGJ001）
- 湖南第一师范学院学术专著出版资助项目

当代资本主义国家共产党的理论与实践研究丛书
主编　聂运麟

Study of Exploring on the Brazilian Road to Socialism by PCdoB

巴西共产党探索"走向社会主义的巴西式道路"研究

王建礼　著

中国社会科学出版社

图书在版编目(CIP)数据

巴西共产党探索"走向社会主义的巴西式道路"研究／王建礼著．
—北京：中国社会科学出版社，2015.1
　ISBN 978-7-5161-5305-5

　Ⅰ．①巴… Ⅱ．①王… Ⅲ．①社会主义建设-研究-巴西
Ⅳ．①D777.7

中国版本图书馆CIP数据核字(2014)第308886号

出 版 人	赵剑英
责任编辑	任　明
特约编辑	乔继堂
责任校对	张依婧
责任印制	何　艳

出　　版	中国社会科学出版社	
社　　址	北京鼓楼西大街甲158号（邮编100720）	
网　　址	http://www.csspw.cn	
	中文域名：中国社科网　010-64070619	
发 行 部	010-84083685	
门 市 部	010-84029450	
经　　销	新华书店及其他书店	

印刷装订	北京市兴怀印刷厂
版　　次	2015年1月第1版
印　　次	2015年1月第1次印刷
开　　本	710×1000　1/16
印　　张	16.75
插　　页	2
字　　数	277千字
定　　价	55.00元

凡购买中国社会科学出版社图书，如有质量问题请与本社联系调换
电话：010-84083683
版权所有　侵权必究

总　　序

　　展现在读者面前的《当代资本主义国家共产党研究丛书》，是华中师范大学科学社会主义研究所所属科学社会主义与国际共产主义运动专业（国家级重点学科）的重点学科建设项目的研究成果。《丛书》由当代世界社会主义与国际政治专业博士生的系列博士学位论文组成。论文作者是李周、丁淑杰、曹天禄、商文斌和苗光新等五位博士，他们分别完成了有关法国、美国、日本、英国和印度等五国共产党的研究。在并不太长的三年学习期间，他们从一批对自己的研究对象知之不多的青年学子，成长为一批对资本主义国家共产党有专门研究的青年学者，其中所经历的艰辛，是局外人难以知晓的。首先，它们需要攻克语言关，达到从外文书刊和网站上自由阅读、准确翻译相关资料的水平；其次，他们要广泛学习和研究现代资本主义的新发展，学习和研究有关资本主义国家的经济、政治、文化、社会和历史，特别是研究有关国家共产党的历史、理论和现状；再次，它们还需要深入学习马克思主义的基础理论，特别是马克思主义关于政党建设的历史和理论；最后，它们还必须不断提高自己的科学研究能力，使自己能够完成各个阶段的研究任务，并在最后完成博士学位论文选题的研究，等等。为了完成上述的学习和研究，他们除了三年正常的学习时间全部用在研究上以外，还利用了三年中的五个寒暑假的时间进行工作或出外调研，无论是数九寒天还是盛夏酷暑，都能看到他们坚持在研究生宿舍的电脑桌前工作的身影，其精神令人感动。他们的辛苦终成硕果，在攻博期间，共发表专业学术论文60余篇，大部分发表在核心期刊上，其中的5篇发表在中国社会科学院的密级刊物《当代世界社会主义研究动态》上，该刊上报国家主席、副主席、中共中央政治局、中共中央书记处和国务院参阅；4篇被中共中央对外联络部研究室所采用，发表在其内部刊物《当代世界与政党资料》上；他们最大的收获是完成了自己的博士学位论文，并得到答辩委员会的一致通过，获得了同行专家的好评。现在这批博士学位论文已被中国社会科学出版社作为《当代资本主义国家共产党研究丛书》出版，这是对他们研究成果最好的肯定。

21世纪的世界社会主义运动仍处于低潮，与此同时，对资本主义国家共产党的研究也处于低潮。在这种"双低潮"的情况下，我们还积极开展有关资本主义国家共产党的系列研究，这不仅仅是出于从事科学社会主义与国际共产主义运动专业的教学和研究的责任心，而且也是出于对这一研究的理论价值与实践意义的深刻认识。在我们看来，加强对资本主义国家共产党的研究具有非常积极的意义。

第一，苏东剧变以后，世界社会主义运动处于低潮，大家都在关注世界社会主义运动将在什么样的条件下和在什么时候能够复兴起来，甚至希望他能够进入高潮。但这种关注不能只停留在希望的层面上，而应该做扎实的工作，深入到具体的国家和地区的共产主义运动的研究中去，才可能把握世界社会主义运动发展的真实脉搏，得出有根据的科学结论。发达资本主义国家曾经是世界社会主义运动的发源地，发达资本主义国家的共产党历来都是推动世界社会主义运动发展的重要力量。因此，研究资本主义国家特别是发达资本主义国家共产党的历史、理论和实践，对了解世界社会主义运动的全局及其发展前景具有十分关键的意义。

第二，苏东剧变后，发达资本主义国家共产党的力量损失过半，由于受到左右翼政党的挤压，发展空间受到极大的限制，不少国家的共产党日益"边缘化"，成为各自国家的二流或三流政党。面对严峻的内外形势和迅速发展变化的生存环境，发达资本主义国家共产党在极端困难的条件下正在进行新的理论探索，不断调整自己的政策和策略，对党自身也正在进行多维度、深层次的艰难变革，无论是在理论活动方面还是在实践活动方面都已经发生了积极的变化。因此，认真研究发达资本主义国家共产党革新求变的理论与实践，将有助于我们深化对共产党生存发展规律的认识。

第三，发达资本主义国家共产党处在现代资本主义发展的前沿，他们对现代资本主义的经济、政治发展的认识和分析，不仅是比较实际的、及时的，而且也是比较深刻的，这对远离发达资本主义的我们去了解当代资本主义的发展，具有十分重要的参考价值。同时，发达资本主义国家的共产党从资本主义世界的现实生产力、经济基础和上层建筑的实际出发，分析资本主义社会中哪些可能是未来新社会的因素，哪些是必须予以革除的腐朽的东西，并得出自己有关什么是社会主义，如何用社会主义取代资本主义，如何建设社会主义的结论，这对还处在发展中国家行列的社会主义国家，去解决什么是社会主义以及如何建设社会主义的时代课题，无疑是具有重大的参考价值的。

第四，中国共产党在"独立自主、完全平等、互相尊重和互不干涉内部事务"的党际关系四项基本原则基础上，发展同包括共产党在内的世界上一切国家政党的党际关系，以增进同各国人民的友谊与合作，而相互了解是发展友谊与合作的基础。研究发达资本主义国家共产党的理论与实践，加深对这些党的了解，将有助于中国共产党发展与各国共产党的党际关系，增进同各国人民的友谊与合作。

应该看到，苏东剧变对资本主义国家共产党的冲击是非常严重的，有的共产党由于思想混乱而导致党的分裂；有的共产党由于社会民主主义思潮的泛滥而改名异帜；但绝大多数共产党经受住了狂风恶浪的考验，稳住了阵脚，但已元气大伤，目前正处在恢复的过程中；也有少数共产党还获得了一定的发展。但资本主义国家共产党的恢复和发展，并不是简单地表现在党员数量的增减上，而更重要的是在数量变动的同时，这些国家的党吸取了历史的经验和教训，为适应生存环境的变化，正在进行自我变革。确切地说，目前资本主义国家的共产党正处在自我革新的过程之中，例如法国共产党提出了"新共产主义"理论，要在法国建设"现代化的共产党"；美国共产党对社会主义进行了全面的反思，论证了关于社会主义社会的基本特征，提出了建设"群众性的共产党"的方针；日本共产党总结了历史的经验和教训，对日本走向社会主义的道路进行了新的规划，将日共定位为既是"工人阶级的党"，又是"日本国民的党"；意大利重建共产党第五次代表大会的主题报告是"开放与革新：为变革社会而改变自己"；西班牙共产党提出"与左翼一起，建设未来"，用民主的方式实现社会主义的路线，等等。所有这些都说明发达资本主义国家的共产党正在发生重大的变化。这些变化大致可概括为六个方面。

1. 发达资本主义国家共产党正在从过去一定程度上依从苏共的理论和政策的党，逐步转变为独立自主地制定党的理论和政策的党。

2. 从过去很大程度上是教条式地对待马克思主义的党，逐步转变为比较自觉地创造性地运用马克思主义的党。

3. 从过去单纯将从事体力劳动的中下层雇用劳动者作为自己的主要阶级基础的党，逐步转变为将从事体力劳动和从事脑力劳动的两类雇用劳动者都作为自己的主要阶级基础的党。

4. 从过去采取了不少"左"的斗争策略的党，转变为在策略上比较关注与中间阶层及其左翼政党之间的团结与联合的党。

5. 从权力高度集中的党内体制，逐步转变为实行高度民主的党内体制。

6. 从用传统方式工作的党，逐步转变为用现代方式工作的党。

一言以蔽之，传统的马克思主义政党正在转变为现代的马克思主义政党。

政党的自我革新，是政党发展的主要推动力，也是政党发展的客观运动规律。自近代以来，没有哪一个政党的发展壮大不是经过了自我革新之后取得的，也没有哪一个缺乏自我革新能力的政党能够逃脱最终走向衰亡的历史命运。马克思主义政党的发展史，就是一部为适应社会发展的需要而不断自我变革的历史。

资本主义国家共产党的变革不是偶然发生的，有其深刻的社会历史根源。由于世界的经济、政治、文化和社会等各个方面都发生了深刻的变化，因而在20世纪下半叶就开始出现了世界性的政党危机，这一危机在马克思主义政党中表现得尤为突出，从20世纪最后二三十年发展起来的马克思主义政党革新的历史进程，就是对这一事态发展的回应。

科学技术革命和生产力的革命，是马克思主义政党革新的物质前提和基础。自近代以来，人类社会发生了三次生产力的革命，即18世纪中叶开始的由蒸汽机和工具机推动下发生的工业革命；19世纪下半叶由电工技术革命推动的第二次生产力的革命；20世纪中叶特别是六七十年代以来，以信息技术为中心的高新技术革命推动的第三次生产力的革命。当前，高新科学技术革命和生产力革命的发展使资本主义经济和政治的运行、整个社会的阶级结构、工人阶级的内部结构、劳资矛盾的发展等都发生了深刻的变化，这就要求马克思主义政党根据新的经济和政治状况即新的斗争环境，调整自己的战略和策略，为此党自身也必须进行自我变革，使党的思想观念、组织结构、主要功能、运行机制、活动方式等适应社会发展的变化，从而使党在新的历史条件下能够获得新的发展。

革新是马克思主义政党内在发展的要求。社会主义政党自诞生以来，其发展大致可分为三个历史阶段。19世纪中叶至20世纪初是社会主义政党发展的第一阶段。其主要代表是1869年建立的德国社会民主工党，这是在自由资本主义发展阶段，为团结、教育和组织工人阶级的队伍，为未来的社会主义革命作准备而建立的党；是在议会民主条件下发展起来的，主要是依靠议会民主进行斗争的类型的党。从20世纪初至20世纪七十年代是社会主义政党发展的第二阶段。其代表是1903年建立的俄国社会民主工党（布尔什维克），后称联共（布），这是在垄断资本主义发展阶段，在战争与革命成为时代主题的条件下，为进行社会主义革命、实现无产阶级专政和建设社会主义而建立起来的党。20世纪七十年代至今，是社会主义政党发展的第三阶段。这是跨国垄断资本发展的年代。尽管以联共（布）为榜样建立起来的各国共产党，在实现社会主义革命，建立无产阶级专政和建设社会主义的事业中，取得了辉煌的成就，但其体制的弊病在以后的发展中也日益严重起来，如党的权力高度集中，个人崇拜，缺乏民主；思想僵化，理论教条；政策和策略"左"倾；党的领导集团缺乏开拓创新的能力和勇气等，所有这些都是与社会发展的要求不相适应的。苏联东欧各国共产党最终走向衰亡的事实突出地表明，在以高新科技为先导的第三次生产力革命不断发展的条件下，在世界的经济、政治、文化和社会都发生了前所未有的变化的今天，以苏共为榜样建立和发展起来的各国马克思主义政党，只有进行自我革新，才可能获得新发展，否则便是没有出路的。

马克思主义政党的革新，从根本上说是其自身内在矛盾发展的产物，它是对传统政党体制的发展和完善。也就是说，马克思主义政党的革新是对传统政党体制的辩证的否定。辩证的否定是通过事物内在的矛盾运动而进行的自身的否定，并通过自身否定实现"自己的运动"即自我发展。辩证的否定就是"扬弃"，它是包括着肯定的否定，既有克服又有保留。因此，马克思主义政党的革新并不是简单地否定传统的政党体制，而是要采取分析的态度，保持并发扬其中合理的、有益的成分，如坚持马克思主义的基本原理，始终代表先进生产力发展要求，始终代表先进文化的前进方向，始终代表绝大多数人民群众的根本利益，坚持马克思主义政党在争取和建设社会主义事业中的领导作用等；舍弃其中不合理的、有弊的成分，如理论上的教条主义，权力高度集中，缺乏民主，个人崇拜，政策"左"倾等，并用经过科学论证和实践检验的合乎政党发展规律的新内容补充之。

人们关注资本主义共产党变革的性质，担心有些国家的共产党可能变成社会民主党。对此，我们不能一概而论，确实有些共产党已经社会民主党化了，如原东欧国家的共产党，并没有经过革新的过程，在很短的时间里就已经改名为社会党或社会民主党了。但对于现在仍然坚持共产主义旗帜的党来说不应该这样看，他们同社会民主党有着本质的区别。首先，社会民主党不承认马克思主义是党的指导思想，鼓吹指导思想多元论；而资本主义国家共产党则坚持马克思主义作为党的指导思想。其次，社会民主党本质上只要求改良资本主义社会，认为资本主义将永世不朽；而资本主义国家共产党则是要用社会主义、共产主义取代资本主义，在当前的条件下，它们主张用民主的、和平的方法取代资本主义。再次，社会民主党主张建立所谓混合经济；而资本主义国家共产党则主张建立以公有制为主体的多种经济成分。再其次，社会民主党并不要求改变资本主义国家的政权结构；而资本主义国家共产党则要求建立劳动人民的民主政权。最后，社会民主党是专门从事议会斗争的"议会党"，他和其他资产阶级政党一样是为竞选而存在的党；而对资本主义国家共产党来说，议会斗争只是他们运用的多种斗争形式之一，从本质上来说，他们是领导广大工人阶级和劳动群众为实现社会主义而斗争的"群众性政党"。

当然，政党革新是各国各类政党面对的共同课题，因此在变革过程中，不同国家、不同性质的政党，对某些带有规律性或共性的要求作出了类似的反应，或相互借鉴某些具体的做法，这是不可避免的，但这并不能改变政党的性质。

资本主义国家共产党为适应客观世界的变化和根据自己的历史的经验、教训而进行的革新，是一个长期的历史发展过程，不是一蹴而就的，其间需要经历实践的反复检验和修正，困难和挫折是不可避免的。但可以肯定的是，通过革新，马克思主义政党将在很大程度上消除自身的弊病，提高自身的素质，适应新时期，争取社会主义斗争的需要，从而对世界社会主义运动的复兴起到积极的推动作用。

需要说明的是，现在出版的《当代资本主义国家共产党研究丛书》共五本，是该系列丛书中的第一批，在条件具备时，我们还将出版该系列丛书的第二批。

总的来看，这是一套经过了艰辛劳动而产生的严肃的理论著述，他比较全面地阐述了有关国家共产党的历史、理论和现状，资料翔实、论证充分、态度客观，具有系统性、理论性、原创性和探索性的特点和优点，值得广大关心世界社会主义运动和国际政治的读者一读，也可以作为从事研究工作和实际工作的同志参考。

当然，作为一批青年学者，他们的著述还有不少薄弱环节，甚至可能还存在被未来的实践证明是错误的东西。好在他们今后的学术道路还很长，对资本主义国家共产党问题的研究也才刚刚开始，不足是可以在将来得到纠正和弥补的。衷心希望他们今后会有更多、更好的有关资本主义国家共产党的研究作品问世，进一步丰富科学社会主义和国际共产主义运动的学术园地。

华中师范大学科学社会主义研究所　聂运麟
2003年11月20日于武昌玉龙岛寓所

续 总 序

《当代资本主义国家共产党研究》丛书自 2004 年问世以来，至今已经 6 载。作为丛书主编，我曾经在《总序》中写道："现在出版的《当代资本主义国家共产党研究》丛书共五本，是该系列丛书中的第一批，在条件具备时，我们还将出版该系列丛书的第二批。"现在，出版丛书第二批的时机已经成熟，我们将从今年开始，陆续出版《当代资本主义国家共产党研究》丛书第二批，总共 15 本，其中包括以前已经出版过的 5 本。

究竟是哪些因素推动我们继续出版《当代资本主义国家共产党研究》丛书呢？

首先，2008 年夏天开始的资本主义世界的经济危机，再次将资本主义送上了历史的审判席，资本主义生产方式受到全世界人民的拷问。与此同时马克思主义关于资本主义社会基本矛盾的理论和经济危机的理论再度证明了自己的真理性，从而进一步获得了科学理论的崇高声誉。在资本主义经济危机的严重冲击下，工人阶级和劳动群众深刻感受到资本主义给自己带来的灾难和痛苦，向往着有保障、有尊严的生活；他们中的先进分子转向社会主义，从而给世界社会主义运动带来进一步复兴的希望；资本主义各国共产党和工人党的活动开始走向了活跃；马克思主义理论重新受到人们的青睐，等等。所有这一切就使我国学界对资本主义国家共产党的研究空前活跃起来，人们对资本主义各国共产党的历史、理论和实践的关注度进一步提升，这是我们继续出版《当代资本主义国家共产党研究》丛书的一个重要的历史前提。

其次，由于《当代资本主义国家共产党研究》丛书具有原创性的特点和优点，因此他的出版不仅受到学界的积极评价，而且也受到国外和境外学者的重视，他们直接向我们的作者索书；同时，资本主义国家共产党的研究还受到教育部社会科学司的重视和支持，2008 年，该项研究被教育部人文社会科学重大课题攻关项目专门立项。在学术团队的共同努力，通过竞争投标的程序，我们于 2008 年获得教育部人文社会科学重大项目课题攻关项目：《当代资本主义国家共产党的理论与实践研究》。重大课题攻关项目的中标，不仅为我们团队的研究提供了必要的财力支持，更提供了强大的精神支持，成为我们进一步开展研究的巨大动力。此后，我们的研究领域进一步扩大，研究的问题不断深入，相继开展了对希腊、葡萄牙、加拿大、俄罗斯、巴西、南非、澳大利亚、尼泊尔、塞普路斯等10国共产党的研究，并逐步产生了新一批研究成果，这是我们继续出版《当代资本主义国家共产党研究》丛书的基础性条件。

再次，为了进一步调整研究方向、整合研究队伍，使学术研究进一步适应改革开放和社会主义现代化建设发展的需要，我们于2009年将"当代世界社会主义与国际政治研究中心"正式更名为"国外马克思主义政党研究中心"。该"中心"已经形成了以教授和副教授、博士和博士研究生为主体的十多人的研究团队，制定了"中心"的十年发展规划，明确了学术研究的目标、路径、方法等诸多问题。所有这一切就使我们研究的方向更明确、特色更鲜明、力量组织更合理、研究更具持续性。这就为我们继续出版《当代资本主义国家共产党研究》丛书提供了重要的组织保证。

最后，华中师范大学社会科学研究处和政治学研究院的领导以及学校其他职能部门为我们的学术研究提供了宝贵的精神支持和实际的帮助，中国社会科学出版社为本书的出版做了大量的工作并提供了优惠条件，所有这一切都是《当代资本主义国家共产党研究》丛书得以继续出版的不可或缺的重要条件。

总之，《当代资本主义国家共产党研究》丛书的继续出版，从一个侧面反映了近十多年来世界经济政治局势的新变化，世界社会主义运动发展的新变化，中国国力的增强和对科学、文化、教育事业的重视，以及年轻一代马克思主义研究人才的成长。

华中师范大学国外马克思主义政党研究中心　聂运麟
2010年4月15日于武昌玉龙岛寓所

内容简介

巴西共产党成立于1922年3月25日,是一个具有光荣革命斗争传统的马克思列宁主义政党,至今已经走过了九十多年艰难曲折的发展历程。在长期复杂多变的革命斗争中,巴西共产党始终坚定地捍卫马克思列宁主义和科学社会主义,坚持无产阶级政党的基本原则,为探索"走向社会主义的巴西式道路"而不懈奋斗。苏东剧变后,在世界社会主义运动遭到重大历史性挫折的残酷现实面前,巴西共产党深刻地反思和总结了20世纪世界社会主义革命和建设的经验教训,重新认识社会主义,对党在现阶段的战略目标和策略进行了新的调整,并在此基础上对巴西走向社会主义发展道路的一系列基本问题进行了创造性探索,呈现出了良好的发展态势。

现在,巴西共产党不仅是巴西国内最大的共产主义政党,而且也是拉美地区除执政的古巴共产党外,规模最大、力量最强的共产党。巴西共产党作为以劳工党为首的左翼执政联盟的成员,在巴西的政治、经济及社会生活中发挥了建设性的作用。巴西共产党不仅没有因为苏东剧变而停止发展的脚步,反而使其在坚持马克思列宁主义理想信念的基础上,不断地发展壮大,成为巴西国内一支重要的左翼政治力量。在当前世界社会主义运动整体上处于低潮的历史时期,巴西共产党的发展引起了人们的普遍关注和思考。

全书以马克思主义为指导,对巴西共产党的理论发展和实践活动进行了全面的、系统的梳理和研究。全书由绪论、巴西共产党艰难曲折的发展历程、巴西共产党对20世纪世界社会主义运动的理论思考、巴西共产党对"走向社会主义的巴西式道路"的探索、巴西共产党争取民主和社会主义的斗争实践以及巴西共产党不断地发展壮大的基本经验教训及其在未来发展进程中所面临的挑战等六部分组成,主要内容如下:

绪论主要阐述选题的缘由及意义、研究的现状、研究的思路与方法以及主要创新与不足之处等问题。

第一章,主要考察和分析了巴西共产党艰难曲折的发展历程。根据不同历史时期巴西国内外政治经济发展的状况以及巴西共产党自身发展的情况，将巴西共产党的发展历程划分为三个阶段：巴西共产党建党四十年的抗争与探索（1922—1961年）、巴西共产党的分裂与重建（1962—1990年）以及苏东剧变后巴西共产党的新发展和新探索（1991年至今）。在不同的历史时期，由于巴西共产党面临着不同的国内政治经济形势，其处境和发展情况也有所不同。从总体上看，巴西共产党的发展充满了曲折、危机和挫折，是在同国内外反动力量进行激烈而残酷的政治斗争和战胜党内各种错误思潮的复杂局面中逐步发展壮大的，同时也是巴西共产党对巴西走向社会主义的发展道路进行艰难探索的过程。正是在这一过程中，巴西共产党逐步形成了走向社会主义的巴西式道路理论，并在实践中不断地对这一理论进行丰富和发展。

第二章，主要阐述了巴西共产党对20世纪世界社会主义运动的理论思考。这主要包括，一是巴西共产党对苏东剧变原因的剖析。二是巴西共产党对社会主义革命和建设的经验教训的分析，即没有一个统一的社会主义革命和建设模式，没有一条向社会主义过渡的直接路径，社会主义革命和建设必须同时代发展和各国具体实际相结合。由苏东剧变所引发的马克思列宁主义发展的危机对包括巴西共产党人在内的世界共产党工人党产生了强烈的震撼，并促使它们对20世纪马克思列宁主义发展的危机进行全面深入的理论思考和具体分析。在巴西共产党看来，马克思列宁主义发展的危机主要是来自马克思列宁主义运动内部的危机，其主要表现在关于马克思列宁主义的阶级斗争和无产阶级专政理论问题、关于马克思列宁主义的民主集中制问题以及关于社会主义革命和建设的道路、方式和方法等理论问题上面。因而巴西共产党提出要坚持和捍卫"原则"，用马克思主义的辩证唯物主义和历史唯物主义世界观和方法论对马克思列宁主义发展的危机进行具体深入的剖析，将其作为马克思主义政党进行理论创新和实践探索的科学指南，并提出克服马克思列宁主义发展的危机是当今时代共产党人面临的重大历史任务。

第三章，主要阐述了巴西共产党对走向社会主义的巴西式道路的探索。这主要包括巴西共产党走向社会主义的巴西式道路理论形成的主客观条件及其主要内容；巴西共产党在向社会主义过渡的预备性阶段的基本纲领和变革计划；走向社会主义的巴西式道路理论与纲领的几个特点。

巴西共产党走向社会主义的巴西式道路理论，是在总结和反思20世纪世界社会主义革命和建设的经验教训基础上，在当今世界社会主义运动多样化发展的历史条件下，立足于巴西国情，并借助1970—1980年巴西政治民主化进程中党的政治社会地位的历史性变化所提供的政治平台，以反对新自由主义经济社会政策为出发点，对巴西走向社会主义发展道路的一系列基本问题所进行的初步探索。其主要内容包括关于巴西社会的性质及其主要矛盾，关于当前巴西社会主义革命运动所处阶段的定位、关于走向社会主义的依靠力量及其手段和方式，关于走向社会主义的巴西式道路的具体路径，关于建设巴西特色社会主义的政治、经济及文化纲领及其变革计划等。

第四章，主要阐述了巴西共产党争取民主和社会主义的斗争实践。本章从以下四个方面总结和分析了巴西共产党的斗争实践：一是巴西共产党积极参与、组织和领导群众性社会运动。这主要包括巴西共产党对工会、青年和妇女组织的领导；巴西共产党注重加强同进步的知识分子阶层和其他新社会阶层的联系。二是巴西共产党作为参政党的活动。这主要包括巴西共产党在大选中的策略与斗争；巴西共产党对以劳工党为首的左翼联合政府执政的立场。三是巴西共产党支持并积极参与拉美一体化进程。这主要包括拉美一体化的进程及其表现；拉美一体化与巴西共产党争取民主和社会主义的斗争的关系。四是巴西共产党的建设及其党际交流和国际活动。这主要包括巴西共产党加强党的建设的具体做法；巴西共产党的党际交流和国际活动。

第五章，简要阐述了巴西共产党不断发展壮大的基本经验教训及其在未来发展进程中所面临的挑战。本章从以下三个方面总结和分析了巴西共产党不断发展壮大的基本经验教训及其所面临的挑战：一是苏东剧变后巴西共产党所取得的发展成就。这主要包括巴西共产党的发展及其在国内外的影响力的提升；巴西共产党的政治地位的变化。二是巴西共产党不断发展壮大的基本经验教训。这主要包括科学对马克思主义；加强党的领导体制的制度化建设，增强党的生机活力与创造能力；坚持和发展马克思主义的民主集中制。三是巴西共产党在未来发展进程中所面临的挑战。这主要包括以美国为首的国际垄断资本对拉美的控制和干涉；反对新自由主义势力以及维护左翼政党联盟内部的团结的挑战；巴西政党制度和选举制度对巴西共产党政治发展的影响；巴西共产党推动实施"新国家发展计划"所面临的困难与挑战。

关键词：巴西共产党；走向社会主义的巴西式道路；巴西政党政治

Abstract

The Communist Party of Brazil (PCdoB) was founded on March 25, 1922. It is a Marxism-Leninism party with glorious revolutionary struggle traditions, to this day, it has gone through arduous and tortuous developmental course of 91 years. In the long-term revolutionary struggle full of complexity and volatility, PCdoB has defended firmly the fundamental perspectives of Marxism-Leninism and scientific socialism all the time, and persisted in the basic principles of proletarian party, and strived steadily and indefatigably for exploring on caminho brasileiro para o socialismo. After the Collapse of Soviet Union and Eastern Socialist Countries, the world socialist movemet suffered historically grievous setbacks. Facing up to the cruel reality, PCdoB had a fundamental rethink and summarize the experiences and lessons of the world socialist revolutionary and construction of the 20th century, and reloaded socialism. PCdoB reajusted its essential strategies and tactics at the present stage, and probed creatively into a series of fundamental issues of the developmental path towards socialism in Brazil on the above mentioned theoretical bases. Thus PCdoB appears the newly developmental momentum and trend.

Nowadays, PCdoB has become not only the largest communist party in Brazil, but also the communist party with the largest scale and the greatest strength except for the communist party of Cuba in Latin America. As a left-wing ruling coalition partner which is led by Partido dos Trabalhadores (PT), PCdoB plays a constructive role in political, economic and social life in Brazil. PCdoB didn't have development checked due to the Collapse of Soviet Union and Eastern Socialist Countries, conversely, it grows continuously on the bases of adhering to the ideal and faith of Marxism-Leninism. In the currently historical period of the general low-tide of the world socialist movement, the development of PCdoB provokes our common concern and thought.

Guided by Marxist world outlook and methodology of dialectical materialism and historical materialism, the dissertation hackles and analyses the theoretical development and practical exploration comprehensively and systematically. The dissertation comprises six parts: the introduction; the arduous and tortuous development of the PCdoB and its painstaking exploration on the Brazilian socialist road; the theoretical reflections on socialism by PCdoB after the Collapse of Soviet Union and Eastern Socialist Countries; The exploration on caminho brasileiro para o socialismo by PCdoB; the struggle practice of striving for democracy and socialism by PCdoB; The main experiences and lessons of continuous growth of PCdoB and the challenges it will be confronted with in the future developmental course. The major contents are as the follows:

The introduction illustrates the reason and significance for selecting such a research subject, the current research state of this subject, the way of thinking and methods used in the study, the innovation and defects of the dissertation.

The first chapter mainly examines and analyzes the arduous and tortuous development of the PCdoB and its painstaking exploration on the Brazilian socialist development road. According to the political and economic development situation from home to abroad in Brazil, and the development state of PCdoB at different stages in history, we can divide the developmental course of PCdoB into three stages: the struggle and exploration of 40 years (1922—1961); the organizational split and reestablishment of PCdoB (1962—1990); and the new development and exploration of PCdoB since the Collapse of Soviet Union and Eastern Socialist Countries (1991—). At different stages in history, PCdoB was faced with different political and economic development situation from home to abroad in Brazil, accordingly it was in different circumstances. On the whole, the developmental course of PCdoB was full of tortuosity, crisis and setback. PCdoB has grown continuously with the fiercely and ruthlessly political struggle with the reactionary forces at home and abroad, and with conquering the different wrong ideological tendencies within the party. At the same time, it was a burdensome process of exploring on the Brazilian socialist development road by PCdoB. Just in this process, PCdoB has established gradually the theory of exploring on caminho brasileiro para o socialismo com feiaço brasileira, which will be constantly enriched and developed in practice.

The second chapter mainly expounds the theoretical reflections on world socialist movement of the twentieth century by PCdoB. This includes: An analysis of the causes of the Collapse of Soviet Union and Eastern Socialist Countries by PCdoB; An analysis of the experiences and lessons of socialist revolutionary and construction by PCdoB, that is, there isn't a unique model of socialist revolutionary and construction, there isn't a direct passage of transition from capitalism to socialism, socialist revolutionary and construction should be combined with the Development of the Era and the concrete conditions of various nations. The crisis of the development of Marxism-Leninism which caused by the Collapse of Soviet Union and Eastern Socialist Countries shocked and impacted the Communist and Worker Parties including PCdoB strongly. It impelled them to reconsider and analyze concretely the crisis of the development of Marxism-Leninism in 20th century comprehensively and profoundly. In PCdoB's opinion, the crisis of the development of Marxism-Leninism was the one which originated from the inner-Marxism-Leninism movement. It was chiefly manifested in the theories of class struggle and dictatorship of proletariat of Marxism-Leninism, the principles of democratic centralism of Marxism-Leninism, and the road, ways and means with regard to the socialist revolutionary and construction. Thus, PCdoB put forward to adhering to and defending princípios, and analyzed the crisis of the development of Marxism-Leninism concretely and profoundly guided by Marxist world outlook and methodology of historical materialism and dialectical materialism which is the scientific guide to theoretical innovation and practical exploration of Marxist party. PCdoB pointed out emphatically that it was the great historical task for Communists of the present era to overcome the crisis of the development of Marxism-Leninism.

The third chapter mainly expounds the exploration on caminho brasileiro para o socialismo by PCdoB. This includes: The subjective and objective conditions for the formulation of the theory of caminho brasileiro para o socialismo of PCdoB; The main contents of the theory of caminho brasileiro para o socialismo of PCdoB; The basic Program and its plans of transformation of PCdoB in a da transiãço preliminar do capitalismo ao socialismo; The characteristics of Program and Theory of caminho brasileiro para o socialismo of PCdoB. The theory of caminho brasileiro para o socialismo introduced by PCdoB is premised with rethinking and summarizing the experiences and lessons of the world socialist revolution and construction of the 20th century, and under the newly historical background that contemporary world socialist movement has taken on the diversified tendency, and in light of Brazil's basic conditions. In the democratization process of Brazil in 1980s, PCdoB's political status and social position had greatly historical changes. From the starting point of resisting and struggling against the economic and social policies of neoliberalism, PCdoB has explored briefly on the series of basic questions in terms of the Brazilian socialist development road. These include: the social character and its principal contradiction of Brazil; the stage of socialist revolutionary movement in Brazil at the present; the relied forces and its ways and means towards socialism; the concrete path to caminho brasileiro para o socialismo; the Programs of politics, ecomomy and culture about constructing socialism with Brazilian characteristics and its transforming plans.

The fourth chapter mainly expounds the struggle practice of striving for democracy and socialism by PCdoB. This part summarizes and analyzes the PCdoB's struggle practice in the following four respects. First and foremost, PCdoB actively engages in and organize and lead the mass social movements. This includes: PCdoB's leadship in Trade Unions, Youth and Organization for Women, PCdoB attaches importance to reinforcing the contact with new social stratum, especially progressive intelligentsia. Secondly, PCdoB's activities in political life as a participatory party of coalition government. This includes: PCdoB's tactics and struggles in General Elections of 2002, 2006, and 2010; PCdoB's standpoint and opinions on the left-wing coalition government led by PT. Thirdly, the striving for democracy and socialism by PCdoB and the integration of Latin America. This includes: The course and its expression of the integration of Latin America; The relationship between the integration of Latin America and the striving for democracy and socialism by PCdoB. Fourthly,

Party building and interparty exchange and international activities of PCdoB. This includes: The concrete measures of strengthening Party-building by PCdoB; The interparty exchange and international activities of PCdoB.

The fifth chapter briefly expounds the main experiences and lessons of continuous growth of PCdoB and the challenges it will be confronted with in the future developmental course. This part summarizes and analyses the main experiences and lessons of continuous growth of PCdoB and the challenges it will be confronted with in the future developmental course in the following three respects. First and foremost, the tremendous achievements of development made by PCdoB after the Collapse of Soviet Union and Eastern Socialist Countries. This includes: The performances of development of PCdoB and its constantly increasing influence at home and abroad; The fundamental change of political status of PCdoB. Secondly, the main experiences and lessons of continuous growth of PCdoB. This includes: PCdoB approaches Marxism scientifically and combines adhering to the general tenets of Marxism with the features of the times and the concrete Brazil's conditions; PCdoB strengthens the institutional construction of the leadership system of Party in order to heighten Party's vitality, energy and creativity; PCdoB upholds and develops Marxist democratic centralism so as to defend Party's unity and solidarity. Thirdly, the challenges PCdoB will be confronted with in the future developmental course. This includes: The external interference in Latin America from the US-led international monopoly capital; To struggle against the social forces of new liberalism and to safeguard the internal unity of the coalition of left-wing parties; The influences on political development of PCdoB from Brazilian Party System and Electoral System; The difficulties and challenges PCdoB will be confronted with in putting Novo Projeto Nacional de Desenvolvimento into effect.

Key Words: Partido Comunista do Brasil (PCdoB); Caminho Brasileiro para o Socialismo; Party Politics in Brazil

目　　录

绪论 …………………………………………………………………（1）
　一　选题的缘由及意义 ……………………………………………（1）
　二　选题的研究现状 ………………………………………………（4）
　三　研究的思路与方法 ……………………………………………（5）
第一章　巴西共产党艰难曲折的发展历程 ………………………（9）
　第一节　巴西共产党建党40年的抗争与探索
　　　　　（1922—1961年）……………………………………（9）
　　一　巴西共产党的成立 …………………………………………（9）
　　二　巴西共产党对工人运动的组织和领导及其所进行的
　　　　武装斗争 ……………………………………………………（11）
　　三　曼蒂格拉全国代表会议反对党内取消主义的斗争 ………（13）
　第二节　巴西共产党的分裂与重建（1962—1990年）…………（16）
　　一　苏共二十大与巴西共产党思想路线方针的变化 …………（16）
　　二　巴西共产党第五次全国代表大会与党的组织分裂 ………（21）
　　三　巴西共产党和巴西的共产党的路线方针和革命活动
　　　　及其不同命运 ………………………………………………（26）
　第三节　苏东剧变后巴西共产党的新发展和新探索
　　　　　（1991年至今）……………………………………………（34）
　　一　苏东剧变后巴西共产党的新发展 …………………………（34）
　　二　苏东剧变后巴西共产党对巴西社会主义发展
　　　　道路的思考 …………………………………………………（36）
第二章　巴西共产党对20世纪社会主义运动的理论思考 ………（39）
　第一节　巴西共产党对苏东剧变的剖析 …………………………（39）
　　一　苏东剧变与世界社会主义运动发展的危机 ………………（39）
　　二　巴西共产党对苏东剧变原因的分析 ………………………（46）
　第二节　巴西共产党对社会主义革命和建设的经验
　　　　　教训的分析 …………………………………………………（50）

一　社会主义革命和建设没有统一的模式 …………… (51)
　　二　不存在一条向社会主义过渡的直接路径 ………… (52)
　　三　社会主义革命和建设必须与时代发展和各个
　　　　国家的具体实际相结合 ……………………………… (55)
第三章　巴西共产党积极探索走向社会主义的巴西式道路 …… (59)
　第一节　走向社会主义的巴西式道路产生的社会历史条件 …… (59)
　　一　巴西文明发展的历史进程 ………………………… (59)
　　二　巴西经济政治发展状况 …………………………… (63)
　　三　和平与发展的外部环境 …………………………… (67)
　　四　巴西共产党已发展成为一个比较成熟的
　　　　马克思主义政党 ……………………………………… (69)
　第二节　走向社会主义的巴西式道路理论的主要内容 ………… (71)
　　一　巴西社会的性质及其主要矛盾 …………………… (71)
　　二　巴西现阶段革命的性质及其任务 ………………… (74)
　　三　巴西现阶段革命的阶级力量配置 ………………… (76)
　　四　巴西现阶段革命的策略 …………………………… (79)
　第三节　向社会主义过渡的预备性阶段的基本纲领
　　　　　和变革计划 ……………………………………… (83)
　　一　未来社会主义的基本原则 ………………………… (83)
　　二　向社会主义过渡的预备性阶段的政治、
　　　　经济和文化纲领 ……………………………………… (84)
　　三　向社会主义过渡的预备性阶段的具体变革计划 ………… (88)
　第四节　对走向社会主义的巴西式道路理论与纲领的评价 …… (96)
　　一　马克思主义基本原理与巴西具体实际相结合的产物 …… (96)
　　二　向社会主义过渡的预备性阶段的纲领和计划 …… (96)
　　三　通过渐进的和平的方式过渡到社会主义 ………… (97)
第四章　巴西共产党争取民主和社会主义的斗争实践 ………… (99)
　第一节　巴西共产党积极参与和领导群众性社会运动 ………… (99)
　　一　巴西共产党对工会、青年和妇女组织的领导 …… (100)
　　二　巴西共产党注重加强同进步的知识分子阶层和
　　　　其他新社会阶层的联系 ……………………………… (101)

三 巴西共产党积极参与组织和领导工人阶级和劳动
      群众争取民主和社会主义的斗争 …………………… (103)
  第二节 巴西共产党作为参政党的活动 ………………… (107)
    一 巴西共产党在大选中的策略 ……………………… (107)
    二 巴西共产党对以劳工党为首的左翼联合政府的立场 …… (116)
  第三节 巴西共产党支持并积极参与拉美一体化进程 ……… (120)
    一 拉美一体化的进程及其表现 ……………………… (121)
    二 拉美一体化与巴西共产党争取民主和
      社会主义的斗争 …………………………………… (124)
  第四节 党的建设与国际活动 …………………………… (126)
    一 巴西共产党加强党的建设的举措 ………………… (126)
    二 巴西共产党的党际交流和国际活动 ……………… (137)

第五章 面向未来的巴西共产党：成就、经验与挑战 …… (145)
  第一节 苏东剧变后巴西共产党的发展成就 ……………… (145)
    一 巴西共产党的发展及其在国内外影响力的提升 …… (146)
    二 巴西共产党的政治地位的变化 …………………… (147)
  第二节 巴西共产党不断发展壮大的基本经验 …………… (148)
    一 以科学的态度对待马克思主义 …………………… (148)
    二 加强党的领导体制的制度化建设，增强党的生机
      活力与创造能力 …………………………………… (153)
    三 坚持和发展马克思主义的民主集中制 …………… (157)
  第三节 巴西共产党未来发展所面临的挑战 ……………… (160)
    一 以美国为首的国际垄断资本对拉美的控制和干涉 …… (160)
    二 反对新自由主义势力以及维护执政联盟内部的
      团结的挑战 ………………………………………… (161)
    三 巴西政党制度和选举制度对巴西共产党政治
      发展的影响 ………………………………………… (166)
    四 巴西共产党推动实施新国家发展计划所面临的
      困难与挑战 ………………………………………… (172)

结束语 …………………………………………………… (177)

附录一　巴西共产党章程 …………………………………（181）
附录二　巴西社会主义纲领（摘译）………………………（208）
附录三　巴西共产党历次代表大会一览表 ………………（224）
参考文献 ………………………………………………………（226）
后记 ……………………………………………………………（235）

CONTENTS

Preface ·· (1)

Chaper 1　The tortuous course of development of the Communist Party of Brazil ·· (9)

　Section 1　The capitulation and exploration of PCdoB in forty years (1922—1961) ··· (9)

　　1. The establishment of PCdoB ··· (9)
　　2. Organizing and leading the labour movement by PCdoB and its armed struggle ··· (11)
　　3. The struggle against inner-Party liquidationism in Mandy Guerra Congress ··· (13)

　Section 2　The splitting and reestablishment of PCdoB (1962—1990) ··· (16)

　　1. The 20th Congress of CPSU and the transformation of ideological line of PCdoB ·· (16)
　　2. The 5th Congress of PCdoB and its organizational division ······ (21)
　　3. The different guidelines and revolutionary activities and resulting destiny between PCdoB and PCB ··· (26)

　Section 3　The new development and exploration of PCdoB since the Collapse of Soviet Union and Eastern European Socialist Countries (1991—) ··· (34)

　　1. The new development of PCdoB since the Collapse of Soviet Union and Eastern European Socialist Countries ··················· (34)
　　2. The reflection on the path of socialist development of Brazil by PCdoB since the Collapse of Soviet Union and Eastern European Socialist Countries ··· (36)

Chapter 2　The theoretical reflection on world socialist movement in 20th century by PCdoB ·· (39)

Section 1 The analysis of the Collapse of Soviet Union and Eastern European Socialist Countries by PCdoB ……… (39)
  1. The Collapse of Soviet Union and Eastern European Socialist Countries and the crisis of world socialist movement ………… (39)
  2. The examination on the cause of the Collapse of Soviet Union and Eastern European Socialist Countries by PCdoB ……… (46)

Section 2 The analysis of the experiences and lessons of socialist revolution and construction in 20th century by PCdoB ……… (50)
  1. There is no unique model of socialist revolution and construction ………………………………………………………… (51)
  2. There is no direct passage of transition from capitalism to socialism ……………………………………………………… (52)
  3. The socialist revolution and construction should be combined with the development of era and the concrete conditions of various nations ……………………………………………… (55)

Chapter 3 The exploration actively on Caminho Brasileiro para o Socialismo by PCdoB ……………………………………… (59)

Section 1 The social and historical conditions for the formulation of the theory of Caminho Brasileiro para o Socialismo …… (59)
  1. The historical developmental course of Brazilian civilization ……………………………………………………………… (59)
  2. The conditions of economy and politics in Brazil …………… (63)
  3. The external environment of peace and development ………… (67)
  4. PCdoB has developed into a relatively mature Party of Marxism ………………………………………………………… (69)

Section 2 The main contents of the theory of Caminho Brasileiro para o Socialismo ……………………………………………… (71)
  1. The social nature and its principal contradiction of Brazil …… (71)
  2. The character and its task of Brazilian revolution at present ………………………………………………………………… (74)

3. The configuration of class power of Brazilian revolution at present ……………………………………………………… (76)
4. The tactics of Brazilian revolution at present ………………… (79)
Section 3　The basic program and its plans of transformation in a da Transição Preliminar do Capitalismo ao Socialismo …… (83)
 1. The fundamental principles of socialism in the future ………… (83)
 2. The program of politics, economy and culture ……………… (84)
 3. The specific plans of transformation ………………………… (88)
Section 4　The estimation of the program and theory of Caminho Brasileiro para o Socialismo ………………………… (96)
 1. PCdoB has combined adhering to the basic tenets of Marxism with adapting it to Brazilian conditions ……………………… (96)
 2. It's the program and plan that is in a da Transição Preliminar do Capitalismo ao Socialismo ………………………………… (96)
 3. It's a gradually and peacefully transitional process towards socialism ……………………………………………………… (97)
Chapter 4　The struggle practice of striving for democracy and socialism by PCdoB ……………………………………………… (99)
Section 1　PCdoB actively organizes and leads the mass social movements ……………………………………………… (99)
 1. Leading Trade Unions, Youth and Organization for Women ………………………………………………………………… (100)
 2. Attaching importance to reinforcing the contact with new social stratum, especially progressive intelligentsia ………………… (101)
 3. To conduct the struggle for democracy and socialism in the interest of working class and masses ……………………… (103)
Section 2　PCdoB's activities in politics as a participatory party of coalition government ………………………………… (107)
 1. PCdoB's tactics and struggles in several General Elections ………………………………………………………………… (107)

2. PCdoB's standpoint and opinion on the left-wing coalition government led by PT ……………………………………… (116)
Section 3 PCdoB supports and engages in Latin American integration ……………………………………………… (120)
1. The course and its expression of the integration of Latin America ………………………………………………… (121)
2. The relationship between Latin American integration and the striving for democracy and socialism by PCdoB ………… (124)
Section 4 Party building and interparty exchange and international activities of PCdoB ……………………………… (126)
1. The concrete measures of strengthening Party-building by PCdoB ……………………………………………… (126)
2. The interparty exchange and international activities of PCdoB ……………………………………………………… (137)

Chapter 5 The experiences and lessons of continuous growth of PCdoB and the challenges it will be confronted with in future developmental course ………………………………… (145)
Section 1 The tremendous achievements of development made by PCdoB after the Collapse of Soviet Union and Eastern European Socialist Countries …………………………… (145)
1. The performances of development of PCdoB and its constantly increasing influence at home and abroad …………………… (146)
2. The fundamental change of political status of PCdoB ……… (147)
Section 2 The main experiences and lessons of continuous growth of PCdoB. ……………………………………………… (148)
1. Approaching Marxism with scientific attitude ……………… (148)
2. Strengthening the institutional construction of the leadership system of Party in order to heighten Party's vitality, energy and creativity …………………………………………… (153)
3. Upholding and developing Marxist democratic centralism …… (157)

Section 3 The challenges PCdoB will be confronted with in future developmental course ··· (160)
 1. The external interference in Latin America from the US-led international monopoly capital ································· (160)
 2. To struggle against neoliberal forces and to safeguard the internal unity of the coalition of left-wing parties ················ (161)
 3. The influence on political development of PCdoB from Brazilian Party System and Electoral System ······················ (166)
 4. The difficulties and challenges PCdoB will be confronted with in putting Novo Projeto Nacional de Desenvolvimento into effect ··· (172)
Tag ··· (177)
Appendix 1 ·· (181)
Appendix 2 ·· (208)
Appendix 3 ·· (224)

Reference Materials ·· (226)
Postscript ··· (235)

绪　　论

一　选题的缘由及意义

　　社会主义革命是世界性的革命，它有世界性的活动场所。随着生产力的普遍发展和与此相联系的世界交往的不断扩大，"狭隘的地域性的"共产主义必将被"世界历史性的"共产主义所取代，否则共产主义事业只能处于一种"地方的、笼罩着迷信气氛"的状态之中[①]。因此，马克思和恩格斯特别强调："共产党人到处都努力争取全世界民主政党之间的团结与协调。"[②] 恩格斯早在1847年《共产主义原理》中就已经指出："单是大工业建立了世界市场这一点，就把全球各国人民，尤其是各文明国家的人民，彼此紧紧地联系起来，以致每一国家的人民都受到另一国家发生的事情的影响。……因此，共产主义革命将不是仅仅一个国家的革命，……在这些国家的每一个国家中，共产主义革命发展得较快或较慢，要看这个国家是否有较发达的工业，较多的财富和比较大量的生产力。"[③] 因而世界社会主义运动必须坚持普遍性与特殊性的辩证统一，一方面要坚持"一切民族都将不可避免地走向社会主义"的历史发展方向和大趋势，另一方面要坚持"一切民族必然在民主的这种或那种形式上、在无产阶级专政的这种或那种形态上以及在社会生活各方面的社会主义改造的速度上都会有自己的特点"的马克思主义辩证法。

　　马克思在谈到工人阶级国际联合的形式时指出，不仅工人阶级争取政治和社会解放的手段和方式要根据各国的制度、风俗、传统和习惯而定，而且在工人阶级及其政党的国际联合的形式上，要消除对国际的性质的误解即把国际对工人运动的指导比作"来自教皇的某个统治中心和阴谋中心关于信仰和德行问题的敕令"。国际对工人阶级来说，与其说它

---

①　《马克思恩格斯选集》第1卷，人民出版社1995年版，第86页。
②　同上书，第307页。
③　同上书，第241页。

是"指挥力量",不如说它仅仅是"联合的纽带","实际上它的组织形式恰恰使地方能最充分地发挥自己的能力和独立性"①。各个国家和民族的社会主义革命发展道路应该根据各自的制度、风俗、传统和习惯而定,不能千篇一律地照抄照搬。

苏东剧变后,世界社会主义运动进入了低潮时期,人们对社会主义运动的发展前景表现出了极大的关注,但是这种关注不能仅仅停留在希望的层面上,而应该做扎实的工作,深入到对具体国家和地区的共产主义运动的研究中去,才有可能把握世界社会主义运动发展的真实脉搏,从而得出有根据的科学的结论。因而研究资本主义国家共产党的历史、理论与实践,对于了解当今世界社会主义运动发展的全局及其前景,具有十分重要的意义。

在90多年的曲折发展历程中,巴西共产党始终坚定地捍卫马克思主义和科学社会主义,坚持无产阶级政党的基本原则,在复杂多变的政治斗争中为实现社会主义而不懈奋斗。巴西共产党对走向社会主义的巴西式道路的探索,是在苏东剧变后世界社会主义运动发展的新的历史条件下进行的,是巴西共产党把马克思列宁主义和科学社会主义基本原理同当今时代和巴西具体实际相结合,独立地探索巴西特色社会主义的运动、理论和制度的体现。与此同时,巴西共产党对巴西社会主义发展道路的探索是一个长期的历史过程。虽然与苏东剧变前相比,其探索的环境和条件有了很大的改善,但是,目前这一探索仍然处于起步阶段,远未达到理论上的成熟和完备的程度,在实践中也可能会遭遇到意想不到的曲折和反复。但是只要巴西共产党继续坚定不移地坚持、捍卫和发展马克思列宁主义,坚定科学社会主义的理想信念,坚持独立思考的理论原则和灵活务实的实践精神这一党的发展的"两大法宝",探索具有自身特色的社会主义道路,就一定能够推动巴西社会主义运动的发展,并对世界社会主义运动的复兴做出自己应有的贡献。

苏东剧变以来,巴西共产党适时地对党的战略和策略进行了重大调整,呈现出了良好的发展势头。在当前世界社会主义运动整体上处于低潮的历史条件下,巴西共产党的发展引起了人们的关注。因此,加强对

---

① 《马克思恩格斯文集》第3卷,人民出版社2009年版,第611页。

巴西共产党的历史、理论与实践的研究，探索其发展的新条件、新特点和新趋势，就成了研究世界社会主义运动不可或缺的内容，因而具有重要的理论价值和实践意义。

（一）有利于丰富和发展科学社会主义理论

巴西社会主义运动是世界社会主义运动的重要组成部分，巴西共产党对巴西走向社会主义发展道路的探索是科学社会主义理论研究中需要认真加以对待和研究的重要课题。苏东剧变以来，巴西共产党坚持和运用马克思主义的立场、观点和方法对巴西走向社会主义发展道路的一系列基本问题进行了新的思考和探索，并取得了一定成效。在这一研究过程中，对巴西共产党成败得失的经验教训进行全面系统的总结，对其理论与实践进行深入细致的梳理，并对其面临的挑战与发展前景作出基本估计，是深化和拓展科学社会主义理论和世界社会主义运动研究的客观需要。因此，加强对巴西共产党社会主义理论与实践的研究，有助于我们全面把握全球化、信息化背景下发展中国家共产党生存与发展的基本规律，加深我们对科学社会主义理论的认识，坚定我们建设中国特色社会主义的信心。

（二）有利于发展中巴两党及中巴两国关系

中巴两党的交往是中巴两国人民交往的重要形式。苏东剧变后，在"独立自主、完全平等、互相尊重、互不干涉内部事务"这一新的党际关系四项基本原则基础上，两党关系得到了恢复和发展，逐渐步入正轨。1994年，时任党主席若昂·阿玛佐纳斯访问朝鲜时特意取道北京，希望中国同志不计前嫌，要求恢复两党关系。近年来，中巴两党关系不断得到加强，两党互访日益频繁，并就加强党的建设及治党理政等问题进行了深入交流和探讨。巴西共产党在人权、台湾、西藏、新疆等关乎中国核心利益问题上坚定地支持中国，并高度评价中国特色社会主义的理论与实践，积极宣传中国社会主义建设的伟大成就。

与此同时，中巴两国都是当今世界重要的新兴经济体和金砖国家集团成员。巴西是拉美地区第一个同中国建立战略伙伴关系的国家，而现在的巴西政府又奉行独立的外交政策，把发展同中国的友好合作关系作为巴西外交的重要方向。巴西共产党作为联合政府的一员，利用在各级政府和议会中的力量，积极向巴西主流社会宣传中国改革开放的成就，并抵制各种反华言行。巴西共产党还积极推动中巴两国的工会、青年组织、妇女组织的民间交流，加深了两国人民之间的相互了解和友谊，促进了两国关系的发展。中巴两党之间的交流与合作必定会进一步推动两国关系的发展，并对推动中巴两国社会主义事业的发展以及促进世界的和平、合作与发展产生非常积极的影响。

（三）有利于推动"国外马克思主义研究"学科建设

国外马克思主义研究不仅仅是对"西方马克思主义"的"文本"研究。西方马克思主义政党（如西方国家共产党）在对资本主义及其主导的新自由主义全球化进程的批判和对社会主义前途命运的思考中，把马克思主义基本原理同本国国情结合起来，对各自国家走向社会主义的发展道路进行了可贵的探索。它们对马克思主义、资本主义及其全球化、社会主义的认识和理论探索，理应成为"国外马克思主义研究"学科建设和国外马克思主义研究的重要内容。这不仅有利于推动"国外马克思主义研究"的学科建设和完善，而且有利于中国特色社会主义理论的发展。

二 选题的研究现状

对巴西共产党社会主义理论与实践的研究，就目前所掌握的文献资料来看，全面系统的研究成果非常少。在国外，主要有美国学者威廉·E. 拉特利夫著、王槐挺等译的《拉丁美洲的卡斯特罗主义和共产主义（1959—1976 年）》（商务印书馆，1979）。它主要介绍了包括巴西共产党在内的拉美共产党的历史、路线、纲领、策略、斗争和彼此之间的分歧和对立等情况以及苏联、中国和古巴对这些政党的政策和态度及其与这些政党关系的演变。

在国内，对巴西共产党的研究也不成系统，而且不全面。国内学者主要在其研究论文或专著的某些章节里对巴西共产党及其理论与实践活动进行初步介绍和评价。研究论文主要有，聂运麟：《金融危机与资本主义国家共产党的理论与策略》（《当代世界与社会主义》2009 年第 2 期）；郭元增：《一位顽强的革命者》（《拉丁美洲研究》1990 年第 5 期）；袁征：《巴西共产党：为什么红旗不倒》（《理论参考》2002 年第 9 期）；

张宝宇：《巴西共产党目前的政治地位》（《拉丁美洲研究》2004年第5期）；郭元增、江时学：《拉美共产党为什么难以取得政权》（《红旗文稿》2005年第18期）；陈晓玲：《社会主义在中国》（《当代世界》2002年第8期）；郭元增：《一颗红星陨落了》（《当代世界》2002年第9期）；郭元增：《"中国在建设未来"》（《当代世界》2000年第9期）；崔桂田：《冷战后拉美共产党的理论及政策比较》（《当代世界社会主义问题》2009年第4期）；郭元增：《与时俱进的巴西共产党》（《党建》2007年第10期）。

专著主要有，聂运麟等著：《历史的丰碑与艰难的探索——20世纪社会主义发展的历史进程》（福建人民出版社，2006）；李慎明主编：《低谷且听新潮声：21世纪的世界社会主义前景》（上）（社会科学文献出版社，2005）；于洪君主编：《探索与创新——冷战后的世界社会主义》（当代世界出版社，2006）；祝文驰等：《拉丁美洲的共产主义运动》（当代世界出版社，2002）；徐崇温：《当代国外主要思潮流派的社会主义观》（中共中央党校出版社，2007）；中共中央对外联络部编：《各国共产党总览》（当代世界出版社，2000）；肖枫主编：《社会主义向何处去——冷战后世界社会主义运动大扫描》（当代世界出版社，1998）。

总的说来，上述对巴西共产党的初步研究成果的主要缺陷是不够全面、不够系统，仅仅停留在局部或零碎的层面上，而且理论深度也不够。因此，对巴西共产党社会主义理论与实践活动进行全面、系统、深入的研究是非常必要的。

三　研究的思路与方法

全书以马克思主义为指导，以当今世界的政治、经济、社会状况以及当前世界社会主义运动的总体态势为背景，全面审视巴西共产党的历史、理论与实践，并探索其在新时期发展的条件、特点和趋势。

（一）研究的思路

全书以马克思主义为指导，对巴西共产党的理论发展和实践探索活动进行了全面的、系统的梳理和研究。全书由绪论、巴西共产党艰难曲折的发展历程、苏东剧变后巴西共产党对社会主义的理论思考、巴西共产党积极探索走向社会主义的巴西式道路、巴西共产党争取民主和社会主义的斗争实践以及巴西共产党不断地发展壮大的基本经验教训及其在未来发展进程中所面临的挑战等六部分组成,其主要内容如下:

绪论主要阐述选题的缘由及意义、研究的现状、研究的思路与方法以及主要创新与不足之处等问题。

第一部分主要考察和分析了巴西共产党艰难曲折的发展历程。根据不同历史时期巴西国内外政治经济发展的状况以及巴西共产党自身发展的情况,将巴西共产党的发展历程划分为三个阶段:巴西共产党建党四十年的抗争与探索(1922—1961年)、巴西共产党的分裂与重建(1962—1990年)以及苏东剧变后巴西共产党的新发展和新探索(1991年至今)。在不同的历史时期,由于巴西共产党面临着不同的国内政治经济形势,其处境和发展情况也有所不同。从总体上看,巴西共产党的发展充满了曲折、危机和挫折,是在同国内外反动力量进行激烈而残酷的政治斗争和战胜党内的各种错误思潮的复杂局面中,逐步地发展壮大的。同时也是巴西共产党对巴西走向社会主义的发展道路进行艰难探索的过程。正是在这一过程中,巴西共产党逐步形成了"走向社会主义的巴西式道路"理论,并在实践中不断地对这一理论进行丰富和发展。

第二部分主要阐述了苏东剧变后巴西共产党对社会主义的理论思考。这主要包括,一是巴西共产党对苏东剧变原因的剖析;二是巴西共产党对社会主义革命和建设的经验教训的分析,即没有一个统一的社会主义革命和建设模式,没有一条向社会主义过渡的直接路径,社会主义革命和建设必须同时代发展和各国具体实际相结合。由苏东剧变所引发的马克思列宁主义发展的危机对包括巴西共产党人在内的世界共产党和工人党产生了强烈的震撼,并促使它们对20世纪马克思列宁主义发展的危机进行全面深入的理论思考和具体分析。在巴西共产党看来,马克思列宁主义发展的危机主要是来自马克思列宁主义运动内部的危机,其主要表现在关于马克思列宁主义的阶级斗争和无产阶级专政理论问题、关于马克思列宁主义的民主集中制问题以及关于社会主义革命和建设的道路、方式和方法等理论问题上面。因而巴西共产党提出要坚持和捍卫"原则",用马克思主义的历史唯物主义和辩证唯物主义世界观和方法论对马克思列宁主义发展的危机进行具体深入的剖析，将其作为马克思主义政党进行理论创新和实践探索的科学指南，并提出克服马克思列宁主义发展的危机是当今时代共产党人面临的重大历史任务。

第三部分主要阐述了巴西共产党对走向社会主义的巴西式道路的探索。这主要包括巴西共产党走向社会主义的巴西式道路理论形成的主客观条件及其主要内容；巴西共产党在向社会主义过渡的预备性阶段的基本纲领和变革计划；走向社会主义的巴西式道路理论与纲领的几个特点。巴西共产党"走向社会主义的巴西式道路"理论，是在总结和反思20世纪世界社会主义革命和建设的经验教训基础上，在当今世界社会主义运动多样化发展的历史条件下，立足于巴西国情，并借助于1970—1980年巴西政治民主化进程中党的政治社会地位的历史性变化所提供的政治平台，以反对新自由主义经济社会政策为出发点，对巴西走向社会主义发展道路的一系列基本问题所进行的初步探索。其主要内容包括关于巴西社会性质及其主要矛盾，关于当前巴西社会主义革命运动所处阶段的定位，关于走向社会主义的依靠力量及其手段和方式，关于走向社会主义的巴西式道路的具体路径，关于建设巴西特色社会主义的政治、经济及文化纲领及其变革计划等。

第四部分主要阐述了巴西共产党争取民主和社会主义的斗争实践。本部分从以下四个方面总结和分析了巴西共产党的斗争实践：一是巴西共产党积极参与、组织和领导群众性社会运动。这主要包括巴西共产党对工会、青年和妇女组织的领导；巴西共产党注重加强同进步的知识分子阶层和其他新社会阶层的联系。二是巴西共产党作为参政党的活动。这主要包括巴西共产党在大选中的策略与斗争；巴西共产党对以劳工党为首的左翼联合政府执政的立场。三是巴西共产党支持并积极参与拉美一体化进程。这主要包括拉美一体化的进程及其表现；拉美一体化与巴西共产党争取民主和社会主义的斗争的关系。四是巴西共产党的建设及其党际交流和国际活动。这主要包括巴西共产党加强党的建设的具体做法；巴西共产党的党际交流和国际活动。

第五部分简要阐述了巴西共产党不断发展壮大的基本经验教训及其在未来发展进程中所面临的挑战。本部分从以下三个方面总结和分析了巴西共产党不断发展壮大的基本经验教训及其面临的挑战：一是苏东剧变后巴西共产党所取得的发展成就。这主要包括巴西共产党的发展及其在国内外的影响力的提升；巴西共产党的政治地位的变化。二是巴西共产党不断发展壮大的基本经验教训。这主要包括科学对马克思主义；加强党的领导体制的制度化建设，增强党的生机活力与创造能力；坚持和发展马克思主义的民主集中制。三是巴西共产党在未来发展进程中所面临的挑战。这主要包括以美国为首的国际垄断资本对拉美的控制和干涉；反对新自由主义势力以及维护左翼政党联盟内部的团结的挑战；巴西政党制度和选举制度对巴西共产党政治发展的影响；巴西共产党推动实施新国家发展计划所面临的困难与挑战。

（二）研究的方法

（1）历史分析法：以巴西共产党的历史演变为主线，坚持论从史出、史论结合的原则，对现阶段巴西共产党的理论与实践活动进行全面系统的剖析。

（2）比较分析法：坚持纵向比较与横向比较相结合，以纵向比较为主的原则，对巴西共产党的理论与实践活动进行深入分析，并总结出一般性规律。

（3）文献查阅法：从第一手材料出发，得出原创性的认识和结论。

第一章 巴西共产党艰难曲折的发展历程

巴西共产党成立于1922年3月25日,是一个具有光荣革命斗争传统的马克思主义政党,也是当代世界社会主义运动中的一支重要力量。在长期的革命斗争中,巴西共产党继承了巴西人民反封建、反独裁和争取民主、自由的斗争传统,始终坚定地捍卫马克思列宁主义,坚持无产阶级政党的基本原则,为实现科学社会主义和共产主义而不懈奋斗。对巴西共产党的历史发展过程进行全面系统的梳理和分析,从而对巴西共产党的理论与实践以及当前的路线、方针和政策进行深入具体的探究,这是研究巴西共产党探索社会主义发展道路的前提和基础。根据不同历史时期巴西国内外政治经济发展形势以及巴西共产党自身的发展变化,大致将其成立90余年的发展历程划分为三个阶段。

第一节 巴西共产党建党40年的抗争与探索(1922—1961年)

巴西共产党是马克思主义与巴西工人运动相结合的产物。从诞生之日起,它就遭到了代表国内大庄园主和大种植园主以及国内外大资产阶级利益的巴西军事独裁政府的残酷镇压。在艰难的抗争中,巴西共产党积极探索巴西走向社会主义的发展道路。

一 巴西共产党的成立

20世纪初期,巴西社会实质上是一个处于国内外垄断资本控制下的殖民地产品的生产国和输出国,是一个工业很不发达的农业国,社会经济的发展处于一种严重畸形的状态。巴西资本主义经济发展极为缓慢。但是随着资本主义经济的发展,一些早期的具有自助性质的工人组织相继建立起来。但是工人运动处于无政府主义思潮的影响下。

自19世纪40年代开始,空想社会主义和科学社会主义思想相继在巴西社会传播开来,为巴西工人阶级克服工人运动中的无政府主义思潮以及对巴西共产党的产生奠定了直接的思想基础。19世纪末20世纪初,一些具有共产主义性质的团体的建立为巴西共产党的成立作了组织上的准备。1917年俄国十月革命则直接推动了巴西工人阶级和知识分子中的先进分子以俄国革命为榜样，走俄国人的路，建立马克思列宁主义的工人政党。正如巴西共产党创始人之一阿斯特罗吉尔多·佩雷拉指出的，十月革命促进了巴西无产阶级战斗力的增长。他说："当时我们非常无知，所以在我们的刊物上常把十月革命说成是无政府主义类型的争取解放的斗争。不过工人们却理解了它的主要内容，那就是：十月革命是合乎工人心意的无产阶级革命。"①

1922年3月25—27日，巴西共产党在里约热内卢召开成立大会，来自里约热内卢、圣保罗、伯南布哥、米纳斯吉拉斯和南里约格朗德等州的各地共产主义小组的9名代表，代表着全国73名共产党员参加了大会。大会选举阿斯特罗吉尔多·佩雷拉暂时代理党的总书记和国际联络书记。党的最高执行机关是中央执行委员会。大会通过了《党章》、《告巴西劳动人民书》以及马克思主义政党的一些重要文件并决定接受加入共产国际的21条原则，而后于1924年7月正式加入共产国际，作为"共产国际巴西分部"。《党章》规定党的任务是"帮助无产阶级在政治上组织起来，促进国际之间的相互了解和开展劳动者的活动。工人阶级政党成立的目的就是为了使无产阶级夺取政权并逐步地从政治上、经济上把资本主义社会改造成共产主义社会"。在《告巴西劳动人民书》中，大会号召巩固无产阶级政党和工会这一"在为劳动人民的解放而进行的战斗中相互支援的兄弟组织"。在发给第三国际的电文中，巴西共产党指出，"在社会主义革命进入第五个年头的时候，（巴西共产党）通过国际共产主义运动的先锋队——共产国际，向国际共产主义运动致以热烈的兄弟般的敬礼"。在发给俄国革命者的电文中说，巴西共产党"向光荣的俄国革命及其战无不胜的先锋队俄国共产党，表示我们最热烈的敬意和最坚决的革命支持"②。大会还通过了给阿根廷、智利和乌拉圭共产党的致敬电以表达兄弟般的团结情谊。马克思主义政党的成立，标志着巴

---

① Problema (PCdoB), No. 39, 1952, pp. 74–87.
② 苏联科学院历史研究所：《巴西史纲》（上册），辽宁人民出版社1975年版，第414—415页。

西无产阶级从此进入了自觉地进行革命斗争的阶段。

在巴西共产党成立的最初几年里,它还是一个弱小的、人数不多的组织,其党员大多数还是过去的无政府主义者,还没有完全摆脱无政府主义思想的影响,某些党员甚至同时还是共济会分会(共济会分会当时起着进行秘密讨论的政治俱乐部的作用)的成员。这是同共产党人建立独立的马克思主义政党的原则格格不入的。这种现象直到1924年才受到党的中央执行委员会的严厉谴责。因而在大会通过的《党章》中只字未提民主集中制原则和共产党同工会以及其他民主组织的关系,也没有谈及无产阶级专政问题,虽然其中引用了《共产党宣言》中关于组织无产阶级政权的公式,即"工人革命的第一步就是使无产阶级上升为统治阶级,争得民主","无产阶级将利用自己的政治统治,一步一步地夺取资产阶级的全部资本,把一切生产工具集中在国家即组织成为统治阶级的无产阶级手里,并且尽可能快地增加生产力的总量"。① 尽管如此,巴西共产党人在研究和传播马克思列宁主义,启发工人阶级政治觉悟,对工人进行政治教育和维护无产阶级及广大劳动人民利益方面作出了很大努力。由此,巴西共产党开始了争取民主、自由和社会主义的极其艰难而漫长的斗争。

二 巴西共产党对工人运动的组织和领导及其所进行的武装斗争

巴西共产党建立后,开始积极地组织和领导工人运动,把动员工人参加工会以及加强工会组织和工人运动的团结作为党面临的一项紧迫的任务。1925年5月召开的巴西共产党第二次代表大会提出党的主要任务是"建立广大的生产支部网作为党在各地的基层组织,扩大宣传鼓动,加强工会和劳动农民中的工作"②。在巴西共产党努力之下,共产党员当选为许多工会组织如里约热内卢印刷工人革命联合会、纺织工人工会、水手和船工工会以及世界主义中心等工会组织的领导成员。1927年4月,在里约热内卢召开的由纺织工人工会、海员工会、木器工人工会、印刷工人工会、建筑工人工会、五金工人工会以及其他许多工会和里约热内卢的工人代表参加的工会联合代表大会上,成立了里约热内卢地方

---

① 《马克思恩格斯选集》第1卷,人民出版社1995年版,第293页。
② 苏联科学院历史研究所:《巴西史纲》(上册),辽宁人民出版社1975年版,第453页。

工会联合会。巴西共产党所起草和提出的全部决议都被通过，而且在入选联合理事会的 25 人中有一些是共产党员。在圣保罗市的工会中，特别是在印刷工人、制鞋工人、饭店工人和旅店工人中，巴西共产党的影响很大。① 1929 年 4 月召开的巴西劳动总同盟成立大会上，成立了全国统一的工会中心——"巴西劳动总同盟"。这是共产党和工人阶级的重大胜利。1928 年 10 月，巴西共产党在工农竞选联盟的支持下参加了里约热内卢市议会的竞选，并取得了重大胜利——第一次有两名共产党员即工农竞选联盟候选人奥塔维奥·布兰当和米内维诺·德·奥利维拉被选入首都市议会。但是不久，工农竞选联盟的参加者就遭到了镇压和迫害，布兰当和奥利维拉被捕入狱。1934—1935 年间巴西国内工人运动高涨，参加罢工的人数达到 150 万人，打破了历史纪录。这些罢工有 60% 是由共产党和各革命工会领导的。

与此同时，巴西共产党根据共产国际的指示，进行了反对军事独裁统治的民族解放运动，发动人民革命，搞武装斗争，建立人民政权。为此，共产国际于 1935 年底委派德国共产党的哈里·贝尔格、阿根廷共产党的朱莱斯·华尔莱和美国共产党的维克托·巴隆等多名共产国际的干部，随同普列斯特斯回国，领导城市武装起义。巴西共产党同支持建立广泛民主反帝阵线的社会组织、进步团体和政党建立了联系。1935 年 3 月巴西共产党同支持建立广泛民主反帝阵线的社会组织一道，建立了旨在发动起义、夺取政权的人民战线的全国性组织——民族解放联盟（Aliança Nacional Libertadora），普列斯特斯②当选为联盟的名誉主席，巴

---

① 苏联科学院历史研究所：《巴西史纲》（上册），辽宁人民出版社 1975 年版，第 456 页。
② 路易斯·卡洛斯·普列斯特斯（1898—1990）是巴西革命史乃至巴西共产党历史上的杰出领导人之一。1925 年 4 月 29 日至 1927 年 2 月 3 日，普列斯特斯领导了载入巴西近代革命史册上的神话般的"普列斯特斯纵队远征"，被人民尊称为"希望的骑士"。1924 年 10 月 28 日此时尚未在组织上加入巴西共产党的年轻军官普列斯特斯在南里约格朗德州的北部发动了起义，号召人民起来消灭寡头统治，实现共和国的民主化。1925 年 4 月，普列斯特斯整合起义队伍，组成了一支包括小资产阶级、革命工人、大学生、农民和雇农（这些人中有白人、黑人、混血人种和印第安人）在内的约 3000 人的队伍，开始了远征。普列斯特斯纵队采用运动战的游击战术，行程 2.5 万公里，转战巴西 14 个州，同政府军进行了 53 次规模较大的战斗和上千次小规模的战斗，终因寡不敌众，于 1927 年 2 月在米纳斯吉拉斯州北部同政府军的战斗中失败。普列斯特斯纵队远征的失败对其革命观产生了重大影响，开始积极地向巴西共产党靠拢，1934 年 8 月 1 日在莫斯科加入了巴西共产党，并出任中央委员。1935 年出任共产国际执委，并于当年回国领导巴西共产党的武装斗争。1943 年担任巴西共产党总书记。1961 年起担任巴西的共产党总书记，直至 1980 年。革命生涯长达 70 年。

西共产主义青年团领袖马里西奥·格拉博伊斯成为其重要领导人之一。联盟成员一度发展到150万人,并在全国各地建立联盟支部1500个。但1935年7月11日便被当局取缔。联盟的名誉主席普列斯特斯和巴西共产党随即把工作重点转入政府军,并于1935年11月23日在巴西东部城市的兵营发动武装暴动,甚至一度在北里约格朗德州首府纳塔尔市建立了"人民革命政府"。但因起义部队孤军奋战及其内部矛盾和分歧,遭到了政府军的残酷镇压。共产党人和民族解放联盟的参加者被当局看作是"基督教文明和巴西进步的最危险而又极狡猾的敌人","国家、民族、家庭、社会秩序与道德基础的破坏者",而联盟的名誉主席普列斯特斯则被认为是"替苏联情报机关服务的间谍"。民族解放联盟被取缔后,作为联盟主要领导力量的巴西共产党,认为党的主要任务首先是保存联盟的基本力量,改造自己的工作以适应新的形势。

三 曼蒂格拉全国代表会议反对党内取消主义的斗争

瓦加斯政府执政时期,利用秘密警察与国家安全法庭作为对付民主和进步力量的主要工具。巴西秘密警察曾与希特勒的盖世太保签订协议,合作"拘捕共产党员"和"危害国家"的分子;二战爆发后仍继续打击、迫害和逮捕民主进步人士,只要某人被怀疑为同情共产主义,便不经审讯和调查就被投入集中营。①

在严酷的政治压迫下,巴西共产党内部出现了以西洛·梅雷莱斯、克里斯蒂亚诺·科尔德罗等为代表的取消主义倾向。这既是巴西国内政治形势发展所致,更重要的是受到了来自美国共产党内部的"白劳德主义"的直接影响。白劳德时任美国共产党总书记和共产国际执委。按照共产国际的分工,他除了负责领导美国共产党外,还负责指导拉美地区共产党的活动。1943年11月28日,美英苏三国签署了关于在反法西斯战争中共同行动和战后合作问题的《德黑兰宣言》后,白劳德于1944年4月出版了《德黑兰》一书,公开地提出了一套完整的系统的修正主义纲领,即"白劳德主义",大肆吹捧美国总统罗斯福的"新政"和"美式资本主义",把美国主义等同于共产主义,认为德黑兰精神是世界历史发展最伟大最重要的转折点,否定马克思主义的阶级斗争理论,鼓吹

---

① [美]麦克唐纳:《拉丁美洲政治与政府》,纽约,1954年,第155页。

"阶级合作",反对无产阶级革命;否定列宁的帝国主义理论,认为垄断资本主义已发展成为一种进步的社会力量;否定工人阶级在现代资本主义社会中的决定性作用,认为自由资产阶级才是现代社会中起决定性作用的力量,应使工人阶级从属于他。白劳德于1944年主持解散了美国共产党,建立了非党组织"共产主义政治协会"①。在白劳德主义的直接影响下,巴西共产党内出现了一股取消主义浪潮。党内的取消主义集团要求党的全部地下组织自行解散,以确保反法西斯战争中的"民族统一",并要求"无条件地支持"瓦加斯政府。

1942年下半年,巴西共产党在极其秘密的情况下建立了临时中央书记处,为筹备召开党的全国代表会议以重建中央领导机构、讨论恢复党的活动、制定正确的政治路线和解决组织问题作准备。1943年8月27—30日,以迪奥热内斯·阿鲁达、若昂·阿马佐纳斯和毛里西奥·格拉波依斯等为代表的13名巴西共产党干部主持筹划的党的第二次全国代表会议在里约热内卢州的曼蒂格拉山支脉谢拉山区秘密召开,来自圣保罗、里约热内卢、米纳斯吉拉斯、南里约格朗德、巴拉那、巴伊亚、巴拉等州和联邦区党组织的46名代表参加了会议,重建了党的中央领导机构,推举尚在狱中的普列斯特斯为党的总书记。格拉波依斯当选为中央委员和中央执行委员会委员,并出任中央委员会秘书。阿马佐纳斯当选为中央委员,并于1946年12月当选为党的中央执行委员,成为党的重要领导人之一。曼蒂格拉全国代表会议提出了建立巴西无产阶级群众性革命政党的口号,强调利用合法工会组织来加强同群众联系的特别重要性,并统一了全国各地方党组织的活动,将取消主义分子驱逐出党。曼蒂格拉全国代表会议的胜利召开"意味着取消主义者的失败"②。巴西共产党高度评价曼蒂格拉全国代表会议,认为他是"党的生活中的一个历史转折点","成功地解决了使党在1940年大逮捕中遭受严重损失以后得到恢复的艰巨任务","在党的生活中一个新时期——党的力量壮大时期开始了,这使得党在1945年所形成的新条件下取得了巨大的成功"。③

---

① 徐崇温:《当代国外主要思潮流派的社会主义观》,中共中央党校出版社2007年版,第95页。
② Problema (PCdoB), No. 64, 1953, p. 93.
③ Problema (PCdoB), No. 49, 1953, p. 1.

曼蒂格拉全国代表会议后，巴西共产党迎来了极为短暂的合法斗争时期，并随之参加了大选。1945年巴西共产党取得了事实上的合法权利。共产党和工会组织开始公开活动。1945年4月19日，普列斯特斯被释放出狱。1945年5月23日，巴西共产党的报纸《人民论坛报》创刊发行。1945年12月2日巴西共产党在议会选举和总统选举中取得了重大的胜利。他提名的总统候选人获得了597000张选票，约占参加选举人数的10%。共产党共有包括阿马佐纳斯在内的14名候选人被选入众议院，普列斯特斯当选为参议员。巴西共产党一跃成为联邦议会第四大党。在1947年1月19日举行的地方选举中，巴西共产党共获得80万张选票，比1945年增加25万张。共产党在里约热内卢市取得的成绩尤为突出，在总数为50名的市议员中，共产党当选18名。在各州议会中，共产党共取得62个席位。共产党支持的其他政党州长候选人在圣保罗、里约热内卢、南里约格朗德、米纳斯吉拉斯等重要州里都获得了胜利。但这一切使杜特拉政府感到恐惧，重新加紧了对巴西共产党的迫害活动。1947年1月19日选举结果被宣布无效，最高法院辩称共产党在选举中取得了胜利，而共产党是"外国政府的工具"。1947年4月15日，杜特拉政府宣布取缔共产主义青年联盟，5月7日颁布法令，宣布共产党非法。尽管如此，巴西共产党在许多地方同其他政党的地方组织达成了竞选协议，通过其他政党提名，有265名共产党员当选为市议员或市长。但议会还是于1948年1月7日通过了撤销共产党议员委任状的法案。

作为反帝民主运动最积极最革命的力量，巴西共产党不断地受到当局的残酷迫害，不得不改变工会运动的策略。1952年巴西共产党中央七月全会通过的《关于工人阶级的统一与组织性》决议提出党必须在官办工会组织的普通会员中开展工作，并提出了加强工人运动的统一性的原则："每个工业部门只能有一个工会组织，每个工业部门只能有一个全国性联合会，全国只能有一个参加世界工会联合会的统一工会中心。"[1]

---

[1] Nova Abordagem（PCdoB），18 set. 1959.

第二节 巴西共产党的分裂与重建（1962—1990 年）

1956 年苏共二十大是一次对世界社会主义运动产生了巨大影响的会议，他导致了巴西社会主义运动的分裂。经过共产党人坚忍顽强的斗争，巴西共产党才得以重建。

一 苏共二十大与巴西共产党思想路线方针的变化

1956 年 2 月 14—24 日召开的苏共二十大，对国际共产主义运动及各国共产党产生了深刻的影响。这主要体现在两个问题上，一是赫鲁晓夫在《关于个人崇拜及其后果》的秘密报告中对斯大林在"个人崇拜和个人独裁专制"、"践踏法治和滥用职权及作风粗暴"、大规模地"使用极端的办法"镇压直至从肉体上消灭所谓的"人民的敌人"、"无视党的生活准则和践踏列宁主义关于党的集体领导原则"、"使用大规模的恐怖"、"卫国战争初期的严重错误"、"民族问题上的错误"、"同南斯拉夫关系上的错误方针"以及"经济政策方面的错误"等一系列问题进行了全面的严厉的批判和揭露。[①]

二是赫鲁晓夫针对当时的国际形势，提出了"和平过渡"、"和平共处"以及"和平竞赛"的"三和"理论。赫鲁晓夫认为，"向社会主义过渡的道路将越来越多样化"。在资本主义国家，共产党完全可以通过议会斗争将其从资产阶级民主的工具转变为真正代表人民意志的工具，以实现社会的根本改造，而不需要通过武装斗争夺取政权。在社会主义与资本主义两大阵营共存的条件下，"战争不是不可避免的"，对于革命形势的估计，"要么和平共处，要么发动历史上最具毁灭性的战争，第三条道路是不存在的"。要通过两种社会制度在提高人民生活水平上的和平竞赛来检验其优劣。

这两个问题集中反映了在当时的国际共产主义运动中，如何看待十月革命道路问题以及马克思列宁主义的阶级斗争和无产阶级专政理论问题。因而给各国共产党造成了严重的思想上的冲击，一时感到震惊、迷

---

① 参见［意］维·维达利《"苏联共产党第二十次代表大会"日记》，王德树译，东方出版社 2006 年版，第 225—296 页。

茫以至于手足无措。在巴西共产党内部，苏共二十大也带来了严重的危害。所谓反对个人迷信变成了在党中央和党员中散布反马克思列宁主义论调的工具，这些论调否认党，玷污党的历史，反对无产阶级领导权的原则，唾弃革命，使党中央感到不知所措和晕头转向。①

　　苏共二十大及其所提出的一系列关于国际共产主义运动中的重大理论和原则问题在巴西共产党内部引起了强烈的反响。紧紧跟随苏共思想路线的巴西共产党，对赫鲁晓夫所提出的新思想、新观点和新论断进行了全面探讨并全面接受，将其作为自己制定路线方针的基本依据。1956年10月，巴西共产党中央委员会在通过广泛的民主的讨论，研究了有关苏联共产党第二十次代表大会及其重要教训、世界共产主义民主运动以及党的活动的一系列问题后，签署了《关于苏联共产党第二十次代表大会的教训、个人崇拜及其后果、巴西共产党的活动及其任务》的决议草案。② 决议草案认为，当今时代的特点是"出现了为和平、自由、民主和社会主义而斗争的种种最不相同的流派"，尽管它们在政治和意识形态上有分歧，却能够围绕着一个共同的目标而团结起来。在巴西国内，经济社会形势已经发生了重大变化，出现了"有利于民主、独立和进步的变化"，广大的爱国民主力量倾向于团结起来。因而巴西共产党着眼于国内正在发展和迅速变化的局势，而且考虑到世界发展的新形势，认为党的路线、方针和政策应该"更广泛、更灵活、更大胆"，党的活动目标应该是促进一切爱国民主力量围绕着共同目标而团结起来。决议草案特别指出，巴西共产党应该同一切社会力量、舆论和政党达成谅解，只要同意党的政策主张的全部或一部分，巴西共产党都愿意同其合作，并呼吁各政党及其领导人和党员团结起来。

　　对于党的组织及路线问题，决议草案对党在领导方法上的"严重错误和缺点"进行了检查和批判，认为党的中央委员会，特别是主席团和书记处对此应负主要责任，党内"没有一种实行集体领导的氛围"，缺乏自由讨论的空间，党日益地脱离群众和现实生活，不可避免地产生了

---

① 徐崇温：《当代国外主要思潮流派的社会主义观》，中共中央党校出版社2007年版，第95页。

② Voz dos Trabalhadores（PCdoB），9 fev. 1957.

"官僚主义的因素"。因而过分的中央集权、党的领导人骄傲自满、命令主义的工作方法、硬性的纪律而不是自觉自愿的纪律、粗暴的批评以及死气沉沉的党内生活气氛，就成了党的活动中的普遍现象，"甚至是党内生活的特色"。与此同时，决议草案还对党内的"宗派主义"、"主观主义"和"教条主义"进行了严厉批判，认为宗派主义对党的群众工作和统一战线工作造成了重大损失，而且不善于考虑斗争的条件，如动员起来的社会力量如何，群众和同盟者的情绪如何，因而使其远离了斗争和团结的立场；认为主观主义在经验主义的形式下，"机械地套用理论公式"，"原封不动地抄袭别人的并不总是适用于巴西具体情况的经验"，这使党"丧失了独立思考的能力"，"丧失了必要的创造精神"，生搬硬套地抄袭别国党的经验模式，而忽视了巴西人民和巴西共产党的斗争经验。决议草案最后指出，巴西共产党将在马克思列宁主义指引下，为实现巴西人民的民族解放和社会解放而规划出一条巴西的道路。

不仅如此，当时巴西共产党的机关报《工人之声报》也对此作出了明确的回应。1957年1月19日，马卡拉撰文《巴西的经济发展和帝国主义》，用详尽的数据对巴西经济发展进行了分析，并对"比较深刻地沾染教条主义的共产党人"的工作进行了深刻反思。他指出，党的纲领中的某些论点——如巴西国内的大资本家和大种植园主同外国资本尤其是美国资本相互勾结，通过巴西独裁政府使巴西人民日益地陷入贫困和被奴役的境地，使巴西经济陷入停滞，日益落后以至于最终走向解体——已经过时了。他认为，巴西已经是一个资本主义国家，而不是像某些人说的那样，是一个正朝着资本主义前进的国家。巴西经济增长主要来自于民族资本的投资。虽然美国资本在巴西居于优势地位，但是这并没有严重到使巴西逐步沦为美国殖民地的地步。12月4日，《工人之声报》发表了社论《共产党人所争取的和平解决》，认为在当前条件下，和平手段已成为共产党人争取民主和社会主义的一种现实方式，并且指出把暴力夺取政权看作是共产党人的原则问题，这是对社会生活的教条主义理解。事实上，"取得政权的方式和手段不是一个原则问题，而是一个要视具体情况的现实可能性来决定的问题"，马克思、恩格斯及列宁在指导和领导工人阶级斗争时，从来没有绝对地否定向社会主义和平过渡的可能性。社论还引用党总书记普列斯特斯在纪念俄国十月革命四十周年时发表的文章说，在当今巴西的现实条件下，"工人阶级和人民最适宜的出路是和平道路"，要通过群众运动，通过合法的方式，成立一个实行独立和平政策的民族民主政府来解决巴西的问题。巴西共产党要坚决地为建立一个由不同社会阶级和政治派别的爱国者所组成的"广泛的联合阵线"而奋斗。

在激烈的党内讨论中，巴西共产党认为只有通过和平合法的手段，才能给巴西人民带来"真正社会主义的果实"。针对人们对巴西共产党新的政策方针的质疑，党总书记普列斯特斯指出："共产党人的方针绝无改良主义之处。改良主义者、右翼社会民主党人主张改良并停留在改良上，他们不是革命者。相反地，共产党人把渐进的发展同质的跃进以及革命时机结合起来。"①

在这种情势下，巴西共产党路线、方针和政策的根本转变已经不可逆转。1958年3月召开的巴西共产党中央全会制定了新的政策方针，讨论通过了《巴西共产党的政策宣言》②。它标志着巴西共产党在社会主义革命的战略和策略上的重大转变。

第一，关于巴西国内的经济政治状况。

巴西共产党认为，在巴西落后的经济结构中，民族资本是一种有利于巴西经济发展的进步因素，它不仅提高了生产力，而且发展了新的更先进的生产关系；但是"在生产力和新的资本主义生产关系发展的同时，在广大地区中还保持着落后的关系，国家继续从属于帝国主义"。在政治上，巴西国家既代表着同帝国主义尤其是美帝国主义有联系的资本家的利益，同时也代表着要求独立发展民族经济的资产阶级的利益，由此产生了"国家内部的种种矛盾和阶级妥协"。

第二，关于国际形势。

巴西共产党认为，当今时代的新特点及其基本内容是由1917年俄国十月革命开创的从资本主义向社会主义的过渡。社会主义已经成为一个世界体系，世界共产主义达到了更高程度的团结；因而"工人阶级夺取

---

① 参见《参考消息》1958年6月4日。
② 参见《英勇斗争中的拉丁美洲各国共产党》，世界知识出版社1961年版，第28—52页。

政权的道路和建成新社会的形式更加多种多样了",在许多国家里,向社会主义和平过渡"已经变成现实的事"。

第三,关于巴西社会的基本矛盾、革命的性质和主要任务、革命的方式和手段、革命的道路以及党的建设等社会主义革命的基本问题。

(1) 巴西社会的基本矛盾问题

巴西共产党认为,巴西社会处于两种基本矛盾之中,一是巴西国家和美帝国主义及其代理人之间的矛盾,二是发展中的生产力和农业中的半封建生产关系的矛盾。这是巴西经济社会发展所要解决的两个基本矛盾,而前一个矛盾则是巴西社会所面临的主要矛盾。巴西社会矛盾还包括了无产阶级和资产阶级之间的阶级斗争及其矛盾,但是这种矛盾在现阶段没有必要求得根本的解决,这是因为在巴西当前的条件下,"资本主义发展是符合无产阶级以及全体人民的利益的"。

(2) 革命的性质问题

巴西共产党认为,现阶段巴西革命还不是社会主义革命,而是反帝反封建的民族民主革命。它的主要任务应该是"使得国家在经济上和政治上彻底摆脱对美国帝国主义的依赖;使得农业结构发生根本的变化,消灭对土地的垄断和前资本主义的劳动关系;使得国民经济独立地进步地发展;使得政治生活彻底民主化"。这种变革将为向社会主义过渡创造条件,"社会主义不是巴西工人阶级的眼前目标而是最后目标"。

(3) 革命的方式和手段问题

巴西共产党强调指出,实现国家独立进步发展的任务是不可能由任何社会力量独立解决的,必须建立"民族民主统一战线",争取建立"民族主义民主政府"。在与资产阶级的团结联合中,党"绝对不能忽略"统一战线内部的斗争,"斗争必须以适当的方式进行","以增强统一战线的团结"。与此同时,党"应当在统一战线内部保持自己思想上、政治上和组织上的独立"。除此之外,还要在工会运动和工会组织、农民以及城市中等阶层中扩大党的影响力。

(4) 革命的道路问题

巴西共产党认为,在巴西当前的条件下,"有现实的可能来通过和平的道路来进行反帝反封建的革命"。和平的道路就是"一切反帝国主义的派别都在民主和宪法法制的范围内行动起来,利用合法的斗争形式和组织群众的形式",通过议会斗争和非议会斗争相结合的方式,通过民族主义民主统一战线在选举中的胜利,应该而且有可能通过宪法的民主改革来和平地完善法制。巴西共产党将竭尽全力地争取通过和平的道路而不是武装起义和内战的道路,来达到无产阶级和人民的根本目标。但是巴西共产党同时指出,究竟要选择什么方式和方法来实现社会变革,这并不仅仅取决于无产阶级和其他爱国民主力量,如果人民的敌人对进步力量采取暴力手段,那就必须考虑另一种可能——非和平的可能。

(5) 党的建设问题

巴西共产党提出,党要成为一个"有组织的、富有战斗力的马克思列宁主义的先锋队",以实现其阶级政策。为此,必须"清除过去长期存在的缺点,并且获得新的品质。应该通过直接从我国客观具体情况出发并且结合我国历史发展的具体特点,正确地运用马克思列宁主义的普遍真理的新政策,用这种政策的精神来重新教育我们的领导干部和党员,彻底地打击过去长期以来统治我们队伍的主观主义"。要坚持马克思列宁主义普遍原理和巴西现实相结合的原则,"马克思列宁主义是世界工人运动经验的科学总结,放弃马克思列宁主义的普遍原则就不免会使党的阶级性质遭到歪曲,堕落到修正主义的泥坑中。然而,不了解本国的具体情况,就会使党不可救药地染上宗派主义和教条主义的毛病,而不能有所作为"。党内存在的主要危险就是主观主义和宗派主义,这是同共产党人所肩负的使命的性质水火不相容的。党应该在政治运动和选举活动中参加群众的斗争,并且从群众已达到的觉悟水平出发去教育群众。

二 巴西共产党第五次全国代表大会与党的组织分裂

1960年9月8—9日,在里约热内卢召开的巴西共产党第五次全国代表大会,是巴西共产党发展历程中的一次非常重要的会议。它不仅确认了1958年3月《政策宣言》所提出的政策方针,而且还对中央委员会进行了重大改组,对巴西共产党的未来发展产生了极其严重的消极影响。

第一,党的五大及其新的政治路线的制定。

1960年9月召开的巴西共产党第五次全国代表大会全面总结了1954年以来党的工作,经过激烈的党内争论,最后通过了以苏共二十大为基础的《关于国内外形势和巴西革命问题》的政治决议,制定了新的政治路线①。新的政治路线是在反对所谓的"教条主义"、"宗派主义"和修正主义的基础上制定的。但这遭到了以阿马佐纳斯为代表的激进派的坚决反对，他们认为这是改良主义和右倾机会主义的路线。阿马佐纳斯认为，苏共及赫鲁晓夫所鼓吹的一套理论实质上是抛弃了列宁主义道路，借口"保卫和平"而实行"投降主义路线"②。

《决议》认为，现阶段巴西革命是反帝反封建的民族民主革命，这一阶段所要解决的基本矛盾是巴西民族同美帝国主义及在巴西的代理人之间的矛盾，以及生产力的不断发展同大种植园主对土地的垄断之间的矛盾。在这两个基本矛盾中，前一个矛盾是主要的、起决定作用的矛盾。由此巴西共产党认为，现阶段革命力量打击的主要目标应当是美帝国主义及其在巴西的代理人。

《决议》指出，现阶段巴西民族民主革命的最终目标是建立无产阶级领导的反帝反封建的政权。为此，要争取城乡广大劳动群众及其组织站到革命的立场上来，使力量对比发生有利于革命的根本变化，从而建立无产阶级的领导权。

《决议》提出要争取建立一个能够实行土地改革和其他经济社会改革的民族主义民主政府。这是在现行制度下可能实现的任务。《决议》还对全党提出了"反对帝国主义和国内反动派，保卫国家主权，实行反封建的土地革命"的斗争目标和方向。

巴西共产党"五大"除了制定新的政治路线，还讨论了争取党的完全合法化地位问题，正式宣布放弃武装革命和暴力斗争，走和平革命的道路。在1960年巴西大选中，巴西共产党支持由工党、社会民主党和社会党联合提名的候选人库比契克政府的陆军部长洛特元帅。洛特在竞选初期提出要限制外资利润输出，维护巴西石油公司利益，并承诺进行土地改革并扩大教育和卫生保健体系，承认工人有罢工权。③ 巴西共产党号召围绕洛特的竞选，团结起来，以建立民族民主反帝政府。巴西共产

---

① 苏联科学院历史研究所：《巴西史纲》（下册），辽宁人民出版社1975年版，第763—764页。

② 郭元增：《一颗红星陨落了——悼念巴西共产党主席若昂·阿马佐纳斯》，载《当代世界》2002年第9期。

③ Nova Abordagem（PCdoB），20 a 26 mar, 1959.

党认为，民族民主政府的存在，一定能使国内力量对比发生新的变化，一定会为实现社会经济的革命性改造创造有利条件。① 但是处于非法地位的巴西共产党对洛特的积极支持，加深了统治集团的担忧，因而在大资本家和大土地所有者的压力下，洛特声明，共产党人的支持并不能够促使他当选后宣布共产党合法化。而另一位总统候选人夸德罗斯认为，当前巴西政治生活中的中心问题是争取巴西民族的解放、独立与进步，他提出要为提高农民的生活水平，扩大国内市场，促进农业生产发展和巴西进步而进行土地改革。② 为此，他于1959年访问了苏联和古巴，许诺同苏联恢复外交关系，支持古巴，甚至还承诺使共产党合法化。1960年10月3日，夸德罗斯在大选中获胜，1961年1月31日正式就职。但是夸德罗斯政府实行的独立自主的外交政策不仅损害了美国在拉美及巴西的利益，而且触动了国内大资产阶级和大土地所有者的既得利益。他不得不于1961年8月25日辞职。1961年9月7日，副总统古拉特继任总统。新政府进行了重新改组，不仅土地改革问题没有丝毫进展，而且也没有建立起巴西共产党所希望的"民族民主反帝政府"。巴西共产党争取合法地位的努力再次失败了，依然处于非法的地下活动状态之中。

第二，巴西共产党的党内斗争与党的组织分裂。

1956年召开的苏共二十大以及赫鲁晓夫针对当时国际共产主义运动中的重大理论和现实问题而提出的一系列看法，对巴西共产党的思想造成了严重的冲击。加之资产阶级思想家极力宣扬的随着资本主义经济不断地向前发展，巴西社会的根本改造就可以自发地、逐渐地完成的论调，党内一度出现了一股以阿吉尔多·巴拉塔为主要代表的修正主义思潮，认为巴西革命必须由资产阶级来领导，无产阶级在反帝统一战线中只能起辅助作用；大地主与资本家有可能进行深刻的土地改革，工农联盟具有次要意义；党作为无产阶级独立的、战斗的政治组织应该取消，并且走上了宗派活动和反对党的领导的道路。以阿马佐纳斯为代表的激进派指出，这种修正主义理论过高地估计了民族资产阶级的革命性，机械地

---

① Nova Abordagem（PCdoB），17 a 23 abr, 1959.
② Ibid..

割裂了民族革命同民主革命的关系①，并且遭到了大多数党员和中央委员会的严厉批判。

在苏共二十大掀起的反斯大林主义背景下，尤其是1957年6月在苏共激烈的党内斗争之后②，党的总书记普列斯特斯对待党内斗争的态度突然来了一个"似乎难以理解"的转变，开始积极地为他曾经反对过的修正主义思想进行辩护，"成了修正主义狂热的拥护者"，其力度丝毫不亚于1945年他对白劳德主义的支持。③ 党内的思想斗争陷入了极度混乱的状况，组织斗争日益加剧，最终形成了以党的总书记普列斯特斯为代表的"温和派"和以毛里西奥·格拉波依斯和若昂·阿马佐纳斯为代表的"激进派"尖锐对立的局面。

普列斯特斯紧紧追随苏共的路线，引起了党内激进派的强烈不满，不断对他提出各种批评和责难。1957年8月，巴西共产党中央政治局书记阿马佐纳斯被排挤出中央执行委员会，紧接着1960年8月又被排挤出中央委员会。在1960年党的五大上，12名中央委员被开除出去。在1961年召开的巴西共产党中央9月全会上，为贯彻党的五大提出的各项政策方针，争取党的合法化地位，普列斯特斯等人正式宣布放弃巴西共产党的名称，改称"巴西的共产党"，并在党章中删除了坚持马克思列宁主义和无产阶级专政以及无产阶级国际主义原则的规定。1962年1月，巴西的共产党中央委员会在里约热内卢召开扩大的中央全会，号召巴西一切民族解放力量团结起来，建立反对美帝国主义、争取在巴西实

---

① Nova Abordagem（PCdoB），15 a 21 abr，1960.
② 1957年6月苏共党内斗争源于苏共中央主席团内以莫洛托夫、马林科夫、卡冈诺维奇为首的元老派（"保守派"）趁赫鲁晓夫访问芬兰期间，对以赫鲁晓夫、布尔加宁、米高扬为首的"改革派"发动的一场突然袭击，他们要求中央主席团撤销赫鲁晓夫的一切职务。但因赫鲁晓夫及其支持者在中央主席团处于少数，所以坚决反对，并要求立即召开中央全会。6月20日，赫鲁晓夫指示国防部和克格勃连夜用飞机把在外地的中央委员、候补委员、中央检查委员会委员接到莫斯科。他们大部分是支持赫鲁晓夫的。在中央委员们的强烈要求下，1957年6月22—29日召开了由苏斯洛夫主持的苏共中央六月全会。经过激烈争论，中央全会正式表决并一致通过了《关于马林科夫、卡冈诺维奇、莫洛托夫反党集团的决议》，只有莫洛托夫一人弃权，决议宣布将马林科夫、卡冈诺维奇、莫洛托夫从中央主席团和中央委员会中清除出去，同时对布尔加宁给予严重警告处分，将别尔乌辛从中央主席团委员降为中央主席团候补委员，将萨布罗夫从中央主席团中清除出去，将谢皮洛夫从中央主席团和中央委员会中清除出去。
③ Classe Operária（PCdoB），1 a 15 ago，1963.

行根本的经济社会改革的统一战线。全会通过的决议特别强调了和平共处政策,肯定了苏共内部的民主化方针,反对"对斯大林个人的迷信",认为和平共处是人类社会发展的需要以及社会主义和资本主义在世界范围内的阶级斗争的一种特殊形式,并宣布自己忠于无产阶级团结原则,认为苏共二十大"不仅对建设共产主义的苏联人民,而且对渴望和平、进步与幸福的全人类都极为重要"①。巴西的共产党批判了党内所谓的"宗派主义"活动,并以"斯大林主义的派别活动分子"为名,把以阿马佐纳斯、格拉波依斯和波尔马为代表的激进派开除出党。

1962年2月18日,阿马佐纳斯等人在圣保罗召开巴西共产党第五次"全国特别代表会议",宣布重建"巴西共产党",并通过了《纲领宣言》,继续坚持暴力革命和无产阶级专政,选出了新的中央领导成员毛里西奥·格拉波依斯、若昂·阿马佐纳斯、吉杜·伊奈斯和曼努埃尔·费雷拉,阿马佐纳斯当选为党的总书记。

1963年8月,以阿马佐纳斯为首的重建后的巴西共产党在《致赫鲁晓夫的公开信》中,详细地阐述了巴西共产党同巴西的共产党的原则区别。② 在革命目标上,巴西共产党"争取推翻大庄园主和大资本家的现政权,建立一个真正代表巴西社会进步阶级和阶层的人民革命政府",而巴西的共产党"不反对现政权,而仅仅主张在这一政权的框框内进行局部的国家结构改革","建立一个所谓的民族主义民主政府"。在革命方式上,巴西共产党"坚持建立一个由巴西社会所有革命力量组成的以工人和农民为基本核心的统一阵线",以实现人民民主的民族解放革命,而巴西的共产党则"竭力要建立一个包括所有资产阶级,甚至包括大庄园主阶层的所谓民族主义民主阵线",以实现局部改革。在革命道路上,巴西共产党认为,"在目前形势下,统治阶级已经堵塞了革命的和平道路","人民在不放弃利用各种合法斗争形式的同时,应该做好准备,争取非和平的解决",而巴西的共产党"毫不依据本国现实情况,硬说反对帝国主义和封建主义的革命可以通过和平道路来达到它的目的"。在革命纲领上,巴西共产党"提出了社会主义的目标,公开肯定它遵循马克

---

① Nova Abordagem (PCB), 4 jan. 1962.
② Classe Operária (PCdoB), 1 a 15 ago. 1963.

思列宁主义和无产阶级国际主义原则,不隐瞒他的名字及其阶级本质",而巴西的共产党"背叛了原来的党,放弃革命纲领,隐瞒自己的名字,因而实际上已不再是一个无产阶级政党"。巴西共产党认为,这就是"为保障无产阶级的革命领导权而斗争"的"革命党"同"被统治阶级牵着走,帮助资产阶级欺骗劳动群众"的"改良党"之间的根本区别和分歧。

三 巴西共产党和巴西的共产党的路线方针和革命活动及其不同命运

(1) 巴西共产党

1962年2月18日召开的巴西共产党第五次全国特别代表会议是巴西共产主义运动史上具有深远历史意义的最重大的事件,它标志着"马克思列宁主义者同追随普列斯特斯的修正主义者的彻底决裂",由此开启了"党的生活的光荣的新阶段"①。

巴西共产党强调,重建后的巴西共产党不只是单纯地继承了老党的光荣革命传统,它意味着在经过了基于马克思列宁主义的深刻的意识形态斗争后,"党起了质的飞跃",党成了无产阶级的真正的政治先锋队。巴西共产党提出了"建立一个新政权,争取一个人民的政府"的斗争目标,认为"只有革命斗争才能给人民一个新政权"②。党在目前形势下的主要任务就是为建立一个"自由的、有文化的、给群众福利"的革命的政府而斗争。人民革命政府将会"一劳永逸地结束美国企业和资本"在巴西的掠夺行为并"没收和美帝国主义有联系的巴西大资本家的资本和企业","保卫民族工业",将会实行"消灭各种各样的大庄园制和各种形式的封建剥削的彻底的土地改革",同时"采取急剧措施反对通货膨胀","制止生活费上涨","进行城市改革,以保证每个家庭都有自己的住房","尽一切努力扫除文盲","毫不妥协地保卫公共财产","取消国家机器中的雇佣主义和寄生主义"。巴西共产党指出,人民革命政府是"人民主权的忠实体现者",应该保证国家政治生活的完全民主化以及广

---

① 参见《人民日报》1972年3月2日。
② 高放等主编:《当代世界社会主义文献选编》,中国人民大学出版社1990年版,第858—860页。

泛的言论自由、集会自由、结社自由、罢工自由、出版自由、宗教信仰自由,并且给予全体公民选举权,反对各种形式的种族主义。

巴西共产党指出,巴西统治者运用"欺骗、舞弊和暴力"来把持政权,用武装力量和警察来对付人民。因而"革命的和平道路变成不可行的了",与此同时巴西共产党认为,"选举活动是政治活动的重要形式",积极地正确地参加选举可以"启发群众,传播革命纲领和选举维护人民事业的候选人"。但是,"只有坚决和有力的斗争、大规模的革命行动"才能达到建立人民的革命政府的目的。巴西贫穷落后的根源在于外国帝国主义和国内的资产阶级垄断集团及大土地所有者的统治,美帝国主义是巴西人民的主要敌人,因而,巴西革命是反帝、反大庄园制的民族民主革命。革命斗争只有由同农民结成联盟的无产阶级通过"广泛的反帝民主阵线"来领导才能实现。[1]

1964年8月,巴西共产党中央执行委员会讨论通过了题为《巴西国内形势和巴西共产党的任务》[2]的决议,详细地阐述了党的政策方针。巴西共产党认为,以卡斯特罗·布朗库为首的政府是一个"用刺刀扶植起来的政府",是一个"反人民的和为美国垄断集团服务"的独裁政府。民主反帝运动的经验教训证明了"和平道路走不通",巴西人民"需要以武装斗争来回答国内反动派和美帝国主义的武装镇压",这是一个根本问题,必须以此来"指导一切真正的革命者的思想与行动"。民主反帝运动的斗争历程证明了只有以社会最先进的阶级——无产阶级的革命先锋队为首,采取"革命的而不是改良主义"的方针,同时建立广泛的民主反帝统一战线,利用一切斗争形式,并且在政治上和思想上进行最坚决有力的斗争,甚至采取群众的革命暴力,才能取得彻底的胜利。

巴西共产党还特别指出,要正确区分民主革命和社会主义革命。在当前条件下提出社会主义的目的,就等于把民族资产阶级和其他本可以争取到反帝民主统一战线中来或者那些中立阶层推开。巴西的未来是社会主义,但是现实生活说明,社会主义道路不可避免地要经过民主和反帝的革命。因此,要把党缔造成"一支强有力的革命先锋队",为此,

---

[1] 参见《人民日报》1972年3月2日。
[2] 参见《人民日报》1965年5月23日。

"必须大力扩大党的队伍并同群众建立深刻的联系",把工人阶级中的优秀分子,最具有战斗力的农村劳动者、青年学生以及一切愿意为实现民族解放和社会解放进而在将来实现社会主义的人,团结在自己的周围。

关于革命道路问题,巴西共产党再次重申,巴西革命的基本问题"将不能通过和平途径解决","人民必须在斗争中建立自己的武装部队","巴西人民面临这样的抉择:要么继续充当美帝国主义的附庸,要么起来革命。第三条道路是没有的"。只要巴西人民走上革命道路,就必将取得最后的胜利。

1964年3月31日,巴西发生军人政变,大批民主进步人士被逮捕、杀害或被迫流亡国外。巴西共产党因对此有所准备而并未遭受太过重大的损失,被迫转入地下,但更加坚定了走武装斗争道路的决心。1966年6月27—30日,巴西共产党第六次全国代表会议讨论通过了《巴西人民团结起来,把我国从危机、独裁和新殖民主义威胁下解放出来》的决议,决定走武装斗争道路。① 1969年1月,巴西共产党中央委员会发表了题为《人民战争——巴西武装斗争的道路》②的文件,为进行武装斗争作思想和舆论上的准备。

① 关于武装斗争的理论来源。巴西共产党指出,毛泽东同志的革命战争著作对确定武装斗争道路起了指导作用,党应该根据马克思列宁主义,根据毛泽东同志关于人民战争的理论,研究在巴西发动和开展武装斗争的先决条件,并提出切实可行的路线。

② 关于武装斗争的决定因素。巴西共产党强调,这是由巴西社会的性质决定的,巴西是一个附属于帝国主义的国家,土地高度集中,农业生产落后,同时美国垄断资本掌握了巴西经济命脉,贫富差距悬殊,地区发展不平衡,社会矛盾尖锐。

③ 关于武装斗争的基本内容。巴西共产党提出,巴西人民的武装斗争具有深刻的人民性;根据敌我力量对比情况,武装斗争主要应该在内地农村地区进行,而农村的武装斗争将会推动大城市的群众斗争。巴西

---

① 中共中央对外联络部编:《各国共产党总览》,当代世界出版社2000年版,第719—720页。

② 参见《人民日报》1969年5月14日。

人民的解放战争是"持久战",不能指望速胜;游击战是人民战争初期的主要斗争形式;必须缔造一支由人口中最贫穷的群众(主要是农民、农业工人和工人,也包括学生和知识分子)组成的人民军队;人民战争的关键是在农村建立根据地,"农民是战士的主要来源",它是进行持久战争的基地。人民战争要有正确的政治方向,即战争的首要目标是实现民族解放和社会解放,从而建立一个能够"保障国家的独立、人民的自由、群众的文化福利、农民的土地和国家的全面经济发展"的革命人民政府。

为进行武装斗争,1960年代末,巴西共产党成立了由阿马佐纳斯任主席的中央军事委员会,积极准备在广大农村地区开展游击战争,希望用暴力手段推翻梅迪西独裁政权。1972年5月,巴西共产党领导的农村游击战争在巴西北部的帕拉亚州拉开了序幕。在坚持三年后,终因敌我力量悬殊,于1975年遭到盖泽尔政府残酷镇压,遂宣告失败,斗争被迫停止。巴西共产党损失惨重,在农村游击区,包括格拉博伊斯在内的60多位高级干部和党员壮烈牺牲。在里约热内卢、圣保罗等大城市,党的第三、第四位领导人相继遭到当局杀害,阿马佐纳斯和党的其他领导人被迫转入地下活动,后来又流亡到欧洲。①

1979年3月15日,若昂·菲格雷多就任总统,国内政治形势开始松动。8月菲格雷多政府宣布"政治大赦",10月阿马佐纳斯回国并公开露面,11月底政府宣布取消自1965年11月实行的两党制,允许不同政治倾向的政治家自由组党。巴西共产党4名党员以"巴西民主运动党"的名义参加了1982年11月的议会选举,并当选为联邦众议员。1985年3月15日,若泽·萨尔内上台执政,7月9日,巴西共产党获得了完全的合法地位。在1986年11月15日举行的大选中,共有5名党的干部当选为联邦众议员。在1990年10月3日举行的大选中,巴西共产党仍保留了5个众议院席位。② 1992年2月,巴西共产党召开八大,重申马克思列宁主义原则,并利用议会讲坛和舆论工具,为实现自己的目标而斗

---

① 郭元增:《一颗红星陨落了——悼念巴西共产党主席若昂·阿马佐纳斯》,载《当代世界》2002年第9期。

② 中共中央对外联络部编:《各国共产党总览》,当代世界出版社2000年版,第720页。

争。在1994年10月3日举行的大选中,共有10名党的干部当选为联邦众议员。到1995年,党员队伍增加到20万人。巴西共产党呈现出了良好的发展势头。

由武装斗争和暴力革命到和平、合法的议会斗争,这标志着巴西共产党革命斗争的战略和策略的重大转变。而在这一转变过程中,党的力量不仅没有因此削弱,反而逐步发展壮大,这不仅得益于1980年代巴西国内的民主化进程,更重要的是巴西共产党在思想上坚持和捍卫马克思列宁主义,在组织上实行严格的民主集中制,形成了以若昂·阿马佐纳斯为首的坚强领导集体,使党能够经受住苏东剧变的严峻考验而不断地向前发展。

(2)巴西的共产党

自1961年以来,巴西的共产党一直坚持党的五大所确定的政策方针,对巴西社会性质及其主要矛盾等巴西革命的基本问题的认识基本上没有改变,并提出了建立包括工人阶级、农村劳动者、小资产阶级和民族资产阶级在内的反独裁的、民主力量的广泛阵线,用和平合法的手段来争取党的合法化地位。但收效甚微,仍然不断地遭到执政当局的残酷迫害。1964年右翼军人发动政变,对国内实行高压政策,党的大多数领导骨干先后被迫流亡国外(普列斯特斯被迫流亡莫斯科)。1973年11月,党的中央全会作出了"建立反法西斯统一战线"的决议。1975年再次遭到盖泽尔政府镇压。1964—1975年军人统治期间,巴西的共产党先后有1000余名党员和26名中委被捕入狱,其中中央干部10人被杀害。[①] 1979年菲格雷多政府宣布大赦,长期流亡在外的党的领导人陆续回国。

但是到1980年代,普列斯特斯同党的中央领导人在巴西革命性质和斗争方式等问题上的严重分歧趋于公开化,与此同时,党内组织斗争日益激烈。1980年5月,党的中央会议撤销了普列斯特斯的总书记职务,选举吉奥贡多·迪亚斯为党的总书记。迪亚斯在《共产党人的目标》中,对党的奋斗目标、斗争方式和党的建设问题进行了阐述。他认为,通过"社会主义过渡"的途径在巴西建立无阶级社会是党的"清晰的、明确的和鲜明的"目标,巴西的共产党所要建设的"公正而人道的"新

---

① 中共中央对外联络部编:《各国共产党总览》,当代世界出版社2000年版,第1152页。

社会必须要考虑到巴西"民族的独特性、文化的特征和历史",向社会主义过渡的斗争方式"取决于政治活动家在阶级斗争舞台上行之有效的行为"。因此,巴西的共产党要争取"最广泛的言论自由",并"同所有对巴西民主化感兴趣的力量对话"。在党的建设问题上,他认为,"一定要把革命的党变成一个群众性的大党",从马克思主义阶级观点出发,巴西的共产党"不谋求推动巴西革命进程的特权",认为任何一种领导权都应该在日常的革命斗争实践中争取,但是党不会放弃自己的"立场和领导社会进步的责任"。

1984年1月党的第七次全国代表大会通过了《巴西的共产党纲领》和《巴西危机的民主出路》的决议,以解决党的路线方针和组织问题。巴西的共产党认为,巴西是一个具有中等发展水平的工业—农业资本主义国家。当前巴西面临的政治社会危机有着"自己的民族特殊性",同时"构成资本主义总危机的一部分",并以特殊的形式重复着。但是这并不意味着巴西资本主义已经到了崩溃的边缘,通过改良和其他措施,可以减少某些矛盾,甚至还会创造新的发展周期。

巴西的共产党强调指出,党的奋斗目标是实现"以社会主义为开端"的新社会,为此必须要实现"革命的变革"。在当前条件下,革命进程"存在着排除武装斗争、起义和内战的道路"的可能性。巴西的共产党立志捍卫民主、基本人权、人民自主的代议制度和政治、政党多元化,并且以"马克思的、后来又由列宁发展了的社会理论"作为自己分析现实的方法。在决议中,巴西的共产党还对"国家政治生活中的变化"、"国际形势"、"巴西社会的变化"、"巴西经济的变化"以及"巴西的革命道路"等问题进行了详细的阐述。

在党内斗争问题上,巴西的共产党提出,共产党人要鼓励内部辩论,不需要否定内部分歧,但也不能容忍在分歧、自主、内部民主的借口下,搞分裂、分化的活动。代表大会改选了中央领导机构,迪亚斯再次当选为党的总书记,并将普列斯特斯开除出党。巴西的共产党认为普列斯特斯"否认共产党人现在所进行的争取党的合法地位和党的政治方针的革命性质",并且"从事反对中央领导和派别主义、取消主义的活动"。巴西的共产党强调指出,党中央领导委员会以最大的耐心,多次"以共产党人的名义"坚持同普列斯特斯辩论,以"给他回头的机会"。普列斯特斯离开党的队伍，"对于革命、对于共产党人、对他自己都是不利的"①。

普列斯特斯最终在激烈残酷的党内斗争中，离开了他曾经领导了几十年的党。但他始终没有放弃为共产主义奋斗的人生理想，继续争取同民主和进步的斗争联系起一起，直到1990年3月7日逝世，他都在按照自己的理解，积极宣传和捍卫社会主义。1987年担任党主席的马利纳指出，普列斯特斯曾经是党"最富有生命力的象征"，1990年当选的巴西总统科洛尔认为，即使是普列斯特斯的敌人也不会否认他"对巴西历史和政治所起的重要作用"。普列斯特斯逝世后，上至参议院议长、下至广大平民群众都参加了在里约热内卢举行的隆重悼念活动。他在长期的革命斗争中给巴西人民留下了一份宝贵的精神财富。②

1985年5月，巴西的共产党取得合法地位，党的活动开始公开化，并参加了1986年11月举行的议会选举，共有5名党员干部当选为联邦众议员，另有多人当选为州议员。1987年7月17—19日，巴西的共产党在巴西利亚召开党的第八次全国代表大会，修改了党章、党纲，选举萨洛芒·马利纳为党的主席，并通过了《巴西的共产党第八次代表大会政治声明》、《巴西的共产党中央委员会工作总结》和《在民主过渡中的巴西的共产党》的决议。③在《政治声明》中，巴西的共产党对"我们的未来：社会主义"、"过渡与法治国家：未来的大门"、"危机、谈判与劳动者"和"新的历史集团和群众的民主"等问题进行了说明。在《中央委员会工作总结》中，巴西的共产党对"关于理解向民主过渡问题上的难点"、"党及领导委员会的理论弱点"、"对我党合法地位的抵制"、"我们脱离群众"、"轻视组织工作"和"和平与声援问题"等问题进行了自我批评和反思。在决议中，巴西的共产党对"国际形势"、"过渡的进步性与局限性"、"党的策略"、"巴西的共产党的参与——批评性的评价"

---

① 参见吴彬康、姜士林、钟清清主编《八十年代世界共产党代表大会重要文件选编》，中国广播电视出版社1989年版，第1279—1316页。
② 郭元增：《一位顽强的革命者——普列斯特斯生平简介》，载《拉丁美洲研究》1990年第5期。
③ 参见吴彬康、姜士林、钟清清主编《八十年代世界共产党代表大会重要文件选编》，中国广播电视出版社1989年版，第1317—1344页。

和"基本的组织问题"等进行了具体阐述,提出了党的建设中的困难以及克服困难的具体措施。

1991年5月30日至6月2日,巴西的共产党在巴西利亚召开党的第九次全国代表大会。这次大会是在苏东剧变的历史背景下召开的。在党内,以里约热内卢大学原校长奥拉西奥·马塞多为首的"正统派",以党主席萨洛芒·马利纳、副主席罗贝托·弗莱雷为首的"自由派"以及以多明戈·托德罗为首的"中间派",围绕要不要坚持马克思列宁主义和无产阶级专政等问题展开了激烈争论,最终达成妥协,由众议院党团领袖弗莱雷出任党主席。党的政策方针进一步右倾。1990年10月巴西大选中,巴西的共产党在众议院的席位由5个减少到3个,州议员人数急剧减少。1991年苏联"8·19"事件发生后,党主席弗莱雷公开宣称"社会主义模式及其建设者已经死亡",为了实现"巴西的共产党的现代化",现在"已经到了更换党名和党旗的时候了"。

1992年1月25日,巴西的共产党召开党的第十次代表大会,决定放弃马列主义和社会主义,从党旗上去掉镰刀斧头的标志,并解散巴西的共产党,成立"民主左派党",不久更名为"社会主义人民党"。弗莱雷宣称社会主义人民党是"工党和社会民主党的混合物",并正式宣布放弃马列主义和无产阶级专政,建设"民主社会主义"。[①] 而以奥拉西奥·马塞多为首的"正统派"和以多明戈·托德罗为首的"中间派"宣布退党,并表示要努力重建一个新的"巴西的共产党"。1993年3月23日,马塞多等人重新召开党的第十次代表大会,宣布重建巴西的共产党。但是新党的力量和影响极为有限,日益走向边缘化。

在长期激烈而残酷的党内派别斗争中,巴西的共产党从来没有形成一个稳定的、有感召力的领导集团和领导核心,普列斯特斯在党内始终没有成为公认的领袖。与此同时党的领导集团对马克思主义没有全面系统的理解,对其精神实质更是浅尝辄止,其思想路线及其政治立场和政治信念经常摇摆不定,在很大程度上受到共产国际和苏共的思想理论的影响,没有独立制定革命斗争的战略与策略的能力和魄力,加之苏东剧变后巴西的共产党内部严重的思想分歧和组织斗争,在20世纪80年代

---

① 中共中央对外联络部编:《各国共产党总览》,当代世界出版社2000年版,第1153页。

以来拉美及巴西民主化浪潮的推动下,巴西的共产党走上了一条与巴西共产党完全不同的发展轨迹和发展道路,最终分化、瓦解。① 其教训是惨痛而深刻的。

第三节 苏东剧变后巴西共产党的新发展和新探索(1991年至今)

苏东剧变后,世界社会主义运动发展进入了严重困难时期。不仅像中国、越南和古巴这样的社会主义国家经受了严峻的考验,而且西方国家共产党在深刻的变革与转型中出现了不同的发展局面。一些国家的共产党由于思想和理论上的分歧而出现党员大面积退党,对党的力量造成了重大的打击,一些国家的共产党则由于思想混乱而陷入了组织上的分裂状态,一些国家的共产党则受到社会民主主义或民主社会主义思潮的影响而转向社会民主党。但大多数共产党顶住了苏东剧变所带来的压力,稳住了阵脚,并获得了新的发展。其中,西方国家共产党中发展态势和发展趋势比较好的当属地处拉美地区的巴西共产党。巴西共产党在苏东剧变后对党的发展和巴西社会主义发展道路问题进行了新的探索,并取得了新的成就。

一 苏东剧变后巴西共产党的新发展

苏东剧变后,巴西共产党在以阿马佐纳斯为首的党中央领导下,在

---

① 其实早在1966年12月,原巴西的共产党中央执行委员会委员卡洛斯·马里格拉在《致执行委员会的信》中,就明确表示了对党的政策的不满,认为"非暴力的社会主义道路"在巴西是一个"幻想","对巴西来说,唯一可能的解决办法,就是武装斗争"。而"城市游击战"是"团结巴西一切革命者并使巴西人民取得政权的唯一办法"。1967年年底,马里格拉宣布退出巴西的共产党,并于1968年在圣保罗成立了"民族解放行动组织"。到1969年,该组织已在巴西22个州中的18个州建立了分支机构,开展城市游击战,进行袭击、没收财产、绑架、破坏、神经战及恐怖活动。1969年6月马里格拉完成其著作《城市游击战手册》,详尽地阐明了游击战的指导思想、目的、战略和战术,第一次强调必须巴西进行城市游击战。1969年11月4日和1970年10月23日,民族解放行动组织的领导人马里格拉及其接班人费雷拉先后被打死,该组织的声望和重要性大大降低,由于没有赢得人民的支持,日益陷入政治孤立。参见[巴西]卡洛斯·马里格拉著,[英]约翰·巴特和罗斯马里·希德译《为了巴西的解放》,伦敦,1971年,第187、125页;[美]威廉·E. 拉特利夫著,王槐挺等译《拉丁美洲的卡斯特罗主义和共产主义(1959—1976年)——马列主义的几种类型》,商务印书馆1979年版,第182—188页。

思想理论上坚持和捍卫马克思列宁主义的原则，坚持独立思考，在政治实践中重新审视巴西国内现实，奉行灵活务实的方针，使党获得了长足的发展。党员人数由 1990 年的 9 万人增至 2001 年的 32 万人，其中骨干党员约 2.5 万人，在全国 27 个州的 1703 个市建立了基层组织。自 1985 年获得完全合法的地位后，巴西共产党就转变斗争策略，并同劳工党结成政治联盟，积极参与并推动了巴西政治民主化的进程。特别是 2002 年大选以来，包括巴西共产党在内的以劳工党为首的左翼联盟连续三次赢得大选并上台执政。至 2010 年巴西共产党获得了 2 个参议院席位，15 个众议院席位，1 个政府（体育）部长职位，取得了巴西政治民主化以来的最好成绩。2003 年，哈罗尔多·利马（Haroldo Lima）曾出任巴西国家石油管理局主席。2004 年，卢拉任命巴西共产党副主席阿尔多·雷贝洛（Aldo Rebelo）为政府协调部（政治协调与体制问题秘书处，简称"协调部"）部长。2005 年 9 月至 2007 年 2 月，雷贝洛出任众议院代议长。

巴西共产党之所以能在苏东剧变后取得新的发展，主要得益于以阿马佐纳斯为首的巴西共产党中央采取了一系列适应新的斗争形势的加强党的建设的举措。这主要包括在党的性质上，巴西共产党继续坚持无产阶级政党的基本原则，致力于建设现代群众性共产党，在加强和巩固党的阶级基础的同时，扩大党的社会基础，同其他社会运动和群众性组织建立紧密的联系。2001 年党的十大提出要把巴西共产党建设成为一个坚持马克思列宁主义原则的现代化的共产党，并将"变革国家"作为党的历史使命。2004 年 3 月，巴西共产党召开了关于党的问题的全国会议，提出巴西共产党是一个"群众性的共产党"。2009 年党的十二大再次强调要把党建设成为一个"现代群众性共产党"[1]。

在党的指导思想上，巴西共产党强调指出，党是以马克思恩格斯创立的、列宁和其他无产阶级革命家发展了的革命理论——科学社会主义理论为指导的。巴西共产党特别强调要克服"教条化的马克思主义"，

---

[1] Partido Comunista do Brasil（PCdoB），Política de Quadros Comunistas para a Contemporaneidade: Partido Revolucionário para um Período Singular de Lutas, Cf. Adalberto Monteiro e Fábio Palácio, eds., 12o Congresso Documentos e Resoluções. São Paulo: Anita Garibaldi, 2009.

要把马克思列宁主义普遍真理同时代发展和巴西具体实际相结合,不断创造性地发展马克思主义。

在党的领导体制上,巴西共产党取消了党内最高领导职务终身制,对中央领导班子进行了重大调整,实现了新老两代领导人的平稳、有序过渡。在党的组织建设上,巴西共产党强调民主集中制是党的组织结构和党内生活的根本原则。2001年党的十大,在中央委员会内增设了监察委员会,专门负责党的纪律检查和财务监督工作,进一步规范了新党员的入党程序,加强了对党员的管理和纪律约束。

巴西共产党着眼于新的争取社会主义的斗争的历史条件,摒弃了党是巴西"唯一的左派政党"的教条化思维方式,提出要把党建设成为一个具有包容开放的革新精神的政党。与此同时巴西共产党明确地提出了"反对新自由主义全球化"的方针,要团结和联合一切可以团结和联合的力量,建立最广泛的反对新自由主义的人民民主阵线,通过民主选举,建立民族民主的新政府,以寻求开辟一条巴西发展的新道路。

二 苏东剧变后巴西共产党对巴西社会主义发展道路的思考

由苏东剧变所引发的世界社会主义运动发展的危机给巴西共产党造成了强烈的震撼。巴西共产党在深刻总结和反思苏东剧变根源的基础上,对20世纪世界社会主义运动发展中的种种弊端和失误进行了全面剖析。在马克思列宁主义的科学精神指引下,巴西共产党对20世纪世界社会主义革命和建设的经验教训、党的建设的经验教训以及国际共产主义运动的基本原则等问题进行了深刻阐述,从而使党对巴西社会主义发展道路的探索走上了马克思列宁主义的科学轨道。

在探索巴西走向社会主义发展道路问题上,巴西共产党首先强调了马克思主义和科学社会主义理论的科学性和时代性。巴西共产党指出,马克思主义是一门具有创造性的科学,仍然是指导党进行社会主义革命运动的科学指南,在向社会主义过渡的漫长的历史进程中,除了必须取得无产阶级的国家政权、采取国家资本主义的手段和方式以及积累建设社会主义的物质基础外,还必须考虑到社会主义革命的进程和方法,特别是阶段等根本性问题。如果不能正确地定位现阶段社会主义革命运动所处的阶段,那么必然会使革命运动面临极大的困难。因此要认识到社会主义革命运动的现实条件和客观规律,社会主义革命运动的发展阶段要同整个社会发展的客观要求相一致，不可以跳过某些阶段。

1995年8月，阿马佐纳斯在党的第八次全国代表会议上所作的题为《向社会主义过渡需要马克思主义的正确方向》的报告中，详细地阐明了巴西共产党人对社会主义发展道路的理论思考①。在如何向社会主义过渡的问题上，阿马佐纳斯认为，总结苏东国家社会主义建设的经验教训可以得出如下结论：一是过渡的唯一模式——苏联模式是不能接受的，过渡的方式必须考虑到每一个国家和民族的历史特点和经济文化发展水平这一客观实际。二是这一过渡时期将是一个极其漫长的过程，不可能是短暂的；尽管社会主义意味着快速发展的节奏，但激进的共产主义是违背辩证法的，是强行冒进、一意孤行，因而是错误的。三是"过渡必须以现有的实际为依托，寻找一条使发展生产力和社会进步的链条都能运转起来的环节"。四是过渡时期是一个漫长的阶级斗争的过程，并表现出自己独有的特征，因而不能将其混同于"和平道路"、"阶级调和"。这是因为阻碍革命和建设步伐的各种势力企图设置种种障碍，因而斗争是必要的。但是，阶级斗争不仅仅是指武装斗争和暴力革命，"阶级之间的斗争，从其历史意义来讲，也将广泛借助于各种方式和工具"。

巴西共产党认为，要更新社会主义革命的思想，巴西的社会主义应当有自己的特点，不能照搬固有的模式；社会主义也不是一下子就能建成的，需要经过分阶段逐步完善的过程。巴西共产党因此提出要吸取20世纪世界社会主义运动的经验教训，在借鉴世界无产阶级的成功经验的基础上，建设一个新型的具有巴西特色的社会主义。2009年党的十二大再次强调要通过"走向社会主义的巴西式道路"，建设"巴西特色的新型社会主义"②。

在如何根据巴西的特点来建设社会主义的问题上，巴西共产党认为，现阶段巴西正处于向社会主义过渡的预备性阶段。巴西可能会出现向共产主义过渡的三个阶段，一是从资本主义向社会主义过渡的预备性阶段，

---

① 肖枫主编：《社会主义向何处去——冷战后世界社会主义运动大扫描》（下），当代世界出版社1998年版，第993—994页。

② Partido Comunista do Brasil (PCdoB), Programma Socialista para o Brasil: O Fortalecimento da Nação é o Caminho, o Socialismo é o Rumo! Cf. Novo-Programa Socialista e Estatuto do PCdoB. São Paulo: Anita Garibaldi, 2009.

二是全面社会化阶段,三是全面建设社会主义并逐步向共产主义过渡阶段。① 与此相适应,确定了党在当前及今后一个时期的三大斗争目标,即:(1)最大限度地团结政治和社会力量,建立起反对新自由主义进攻的人民抵抗政治运动;(2)争取实现民族、民主重组和加快发展的新计划;(3)开辟战胜新自由主义的道路,朝"向社会主义过渡的计划"靠拢。与此同时,坚持"推动先进的、改革的潮流的发展,参与争取中期目标的胜利,以此作为积蓄力量和实现崇高目标——向社会主义过渡"的斗争策略。②

---

① Partido Comunista do Brasil (PCdoB), Programma Socialista: Construindo o Futuro do Brasil, Cf. Construindo o Futuro do Brasil: Documentos da 8a Conferência Nacional do PCdoB (coletânea de textos). São Paulo: Anita Garibaldi, 1995.

② 中共中央对外联络部编:《各国共产党总览》,当代世界出版社 2000 年版,第 720 页。

第二章 巴西共产党对20世纪社会主义运动的理论思考

苏东剧变引发了世界社会主义运动发展的严重危机，使全球范围内社会主义与资本主义之间的力量对比关系出现了不利于社会主义的重大变化。这同时引起了包括巴西共产党人在内的世界各国共产党人对苏联社会主义建设的模式和社会主义革命运动发展道路的深刻反思，并在此基础上对各自国家走向社会主义发展道路的问题进行了新的探索。

第一节 巴西共产党对苏东剧变的剖析

苏东社会主义的失败只是一种社会主义模式——社会主义苏联模式的失败，而不是社会主义本身的失败。社会主义仍然是被压迫者和被剥削者以及一切渴望民主、自由和进步的广大劳动人民的希望和未来。因此，巴西共产党仍坚持把实现科学社会主义作为党的奋斗目标，并且提出把马克思主义普遍真理与本国具体实际相结合是共产党生存与发展的必要条件[①]。

一 苏东剧变与世界社会主义运动发展的危机

苏东剧变本身是20世纪世界社会主义运动发展进程中的一次重大挫折，但它并不是直接引发世界社会主义运动发展的危机的原因，它只是在一定程度上加剧了世界社会主义运动发展的危机。这是因为世界社会主义运动发展的危机自以苏联为首的社会主义阵营建立开始，就逐渐地开始显示。它主要表现在两个方面：内部体制的危机，即社会主义国家高度集中的经济政治体制的危机；外部体制的危机，即世界社会主义运动的体制危机。[②] 因而共产党人的任务不是对已经存在的危机视而不见，

---

① 参见中联部五局《独立思考与灵活务实：巴共发展的两大法宝》，载中国社会科学院世界社会主义研究中心《世界社会主义研究动态》2002年第8期。

② 聂运麟等：《历史的丰碑与艰难的探索——20世纪社会主义发展的历史进程》，福建人民出版社2006年版，第13页。

而是要正视危机，探讨危机的表现形式及其产生的根源，并找到解决危机的出路和办法，在马克思主义指引下探索各自国家走向社会主义的发展道路。

1. 世界社会主义运动发展危机的实质

巴西共产党指出，苏东剧变加剧了社会主义和马克思主义的危机。苏联东欧全面崩溃，由社会主义转变为资本主义，由计划经济转变为市场经济，造成了"一切具有共产主义性质的东西的被破坏"。资产阶级和反共产主义势力相结合，加剧了修正主义者、机会主义者对工人阶级政党和马克思主义的变本加厉的攻击，"对马克思、恩格斯、列宁理论的正确性的怀疑正在蔓延开来"①。

巴西共产党认为，世界社会主义运动的危机实际上是马克思列宁主义发展的危机。正是由于苏东国家在建设社会主义过程中背离和歪曲马克思列宁主义的基本原则和理论基础，固守僵化的社会主义模式，才导致了社会主义的历史性失败。马克思列宁主义发展的危机并不是资产阶级反革命势力对工人阶级政党进行进攻的直接结果，而是"马克思列宁主义运动"自身所产生的危机。②

巴西共产党指出，从赫鲁晓夫到戈尔巴乔夫，苏联逐渐地走上了修正主义道路。由隐隐约约的修正主义到揭开修正主义的面纱，直至宣称"新思维"，"苏维埃变节者"公开走上了资本主义道路。③ 在这一过程中，出现了一股否定马克思列宁主义和无产阶级专政的社会思潮。它主要表现为否定马克思列宁主义的阶级斗争理论④；将无产阶级专政同自

---

① João Amazonas, Informe Político ao 8o Congresso, Cf. O Socialismo Vive: Documentos do 8o Congresso do PCdoB. São Paulo：Anita Garibaldi, 1992.

② Ibid..

③ Partido Comunista do Brasil (PCdoB), A Política Revolucionária do PCdoB: Documentos do 7° Congresso do PCdoB (coletânea de textos), São Paulo: Anita Garibaldi, 1989.

④ 对于阶级和阶级斗争理论，马克思在1852年3月5日给约·魏德迈的信中特别强调指出："无论是发现现代社会中有阶级存在或发现各阶级间的斗争，都不是我的功劳。在我以前很久，资产阶级历史编纂学家就已经叙述过阶级斗争的历史发展，资产阶级的经济学家也已经对各个阶级作过经济上的分析。我所加上的新内容就是证明了下列几点：（1）阶级的存在仅仅同一定生产发展的一定历史阶段相联系；（2）阶级斗争必然导致无产阶级专政；（3）这个专政不过是达到消灭一切阶级和进入无阶级社会的过渡。"参见《马克思恩格斯选集》第4卷，人民出版社1995年版，第547页。

由和社会正义对立起来；否定共产党在领导社会主义革命和建设中的先锋队作用；否定马克思主义政党的民主集中制原则，把社会主义的政党制度等同于专制主义；认为马克思恩格斯的理论只适用于早期资本主义阶段，而无法反映当前资本主义高度发达的科技革命现实；认为列宁主义是充斥着激进情绪的布朗基主义。最为严重的是，在整个世界社会主义运动中，出现了否认马克思主义的基本原则和理论基础的倾向。① 因而，工人阶级和广大劳动人民争取建设新社会的斗争精神被削弱和腐蚀了，曾经被列宁批判过的"群众的自发性"现象在世界社会主义运动中又重新出现了。

2. 巴西共产党对马克思列宁主义发展危机的阐释

（1）关于马克思列宁主义的阶级斗争理论

对于马克思列宁主义的阶级斗争理论，巴西共产党认为，阶级斗争在不同的历史时期具有不同的"独有的特征"，但是它并不是只有一种斗争形式和手段，必须"广泛借助于各种方式和工具"，推动社会主义不断地向前发展。② 在20世纪的社会主义建设实践中，无视社会主义制度建立后社会阶级结构已经发生了重大变化的现实，静止地看待阶级斗争理论，并教条式地认为它仍然是推动社会主义发展的动力，从而对所谓的"人民的敌人"进行了残酷的打击，直至从肉体上消灭，极大地败坏了社会主义的形象。

巴西共产党强调指出，阶级斗争，特别是思想领域的斗争，是不能动辄采用简单粗暴的极端方式来解决的，而要采用政治上和理论上的说服、教育的方式来解决，而斯大林恰恰忽视了这一点。列宁为此树立了一个很好的榜样：一方面坚决捍卫社会主义和马克思主义，另一方面撰写大量的理论文章和小册子，通过思想辩论来驳斥各种错误观念。③ 马克思主义的阶级斗争理论为马克思主义政党认识社会各阶级阶层的地位

---

① João Amazonas, Informe Político ao 8o Congresso, Cf. O Socialismo Vive：Documentos do 8o Congresso do PCdoB. São Paulo：Anita Garibaldi, 1992.

② 肖枫主编：《社会主义向何处去——冷战后世界社会主义运动大扫描》（下），当代世界出版社1998年版，第994页。

③ João Amazonas, Informe Político ao 8o Congresso, Cf. O Socialismo Vive：Documentos do 8o Congresso do PCdoB. São Paulo：Anita Garibaldi, 1992.

和生活条件及其思想意识、社会生活中的各种矛盾、各民族和各社会之间及其内部的斗争以及不同时期革命与反动、和平与战争、停滞衰落与迅速发展的更迭等这些人所共知的事实，"提供了一条指导性的线索，使我们能在这种看来扑朔离迷、一团混乱的状态中发现规律性"①。但是无产阶级阶级斗争的策略必须要考虑到社会发展的客观阶段和社会各阶级阶层之间的相互关系，以一种动态的、全面的而不是静止的、片面的观点进行辩证的理解，从而顺利地实现马克思主义政党的战略目标。列宁指出："先进阶级只有客观地考虑到某个社会中一切阶级相互关系的全部总和，因而也考虑到该社会发展的客观阶段，……才能据以制定正确的策略。"②

（2）关于无产阶级专政理论

巴西共产党指出，无产阶级专政是社会主义革命的本质要求，是通往新社会的过渡。在社会主义制度建立后，仍然存在着发展社会主义民主的问题，"民主贯穿于整个社会主义过渡阶段，要经过逐步扩大、深化和最后确立的过程。这不是一般的民主，而是在社会上实现无产阶级统治和领导的民主，比自由主义的民主前景更为广阔和深刻"。而马克思主义的民主和专政是不可分割的，无产阶级专政是"巩固新的革命政权而在最有限的时期内必须采用的"，专政时期的长短取决于每个国家和民族的历史条件，与此同时，"无产阶级专政是一个阶级的专政，而不是一个人或一个集团的专政"③。社会主义革命胜利后，执政的马克思主义政党在无产阶级民主和专政问题上，本应该是适时地寻求社会主义民主发展的各种有效形式，扩大人民的自由和民主权利，实现国家政权的民主化，在经济上和政治上保障工人阶级和广大劳动人民的民主权利。但在20世纪社会主义的理论与实践中，苏共背离了无产阶级的民主原则，对社会主义事业造成了严重的伤害，其影响至今还未彻底消除。

巴西共产党强调，列宁不仅阐明了无产阶级民主制度的基本原则和性质，而且提出了无产阶级民主的具体实现形式，即人民主权。但是随

---

① 《列宁选集》第2卷，人民出版社1995年版，第426页。
② 同上书，第443页。
③ 聂运麟等：《历史的丰碑与艰难的探索——20世纪社会主义发展的历史进程》，福建人民出版社2006年版，第625页。

着社会主义建设的推进，苏维埃政权逐渐地背离了马克思主义的民主原则，在民主性和人民性上发生了重大变化，最终演变成了一种脱离人民群众的官僚主义集中制，其结果就是领导人的个人决定取代了人民群众的创造性活动。① 列宁认为，苏维埃政权的民主制和它的社会主义性质主要表现在：最高苏维埃是由人民群众自由选出和随时都可以撤换的劳动人民的代表所组成的；地方苏维埃根据民主集中制原则，自由地联合成俄罗斯苏维埃共和国这一全国性苏维埃政权。苏维埃不仅把立法权和对执行法律的监督权集中在自己的手里，而且通过苏维埃全体委员把直接执行法律的职能集中在自己的手里，以便逐步地过渡到由全体劳动人民来履行立法和管理国家的职能。他特别指出："无论是直接或间接地把个别工厂或个别行业的工人对他们各自的生产部门的所有权合法化，还是把他们削弱或阻挠执行全国政权命令的权利合法化，都是对苏维埃政权基本原则的极大歪曲，都是对社会主义的彻底背弃……"②

（3）关于无产阶级政党的民主集中制原则

巴西共产党认为，列宁逝世后，斯大林逐渐地掌握了党和国家的最高领导权力，而民主集中制的危机也伴随着斯大林在阶级斗争问题上的错误认识而不断加深，特别是在斯大林后期，过分强调其个人的作用，政治权力越来越集中在政治局，甚至个人手中，"降低了党作为无产阶级先锋队组织应有的作用"③。在执政初期，斯大林还是比较能够正确地看待无产阶级民主和专政的关系的。他曾经严厉地批判季诺维也夫"无产阶级专政就是党的专政"的观点，认为季诺维也夫是在曲解列宁的无产阶级专政观。斯大林曾指出："认为党可以代替无产阶级的非党的群众组织以及无产阶级全体群众，那就是使党脱离群众，使党极度官僚化，使党变成永无过错的力量，……党是本阶级的导师、领导者、领袖，而不是以暴力对付工人阶级的多数的政权。不然，就谈不上说服方法是无产阶级政党在工人队伍中的基本工作方法了。不然，就谈不上党应当说服

---

① João Amazonas, Informe Político ao 8o Congresso, Cf. O Socialismo Vive: Documentos do 8o Congresso do PCdoB. São Paulo: Anita Garibaldi, 1992.
② 《列宁全集》第 34 卷，人民出版社 1985 年版，第 448 页。
③ João Amazonas, Informe Político ao 8o Congresso, Cf. O Socialismo Vive: Documentos do 8o Congresso do PCdoB. São Paulo: Anita Garibaldi, 1992.

无产阶级广大群众，使他们相信党的政策的正确性，就谈不上党只有在执行这个任务的过程中才能认为自己是能够领导无产阶级进行战斗的真正群众性的党。不然，党对无产阶级势必以命令和恐吓来代替说服的方法。这是荒谬的，是和马克思主义的无产阶级专政观完全不相容的。"①但是后来，随着国家机器的官僚化和党的领导人的权力的高度集中，党的民主集中制原则遭到了严重的破坏，逐渐地演变为官僚主义集中制，严重地阻碍了社会主义民主和法治的发展，而这恰恰是"无产阶级专政的实质"②。

巴西共产党指出，民主集中制是马克思主义工人政党的根本组织原则。重申民主集中制原则，就必须反对教条主义，因为它是与充满活力的富有创造性的马克思列宁主义背道而驰的；同时还要反对小资产阶级宗派主义，因为它使马克思主义政党变得日益地僵化。③ 在马克思主义发展史上，马克思恩格斯以及列宁都曾坚决捍卫无产阶级政党内部的民主制原则，反对官僚主义的集中制，反对对领袖人物的"个人崇拜"，认为这必然会损害社会主义事业。1877 年 11 月 10 日马克思在致威廉·布洛斯的信中指出，他和恩格斯都把个人声望看得一钱不值，"由于厌恶一切个人迷信，在国际存在的时候，我从来都不让公布那许许多多来自各国的、使我厌烦的歌功颂德的东西；我甚至从来也不予答复，偶尔答复，也只是加以斥责。恩格斯和我最初参加共产主义者秘密团体时的必要条件是：摒弃章程中一切助长迷信权威的东西。"④ 恩格斯后来写道："马克思和我都从来反对为个人举行任何公开的庆祝活动，除非这样能够达到某种重大的目的，我们尤其反对在我们生前为我们个人举行庆祝活动。"⑤

列宁是贯彻无产阶级政党内部的民主集中制原则，反对官僚集中制的典范。1905 年 9 月，列宁在《德国社会民主工党耶拿代表大会》中提

---

① 《斯大林选集》（上卷），人民出版社 1979 年版，第 555—556 页。
② João Amazonas, Informe Político ao 8o Congresso, Cf. O Socialismo Vive: Documentos do 8o Congresso do PCdoB. São Paulo: Anita Garibaldi, 1992.
③ Ibid..
④ 《马克思恩格斯全集》第 34 卷，人民出版社 1972 年版，第 286—289 页。
⑤ 《马克思恩格斯全集》第 22 卷，人民出版社 1965 年版，第 309 页。

出"要实行彻底的集中制和坚决扩大党组织内的民主制"①。列宁晚年已经敏锐地意识到了党内和苏维埃机构中存在的严重的官僚主义气息,并提出了解决这些弊病的建议和措施。1922 年 3 月 27 日,列宁在《俄共(布)中央委员会政治报告》中指出,苏维埃各高级机构以及党同它们之间"形成了一种不正常的关系",政治局和党中央包揽了一切琐碎的事物,他因此提出,要"加强负责工作人员的工作","提高人民委员会的威信,各部的人民委员——而不是副人民委员——要多出席人民委员会的会议,应当改变人民委员会工作的性质,……更多地注意检查执行情况"。②

但令人扼腕的是,列宁逝世后,他对完善民主集中制,加强党的集体领导,改革、改造和改善党和苏维埃政权机构,反对官僚主义集中制的一系列设想,并没有很好地得到贯彻和落实,甚至被弃之一边。斯大林时期,苏共在阶级斗争理论、无产阶级民主和专政理论以及民主集中制等问题上逐渐背离了马克思列宁主义的科学轨道,走上了高度集权的政治发展道路,为后来的苏共解散、苏联解体埋下了隐患。更为严重的是,苏共将其政治制度模式在世界各国共产党内部强行推广,使之相继建立了高度集中的党内组织体制,各国共产党将苏共的理论和路线作为自己的理论和行动方针,丧失了独立思考的精神。

3. 重申"马克思列宁主义原则"是共产党人的重大时代任务

巴西共产党指出,马克思主义是一种不断发展着的批判性的和革命性的理论;在当今时代,克服马克思列宁主义发展的危机,必须重申马克思列宁主义的"原则"③,坚持和捍卫马克思列宁主义的基本原则和理论基础。马克思主义不是教条和教义,也不是"套语"和"标签",而是方法和指南,它提供的不是现成的僵化的教条,而是活的行动指南。列宁反复强调:"马克思和恩格斯的学说不是我们死记硬背的教条。应该把它当作行动的指南。……我以前说过,现在还要再三地说,这个学说

---

① 《列宁全集》第 11 卷,人民出版社 1987 年版,第 325 页。
② 《列宁选集》第 4 卷,人民出版社 1995 年版,第 696—697 页。
③ João Amazonas, Informe Político ao 8o Congresso, Cf. O Socialismo Vive: Documentos do 8o Congresso do PCdoB. São Paulo: Anita Garibaldi, 1992.

不是教条，而是行动的指南。"①马克思主义的精髓和"活的灵魂"就是"对具体情况作具体分析"②，而不能片面地教条式地援引马克思主义经典作家在特定历史条件下所作出的具体结论来说明当前的情况，必须把马克思主义同时代的一定实际任务，同可能随着每一次新的历史转变而改变的一定实际任务联系起来，否则"就会把马克思主义变成一种片面的、畸形的、僵死的东西"③。因而意识到危机的深重和克服危机的必要性，捍卫马克思主义的理论基础和基本原理，"的的确确是马克思主义者的时代任务"④。

二 巴西共产党对苏东剧变原因的分析

1992年巴西共产党八大在科学分析20世纪世界社会主义运动兴衰成败的经验教训后指出，苏东剧变只是那种僵化的社会主义理论和实践模式的失败，而不是科学社会主义理论和社会主义运动本身的失败；只是那种教条式的"马克思列宁主义"的失败，而不是马克思列宁主义本身的失败。

对于苏东剧变的直接原因，巴西共产党指出，苏东剧变的直接原因首先就是以戈尔巴乔夫为首的机会主义者的反马克思列宁主义行径造成的，他们极力鼓吹"新思维"，宣扬"人道的民主的社会主义"思想、政治及经济路线，"背叛了人民的革命成果及苏联民族利益"⑤。但巴西共产党并没有将其作为苏东剧变的全部原因，更不是苏东剧变的真正根源之所在。巴西共产党对于苏东剧变"处惊不乱"，沉着应对，深刻剖析其必然发生的真正的社会政治根源。他们认为，如果仅仅把事件的发生归结为个别历史人物的作为而不是全面地、深刻地探讨事件背后的历史原因，那么它必然是与马克思主义的历史唯物主义和辩证唯物主义世界观和方法论背道而驰的。

恩格斯深刻地指出，每次革命运动的必然爆发及其必然失败的原因

---

① 《列宁全集》第35卷，人民出版社1985年版，第219页。
② 《列宁选集》第4卷，人民出版社1995年版，第213页。
③ 《列宁选集》第2卷，人民出版社1995年版，第278页。
④ 同上书，第281—282页。
⑤ 郭元增：《一颗红星陨落了——悼念巴西共产党主席若昂·阿马佐纳斯同志》，载《当代世界》2002年第9期。

第二章 巴西共产党对 20 世纪社会主义运动的理论思考

"不应该从一些领袖的偶然的动机、优点、缺点、错误或变节中寻找,而应该从每个经历了动荡的国家的总的社会状况和生活条件中寻找",如果把反革命成功的原因仅仅归结为某个人"出卖了"人民,"从具体情况看,这种回答也许正确,也许错误,但在任何情况下,它都不能说明任何问题,甚至不能说明,'人民'怎么会让别人出卖自己。而且,如果一个政党的全部本钱只是知道某某公民不可靠这一件事,那么它的前途就太可悲了"。① 只有从历史和社会政治发展的进程中考察和分析苏东剧变之所以必然发生,才是马克思主义的分析问题的方法。这是马克思主义政党应该具备的最基本的理论素质。

对于苏东剧变的历史原因,巴西共产党认为,斯大林时期,苏共党内的主观主义和经验主义盛极一时,而高度集中的社会经济管理体制和高度集权的政治制度以及所采用的建设社会主义的手段和方法,对后来苏联社会主义的理论与实践产生了极其严重的消极影响。② 它主要表现为,教条式地理解马克思列宁主义的阶级斗争理论,不顾国内社会阶级关系已经发生了重大变化的现实而采取了阶级斗争扩大化的错误方针,制造了一种恐怖的政治紧张气氛,对待理论和实践中的错误则采取了一种消极甚至沉默的心态。根据自身需要,对马克思列宁主义的无产阶级专政和民主理论进行肆意扭曲,建立起了一种官僚主义集中制,马克思主义政党的组织原则——民主集中制荡然无存,对马克思主义进行公式化的解读,利用空洞的口号、标语进行思想理论宣传,在政治生活中利用欺骗、任人唯亲、裙带关系等手段加强控制,使人沾染上了政治奴性这种病态的不健康的心理。政治权力被严重扭曲,党的权力无限制地扩大,苏共垄断了整个社会生活,严重窒息了社会的创造精神,列宁时期所建立的无产阶级领导的工农联盟制度也面临着破裂的危险。

20 世纪 90 年代,在世界民主化浪潮的冲击下,苏联国内的经济、政治和社会危机日益地加深,在被迫改革的压力下,戈尔巴乔夫提出了建设"人道的民主的社会主义"口号,引起了整个社会的全面动荡,伴

---

① 《马克思恩格斯选集》第 1 卷,人民出版社 1995 年版,第 483 页。
② João Amazonas, Informe Político ao 8o Congresso, Cf. O Socialismo Vive: Documentos do 8o Congresso do PCdoB. São Paulo: Anita Garibaldi, 1992.

随着大规模的失业、饥饿、贫穷、商业投机以及社会道德的堕落,广大人民对与社会主义相关的一切事物采取了敌视态度。社会主义的全面危机最终导致了苏共下台、解散,苏联解体的历史性悲剧。

对于苏东剧变的社会政治根源,巴西共产党有如下三点具体分析:

一是苏共抛弃了马克思列宁主义的"具体问题具体分析"的科学方法,在国内建设社会主义的问题上,教条式地照搬马克思主义经典作家在特定历史条件下针对特定事件所作出的个别论断和结论,并将其奉为圭臬,任何违背马克思主义的个别结论和观点的思想和实践都被认为是违背了马克思主义的基本原则和理论基础,而对其加以批判。在世界社会主义的运动中,抛弃了马克思主义的要根据不同国家和民族的特点来进行社会主义革命和建设的思想,把苏联模式作为社会主义革命和建设的"标准模式"加以推广,不仅要求社会主义国家执政共产党按照苏联社会主义建设的模式进行本国的社会主义建设,而且还要求资本主义国家非执政共产党配合苏共和苏联的对外政策,甚至将苏共的理论作为他们自己的行动指针。

二是苏共抛弃了马克思列宁主义的"长期过渡"思想,其主要表现就是原苏东国家不顾经济文化比较落后的现实国情,急于消灭私有制,急于建成社会主义,急于向共产主义过渡。

巴西共产党强调指出,20世纪的革命和建设实践暴露了苏联社会主义在历史和理论上的局限性。在马克思和恩格斯看来,社会主义只有在高度发达的资本主义社会生产力及其先进的科学和技术创新的基础上才能彻底取得胜利。只有在社会主义社会的生产力达到极高水平并消灭市场之后,才能实现从社会主义向共产主义的过渡,只有到那时候,人们才不会再受制于物质生产,社会的精神文明水平才会达到历史上从未有过的高度。①

苏联在1930年代就宣布已经建成了社会主义。1936年11月25日,斯大林在全苏苏维埃第八次(非常)代表大会上所作的《关于苏联宪法草案》的报告中指出:"我们苏联社会已经做到在基本上实现了社会主

---

① José Renato Rabelo, Socialism Reloaded: Lessons from the Past for the Future, Political Affairs, Jan. 2008.

义，建立了社会主义制度，即实现了马克思主义者又称为共产主义第一阶段或低级阶段的制度。这就是说，我们已经基本上实现了共产主义第一阶段，即社会主义。"① 苏共十八大政治报告提出，苏联已经完成了共产主义革命中的一个重要阶段——建设社会主义的历史任务，并且进入了一个新的时期，即从社会主义向共产主义过渡的历史时期，甚至认为第三个"五年计划"将是解决向完全的共产主义过渡这个主要问题的最重要的阶段之一。虽然在50—60年代赫鲁晓夫对苏联社会主义建设的历史阶段问题进行了反思，但仍然认为苏联已经建成了"成熟的和发达的社会主义"。赫鲁晓夫以后的历届苏联领导人对此问题均没有一个正确的认识。拉贝罗对此指出，现在看来，苏联当时并非处于发达社会主义阶段，而是处于向社会主义过渡的阶段。②

三是苏共不顾经济文化比较落后的客观现实而采用非常规手段来建设社会主义，教条式地理解马克思列宁主义的社会发展理论而建立起了高度集中的经济管理体制及单一公有制的经济制度，阻碍了社会生产力的持续发展；以实用主义态度对待马克思列宁主义的无产阶级民主及专政理论而建立起了高度集中的政治制度模式，制约了具有社会主义特色的民主和法治的发展和创新；以传统封建思想和眼光来看待和处理党同人民群众的关系，因而"苏共与国家机器和官僚主义体制的融合使得人民同国家权力相分离，这阻碍了代表人民利益的具有创新精神的政治和法律制度的建设，暴露了居于统治地位的政治上层建筑的脆弱性，并且变成了一台缺乏连贯性的软弱无力的政治机器，没有能力来应对不断增加的危机"③。在帝国主义"和平演变"压力以及错综复杂的内部矛盾作用下，苏东国家很快走向了灭亡。

巴西共产党因此提出，必须把社会主义建立在科学的和现实的基础上。恩格斯指出："要处在较低的经济发展阶段的社会来解决只是处在高得多的发展阶段的社会才产生了的和才能产生的问题和冲突，这在历史上是不可能的。……每一种特定的经济形态都应当解决它自己的、从它

---

① 《斯大林文集》（1934—1952），人民出版社1985年版，第107—108页。
② José Renato Rabelo, Socialism Reloaded: Lessons from the Past for the Future, Political Affairs, Jan. 2008.
③ Ibid..

本身产生出的任务；如果要去解决另一种完全不同的经济形态所面临的问题，那是十分荒谬的。"① "由社会占有全部生产资料"，"只有在实现它的物质条件已经具备的时候，才能成为可能，才能成为历史的必然性。……这种占有之所以能够实现，并不是由于人们认识到阶级的存在同正义、平等等等相矛盾，也不是仅仅由于人们希望废除阶级，而是由于具备了一定的新的经济条件"。② 虽然所有国家的社会主义革命和建设都是以科学社会主义为理论指导的，但是社会主义的实现要以每个国家和民族的具体情况为前提。这是因为"现代社会主义"的根子"深深扎在物质的经济的事实中"③。巴西共产党指出，马克思主义政党要认识到马克思主义所具有的深刻的批判性和反教条主义的科学本质，并且要在历史进程中不断地丰富和发展马克思主义，把马克思主义看成是"活的行动指南"，而不是"死的教条"④。

第二节　巴西共产党对社会主义革命和建设的经验教训的分析

在巴西共产党探索走向社会主义的巴西式道路的历史进程中，特别注重对世界社会主义运动发展的经验教训的分析。在巴西共产党看来，社会主义仍然处于其发展进程中的"年轻时期"，因而，20世纪世界社会主义运动发展的经验教训对于当代共产党人是"一份珍贵的遗产"⑤，在汲取其成功的经验和失败的教训的基础上革新社会主义，对于探索具有本国特色的社会主义发展道路具有重要的启示意义。其中，巴西共产党特别强调了三个方面：一是社会主义革命和建设没有统一模式；二是不存在一条从资本主义向社会主义过渡的直接路径、社会主义建设要经过一个包括不同阶段和步骤在内的过渡时期；三是社会主义建设的成功

---

①　《马克思恩格斯全集》第22卷，人民出版社1965年版，第502页。
②　《马克思恩格斯选集》第3卷，人民出版社1995年版，第631—632页。
③　同上书，第719页。
④　《列宁选集》第2卷，人民出版社1995年版，第281页。
⑤　Partido Comunista do Brasil（PCdoB），Programma Socialista para o Brasil：O Fortalecimento da Nação é o Caminho，o Socialismo é o Rumo！Cf. Novo-Programa Socialista e Estatuto do PCdoB. São Paulo：Anita Garibaldi，2009.

有赖于根据每个国家特殊的历史、经济、社会、文化和种族等情况以及世界权力体系中的力量对比关系，采取独特的方式。①

一 社会主义革命和建设没有统一的模式

巴西共产党强调，社会主义革命和建设本身没有一个统一的模式，这一点已经无数次被历史事实所证明，其中包括社会主义的实践在20世纪所遭到的挫折。社会主义不仅能够在发达国家取得胜利，而且也可以在经济文化比较落后的国家取得最终胜利，但是必须根据各自国家的具体情况来决定社会主义革命的阶段问题及其实现形式，而机械地照搬某一种社会主义模式则是一种非科学的方法。②

马克思主义历来认为，由于每个国家和民族的具体情况千差万别，因而在走向社会主义的过程中，不仅存在着实现社会主义的不同革命道路，而且存在着适合不同国家和民族的建设社会主义的方法和模式。但是在苏东剧变前的世界社会主义运动中，大多数国家的共产党不是认真地研究自己国家的具体实际，从而提出适合自己国家国情的社会主义发展道路，而是盲目照搬照抄苏联革命和建设模式，缺乏对本国社会主义革命和建设的主客观条件的科学分析，更缺乏对适合本国国情的战略和策略的理论思考，对社会主义事业的发展产生了极大的消极影响。这其中既有马克思主义政党理论上的不成熟的原因，更重要的是苏共和苏联在世界革命中强行推广其革命和建设模式，任何偏离苏联模式轨道的探索活动都无一例外地遭到了苏联的强力干涉。在这种统一的社会主义革命和建设模式下，东欧社会主义国家发生了剧变，资本主义国家共产党的革命斗争日益艰难，世界社会主义运动发展的危机的爆发也就成为一件必然的事情了。

列宁指出："没有革命的理论，就不会有革命的运动。"③ 科学的革命理论对于马克思主义政党来说尤其重要，但理论的运用必须同各国的

---

① Partido Comunista do Brasil (PCdoB), Programma Socialista para o Brasil: O Fortalecimento da Nação é o Caminho, o Socialismo é o Rumo! Cf. Novo-Programa Socialista e Estatuto do PCdoB. São Paulo: Anita Garibaldi, 2009.

② Partido Comunista do Brasil (PCdoB), Programma Socialista: Construindo o Futuro do Brasil, Cf. Construindo o Futuro do Brasil: Documentos da 8a Conferência Nacional do PCdoB (coletânea de textos). São Paulo: Anita Garibaldi, 1995.

③ 《列宁选集》第1卷，人民出版社1995年版，第311页。

具体实际相结合，机械地照抄照搬外国党的经验从来不能取得成功。无产阶级政党领导的社会主义革命运动，只有在借鉴和运用别国党的经验的条件下才能顺利发展，但是决不能简单地了解和抄袭别国党的经验和决议，必须用批判的态度来看待这些经验，并结合本国具体实际独立地加以检验。

反观中国特色社会主义的理论与实践，巴西共产党指出，社会主义中国的崛起，其重要原因就在于对马克思主义和社会主义进行了新的创造性探索，并形成了中国特色社会主义理论，通过改革开放和社会主义市场经济的手段和方法来建设中国自己的社会主义。对于现阶段我国经济社会发展的重要指导方针以及发展中国特色社会主义必须坚持和贯彻的重大战略思想——科学发展观，巴西共产党认为，中国共产党是一个实事求是，重视理论创新、理论与实际相结合的党，中国共产党在深刻认识中国社会多样性和复杂性的基础上，注重"马克思主义中国化"，这些经验对世界各国共产党具有积极的借鉴意义。[①] 从中国特色社会主义的成功实践中可以看出，在经济文化不发达国家建设社会主义，一方面不能关起门来搞建设，另一方面社会主义发展必然要经过一个包括不同阶段和步骤在内的过渡时期，这是一个长期的复杂的过渡时期，因而社会主义建设的内容、形式、速度及其模式因国而异。[②] 中国特色社会主义采取了过去不为人知的形式和内容（包括国家资本主义经济形式在内的混合经济体制），创新了社会主义的理论和实践，显示了社会主义的优越性和生机活力。

二 不存在一条向社会主义过渡的直接路径

巴西共产党指出，走向社会主义的发展道路必然要经历一个包括不同阶段和步骤在内的间接过渡的时期。苏联社会主义模式的失败与中国特色社会主义发展道路的成功即是两个最为典型的例子。虽然苏共垮台、苏联解体的原因复杂，但其中一个很重要的原因就是苏联在社会主义制

---

① 《人民日报》2010年4月9日。

② Partido Comunista do Brasil (PCdoB), Project of Political Resolution to the Central Committee in the occasion of the 11th Congress of PCdoB: a renovated party, a sovereign and democratic Brazil, a socialist future, Cf. 11o Congresso do PCdoB-Documentos e Resoluções. São Paulo: Anita Garibaldi, 2005.

度建立之后，不顾国内的政治、经济、文化和社会发展状况的变化，机械地照搬马克思主义经典作家关于社会主义的理论，而忽略了俄国经济、政治、文化和社会条件相对落后的实际，采取了单一的公有制，排斥其他经济形式的存在；建立了高度集中计划经济体制，排斥商品和市场的存在，妄图使经济文化落后的俄国，直接过渡到社会主义。

巴西共产党认为，当时苏联的经济社会发展程度未达到能够直接向社会主义过渡的水平，虽然苏共在口头上和文件中宣称苏联已经建成了社会主义，并且正在向共产主义迈进，但是实际上它仍然处于"向社会主义过渡的时期"。超越社会主义发展阶段的直接后果就是苏联建立起了高度集中的计划经济体制和高度集权的政治管理体制，使社会主义失去了应有的活力和创造力，变得日益地僵化，各种矛盾交织在一起而无法有效地得到解决，为苏东剧变埋下了祸根。巴西共产党强调，从资本主义向社会主义过渡的初级阶段将会逐步经过许多根本性的变革，经历不同的发展阶段和采取不同的步骤，因而任何激进的社会变革措施都必然是局部性的。①

巴西共产党强调，列宁的新经济政策体现了经济文化比较落后的国家向社会主义过渡的客观规律。② 即经济文化比较落后的国家不能采取向社会主义直接过渡的办法，只能经过迂回曲折的道路，过渡到社会主义。1918—1921年间列宁曾设想，通过实行战时共产主义政策，"旧的俄国经济将直接过渡到国家按共产主义原则进行生产和分配"③。但是随着国内战争的结束，相当大的一部分农民和工人对苏维埃政权和战时共产主义政策日益不满，并引发了严重的社会和政治危机。1921年3月俄共（布）十大和1921年4月21日列宁的《论粮食税（新政策的意义及其条件）》，标志着以列宁为代表的布尔什维克党人建设社会主义的方法和形式的根本转变。新经济政策的主要内容包括用粮食税代替粮食征收

---

① Partido Comunista do Brasil (PCdoB), Programma Socialista: Construindo o Futuro do Brasil, Cf. Construindo o Futuro do Brasil: Documentos da 8a Conferência Nacional do PCdoB (coletânea de textos). São Paulo: Anita Garibaldi, 1995.

② José Renato Rabelo, Socialism Reloaded: Lessons from the Past for the Future, Political Affairs, Jan. 2008.

③ 《列宁选集》第4卷，人民出版社1995年版，第573页。

制，工业企业停止推行国有化，大力发展商业，建设工业和农业的结合点以及加强同资本主义国家的经济交往与合作等。其实质就是从俄国小农占优势的客观实际出发，实行向社会主义迂回过渡的政策，即把建设社会主义作为一个长期探索的过程；把大力发展生产力摆在首位；允许多种经济成分存在，利用和发展商品、货币与市场关系；利用资本主义，建设社会主义；在革命过后及时地把改革提到日程上来。①

新经济政策充分地体现了马克思主义的精髓和活的灵魂——具体问题具体分析，即在坚持社会主义方向不动摇的前提下，采用一切可能的手段、途径、方法和方式来建设社会主义，为最终向共产主义过渡提供必需的物质条件。所谓间接过渡，就是列宁所说的改良主义的办法，"不摧毁旧的社会经济结构——商业、小经济、小企业、资本主义，而是活跃商业、小企业、资本主义，审慎地逐渐地掌握它们，或者说，做到有可能只在使它们活跃起来的范围内对它们实行国家调节"②。这实质上就是承认新旧经济结构之间有一定的继承性，需要利用某些旧的经济形式和手段为新社会发展生产力服务③。新经济政策不是建设社会主义的权宜之计，而是"一个要在若干年内长期实行的政策"④，从而在经济上和政治上都充分地保证在俄国"有可能建立社会主义经济的基础"⑤。

但是列宁逝世后，斯大林抛弃了列宁的不能直接过渡到社会主义的思想，废止了新经济政策，转而开始推行加速工业化和大规模农业集体化的建设方针。巴西共产党对此指出，虽然这一时期是苏联经济社会发展最为繁荣的时期，但是由于急于建成社会主义、加速向共产主义过渡而建立了高度集中的政治经济管理体制，导致了社会主义民主的弱化，无产阶级专政的本质被扭曲了，而高度集中的经济管理体制不可能从根本上解决粗放型经济发展模式与集约型经济发展模式之间的矛盾，为社

---

① 赵曜等主编：《马克思列宁主义基本问题》，中共中央党校出版社2001年版，第329—335页。

② 《列宁全集》第42卷，人民出版社1987年版，第245页。

③ 聂运麟等著：《历史的丰碑与艰难的探索——20世纪社会主义发展的历史进程》，福建人民出版社2006年版，第109页。

④ 《列宁选集》第4卷，人民出版社1995年版，第533页。

⑤ 《列宁全集》第43卷，人民出版社1987年版，第63页。

会主义全面危机的爆发埋下了隐患。①

三 社会主义革命和建设必须与时代发展和各个国家的具体实际相结合

巴西共产党强调，现阶段社会主义革命运动，一方面要对我们所处的时代和社会主义与资本主义之间的力量对比关系有明确而清晰的认识，另一方面要对各自国家和民族的具体实际有全面而深刻的了解。这是在当今时代推进社会主义革命运动的基本前提。

第一，从历史发展趋势看，当今时代依然是从资本主义向社会主义过渡的时代。

巴西共产党指出，实现社会主义是人类社会发展的历史大趋势。这是由社会主义与资本主义的本质区别所决定的。社会主义革命的主要目标就是要解决资本主义社会的基本矛盾——生产社会化与生产资料的私有占有制之间的矛盾，社会主义比资本主义具有极大的优越性，将会按照劳动的数量和质量来分配社会产品和财富，具有比资本主义更高的社会劳动生产力，能够极大地推动科学技术的发展，满足人类的需要。同时社会主义也是一种实现了各国家和民族的团结、和平、合作以及全世界劳动者和人民友好相处的制度。② 而资本主义从历史发展趋势上看，则是一种日益丧失生命力的制度。资本主义带给人民的不是和平而是战争，不是自由而是对民主的持续不断的威胁，是不断地加重对劳动者的剥削，是垄断资本为实现利益最大化而对自然造成的极大破坏。特别是在国际金融垄断资本主义时代，民族国家的主权和独立以及发展权被严重地践踏。资本主义日益地充满了危机、剥削和暴力。因此，必须超越资本主义制度的历史局限性并寻求替代方案——社会主义。

虽然巴西共产党作出了对时代特征的基本判断，但同时它也清醒地认识到，作为当今时代基本矛盾之一的社会主义与资本主义之间的矛盾，

---

① José R. Carvalho, To Celebrate October Opening a Way to the New Peoples' Spring, http://www.pcdob.org.br, 2007-11-13.

② Partido Comunista do Brasil (PCdoB), Programma Socialista para o Brasil: O Fortalecimento da Nação é o Caminho, o Socialismo é o Rumo! Cf. Novo-Programa Socialista e Estatuto do PCdoB. São Paulo: Anita Garibaldi, 2009.

是不可能在短时期内得到解决的。① 这是因为当今世界社会主义运动仍然处于20世纪90年代初的历史性失败的影响之下，社会主义遭受的重大挫折对社会主义与资本主义之间的力量对比关系产生了重大影响，使工人和人民群众争取民族解放和社会主义的斗争处于不利地位。因而眼下还看不出社会主义运动全面复兴的势头。② 但是工人阶级和人民群众争取民族解放和社会解放的斗争，应该为向社会主义过渡开辟道路。巴西共产党提出，面对不利于革命运动的力量对比关系，共产党人必须高举科学社会主义的旗帜，重申社会主义革命的前途和重建社会主义的决心，同时要实行革命的联盟政策，以极大的创造性来努力积蓄革命的战略力量，特别是要考虑到保守力量和进步力量之间非均衡的权力关系，对革命运动所处的阶段有着清醒的认识。

全面而深刻地把握我们所处时代的基本特征并据此制定党的革命战略和策略，是巴西共产党反思20世纪社会主义运动发展的经验教训所得出的重要结论。看不到社会主义取代资本主义的历史发展趋势，就不能坚定革命的信念，就会对马克思主义进行无端的怀疑，甚至否定；而看不到资强社弱的力量对比关系，就可能使共产党人陷入蛮干的境地，使革命力量遭到不必要的损失，共产党人就可能成为像布朗基那样的"过去一代的革命家"③，空有社会主义的热情，但是实际上既没有科学社会主义的理论，更不可能提出任何改造社会的确定的实际建议。而这恰恰是20世纪社会主义革命运动中存在的一个普遍现象，只看到革命的有利条件而看不到革命的不利因素，不仅没能推进社会主义革命，反而会使党的发展和社会主义事业遭到重大挫折。

巴西共产党特别强调，在新的历史条件下，争取社会主义的斗争是

---

① Partido Comunista do Brasil（PCdoB）, Propositions for the 10th Congress of PCdoB. Cf. Novo Rumo para o Brasil: Documentos e Resoluções do 10° Congresso do PCdoB（coletânea de textos）. São Paulo: Anita Garibaldi, 2001.

② Partido Comunista do Brasil（PCdoB）, Project of Political Resolution to the Central Committee in the occasion of the 11th Congress of PCdoB: a renovated party, a sovereign and democratic Brazil, a socialist future, Cf. 11o Congresso do PCdoB-Documentos e Resoluções. São Paulo: Anita Garibaldi, 2005.

③ 《马克思恩格斯选集》第3卷，人民出版社1995年版，第244页。

在后冷战时代的单极世界向不稳定的多极世界过渡的进程中进行的。①在这一进程中，一个显著的特点就是美国日益地表现出了衰落的迹象，而社会主义中国则迅速地崛起了，特别是在2008年的国际资本主义危机中表现得更加明显。虽然经济危机对美国的霸权造成了重大的打击，但它仍然拥有全球最大规模的军事力量。多极世界的发展进程并没有从根本上改变社会主义与资本主义之间的不平衡的力量对比关系，资本主义仍然处于主导地位。因而在巴西共产党看来，国际形势与时代特征的两重性质（有利条件与不利因素）决定了社会主义革命运动的条件、性质及其手段和方式。

第二，社会主义革命和建设必须同各个国家和民族的具体实际相结合。

巴西共产党强调，在社会主义革命和建设的实践探索中，除了要考虑到全球权力体系中的力量对比关系外，更重要的是要考虑到各个国家和民族的历史、政治、经济、文化和社会等具体情况。科学社会主义理论的重要任务就是要深入地考察现代社会主义革命的历史条件及其性质本身，因而社会主义革命运动必须从事实出发而不是从观念出发，并将"迄今为止的全部历史"作为前提。这不仅包括了要对20世纪社会主义运动发展的历史进行全面的深刻的反思，而且要对各个国家和民族的历史发展进程进行理论上的总结和概括，并将其作为制定本国社会主义革命的一系列路线方针的基本依据。20世纪社会主义革命和建设兴衰成败的发展进程，证明脱离本国具体实际，简单地不假思索地把外国党的成功经验复制到本国社会主义革命和建设中，是不可能取得成功的。这从根本上背离了马克思主义的具体问题具体分析的科学方法。苏联社会主义模式在苏联和东欧以及其他社会主义国家的失败，就是一个很好的反面例证。

在巴西共产党看来，社会主义革命和建设的实践探索必须同各个国家和民族的具体实际相结合，首先就是要同各个国家和民族的历史发展

---

① Partido Comunista do Brasil（PCdoB），Programma Socialista para o Brasil：O Fortalecimento da Nação é o Caminho，o Socialismo é o Rumo！Cf. Novo-Programa Socialista e Estatuto do PCdoB. São Paulo：Anita Garibaldi，2009.

进程相结合。① 社会主义革命的任务不单单是要解决从资本主义向社会主义过渡的制度变革问题，还要解决诸如国家主权、民族独立和社会解放等一系列问题。因而社会主义革命除了要解决其自身所面临的任务外，还要解决民族民主革命的任务。而这是每一个担负着社会主义革命任务的马克思主义政党所共同面临的问题。因而在巴西共产党看来，社会主义革命是整个国家和民族发展进程中的一个合乎历史的必然阶段，由此也决定了社会主义革命的任务、性质和特点及其发展规律。因此，坚持独立自主地探索符合各个国家和民族具体实际的社会主义发展道路，这既是马克思主义和科学社会主义理论的要求，也是现实历史发展的客观必然。

---

① Partido Comunista do Brasil (PCdoB), Programma Socialista para o Brasil: O Fortalecimento da Nação é o Caminho, o Socialismo é o Rumo! Cf. Novo-Programa Socialista e Estatuto do PCdoB. São Paulo: Anita Garibaldi, 2009.

第三章 巴西共产党积极探索走向社会主义的巴西式道路

苏东剧变后，巴西共产党在深刻反思20世纪世界社会主义革命和建设的经验教训基础上，顺应时代发展潮流，把马克思主义普遍真理与巴西具体实际相结合，在理论上坚持独立思考的精神，在实践中奉行灵活务实的方针，积极探索巴西特色社会主义，提出了"走向社会主义的巴西式道路"理论。随着实践的发展，这一理论将不断地得到丰富和发展。

第一节 走向社会主义的巴西式道路产生的社会历史条件

巴西共产党探索走向社会主义的巴西式道路，是巴西文明合乎逻辑的历史发展，是超越新自由主义发展模式以及解决其对巴西社会发展所造成的扭曲的现实需要，体现了和平与发展的时代背景下世界社会主义运动的总体态势及其发展趋势。

一 巴西文明发展的历史进程

"走向社会主义的巴西式道路"是巴西文明发展的历史进程的必然产物。1822年巴西独立以来，尽管其间面临着诸多的反复、动荡和矛盾冲突，巴西人民还是创造了独特的文明和多元化的巴西文化。巴西共产党指出，国家的建设和发展历程经历了三个不同的阶段，巴西人民取得了独立、发展和进步的伟大成就。探索走向社会主义的巴西式道路，建设巴西特色社会主义，这是解决国家发展进程中所面临的一系列问题和矛盾、继续推动巴西文明发展的需要。[①]

第一，国家独立和民族解放的时期。

---

① Partido Comunista do Brasil（PCdoB），Programma Socialista para o Brasil：O Fortalecimento da Nação é o Caminho, o Socialismo é o Rumo! Cf. Novo-Programa Socialista e Estatuto do PCdoB. São Paulo：Anita Garibaldi, 2009.

1822年9月7日巴西宣布脱离葡萄牙的殖民统治而独立。与其他拉美国家的独立进程有所不同的，是巴西并没有经过流血而实现了独立。但是大土地所有者如大庄园主和大种植园主的政治经济权力不仅没有被彻底铲除，反而得到了强化。巴西的奴隶制度直到1888年才被彻底废除，是拉美最后一个废除奴隶制度的国家。1889年11月15日，巴西宣布建立联邦共和国（即"旧共和国"），但处于保守的独裁统治之下。因而，实现民主、民族团结、发展、分配土地以及加强国家主权仍然是巴西革命所面临的迫切问题。在这一时期，巴西资本主义经济发展缓慢，而且经济增长的好处绝大部分落到了外国垄断资本主义以及国内大地主和大资产阶级手中。广大的巴西劳动人民仍然遭受着沉重的剥削和压迫。

　　第二，国家发展主义（nacional-desenvolvimentista）与新自由主义所造成的国家衰退的时期。

　　1930年10月热图里奥·瓦加斯（Getúlio Vargas）发动政变，推翻了"旧共和国"（República Velha）的寡头统治，并于1937年11月10日取缔政党，解散议会，颁布新宪法，取消总统选举，建立了以总统为核心的新的政治制度，即"新国家"（Estado Novo），打破了几个世纪以来大土地所有者——商业金融寡头垄断国家政权的局面。瓦加斯声称他建立新国家的目的就是要恢复国家的权威和自由，并自由地建设国家的历史和未来①，"既不要帝国主义的资本主义，也不要集权主义的共产主义"。在整个执政期间（1930—1945，1951—1954），瓦加斯推行了一系列具有民众主义（populismo）色彩的政治、经济和社会改革措施，先后颁布了最低工资法、劳动加强法（Consolidação das Leis do Trabalho，CLT），扩大了工会自主权，主张在资本和劳动之间实现人道主义的妥协，实行指令性经济计划，加强国家对经济的干预和国家参与经济的能力，建立了大型国有企业如巴西石油公司（Petrobras）和国家经济发展银行（Banco Nacional de Desenvolvimento Econômico，BNDE）。在对待外国资本主义的态度上，瓦加斯主张经济民族主义，保护民族工业和国内自然资源，通过大力推动国家工业化来增强民族自信心，并严厉谴责以美国资本为首的外国垄断资本对巴西经济的掠夺，限制外资利润外流，把合资金融机

---

① 徐世澄：《拉丁美洲政治》，中国社会科学出版社2006年版，第107—108页。

构置于国家控制之下。1938 年 7 月，瓦加斯提出了"工党主义"，并于 1945 年创建了巴西工党①，强调工党主义是资本主义和社会主义的"中间站"，在工党主义的社会里，不要任何类型的专政，不搞社会革命，而是争取在更合理、更人道的观念上实现集体和睦。他认为巴西的最终出路是社会主义，但它是介于社会主义和资本主义之间的"第三条道路"。瓦加斯是巴西政治家中最具有争议性的人物之一，有人称他为"穷人之父"、"天才的战略家"，也有人指责他是"利欲熏心的独裁者"。但总的来说，瓦加斯是巴西历史上一位杰出的政治家。他所建立的新国家虽然是专断的，但从实质上看却是民主的，具有民众主义和工党主义的倾向。在瓦加斯执政期间，巴西已经由一个农业国、权力分散的国家变成了一个现代的、中央集权的、向工业化迈进的国家，从而成为巴西文明发展进程中的一个重要的里程碑之一。

巴西共产党认为，由 20 世纪 30 年代瓦加斯革命所开启的"国家发展主义"进程，直至 80 年代，这一时期是巴西经济社会发展最为繁荣的时期，在所有资本主义国家里，巴西是发展速度最快的国家。在这期间，巴西人口增长了三倍，工业化和城市化加速推进，中产阶级人数大幅增加。巴西国家的民族和文化特征得以强化，公立教育获得了发展，巴西人民的科学文化水平得以提高。但与此同时，收入和财富的集中度也是世界最高的。巴西资本主义的发展仍然是落后的、扭曲的、不平衡的并处于帝国主义的控制之下。②

巴西共产党指出，60—80 年代是"国家发展主义"在世界资本主义危机中逐步地走向衰落的阶段。③ 它所留下的积极成果就是在 1985 年实现了重新民主化，这是人民大众为争取自由和民主而进行斗争的结果。在政治上巴西仍然处于军人政权的统治之下，在经济上虽然经历了短暂的"经济奇迹"，但是由于金融体系的致命缺陷，巴西陷入了严重的通

---

① 原巴西工党在1980年分成巴西工党和巴西民主工党两个党。巴西民主工党在1986年成为社会党国际咨询成员党，1989年6月成为社会党国际正式成员党。参见徐世澄《拉丁美洲政治》，中国社会科学出版社2006年版，第108页。

② Partido Comunista do Brasil（PCdoB），Programma Socialista para o Brasil：O Fortalecimento da Nação é o Caminho，o Socialismo é o Rumo！Cf. Novo-Programa Socialista e Estatuto do PCdoB. São Paulo：Anita Garibaldi，2009.

③ Ibid. .

货膨胀和债务危机中——经济衰退、失业和工资被冻结,不得不受制于国际货币基金组织。而在美国极力推动的"华盛顿共识"的主导下,巴西实行了激进的新自由主义发展模式,虽然一度使巴西的工业化和城市化获得了快速的发展,但同时也给巴西的经济、政治和社会发展造成了一系列的结构性问题。

1981—2002 年成为了巴西发展进程中"失去的二十年",这主要表现为经济领域里的民族国家的撕裂(desmonte do Estado nacional)、罪恶的私有化、公有财产的腐败、经济的非国有化、金融自由化、日益增强的对国际金融垄断资本的依附性以及经济发展处于半停滞的状态。在政治领域里民主已经被威权主义玷污了,宪法被撕裂殆尽。在社会领域里劳动者权利被剥夺,社会状况日益恶化。国家日益地走向衰落和反动。资产阶级,特别是工业资产阶级已经失去了政治权力,没有能力主导并制订一个国家发展计划了。国内外金融垄断资本势力与国内大土地所有者日益密切地结合在一起,成为了巴西政治、经济和社会生活中的主导性力量。

第三,应对和解决由新自由主义发展模式所造成的经济社会的结构性危机的时期。

巴西共产党认为无论是由瓦加斯革命所开启的民族工业化道路,还是新自由主义发展模式,都不能从根本上解决巴西的发展问题和根本问题。这是由于依附性的民族工业化发展道路,不仅无法使民族资本得到真正的发展,而且还要受制于以美国为首的国际垄断资本,因而走一条独立的自主的工业化发展道路,开辟一条不同于新自由主义发展模式的巴西式道路,是应对和解决新自由主义发展模式所造成的经济社会发展危机的根本出路。

在巴西共产党看来,如果说巴西文明发展进程的第一个时期主要是在巴西国家、民族和人民的民族特性和民族意识的逐步形成的过程中,解决了巴西的国家独立和民族解放的问题,第二个时期主要是在国家发展主义以及新自由主义发展模式主导下,解决了发展主义本身所要解决的问题——实现劳动者权利以及推动教育和文化进步,那么应对和解决第二个发展时期所遗留下来的国家建设和发展进程中的一系列结构性的矛盾和问题,就成了继续推动巴西文明发展进程以及加强和巩固巴西国家的主权、实现社会完全的民主化和推动社会进步的必然的历史选择，这是时代的要求。

巴西共产党强调，在新自由主义模式的主导下，巴西的经济社会发展已经走到了一个历史性的十字路口（uma encruzilhada histórica）——要么沿着巴西文明发展进程的轨迹继续向前推进国家建设，要么就继续受制于国内外金融垄断资本势力的摆布，听任经济社会发展走向衰退的境地。显然，巴西文明发展进程的第三个时期所面临的主要挑战就是能否有效地解决国家发展进程所产生的结构性的矛盾和问题。这也是巴西社会主义革命运动所面临的主要挑战。因而超越新自由主义发展模式，在巩固现有的民主成果的基础上，推进实施"新国家发展计划"，在一个民族的、民主的、人民大众的变革进程中，逐步实现向社会主义的过渡，就是巴西共产党应对第三个文明时期的挑战的基本行动指针。巴西共产党认为，只有开辟通往社会主义的道路，才能实现国家真正的独立和主权以及完全的民主化和社会进步。①

二 巴西经济政治发展状况

巴西经济政治发展状况决定了走向社会主义的巴西式道路的内容和性质。新自由主义发展模式主导下的巴西经济政治发展状况，不仅是巴西共产党走向社会主义的巴西式道路理论的基本立足点，也从根本上决定了走向社会主义的巴西式道路的内容和性质。走向社会主义的巴西式道路除了继续强调要坚持和捍卫巴西主权和独立，即进行民主（民族）革命外，更重要的是要着眼于现阶段巴西经济社会发展进程所面临的迫切问题，并提出了相应的政策主张。因而决定了巴西共产党所进行的社会主义革命不仅包含了民族民主革命的内容，而且通过民族民主革命以及向社会主义过渡的预备性阶段，最终走向具有巴西特色的社会主义发展道路。

第一，新自由主义发展模式所造成的巴西经济发展的结构性问题。

在新自由主义主导的贸易和金融自由化政策推动下，巴西国内宏观

---

① Partido Comunista do Brasil (PCdoB), Programma Socialista para o Brasil: O Fortalecimento da Nação é o Caminho, o Socialismo é o Rumo! Cf. Novo-Programa Socialista e Estatuto do PCdoB. São Paulo: Anita Garibaldi, 2009.

经济形势陷入了极度动荡的局面，财政赤字高居不下，通货膨胀严重，社会贫富分化加剧，社会矛盾尖锐。1994年7月，弗朗哥政府通过"雷亚尔计划"（Real Plan），实行了固定汇率制，抑制了通货膨胀，结束了1988年以来萨尔内政府所实行的以降低关税和消除配额限制为主要特征的贸易自由化政策。但是1995年以来，卡多佐政府全盘接受"华盛顿共识"①，推行新的政策体制，确立了新自由主义发展模式，并最终导致了"宏观经济的严重失衡和深刻的结构性危机"以及国家撕裂和"社会排斥"②。在新自由主义极度盛行的时期，巴西经济在一定程度上得到了快速的发展，但是也产生了诸多结构性的矛盾和问题。

其中，最为突出的就是巴西在这一时期的发展中逐渐形成了特有的二元经济结构，巴西除了具有发展中国家普遍存在的工业部门和农业部门之间的二元结构外，还具有独特的农业二元、地区二元和城市二元等特征③。判断一个国家是否存在二元经济结构及其强度如何，目前公认的衡量指标主要有三个，即比较劳动生产率、二元对比系数和二元反差指数。通过三个指标的计算，我们可以大致看出巴西是否存在二元经济结构以及二元经济结构的强弱和波动情况（见表3-1）④。

---

① 华盛顿共识（Washington Consensus）是在1989年由美国彼得森国际经济研究所的经济学家约翰·威廉姆森（John Williamson）针对拉美国家经济危机和东欧国家经济转轨，同华盛顿的政策圈（其中包括美国政府、国际货币基金组织、世界银行以及其他主流智库）整理提出的一套新自由主义的政治经济理论和改革措施。1990—2006年间威廉姆森不断地对其进行修正完善，其要点包括财政纪律（fiscal discipline）；对公共支出的优先权进行重新安排，从无效益津贴转向公共产品（如医疗卫生和教育）；将扩大税收基础和降低边际税率结合起来的税制改革；自由化的利率；竞争性的汇率；贸易自由化；输入性外国直接投资的自由化；私有化；放松政府管制，消除市场准入和退出的障碍；有力的产权保护等。

② Partido Comunista do Brasil（PCdoB）, Propositions for the 10th Congress of PCdoB. Cf. Novo Rumo para o Brasil: Documentos e Resoluções do 10° Congresso do PCdoB（coletânea de textos）. São Paulo: Anita Garibaldi, 2001.

③ 参见何中正《巴西二元经济结构的特征、演进及政策评价》，载《拉丁美洲研究》2010年第1期，第44—49页。

④ 国际经验数据表明，通常情况下，农业部门的比较劳动生产率低于1，而非农产业的比较劳动生产率高于1。从不同的阶段来看，在二元经济结构加剧阶段，农业部门的比较劳动生产率逐渐降低，非农部门的比较劳动生产率逐渐升高；在两部门比较劳动生产率差别达到最高点后，农业部门和非农部门的比较劳动生产率分别从小于1和大于1的方向趋近于1。

表3-1　　　　　1950—2007年巴西二元经济结构衡量指标

指标 年份	部门产值占总产值比重（%）		部门劳动力占总劳动力比重（%）		比较劳动生产率		二元对比系数	二元反差指数
	农业	非农	农业	非农	农业	非农		
1950	25.1	74.9	60.1	39.9	0.418	1.877	0.222	0.350
1960	18.3	81.7	54.8	45.2	0.334	1.808	0.185	0.365
1970	12.3	87.7	45.3	54.7	0.272	1.603	0.169	0.330
1980	10.9	89.1	30.3	69.7	0.360	1.278	0.281	0.194
1990	11.5	88.5	24.2	75.8	0.475	1.168	0.407	0.127
1995	8.0	92.0	24.4	75.6	0.328	1.217	0.269	0.164
2000	4.9	95.1	22.8	77.2	0.215	1.232	0.174	0.179
2007	5.1	94.9	17.6	82.4	0.290	1.152	0.252	0.125

资料来源：联合国拉美和加勒比经济委员会（ECLAC）：Statistical Yearbook for Latin America and the Caribbean, 2008; A. Hofman André, The Economic Development of Latin America in the Twentieth Century, Northampton, Edward Elagar Publishing Limited, 2000, p.179。转引自何中正《巴西二元经济结构的特征、演进及政策评价》，载《拉丁美洲研究》2010年第1期，第44页。

在造成这种独特的二元经济结构的各种影响因素中，除了落后的农村土地制度、过度放任自由的城市化政策和自然条件以及社会保障制度不完善以外，更为重要的因素就是巴西所采取的进口替代工业化战略。因而必须切实推进土地改革进程，实现土地的公平分配；加大对落后地区的开发力度，实现地区发展的平衡；同时还要完善社会保障体系，真正实现所有人都应享有社会保障这一基本的宪法权利[①]。

[①] 1988年巴西宪法规定，社会保障是每个公民应享有的基本权利。宪法第一百九十四条将社会保障的范围确定为民众健康、退休金制度和社会救助。宪法第201条详细规定了社会保障的基本内容，即职工的残、老、病、死以及低收入家庭子女的抚养、补贴和失业补贴等。实际上，巴西是拉美国家中比较早地建立社会保障制度的国家之一。1875年巴西政府设立海军基金，建立了"军人退休金制度"。进入20世纪以来，1919年巴西政府制定了"工伤补偿法"；1923—1953年间巴西政府先后为铁路工人（1923年）、公务员（1931年）、矿业工人（1932年）、海员和医生（1933年）、商业和银行职员（1934年）、制造业工人（1936年）、运输企业工人（1938年）、公共部门职员（1953年）建立了退休养老金制度。1960年巴西政府将社会保障的范围扩大到自谋职业阶层。1967年巴西政府设立了"国家社会保险局（INSS）"。1971年巴西政府开始为农村和农业工人提供退休金，1973年开始为家庭佣工提供社会保障。1974年巴西政府将"劳动和社会保障部"改为"社会保障福利部"。1977年巴西政府建立了"国家社会保障与福利制度（SINPAS）"。参见 Rafael Rofman and Leonardo Lucchett, Pension Systems in Latin America: Concepts and Measurements of Converage, http://siteresources·worldbank.org/。转引自房连泉《20世纪90年代以来巴西社会保障制度改革探析》，载《拉丁美洲研究》2009年第2期，第31页。

第二，巴西政治民主化进程为实现社会变革提供了有利的政治条件。

20世纪70—80年代的第三波世界民主化浪潮对巴西的政治民主化进程产生了重要影响。借助于"第三波"世界民主化浪潮，巴西开始了深入持久的政治民主化进程，巴西政治生态发生了重大的变化，其主要标志就是以劳工党为代表的左翼政治力量登上了政治舞台。而巴西共产党则着眼于国内经济政治形势的新变化，调整了党的战略和策略，其政治社会地位发生了历史性的变化，从而为巴西共产党探索走向社会主义的巴西式道路提供了一个良好的政治平台。

以1982年4月2日阿根廷军政府下台为发端，拉美国家先后开始了深入持久的民主化进程，"在全球范围内，拉美是一个在过去200年中经常声称在捍卫民主的地区，尽管它有时也剥夺民主，尔后又重新恢复民主。……今天，从政治和选举角度来说，所有（拉美）国家都是民主国家"①。20世纪80年代以来，拉美共有14位总统因多种原因而无法完成宪法规定的总统任期②，其中就包括巴西总统科尔洛（1990年3月15日—1992年10月2日）和弗朗哥（1992年10月2日—1995年1月1日）。1985年3月，萨尔内当选为巴西总统，实行政治大赦。1985年7月9日，巴西共产党获得合法地位。1988年10月5日萨尔内政府颁布民主宪法，规定巴西是一个代议制联邦共和国，实行总统制。1989年巴西恢复总统的全民选举，真正恢复了民主。1993年4月21日，巴西通过全民公决确立了总统制和共和制。由此，巴西开始了真正意义上的民主化进程。随着经济改革的不断深化，巴西在选举制度、司法制度和政党制度等政治领域进行了不同程度的改革。特别是以劳工党（Partido dos Trabalhadores，PT）为代表的左派政党的力量不断地增强，影响力不断地扩大。

2002年10月，由劳工党、巴西共产党和自由党等政党联合推出的总统候选人巴西劳工党领袖卢拉，在大选举中以压倒性优势击败执政联盟总统候选人巴西社会民主党人若泽·塞拉，当选为巴西历史上首位工人

---

① UN Development Program, Democracy in Latin America: Towards a Citizens' Democracy, New York: UNDP, 2004, pp. 36—37.

② Inter-American Development Bank, The Politics of Policies: Economic and Social Progress in Latin America 2006 Report, Harvard University David Rockefeller Center, 2006, p. 155.

出身的左派总统,"开启了巴西历史上一个新的政治周期",同时它也是南美大陆以"变革"为导向的广泛的反帝政治社会运动的一部分①,因而被视为"拉美左派重新崛起"的主要标志之一,给巴西及整个拉美大陆带来了变革的希望。

三 和平与发展的外部环境

巴西共产党探索走向社会主义的巴西式道路是在和平与发展的时代背景下进行的。当今世界正处于大发展大变革大调整时期。世界多极化、经济全球化深入发展,科技进步日新月异,世界经济发展格局正在发生着新的变化,国际力量对比出现了新的态势,但发达国家仍然在经济、科技等方面占优势。这一变革的时代,对包括巴西共产党领导的社会主义革命运动在内的整个世界社会主义运动的总体态势及其发展趋势产生了重大的影响。

在和平与发展的时代背景下,在巴西政治民主化和政党政治日益成熟的条件下,巴西共产党不仅获得了比苏东剧变前更好的生存和发展环境,而且借助于参政党的政治地位,可以更好地宣传和推动实施自己所提出的经济社会变革的各项政策方针。

对于巴西共产党来说,在和平与发展的时代背景下积极探索走向社会主义的巴西式道路必须要面对不同于"战争与革命"年代的外部环境。当今的科技革命和社会生产力的发展使世界资本主义的经济和政治运行机制、社会的经济结构和工人阶级的内部结构以及劳资关系都发生了重大而深刻的变化。而这种发展状况不能不对巴西社会产生相应的影响。巴西共产党必须要根据新的经济、政治和社会状况,调整自己的战略和策略,以使党的思想观念、社会功能、组织结构和运行机制以及活动方式适应新的斗争环境,并获得新的发展。一个不能根据经济社会发展的要求而进行相应的自我调整和变革的党,是无法有效地担负起领导社会主义革命运动的历史任务的。

因而和平与发展的时代背景,既为巴西共产党转变党的斗争策略

---

① Partido Comunista do Brasil (PCdoB), Project of Political Resolution to the Central Committee in the occasion of the 11th Congress of PCdoB: a renovated party, a sovereign and democratic Brazil, a socialist future, Cf. 11o Congresso do PCdoB-Documentos e Resoluções. São Paulo: Anita Garibaldi, 2005.

和方式提供了契机，也为此创造了有利的条件。苏东剧变后，巴西共产党在反思党的斗争策略和方式时指出，在过去相当长的一个历史时期内，在党的纲领中，党的斗争策略和方式囿于一种"抽象的观念和公式化的法则"，刻意地保持和追求同俄国革命和中国革命的一致性，日益地脱离了巴西的历史和传统以及现实的政治、经济、社会和文化状况。①

不论是过去，还是现在，巴西社会主义革命运动的条件都与中俄两国有着很大的不同。但巴西共产党却没有能够清楚地认识到这一点。这里面既有当时"世界革命"这一客观因素的影响，但更多是巴西共产党在思想和理论上的不成熟所致。不论是中国共产党的第一代领导核心毛泽东同志，还是第二代领导核心邓小平同志，在同巴西共产党领导人的谈话中，都反复强调不能照抄照搬中国革命的经验，必须根据巴西的具体情况制定正确的斗争策略和方式。

1956年9月25日，毛泽东在接见来访的巴西共产党代表团，并就社会主义革命的经验问题谈话时指出：中国革命的经验，建立农村革命根据地，以农村包围城市，最后夺取城市的经验，对你们许多国家不一定都适用，但可供你们参考。我奉劝诸位，切记不要硬搬中国的经验。任何外国的经验只能作参考，不能当作教条。一定要把马克思列宁主义的普遍真理和本国的具体情况这两个方面结合起来。……共产党人不要怕犯错误。错误有两重性。错误一方面损害党，损害人民；另一方面是好教员，很好地教育了党，教育了人民，对革命有好处。……这是马克思主义。

1964年1月15日，邓小平在接见来访的巴西共产党代表毛里西奥·格拉波依斯（Maurício Grabois）时指出："革命的领导权不是取决于力量大小，而是取决于政策符不符合人民的利益。单单有了正确的路线和方针还不够，还需要有正确的策略和方法。在斗争中，不断地总结经验，是可以找到正确的策略和工作方法的。不犯错误是不可能的。没有一个革命的政党能不犯错误。马克思没犯过错误吗？列宁没犯过错误吗？都

---

① José Renato Rabelo, Socialism Reloaded: Lessons from the Past for the Future, Political Affairs, Jan. 2008.

犯过的。"①

在和平与发展的时代背景下，巴西根据国内的政治发展状况，确定了自己的斗争策略和方式，这既不是偶然的，也不是无主见的表现，更不是没有任何基础的动摇，相反地，这是一个具有深刻的社会政治根源的过程。正如列宁所说，共产党人在探索社会主义革命发展道路进程中的这一重大的转变，"只是改变策略，决不是背弃学说"②。虽然资本主义国家作为垄断资产阶级的统治工具的本质没有根本改变，但是由于工人阶级和广大劳动群众的长期斗争，已经迫使国家在社会保障和扩大再生产方面，执行了越来越多的社会管理的职能。因而资产阶级国家的政策更多地反映了各种政治力量和派别之间的斗争与博弈，是政治妥协的产物，国家活动有逐渐地独立于资本家阶级直接操控的发展趋势。这就为工人阶级及其政党对国家进行渐进的和平的改造创造了极为有利的社会条件，通过经济社会变革，逐步地朝社会主义的方向前进。与此同时，工人阶级及其政党也可以利用资产阶级政治民主的积极成果，通过和平合法的议会斗争，对资产阶级国家机器进行改造，逐步地确立社会主义的民主。

四 巴西共产党已发展成为一个比较成熟的马克思主义政党

巴西共产党是一个经过长期革命斗争考验的比较成熟的马克思主义政党，这是巴西共产党探索走向社会主义的巴西式道路的主观条件。巴西共产党已经发展成为一个在思想上、政治上比较成熟的马克思主义政党，其主要标志就是在继承了巴西人民崇高的斗争传统的基础上，能够较好地把马克思主义普遍真理与时代发展和巴西具体实际相结合，积极探索走向社会主义的巴西式道路。

第一，在党的指导思想及其性质上，巴西共产党继续坚定不移地捍卫马克思列宁主义，坚持由马克思和恩格斯所创立的、由列宁和其他马克思主义革命家所发展的科学革命理论为指导，并结合巴西具体实际，加以创造性地运用和发展。在党的性质上，巴西共产党强调，党是巴西

---

① 中共中央文献研究室编：《邓小平年谱（1904—1974）》，中央文献出版社2009年版，第1791页。

② 《列宁全集》第35卷，人民出版社1985年版，第219页。

工人阶级和全体劳动者的政党,是劳动人民和国家利益的忠实代表,是无产阶级有觉悟的先锋队的政治组织。在新的历史条件下,巴西共产党认为,必须把党建设成为一个现代群众性革命政党,即一个具有社会主义的、爱国的和反对帝国主义的性质特点的组织,一个在权利、自由和团结等价值观激励下承担着面向21世纪战斗责任和改革行动的组织,一个具有无产阶级的、人道主义的和民主的伦理和道德的组织。①

第二,在巴西社会主义革命的手段和方式上,巴西共产党根据当今世界发展的形势以及世界社会主义革命运动的发展状况,并着眼于巴西国内现实,放弃了武装斗争和暴力革命的革命道路,在继续坚持反对资本主义和帝国主义的剥削和压迫的同时,进行争取民主和社会主义的斗争,其目的就是要使无产阶级及其政党获得政权,捍卫科学社会主义,最终实现共产主义。巴西共产党坚信社会主义制度优于资本主义制度,并尽力争取开辟为社会主义理想而斗争的新时期。但是它同时强调指出,社会主义的理想是随着20世纪社会主义革命和建设的实践经验的积累而不断地更新的,必须与时代发展的现实相适应,能够不断地满足巴西国家和人民的要求。它是一个"不断发展的"过程②。与此同时,巴西共产党认为要按照无产阶级国际主义的精神,支持各国人民为争取民族和社会解放、国家主权与世界和平的反对帝国主义的斗争。

第三,在党的组织和运行体制上,与一些发达资本主义国家共产党如法国共产党和意大利共产党不同的是,巴西共产党在苏东剧变后并没有简单地全盘否定民主集中制这一马克思主义政党的根本的政治和组织原则。而是认为必须在坚持民主集中制的前提下,积极扩大党内民主,把民主视为"党内生活的根本财富"。在一个经济文化比较落后的国家组织和领导社会主义革命运动,没有一个坚强有力的马克思主义政党的领导是不行的,同样地,要使马克思主义政党变得坚强有力,就必须在加强和巩固党的组织的团结统一上,毫不动摇地坚持、捍卫和发展民主集中制原则。这不仅是在20世纪世界社会主义革命和建设中,马克思主义政党兴衰成败的一个重要原因,而且也是巴西共产党自身发展历程中

---

① 刘洪才主编:《当代世界共产党党章党纲选编》,当代世界出版社2009年版,第748页。
② 同上。

的种种困难、挫折和危机产生的一个不容忽视的因素。特别是在当前复杂的国内外政治斗争形势下，民主集中制对于加强和巩固巴西共产党的组织团结和政治行动的统一，并加强《巴西社会主义纲领》的斗争，具有极其重要的作用。

第四，在巴西社会主义革命的发展道路上，苏东剧变后，巴西共产党坚持独立思考和灵活务实的马克思主义的科学精神，果断地抛弃了过去那种以外国党的成功经验为样板的教条式的革命发展道路，而且认为社会主义革命的发展道路不仅可以而且也应该多样化。巴西社会主义革命运动作为整个世界社会主义革命运动的一个重要组成部分，当然要汲取和借鉴其他国家的成功的有益的经验，但是决不能机械地照抄，而是要结合巴西现实，对巴西社会主义革命运动的基本问题进行创造性的探索，走具有巴西特色的社会主义革命发展道路，从而最终实现党的十二大所提出的建设"巴西特色的新型社会主义"的战略目标。

第二节 走向社会主义的巴西式道路理论的主要内容

巴西共产党所提出的走向社会主义的巴西式道路是马克思主义普遍真理与巴西具体实际相结合的产物。巴西共产党在坚持和捍卫马克思主义的理论基础和基本原理的同时，对巴西社会的性质及其主要矛盾、革命的性质、革命的阶级力量配置、革命的策略和方式等一系列问题进行了创造性的探索。这是巴西共产党在探索"走向社会主义的巴西式道路"的历史进程中所取得的积极成果。

一 巴西社会的性质及其主要矛盾

在社会主义革命运动发展史上，能否对自己国家和民族的基本情况有一个明确而清晰的认识，这是进行社会主义革命的基本前提。正如毛泽东所说，只有认清本国社会的性质，才能认清革命的对象、任务、动力和性质以及革命的前途，总之，认清本国的社会性质，即认清本国的基本国情，"乃是认清一切革命问题的基本的根据"[①]。巴西共产党探索走向社会主义的巴西式道路首先就是从对巴西的社会性质及其主要矛盾

---

① 《毛泽东选集》第2卷，人民出版社1991年版，第633页。

的认识和分析开始的。

巴西共产党认为，在长期的新自由主义发展模式主导下，巴西是一个处于国际资本主义再生产模式（经济增长缓慢、失业率上升和不断发生的金融危机）中的依附于国际金融垄断资本的国家。[①] 巴西共产党对巴西社会性质的这一判断，实际上包含了两个方面的内容：一是巴西现在已经是一个资本主义国家；二是巴西是一个依附于国际金融垄断资本的国家，巴西在国际金融垄断资本所主导的世界经济秩序中处于一种不平等的依附性的国际劳动分工地位。作为一个依附于国际金融垄断资本的国家，巴西虽然不是帝国主义的殖民地或半殖民地，但也不是完全独立的。它在经济上和政治上在很大程度还受制于国际金融垄断资本，也就是说它在经济上和政治上还不是完全独立的，这严重地影响了巴西社会的发展和进步。

正如巴西经济学家多斯桑托斯所指出的，"依附国经济不是可以躲过危机的简单的前资本主义经济"，恰恰相反，像巴西这样的拉美国家"是资本主义世界经济的组成部分，而且不仅如此，它们的经济主体是为世界市场进行生产的"，"这些国家作为原料和农产品出口者参与世界经济时，它们所发展的是一种市场经济。但由于种种原因，不能发展到具有资本主义生产方式的全部特点"[②]。

巴西作为一个依附于国际金融垄断资本的资本主义国家，从90年代科尔洛政府以来的历届巴西政府，推行国际金融垄断资本所倡导的新自由主义政策，国家逐渐地变成了大土地所有者、资产阶级垄断集团、银行家和金融投机者以及那些控制大众媒体的人实现自身利益的工具，社会矛盾十分尖锐。在国内经济发展问题上表现为土地制度落后，大庄园主和大种植园主占有60%左右的土地，劳动收入与资本收入之间存在着巨大的鸿沟，地区发展存在着严重的不平等和差距，在资本逻辑主导下

[①] Partido Comunista do Brasil (PCdoB), Project of Political Resolution to the Central Committee in the occasion of the 11th Congress of PCdoB: a renovated party, a sovereign and democratic Brazil, a socialist future, Cf. 11o Congresso do PCdoB-Documentos e Resoluções. São Paulo: Anita Garibaldi, 2005.

[②] ［巴西］特奥托尼奥·多斯桑托斯：《帝国主义与依附》，杨衍永、齐海燕、毛金里等译，社会科学文献出版社1999年版，第384页。

的掠夺式开发对生态环境造成了毁灭性的破坏。在国内社会发展问题上表现为不同程度的种族、性别和宗教歧视。在国内文化发展问题上表现为国内外垄断性大众媒体和文化传播集团力图将新自由主义的思想意识和价值观强加于巴西人民,进而使其对巴西民族文化的认同意识、民族独立意识和国家主权意识逐步地丧失。

巴西共产党因此指出,巴西国家逐渐地失去了其应有的功能、目标和责任,巴西经济社会发展逐渐地陷入了一种周期性的结构危机中。巴西深深地依附于国际金融垄断资本,金融体系脆弱,宏观经济不稳定,外债负担沉重,而且社会发展日益被扭曲,存在着严重的不平等,贫富差异越来越大。巴西已经成为拉美地区贫富差异最大的国家。巴西热图里奥·瓦加斯基金会社会政策研究中心主任马塞洛·内里认为,巴西仍然是全世界最不平等的 10 个国家之一。据 2010 年 3 月 26 日联合国人类住区署(UN-Habitat)最新发布的《世界城市状况报告》统计,在巴西,50% 的财富掌握在 10% 的人手中,最贫穷的 20% 的人仅占有 0.8% 的社会财富,而在小城镇和广大的农村地区,贫困人口比例高达 50.1%。巴西共产党强调:"如果不能正视国家存在的结构性问题,如果不能有效地同金融资本进行斗争,如果不能推动土地改革和农村改革,如果不能提高巴西人民的教育和文化水平,如果不能实行对国民收入进行再分配和以非集中化为目标的更为直接的经济政策,那么社会危机就会爆发。"①

巴西共产党认为,现阶段巴西社会主义革命运动所面临的首要矛盾就是巴西人民谋求国家主权和经济独立的诉求同国际金融垄断资本——帝国主义的进攻之间的矛盾。在国内,则是巴西人民追求民主、进步和社会正义的要求同国内金融垄断资本、大土地所有者以及大众媒体垄断者之间的矛盾。巴西共产党指出:"只有正确认识当前巴西所处的历史时期的特殊性,并考虑到巴西的现实社会状况,才能更为准确地理解革命运动所具有的阶段性特征——积蓄和加强进步力量。因此,只有从现阶段正在进行着的不同层面的斗争的状况出发,才能制定、完善和理解党所

---

① José R. Carvalho, The Fight for Socialism is Real Because Capitalism Has Decayed, http://mltoday.com, 2007 – 03 – 27.

采取的正确的战略方针和具体的策略任务。"① 巴西共产党对巴西社会的性质及其主要矛盾的认识和分析，为探索走向社会主义的巴西式道路奠定了重要的前提和基础。

二 巴西现阶段革命的性质及其任务

马克思主义历来认为，民主（民族）革命和社会主义革命是整个革命运动进程中不可分割的两个有机的组成部分。民主革命是社会主义革命的前提和基础，而社会主义革命则是民主革命的必然归宿。任何不顾具体的历史条件而机械地割裂两者之间的关系的思想和革命行动，都是与马克思主义和科学社会主义理论背道而驰的。

1. 巴西革命的性质

巴西共产党认为，现阶段巴西革命正处于一个从资本主义向社会主义过渡的"预备性阶段"（transição preliminar）②。巴西共产党对巴西革命所处阶段的定位，是在深刻总结和反思传统社会主义革命运动兴衰成败历史经验教训的基础上，结合巴西政治经济及社会发展的现实情况，对巴西社会主义革命运动所处的阶段问题进行重新思考和探索所得出的基本结论。

向社会主义过渡的"预备性阶段"这一科学定位，实际上是对现阶段巴西社会革命的性质的判断，即现阶段既不是直接地向社会主义过渡的时期，更不是进行完全的社会主义革命的时期，而是处于为向社会主义过渡进行准备的阶段。也就是说，它是属于资产阶级民主（民族）革命的范畴。彻底变革新自由主义发展模式及其所带来的种种问题和危机，不是彻底的社会主义革命所应承担的任务，而是民主（民族）革命所面临的迫切问题。在"战争与革命"的年代，巴西共产党囿于历史条件和党自身的马克思主义理论水平的局限，将民主革命和社会主义革命混为一谈，急于通过在广大农村地区和中心城市发动武装起义，建立无产阶

---

① Partido Comunista do Brasil (PCdoB), Project of Political Resolution to the Central Committee in the occasion of the 11th Congress of PCdoB: a renovated party, a sovereign and democratic Brazil, a socialist future, Cf. 11o Congresso do PCdoB-Documentos e Resoluções. São Paulo: Anita Garibaldi, 2005.

② Partido Comunista do Brasil (PCdoB), Programma Socialista: Construindo o Futuro do Brasil, Cf. Construindo o Futuro do Brasil: Documentos da 8a Conferência Nacional do PCdoB (coletânea de textos). São Paulo: Anita Garibaldi, 1995.

级专政，进而直接实现社会主义革命的历史任务，而忽视了具体问题具体分析这一马克思主义的活的灵魂和精髓。巴西共产党通过对巴西现实的具体剖析，并吸收世界社会主义运动的历史经验和教训，认为必须首先进行反对新自由主义的民主（民族）革命，并在这一革命进程中进行相应的经济社会变革，为彻底的社会主义革命准备必需的物质文化基础和条件。

2. 巴西革命所面临的任务

巴西共产党把马克思列宁主义基本原理同巴西具体实际相结合，走一条经过民主（民族）革命最终走向社会主义的发展道路，其实质就是要以反对新自由主义为平台，通过一系列经济、政治、文化和社会变革，在由新自由主义发展模式所造成的经济社会发展困境中，逐步积累变革社会的物质力量，改变自20世纪90年代科洛尔政府开始、最终在卡多佐两届政府任期内形成的新自由主义发展模式，建立一个新的可持续的发展模式，从而在民主革命和社会主义革命之间架起一座现实的桥梁。这就是现阶段巴西革命的主要任务，也是实现民主革命进而走向社会主义的必由之路。

马克思主义认为，社会主义革命在自己的发展进程中，首先必须创造出实现新社会的物质条件，这是任何强大的思想或意志力都无法改变的历史发展趋势。社会主义革命是建立在现实的物质基础之上的，这一基础同时也决定了社会主义革命运动的条件、进程及其一般结果。社会主义革命"决不是以这个或那个世界改革家所发明或发现的思想、原则为根据的"，而是"我们眼前的历史运动的真实关系的一般表述"[①]。马克思主义政党必须首先在"当前的运动中"，"为工人阶级的最近的目的和利益而斗争"[②]。民主（民族）革命不仅符合巴西社会发展现实，而且能更好地反映和体现巴西人民的利益和愿望。马克思主义也从来不认为民主革命和社会主义革命可以"毕其功于一役"，而必须首先"争得民主"，然后"一步一步地"[③] 实现生产资料的社会化改造，进而掌握全部

---

① 《马克思恩格斯选集》第1卷，人民出版社1995年版，第285页。
② 同上书，第306页。
③ 同上书，第293页。

社会资料,并在此基础上进一步推动社会生产力的发展。

在巴西共产党看来,在向社会主义过渡的"预备性阶段",即民主革命阶段,对社会生产资料不会出现完全的"没收"、"剥夺"和"全面社会主义化",与建设社会主义的最初要求相适应的激进措施也将是局部的。① 这是因为彻底消除新自由主义是一项长期的艰巨的历史任务,必须首先经由民主(民族)革命阶段一系列不同程度的经济社会改造计划而逐步完成,同时还需要建立新的经济政治组织。这一长期改造过程必定会受到保守的新自由主义势力等既得利益者的强力阻挠。因而这是一个极为漫长的发展过程,同时是探索走向社会主义的巴西式道路的一个现实选择和必经阶段。

三 巴西现阶段革命的阶级力量配置

在正确认识巴西国情和科学定位现阶段巴西革命运动所处的阶段的基础上,巴西共产党对巴西革命的阶级力量配置问题进行了深入分析。马克思主义认为,当代资本主义国家共产党对社会主义革命运动的阶级力量配置是以工人阶级(通过共产党)为领导,其中包括脑力劳动无产者和新兴产业工人,以广大工人、农民和知识分子为中坚力量和依靠力量,争取和团结中小资产阶级,反对大垄断资本的统治和剥削。巴西共产党认为,共产党人是争取民主和社会主义的斗争的主要领导者和组织者,是进步的社会变革运动的领导者,但它不会凌驾于国家和人民之上,更不会武断、机械地将其思想及决定强加于整个社会之上。由于苏东剧变的负面影响太过深重以及新自由主义的猖狂进攻,党现在正处于战略策略的调整期和革命力量的积蓄期。仅凭一党之力是无法取得社会主义斗争的胜利的。

1. 革命的主要动力和依靠力量

认清革命的动力和依靠力量问题,才能正确解决巴西革命的基本策略问题。巴西共产党根据现阶段巴西社会的性质及其主要矛盾,以及革命的性质和任务,认为现阶段巴西革命的主要动力是工人阶级、劳动农民和进步知识分子,而包括农村和城市中的中产阶级、中小企业主以及

---

① José Renato Rabelo, Socialism Reloaded: Lessons from the Past for the Future, Political Affairs, Jan. 2008.

青年人和妇女在内的一切致力于和平、民主和社会正义的力量，则是革命可以依靠和团结的力量。① 巴西共产党对革命的主要动力和依靠力量的界定，是对马克思主义的阶级分析方法的具体运用。马克思主义认为，社会各阶级对革命的态度和立场如何，从根本上说这是由它们在社会经济中所处的地位来决定的。巴西社会的性质及其主要矛盾不仅规定了革命的性质和任务，而且规定了革命的主要动力和依靠力量。

由于巴西是一个处于国际资本主义再生产模式中的依附于国际金融垄断资本的国家，由于巴西革命的性质是民主（民族）革命，革命的任务是寻求一个不同于新自由主义发展模式的新的可持续的发展模式，那么在巴西社会的各个阶级和各个阶层中，有哪些力量可以承担起这一历史任务呢？这就是现阶段巴西革命的动力和依靠力量问题。

对于广大农村劳动者来说，土地问题一直是他们所面临的发展问题，而全国大部分土地则集中掌握在大庄园主和大种植园主手中。小农占全国农户总数的 85.2%，但仅占有全国土地的 20%，中农占全国农户总数的 13.2%，但仅占有全国土地的 36.1%。而大庄园主仅占全国农户总数的 2.6%，但却占有全国土地的 58.2%。因而巴西共产党提出党的组织发展的一项重要工作就是要在农村安置点、农庄和农业企业等行业和组织中，建立党的基层组织，以实现对群众性组织和社会运动的参与、组织和领导，以改革现行的农村土地制度为目标，进行争取民主和社会主义的斗争。

对于进步知识分子来说，新自由主义不仅仅是一种经济社会发展模式，而且是一种反映了金融垄断资产阶级的意志和利益的思想和意识形态。它不仅要在巴西推行基于"华盛顿共识"的新自由主义经济社会发展模式，而且力图使这种发展模式固定化，它在对巴西政治和经济社会运行的体制和机制进行操控的同时，在思想意识形态上借助于其所控制的大众媒体，向巴西人民灌输新自由主义的思想和观念，以在思想意识上使巴西人民认同和接受新自由主义。因而巴西进步的知识分子在宣传

---

① Partido Comunista do Brasil（PCdoB），Programma Socialista para o Brasil：O Fortalecimento da Nação é o Caminho, o Socialismo é o Rumo! Cf. Novo-Programa Socialista e Estatuto do PCdoB. São Paulo：Anita Garibaldi, 2009.

和捍卫巴西文化的同时，不得不应对新自由主义势力在思想意识形态上对巴西文化所发起的进攻。

对于广大的中产阶级来说，新自由主义发展模式主导下的巴西经济始终处于一种不稳定的状态之中，加以金融机制不健全和金融体系脆弱，而奉行新自由主义的执政当局向国内外大量举债，为经济危机埋下了重大隐患。这给中产阶级的现实生存环境和未来发展带来了不可预测的风险。与此同时，中产阶级还不得不承受沉重的税收负担。据联邦税务局统计，1999年巴西税收收入总额高达3060亿雷亚尔，占国内生产总值的30.3%。2000年全国税收收入总额上升到了3615.71亿雷亚尔，相当于国内生产总值的33.18%。2002年联邦税收总额为2836.32亿雷亚尔，扣除通货膨胀因素，实际税收2430.05亿雷亚尔，比2001年增长8.9%，达到了历史上的最高水平。①

对于中小企业主来说，它们是新自由主义发展模式的最为直接的牺牲品。走一条自主的民族化的工业化和现代化发展道路，是自20世纪30年代瓦加斯革命所开启的"国家发展主义"的最终目标。但是自新自由主义在巴西全面推行后，国家发展主义就已经被迫退出了历史的舞台，实际上即使在瓦加斯时期，这条自主的民族化的工业化和现代化发展道路也受到了来自国际垄断资本的重重打压。在新自由主义极度盛行的时期，民族资本主义工业在巴西现代化进程中的地位被严重削弱了，经济增长的好处大多都被国内外金融垄断资本所攫取。因而中小企业主作为巴西民族资本主义经济的主要代表力量，不得不承受着来自国内外金融垄断资本的压制。

而对于广大的青年人和妇女来说，在新自由主义发展模式下，他们在教育、文化、医疗卫生、就业和社会保障等方面处于一种弱势的地位。而且妇女还不得不面对性别歧视给她们所带来的生存和发展压力。他们有着强烈的变革社会的要求和愿望。与此同时，巴西共产党主要的社会基础即是城乡劳动者、青年学生和自由职业者。因而他们是推动社会变革取得胜利的一个有力的因素。

---

① 吕银春、周俊南：《列国志·巴西》，社会科学文献出版社2004年版，第334—335页。

2. 革命的主要对象

巴西社会的性质及其主要矛盾不仅规定了革命的主要动力和依靠力量，而且规定了革命的主要对象。巴西共产党认为，大土地所有者、国内外大垄断资本是革命的主要对象。1822年巴西独立以来，土地问题始终没有得到根本的解决。大种植园主和大庄园主垄断了超过一半的土地，因而导致了"无地农民运动"的兴起，并且在争取土地的过程中多次爆发大规模的流血冲突，对巴西政治和社会稳定带来了不利因素。[①] 金融垄断资产阶级把持了国家经济的命脉，造成了社会贫富差距越来越大，埋下了爆发社会危机的因子。而那些代表着新自由主义势力的处于垄断地位的大众媒体对传播新自由主义思想和意识形态起到了推波助澜的消极作用。

四　巴西现阶段革命的策略

在向社会主义过渡的预备性阶段，巴西共产党在政治上实行与劳工党等左翼政党结盟的策略，参加大选，在斗争方式上采取了和平的合法的方式，并取得了巨大的成功。

1. 建立政党联盟

在巴西现行的政党政治格局中，任何一个政党都无法取得单独执政的地位。因而在左翼政党力量不断发展壮大的条件下，制定正确的政党联盟策略，对于像巴西共产党这样的中小政党来说尤其重要。2003年劳

---

① 无地农民运动（Movimento dos Trabalhadores Rurais Sem Terra，MST）是巴西最大的为争取土地而斗争的农民运动。巴西土地占有的两极分化严重，尽管政府为缓解土地的高度集中状况进行过不懈的努力，土地集中仍在加剧。土地的基尼系数达到了0.78。据巴西地理统计局1995—1996年统计，占有1000公顷土地以上的大庄园主仅占地产主户数的1%，而其所拥有的土地却占全国土地面积的45.1%（1970年仅占39.5%）；1995年占地在10公顷以下的农户数占农户总数的49.5%，而其仅占有全国土地面积的2.3%。自70年代以来，无地农民开始为拥有土地而斗争，强占大庄园主和大地产主的土地，并要求政府实行土地改革，各州农民相继组织起相应的无地农民组织，到1984年出现了全国性的无地农民运动，为土改和反对大庄园主而斗争。1985年无地农民运动第一次全国代表大会确定了以强占土地作为其主要的斗争方式，成为巴西主要的社会运动的群众性组织。到1998年为止，巴西政府已经安置了41.66万户无地农民家庭，但是对1200万无地农民来说，政府的努力只是杯水车薪，无地农民的斗争从未停止过。2000年4月和9月，无地农民运动组织了两次冲击政府机关的事件。1980—2000年间，共有1520人在无地农民与大庄园主的冲突中死亡，其中仅帕拉亚州农民死亡人数就高达406人。无地农民运动已经逐步由一种社会运动转变为政治组织。参见《列国志·巴西》，第164—165页。

工党领袖卢拉首次当选总统以来，左翼政党在巴西政治和社会生活中的地位得到了空前的加强，而巴西共产党也已经连续三次同劳工党等其他左翼政党结成联盟，参加大选，相继赢得了选举的胜利，并参加左翼联合政府。

巴西共产党在参加左翼联合政府的时候，始终强调党的马克思主义性质和为社会主义、共产主义以及全体巴西劳动者利益而斗争的根本目标和方向，以推进新国家发展计划、实现经济社会改造为导向，对联合政府采取了既合作又斗争的鲜明的批判性立场和态度。

巴西共产党着眼于新的政治发展形势，把马克思主义政党的斗争策略和基本原则有机地结合起来，适时采取了有效的政党联盟策略。这是对马克思主义的政党策略的具体运用。马克思主义政党在同其他左翼政党建立政党联盟，采取共同的政治行动时，一是要把"策略问题"和"原则问题"区别开来，同时要具备敏锐的"洞察力和坚强意志"，这是因为"策略的错误在一定情况下也能够导致破坏原则"①。巴西共产党清醒地认识到现阶段左翼联合政府在反对新自由主义、推进实现新的国家发展计划问题上的局限性，认为建立左翼政党联盟，参加联合政府，只是反对新自由主义、实现从资本主义向社会主义过渡的"一种手段"和"一个中间形式"，党的最终目标必然是实现社会主义。② 如果反对新自由主义的斗争不以社会主义为目标和价值取向，那么这场斗争将会变得毫无意义。二是马克思主义政党"要有它自己的政策"，这种政策"必须表现出工人阶级解放的条件"，但是"细节可以根据一个国家的特殊情况而有所不同"，而特定条件下的合法斗争则是"一种最有力的行动手段"、"一种卓越的行动手段"，"特别是组织和宣传的手段"③。巴西共产党通过有效地参与政党的竞争和左翼联合政府的运作，积极宣传党的各项方针政策以及取代新自由主义的替代方案，赢得了巴西各左翼政党的普遍认同，得到了巴西广大劳动人民的支持。正是遵循马克思主义政

---

① 《马克思恩格斯选集》第4卷，人民出版社1995年版，第686页。
② Partido Comunista do Brasil (PCdoB), Propositions for the 10th Congress of PCdoB. Cf. Novo Rumo para o Brasil: Documentos e Resoluções do 10° Congresso do PCdoB (coletânea de textos). São Paulo: Anita Garibaldi, 2001.
③ 《马克思恩格斯选集》第2卷，人民出版社1995年版，第639页。

党的灵活的斗争策略，巴西共产党在现实的政治斗争中才取得了历史性的成功。

2. 和平的合法的斗争方式

巴西共产党根据苏东剧变后国内外政治形势的发展变化，放弃了长期以来党所坚持的暴力革命和武装斗争是唯一的革命道路的理论以及一党专政的观点，认为阶级斗争的形式不仅可以而且也应该多样化，而无产阶级专政也不是一个人或一个集团的专政。社会主义革命运动的最终目的是实现无产阶级统治和领导下的人民民主。1871年7月3日，马克思在同美国《世界报》驻伦敦通讯员兰多尔的谈话中指出，国际只是作为工人阶级"联合的纽带"而存在着并通过赢得政权来达到工人阶级的经济和社会的解放，但是，它"并不规定政治运动的形式；它只要求这些运动保证朝向一个目标。……在世界上的每一个地区，问题的某个特殊方面都会出现，这要由那里的工人以他们自己的方式去解决。……在和平的宣传鼓动能更快更可靠地达到这一目的的地方，举行起义就是发疯"。是否选择采用"社会战争"这种解决办法是每个国家工人阶级自己的事情，国际对此不能采用"下命令"的方式，甚至无法提出什么建议。① 巴西共产党选择和平的合法的斗争方式，体现了马克思主义关于各国共产党人要独立自主地根据自己国家的具体实际来确定政治斗争的形式的基本原则。

巴西共产党认为，在当前世界社会主义运动处于低潮和防御性的历史时期，"对于革命力量来说，阶级斗争的和平方式居于主要地位"②，党必须积极地积蓄新的力量，为实现其战略目标而努力。80年代以来巴西深入持久的政治民主化进程不仅为巴西共产党进行合法的议会斗争提供了现实的可能性，而且由于以劳工党为代表的巴西左翼政党力量在政治民主化进程中异军突起，巴西共产党随之转变斗争方式，积极支持劳工党并同其结成联盟，参加总统选举和议会选举，由此确立了"在国家

---

① 《马克思恩格斯文集》第3卷，人民出版社2009年版，第611页。

② Partido Comunista do Brasil (PCdoB), Project of Political Resolution to the Central Committee in the occasion of the 11th Congress of PCdoB: a renovated party, a sovereign and democratic Brazil, a socialist future, Cf. 11o Congresso do PCdoB-Documentos e Resoluções. São Paulo: Anita Garibaldi, 2005.

现行法律范围内开展活动"①的基本方针。

马克思指出，生产者阶级要建立自己独立的马克思主义政党并领导无产阶级的革命活动，"就必须使用无产阶级所拥有的一切手段，包括借助于由向来是欺骗的工具变为解放工具的普选权"②，并在选举活动中提出自己的切合本国政治经济形势发展要求的最低纲领，以此作为组织和斗争的手段。马克思主义从来不把斗争形式绝对化，而是认为必须"随时随地都要以当时的历史条件为转移"③，采取相应的马克思主义的革命斗争策略，从而最大限度地实现马克思主义政党的最低目标，为实现党的最终目标奠定基础。

巴西共产党所确立的参与议会运作的政策方针，鲜明地体现了马克思主义政党进行革命斗争的原则性和灵活性相统一的基本原则。对于一个想根据马克思主义的坚定原则来领导社会主义革命运动而不仅是跟在事变后面做尾巴的马克思主义政党来说，"能最快、最有把握地实现目标的策略，就是最好的策略"④。马克思主义政党应该承认一切斗争手段，只要这些手段是同党的现有力量相适应的，并且在现有的条件下能够使党取得最大的成绩。列宁指出："党的策略是指党的政治行为，或者说，是指党的政治活动的性质、方向和方法。党代表大会通过策略决议，就是要确切规定整个党在新的任务方面或者是针对新的政治形势所应采取的政治行为。"⑤ 巴西共产党和平、合法的斗争方式集中体现了党在面对新的任务（反对新自由主义，推动实现新国家发展计划）和新的政治形势（左翼政治力量崛起）时所采取的政治行为，规定了当前及今后一个相当长时期内党的政治活动的性质、方向和方法。

---

① 巴西共产党章程规定，党的章程经由党的全国代表大会批准，并在《联邦官方日报》及党的报纸上公开刊登后方可生效，同时要到相关民事公证机构进行登记公证，并将其提交给最高选举法院。任何需要得到选举法院批准的对党的章程的处理、修改和变动，都要由党的中央委员会作出决定，并由党的中央委员会提交给选举法院。
② 《马克思恩格斯文集》第3卷，人民出版社2009年版，第568页。
③ 《马克思恩格斯选集》第1卷，人民出版社1995年版，第248页。
④ 《马克思恩格斯全集》第39卷，人民出版社1974年版，第79—80页。
⑤ 《列宁选集》第1卷，人民出版社1995年版，第532页。

第三节　向社会主义过渡的预备性阶段的基本纲领和变革计划

在向社会主义过渡的预备性阶段，巴西共产党不仅阐明了未来社会主义的基本原则和愿景，而且提出了党在这一阶段的基本纲领及其相应的变革计划。

一　未来社会主义的基本原则

巴西共产党认为，科学社会主义是人类的希望和未来，这是人类历史发展的客观要求，是阶级斗争不可避免的结果。社会主义革命的最终目标就是要从根本上解决资本主义社会的基本矛盾——生产社会化与生产资料的资本主义私人占有制之间的矛盾。作为资本主义社会的替代物，在经济上，未来社会主义将会采取生产资料社会所有的形式，这是未来社会主义的最基本的原则和价值所在。在政治上，劳动人民掌握了国家的权力。未来社会主义将会在不断发展社会生产力的基础上逐步建立按照劳动的数量和质量来分配商品和财富的新的生产方式和生产关系。社会主义将会创造出比资本主义高得多的劳动生产力，并且推动科学技术的迅速发展，从而满足人类发展的需要，而这在资本主义条件下是无法实现的。社会主义国家将会是一种新型的国家，代表社会各阶层人民的利益，劳动者拥有更广泛的民主、自由和政治权利。社会主义最终将走向共产主义，那时候将会实行"各尽所能，按需分配"的分配制度。社会主义是一种能够实现各民族和国家间的团结、和平、合作，以及实现全世界劳动者和人民之间的友谊的社会制度。[1] 但是由于各个国家和民族的具体情况不同，因而在走向社会主义的历史进程中所面临的具体问题也千差万别。

巴西共产党特别强调指出，巴西共产党在现阶段所制定的纲领、路线及各项政策方针，并不是要阐明建设社会主义的普遍规律，而是立足于当前巴西社会主义革命运动正处于从资本主义向社会主义过渡的预备

---

[1] 王建礼：《苏东剧变以来巴西共产党对社会主义的新探索》，载《当代世界社会主义问题》2010 年第 4 期。

性阶段以及当今世界和巴西的现实，对走向巴西特色社会主义的政治、经济及文化所进行的具体的探索。①

二 向社会主义过渡的预备性阶段的政治、经济和文化纲领

1. 在政治上，建立"人民民主共和国"（República de democracia popular）

巴西共产党指出，在向社会主义过渡的预备性阶段，党所面临的首要的政治任务就是争取政治权力的斗争。这是一个"根本性的问题"，也是在整个过渡的预备性阶段，党制定一切政治行动路线的出发点。与此同时，党要担负起领导和组织农村和城市中的劳动者进行争取国家政治权力的社会运动，其中工人阶级对于政治斗争的胜利起着中坚作用。巴西共产党认为，一切致力于推动建立一个主权的、民主的、统一的国家的社会革命力量（包括工人阶级、农民、进步知识分子、中产阶级、中小企业主以及青年和妇女等），应该在建立一个新的"人民民主共和国"这个总的最终的政治目标的前提下，为建立一个"新的民主国家"（novo Estado democrático）而进行联合的政治行动。党要在联合中进行积极的思想宣传和持续的富有创造性的思想斗争，提高劳动者的社会和政治意识，加强其团结，以适应斗争的需要。这种政治上联合、思想上引领的行动对于马克思主义政党所领导的社会主义革命运动具有重要意义，如果不能在联合的行动中使广大人民群众了解、拥护和支持党所提出的各项政策方针，那么就不可能取得政治斗争的胜利。

马克思恩格斯指出，历史上周期性地重演的革命动荡能否强大到足以摧毁现存社会的基础，一方面取决于是否存在"实行全面变革的物质基础"即一定的社会生产力，另一方面还取决于是否形成了"不仅反抗旧社会的个别条件，而且反抗旧的'生活生产'本身、反抗旧社会所依据的'总和活动'的革命群众"，否则，"正如共产主义的历史所证明的，尽管这种变革的观念已经表述过千百次，但这对于实际发展没有任何意义"。② 因此，在争取建立一个新的民主国家的政治斗争中，民主作

---

① Partido Comunista do Brasil（PCdoB），Programma Socialista para o Brasil: O Fortalecimento da Nação é o Caminho, o Socialismo é o Rumo! Cf. Novo-Programa Socialista e Estatuto do PCdoB. São Paulo: Anita Garibaldi, 2009.

② 《马克思恩格斯选集》第 1 卷，人民出版社 1995 年版，第 93 页。

为无产阶级和群众运动的原则，巴西共产党必须在联合的行动中广泛地宣传这一民主本身所包含的意义，并建立一个以劳动者为中心的包括绝大多数人民力量在内的"广泛的社会和政治阵线"。

巴西共产党认为，在一个新的人民民主共和国里，人民将会居于社会的主体地位，同时实现了民主、法治和自由，人民获得了广泛的政治自由权利。只有这样的国家才能为向社会主义过渡提供政治上的先决条件，从而进入预备性的建设社会主义的阶段。实际上，巴西共产党提出的"人民民主共和国"仍属于"民主共和国"的范畴。发展彻底的完备的民主，并在政治实践中检验民主的不同形式，依旧是人民民主共和国所面临的基本任务之一。民主共和国是无产阶级及其同盟者取得政治权力和政治统治的唯一的政治形式，"是在资本主义制度下对无产阶级最有利的国家形式"①。

巴西共产党认为，在实现党的战略目标——建立"人民民主共和国"——之前，在当今世界范围内的力量对比关系以及当前巴西民主政治状况之下，民主共和国只是一种"过渡性的权力形式"（formas de poder transitório）②，各政党及社会力量处于一种不稳定的和相互竞争的状态之中，并由此实现权力的平衡，其中没有一个政党或政治力量能够处于绝对的主导地位。这在客观上有助于实现民主和进步。它既是社会主义革命进程中的一个必经阶段，又为社会主义革命的深入发展提供了政治前提。正如列宁所说，通过民主共和制的道路走向社会主义是唯一可能的正确道路和方法，是向社会主义革命迈出的第一步，"谁想不经过政治上的民主制度而沿着其他道路走向社会主义，谁就必然会得出一种无论在经济上或是在政治上都是荒谬的和反动的结论"。③ 因而经过民主共和国最终走向"人民民主共和国"是顺利实现党的战略目标和完成党所提出的各项任务的政治保证，否则，就会使党"在争取政治权力的斗争

---

① 《列宁选集》第3卷，人民出版社1995年版，第126页。
② Partido Comunista do Brasil（PCdoB）, Programma Socialista para o Brasil: O Fortalecimento da Nação é o Caminho, o Socialismo é o Rumo! Cf. Novo-Programa Socialista e Estatuto do PCdoB. São Paulo: Anita Garibaldi, 2009.
③ 《列宁选集》第1卷，人民出版社1995年版，第537页。

中迷失前进的方向"①。

2. 在经济上，逐步建立以生产资料社会所有制（propriedade social dos meios de produção）为导向的混合经济体制

巴西共产党认为，社会主义只有在发达资本主义国家的劳动生产力及其发达的科学和技术创新能力达到最高水平的时候才能取得胜利。社会主义是一个长期发展的过程，必须建立在发达的资本主义社会基础之上。市场只有经过在社会主义社会的充分发展之后，才能实现从社会主义向共产主义的历史性过渡。②马克思深刻地指出："只有当社会生活过程即物质生产过程的形态，作为自由结合的人的产物，处于人的有意识有计划的控制之下的时候，它才会把自己的神秘的纱幕揭掉。但是，这需要有一定的社会物质基础或一系列物质生存条件，而这些条件本身又是长期的、痛苦的发展史的自然产物。"③社会主义社会作为从资本主义社会中产生出来的并同其相对立的社会，它在生产和分配方面必然"带着它脱胎出来的那个旧社会的痕迹"，"所以，每一个生产者，在作了各项扣除以后，从社会领回的，正好是他给予社会的。他给予社会的，就是他个人的劳动量。例如，社会劳动日是由全部个人劳动小时构成的；各个生产者的个人劳动时间就是社会劳动日中他所提供的部分，就是社会劳动日中他的一份。他从社会领得一张凭证，证明他提供了多少劳动（扣除他为公共基金而进行的劳动），他根据这张凭证从社会储存中领得一份耗费同等劳动量的消费资料。他以一种形式给予社会的劳动量，又以另一种形式领回来"。④

很显然，社会主义社会通行的仍然是调节商品交换（就它是等价的交换而言）的同一原则，即一种形式的一定量劳动同另一种形式的同量劳动相交换。因而巴西共产党提出，在向社会主义过渡的预备性阶段，不能迅速地直接地走向社会主义，而要通过扎扎实实地推动实施新国家

---

① Partido Comunista do Brasil（PCdoB）, Programma Socialista para o Brasil: O Fortalecimento da Nação é o Caminho, o Socialismo é o Rumo! Cf. Novo-Programa Socialista e Estatuto do PCdoB. São Paulo: Anita Garibaldi, 2009.

② José Renato Rabelo, Socialism Reloaded: Lessons from the Past for the Future, Political Affairs, Jan. 2008.

③《马克思恩格斯选集》第2卷，人民出版社1995年版，第142页。

④《马克思恩格斯选集》第3卷，人民出版社1995年版，第304页。

发展计划所提出的各项政策主张，逐步地实现经济社会的革命性改造。

巴西共产党认为，在向新社会过渡的进程中，某些资本主义的生产方式及其原则将会被保留下来，因而社会主义社会所要建立的经济体制必然是一种多种所有制形式并存的混合经济（economia mista）体制①，其中包括了国有经济、公有制经济、私有经济、混合经济以及不同类型的企业组织形式如合作制。当然也容许国家资本主义形式（formas de capitalismo de Estado）的经济成分的存在以及处在新的政治权力（人民民主国家政权）监管之下的市场的存在。社会主义革命在经济上的最终目标就是要同传统的所有制关系及其观念"实行最彻底的决裂"②。因此，社会主义运动的发展在所有制问题上不能仅仅止于混合经济，主要生产资料的社会所有制应该逐步地占据主导地位。

巴西共产党在未来社会主义经济及所有制问题上的思考与探索不仅是对马克思主义社会发展理论进行重新认识的结果，而且是在总结 20 世纪社会主义建设兴衰成败的经验教训基础上得出的基本结论。1992 年党的八大以来，党在如何进行社会主义革命和建设的问题上，一直坚持列宁的"具体问题具体分析"的方法以及邓小平所提出的"解放思想，实事求是"的思想。③ 巴西共产党认为，列宁的新经济政策是经济文化不发达国家走向社会主义的战略选择和普遍规律，从资本主义向社会主义的过渡是一个在混合经济中进行过渡的历史进程。这对于资本主义国家里那些没有掌握政治权力的共产党起着非常重要的理论指导作用，但是后来在苏联的消极影响下，被国际共产主义运动遗忘了。正如邓小平所说："社会主义究竟是个什么样子，苏联搞了很多年，也并没有完全搞清楚。可能列宁的思路比较好，搞了个新经济政策，但是后来苏联的模式僵化了。"④ 巴西共产党特别提到像中国和越南这样的社会主义国家，就采用了市场经济（包括国家资本主义）的手段和方法来解放和发展生产

---

① Partido Comunista do Brasil (PCdoB), Programma Socialista para o Brasil: O Fortalecimento da Nação é o Caminho, o Socialismo é o Rumo! Cf. Novo-Programa Socialista e Estatuto do PCdoB. São Paulo: Anita Garibaldi, 2009.

② 《马克思恩格斯选集》第 1 卷，人民出版社 1995 年版，第 293 页。

③ José Renato Rabelo, Socialism Reloaded: Lessons from the Past for the Future, Political Affairs, Jan. 2008.

④ 《邓小平文选》第 3 卷，人民出版社 1993 年版，第 139 页。

力，走出了一条不同于新自由主义的资本主义现代化发展道路的新型社会主义发展道路。

3. 在文化上，推动发展多元化多样化的巴西民族文化

在向社会主义过渡的预备性阶段，为了反对新自由主义的经济社会政策，顺利地推动实施新国家发展计划所提出的各项政策方针，必须反对新自由主义的意识形态及其观念，反对垄断资本及其所控制和主导的大众传播媒体强加于巴西人民的新自由主义的思想价值观，提高巴西人民对民族文化的认同，增强巴西人民的民族独立意识。

巴西共产党指出，巴西民族拥有自己独特的文化以及富有创造性的、充满活力的、开放包容的民族文明形态。① 其中包括了美洲印第安文明、非洲文明以及葡萄牙文明。巴西民族是一个年轻的民族，但是它拥有久远的为争取主权和独立以及自由、社会权利而斗争的历史传统。在这一历史进程中，土著印第安人和非洲裔黑人为反抗奴隶制和暴力以及独裁政权进行了英勇的斗争，它在实质上是属于巴西劳动者和广大人民群众的社会斗争的一部分的。因而它们是巴西民族的英雄和国家的缔造者以及巴西民族发展的推动力。巴西民族和巴西文明就是土著印第安人、非洲裔黑人和葡萄牙人在长期的生产生活中，经过逐步的融合而形成的。因此，巴西民族和巴西文化才能呈现出多样化多元化的特征。与此同时，巴西文化的形成也包含着自19世纪以来，来自欧洲和亚洲的广大移民所带来的民族文化，从而更加丰富了巴西民族的文化形式。以欧洲文明为基础的人民大众的文化，就是巴西文化最显著的特征。

巴西共产党提出，探索走向社会主义的巴西式道路，建设巴西特色社会主义，必须反对种族主义文化，"捍卫巴西文化"，坚持和发展多样性的巴西文化，增强巴西人民的文化自主性和文化创造力。

三 向社会主义过渡的预备性阶段的具体变革计划

巴西共产党认为，在当前巴西的政治经济条件下，要通过实施新国家发展计划（Novo Projeto Nacional de Desenvolvimento），凝聚起民族的、

---

① Partido Comunista do Brasil (PCdoB), Programma Socialista para o Brasil: O Fortalecimento da Nação é o Caminho, o Socialismo é o Rumo! Cf. Novo-Programa Socialista e Estatuto do PCdoB. São Paulo: Anita Garibaldi, 2009.

民主的、人民大众的力量，并通过走向社会主义的"巴西式道路"（caminho brasileiro），在向社会主义过渡的预备性阶段，推进这一革命性的间接的过渡进程，以应对巴西所面临的历史性的挑战。新国家发展计划是巴西共产党在整个预备性的过渡阶段的具体变革计划，其本质是反对帝国主义、大土地所有者以及奉行新自由主义政策的金融寡头和寄生性的食利主义者的，其主要目标就是要捍卫国家主权、实现社会民主化、推动社会进步以及实现南美大陆的团结和一体化。

巴西共产党十二大《巴西社会主义纲领》中，对新国家发展计划的任务、主要内容及其发展资金来源和相应的改革措施等问题进行了全面的阐述。巴西共产党指出，新国家发展计划必须要能够解决当前巴西社会发展进程中所面临的诸多重大任务，即建立一个民主的、繁荣的、统一的国家，同时拥有新型的民主的政治机构；建设一个科学技术高度发达的国家；实现机会平等和基本权利普遍化，保证人民过上一种有尊严的生活；实现经济社会的可持续发展；繁荣巴西文化，强化巴西民族意识；加强和巩固南美洲一体化进程等。

1. 新国家发展计划对于现阶段巴西政治、经济、文化、社会及环境和对外关系等一系列发展问题提出了具体而详尽的变革主张

（1）政治发展问题

首先要加强和捍卫国家的独立和主权，反对国际金融垄断资本对巴西经济、金融及科技的控制，制定并实施国家防御战略以确保国家主权和领土完整。建立新型民主，实现民主的稳定发展，给予人民广泛的政治自由，把代议制民主和参与式民主更好地结合起来，使人民在关乎重大国家利益的问题上拥有广泛的参与权和提出建议的权利。对公共财产和资源实行严格的管制，确保公共服务的质量。实现司法民主以确保人民能够享有高效便捷的司法服务；实行反贪调查员制度以便为人民参与司法过程创造条件；实行联邦最高法院法官任期制以增加其活力等。

（2）经济发展问题

发展新兴能源工业，推动科学技术创新，制订"战略发展计划"，促进公共投资和国家对经济的强有力的监管。积极勘探石油资源，兴建发电站以实现电网的多元化，发展生物燃料、可再生能源以及实现原子

能的和平的循环的利用。建设大型的可持续利用的基础设施①,特别是覆盖全国的铁路网以连接内地和沿海港口。扩大国内市场,对不同地区的农场进行统一的监管;加强国有企业的作用,建设高附加值的工业生产基地。建立先进的可持续的技术创新机构及制度体系。科学利用和保护生物多样性,特别是在制药工业中。消除地区发展的不平等(见表3-2),实现区域协调发展和一体化,对东北部、北部及中西部地区的发展实行特殊的政策,加强国家的投资,减免税收。加强和推动东北发展局和东北银行、亚马孙发展局和亚马孙银行以及中西部地区发展局和中西部地区发展银行等国有金融机构在促进落后地区发展过程中的资金支持作用等。

表3-2　　　　巴西北部、东北部、东南部、南部和中西部5个地区至2000年相关发展指标

地区 项目	北部地区	东北部地区	东南部地区	南部地区	中西部地区
文盲率 (%,1999)	12.3	26.6	7.8	7.8	10.8
7—14岁儿童 失学率(%,1998)	8.1	8.0	2.4	2.9	5.7
婴儿 死亡率(‰,2000)	33	52.3	24.1	20.3	24
占GDP比重 (%,1999)	4.7	12.9	59.2	16.2	7.1
人均产值 (US$,1999)	1827	1312	4003	3119	2969

资料来源:巴西地理统计局、应用经济研究所(Ipea)、全国电信公司(Anatel)、巴西中央银行、卫生和运输部。转引自《列国志·巴西》,第177页。

---

① 长期以来,基础设施不足成为制约巴西经济发展的一大瓶颈。2000—2009年,巴西平均每年生产性投资相对较少,投资率仅为18%,而经济界人士普遍认为要稳定地持续地实现经济增长7%的目标,投资率应保持在30%左右。巴西共产党主席拉贝罗认为,要推动国家的发展,必须将目前的国家投资率从7%增加到25%—27%,否则就不能应对巴西发展所面临的挑战。

（3）社会发展问题

实现社会的民主化，解决日益严重的社会不公并确保每个公民享有发展的平等权利和平等条件。要逐步消除贫困以确保边缘人群享有基本的社会资源和社会权利，进行深刻的民主的结构改革以扩大人民的权利和提高人民的生活质量。实现社会劳动关系的民主化，确保工会的合法权利。实现劳动者的工作同劳动报酬之间的平衡以及男女同工同酬。尊重劳动，扩大劳动者权利，规范劳动力市场。在提高劳动生产率的前提下，从宪法上确保在不降低工资的前提下缩减劳动时间。建设和谐的社会生活（vida social harmônica），实现社会平等以建立一个具有凝聚力的人性化的社会。把解决种族主义问题和实行对黑人的社会平等权放在优先地位，有效地保护土著居民的权利以实现种族关系的和谐。倡导宗教自由和性取向自由。保护儿童、青少年、年轻人和老年人的权利，扩大残疾人的社会权利。要实现妇女的解放，这是社会进步的前提条件。妇女获得解放的斗争首先是妇女自己的事情，但是实现男女平等及确保妇女在法律和生活中应享有的工作、教育、医疗卫生等权利则需要全社会的共同努力，要反对对妇女的各种暴力行为等。

（4）文化发展问题

保护巴西独特的多元化（美洲印第安人文化、非洲文化和葡萄牙文化）的文化，反对外国文化霸权和思想意识形态压力，捍卫和繁荣巴西文化。要推动艺术和文化发展，保护历史遗留下来的物质文化遗产和非物质文化遗产。提高巴西人民的民族文化认同度，制定能够发挥人民自主性和创造能力的文化政策。加强公共文化机构建设以推动文化和艺术产品的传播。加强"国家文化体系"（Sistema Nacional de Cultura）建设以确保政府对文化建设的投入并制订文化发展的战略性计划，推动巴西文化产业的发展并扩大文化市场。文化建设的核心问题是确保所有公民都能享有文化服务等。

（5）环境发展问题

捍卫和保护国家的环境主权，实现经济与环境的可持续发展。反对掠夺性开发的行为及观念，保护森林资源、水资源和动植物资源，合理利用土地及经济生态区，鼓励使用可再生能源，保护亚马孙地区的动植物资源。在保持生态平衡的基础上实现经济社会发展是保证人类有尊严地工作和生活的必要条件等。

(6) 对外关系问题

加强国家主权，推动拉美一体化进程。要实行独立的外交政策，确立巴西在世界格局中应有的地位。提倡合作、民主共存、国际法、和平以及国家和民族间的团结。把发展南南关系放在优先考虑的地位，把巩固南美洲国家联盟提升到战略性的高度。加强南方共同市场和南方共同市场议会（Parlasul）的地位和作用等。

2. 实施新国家发展计划的资金来源及保障

巴西共产党提出要通过改革现行的金融体系和转变政府的财政货币政策，为有效地实施新国家发展计划所提出的一系列政策主张提供经济上的支持。巴西共产党指出，实现经济快速的可持续的发展需要大规模地增加投资，而这只有在从根本上改变占主导地位的食利主义逻辑，在新的发展观下才能变成现实。这就必然要求改变现行的垄断资本主导的金融体系和金融制度，继续加强国有金融体系在经济社会发展中的中心地位。巴西中央银行的政策目标要同发展计划相一致，国有商业银行特别是国有大型企业要为发展提供直接的资金支持。

新国家发展计划要求改变现行的财政和货币政策，实行扩张性的财政和货币政策，降低银行利率，增加生产性投资，削减联邦政府的债务，从而使银行体系为实现经济社会可持续发展和扩大再生产提供流动资金。特别是国家经济和社会发展银行（BNDES）要在合理的利率水平上为促进战略性的公共投资提供长期的信贷支持，同时这也有助于推动私人资本参与投资。要加强国有企业在推动经济社会发展中的作用，提高国家对经济的干预度并建立新的战略性的经济部门。要利用丰富的矿产资源尤其是石油资源，为实现经济发展和社会进步提供资金上的支持。要坚持同南美国家和其他发展中国家实现金融和货币一体化，这将减少巴西对美元的依赖[①]。要建立"巴西主权基金"（Fundo Soberano do Brasil），

---

① 2007年12月9日，由南美洲7个国家（巴西、阿根廷、乌拉圭、巴拉圭、玻利维亚、厄瓜多尔和委内瑞拉）共同出资筹建的南方银行宣告成立。2008年5月23日，南美洲国家联盟特别会议在巴西首都巴西利亚举行，联盟的12个成员国的领导人签署了《南美洲国家联盟宪章》，这是南美洲一体化进程中具有里程碑意义的重大事件，标志着南美洲国家从此将以一个共同的身份出现在国际舞台上。巴西和阿根廷从2008年10月开始在双边贸易中逐步弃用美元。

为实现发展提供资金保障。根据新国家发展计划的需要，外国资本也可参与符合国家利益的生产性项目的投资。所有这些政策建议和措施只有在一个管制汇率政策之下才能充分地发挥作用，从而确保巴西的出口竞争力，打击货币投机行为，促进巴西经济的发展。

3. 实施新国家发展计划的相应的改革措施

巴西共产党认为，推动实施新国家发展计划需要在政治、教育、税收、农业、城市和大众传媒等方面进行相应的改革，同时要加强"统一医疗卫生体系"（Sistema único de Saúde）建设、社会保障体系建设以及公共安全体系建设，以推动巴西社会的民主化进程。

（1）广泛的民主的政治改革

确保民主的多元化的政党体制，加强政党政治，扩大政治自由。实行新的具有代表性的政治选举政策，利用公共资金支持和保障政党的选举活动。建立参与式民主和直接民主而不仅仅是代议制民主。

（2）大众新闻传媒的改革

这是一项具有战略意义的改革。要反对垄断性的新闻媒体，修改私人新闻媒体的准入标准，建立社会控制机制。加强公共新闻媒体建设，促进新闻广播多样化，鼓励数字传媒发展并建立新的监管机制。推动实现大众新闻传媒的民主化，实现文化生产的多样性和独立性，保护国内文化产业，抵御外国文化入侵。

（3）教育改革（见表3-3）

表3-3　　　　　　1994—1999年公立和私立高等院校学生人数

年份	总计	公立		私立	
		人数	%	人数	%
1994	1661034	690450	41.6	970584	58.4
1995	1759703	700540	39.8	1059163	60.2
1996	1868529	735427	39.4	1133102	60.6
1997	1945615	759182	39.0	1186433	61.0
1998	2125958	804729	37.9	1321229	62.1
1999	2377715	833093	35.0	1544622	65.0

资料来源：巴西教育部，巴西2002年《四月年鉴》。转引自《列国志·巴西》，第374页。

加强"国家教育体系"（Sistema Nacional de Educação）建设，把发展免费的公立教育置于优先地位。确保教育质量，实现教育的世俗化，给予每个学生享有公立教育资源的机会。加强对私立教育机构的公共控制，发展职业教育，普及基础教育，消除文盲。提升公立高等教育的战略地位，实现高等教育的民主化。增加国家对教育的投资。所有这些教育改革举措都是要确保使教育成为消除社会不平等的工具。

（4）进步的税收改革

对投机者和食利主义者征收特别税。要通过税收调节来缩小地区差距和社会不平等，取消那些社会统治阶层的经济社会特权。

（5）土地改革（见表3-4）

消灭非生产性的大土地所有者，土地要以家庭所有制的形式在合作制的基础上进行分配。加强对农业的信贷和技术支持，实行最低保护价，设立农业保险，提高农民的生活质量。实现农业生产的现代化和土地所有权的社会所有。抑制外国人对土地的买卖，反对对土地的强取豪夺和大庄园主及外国人对土地的垄断。

表3-4　　　　　　　　2003年巴西土地占有状况

性质		农户（%）	面积（%）
小农	占地10公顷以下	31.6	1.8
	占地10—100公顷	53.6	18.2
中农	占地100—1000公顷	13.2	36.1
大庄园主	占地1000—10000公顷	1.6	43.7
	占地10000公顷以上①	不足1.0	14.5

资料来源：韩俊、崔传义、赵阳：《巴西城市化过程中贫民窟问题及对我国的启示》，载《中国发展观察》2005年第6期。转引自何中正《巴西二元经济结构的特征、演进及政策评价》，载《拉丁美洲研究》2010年第2期。

---

① "占地10000公顷以上"为巴西地理统计局1995—1996年农牧业统计数据。参见《列国志·巴西》，第305页。

(6) 城市改革

国家要实行民主的城市改革计划,并在宪法和法律上予以保障。要使人民享有应有的权利和服务——高质量的住房同时辅之以必要的基础设施、公共卫生体系、公共交通网、公共安全保障以及文化、体育和休闲设施。

(7) 加强"统一医疗卫生体系"建设

把减轻人民的经济负担和痛苦放在医疗卫生工作的首位,对医疗卫生体系进行大规模的投资①,建立现代的、民主的、高效的公共医疗卫生管理体制。制定私人医疗卫生服务机构的标准和界限。实现医疗卫生体系服务的人性化。

(8) 加强和扩大社会保障制度的覆盖面②

国家要确保人民享有社会保障和社会救济的权利,使社会保障制度惠及包括临时工(他们现在被排除在社会保障体系之外)在内的所有劳动者,提高退休者的养老金。加强"统一社会救助体系"(Sistema único de Assistência Social)建设,要使每个人在工作和生活中享有普遍的基本的社会保护这一宪法权利。

(9) 加强公共安全

实行新的公共安全政策以保障公民基本的生活安全,建立联邦、州、

---

① 截至2003年,巴西政府对医疗卫生的年人均投入仅为280美元(包括联邦、州、市政府和私人投资)。而据卫生专家测算,为保证医疗卫生工作的正常运转,国家对医疗卫生的年人均投入应为600—1800美元。但巴西联邦政府投入资金严重不足,而且逐年下降,1995年联邦政府对医疗卫生的投入约占当年国内生产总值的7.6%,人均288美元,远低于美国(占14.3%,年人均3858美元)、乌拉圭(占10%,年人均516美元)和阿根廷(占9.8%,年人均795美元)。1995年联邦政府对医疗卫生的投入为148亿美元,1996年为144亿美元,1997年为130亿美元。1997年1月巴西联邦政府设立临时金融流通税(CPMF),并将全部收入投入医疗卫生事业,但仍未能解决医疗卫生体系的资金短缺问题。1999年巴西联邦政府投入公共医疗卫生事业——统一医疗卫生体系的资金为102亿雷亚尔,2000年为103亿雷亚尔。参见《列国志·巴西》,第415—416页。

② 在巴西,城市和农村地区享有的社会保障存在巨大差距。据统计,1990年巴西社会保障的覆盖面在城市和农村地区分别为62.8%和20.0%,2001年为53.4%和16.5%,2006年为56.0%和20.5%。巴西社会保障制度在城市和农村地区的平均覆盖率为57.4%和19.0%。但是即使在享有较高社会保障覆盖率的城市地区,正规就业部门和非正规就业部门之间也存在着较大的差距,其中1990年分别为97.7%和29.0%,2001年为78.0%和34.2%,2006年为78.7%和35.1%。参见苏振兴主编《拉丁美洲和加勒比发展报告(2008—2009)》,社会科学文献出版社2009年版,第292页。

市三级一体化的"统一公共安全体系"（Sistema único de Segurança Pública）。采取行动抑制暴力犯罪①，打击有组织犯罪和毒品交易。

第四节 对走向社会主义的巴西式道路理论与纲领的评价

巴西共产党走向社会主义的巴西式道路是在苏东剧变后现实社会主义国家、西方国家共产党和其他左翼力量（如拉美"21世纪社会主义"）探索"什么是社会主义，如何走向社会主义以及怎样建设社会主义"这一"世纪难题"的历史背景之下，对巴西走向社会主义的发展道路所进行的新的思考与探索，有以下几个特点。

一 马克思主义基本原理与巴西具体实际相结合的产物

巴西共产党坚持马克思主义的辩证唯物主义和历史唯物主义的世界观和方法论，把马克思主义基本原理同时代要求和巴西具体实际相结合起来，提出了"走向社会主义的巴西式道路"理论。这一理论既坚持了马克思主义和科学社会主义的基本原则，又结合巴西的具体实际和时代特征赋予其鲜明的巴西特色，这是巴西共产党努力实现马克思主义本土化所取得的重大认识成果。走向社会主义的巴西式道路科学地阐明了巴西社会的性质及其主要社会矛盾、革命的性质及其任务、革命的领导力量、依靠力量和主要革命对象，以及革命的战略和策略等向社会主义过渡的预备性阶段的一系列基本问题，从而为巴西共产党领导巴西人民争取和平、民主、进步和社会主义的斗争提供了明确的理论和行动纲领。

二 向社会主义过渡的预备性阶段的纲领和计划

走向社会主义的巴西式道路的基本纲领和变革计划不是"建设社会主义"的纲领和计划，而是"过渡到社会主义的预备性阶段"的纲领和

---

① 巴西是世界上犯罪率较高的国家之一。监狱犯人集体越狱逃跑的报道常见于报刊的头条新闻。巴西在押犯人的增长率高于巴西人口的增长率。2001年4月巴西在押罪犯达到223220人，比2000年7月增长2.97%，比1995年增长50.5%。1995年每10万居民中有95人犯罪，2001年达到133人。监狱在押罪犯主要集中在圣保罗，占被关押犯人的42%，每10万居民的关押人数达到257人；而在皮奥伊州，仅为29人，在巴伊亚州为37人，在阿拉戈斯州为39人。参见《列国志·巴西》，第364页。

计划。巴西共产党强调，走向社会主义的巴西式道路理论所要解决的不是"社会主义建设的普遍性问题"，而是巴西从资本主义向社会主义过渡的"预备性阶段"所面临的特殊问题，即为应对新自由主义发展模式的挑战而进行的一系列政治、经济、文化和社会以及环境保护等变革措施；不是要全面而详尽地阐述未来巴西社会主义的特征，而是具体地提出了在向社会主义过渡的预备性阶段的政治、经济和文化建设纲领。这是巴西共产党充分考虑了世界社会主义运动的历史经验和教训，深刻地认识到了社会主义革命的长期性、艰巨性和复杂性，对巴西依附型资本主义社会性质和发展程度进行科学分析得出的重要结论。

三 通过渐进的和平的方式过渡到社会主义

走向社会主义的巴西式道路理论是通过渐进式的和平的方式过渡到社会主义的积极探索。长期以来，暴力革命和武装斗争曾经是世界上绝大多数共产党人进行社会主义革命的主要斗争策略和手段。而和平方式（议会斗争）曾一度被认为是机会主义、改良主义和修正主义，因而受到严厉的批判。实际上，无论是从马克思主义和科学社会主义的理论上看，还是从世界社会主义运动的斗争实践上看，暴力革命与和平发展这两种马克思主义的革命斗争策略从来就不是绝对的，而是以各个国家和民族具体的经济条件和政治条件为根据而制定的。它必将随着客观经济政治条件的发展变化和无产阶级政党革命斗争经验的积累而不断地发生变化，既不是亘古不变的，也没有统一模式。[①]

恩格斯深刻地指出，在社会主义革命运动中，一个令人遗憾的现象就是许多人为了图省事，为了不费脑筋，想一劳永逸地采用只适宜于特定时期的特定的斗争策略，但是马克思主义的革命斗争策略"不是凭空

---

① 列宁和毛泽东根据帝国主义和无产阶级革命时代的经济政治发展的实际，提出并实践了暴力革命的斗争策略和手段，但是他们在革命进程中从来不拒绝而是紧紧抓住革命和平发展的可能的和有利的时机，如1917年2—7月俄国革命的和平发展以及1945年8月中国抗战胜利后国共两党的和平谈判与和平解放北平等城市的革命斗争实践。再如近年来发展势头迅猛的尼泊尔联合共产党（毛泽东主义）在普拉昌达思想指导下，在领导尼泊尔新民主主义革命的进程中，坚持战略的坚定性和战术的灵活性相结合的原则和斗争策略，打破了对"持久的人民战争"的机械论和决定论的理解，适时地实现了从"持久的人民战争"到"多党政治竞争的议会民主道路"的重大战略性转变。但是同处于南亚大陆的印共（毛）则仍然坚持武装斗争和暴力革命的斗争方式。

臆造的，而是根据经常变化的条件制定的"①。任何把这两种革命斗争的策略和方式绝对化的想法，不仅是违背科学社会主义理论的，而且在革命斗争的实践中也必然要遭到挫折和失败。

　　巴西共产党力图通过推进实施新国家发展计划，开辟走向社会主义的巴西式道路，这实际上就是要在巴西现实的经济条件和政治条件下，通过渐进式的和平的方式来逐步地实现经济社会变革，为向社会主义过渡提供坚实的物质基础。如果采取武装斗争和暴力革命的斗争策略，企图一举实现经济社会的革命性改造，这不仅不符合时代发展的形势和要求，也是同马克思主义政党自身的力量不相称的。马克思主义历来认为，社会主义革命是不能故意地、随心所欲地制造的，他是不以单个马克思主义政党和整个无产阶级的意志为转移的各种情况发展的必然结果。因为在实现经济社会改造的历史进程中，决不能"一下子就把现有的生产力扩大到为实行财产公有所必要的程度"②。

---

① 《马克思恩格斯全集》第38卷，人民出版社1972年版，第439页。
② 《马克思恩格斯选集》第1卷，人民出版社1995年版，第239页。

第四章 巴西共产党争取民主和
社会主义的斗争实践

巴西共产党自 1985 年 7 月 9 日获得完全合法地位后，就摒弃了党是巴西"唯一革命的左派政党"的传统思维方式，放弃了"武装斗争是唯一的革命道路"的斗争策略，积极参加争取民主和社会主义的斗争，以加强国家主权，实现完全民主化和推动社会进步。在这一斗争中，巴西共产党不断加强与群众组织的关系，积极参与和领导群众性的社会运动，不断扩大自己的社会基础。

第一节 巴西共产党积极参与和领导群众性社会运动

对于像巴西共产党这样的现代群众性马克思主义政党来说，在争取民主和社会主义的斗争中，一项极其重要的工作就是要积极地参与和领导群众性社会运动，这不仅是由共产党的群众性所决定的，而且也是现实政治斗争的迫切需要。参与、组织和领导群众性社会运动是当前巴西共产党一切工作（包括选举斗争在内）的中心，是巴西共产党选举斗争的基础和力量来源，舍此就失去了党的最根本的社会基础。巴西共产党是巴西历史最悠久的政党。巴西其他政党一般都是围绕选举运作，而巴西共产党有着长期的工作积累和坚实的群众基础，在群众性社会运动中有着广泛的影响。

在争取民主和社会主义的斗争中，巴西共产党特别强调要在战略上"同城市和农村地区有组织的社会运动以及最贫穷的社会阶层建立一种全面的、不断增强的联系"[1]，以便在广泛的社会支持下，不断地获得政治权力，坚定向社会主义过渡的目标。同社会运动建立一种全面的、意义更加深远的联系，对于加强党的社会基础，加强与城乡劳动者、青年学

---

[1] José Renato Rabelo, Socialism Reloaded: Lessons from the Past for the Future, Political Affairs, Jan. 2008.

生和自由职业者等的联系，对于提高巴西共产党的威望，有效地将人民运动转变为一种以实现更加深刻的变革为目标的有生力量是至关重要的。因此，在当前政治经济发生深刻变革的历史条件下，巴西共产党特别重视在争取民主和社会主义的斗争中，更广泛深入地同各种群众性的社会运动建立起一种紧密的联系，积极参与到群众运动中去，并努力实现对运动的领导，不断扩大党的社会基础，增强党的政治力量。

一 巴西共产党对工会、青年和妇女组织的领导

在苏东剧变以来二十多年的合法斗争中，巴西共产党积极参与工人、青年、学生、妇女等群众性组织的活动，并努力实现对其运动的领导，对国内其他社会组织和运动也均具有一定的政治影响力。巴西共产党加强对群众性社会运动的参与、组织和领导的根本目的就是要在当前巴西向社会主义过渡的预备性阶段，更好地担负起组织和领导社会主义革命运动的责任和使命。

首先，巴西共产党十分重视巴西的工会运动。工会是工人的群众性组织，因此巴西共产党提出要在一切类型的工人群众组织和工人群众运动中开展活动，包括在企业内部，直至工会所在地；所有在工会领域开展活动的党的成员都应该努力传播党的行动纲领，与此同时，要尊重工会的组织独立性。巴西共产党中央委员会设立了工会秘书处，专门负责党的工会工作。巴西共产党在巴西最具社会影响力的工会组织——劳动者统一中心（CUT）里起主要领导作用，该中心下设有3100个分会，代表巴西2200万劳动者[①]，巴西共产党中央委员华格纳·戈麦斯担任该中心的副主席和全国委员会委员。

其次，在同妇女运动的关系上，巴西共产党把反对歧视妇女的斗争置于党的活动和内部生活的优先地位，并致力于推动争取妇女解放、男女权利平等的斗争，培养和造就女干部和妇女党员，制定了扩大妇女参与党的各级组织及其领导机构的政策。巴西共产党中央委员会设立了群众与社会秘书处，专门负责党的妇女工作和其他社会组织的工作。巴西共产党中央委员会还定期召开妇女问题全国会议（Conferência Nacional sobre a Questão da Mulher），并根据妇女解放和妇女参与社会变革的斗争

---

① 吕银春、周俊南：《列国志·巴西》，社会科学文献出版社2004年版，第166页。

和党的生活的需要，从性别的视角制定政策。巴西共产党设立了全国常设论坛（Fórum Nacional Permanente），将其作为制定妇女解放政策和跟踪党的各种政策的执行情况的平台。巴西共产党是巴西妇女联盟（União Brasileira de Mulheres）的主要领导力量。

再次，在同青年运动的关系上，巴西共产党积极支持青年争取自身利益和权利的斗争，鼓励青年运动的发展，并为使社会主义青年联盟（União da Juventude Socialista）更有活力以及加强其在政治、意识形态和组织方面的工作而努力。巴西共产党中央委员会设立了青年秘书处，专门负责党与青年和学生的工作。巴西共产党在社会主义青年联盟、巴西大学生联合会和巴西中学生联合会中起主要领导作用，三个联合会的主席均为巴西共产党人，有八位巴西共产党人担任三个组织的副主席。全国学联自成立之日起就深受巴西共产党的影响，自 1991 年以来，巴西共产党通过党的基层组织加强了与年轻党员的定期联系，鼓励年轻党员进入党的各级委员会和政治委员会，以使其更多地参与党的政治生活，推动党的思想教育工作和党的其他工作的开展。

最后，在反对种族压迫的斗争中，巴西共产党将反对种族主义作为党的社会和民族解放斗争纲领的重要组成部分，提出共产党人要站在阶级斗争的立场上，对种族压迫进行马克思主义的分析，支持并参与黑人运动及其组织，制定反对偏见和歧视的政策，推动权利平等。巴西共产党在黑人和印第安人组织中也具有一定的影响力，并同"无地农民运动"保持着友好的关系。在社会运动和群众性组织中，巴西共产党不断地提出维护民主、主权和民众权利的政策方针，得到了广大人民群众的拥护，对社会运动和群众性组织的政治影响力不断地扩大。

二　巴西共产党注重加强同进步的知识分子阶层和其他新社会阶层的联系

在资本主义出现新发展和新变化的时期，在新科技革命和生产力革命的推动下，巴西和其他资本主义国家一样，其社会阶级结构出现了新的变化，并出现了新的社会阶层。因此巴西共产党认为，为了使党适应新的政治经济环境和新的政治斗争任务，必须要有意识地扩大党的社会群众基础，并将其作为党的一项重要的指导性方针，尤其要在工人阶级和进步知识分子中进行这项工作，同时要积极吸收其他新的社会成员。

另外从党自身的发展来看,党必须成为当今时代先进思想的代表者,而这种思想在本质上又是同知识分子阶层和产业工人阶级中的先进分子的思想相一致的。这就必然意味着党要加强同学术界、科学界以及文化和艺术领域中的知识分子的联系,意味着要加强在专业技术工人中的工作,以便同这两个阶层(知识分子阶层和新兴产业工人阶级)建立一种更加紧密的关系。①

因此,巴西共产党强调,在新的历史条件下,马克思主义政党必须转变党的组织和领导方式,加强同新社会阶层的联系,并将其作为推动社会运动发展的新的动力和源泉。这是同马克思主义政党的阶级性质的要求相一致的。因为,虽然新技术带来了社会经济结构和阶级阶层结构的重大变化,但是只要生产社会化与生产资料的私人占有制这一资本主义基本矛盾没有根本改变,工人阶级及其他劳动者作为雇用劳动者的社会地位就不会有根本的改变。因而工人阶级的概念和范围只能是随着资本主义生产关系的发展而不断地扩大。正如马克思所说:"随着劳动过程本身的协作性质的发展,生产劳动和它的承担者即生产工人的概念也就必须扩大。为了从事生产劳动,现在不一定要亲自动手;只要成为总体工人的一个器官,完成他所属的某一种职能就够了。"②

这里特别要指出的是巴西共产党突破了以往社会主义运动对知识分子的偏见,强调了进步知识分子在建设马克思主义政党、争取社会主义革命的胜利和建设社会主义事业中的重要作用。巴西共产党指出:"国家的进步知识分子阶层在社会改革进程中,在提高劳动者和巴西人民的觉悟水平,在国家的社会经济、文化、科学和技术发展进程中,在争取国家主权的斗争中,都起着突出的作用。共产党人与其一起行动,目的在于发展马克思主义,并加强《巴西社会主义纲领》的斗争。"③ 进步的知识分子阶层对于马克思主义政党所领导的社会主义革命运动具有不可或

---

① Partido Comunista do Brasil (PCdoB), Project of Political Resolution to the Central Committee in the occasion of the 11th Congress of PCdoB: a renovated party, a sovereign and democratic Brazil, a socialist future, Cf. 11o Congresso do PCdoB-Documentos e Resoluções. São Paulo: Anita Garibaldi, 2005.

② 《马克思恩格斯全集》第23卷,人民出版社1972年版,第556页。

③ 刘洪才主编:《当代世界共产党党章党纲选编》,当代世界出版社2009年版,第763页。

缺的作用，恩格斯早就指出："如果我们有哲学家和我们一起思考，有工人和我们一起为我们的事业奋斗，那么世界上还有什么力量能阻挡我们前进呢？"① 恩格斯还指出："脑力劳动无产阶级……负有使命同自己从事体力劳动的工人兄弟在一个队伍里肩并肩地在即将来临的革命中发挥巨大作用"，工人阶级的解放不仅需要政治活动家，"除此之外还需要医生、工程师、化学家、农艺师及其他专门人才，因为问题在于不仅要掌握政治机器，而且要掌握全部社会生产，而这里需要的决不是响亮的词句，而是丰富的知识"。②

巴西共产党还对"党是无产阶级的先锋队"提出了新的认识，认为先进生产力部门的工人阶级是工人阶级中最富有战斗力的部分，提出党要在巴西进步的知识分子中开展工作，并注意吸收知识分子和中产阶层中的个别优秀分子入党，以扩大党的社会群众基础，增强党的战斗力，以便有效地开展社会运动，最大限度地汇聚和团结新的社会力量，为向社会主义过渡提供坚实的社会基础。

三 巴西共产党积极参与组织和领导工人阶级和劳动群众争取民主和社会主义的斗争

巴西共产党自成立之日起，就积极地投身于参与、组织和领导工人阶级和劳动群众争取民主和社会主义的斗争中。在这一斗争中，巴西共产党也经历了一个艰难曲折的探索和发展过程，并不断地走向成熟。

第一，苏东剧变前巴西共产党参与、组织和领导工人阶级和劳动群众争取民主和社会主义的斗争。

总的来说，苏东剧变前，巴西共产党与群众性社会运动的关系始终处于一种若即若离的状况，虽然它宣称要为受垄断资本剥削和压迫的全体劳动者谋取政治经济权利，但是在参与、组织和领导群众社会运动的指导思想上却陷入了教条主义的泥淖之中。一方面巴西共产党教条式地全盘照搬俄国革命和中国革命的经验，脱离巴西具体实际，对巴西社会阶级阶层关系缺乏马克思主义的科学分析，对革命的动力、对象、依靠力量等问题没有一个明确而清晰的认识，使党处于一种孤军奋战的局面

---

① 《马克思恩格斯全集》第2卷，人民出版社1957年版，第595页。
② 《马克思恩格斯全集》第22卷，人民出版社1965年版，第487页。

之中；另一方面在同其他政党的关系上，坚持巴西共产党是巴西"唯一革命的左派政党"的思维方式，看不到其他左派政党在巴西民族民主革命中的作用，不仅没有能够团结一切可以团结的力量，反而使其处于一种不利地位，屡次丧失推动争取民主和社会主义斗争的大好局面。

第二，苏东剧变后巴西共产党参与、组织和领导工人阶级和劳动群众争取民主和社会主义的斗争。

苏东剧变后，巴西共产党着眼于国内外政治经济形势的发展变化，确立了党在参与、组织和领导工人阶级和劳动群众争取民主和社会主义斗争中的目标和任务。即在群众性社会运动的斗争目标上，反对新自由主义，实现国家民主化和社会进步；在群众性社会运动的任务上，同一切致力于民主、自由和社会正义的群众性组织建立一种紧密的联系，并在其中发挥了重要的作用。具体做法如下：

一是制定了正确的政党联盟策略。1985年巴西实现了完全的民主化，巴西共产党获得了完全的合法地位以来，它就与以劳工党为代表的其他左派政党结成政党联盟，联合参选，相继参加了2002、2006和2010年大选，并在大选中提出了自己的政策主张和选举纲领，利用群众集会、电台广播和报纸杂志等各种媒体形式，积极宣传左派的政策纲领，在选举过程中同新自由主义势力进行了激烈的斗争。巴西共产党参加大选的目的就是要以反对新自由主义为直接目标，建立左翼联合政府，推动实施一个不同于新自由主义发展模式的新的可持续的发展模式，为参与、组织和领导工人阶级和劳动群众争取民主和社会主义的斗争提供一个政治上的有利条件。

二是巴西共产党直接地参与、组织和领导工人阶级和劳动群众争取民主和社会主义的斗争。巴西共产党认为，工人阶级和劳动群众要维护自身的利益并取得斗争的胜利，必须组织起来，同垄断势力和各种形式的阶级压迫进行有效的斗争。因而巴西共产党不仅直接参与群众性社会运动，而且主动建立群众性组织。

工会运动是巴西共产党传统的工人运动组织形式，也是工人阶级和劳动群众争取民主、自由和经济社会利益的主要斗争形式。在巴西共产党成为参政党后，转变了对传统工会运动的态度。与此同时左翼联合政府上台后采取的一系列改善民生的举措，也对工会运动产生了重大影响。

截至2000年，巴西共有10500个工会组织，其中三分之二为劳动者组织的工会。而工会运动的手段和方式也逐渐地趋向于劳资双方的直接谈判，大规模罢工的次数明显减少。巴西共产党发挥主要领导作用的"劳动者统一中心"的任务，已经转变为代表工人与政府和企业主进行对话和谈判，代表工人提出增加工资和社会福利的要求。工人运动因而处于低潮。巴西共产党工会运动策略的转变既是自身政治地位变化的必然反映，也是巴西经济社会变革的客观要求。

农村土地问题是巴西独立以来，至今未能彻底解决的问题之一。土地制度改革也是巴西共产党新国家发展计划的主要内容之一。在这个问题上，巴西共产党积极支持"无地农民运动"所进行的争取土地的斗争，并同其保持着友好的关系；并积极支持和参与了2000年4月和9月"无地农民运动"所组织的两次冲击政府机关的事件，反对卡多佐政府推行的新自由主义发展模式对农村土地的掠夺和控制行径，要求以家庭为单位重新分配土地，保障农民的基本权利。

巴西共产党除了直接参与群众性社会运动以外，还直接建立了一些以争取民主和社会主义为斗争目标的群众性组织。主要有巴西人民团结与争取和平斗争中心（Cebrapaz）、巴西妇女联盟、社会主义青年联盟、巴西劳动者中心（Central dos Trabalhadores do Brasil）、全国居民联合会同盟（Confederação Nacional das Associações de Moradores）。其中，巴西人民团结与争取和平斗争中心不仅致力于推动加强国内劳动者之间的团结和联合，而且还积极参与世界范围内的争取民主和社会主义斗争的运动。

特别是2005年和2006年，"中心"先后参加了在委内瑞拉首都加拉加斯和马里首都巴马科举行的世界社会论坛（Wotld Social Forum），并表现出了反对帝国主义和战争、反对新自由主义全球化、反对新殖民主义、消除全球贫困、促进发展的强烈愿望，与此同时，"中心"还联合其他世界性组织如世界和平理事会，举办了关于捍卫亚马孙的国际会议，反对对亚马孙地区掠夺式的开发，实现发展与环境保护的良性互动。

全国居民联合会同盟成立于1982年1月17日，是一个致力于推动城市改革的全国性运动，主要包括了住房、医疗卫生、教育、环境保护、就业、种族平等以及各个领域的民主化改革等问题。"同盟"还积极参与了建立全国住房基金（Fundo Nacional de Moradia Popular）的全国性签名活动，并推动实施城市宪章（Estatuto da Cidade）。自1996年以来，"同盟"积极参与和主办了在国内外举办的各种旨在推动城市民主化建设的会议、研讨会和论坛。1996年参加了联合国第二届人居会议；2001年8月9—12日推动了全国住房和城市改革研讨会（Seminário Nacional sobre Habitação e Reforma Urbana）的举行；2001年10月26日参加了世界水资源研讨会；2002年参加了世界社会论坛所举办的分论坛——世界城市论坛；2003年8月主办了第一届"全国妇女居住权运动会议"（Nacional de Mulheres do Movimento Comunitário）；2003年10月6—7日与巴西卫生部一道举办了旨在推动全面参与的建立"统一医疗卫生体系"研讨会；2006年4月参加了第二届"巴西社会论坛"（Fórum Social Brasileiro），等等。

三是巴西共产党在国际范围内所进行的争取民主和社会主义的斗争。巴西社会主义革命运动是世界社会主义革命运动的重要组成部分。尤其是在国际金融危机背景下，各国共产党和工人党面临着新的斗争形势和任务。拉贝罗认为，目前世界正处于政治经济过渡时期，从美国一极主导向多极化发展，有更多的国家参与世界事务，发挥政治、经济作用。巴西共产党希望建立一个民主化、平等、和平、安全的国际体系。特别是2008年国际金融危机以来，世界一致认为边缘国家，特别是金砖国家，正在发挥更大作用，形成有活力的一极。而中心国家，即工业化国家正在竭力走出危机，欧洲危机仍然深刻，日本仍处于危机之中。①

巴西共产党必须加入到各种形式的反对帝国主义和新殖民主义以及新自由主义全球化的群众斗争中去，因此巴西共产党提出了在国际范围内进行争取民主和社会主义斗争的主要目标，② 即反对帝国主义战争，实现和平；反对美帝国主义的霸权主义和单边主义，消除核武器以及帝国主义的军事基地；维护民族主权和独立，建立一个旨在促进发展、民

---

① 《科技日报》圣保罗2011年5月19日电。
② Partido Comunista do Brasil（PCdoB），Project of Political Resolution to the Central Committee in the occasion of the 11th Congress of PCdoB: a renovated party, a sovereign and democratic Brazil, a socialist future, Cf. 11o Congresso do PCdoB-Documentos e Resoluções. São Paulo: Anita Garibaldi, 2005.

主、社会进步和环境保护的世界经济政治新秩序；支持拉美一体化进程，反对《美洲自由贸易协定》；反对新自由主义政策，维护工人和广大劳动人民的权利；维护人民的自决权以及世界工人阶级和劳动人民的民族的社会自由权利；支持巴勒斯坦人民的民族斗争，支持社会主义古巴和委内瑞拉的玻利瓦尔革命；实现进步的反帝国主义力量的联合，壮大世界各国共产党的力量；实现工人阶级和劳动人民的民族解放事业。

在这一目标下，巴西共产党积极参与和支持世界范围内反对战争和维护和平以及争取民主和社会主义的各种形式的活动。2008年11月，巴西共产党同来自世界各国的65个共产党和工人党在圣保罗举行大型集会，表达了对拉美人民所进行的民族民主斗争的支持，并在古巴革命胜利50周年之际表达了对美国长期以来针对古巴所实行的封锁政策的强烈谴责，捍卫古巴社会主义成果。在北约成立60周年之际反对其在世界各地所进行的帝国主义性质的军事行动。巴西共产党还强烈反对以反对恐怖主义为名而对其他国家和民族反动侵略战争，反对美国对拉美左翼政府，尤其是委内瑞拉玻利瓦尔革命的敌视态度。巴西共产党还积极参与圣保罗论坛和世界社会论坛的全部进程，并通过论坛，发出了反对帝国主义战争和新自由主义全球化的声音，在"另一个社会主义的世界是可能的"口号下，同世界民主的进步的力量一道，进行争取民主和社会主义的斗争。

第二节　巴西共产党作为参政党的活动

巴西共产党作为参政党的活动是从2002年以劳工党为首的左翼联盟在大选中获胜开始的。2002年大选不仅是巴西政治民主化进程中的一个重要的转折点，而且是巴西共产党发展历史上的一个重要的里程碑。巴西共产党作为由劳工党、巴西社会主义党和民主工党等政党组成的左翼执政联盟的一员，为其有效地开展政治活动以及组织和领导社会运动，进行争取民主和社会主义的斗争提供了一个良好的政治平台。

一　巴西共产党在大选中的策略

巴西共产党在2002、2006及2010年全国大选中，坚决贯彻党的党联盟策略，同以劳工党为首的左翼政党联盟一道，积极投身于选举活动,相继建立了"人民力量联盟"和"为了巴西延续改变联盟"等各种形式的"人民民主阵线",并同代表新自由主义势力的巴西社会民主党、资产阶级垄断媒体、保守的天主教势力以及外国垄断资本进行了激烈而紧张的选举斗争。

巴西共产党自取得合法政治地位后,就开始积极地进行着争取民主自由的社会政治运动,成为巴西国内一支活跃的政治力量。巴西共产党摒弃了传统的教条主义的思想路线,着眼于巴西现实的经济政治状况,对党的政治斗争和选举斗争策略进行了重大的调整,积极地投身于反对新自由主义的政治和社会斗争进程中。巴西共产党强调指出,党已经从根本上改变了苏东剧变前那种封闭、僵化、盲目自大的斗争策略,在研究和总结外国党尤其是中国共产党成功的经验及其政策、理论与方法的基础上,逐渐地成为一个具有开放、包容的革新精神的政党。巴西共产党不仅要以包容的精神团结信仰共产主义的政党,而且要团结其他左翼进步政党,共同为推动巴西政治民主化进程而斗争。

2002年大选是巴西政治民主化进程中一次非常重要且具有深远历史意义的选举。由于长期以来右翼政治力量所推行的新自由主义经济社会发展模式,巴西社会发展陷入了一种结构性危机的局面,金融市场持续动荡,社会矛盾加剧,社会分化严重,人民渴望变革,从而为左翼进步力量赢得大选提供了现实性和可能性。巴西共产党认为,2002年大选是巴西政治民主化进程中的一次"决定性的政治战役",将会改变国家发展的方向。①

在2002年大选中,巴西共产党提出了一个基本的选举纲领,即共同纲领,以推动和促进各左翼力量的团结。共同纲领提出,首先,要击败居于主导地位的保守力量,建立新的社会和政治联盟,加强国家主权,推动国家民主化,开启一个广泛的持续的重建进程,其目标就是要实行一个以实现收入再分配为基本特征,以国内积蓄和国内发展为主要资金支持的可持续的国家发展计划;其次,要推动包括司法改革、大众媒体

---

① Partido Comunista do Brasil (PCdoB), Propositions for the 10th Congress of PCdoB. Cf. Novo Rumo para o Brasil: Documentos e Resoluções do 10° Congresso do PCdoB (coletânea de textos). Sço Paulo: Anita Garibaldi, 2001.

改革等在内的国家生活的民主化进程，强化大众的政治参与权，反对大土地所有者的垄断，捍卫人民的民主权利以及创造工作机会；最后，以人民的社会福利为导向，确立投资的优先方向，对公共支出进行重新定向，而不应该被置于以财富的高度集中为特征的市场规则的支配之下。

2002年大选是巴西政治发展进程中的一个重要的历史时机，总结历次巴西大选的经验教训，左翼政党只有实现联合参选，方可获胜。因此，巴西共产党明确地提出要联合一切可以联合的力量，以反对新自由主义的共同纲领为基础，组成最广泛的反对新自由主义的人民民主阵线，争取成立一个重建民族民主的新政府，并呼吁各左翼反对党加强团结，求同存异，共同击败执政联盟的总统候选人。巴西共产党提出的要实现左翼进步力量联合参选的主张，最终得到了包括劳工党、社会主义党和民主工党等在内的左翼政党的积极响应和支持。

与此同时，巴西共产党清醒地认识到，彻底抛弃新自由主义并不是一件很容易的事情，虽然党的纲领和目标是"要建立一个能够真正开启从资本主义向社会主义过渡并且由劳动者和人民群众领导的政府"，但是，当前政治斗争的组织形式及其水平仍然不能为彻底地实现这一目标而凝聚起必要的社会力量，因而，"同居于主导地位的制度化的秩序决裂并不是一个最为紧迫的目标"。① 它只是实现最终目标——社会主义的"一种手段"和"中间形式"，如果放弃这一最终目标，那么反对新自由主义的斗争将会变得毫无意义。

2002年10月的大选以左翼力量的胜利而结束，共产党和其他左翼政党支持的劳工党领袖卢拉当选为巴西总统，这不仅给巴西政党政治和政治民主化进程带来了极大的影响，而且使巴西共产党的政治地位也发生了根本性的变化，这就是巴西共产党成为了参政党，担任了政府的领导职务。随后，作为参政党的巴西共产党又为自己制定了原则立场，这就是坚持在政治思想上的独立自主原则和谋求党在巴西政治生活中的领导权。2005年11月，巴西共产党第十一次党代会新修改的《党章》规定，

---

① Partido Comunista do Brasil（PCdoB），Propositions for the 10th Congress of PCdoB. Cf. Novo Rumo para o Brasil：Documentos e Resoluções do 10° Congresso do PCdoB（coletânea de textos）. São Paulo：Anita Garibaldi，2001.

为了推进社会主义革命，探索走向社会主义的巴西式道路，"巴西共产党在国家现行法律范围内……开展活动"。① 巴西共产党强调，作为参政党，要保持党在思想和政治上的独立性，不能盲目追随；要提高党对社会运动的参与程度，利用参政党的地位和条件，积极扩大党的力量和影响，早日掌握在巴西政治和社会运动中的领导权。

2006年大选与2002年大选的一个显著的不同之处在于，2002年大选是左翼进步力量为争取执政地位，进而开辟一条不同于新自由主义发展道路的决定性的斗争，而2006年大选则是在以劳工党为首的执政联盟处于执政地位的条件下，为延续其政治地位，巩固左翼进步政治力量，继续推进民族民主的国家发展计划而进行的一场艰难复杂的政治斗争。

总的来说，2006年大选前的经济社会形势对于卢拉连选连任是有利的。当时，巴西国内宏观经济形势稳定，失业率下降，政府推行的社会福利计划使1100多万家庭受惠，民众的生活水平有了较大幅度的提高，卢拉政府基本上实现了在2002年大选中所作出的承诺。这使得卢拉有信心赢得大选。但是，2004—2005年以来劳工党内部由于发生了一连串的腐败丑闻而深陷于政治危机之中，②并给2006年大选带来了不利影响。以至于2005年8月13日，卢拉通过电视讲话，公开向人民道歉，并表示对这些令人无法接受的行为感到愤怒，认为这些人背叛了劳工党的原则。

然而，就在2006年10月大选前夕的关键时刻发生了"档案门"事件。巴西联邦警方披露，劳工党工作人员涉嫌出资购买反对党巴西社会民主党主要领导人若泽·塞拉和阿尔克敏的相关个人档案，涉及资金高达79.2万美元，用以在选举中丑化、攻击对手。这对劳工党是一个严峻的挑战。卢拉甚至放弃了参加总统候选人电视辩论的机会。对于这一连串的腐败丑闻，卢拉一方面表示对此类事件毫不知情，认为这只是劳工

---

① 刘洪才主编：《当代世界共产党党章党纲选编》，当代世界出版社2009年版，第748页。
② 其中包括2004年2月13日，巴西时代网站公开了劳工党在2002年大选中贿选的录像带；2004年7月，巴西中央银行总裁雷耶斯和货币政策委员会主席坎迪奥达被控涉嫌逃税以及在海外拥有未向政府申报的巨额账户；最为严重的是，2005年6月，巴西工党主席热费尔松披露，卢拉政府民事办公室主任迪尔塞乌作为幕后操纵人，为使劳工党在议会中获得广泛支持，每月向执政联盟各党派议员提供1.25万美元好处费。

党成员的个人行为，另一方面认为肆意放大和单单对劳工党成员的行为进行攻击很不公平，因为长期以来所有的政党和政客都做过类似的事情。卢拉对劳工党和政府的人事安排进行了重大调整，成功地切割和撇清了同腐败丑闻的关系。虽然卢拉没能在2006年大选的第一轮中胜出，但是在第二轮投票中以61%的高得票率胜出。

面对2006年大选严峻的选举形势和复杂的选举斗争，巴西共产党全力地、坚定地支持卢拉再次当选，以进一步加强和巩固国家主权、民主和实现劳动者尊严的斗争。针对反对党对劳工党及执政联盟的攻击，巴西共产党向公众指出，传统的居于主导地位的保守政治精英力图恢复已经失去的权力，"其目的就是要使劳工党丧失社会动员能力和人民的信任"①，对腐败丑闻的指控和渲染，恰好给这些暂时博得社会信任的力量以"伦理道德的捍卫者""反对腐败的公共财产保卫者"和"促进行政机构提高效率和合法性"的姿态出现提供了一个绝好机会。巴西共产党还指出，在巴西政治发展进程中，保守力量常常借助于道德外衣，在激烈的政治斗争中隐藏自己的真实意图——将进步的政治力量逐出权力中心；通过掀起一波又一波的腐败指控浪潮，使现政府陷入政治危机，以便提前举行大选。在他们看来，卢拉已经带来了"足够多的民主"，这种试验不能再继续进行下去了，现在有必要回复到保守的轨道上来。

巴西共产党告诉巴西人民，要赢得选举胜利，就必须采取直接的行动，建立"抵抗阵线"，联合各种进步力量来确保卢拉当选，对腐败指控进行公正的调查，揭开右翼力量的道德主义外衣，并且对左翼进步力量进行重新整合，提高其实现以改变为导向的任务的动员能力，强化和确立一个民主的以发展为导向的替代方案在左翼力量联盟中的核心地位，重建政治联盟，促进左派力量的团结。

2006年10月5日，巴西共产党提出了党在大选中的行动纲领。② 巴

---

① Partido Comunista do Brasil（PCdoB）, Project of Political Resolution to the Central Committee in the occasion of the 11th Congress of PCdoB: a renovated party, a sovereign and democratic Brazil, a socialist future, Cf. 11o Congresso do PCdoB-Documentos e Resoluções. São Paulo: Anita Garibaldi, 2005.

② Partido Comunista do Brasil（PCdoB）, Re-electing Lula and Progressive Governors in Order to Further the Struggle for National Sovereignty, Democracy and Labor Valorization, http://mltoday.com, 2006-10-05.

西共产党首先对卢拉在大选中获胜充满了信心,认为尽管面对着新自由主义保守势力的攻击,执政联盟在第一轮选举中还是取得了重大的胜利。巴西共产党认为,要最终取得大选胜利,就必须使民主的、人民大众的、爱国的进步社会力量对保守力量保持警惕并以饱满的精神行动起来,建立"人民力量联盟"(Força do Povo)而不是采取逃避、中立和"例行公事般"的态度;致力于推动社会变革的进步力量在大选的关键时刻,要把抑制新自由主义逆流的斗争放在一个首要的优先地位,从而抓住推动社会变革的历史性机会;要捍卫国家主权、民主和人民权利,就必须组成广泛的政治联盟并取得社会的支持,孤立右翼势力,巩固左翼力量;要通过选举广告、电视辩论和群众集会及游行等形式,提高人民力量联盟的行动能力。巴西共产党强调指出,阿尔克敏的获胜将意味着前卡多佐政府政策的回潮,因此党必须采取广泛的、政治的和革命的行动,全力投入选举活动。在选举的最后阶段,党要放开手脚,抛弃一切冷淡的、沮丧的情绪,展现出党作为"真正的社会斗士"的全部战斗力,反对独裁政治和新自由主义是巴西共产党的优良传统。为此,党要采取直接的具体的行动,动员党的各级委员会,并凝聚起那些致力于民主、主权和社会正义的进步力量,加强党在每个城市的存在,在街道上布置红色标语、旗帜、宣传牌,在主要的中心城市组织群众集会,以推动选举进程。

在2006年大选中,虽然劳工党及左翼联盟被诸多腐败丑闻困扰,但最终赢得大选的结果却大大强化了执政联盟的合法化基础。究其原因,首先是由于腐败丑闻并未直接涉及卢拉本人,作为一名冶金工人出身的政治领袖,卢拉是左翼力量的一面旗帜,被视为人民大众的一员,其通过个人奋斗获得成功的典范获得了选民的认同,在下层民众和公共部门中拥有较稳固的社会基础。其次,卢拉执政期间,延续了卡多佐政府时期"稳健"的经济政策,保持了宏观经济基本面的良好运行,消除了工商界和金融界的担忧,也正因为如此,卢拉成功地化解了反对派对其发动的一次又一次的弹劾,而反对派也由于担心引起经济社会形势的急剧动荡而没有对腐败丑闻进行穷追猛打。最后,巴西共产党对卢拉的坚定支持和左翼进步力量的团结则是劳工党获胜的重要组织保证。

2010年10月的巴西大选受到了国内外的广泛关注,这不仅是因为后金融危机时期新选出的政府能否延续卢拉政府的一系列旨在改善民生、消除贫困、推进社会公平的稳健的经济社会政策，而且由于巴西已经由资本主义世界的"外围国家"成为地区及国际事务的"积极参与者"，并发挥着越来越重要的不可替代的建设性作用。因而，执政联盟推举的劳工党总统候选人迪尔玛·罗塞夫和反对党推举的社会民主党总统候选人若泽·塞拉之间展开了激烈的竞争。

总的来看，各个总统候选人在竞选纲领上并没有根本的分歧。在经济政策上，他们都着重强调要把"延续"前政府的经济政策作为各自经济政策优先考虑的目标，其主要包括抑制通货膨胀、消除财政赤字、实行浮动汇率，并加快推进税制改革和社会基础设施建设，而绿党总统候选人玛丽娜·席尔瓦[①]则更多地强调要实现经济发展和环境之间协调的、可持续的发展。在社会政策上，他们都强调要进一步推进社会改革，完善前政府的一系列社会政策，尽管对教育、医疗卫生及公共安全等问题的重要性的优先次序存在差异。[②] 在对外政策上，反对党对卢拉政府积极发展同发展中国家的关系、推行以南南合作为核心的多元化的外交政策表示不满，并竭力主张加强同发达国家的传统外交关系。虽然各位总统候选人围绕经济、社会及外交政策等议题进行了激烈交锋，但卢拉钦定的"接班人"迪尔玛·罗塞夫经过两轮选举投票，最终以56.05%的得票率，高出反对党社会民主党总统候选人若泽·塞拉12个百分点的优势，当选为巴西第三十六任总统，同时也成为巴西历史上首位女性总统，这就进一步巩固了左翼的政治地位。

在巴西共产党看来，罗塞夫当选顺应了巴西人民要求"改变"（mudanca）的社会心理和愿望，而卢拉执政八年所取得的不俗政绩和执政联盟在地方州长、议会及联邦参众两院和总统选举中的通力合作，也为罗

---

① 玛丽娜·席尔瓦（Marina Silva）曾出任卢拉政府的环境部长，因其环境保护理念同罗塞夫的发展主义理念存在巨大分歧，故退出卢拉联合政府并脱离劳工党而加入绿党，作为绿党总统候选人参加2010年大选。在第一轮选举中获得19.33%的选票，也因此成为罗塞夫未能在首轮胜出的重要因素（罗塞夫联盟获得46.91%的选票，以塞拉为首的反对党联盟获得32.61%的选票，其余候选人共获得1.15%的选票）。在第二轮选举前，卢拉派出劳工党游说团以争取玛丽娜的支持，尽管绿党内部未能就此问题达成一致，但她作出的在塞拉和罗塞夫之间，后者与其立场"更为接近"的表态，对争取和分流中间选民起到了关键作用。

② 周志伟：《2010年巴西大选、政治新格局及未来政策走向》，载《当代世界》2010年第12期。

塞夫顺利当选奠定了非常重要的前提和基础。巴西共产党认为，卢拉政府所推行的一系列旨在"改变"巴西经济社会状况且深得民众认同的改革措施为执政联盟连续第三次赢得巴西民主化后的大选创造了非常有利的条件，但是，巴西共产党同时指出，卢拉政府所推动的经济社会变革进程由于受制于深深地植根于巴西社会各个层面的新自由主义意识形态和制度化的政治经济结构的影响，因而是一个充满了矛盾的有限的过渡进程，彻底改变新自由主义发展模式仍然面临着诸多的困难和现实挑战。[①] 因而对于罗塞夫政府来说，继续深化和推进由卢拉政府开启的变革进程仍然是一项艰巨的任务。

巴西共产党强调，进步力量的团结是罗塞夫获得胜利的"秘诀"，在连续第三个民主的人民大众的任期内，左翼进步力量应该在"向前，向前，向前"（avançar）的口号下，继续采取新的步骤，延续变革进程。[②] 团结是左翼力量获得胜利的一面希望的旗帜。巴西共产党指出，罗塞夫当选后所面临的第一个挑战就是要维持联合政府中左翼力量的团结并发挥其核心作用——特别是劳工党、巴西共产党、巴西社会主义党和民主工党，以推动新政府继续进行结构性的变革和改革。当前巴西正面临着两个对立的阵营之间的"政治极化"（polarização política）局面——从本质上看，它的爱国的、民主的和人民大众的力量同新自由主义势力之间的一场直接较量。在竞选过程中，支持罗塞夫的广泛联盟有十多个党派组成，其中一些是中派政党，它是保证罗塞夫当选的一个最强大的联盟。另外，人民大众的广泛参与，其中包括了工会组织和学生运动，也是支持罗塞夫当选的广泛的社会运动的一部分。

巴西共产党特别指出，在选举过程中出现了一些被认为是"非主流的"政党候选人如绿党（PV）、社会自由党（PSOL）和其他极左政党。但他们都不可能对罗塞夫和右翼候选人塞拉之间的政治竞争构成威胁，

---

① Partido Comunista do Brasil (PCdoB), Project of Political Resolution to the Central Committee in the occasion of the 11th Congress of PCdoB: a renovated party, a sovereign and democratic Brazil, a socialist future, Cf. 11o Congresso do PCdoB-Documentos e Resoluções. São Paulo: Anita Garibaldi, 2005.

② José Reinaldo Carvalho, Foro de São Paulo é um Marco da Reorganização da Esquerda, http://www.pcdob.org.br, 2010 - 09 - 06.

唯一可能的作用就是力图把选举投票拖入第二轮。而事实也是这样。巴西共产党认为，为继续推进变革，罗塞夫政府所面临的另外一个挑战就是要增强左翼政党在参议院和众议院中的力量，其中巴西共产党的目标就是要大力加强党的参议员和众议员的团结，以对左翼执政联盟的团结作出更大的贡献。①

巴西共产党强调指出，罗塞夫的当选是自1970—1980年代巴西政治民主化以来，巴西人民在争取民主、自由和社会正义的斗争中所取得的又一个"历史性的重大胜利"，具有"特殊的重要性"，因为这不仅关系到以劳工党为首的左翼进步力量在巴西的政治地位和政治前途问题，而且关系到卢拉政府开启的新的国家重建计划能否延续下去。对巴西社会来说，2010年选举是巴西人民面临的一个真正的十字路口（uma verdadeira encruzilhada）——要么延续卢拉总统所开启的进步的变革进程，要么就进入到一种严重的倒退境地。② 以劳工党为首的执政联盟在竞选过程中，一直得到了人民大众的、爱国的、进步的左翼力量的大力支持，从而显示了巴西人民的力量以及左翼进步力量面对一切挑战的决心和勇气，开创了左翼进步力量在巴西政党政治斗争中的一个新的历史起点。

巴西共产党认为，罗塞夫的当选是左翼进步力量对右翼新自由主义势力的胜利。③ 首先是巴西人民在激烈的总统选举中选择了罗塞夫，从而为变革新自由主义发展模式，继续推进和深化卢拉总统开启的国家重建进程创造了有利条件；同时也是由中左翼政党所组成的"为了巴西延续改变联盟"（Coligação para o Brasil Continuar Mudando）的重大胜利。其次是民主的爱国的进步力量的胜利，从而使得卢拉政府所推行的民主的进步的经济社会政策和独立自主的外交政策能够延续下去。最后是妇女的胜利，罗塞夫当选为巴西历史上首位女性总统，这是巴西妇女在争取性别平等的斗争过程中所取得的重大胜利。

---

① Ricardo Abreu Alemão, Intervenção no 16o Encontro do Foro de São Paulo, http：//www.pcdob.org.br, 2010 - 09 - 03.

② José Renato Rabelo, Barramos o Retrocesso e Podemos Avanãar Muito Mais, http：//www.pcdob.org.br, 2010 - 10 - 31.

③ Partido Comunista do Brasil（PCdoB）, Deu Dilma Lá, http：//www.vermelho.org.br, 2010 - 10 - 31.

在巴西共产党看来，与群众性社会运动一样，选举活动也是党的政治和社会活动的一个重要的组成部分。选举的成败直接关系到巴西共产党在整个巴西政党政治格局中的地位和发展前途问题。但是这必须以党要有效地参与、组织领导群众性社会运动为前提和基础，并在这一过程中不断地发展壮大党的力量，扩大党的群众基础，从而为党的选举活动提供必要的支持。一个现代群众性马克思主义政党必须同时具备开展群众性社会运动和选举活动的能力。这既是由马克思主义政党的阶级性质和政治目标所决定的，也是适应新的斗争形势所采取的必要的策略和方式。

二 巴西共产党对以劳工党为首的左翼联合政府的立场

2002年10月卢拉当选总统是巴西左翼政治力量的"一个历史性的胜利"，"卢拉代表着一个走向新时代的变革共识"。① 巴西共产党期待以卢拉为首的左翼联合政府能够在反对新自由主义全球化、捍卫国家主权、消除国内贫富差距、促进社会公正，以及有效应对由新自由主义政策所造成的巴西发展过程中的结构性危机等方面迈出决定性的步伐。

事实上，卢拉当政后，为消除国内极端严重的不平等现象和在国际社会中确立巴西的大国地位都采取了新的积极的措施，并得到了国际社会和国内各派政治力量的普遍认可。在处理国际问题上，卢拉政府采取了灵活务实以及"协商而不是对抗"的方针，尽量避免公开与美国发生正面的冲突，卢拉甚至表示不希望在拉美出现另一个古巴或委内瑞拉。卢拉政府以自信、高昂和进取的姿态，在现行的国际经济政治架构下积极地参与地区及国际事务，推行以南南合作为核心的多元化的外交政策，最大限度地维护巴西国家和民族利益，极力地为巴西谋求地区领导地位和世界大国地位。

在内政上，卢拉政府打破了根深蒂固的新自由主义"教条"和"神话"，力求实现经济稳定增长和经济社会协调发展，建立"一个公正和民主的社会"。卢拉政府基本上延续了卡多佐政府的内外政策，继续保持同世界主要经济组织如国际货币基金组织和世界银行的关系，继续实现

---

① José Renato Rabelo, Lula Represents a Consensus for Change Towards a New Era, http://www.vermelho.org.br, 2002-10-12.

国有企业私有化进程，同时扩大农产品出口，加大对科技的投入，逐步实现石油自给。在社会发展问题上，实施了"零饥饿计划"和"家庭补助金计划"，颁布了"第一次就业计划"以解决城市低收入人群的就业问题，出台了"加速增长计划"以更新巴西的基础设施，制订了扫盲计划和康居房建设计划，解决人们的教育、医疗和住房问题，同时还制定了新的土地改革政策。

卢拉政府在实现社会平等、消除贫困、推进政治民主化和捍卫国家利益等方面取得了巨大的成就。卢拉执政八年后仍享有高达87%的支持率，而巴西取得了年均7%以上的持续高速增长，成为世界第八大经济体，并成为全球重要的能源、原材料供应国和生物燃料技术国。在卢拉执政期间，巴西2000万人摆脱了贫困，2900万人进入了中产阶级行列，并且获得了2014年世界杯和2016年夏季奥运会的主办权。据最新统计，2010年巴西国内生产总值达2.1万亿美元，人均国内生产总值达11185美元。如果考虑到物价和购买力等因素，巴西的国内生产总值为3.6万亿雷亚尔，并超过法国和英国，成为世界第七大经济体。因而卢拉被视为"提高巴西国际地位、为这个拉丁美洲最大的经济体带来繁荣的驱动力"。现在巴西不仅是引领全球经济增长的"金砖国家集团"①成员之一，而且日益成为国际社会中扮演着重要的和活跃的角色的新兴大国，在重大国际及地区事务中的协调能力和政治影响力不断地提高。但它仍然面临着诸如外债和联邦公共财政赤字，社会贫富差异扩大和贫困人口的增加及其与美国和世界主要经济组织的外交关系等问题和挑战。

与此同时，卢拉政府也受到了来自左右两个方面的批评。甚至在劳工党内部，对卢拉政府的经济社会政策及其与中右翼力量结盟的政策也引起了激烈的意见分歧和不同派别之间的长期争论，一度导致包括党的创始人之一桑帕伊奥在内的劳工党高层及基层组织的上百名激进派成员

---

① 目前"金砖国家集团"（BRICS）由巴西、俄罗斯、印度、中国和南非等五国组成。2011年2月18日印度财政部长普拉纳布·慕克吉在巴黎二十国集团财长和央行行长会议后宣布，南非正式加入由巴西、俄罗斯、印度和中国组成的"金砖四国"集团。"金砖国家集团"首次峰会将于2011年4月在中国举行。舆论普遍认为，南非这个非洲最大的经济体的加入，可使金砖国家在国际事务中获得更大的政治分量，加强新兴市场国家在国际经济金融体系中的地位，从而使得金砖国家在捍卫新兴市场国家和发展中国家的利益时更具合法性。

脱党。造成这种局面的重要原因就在于随着卢拉上台执政，劳工党奉行了一种中间路线，其性质也发生了重大变化，即从一个由天主教活跃分子、左翼知识分子和工会活动家组成的激进左翼政党转变为一个拥有80万党员的群众性政党，从一个激烈反对新自由主义和资产阶级民主的政党转变为一个追求温和社会变革的政党，从一个主要依靠工会组织和工人运动单打独斗的政党转变为一个联合中左翼政治力量赢得大选并组成执政联盟联合执政的政党。

在卢拉政府承受巨大压力时，巴西共产党对其表示了大力支持。2006年2月23日，巴西共产党全国联络书记若昂·雷纳尔多·卡瓦略（secretario nacional de Comunicación）在接受党报《工人阶级》记者普里西拉·洛博里盖特（Priscila Lobregate）专访时指出，一些人声称支持查韦斯总统和莫拉雷斯总统而不支持卢拉、基什内尔和塔瓦雷·巴斯克斯，但是连查韦斯总统自己也认为人们不能要求卢拉总统做那些自己在委内瑞拉所做的同样的事情，因为这两个国家的情况是不一样的。有拉美政治分析家指出，卢拉政府是一个"把新自由主义与社会政策相互协调的社会民主主义政府"①。相比于查韦斯，卢拉是代表着由五个不同的政党所组成的竞选联盟（在这一联盟中，既有像巴西共产党这样的左派政党，也有像自由党这样的非左翼政党，即使在劳工党内部，也存在着不同的派别，"温和派"属于多数派，卢拉本人就属于温和派）而赢得了选举胜利，劳工党在国会中仍然是少数党，同时巴西对外资的依赖程度要远远大于委内瑞拉。因而巴西的内外关系及其经济社会运行体制和机制决定了巴西不可能走委内瑞拉道路。

巴西共产党认为，虽然劳工党执政为消除新自由主义政策的后遗症提供了有利的条件，但是彻底铲除新自由主义的影响仍然还有很长的路要走。这是因为，寻求一个取代新自由主义经济发展模式的民族的民主的替代方案"面临着深深地植根于90年代以来所实行的代表着力量强大的大资本利益的经济自由化和放松金融监管政策的巨大障碍"②。卢拉上

---

① ［委］玛尔塔·哈内克尔：《拉美构建新型民主制度》，官进胜译，载《国外理论动态》2010年第9期。

② José Renato Rabelo, Building up the Struggle to Affirm the Lula Administration's Perspective of Change, 14 Dec. 2003, http://www.vermelho.org.br/english/text/opinion_1412.asp.

台后，一改竞选期间所提出的激进的反对新自由主义的政策，而采取了较为温和的政策，承诺继续履行其国际经济义务，并特别注意团结国内中、右各派政治力量，争取工商界的支持。巴西共产党要从自身利益出发，在不妨碍整个左翼联盟团结的基础上对政府的一些改革计划进行必要的批评，并提出自己的民主化改革建议（包括政治、税收、城市、教育和土地制度以及大众媒体在内的六项民主化改革建议），从而承担起自己在争取民主和社会主义的斗争中的责任。

巴西共产党指出，以劳工党为首的左翼联盟执政使反对新自由主义理念和制度的斗争进入了一个新的阶段。卢拉政府在"正统学说"——新自由主义与发展主义、国家与市场、民族主权与依附性的国际参与之间选择并制订了一个不同于卡多佐政府的计划，这就是充满挑战性的基于收入再分配政策的新发展计划，而卡多佐政府则是新自由主义政策的主要推手和金融势力的忠实代理人。[①] 尽管卢拉政府不得不面对既定的政治结构和接受主流的经济发展模式，在"延续"和"变革"之间采取左右逢源的策略，但是卢拉政府最终克服了巴西所面临的直接危机，恢复了经济稳定，抑制了通货膨胀，重塑了金融市场的信心，实现了外贸盈余，并表现出了加强国家主权、推进民主化进程和推动实施民主的国家发展计划的趋势。[②] 巴西共产党强调指出，变革始终贯穿于卢拉政府的政策之中，变革的成功有赖于实施民主的国家发展计划。对于左翼力量和巴西共产党来说，变革的失败意味着一场重大的政治上的失败。

巴西共产党反复申明，要建设性地和批判性地支持和参与卢拉政府，并发挥其在制订和实施民主的国家发展计划中的不可或缺的作用。作为联合政府的一个参政党，巴西共产党必须在政府内外保持同那些真正致力于制订和捍卫一个旨在取代新自由主义议程的新发展计划的政党，尤其是左派政党以及社会组织和社会运动建立一种更加紧密的关系，并为

[①] Partido Comunista do Brasil (PCdoB), Project of Political Resolution to the Central Committee in the occasion of the 11th Congress of PCdoB: a renovated party, a sovereign and democratic Brazil, a socialist future, Cf. 11o Congresso do PCdoB-Documentos e Resoluções. São Paulo: Anita Garibaldi, 2005.

[②] José Renato Rabelo, Building up the Struggle to Affirm the Lula Administration's Perspective of Change, 14 Dec. 2003, http://www.vermelho.org.br/english/text/opinion_1412.asp.

此提出了"一个最低限度的直接纲领",①其主要内容包括:"独立自主地、广泛地融入世界","广泛的政治自由","稳定的劳动价值"(Valorization of Labor),"一个以稳定、持久和可持续的高速增长为目标的自主的宏观经济政策"以及"一个以发展为导向的经济政策"。

巴西共产党对卢拉政府的成就也作出了公正的、实事求是的评价。巴西共产党全国联络书记若昂·雷纳尔多·卡瓦略指出,卢拉政府在两届任期内(2003—2010年),在争取建立一个主权的民主的国家并且实行一个新的经济社会发展模式方面,已经迈出了重要的历史性步伐。但仍然有许多工作要做,因为反动的居于主导地位的阶级仍然是深化民主和消除社会不平等的绊脚石。②

第三节 巴西共产党支持并积极参与拉美一体化进程

正如社会主义革命不是某一个政党或政治集团的事情一样,巴西共产党争取民主和社会主义的斗争也不仅仅是局限于一国之内的事情。巴西共产党历来认为,争取民主和社会主义的斗争与实现"拉美一体化"(integração da latino-americanos)的斗争是紧密相关的。拉美一体化是拉美发展进程中的"一场深刻的政治变革",同时也是"现代革命理论的一个重要组成部分",这是因为拉美一体化是以反对帝国主义和新自由主义的资本主义为导向的,其最终目标就是要逐步实现"向社会主义的过渡"。③因而,从这个意义上说,巴西共产党争取民主和社会主义的斗争也是拉美一体化的一个重要组成部分。它们都是21世纪争取社会主义斗争的一个重要组成部分。

---

① Partido Comunista do Brasil (PCdoB), Project of Political Resolution to the Central Committee in the occasion of the 11th Congress of PCdoB: a renovated party, a sovereign and democratic Brazil, a socialist future, Cf. 11o Congresso do PCdoB-Documentos e Resoluções. São Paulo: Anita Garibaldi, 2005.

② José Reinaldo Carvalho, Foro de São Paulo é um Marco da Reorganizaãço da Esquerda, http://www.pcdob.org.br, 2010–09–06.

③ José Renato Rabelo, Brazil and Latin America: the Challenges Faced by the Struggle for Socialism in 21st Century, http://www.vermelho.org.br/blogs/blogdorenato/articles-in-english/.

一 拉美一体化的进程及其表现

1. 拉美一体化的兴起与发展

实际上，拉美一体化的观念和行动最早来源于玻利瓦尔的美洲大陆联合的思想。它先后以美洲玻利瓦尔主义、发展主义和开放的地区主义为思想基础，其目标就是要实现美洲大陆的联合自强和发展进步。1980年8月12日，原拉美自由贸易协会（ALALC）的11个成员国代表在乌拉圭首都蒙得维的亚签署《蒙得维的亚条约》，正式宣布成立拉美一体化协会（LAIA），以此为开端，拉美一体化进程正式启动。但这个时候，拉美一体化主要解决的问题是拉美的经济发展问题，较少地涉及政治议题。而拉美一体化也经历了产生与发展、衰退与停滞以及复苏与振兴的艰难发展过程，最终步入了稳定发展的阶段，并不断地向纵深发展。特别是2008年12月16—17日，在巴西萨尔瓦多的萨乌佩举行的第一届拉美国家首脑会议上，拉美和加勒比国家领导人确立了"互助""灵活""多元化""多样化""互补性"和"自愿参与"的原则，为今后拉美一体化的发展，指明了前进的方向。

巴西共产党认为，以1998年委内瑞拉查韦斯上台执政为标志，拉美大陆民族的、民主的和人民大众的进步力量迅速崛起，深刻地改变了拉美大陆的政治生态，使得拉美一体化具有了社会主义的向度。与早期拉美一体化不同的是，进入90年代以来，在拉美一体化进程中，除了继续强调要加强拉美和加勒比国家之间的经济合作以外，一个明显的政治上的转向就是提出了以争取社会主义为目标从而推进一体化的进程。拉美一体化进程之所以会出现这一重大转向，有两个方面的原因：一是面对经济全球化和政治多极化的时代发展潮流，拉美国家在政治经济上必须继续加强团结与合作，方能应对新的挑战；二是拉美地区自20世纪70、80年代以来盛行的新自由主义发展模式，对拉美80年代以来的重新民主化进程造成了严重的威胁，使得整个拉美地区变成了"新自由主义的实验室"，绝大多数国家处于经济上的依附地位，经济发展的基础极其脆弱，同时还面临着严重的社会问题和社会危机。

巴西共产党指出，在国际金融垄断资本将拉美地区变成"新自由主义的实验室"的同时，拉美大陆却在新自由主义造成的困境中逐渐地变成了"一个以推动社会进步为导向的政治和意识形态斗争的实验室"。①这是对长期以来新自由主义发展模式所积累起来的重重矛盾以及美帝国主义对拉美大陆所进行的广泛的政治干预和控制行为的强有力回应。正如巴西前总统卢拉所说："我们只有战胜一体化和发展道路上的挑战，才能承担起拉美和加勒比国家的使命。我们应当以不同任何人对抗的精神来这样做，我们的团结是对建立多极化和多边体制的新世界做出的贡献。"②

在拉美一体化背景下，拉美政治发展的一个显著变化就是出现了旨在寻求替代方案的民族主义民主政府，特别是以委内瑞拉总统查韦斯、玻利维亚总统莫拉莱斯和厄瓜多尔总统科雷亚为代表的左翼政治家宣称要结合本国具体实际，建设"21世纪社会主义"。巴西共产党对此指出，民族主义民主政府的崛起是拉美地区民族的、民主的和人民大众的进步力量增强的直接产物，虽然它们在具体的政治观点和意识形态上不尽相同，并体现了每个国家和民族具体的社会和历史发展状况，但在反对新自由主义和帝国主义的立场上却是相同的，而且其发展趋势也是相一致的。③ 这主要表现为：① 它们都是致力于推动实现更广泛的政治自由和人民大众参与的民主政府；② 它们都着重强调要捍卫国家主权和发展民族经济，并在一定程度上同新自由主义教条相决裂；③ 它们都积极地抑制国有企业的私有化进程，加强国有企业和银行的地位，并充分发挥国家在推动经济发展上的作用；④ 它们都承担起了推动社会进步的使命，并针对社会边缘化人群而采取了对财富和收入进行再分配的方针；⑤ 它们都致力于推动拉美一体化进程，并加强彼此间的对话，求同存异。在这些政府看来，只有加强和巩固拉美一体化，才能有效地应对新自由主义和帝国主义以及新殖民主义的挑战，因而具有明显的"去美国化"色彩和倾向。

---

① José Renato Rabelo, Brazil and Latin America: the Challenges Faced by the Struggle for Socialism in 21st Century, http://www.vermelho.org.br/blogs/blogdorenato/articles-in-english/.
② 吴志华：《拉美一体化迈入新时期》，http://world.people.com.cn/GB/8539198.html。
③ José Renato Rabelo, Brazil and Latin America: the Challenges Faced by the Struggle for Socialism in 21st Century, http://www.vermelho.org.br/blogs/blogdorenato/articles-in-english/.

2. 拉美一体化的主要表现

拉美一体化首先表现在拉美经济、能源和金融一体化上。1990 年代以来，拉美和加勒比国家相继建立了一些区域性的经济一体化合作组织，如南方共同市场（Mercosul）、安第斯共同体、美洲玻利瓦尔替代计划（ALBA）、加勒比石油公司、南方石油公司、南方天然气管道工程和南方银行等。在经济一体化推动下，拉美国家在政治和防务上的一体化计划也有较快的进展，如 2008 年成立了南美洲国家联盟（Unasul）、举行了第一届拉美国家首脑会议、成立了南美防务理事会（它代表着同荒谬地宣称美国和南美国家是一个利益共同体的"泛美主义"①的决裂）。

巴西共产党认为，不论是经济一体化还是政治一体化，这些创造性举措都是拉美国家通过建立一种新的、独立的、独特的地区一体化模式，从而使其能够成为一支摆脱新自由主义和帝国主义剥削和控制的独立的地缘政治和经济力量。这些一体化组织的建立，为反对新自由主义模式及其政治和军事霸权提供了有力的支持。因而在一种民族的、民主的和人民大众的意义上，拉美一体化的范围越广泛、程度越深刻，拉美就越能够接近实现走向一个新社会的目标。② 拉美一体化是加强拉美国家经济独立和推动发展的一个重要手段和工具，也是确保拉美国家有效地参与经济全球化竞争的重要途径，使其不再对新自由主义发展模式抱有任何的幻想。虽然拉美国家不可能控制经济全球化，也不可能从根本上影响国际金融体系的改革，但是通过一体化这一深刻的变革进程，毕竟可以更好地应对经济全球化的挑战，增强自己决定自己命运的能力。

但巴西共产党同时强调指出，在客观上，这些一体化组织并没有完

---

① 泛美主义（Pan-Americanism）原来是指拉丁美洲各国团结与联合起来，争取国家独立和民族解放，抵抗欧洲帝国主义和殖民主义侵略的思想与运动，主张建立大美洲联盟或联邦。"泛美主义"一词最早出现在 1889 年 9 月 7 日美国《纽约时报》上，后被各种政治力量和运动加以广泛地使用。随着资本主义向垄断资本主义过渡，美国出于对外扩张和控制美洲国家的需要，于 1910 年建立了泛美联盟，后又于 1948 年建立了美洲国家组织。因而泛美主义失去了其最初的含义，成了美国控制拉丁美洲的工具。美国动辄利用该组织，干涉和控制拉美各国的内政，但随着拉美各国维护民族独立和国家主权的斗争不断地加强，美国在该组织中的地位逐渐下降。

② 王建礼：《第十次世界共产党和工人党国际会议论当前世界资本主义金融和经济危机》，载《国外理论动态》2009 年第 2 期。

全摆脱自身的缺陷，甚至一体化进程还可能出现暂时的挫折①，特别是在美帝国主义及其新自由主义代理人力图在拉美和加勒比地区推行新自由主义模式、策动军事政变和分裂民族国家以及推动建立新殖民主义式的美洲自由贸易区计划和不断加强对该地区的军事控制的情况下，更是如此。

二 拉美一体化与巴西共产党争取民主和社会主义的斗争

第一，巴西共产党作为以劳工党为首的左翼联合政府的一员，对拉美一体化的立场。

巴西共产党一直强调，作为参政党，既要保持自1985年以来同劳工党所结成的联盟，又要在联合政府中保持自身的政治和意识形态的独立性；同时又要以团结的姿态从内政到外交上全力支持联合政府的变革行动。巴西共产党成为参政党后所制定的新的政治策略就是要继续深化民主，推动实施以捍卫国家主权、推动社会进步和促进拉美一体化以及优先发展同第三世界国家的关系（南南关系）为主要内容的新国家发展计划。巴西共产党认为，积极推进拉美一体化进程不仅是联合政府自身的责任，而且是应对巴西目前所面临的结构性和根本性的问题与矛盾所要解决的问题，同时是巴西共产党的"新国家发展计划"的基本内容和所面临的重要任务。

巴西共产党积极支持左翼联合政府的以自由贸易为主、以南方共同市场为基础的一体化发展模式。巴西共产党特别强调要发挥南方共同市场和

---

① 2006年4月19日，委内瑞拉查韦斯政府因秘鲁和哥伦比亚与美国签署自由贸易协定而决定退出安第斯共同体，并于2011年4月21日宣布正式退出安第斯共同体，使安第斯共同体的关税同盟趋于瓦解，也是对安第斯共同体的一次致命打击（安第斯共同体是安第斯五国玻利维亚、秘鲁、哥伦比亚、厄瓜多尔和智利于1969年共同成立的地区一体化组织，旨在推动一体化经济发展。委内瑞拉于1973年正式加入该组织，从而使其成为包括1亿人口、近380万平方公里的共同市场）。随后，委内瑞拉退出了由墨西哥、哥伦比亚和委内瑞拉组成的三国集团。在南方共同市场内部，乌拉圭为摆脱对南方共同市场的过分依赖，决定单独同美国举行自由贸易谈判。此举遭到了阿根廷和巴西的强烈反对，并威胁说如果乌拉圭单独与美国签署自由贸易协定，就必须退出南方共同市场。但是乌美两国还是于2007年1月签署了《贸易与投资框架协议》，这一做法已经给南方共同市场的生存敲响了警钟。实际上，在拉美一体化进程中存在着以巴西为首的"务实派"和以委内瑞拉为首的"激进派"，前者坚持以自由贸易为主、以南方共同市场为基础的一体化模式，而后者则坚持以能源为主要手段、力图突破南方共同市场框架的一体化模式。因而由于过度的经济民族主义、浓厚的意识形态色彩、利益分配不均衡、缺乏主导一体化的领导国家和复杂的美国因素的影响等，拉美一体化进程任重而道远。

南美洲国家联盟在推进拉美一体化进程中的战略性作用,① 巴西应该在这一进程中起到一种决定性的战略领导作用,同拉美国家建立一种紧密的伙伴关系,并加强同它们的团结与合作,同时要同社会主义国家古巴建立一种兄弟般的关系(巴西是古巴的第一大贸易伙伴)。② 巴西共产党同联合政府在拉美一体化问题上的一致性,从下面两个例子中可以明显地体现出来。一是美国重建第四舰队问题。③ 以卢拉和查韦斯为代表的拉美左翼政治领导人强烈反对美国重建第四舰队,并要求美国对此作出正式的解释。巴西国防部甚至要求美国第四舰队不得进入或越过巴西领海。

巴西共产党支持卢拉政府的严正立场,认为重建后的美国第四舰队的控制范围覆盖了大西洋、南太平洋和加勒比地区,其重建行为本身即具有侵略的性质,是对和平、安全、自由和人民主权以及所有美洲国家的巨大威胁。④ 在拉美防务一体化问题上,巴西政府倡议建立的南美防务理事会即遭到了哥伦比亚这一美国在拉美大陆的"桥头堡"的强烈抵制,巴西共产党对此表示谴责。二是巴西共产党支持巴美乙醇贸易协定。⑤ 巴西共产党认为,这一贸易协定是符合巴西利益的,并不是一种

---

① Partido Comunista do Brasil (PCdoB), Programma Socialista para o Brasil: O Fortalecimento da Naãço é o Caminho, o Socialismo é o Rumo! Cf. Novo-Programa Socialista e Estatuto do PCdoB. São Paulo: Anita Garibaldi, 2009.

② José Renato Rabelo, Brazil and Latin America: the Challenges Faced by the Struggle for Socialism in 21st Century, http://www.vermelho.org.br/blogs/blogdorenato/articles-in-english/.

③ 2008年4月24日美国海军作战部长加里·罗格海德(Gary Roughead)宣布重建美国第四舰队(U.S. 4th Fleet),并于同年7月1日正式成立,重新组建的美国第四舰队将以位于佛罗里达州的南方海军司令部所在地杰克逊维尔梅波特港为基地。美国重建第四舰队主要是为了加强对拉美和加勒比地区的影响力。美国此举被拉美左派人士认为是美国"炮舰政策"的死灰复燃,而第四舰队也被称为"第四干预舰队"。1943年3月美国首次正式组建第四舰队,二战时主要在南大西洋执行封锁和防卫敌军潜艇的任务。1950年解散,被并入美国第二舰队。美国第四舰队从组建到解散再到重新组建,这是美国在拉美和加勒比地区影响力下降后所作出的反应,其在政治和军事上的战略意义在于有效应对日益左倾的拉美大陆,加大美国对拉美和加勒比地区的军事威慑力,防止区域内军事冲突重演,同时也为未来争夺拉美能源资源做准备。

④ José Renato Rabelo, Brazil and Latin America: the Challenges Faced by the Struggle for Socialism in 21st Century, http://www.vermelho.org.br/blogs/blogdorenato/articles-in-english/.

⑤ 巴西和美国同为世界乙醇燃料的主要生产国和消费国。据统计,2009年巴西甘蔗乙醇的生产量约为300亿升,占世界总产量的三分之一,同时巴西也是世界最大的乙醇出口国,每年的出口量约为50亿升。而美国作为世界最大的乙醇生产国,每年从巴西进口乙醇约15亿升。巴西与美国签署的乙醇贸易协定遭到了拉美激进左派的诟病。尽管其矛头是针对美国政府的,但它却造成了巴西与拉美激进的左派政府的分歧,并给拉美一体化进程带来了新的不利因素。

所谓的泛美主义的政治偏见,也不意味着会动摇巴西在拉美一体化进程中的主导作用这一地缘政治发展趋势。①

第二,拉美一体化与巴西共产党争取民主和社会主义的斗争是相一致的。

拉美一体化的内在本质决定了其与巴西共产党现阶段所进行的争取民主和社会主义的斗争是相一致的。巴西共产党指出,拉美大陆兄弟般的一体化计划只有在各个国家和整个大陆范围内"作为争取社会主义的斗争的一个基本组成部分的情况下才能完全实现"。因而对那些致力于推进拉美一体化进程的左翼力量来说,在当前帝国主义和右翼势力的反动进攻的形势下,要承担起反对帝国主义的威胁和压迫以及捍卫国家主权的使命,就必须"继续坚持走一条团结的、自由的和社会主义的拉美的道路"。②

第四节 党的建设与国际活动

一 巴西共产党加强党的建设的举措

巴西共产党认为,为加强和巩固争取民主和社会主义的斗争,必须在思想、组织和干部队伍建设等方面,全面加强党的建设,把党建设成为一个适应新的政治形势和应对新的政治任务的马克思列宁主义的政党,充分发挥党在推动实施新国家发展计划上所应担负的责任。

第一,加强党的思想理论建设,充分发挥毛里西奥·格拉波依斯学院在党的马克思主义理论学习和教育中的作用。

巴西共产党重视加强对党员的思想教育和政治学习,要求党的所有成员都应结合巴西的政治、经济、社会、文化及环境等现实问题,学习马克思列宁主义,注重在党员和群众中宣传社会主义思想和党的政策方针。尤其是 2008 年国际经济和金融危机爆发后,巴西共产党通过各种形式如召开理论研讨会、组织党员学习马克思主义经典著作(如《社会主

---

① José Renato Rabelo, Brazil and Latin America: the Challenges Faced by the Struggle for Socialism in 21st Century, http://www.vermelho.org.br/blogs/blogdorenato/articles-in-english/.

② Ricardo Abreu Alemão, Intervenação no 16o Encontro do Foro de São Paulo, http://www.pcdob.org.br, 2010 – 09 – 03.

第四章　巴西共产党争取民主和社会主义的斗争实践

义从空想到科学的发展》《共产党宣言》《政治经济学批判导言》以及《雇佣劳动与资本》等）以及召开中央委员会会议等，用马克思主义的立场和观点对国际金融危机的本质、表现及其后果进行全面深入的理论探讨，指出了新自由主义经济社会政策的必然社会后果及其历史局限性，阐述了社会主义替代方案的可能性和现实性，并积极宣传党在现阶段的一系列经济社会变革主张。

巴西共产党注意办好党的通讯媒体如党报《工人阶级》（*Classe Operária*）、党刊《原则》（*Princípios*）以及电台和党的官方网站，把它们作为传播信息，政治指导，宣传党的理论、政策、方针和社会主义思想的工具，这对于党的政治行动、组织建设、政治和思想教育以及讨论和阐述国内和国际热点问题是必不可少的。而党的官方网站则是使党和党员与整个社会得以进行日常交流的有效的工具，党的理论杂志则是党与先进知识分子阶层进行互动和传播其学术成果的一个工具，因而宣传党的出版物是所有党员以及所有党的组织的一项义务，同时要提高党刊的编辑质量，疏通流通渠道，加强和巩固党在圣保罗的出版社 Anita Garibaldi 的地位和作用。巴西共产党认为，利用党的各种媒体对党的政策方针进行有效的、富有创造性的宣传，并将其作为同数以百万计的人民大众进行交流、沟通的工具和信息表达的主要渠道之一，对于提高党在思想领域的参与和斗争水平至关重要。[①] 巴西共产党在日常的工作中不断地强化理论学习，党的主要领导人率先垂范，亲自撰写重要理论文章。与此同时，巴西共产党还注意吸收和借鉴外国党的政策、理论和方法，并结合巴西具体实际，不断地进行创新。

在巴西共产党的马克思主义理论学习和教育活动中，巴西共产党特别重视发挥毛里西奥·格拉波依斯学院（Institute Maurício Grabois）的作用。毛里西奥·格拉波依斯学院成立于 1995 年 9 月 19 日，是以巴西共产党历史上杰出的马克思列宁主义理论家和活动家、曾于 1970 年代担任游击队最高指挥官的党的第二号领导人毛里西奥·格拉波依斯的名字命

---

① Partido Comunista do Brasil（PCdoB）, Project of Political Resolution to the Central Committee in the occasion of the 11th Congress of PCdoB: a renovated party, a sovereign and democratic Brazil, a socialist future, Cf. 11o Congresso do PCdoB-Documentos e Resoluções. São Paulo: Anita Garibaldi, 2005.

名的。它是一个具有理论、科学和文化性质的协会，由巴西共产党党员以及学术、文化和知识界的党外人士，即赞同党的主张并准备与巴西共产党合作的人士所组成。学院是巴西共产党从事政治和理论等研究活动的协作机构。巴西共产党提出，要把毛里西奥·格拉波依斯学院作为进行党的政治思想理论教育的重要阵地，作为共产党员参与思想斗争以及与马克思主义者和进步知识界进行对话和联系的工具。

毛里西奥·格拉波依斯学院在 2008 年国际经济和金融危机爆发后，成为巴西共产党进行马克思主义理论宣传和教育的主渠道，深入探讨马克思主义在当代的发展并用马克思主义的立场和观点对危机进行了全面分析。2009 年 11 月党的十二大召开前，毛里西奥·格拉波依斯学院组织党员对党的十二大所要讨论审议的文件如《巴西社会主义纲领》和《当代共产党人的干部政策》等，进行了深入的具体的讨论，对制定党在现阶段的路线、政策、方针，发挥了不可替代的推动和促进作用。毛里西奥·格拉波依斯学院对巴西共产党进行政治、经济、文化、社会、技术和环境保护等领域的学习、研究以及对巴西和国际现实进行分析提供了有力的支撑，同时学院还承担起了研究和宣传巴西人民、工人运动和巴西共产党的历史的任务。

巴西共产党提出，毛里西奥·格拉波依斯学院的目标是通过组织学习小组、会议、研讨会和讨论会等形式，加强党员对理论课程和政治形势的学习研究，推动党员的政治理论和思想教育工作，并且根据党的工作需要，协助党的领导机关履行其职责，向党的机构提供技术服务咨询及协助工作。学院还注重加强对国外相关机构的交流，出版刊物、电视节目、录像、电影、因特网、音频和其他媒体形式，以推动党的理想信念教育、理论和政治教育活动。为推动学院的发展，充分发挥学院在党的理论建设和宣传教育中的作用，巴西共产党中央委员会将把党的基金会所收到的资金的至少 20% 拨付给学院使用，同时在尊重学院组织章程的前提下，巴西共产党中央委员会可以任命党员担任学院的领导成员，对加强学院建设和发展提供了政治和资金保障。另外，在学院组织章程允许的范围内，巴西共产党的各州委员会可以建议学院设立分院。

第二，加强党的组织建设，坚持和捍卫民主集中制，以巩固党的团结、统一。

巴西共产党指出，为加强《巴西社会主义纲领》的斗争，适应新的政治斗争现实，必须在组织上把党建设成为一个组织结构更加合理、群众基础更加深厚和社会代表性更加广泛的有战斗力的、团结统一的马克思列宁主义革命政党，以实现党的政治行动的统一。① 在向社会主义过渡的预备性阶段，党必须以一种更加务实的辩证的态度来看待党在组织建设上存在的各种问题，深刻地认识到加强党的团结、统一的重要性。

巴西共产党认为，在劳工运动处于相对的防御态势以及政党政治运作日益制度化的情况之下，党内的功利主义倾向有所抬头。在巴西左右分立的政治格局中，功利主义者极有可能会倒向机会主义一边，那些曾经富有战斗精神的党员在思想理论上逐渐地同党的战略目标相背离，对党的生活逐渐地淡漠，追求个人私利，甚至加入到能为个人带来好处的其他组织中去。因此，要克服这种错误倾向就必须重新确立马克思主义的思想价值观——全心全意为人民服务和公共财产神圣不可侵犯以及在党的组织建设中强化党的革命性特征（revolutionary identity），同时要把批评与自我批评这个马克思列宁主义党的建设中的一个基本理念作为巴西共产党人手中的一件重要武器。巴西共产党特别强调指出，为适应群众性社会运动的需要，党必须克服基层组织在动员和组织群众运动中软弱无力的、单一的、官僚主义的运行机制。

巴西共产党认为，在当前巴西现实条件下，加强和巩固党的团结统一对于党的日常政治活动及其组织运行具有重大意义。保守的新自由主义势力利用各种手段制造不稳定的机制来对抗联邦政府以达到重返权力中心的目的，应对这种复杂的政治形势，加强党的团结统一不仅是壮大党的力量的前提条件之一，而且是反对新自由主义的一个必不可少的条件。因而在组织建设上，巴西共产党提出党的组织建设要紧紧围绕党的战略目标和当前的政治任务，加强党的纪律，克服党的组织运行中的官僚化倾向，要"坚持对一个结构严密的革命政党的观念及新自由主义霸权盛行时期所积累起来的阶级斗争的经验的深刻理解为方向，同时还要

---

① Partido Comunista do Brasil（PCdoB）, Project of Political Resolution to the Central Committee in the occasion of the 11th Congress of PCdoB: a renovated party, a sovereign and democratic Brazil, a socialist future, Cf. 11o Congresso do PCdoB-Documentos e Resoluções. São Paulo: Anita Garibaldi, 2005.

考虑到反对当代资本主义的新形式"①。为此,要以民主集中制为核心,加强党的组织建设特别是党的基层组织建设,以保持党的政治行动的统一,树立党在社会运动中的新形象。

巴西共产党强调,民主集中制(centralismo democrático)是党的组织运行机制和党内生活的根本准则。巴西共产党指出:"民主集中制是在党的全国代表大会领导下(在两次代表大会之间则由中央委员会领导),鼓励个人以自由和负责的方式发表意见,鼓励每个党员和各个组织广泛的行动主动性,并以此作为党的方针建设的积极因素。"② 巴西共产党的党员必须加入党的一个组织,贯彻执行党的方针,学习、宣传党的思想和主张,并致力于团结广大人民群众和进步民主人士,为捍卫巴西人民的自由平等权利、尊严和民主进步以及国家主权,实现社会主义而斗争。在日常的政治活动中,巴西共产党党员应该积极支持党的事业及其各项运动,在政治选举中,投票给党的候选人。巴西共产党在自由的和自觉遵守的纪律的基础上保持政治行动的团结、一致,这是党的力量之所在。

巴西共产党认为,基层组织在党为推动实现新国家发展计划,组织和领导社会运动的政治行动中发挥着关键的基础性作用,是党的日常政治行动的支柱。党的基层组织是党、劳动者和人民之间的主要纽带,是党了解人民的愿望和要求的主渠道,有利于党的政治参与和正确地制定路线、政策、方针,同时也是广大党员参与党的组织生活,提高其理论水平和思想政治觉悟的有效载体。为发挥党的基层组织在动员、组织和领导社会运动和群众性组织中的基础性作用。

巴西共产党提出,要广泛地在工厂、企业以及其他劳动场所,在大学和中小学校,在居民区,在农村安置点(assentamentos rurais)、农庄及农业企业(mpresas rurais),在各职业行业,在群众性组织和社会运动中,建立至少由三名党员组成的基层组织。党的基层组织要根据各自所面临的具体条件,更好地采取其活动的方式,确保党员能够积极地参与

---

① Partido Comunista do Brasil (PCdoB), Project of Political Resolution to the Central Committee in the occasion of the 11th Congress of PCdoB: a renovated party, a sovereign and democratic Brazil, a socialist future, Cf. 11o Congresso do PCdoB-Documentos e Resoluções. São Paulo: Anita Garibaldi, 2005.

② 刘洪才主编:《当代世界共产党党章党纲选编》,当代世界出版社2009年版,第751页。

党的政策方针的制定和政治行动，并且在党的政治方针的指引下，丰富党员的政治社会活动，使党的基层组织能够将其行动扎根于人民大众的政治生活、社会生活和文化生活之中。党的基层组织应该定期召开会议，这是保证其正常运转并履行其职责和开展工作必不可少的工具。各级党的基层组织的最基本的任务就是要保证参加基层组织的党员能够从事研究、宣传工作并及时缴纳党费，具体包括，为有效地贯彻党的政策方针以及制定行动纲领和政治路线而去收集群众的意见和批评；同人民保持紧密的联系，团结、动员和组织人民为实现其利益而斗争；在尊重党员自主性的前提下，支持和引导其参与工会团体和运动；在政治选举中组织党的竞选活动等。①

巴西共产党还特别强调了基层组织在加强党的思想理论建设方面的重要作用，提出党的基层组织要定期开展吸收新党员的工作并组织适当的宣传活动，以扩大党的社会影响；要推动阅读、订购和传播党报、党刊及其他党的媒体和宣传方式向前发展；要鼓励党员加强学习，并把举办基层党员训练班、文化活动，学习党的文件等纳入到各级基层党委的培训计划中。另外，党的各级基层组织可以邀请党外友好人士参加党的基层代表大会，以便使其在不享有投票权的情况下能够参与讨论和接触、了解党的政治方针。

第三，加强党的干部队伍建设，建设一个适应新的政治形势和应对新的政治任务的现代马克思主义的革命政党。

苏东剧变以来，特别是 2003 年以劳工党为首的左翼政党联盟上台执政以来，加强党的干部队伍建设问题就成了巴西共产党政治议事日程中的一项重要课题。为此，2005 年 10 月，巴西共产党第十一次全国代表大会审议通过的《政治决议》和修改通过的《巴西共产党章程》提出了新形势下制定党的干部政策的紧迫性，并对制定党的干部政策的具体要求和在培养党的干部的过程中应注意的问题进行了初步探讨。2009 年 10 月 25 日，巴西共产党中央委员会第十四次会议专门制定、审议并通过了加强党的干部队伍建设的指导性文件——《当代共产党人的干部政策》，明确提出了新时期党的干部政策要在保持党的工人阶级性质以及巩固和

---

① 刘洪才主编：《当代世界共产党党章党纲选编》，当代世界出版社 2009 年版，第758 页。

发展党的理论基础——科学社会主义的同时，为党所进行的争取政治权力的斗争和实现党纲所提出的各项变革任务提供坚强有力的组织和骨干领导力量。①

巴西共产党强调，党的成员不管是担任公职、担任选举产生的职务，还是担任立法或行政机构任命的职务，"这些职务都是（党的）重要的工作战线，都是为党的政治目标服务的"。担任公职的巴西共产党党员不仅要遵守其任职的机构的制度和规定，而且还应遵守其所在的各级党的组织的相关规定，不能超越于它们之上。以巴西共产党的名义所取得的由选举产生的职务都"属于党的整体"。巴西共产党因此指出，对于担任公职的共产党人来说，应该捍卫并传播党的政治方针和决议，贯彻实施其所在的党的领导机构所作出的决定；要珍视党的名称，诚实履行职务，尊重公共事业和人民的权利；要利用自己的知识、所掌握的资料和信息，帮助党了解现实，找出解决当代问题的创新性的方法。与此同时，对于各级议会中的党团来说，应该遵照指导党组织运行的总体规章开展活动，还应该积极参加自己所在的党组织的活动。各级议会党团应定期召开会议，讨论党的政策及其在议会中的提案，确定在投票时应采取的立场，并建议党在议会各委员会中的代表对确定的议题作出答复。党的议会党团中的所有成员都要遵守并执行党的政治委员会的决议，党的各级议会党团的决议需要得到相应的党的政治委员会的批准。②

巴西共产党认为，党的干部是"党组织中的脊梁骨干"③，是党进行长期的政治、思想和组织建设的主要负责人，是党员义务的模范执行者，对于党的原则和政策方针的贯彻实施具有不可或缺的组织和领导作用。制定一个适应新时期党的政治斗争形势的党的干部政策的基本内容，主要包括对现有党的干部进行考核和评估，制定一套旨在促进党的干部发展的机制以及确定同党的干部的生活和工作条件相适应的责任义务等。

---

① Partido Comunista do Brasil（PCdoB），Política de Quadros Comunistas para a Contemporaneidade: Partido Revolucionário para um Período Singular de Lutas, Cf. Adalberto Monteiro e Fábio Palácio, eds., 12o Congresso Documentos e Resoluções. São Paulo: Anita Garibaldi, 2009.

② 刘洪才主编：《当代世界共产党党章党纲选编》，当代世界出版社2009年版，第762—763页。

③ 同上书，第750页。

对党的干部的培养，要高度重视提高其在领导党的集体行动上的能力，党的干部要承担起领导党的行政事务的责任和义务，自觉地实行批评与自我批评（crítica e autocrítica）的方法并尊重党的纪律，同时要对其所工作的环境有全面深入地了解并创造性地开展工作。根据党的经验以及当前党正处于战略策略的调整期和力量的积蓄期的现实，党必须对党的干部所面临的具体问题如经济生活问题等给予全力的关注，及时地进行跟踪了解，并建立一套应对党的干部自身所产生的思想及物质生活条件问题的制度和机制，更好地发挥党的干部对于凝聚党的战斗力的决定性作用。在党的干部政策中必须反对同共产党人的政治文化相背离的各种非马克思主义的思想倾向，如任人唯亲、钻营、个人主义、官僚主义和各种腐败行为。巴西共产党提出要对党的各级干部进行培训、长期考察、评估、提拔和分配，实行干部轮岗交流机制，不断地提高他们的政治和业务能力以及文化和思想素质，充分发挥其社会和政治作用。

巴西共产党指出，一个新的干部政策的立足点就是"每一个时代的干部都应承担起相应的使命"。因而巴西共产党新的干部政策必须以生动的具体的社会实践为导向，加强和培养党的干部的政治和理论素养，最根本的是要使他们在超越资本主义的革命斗争中树立坚定的政治信念和社会主义的愿景。党现在正处于"新的争取社会主义斗争的时期"，要在汲取20世纪社会主义革命运动的经验教训基础上，更新革命的理论，制定运动的战略和纲领，进行积极的抵抗，积蓄战略力量，进行结构性改革以及超越资本主义的革命性决裂，最终开辟一条向社会主义过渡的巴西式道路。在新的历史条件下，巴西共产党作为"社会主义革命和建设的决定性力量"，在政治斗争中要把党建设成为一个坚持原则的、组织严密的马克思列宁主义的现代群众性共产党；在社会斗争中党要成为劳动者和巴西人民的政治和社会利益的代表者并同劳动者、青年人、妇女及进步知识分子建立广泛的联系，提高他们的阶级意识，使他们成为党在获得新的政治权力的斗争中的社会基础；在思想领域的斗争中党要以先进的科学的思想——马克思列宁主义为指导，坚持理论与实践即当今时代相结合的原则，在坚持革命信念的基础上发展党的理论。

为此，巴西共产党提出了新时期党的干部政策的指导方针、总目标、党的干部队伍建设的优先方向及具体内容。

(1) 党的干部队伍建设的指导方针

巴西共产党指出，作为一个马克思主义的革命政党，民主集中制是巴西共产党的政治组织原则和组织模式的总的指导性方针。这是在当今时代和巴西人民斗争发展的新形势下，仍然有效的唯一的党的组织模式，因而坚持、捍卫和发展民主集中制原则是党的组织建设中的一个根本任务。民主集中制原则经过了党的发展历史的反复考验，是党克服重重困难、度过发展危机的重要组织保证。在巴西国内军事独裁政权执政时期，巴西共产党经受了阶级斗争最为激烈而又残酷的考验，依靠民主集中制而度过了艰难曲折的发展进程，最终迎来了20世纪70—80年代政治民主化的历史性时刻，取得了完全合法的政治地位。而20世纪90年代东欧剧变、苏联解体，在世界各国共产党工人党内部普遍地出现了理论和意识形态的危机，加之新自由主义对进步思想的进攻，世界社会主义运动面临着历史上最为严峻的考验。同样是依靠民主集中制原则，巴西共产党不仅在理论上坚持、捍卫和发展了马克思主义，而且其组织也得以完整地保留下来，避免了党的分裂危机。

在当前巴西由包括巴西共产党在内的左翼政治联盟执政而开启的"新的政治周期"，巴西共产党认为，为了应对未来的挑战，必须在党的高层、中层及基层组织中确立新的干部组织结构，深刻地认识到加强党的团结和行动一致的重要性。巴西共产党新的干部政策文件指出，以民主集中制原则为核心加强党的干部队伍建设是有效应对党内所产生的教条主义、自由主义、工团主义及实用主义等各种潜在的思想倾向的重要手段。教条主义在新的变革形势下，在思想上持一种僵化的防御姿态；自由主义极易使党产生一种行动上的妥协和思想上的松懈情绪；工团主义限制了党的政治思想的发展，使劳动者阶级对获取国家政治权力产生了懈怠情绪，从而背离了社会斗争的远景；而实用主义则有可能导致党内产生各种自发性的无视党的根本目标的利益集团，同时在党的机构中产生官僚主义，使党背离其战略目标。总之，这四种潜在的思想倾向会使党降低在新的争取社会主义的斗争中的战略定位。

(2) 党的干部队伍建设的总目标

巴西共产党提出，在资本主义发展和阶级斗争日益加剧的时刻，在巴西国内日益激烈的对政治权力和意识形态领导权的争夺中，为进行社会变革，推动实施新国家发展计划，必须把党建设成为一个富有战斗力的、团结统一的、具有政治影响力并致力于选举政治的，在政治、社会及思想领域进行积极的斗争，为实现党的纲领和目标而争取政治权力的马克思主义的现代群众性共产党。在当前深刻的社会变革条件下，在党为实现其战略目标而进行力量积蓄的时期，要充分发挥党的干部在国家政治机构中的作用，在为实现劳动者和巴西人民的利益而进行的斗争中，把党的组织建设成为一个拥有广泛战斗力的和强大凝聚力的结构严密的组织。

（3）党的干部队伍建设的优先方向

巴西共产党认为，为顺利推动当前巴西社会的变革计划，保证党的战略目标的最终实现，新时期加强党的干部队伍建设应该主要在以下几个方面进行卓有成效的努力：

要认真地、大胆地在全国范围内发现、培养一大批党的新一代干部，提高其马克思主义理论水平以及运用马克思主义理论来分析当代世界和巴西现实的能力，并且使其能够在坚持和捍卫党的战略目标及社会主义前景的前提下，吸取党内富有经验的资深干部及党员的智慧，对现实生活中的是非曲直做出马克思主义的分析和判断。党的中央委员会委员、州委员会委员以及在各级议会和政府中工作的党的成员代表了党在国家的政治、经济和社会领域以及学术、科学、文化和艺术领域中的形象。

要提高广大的党的中层和基层干部的组织纪律性并发挥其作用，这是保证党的组织体系及组织生活正常运作的先决条件。因而必须把干部队伍建设的重点放在加强党的市委员会的组织建设上，将其建设成为一个结构严密的具有战斗力的组织。党的中层干部和基层干部在党的组织建设中承担着重大责任，起着无法替代的重要作用。他们一方面是联系党的社会活动家之间的桥梁和纽带，另一方面则是加强党同劳动者和人民群众之间的联系的纽带和桥梁。

要在政治、社会及思想领域的斗争中加强党的干部同青年人、妇女和劳动者之间的直接的联系。同时要加快从劳动者、青年人、妇女和知识分子中发展、选拔更多的党的干部，以保证党的政治和意识形态具有持久的活力的根本保证。

(4) 加强党的干部队伍建设的具体内容

首先，在政治上，巴西共产党认为，新时期党的干部要在坚持坚定的理想信念的前提下，具备开展各项工作的能力和技巧，掌握工作的艺术。巴西共产党提出要对党的各级组织的结构、特征和功能进行重新定位，使其同党的政治目标和党所处的政治地位相适应，这有利于党的新一代干部创造性地开展工作。党的干部要具有相应的专业知识，以便在不同的工作领域中开展工作，鼓励其在政治、经济、文化和社会等领域发挥作用。党的干部具有广泛的代表性，他们不仅要在党内具有影响力，而且还要在社会公共工作、生活领域中具有影响力，要成为所在领域中受人尊敬的领导人，这是党进行斗争的根本社会基础。党的干部要对党有正确的认识，具备自我组织性，积极参加党的活动，在活动中要具有批评与自我批评的精神，积极宣传党的路线及政策方针，关心、参与党的建设。

党的干部要积极地对党给予物质上的支持，积极投身于反对种族主义的斗争，真诚对待党员。与此同时，要在党的年轻干部中进行广泛的党的历史教育，使他们了解党的发展历程中的经验教训，同时要促进男女干部比例的均衡发展，提高妇女在党内的地位，以推动党内民主的发展。坚持以自由的和自觉的纪律为基础的党的制度化规章是党的各级组织日常运行和开展活动的行动准则。总之，党的干部队伍建设在政治上的目标就是要积极转变党的干部的功能和作用，"新的干部要承担起新的功能"，这种转变将会对党的干部政策的指导方针和方向、方法产生影响，通过功能转换使党的干部在新的工作中变得更加成熟，更富有经验。

其次，在思想理论上，巴西共产党强调指出，党的干部首先要有为社会主义事业而奋斗的使命感和责任感，这是一个马克思主义的革命政党所坚持的战略目标。要进一步提高党的干部的马克思主义理论水平，以提高其在不同的领域中的动员组织能力，并提高其在使党的政策具体化方面的能力。要通过党的集体生活来使党的干部更好地受到马克思主义的教育，坚定其信念立场。要采用说服教育的办法来对待在党的干部中存在的不同意见分歧，鼓励党内辩论、自由表达个人意见及党的干部的创造性思维，在自由的相互尊重的氛围中进行交流讨论，从而在民主的、自由的、自觉的纪律中实现党的政治行动的统一。党的领导干部要自觉地、有意识地而不是自发地、无意识地承担起所应担负的责任，全面深刻地理解党所提出的各项政治任务，并同党的战略目标保持一致，反对"单干"（unilateralismos）。在确定的党的干部所应承担的责任义务时要充分考虑到党的干部的个人的合理利益诉求及其职业、家庭和个人倾向，使党的组织管理更加人性化。要对党的干部进行全面的持久的理论、政策及思想教育，使党的干部深刻地认识到党的章程在党的干部队伍建设中的重要地位和作用。同时要通过加强党的理论和意识形态教育来提升党的干部的信念和动力，发挥"全国学校"（Escola Nacional）和毛里西奥·格拉波依斯学院在对党的干部进行全面系统的马克思主义思想和理论教育、培训中的作用。

二 巴西共产党的党际交流和国际活动

党际交流和国际活动是巴西共产党争取民主和社会主义的斗争的一个重要的内容。在现时代，世界各国共产党和工人党之间的团结、交流与合作关系，必须坚持马克思主义的国际主义原则。

马克思主义认为，世界社会主义革命运动必须坚持普遍性与特殊性的辩证统一：一方面要坚持"一切民族都将不可避免地走向社会主义"的历史发展方向和大趋势，另一方面要坚持"一切民族必然在民主的这种或那种形式上、在无产阶级专政的这种或那种形态上以及在社会生活各方面的社会主义改造的速度上都会有自己的特点"的马克思主义辩证法，[①] 即要根据各自国家的制度、风俗、传统和习惯而采取不同的手段和方式。与此同时，巴西共产党指出，共产党人的国际合作不应重复过去的形式，而当前的国际形势也不允许人为地建立与过去相类似的组织机构。加强和巩固无产阶级的国际团结并不意味着要"建立一个共产主义运动的组织机构甚至于确立一个结构完善的共产主义领导核心（a well-structured communist pole）"。[②] 正如邓小平所说，国际共产主义运动没有中心，不可能有中心，也不能搞什么"大家庭"，"独立自主才真正体现了马克思主义"。[③] 共产党人的国际合作也

[①] 《列宁选集》第2卷，人民出版社1995年版，第777页。

[②] José Reinaldo Carvalho, PCdoB: an Internationalist Force, http://www.pcdob.org.br, 2005-10-08.

[③] 《邓小平文选》第3卷，人民出版社1993年版，第191页。

不应仅仅局限于共产党人内部，与其他为社会主义而奋斗的社会政治力量开展形式广泛的合作也是非常必要的。因此共产党人的国际合作一定要跳出传统共产主义运动形式的局限，在最广泛的意义上开展同左翼进步力量的合作。

在马克思主义的国际主义原则基础上加强国际团结，积极发展同世界各国共产党、工人党和左翼政党的团结、交流与合作关系，既为巴西共产党探索巴西社会主义发展道路提供了良好的外部环境，又为其提供了可资借鉴的有益经验。

1. 加强同中国共产党的全方位的团结、交流与合作①

（1）党的建设

近年来，在中国共产党一贯倡导的"独立自主、完全平等、互相尊重和互不干涉内部事务"的党际关系四项基本原则基础上，巴西共产党就加强党的建设问题同中国共产党保持着广泛的频繁的互访，交流治党理政的经验，增进了相互之间的了解。

2007年10月24日，中国驻巴西大使陈笃庆在大使馆会见了巴西共

---

① 这里需要指出的是，巴西共产党同中国共产党的关系并不是一帆风顺的，也经历了一个曲折的发展过程。早在20世纪30年代巴西共产党成立之初，它就站在了支持和同情中国革命的一边，并于1934年9月向当时位于江西瑞金的中华苏维埃共和国临时中央政府发来贺电。1950年6月25日朝鲜战争爆发后，巴西共产党发动了大规模的群众示威游行集会，提出了"不派一个士兵去朝鲜"的口号，反对巴西当局追随美国参加朝鲜战争。1953年7月巴西共产党派出以中央执委卡洛斯·马里盖拉为首的干部考察团访华，全面了解中国人民革命斗争的经验，这是第一个访华的拉美共产党代表团。中巴两党关系史上的第一次重大转折发生在苏共二十大之后。由于苏共二十大以及后来的中苏论战对整个国际共产主义运动造成了事实上的分裂局面，巴西共产党党内也因为在革命路线上的严重分歧而分裂，以总书记普列斯特斯为首的"亲苏派"改巴西共产党为"巴西的共产党"，而以阿马佐纳斯为首的"亲华派"被排挤出党中央，并于1962年宣布重建巴西共产党。重建后的巴西共产党奉行亲华政策，中巴两党的亲密友好关系一直延续至1979年中美建交，此后中巴两党关系开始疏远。而中国共产党也于80年代转变了对"世界革命"的态度，明确提出"革命决不能输出"，而是要在"独立自主、完全平等、互相尊重和互不干涉内部事务"的党际关系四项基本原则基础上，发展同世界各国共产党的关系。苏东剧变后，包括阿马佐纳斯在内的巴西共产党领导人通过各种途径一再表示，希望中国同志不计前嫌，要求恢复中断了近十年的两党关系。1994年阿马佐纳斯在赴朝鲜访问途中，特意取道中国，同中国共产党进行了接触，之后又多次派团访华。两党关系从此进入了一个健康发展的轨道。2001年，也就是阿马佐纳斯同志逝世的前一年，在中国共产党建党八十周年之际，他在给中国共产党发来的贺电中指出，中国特色社会主义之所以能够取得辉煌的成就，是因为中国共产党正确地把马克思列宁主义与中国具体实际相结合，创立了毛泽东思想和中国特色社会主义理论。

产党国际关系书记卡瓦略,介绍了中国共产党十七大的有关情况,包括胡锦涛总书记所作报告的主要内容、会议通过的有关决议、与会代表构成情况、党未来的建设和发展目标等,并对巴西共产党在中共十七大开幕和闭幕期间分别发来贺信表示感谢。卡瓦略代表巴西共产党对中共十七大胜利闭幕再次表示热烈祝贺,认为中共十七大的成功召开不仅是中国共产党和中国人民取得的伟大成功,也是中国共产党的朋友乃至全人类所取得的成功。他表示,为加深了解,促进学习,他将把陈大使所介绍的宝贵信息立即传达给巴共中央和广大党员。①

2012年11月12日,巴西共产党在其官方网站(www.vermelho.org.br)刊文指出,中共十八大是指引中国未来五年发展的"指南针",高度评价了指导中国改革开放的邓小平理论,以及适应新形势的"三个代表"重要思想和科学发展观,认为大会必将进一步推进中国现代化发展,进而对全世界产生重要影响。此前,巴西共产党对外交流部主任 J. R. 卡瓦略在11月1日接受中国国际广播电台记者电话采访时表示,中共十八大不仅对中国未来十年的发展意义重大,而且将会对世界产生重要影响。他指出,中国共产党是中国人民的领导者和先锋力量,中共十八大将制定出未来5—10年中国的发展蓝图,并为政治和经济社会发展勾勒出总体思路。中国作为世界第二大经济体在世界经济舞台上发挥着日益重要的作用,同时中国还承担着维护世界和平、捍卫国际法准则、反对霸权主义等重大责任。卡瓦略认为,巴西共产党作为参政党,一直与中共保持着积极的交流。中巴两国、两党在很多方面有着共同之处,可以互相学习对方在治国理政方面的经验。中巴两国都是地区性大国,应该在各方面加强合作,促进共同发展。

(2)巴西共产党高度评价中国特色社会主义的理论与实践,认为这对巴西共产党探索走向社会主义的巴西式道路具有重要的启示和借鉴意义②

关于"中国特色社会主义"。巴西共产党主席拉贝罗指出,中国改

---

① 中新网2007年10月30日电。
② 陈晓玲:《社会主义在中国——巴西共产党主席拉贝罗谈访华观感》,载《当代世界》2002年第8期。

革开放 30 多年以来，发生了巨大的、有中国特色的变化。30 年是一个很短的历史时期，中国取得的变化令人钦佩，中国的变化具有示范性，值得巴西学习。① 巴西共产党认为，经济文化落后的国家如何建设社会主义，"没有药方，也没有教条主义的公式"。在一个生产力没有充分发展或者说不具备建设新社会所必需的丰富的物质基础的国家里，实行国有制、公有制、混合经济和资本主义所有制等多种所有制经济成分并存的经济体制，即发展"市场社会主义"（由人民民主政权领导的市场）"是在一个已存在前资本主义生产关系的国家发展生产力和提高人民生活水平的必由之路"，因而它是符合中国具体实际的发展道路。

关于中国在发展"社会主义市场经济"的同时会不会产生社会经济矛盾。巴西共产党认为，发展多元经济可能会造成社会的不平等，因为发展社会主义市场经济是一条探索与疑问并存的新的道路。但中国政府正在采取措施防止社会不平等现象的蔓延，实现地区发展的平衡，以便完成社会主义初级阶段的建设并向完全的社会主义阶段过渡。

关于中国的政治制度会不会因为经济改革而受到威胁。巴西共产党认为，中国共产党领导下的政治制度是稳定的，自 1949 年以来一直得到了国内其他的政治和社会团体的支持，为应对所面临的新挑战，中国共产党正在为实现自身的现代化而努力着。中国努力健全社会主义法制，建设社会主义法治国家，建立政治机构，致力于国家的民主化，健全人民代表大会制度以及共产党领导的多党合作和政治协商制度，但是这并不意味着中国共产党采取自由资产阶级的传统形式。

关于社会主义中国在当今世界地缘政治中的作用。巴西共产党认为，中国正在扮演着一个日益重要的地缘政治角色，它执行独立自主的外交政策，奉行不干涉别国事务的原则，为世界的和平而斗争。中国努力建设一个多极世界，随着经济的发展，中国将成为未来多极世界中的重要一极。中国在政治和意识形态上与资本主义的根本区别就在于其坚持人民民主制度、共产党的领导以及社会主义的奋斗目标。

关于中巴两国贸易关系。② 拉贝罗指出，中国是巴西最重要的伙伴。

---

① 《科技日报》圣保罗 2011 年 5 月 19 日电。
② 同上。

巴西共产党支持和鼓励政府与中国发展更大规模的合作关系，这对巴西具有重要的战略意义。中巴贸易关系近年来发展十分迅猛，巴西主要向中国出口原料、矿产品，包括铁矿石、大豆、农产品和能源产品等，巴西仍可增加这些产品的出口。另一方面，巴西从中国的进口主要是制成品，巴西共产党认为应当努力使中巴贸易关系更加平衡。巴西应当努力发展现代工业，加强科技与创新，生产更多高附加值的产品。过去巴西科技投入仅为国内生产总值的0.8%，现在达到了1.3%，巴西共产党的目标是争取达到2%。同时巴西共产党希望中巴关系更加平衡，巴西不仅出口原料，还能出口更多制成品，双方更多地加强科技与创新合作。

（3）宣传中国特色社会主义是"巴西共产党人国际主义活动的重要内容"①

宣传中国特色社会主义建设成就、反对资产阶级垄断媒体对中国的歪曲和丑化，是巴西共产党人义不容辞的责任。1999年10月，巴西共产党党报《工人阶级》发表了题为《共产党人祝贺中国革命》的评论文章，用两大版的篇幅，以翔实的数据介绍了新中国成立以来中国所发生的巨大变化，认为中国革命是"一个改变了世界的革命"。党刊《原则》发表了题为《社会主义革命50年：中国在建设未来》的系列文章，用8个版面对中国在社会主义建设中所取得的成就进行了全面的介绍。

在人权、台湾、西藏和新疆等涉及中国主权和领土完整的问题上坚定地支持中国。特别是2008年3月14日中国新疆发生打砸抢事件后，巴西共产党指出，这一事件是由以达赖为首的分裂集团所策划和实施的暴力骚乱，具有明显的外国敌对势力插手的痕迹。1951年西藏和平解放，特别是1978年改革开放以来，在中国共产党的领导下，在中国特色社会主义旗帜的指引下，中国人民为西藏自治区的社会经济发展采取了许多重要的举措。巴西共产党重申，支持中国政治和领土完整，强烈反对西藏分裂分子的挑衅行径，西藏自治区从领土和历史上都是中华人民共和国不可分割的一部分。

---

① 郭元增：《"中国在建设未来"》，载《当代世界》2000年第9期。

2. 加强同世界其他国家共产党和工人党以及左翼力量的团结、交流与合作

巴西共产党认为，在探索走向社会主义的巴西式道路进程中，不仅要加强同现实社会主义国家执政共产党的团结、交流与合作，而且还要加强同资本主义国家未执政共产党和工人党以及其他左翼力量的团结、交流与合作。社会主义革命是世界性的革命，它有世界性的活动场所。恩格斯早在1847年《共产主义原理》中就已经指出："单是大工业建立了世界市场这一点，就把全球各国人民，尤其是各文明国家的人民，彼此紧紧地联系起来，以致每一国家的人民都受到另一国家发生的事情的影响。……因此，共产主义革命将不是仅仅一个国家的革命，……在这些国家的每一个国家中，共产主义革命发展得较快或较慢，要看这个国家是否有较发达的工业，较多的财富和比较大量的生产力。"① 在新自由主义全球化时代，各个国家和民族之间的联系较之19世纪更加密切和频繁，面对国际金融垄断资本对劳动的猖狂进攻，迫切需要加强共产主义者和左翼力量彼此之间的团结、交流与合作，以共同推动世界社会主义运动的发展。

在世界范围内，苏东剧变后，特别是2008年国际金融危机以来，巴西共产党积极参加共产主义者和左翼力量所举办的各种形式的会议和研讨会，如一年一度的共产党和工人党国际会议（IMCWP）、国际共产主义者研讨会（ICS）② 以及世界社会论坛（WSF）等。通过以上平台，巴西共产党加强了与其他国家共产党人和左翼力量的联系，并在此基础上进行了广泛深入的思想探讨和经验交流。尤其难能可贵的是，巴西共产党于2008年11月21—23日主持召开了第十次共产党和工人党圣保罗国际会议，这既是巴西共产党对于世界社会主义运动发展以及推动新形势下共产党和工人党的无产阶级国际团结所作出的重要努力，

---

① 《马克思恩格斯选集》第1卷，人民出版社1995年版，第241页。
② 布鲁塞尔国际共产主义者研讨会主要是世界各国坚持和捍卫马克思列宁主义、无产阶级国际主义和反对资本主义、新自由主义全球化和帝国主义的共产党和工人党以及左翼政党，所举办的一年一度的进行思想观点和经验交流，加强彼此之间的联系和团结的马克思主义理论研讨会。自1992年第一次布鲁塞尔国际共产主义者研讨会起，至2012年，已经举办21次。来自欧洲、拉丁美洲、亚洲、非洲、澳洲和南美洲的150个政党或左翼组织参加了国际共产主义研讨会的工作。中国是ICS的观察员。

也为巴西共产党在新的国际形势下，进行争取和平、民主、主权、社会进步和社会主义的斗争创造了良好的外部环境，提供了可资借鉴的有益经验。

在2010年5月14—16日举行的第十九次布鲁塞尔国际共产主义者研讨会上，巴西共产党运用马克思列宁主义关于资本主义社会运行机制的理论对国际金融和经济危机问题进行了科学分析，指出自我调节的市场（self-regulated market）神话导致了灾难，并且已经开始走向破产。资本的金融化逻辑是引发危机的直接原因。在马克思主义看来，危机是不可避免的。社会主义是开启经济和社会进步之路的真正的替代方案。

对于世界社会论坛这一平等的、自由的、开放的和多元化的思想和经验交流的空间和平台，巴西共产党与其他左翼力量一道提出了"一个社会主义的新世界是可能的"口号，认为它已经成为了一个反对新殖民主义和新自由主义以及帝国主义的社会和政治运动，并且驳斥了资产阶级垄断媒体把论坛贬低为一个"意识形态童话"的政治偏见，明确地提出"时代的精神不是同帝国主义妥协，而是反对帝国主义的斗争"以及进行"新的争取社会主义的斗争"。

在拉美大陆，巴西共产党特别强调了圣保罗论坛对于加强和巩固左翼力量的团结的重要作用，并且在第一时间参加了论坛的全部进程。巴西共产党指出，圣保罗论坛所倡导的一系列观念，如团结和社会主义的替代方案，已经成为了拉美和加勒比地区民族的民主的人民大众的左翼政府的政治纲领和行动。无产阶级国际团结已经成为捍卫国家主权、深化民主成果以及实现社会正义和拉美一体化的迫切需要。

巴西共产党还积极开展同拉美其他争取社会主义的左翼力量的交流与合作。2010年3月13日，拉贝罗在圣保罗会见了玻利维亚"争取社会主义运动"（MAS）领导人，并对"争社运"在玻利维亚发展的经验表现出了浓厚的兴趣。两党领导人就南美大陆的发展问题与环境保护问题以及妇女和年轻人的发展问题进行了交流和探讨，"争社运"领导人特别提到了莫拉莱斯所倡导的社群社会主义（socialismo comunitário）理念就是要寻求建设"一个符合玻利维亚人民自身特色的新社会"（a nova sociedade a partir das características próprias do povo boliviano)。① "争社运"的发展经验及其所致力于建设一个具有玻利维亚特色的社会主义的构想,对于巴西共产党探索走向社会主义的巴西式道路具有积极的借鉴意义。

---

① Partido Comunista do Brasil (PCdoB), Dirigentes do PCdoB debatem cooperaãço com o MAS da Bolívia, http：//www. vermelho. org. br/noticia. phpāid_ noticia = 125775&id_ secao = 7.

第五章 面向未来的巴西共产党：成就、经验与挑战

在 90 多年的曲折发展历程中，巴西共产党始终坚定地捍卫马克思列宁主义，坚持无产阶级政党的基本原则，在复杂多变的政治斗争中为实现社会主义而不懈地奋斗。巴西共产党对走向社会主义的巴西式道路的探索，是在苏东剧变后世界社会主义运动发展的新的历史条件下进行的，是巴西共产党把马克思列宁主义和科学社会主义基本原理同当今时代和巴西具体实际相结合，独立地探索巴西特色社会主义的运动、理论和制度的体现。与此同时，巴西共产党对巴西社会主义发展道路的探索是一个长期的历史过程。虽然与苏东剧变前相比，其探索的环境和条件有了很大的改善，但是，目前这一探索仍然处于起步阶段，远未达到理论上的成熟和完备的程度，在实践中也可能会遭遇到意想不到的曲折和反复。但是只要巴西共产党继续坚定不移地坚持、捍卫和发展马克思列宁主义，坚定科学社会主义的理想信念，坚持独立思考的理论原则和灵活务实的实践精神这一党的发展的"两大法宝"①，探索具有自身特色的社会主义革命发展道路，就一定能够推动巴西社会主义运动的发展，并对世界社会主义运动的复兴作出自己应有的贡献。

第一节 苏东剧变后巴西共产党的发展成就

苏东剧变后，世界社会主义力量整体上遭受重创，至今仍然处于历史发展进程中的低潮时期。这给包括巴西共产党人在内的拉美及世界各国共产党人坚持、捍卫和宣传马克思主义和科学社会主义带来了严峻的挑战。巴西共产党认为，1956 年 2 月苏共二十大是社会主义运动衰落的开端，并且提出要捍卫真正的和纯洁的社会主义，建立密切结合巴西历

---

① 中联部五局：《独立思考与灵活务实：巴共发展的两大法宝》，载中国社会科学院世界社会主义研究中心《世界社会主义研究动态》2002 年第 8 期。

史和现实情况以及巴西文化传统的社会主义。① 巴西共产党不仅没有因为苏东剧变而出现思想上的混乱和组织上的分裂，反而得到了更加迅速的发展。

总的来说，苏东剧变后巴西共产党在争取民主和社会主义的斗争中所取得的发展成就主要体现在以下两个方面。

一 巴西共产党的发展及其在国内外影响力的提升

第一，巴西共产党的长足发展。

苏东剧变以来，巴西共产党在党的建设上取得了长足的发展。这主要表现为党员人数大幅度地增加，从1997年九大以来，巴西共产党党员人数以年均15%的速度递增，至2001年，四年累计增长75%，2001年达到32万人，并保持着稳定增长的势头。其中骨干党员约2.5万人，党的基层组织遍布全国1000多个城市。在整个拉丁美洲除古巴共产党外，非执政共产党党员人数40多万，而巴西共产党占了80%。2011年拉贝罗提出争取在2012年建党90周年之际党员人数达到40万人，2013年达到50万人。② 与此同时，巴西共产党还大力加强党的通讯媒体的建设，办好党的电视台和广播电台，提高党报《工人阶级》和党刊《原则》的编辑质量和发行量，提高毛里西奥·格拉波依斯学院在党的思想和组织建设中的地位和作用。

第二，巴西共产党在国内外的影响力的提升。

在国内，巴西共产党积极参与、组织和领导群众性社会运动，而且还建立了自己的群众性组织和团体。在20多年的合法斗争中，巴西共产党重视对工人、学生、妇女等群众性组织的领导，已经成为统一工会、大学生联合会、中学生联合会和巴西妇联等群众组织的主要领导力量。在参与、组织和领导群众性社会运动中，巴西共产党不断提出维护国家主权、民主、自由和公正的社会权利的政策主张，得到了广大人民群众的理解、认同和支持，不仅扩大了党的社会影响力，而且为其进行政党政治的竞争奠定了广泛的社会基础。

---

① 李慎明主编：《低谷且听新潮声——21世纪的世界社会主义前景》（上），社会科学文献出版社2005年版，第433页。

② 《科技日报》圣保罗2011年5月19日电。

在国际上，特别是在当前的世界社会主义运动中，巴西共产党已经成为一支推动世界社会主义发展与振兴的积极力量。巴西共产党不仅利用各种场合，宣传和捍卫马克思主义和科学社会主义，反对资产阶级垄断媒体及新自由主义势力对社会主义和马克思主义的肆意污蔑和攻击，而且还反对帝国主义对民族国家所发动的侵略战争，维护世界和平，建立新的国际经济政治秩序。巴西共产党在世界社会主义运动中的地位和力量的上升的一个重要标志，就是2008年11月21—23日主持召开了第十次世界共产党和工人党国际会议。会议本身即是对巴西共产党自身的力量及其在当前世界社会主义运动中的地位和影响力的肯定。巴西共产党通过与其他国家共产党及左翼进步力量的交流和合作，扩大了其在世界社会主义运动中的影响力，为推动争取民主和社会主义的斗争以及加强无产阶级的国际团结作出了自己应有的贡献。

二 巴西共产党的政治地位的变化

巴西共产党在巴西国内政治地位的变化，不仅体现在它已经从一个处于非法地位的政党转变为一个处于完全合法地位的政党，而且体现在它已经在巴西的政治民主化进程中成为了一个参与左翼联合政府运作的参政党。巴西共产党政治地位的重大变化是其长期以来在坚持不懈地进行争取民主和社会主义的斗争中所取得的最显著的成就。巴西共产党不仅受益于20世纪70—80年代以来巴西的政治民主进程，而且以其自身的发展，对继续推动和深化巴西的政治民主化进程起到了积极的作用。

巴西共产党人不仅进入了左翼联合政府，担任行政职务，而且在议会选举中也取得了较之苏东剧变前更为可喜的成绩。自2003年左翼政党联盟首次取得执政地位以来，先后有两位巴西共产党人担任卢拉政府和罗塞夫政府的体育部长。哈罗尔多·利马和阿尔多·雷贝洛曾分别担任卢拉政府的巴西国家石油管理局主席和政府协调部部长。自1986年巴西共产党参加联邦议会选举以来，不论是在参议院选举中，还是在众议院选举中，巴西共产党所获得的席位数和得票数以及得票率，都呈现出一种稳中有升的趋势。截至2010年联邦议会选举，巴西共产党共赢得2个参议院席位和15个众议院席位。特别是在2005年9月—2007年2月，雷贝洛还出任了联邦众议院代议长。除此之外，巴西共产党人还在文化部、环境部和卫生部等政府部门发挥着重要作用。

在州议会选举中，巴西共产党在圣保罗州（SP，2）、南里奥格兰德州（RS，1）、米纳斯吉拉斯州（MG，2）、巴伊亚州（BA，3）、里约热内卢州（RJ，1）、阿里克州（AC，2）、塞阿拉州（CE，1）、马拉尼昂州（MA，1）、伯南布哥州（PE，1）、皮奥伊州（PI，1）、朗多尼亚州（RO，1）、罗赖马州（RR，1）、圣卡塔琳娜州（SC，1）等13个州，共赢得了18个众议院席位，比2010年之前增加了3个席位。

在市议会选举中，巴西共产党在阿克里州的14个市、阿拉戈斯州（AL）的11个市、亚马孙州（AM）的16个市、阿马帕州（AP）的7个市、巴伊亚州的109个市、塞阿拉州的36个市、圣埃斯皮里图州（ES）的6个市、戈亚斯州（GO）的7个市、马拉尼昂州的34个市、米纳斯吉拉斯州的35个市、马托格罗索州（MT）的1个市、帕拉州（PA）的9个市、帕拉伊巴州（PB）的12个市、伯南布哥州的26个市、皮奥伊州的43个市、巴拉那州（PR）的9个市、里约热内卢州的9个市、北里奥格兰德州（RN）的18个市、朗多尼亚州的4个市、罗赖马州的2个市、南里奥格兰德州的20个市、圣卡塔琳娜州的5个市、塞尔希培州（SE）的6个市、圣保罗州的30个市和托坎廷斯州的1个市，共赢得了608个市议员席位。

与此同时，巴西共产党还在阿拉戈斯州的2个市、亚马孙州的2个市、巴伊亚州的18个市、塞阿拉州的5个市、马拉尼昂州的1个市、米纳斯吉拉斯州的2个市、帕拉伊巴州的1个市、伯南布哥州的4个市、皮奥伊州的3个市、巴拉那州的1个市、罗赖马州的1个市和塞尔希培州的2个市，共赢得了42个市长职位。

第二节 巴西共产党不断发展壮大的基本经验

经过90多年的发展，巴西共产党在探索走向社会主义的巴西式道路上取得了很大的成就，获得了不少宝贵的经验，同时有过重大的教训和失误。这些经验和教训对于巴西共产党今后的发展乃至对整个世界社会主义运动的发展都有着深刻的启迪作用。

一 以科学的态度对待马克思主义

坚持把马克思主义基本原理同当今时代和巴西具体实际相结合是巴

西共产党不断地发展壮大的思想和理论前提。马克思主义是世界工人阶级及其政党的科学世界观和行动指南，它"是一个完备的和不断发展的理论体系，为工人阶级和劳动人民认识世界和改造世界提供了强大的思想武器"。①

马克思恩格斯不仅创立了辩证唯物主义和历史唯物主义，创立了揭示资本主义剥削的秘密的剩余价值学说，而且发现了人类社会发展的规律和资本主义必然灭亡、社会主义必然胜利的历史发展趋势，在人类思想史上树起了一座前无古人的不朽的历史丰碑，实现了人类认识史上划时代的伟大变革。在马克思主义指导下，以社会主义为目标的世界工人运动逐渐地形成了一股势不可挡的历史洪流，改变了世界历史的前进方向。

苏东剧变后，世界社会主义运动发展整体上处于低潮时期，"社会主义终结了"、"马克思主义过时了"等反动论调一时间甚嚣尘上，世界社会主义运动发展面临着前所未有的新形势、新任务和新考验。在新的历史条件下，马克思主义政党必须更加旗帜鲜明地高举马克思主义和科学社会主义的旗帜，更加坚定地捍卫和结合新的形势、新的任务不断地创造性地发展马克思主义。任何情况下都要坚持马克思主义的基本原理，历史地科学地对待马克思主义。这是因为"马克思主义作为一门科学，要求我们始终严格地以客观事实为根据，并且与时俱进，伴随着时代、实践和科学的发展而不断向前推进"②，否则就会丧失指导社会主义事业不断地向前发展的正确的理论基础，迷失前进的方向。巴西共产党探索巴西社会主义发展道路的曲折反复的历史进程有力地证明了这一点。

1. 苏东剧变前巴西共产党对待马克思主义的态度

巴西共产党在探索巴西社会主义发展道路的历史进程中虽然不断地强调"要把马克思列宁主义原则日益地同巴西革命的现实和具体实践相结合"③，甚至于1972年2月党的机关报《工人阶级》为纪念重组党的第五次全国特别代表会议十周年而发表了题为《党的生活的光荣的新阶

---

① 赵曜等主编：《马克思列宁主义基本问题》，中共中央党校出版社2001年版，第1页。
② 同上书，第358页。
③ 参见《人民日报》1970年7月21日。

段》的社论,特别提出了"共产党人力争克服过去的教条主义并反对机械地照抄外国经验的倾向,努力把马克思、恩格斯、列宁和斯大林的理论同巴西革命的具体实践相结合。马克思列宁主义者在1962年的历史性的代表会议之后的十年中,努力制定巴西革命的理论,按照无产阶级观点为革命实践打下基础"①。但是1972年3月23—25日召开的为纪念巴西共产党创立50周年和重组10周年的中央委员会会议上所讨论通过的对党员进行政治思想指导和教育的重要文件——《斗争的五十年》,在总结党的五十年斗争的经验教训时,仍然坚持通过武装斗争和暴力革命的道路来夺取政权,把"发动人民战争"作为"推翻独裁政权和争取解放的唯一手段"②。

巴西共产党在苏东剧变前虽然声称坚持和信奉马克思主义,但是它并未真正掌握马克思列宁主义的精神实质,在制定党的战略策略及政策方针的时候,并不能真正做到把马克思主义基本原理同巴西具体实践相结合,而是先以共产国际和苏联共产党的意志为转移,把苏共路线、政策、方针作为自己的行动指针,后来在中苏两党论战③中采取了严厉地批判赫鲁晓夫的"修正主义"这一"世界共产主义运动中最危险的倾向"、④ 全面支持中国共产党的方针,认为中苏论战的深刻分歧不仅仅涉

---

① 参见《人民日报》1972年3月2日。
② 参见《人民日报》1972年6月18日。
③ 中苏论战自1956年2月苏共二十大至1965年年底,持续时间长达10年之久,并最终导致了国际共产主义运动的分裂。中苏两党主要围绕"关于社会主义国家如何建设社会主义的问题"、"关于资本主义国家共产党如何夺取政权的问题"、"关于社会主义与资本主义和平共处的问题"、"关于战争与和平的问题"、"关于亚非拉地区民族解放运动的问题"以及"各国共产党如何处理彼此间的意见分歧的问题"等六个关于当代国际共产主义运动中的重大理论和实践问题进行了全面、深入、持久的论战。论战的核心问题是关于国际共产主义运动的总路线问题。中国共产党在论战中提出了"全世界无产者联合起来,全世界无产者同被压迫人民、被压迫民族联合起来,反对帝国主义和各国反动派,争取世界和平、民族解放、人民民主和社会主义,巩固和壮大社会主义阵营,逐步实现无产阶级世界革命的完全胜利,建立一个没有帝国主义、没有资本主义、没有剥削制度的新世界"的国际共产主义运动的总路线(《关于国际共产主义运动总路线的论战》,人民出版社1965年版,第5页)。这条总路线在理论上无可厚非,但是在社会主义革命的实践中,提出要以亚非拉地区民族解放运动为主力军,加上社会主义国家的国际援助,通过武装斗争和暴力革命,彻底推翻帝国主义,实现社会主义的全面胜利的设想,则是对时代发展形势的一种错误估计。
④ Partido Comunista do Brasil (PCdoB), Carta Aberta a Kruschev, Cf. Classe Operária (PCdoB), 1 a 15 ago. 1963.

及中苏两党，而且"是马克思列宁主义同现代修正主义之间的一场具有历史意义的斗争"①。特别是在1966年中国的"文化大革命"爆发后，巴西共产党坚决地支持这场"明显地脱离了作为马克思列宁主义普遍原理和中国革命具体实践相结合的毛泽东思想的轨道"、使中国"党、国家和人民遭到建国以来最严重的挫折和损失"的"左倾"错误运动，②并于1967年4月通过了《关于坚决支持中国无产阶级文化大革命的决定》，认为"文化大革命是全世界最大的一次群众革命运动，最完满地体现了由毛泽东所创造性地发展了的马克思主义关于人民群众在历史上的作用的观点"，并且脱离巴西具体实际而机械地、狭隘地照搬中国革命的经验，从而丧失了本来有利于共产党人的大好的革命形势。

20世纪中期，巴西国内曾有过良好的革命条件和革命形势。资本主义发展造成的贫富分化日益地加剧，社会矛盾尖锐，工人阶级和劳动者希望翻身解放，社会主义成为广大人民群众热切向往的制度，加之俄国和中国革命的榜样作用，人民愿意追随共产党人进行争取民主和社会主义的斗争。但是巴西共产党缺乏对巴西具体的政治、经济及社会状况的全面深入的了解，对社会主义革命应该依靠和团结的社会力量认识不清楚，在革命中常常是孤军奋战，找不到切实可行的手段来获得人民的理解和支持。因而也无法取得革命的顺利进展和胜利。墨西哥的《墨西哥日报》（1960年2月7日）曾指出，"目前没有任何一个拉丁美洲国家不具备革命过程的积极因素"③。巴西共产党人看不到巴西革命的有利的积极因素，而是不厌其烦地先是到苏联而后是到中国和阿尔巴尼亚获取所谓的进行社会主义革命斗争的"经验"，在革命的指导方针上陷入了严重的教条主义和经验主义的泥淖。

2. 苏东剧变后巴西共产党对待马克思主义的态度

苏东剧变后，巴西共产党坚持独立思考的马克思主义的科学精神，

---

① Partido Comunista do Brasil（PCdoB），Carta Aberta a Kruschev, Cf. Classe Operária（PC-doB），1 a 15 ago. 1963.

② 《中国共产党中央委员会关于建国以来党的若干历史问题的决议》，人民出版社2009年版，第24—25页。

③ 转引自郭元增、江时学《拉美共产党为什么难以取得政权》，载《红旗文稿》2005年第18期。

正确看待当前国际共产主义运动的态势，认为苏东剧变只是一种共产主义模式的失败，而不是共产主义运动本身的失败；不是马克思列宁主义的失败，而是因为背离了马克思列宁主义的基本原则。20世纪90年代由苏东剧变所引发的世界社会主义运动发展的危机，使放弃马克思主义的信仰和指导思想及其失败主义的情绪弥漫于整个世界社会主义运动中，马克思主义因而被看作是"一种过时的主义"、"一种无用的主义"。巴西共产党对此强调指出，之所以产生这种失败主义情绪，其根源就在于人们没有认识到"马克思主义具有深刻的批判性和反教条主义的科学本质，它是在历史进程中不断地得到丰富和发展的理论"①。马克思主义永远是年轻的、不朽的，不能因为社会主义运动的暂时挫折而否定马克思主义的科学性和有效性。马克思主义非但不能被丢弃，而且在当今时代，如果革命的工人阶级及其先锋队政党要想用革命手段来推翻资本主义，建立一个自由、丰裕、进步和正义的世界，那么马克思主义将会为此提供行动指南。

马克思主义是不断发展的理论，不同历史时期的马克思主义，具有不同的时代的特点。巴西共产党主席拉贝罗在谈到新的历史条件下的革命理论时指出："在不同的历史时期，革命的理论是不尽相同的。每一个理论都体现了它所产生的那个时代的特点，并且由于它是革命的理论与实践的系统化的表现形式，因而能够对特定时代的革命运动起指导作用。一般来说，马克思那个时代的革命理论同列宁那个时代的革命理论是不尽相同的；而在当前中国、越南和古巴的社会主义实践中，它又获得了新的形式。"② 马克思主义的辩证唯物主义和历史唯物主义是一种理性的、人道主义的、现代的富有创造性的哲学，给工人阶级和马克思主义政党提供了一件观察社会和变革世界的强有力的武器。建立在剩余价值理论基础上的马克思主义政治经济学科学地揭示了资本主义剥削的秘密和资本主义社会内部的运行机制。而建立在唯物史观和剩余价值理论基础上的科学社会主义学说，则为工人阶级的解放斗争提供了一个新的愿

---

① José Reinaldo Carvalho, Long Live Marx! http://www.vermelho.org.br, 2003-06-26.
② José Renato Rabelo, Socialism Reloaded: Lessons from the Past for the Future, Political Affairs, Jan. 2008.

景——社会主义。因而马克思主义具有严密的逻辑性,它不是宿命论,而是对客观事物发展进程的反映,并且实现了社会科学的真正变革,为其提供了理解世界历史发展进程的新元素。①

因此,为了取得革命的胜利,以争取民主和社会主义斗争为己任的马克思主义政党必须对革命的理论进行调整、创新和发展。巴西共产党明确提出把马克思主义普遍原理同各个国家和民族的具体实际相结合,这是共产党生存发展的必要条件。② 正如邓小平所说,世界各国共产党应该"根据自己的特点去继承和发展马克思主义,离开自己国家的实际谈马克思主义,没有意义"③。巴西共产党在社会主义革命的实践中,把马克思主义基本原理同时代发展和巴西的具体实际相结合,对巴西走向社会主义发展道路的一系列基本问题,即巴西社会的性质及其主要矛盾,革命的性质和任务,革命的主要动力和依靠力量以及主要对象,在向社会主义过渡的预备性阶段的政治、经济和文化纲领等问题进行了初步的探索,逐步形成了具有自身特色的社会主义革命理论,为当前及今后一个相当长时期内党的发展指明了正确的方向。

巴西共产党对自身及世界社会主义革命运动发展的经验教训的总结和反思,体现了一个马克思主义政党对社会主义事业高度负责的精神和对待马克思主义的科学态度,这正是马克思主义政党能够不断发展壮大的原因之所在。与此同时,巴西共产党特别强调指出,马克思并没有为预测未来社会发展提供现成的、具体的看法,而是认为争取社会主义的斗争要经历一个较长的历史时期,其中包括要经历几个过渡阶段。④ 这对马克思主义政党的理论创新和实践创新提出了历史性的挑战。

二 加强党的领导体制的制度化建设,增强党的生机活力与创造能力

加强党的建设,增强党的生机活力与创新能力,建立一个有感召力的、团结的领导集体和确立一个具有崇高威望的领导核心,是巴西共产

---

① José Reinaldo Carvalho, Long Live Marx! http://www.vermelho.org.br, 2003 – 06 – 26.
② 参见中联部五局《独立思考与灵活务实:巴共发展的两大法宝》,载中国社会科学院世界社会主义研究中心《世界社会主义研究动态》2002 年第 8 期。
③ 《邓小平文选》第 3 卷,人民出版社 1993 年版,第 191 页。
④ José Reinaldo Carvalho, Long Live Marx! http://www.vermelho.org.br, 2003 – 06 – 26.

党应对党自身的发展以及社会主义发展进程中的各种困难和危机局面的坚强有力的组织保证。

马克思主义认为,无产阶级要实现推翻资本主义、建设社会主义并最终实现共产主义的伟大历史使命,必须建立一个在思想上、政治上、组织上同一切旧政党彻底划清界限的新型的、独立的马克思主义政党。对于任何一个政党,特别是马克思主义政党来说,领袖起着非常重要的独特的作用。

1. 党内领袖人物的缺失是苏东剧变前巴西共产党组织分裂的重要原因

在巴西共产主义运动发展的历史上曾出现过两次较为严重的分裂局面。一次是1962年2月,以原"巴西的共产党"中央领导人若昂·阿马佐纳斯等为首的激进派退出巴西的共产党,坚持走革命路线,宣布重建巴西共产党,形成了巴西国内两个共产党并存的局面;另一次是1968年,以原巴西的共产党中央执委卡洛斯·马里格拉等为首的"革命派"退出巴西的共产党,宣布建立巴西革命共产党,进行城市游击战,但仅存数年便走向消亡。

巴西共产党的分裂对巴西社会主义运动的发展造成了沉重打击。究其原因,除了党内在对马克思列宁主义的认识上存在巨大分歧外,一个非常重要的原因就是巴西共产党内部缺乏真正理解和掌握马克思列宁主义精神实质、有政治远见和献身精神以及有高超领导艺术的领袖人物。列宁指出:"政党通常是由最有威信、最有影响、最有经验、被选出担任最重要职务而称为领袖的人所组成的比较稳定的集团来主持的。这都是起码的常识。这都是简单明了的道理。"① 这对于以实现科学社会主义为目标的马克思主义政党来说,更是如此。分裂前的巴西共产党总书记普列斯特斯始终未能成为党内公认的领袖。党内领袖人物的缺乏和党内团结的缺失不仅对党自身的发展产生了不利影响,而且对整个巴西社会主义革命运动的发展产生了极为严重的消极影响,极大地削弱了巴西共产党同巴西工人运动之间的联系。

2. 重建后的巴西共产党建立起了一个有感召力的团结的领导集体,

---

① 《列宁选集》第4卷,人民出版社1995年版,第151页。

确立了以若昂·阿马佐纳斯为首的领导核心，并实现了党的高层领导人的平稳有序过渡。

重建后的巴西共产党吸取了党的发展历史上的沉痛教训，自觉地团结在以阿马佐纳斯为首的党中央领导下，不仅顶住了苏东剧变对整个世界社会主义运动发展所造成的前所未有的压力，而且使党获得了新的发展。列宁指出："在历史上，任何一个阶级，如果不推举出自己的善于组织运动和领导运动的政治领袖和先进代表，就不可能取得统治地位。"[①] 苏东剧变后巴西共产党的新的发展表明它能够推举出这样的人物。阿马佐纳斯自20世纪30年代起参加巴西社会主义革命运动，直到2002年5月逝世，始终都对巴西革命事业忠贞不渝。无论是在革命运动受到反动独裁政权的镇压而身处逆境时，还是在党内遭受不公正的对待和无情的打击、排挤，他都一直保持着对巴西社会主义革命发展道路的执着追求和一个共产党人应该具有的共产主义的理想信念和品质。他因此成为巴西国内享有盛名和崇高威望的政治家。2001年3月25日，在巴西共产党成立79周年之际，巴西众议院授予若昂·阿马佐纳斯"立法功勋奖章"。他曾被巴西数个州、市授予"荣誉公民"或"荣誉市民"称号。巴西社会主义党众议院党团领袖阿尔梅达这样评价道："在您用智慧指引巴西人民前进时，我们所有的人都是您的学生。"[②]

巴西共产党在应对党自身的发展以及社会主义发展进程中的各种困难和危机局面的另外一个重要举措，就是保证实现党的高层领导人的平稳有序过渡，增强党的生机活力和创新能力。2001年12月9—12日，巴西共产党在里约热内卢举行了第十次全国代表大会。大会的一个重要议程就是对党的领导班子进行重大调整，实现新老两代领导人的平稳交接。大会接受了担任党中央主席职务近四十年之久的若昂·阿马佐纳斯的辞职请求，选举原副主席、党内理论家雷纳托·拉贝罗（Renato Rabelo）为党的新主席。作为名誉主席，若昂·阿马佐纳斯继续留在中央委员会、全国政治委员会和书记处工作。大会强调新的中央领导班子坚持民主集

---

① 《列宁选集》第1卷，人民出版社1995年版，第286页。
② 郭元增：《一颗红星陨落了——悼念巴西共产党主席若昂·阿马佐纳斯》，载《当代世界》2002年第9期。

中制原则,并相应地增设了三名副主席,以加强集体领导。巴西共产党从制度上取消了党内最高领导职务实际存在的终身制,明确规定任何党员担任党内某一领导职务的任期不得超过 18 年。① 同时大会还在中央委员会中新设立了检查委员会;② 规范了新党员的入党程序,加强了对党员的管理和纪律约束。③ 巴西共产党强调指出,实现党的最高领导人的新老交接,建立制度化的领导体制,这是在研究中国共产党成功经验的基础上,经过长期酝酿和精心准备的战略性举措,对党的发展和保持党的理论及政策的延续性有继往开来的重大意义,显示出巴西共产党在理论思考和革命实践中日趋成熟,同时为拉美左翼各党树立了变革创新的榜样。

第三,加强党的队伍的年轻化建设。

2009 年 11 月 5—8 日,巴西共产党在圣保罗召开了第十二次全国代表大会,对中央领导班子进行了新的调整,选出了新一届的中央委员会和全国政治委员会。④ 大会选举雷纳托·拉贝罗为党的全国委员会主席,43 岁的卢西安娜·桑托斯(Luciana Santos)为党的副主席。同时大会还选举出了由 105 人组成的中央委员会(原中央委员会由 81 人组成)和由 26 人组成的全国政治委员会(原全国政治委员会由 23 人组成),其中新当选的中央委员中有 10 人年龄不到 30 岁,而且妇女代表占 30% 以上。在 2013 年党的十三大上,巴西共产党选出了由 125 人组成的中央委员会和由 23 人组成的全国政治委员会。拉贝罗和桑托斯再次当选为主席和副

---

① 参见中联部五局《独立思考与灵活务实:巴共发展的两大法宝》,载中国社会科学院世界社会主义研究中心《世界社会主义研究动态》2002 年第 8 期。

② 各级检查委员会是党的委员会的机构,其权限包括定期检查党务活动中履行党章和遵守道德规范的情况,指导党的各级组织的纪检诉讼程序及上诉,审查党的财务情况。检查委员会由所在委员会选举产生,由 3—5 名成员组成,并且根据中央委员会批准的规章运行。在中央委员会和州委员会中必须设立检查委员会,在市级委员会中,可设可不设检查委员会。检查委员会须定期向所属的委员会汇报活动情况。

③ 党员的资格从入党开始,以个人形式通过填写全国党员登记表,表示接受党的纲领和章程。入党申请应由一名党员担保并由一个党的组织批准。正式接受入党的消息将在 30 天内通知该成员。新党员将在党员登记簿上登记,并通报选举法院。接受新成员入党的机构应向新党员指明其所属的单位,说明其权利和义务,并同其确定缴纳党费事宜。此外,还应向其建议订阅《工人阶级》和参加政治理论培训班。

④ 全国政治委员会是巴西共产党中央委员会的主要机构(全国政治委员会、全国书记处、联邦众议院和参议院中的议会党团以及检查委员会)之一,是党的全国代表大会闭会期间行使全面领导的机构。

主席。这一系列举措表明，巴西共产党在实现党的最高权力交接的制度化建设中取得了显著成效，同时加强党的队伍的年轻化建设增强了党的生机活力和创造能力，为党的稳定持续发展奠定了坚实的基础。

三　坚持和发展马克思主义的民主集中制

民主集中制是马克思主义政党的建党原则和组织原则，也是马克思主义政党的本质的重要体现。马克思主义政党"应该是按照民主集中制的原则建立起来的"①。在世界经济格局发生了新的变化，国际力量对比出现了新的态势，全球思想文化交流、交融、交锋呈现出了新的特点的大变革、大调整、大发展的时代背景下，马克思主义政党必须全面加强党的自身建设，特别是要毫不动摇地坚持和发展民主集中制，而丝毫不能削弱甚至放弃民主集中制的原则。但是必须要历史地、辩证地看待民主集中制原则，实现民主制原则和集中制原则的内在的有机统一。如果把马克思主义政党的组织原则仅仅理解为民主制原则或集中制原则，那么不但容易把马克思主义政党降低为资产阶级水平的政党或宗派主义的秘密小团体，而且必然使其丧失在争取民主和社会主义的斗争中的作用。

世界社会主义运动兴衰成败的发展历程证明，能否坚持、完善和发展民主集中制原则，这是一个马克思主义政党能否有效地应对各种复杂局面的关键因素。在当前国际范围内，甚至在一些国家的共产党内部，对马克思主义政党的民主集中制原则的批评乃至彻底的否定，在很大程度上源于对民主集中制原则的片面的理解甚至是误解和曲解。在他们看来，马克思主义政党的民主集中制原则在实质上就是集中制原则。但是集中制原则只是民主集中制的一个方面，而且也是随着时间、地点和条件的变化而不断地发展变化的，决不能静止地孤立地加以理解。在激烈而残酷的战争与革命年代，在你死我活的阶级斗争中，当然需要首先强调集中制的原则。这是因为马克思主义政党"只有按照高度集中的方式组织起来，在党内实行近似军事纪律那样的铁的纪律"②，才能承担和履行其职责和使命。正是依靠高度的"集中、纪律和空前的自我牺牲精

---

① 《列宁选集》第4卷，人民出版社1995年版，第254页。
② 同上。

神"①，才有了俄国革命和中国革命的历史性胜利。

苏东剧变之所以发生，其中一个重要原因就是苏共从党章中取消民主集中制后，党就四分五裂了，导致了苏联解体、苏共灭亡的悲剧。苏东剧变对世界社会主义运动的冲击在共产党内部主要表现为对马克思主义政党的民主集中制原则的激烈争论，并导致了一些党的力量急剧下降，甚至分裂。

一个明显的典型例子是法国共产党。在1990年法国共产党第二十七次代表大会上，少数人提出应当取消民主集中制原则；1993年6月，法国共产党总书记乔治·马歇（Georges Marchais）以个人名义提出放弃民主集中制原则；1994年法国共产党第二十八次代表大会修改通过的党章中，删除了民主集中制原则，代之以"民主"的运转原则。在实行民主集中制原则的20世纪70年代，法国共产党有党员最多的年份达70万人，而在放弃民主集中制原则后，现在的党员人数只有13万—13.5万人，②而且大部分都是老党员。2001年法国共产党三十一大再次修改党章，继续对党的全国性领导机构进行改革，实行由党的主席与全国书记共同负责的双重领导体制。但是改革的结果却与"变革派"的预期目标相反，党内出现了领导权的分散和混乱、派别斗争加剧以及法国共产党的全国领导机构与广大基层组织之间的矛盾的局面。③

放弃马克思主义的民主集中制原则，对于法国共产党的思想理论建设和组织运行都产生了重大影响。法国共产党先是以党的前总书记罗贝尔·于的"新共产主义"理论取代了"法国色彩的社会主义"理论，而后又对"新共产主义"理论进行了否定性评价，并于2006年3月23—26日法国共产党三十三大通过新党章，提出了"21世纪共产主义观"。④

---

① 《列宁选集》第4卷，人民出版社1995年版，第113页。
② [法] 米歇尔·马索：《法国共产党的现状与未来》，赵超译，载《社会科学报》2008年1月24日。
③ 秦俊、费新禄译：《法国共产党章程（一）》，载《当代世界与社会主义》2008年第4期。
④ 关于"21世纪共产主义观"，法国共产党强调共产主义在法国有着悠久而深厚的历史渊源。法国共产党主张同历史上共产主义的中央集权原则相决裂，争取实现国家的民主化和公民的监督。法国共产党的共产主义目标不再仅仅是替人民和个人创造幸福，而是要推动他们行动起来，自己去争取符合自身需要和追求的美好未来，建立一个摒弃资本主义价值观的世界，促进人类文明的进步。参见金旭东《法共三十三大印象》，载《当代世界》2006年第5期，第29页。

因而法国共产党始终未能形成一条得到全党认同的稳定的思想理论路线，并导致法国共产党在法国政治生活中的力量和影响力日益地式微。离开集中制的所谓的"民主"原则只能导致党的软弱、涣散。因而民主集中制原则在马克思主义政党的建设中具有重要的战略性地位，关系到党的发展及其前途命运。

巴西共产党作为一个具有长期的革命斗争传统和丰富的革命斗争经验的马克思主义政党，注重总结马克思主义政党建设的经验教训，在组织和领导社会主义革命运动的过程中特别重视加强党的组织建设，并逐步地建立了一套以民主集中制为核心的比较严密的组织体系和比较完善的运行机制。通过实行民主与集中相统一的民主集中制原则，达到全党政治行动的团结一致，增强党的政治和思想凝聚力。

巴西共产党指出："民主是党内生活的根本财富"，而"集中制确保全党政治行动必不可少的一致"。[①] 具体来说，这主要包括，在党内民主生活上，不管是一般党员还是党员积极分子，只要执行对党的各种义务，所有党员的权利和义务平等，拥有党内的选举权和被选举权；在党的机构中，根据党内个人言论自由，广泛讨论党的方针；各级党的领导机构由下而上地选举产生，选出它们的基层单位有权解除被选举人职务；领导机构必须定期向选出该机构的基层单位和全体党员汇报情况和提供信息；党的各级组织在其辖区范围内，有采取主动政治行动的自由，只要它不违背党的总体方针；党的各级委员的组成人员经选举产生，其任期有一定的期限。在必要的集中上，通过协商或多数党员做出的集体决定，对全体党员均有效，个人或少数人的利益应该服从集体利益或多数人的利益；由上级领导机关做出的决定对其所有下属机构都有效，全党必须执行由代表大会或中央委员会做出的决定；意见分歧并不免除党员宣传和执行党的方针的义务；不允许党员或党的某个组织在党的体系之外，围绕着个人的或集体的、临时的或永久性的建议或纲领，而组织帮派活动。

与此同时，巴西共产党还善于总结国际共产主义运动和党自身的经验教训，并积极吸收和借鉴外国党在这方面的成功做法。巴西共产党在

---

① 刘洪才主编：《当代世界共产党党章党纲选编》，当代世界出版社2009年版，第751页。

政治斗争中注重扩大党的队伍，视党员为党的政治财富，注重保障和扩大党员的各项民主权利；大力发展"党员积极分子"①，并将其与劳动者和人民群众一道视为党的力量的基础，并要求他们要努力不断地加强与劳动者和人民群众的联系。巴西共产党坚决反对党内的自发主义、派别主义和行业本位主义等思想倾向，提倡批评与自我批评，以推动党的工作的不断完善，与此同时反对专断倾向，反对个人崇拜（culto à personalidade），在党的行政职位和代表职位上实行轮换制。

第三节　巴西共产党未来发展所面临的挑战

我们应该清醒地看到，在巴西共产党取得历史性的成就的同时，也存在着不利于其发展的诸多制约因素。

一　以美国为首的国际垄断资本对拉美的控制和干涉

美国对拉美和加勒比地区的干涉、介入和控制是巴西共产党发展的外部影响因素。长期以来，美国在世界范围内利用各种手段对共产主义运动进行遏制和打压，尤其是对其"后院"——拉丁美洲的共产主义运动有着一种与生俱来的恐惧和敌视，在任何情况下都决不会允许在拉美再出现"第二个古巴"。美国总是利用"胡萝卜加大棒"的策略和手段对拉美政府施压，鼓励和怂恿其打击共产党和左翼力量，甚至不惜动用武力，赤裸裸地阻挠和破坏拉美进步的革命运动。20世纪50年代，美国对拉美共产主义运动的担心和忧虑便暴露无遗："如果我们不提防，我们可能会在某天早晨从报纸上看到，南美洲出现了1949年中国出现的那种情况。"② 因而美国成为了妨碍整个拉美共产主义运动发展的最大的"拦路虎"。

---

① 党员积极分子的资格应凭全国党员积极分子登记证确认，并应在党员登记中注明，并每年按照党章规定的党费缴纳数额进行更新。党员积极分子的月党费应至少相当于其工资或月收入的1%，其收费工作由中央委员会负责。所有党员积极分子拥有同等的权利和义务。全国党员积极分子证书是党的积极分子身份的证明和在党的各级机构中行使选举和被选举权以及参加活动时，上级机关要求其出示的必不可少的文件。所有按照党章规定缴纳党费的党员积极分子，每年都可以得到由中央委员会换发的全国党员积极分子证书。

② 转引自郭元增、江时学《拉美共产党为什么难以取得政权》，载《红旗文稿》2005年第18期。

2008年美国"战略与国际问题研究中心"制订了一项"巧战略"计划,旨在革新并延长美国在西半球的领导地位,致力于遏制甚至在可能的情况下推翻拉美改革派或革命政府,并得到了加拿大、墨西哥、洪都拉斯、哥斯达黎加、巴拿马、哥伦比亚、秘鲁和智利等右翼或"社会民主"派政府的支持。而奥巴马政府也力图重启关于"美洲关系新时代"的倡议,[①] 以使拉美正在开展的政治协调、合作和一体化进程放缓。奥巴马政府的"巧战略"计划包括,对所谓的"左派"政府采取行动,由美国国家和政治机器的各个机构向反对这些左派政府——特别是玻利维亚、古巴、厄瓜多尔、尼加拉瓜和委内瑞拉等国政府的"民间组织"提供政治、媒体和金融方面的支持;与拉美和加勒比地区大部分国家的政府签署新的防务和安全协议。与此同时扩大军队和安全机构在拉美和加勒比地区的军事和警察力量,继续推进美洲国家国防和公共安全部长会议以及美洲国家之间的各项军事演习。[②] 因而,以美国为首的国际金融垄断资本对拉美民族的、民主的、人民大众的进步革命运动的敌视和干涉,是巴西共产党在拉美取得进一步发展的重大外部障碍。

二 反对新自由主义势力以及维护执政联盟内部的团结的挑战

1. 以劳工党为首的执政联盟必须有效应对新自由主义势力的挑战

在2010年大选中,以罗塞夫为首的执政联盟与以塞拉为首的反对党联盟的激烈选举竞争中,思想意识形态的分歧并不是选举斗争的焦点问题,因为保守的新自由主义力量在遭到连续的政治挫折后也大幅度地调整了其政策方针以及选举对策,以图东山再起。罗塞夫执政联盟没有能够如预期的那样在第一轮选举中胜出即说明了大选竞争的激烈和紧张状态。虽然执政联盟第一次掌握了联邦参众两院的绝对控制权,但却在地方议会和州长选举中处于不利地位。

在参议院席位上,民主运动党获得20席,成为第一大党,劳工党获

---

① 2009年4月17—19日美国总统奥巴马在特立尼达和多巴哥首都西班牙港举行的第五届美洲国家首脑会议上提出,美国将寻求和古巴关系的"新开端",并承诺开启与其他美洲国家建立新型的平等伙伴关系的"新时代"和"新篇章"。奥巴马认为过去美国有时候与拉美国家缺乏沟通,而且试图将其意志强加于人,但今后将寻求建立新型的平等的伙伴关系。

② 《奥巴马访问拉美:"巧战略"》,载《拉美新闻》网站(西班牙)2011年3月18日。转引自《重申美国利益 离间各国关系 奥巴马拉美之行展开"巧战略"》,载《参考消息》2011年3月20日。

得13席，居第二位，而主要的反对党社会民主党和民主党总共获得了仅18个席位。执政联盟在参议院共获得了超过2/3的席位，处于明显的优势地位。在众议院席位上，劳工党获得88个席位，居第一位，执政联盟共获得311个席位；而反对党联盟共获得111个席位，处于明显的劣势。与此同时，新政府面临着比以往任何时候都要强大的反对党——巴西社会民主党。目前社会民主党拥有强有力的领导人若泽·塞拉，并控制着巴西实力最雄厚的三个州——圣保罗州、米纳斯吉拉斯州和巴拉那州，这也就意味着反对党实际控制着巴西近1/2的国内生产总值和人口。因此，如何同反对党进行有效的政治协调、谈判以顺利地推行其经济社会政策，就成为罗塞夫政府面临的首要的棘手的问题。

虽然在2010年大选中，如巴西共产党所说，社会民主党、垄断资本所掌控的大众媒体、保守的传统天主教势力以及跨国垄断资本和帝国主义势力遭到了挫败，但是它们仍然拥有较为广泛的社会基础和强大的经济力量，彻底铲除新自由主义仍然是左翼联盟所面临的一项艰巨的长期的历史任务。

2008年国际金融危机爆发后，巴西国内经济形势异常严峻，使长期以来依赖出口大宗商品和资源产品的经济增长方式受到严重冲击，[①] 巴西宏观经济出现了全面下滑的局面，对外贸易额和外国直接投资出现了较大幅度的收缩，失业率显著上升。巴西政府采取了包括实行宽松的货币政策、反周期的相机抉择的财税制度以及对支柱产业和基础设施给予特别支持、完善社会保障制度等措施，止住了宏观经济增长下滑的趋势并触底反弹，资本市场回暖，经济快速复苏。

为应对经济困境和解决社会发展问题，卢拉政府不得不改变大选

---

① 根据巴西中央银行和巴西国家地理统计局的统计数据，2008年第四季度巴西GDP环比下降3.3%。2009年前三季度巴西GDP同比分别下降2.13%、1.63%和1.22%，全年经济缩水约0.24%。2008年第四季度和2009年第一季度巴西商品和服务的出口额同比增幅分别为－7.0%和－15.2%，进口额同比增幅分别为7.6%和－16%。2009年全年出口额为1522.5亿美元，同比下降22.2%；进口额为1276.3亿美元，同比下降25.3%。2009年全年吸收外国直接投资同比下降42%。巴西制造业、采矿业和冶金行业以及外贸部门大幅度裁员。2008年12月登记失业率约为7%，而到2009年3月登记失业率迅速上升到了9%。2009年全年失业率维持在8.1%左右。参见刘新伟《巴西应对金融危机的措施及其效果》，载《当代世界》2010年第10期，第65—66页。

前所持的激进立场，转而采取温和的务实路线，以稳定外国投资和帮助穷人摆脱贫困。但是，卢拉执政时期所采取的一系列温和务实的政策措施就被巴西国内一些极左党派看作是在"向右转"。① 卢拉所领导的巴西劳工党虽是具有民族主义和民众主义倾向的左翼政党，但也在经历着思想和路线方针上的转变，即在政治上主张意识形态多元化和多党制，反对阶级斗争，实现社会的公平正义；在经济上倡导混合经济，主张将自由市场和国家宏观调控结合起来，以避免市场经济两极分化和国有经济集中垄断等弊端。因而卢拉政府以至于现在的罗塞夫政府必须面对如何巩固民主和保障民众参与以及应对多边主义和找到区别于新自由主义的出路。② 这不仅是对以劳工党为首的左翼联合政府的考验，而且也是作为罗塞夫执政联盟成员的巴西共产党所必须面对和正视的挑战。

2. 维护执政联盟内部的团结所面临的困难与挑战

罗塞夫执政联盟成员成分庞杂且数量众多（罗塞夫政府执政联盟成员多达 12 个），因而罗塞夫对执政联盟的整合以及实现联盟内部的团结也是其面临的巨大挑战。2010 年大选结束后，执政联盟内部各政党就政府内阁部长人选随即展开了激烈争夺。

在执政联盟内部起举足轻重作用的巴西民主运动党要求至少获得 6 个政府部长职位，同时还希望获得城市部长职位，而赢得 6 个州长席位的巴西社会党则要求至少获得 3 个政府部长职位，同时获得巴西国家经济和社会发展银行（BNDES）总裁职位。而对于像民主工党和巴西共产党这样力量相对较小的中小政党来说，虽然在政府部长职位争夺上处于不利地位，但也在采取各种手段如政党联盟战略来为自身争取更大的利益。2003—2006 年，当时还是巴西共产党党员的阿格内罗·克罗斯（现为工党党员）出任卢拉政府的体育部长。2010 年 12 月，罗塞夫任命巴西共产党全国政治委员会委员奥兰多·席尔瓦（Or-

---

① 李慎明主编：《低谷且听新潮声——21 世纪的世界社会主义前景》（上），社会科学文献出版社 2005 年版，第 427 页。
② 逯阳：《拉美左翼阵地"三足鼎立"》，《参考消息》2011 年 2 月 10 日。

lando Silva)① 担任政府体育部长，这是第二位巴西共产党人出任该职位。执政联盟内部就政府内阁席位的争夺对劳工党和罗塞夫本人来说，都是需要认真面对的问题，这不仅关系到劳工党与联盟党之间的权力平衡问题，更关系到执政联盟能否实现政治行动的统一乃至其在联邦议会中的控制权问题，对联合政府能否有效地实施其经济社会改革计划至关重要。

2011年1月1日，罗塞夫政府上台伊始便展开了一场大规模的反贪腐运动。2011年12月16日，罗塞夫在与巴西利亚当地记者举行迎新年晚宴时重申，政府将像重视与贫困作斗争那样，坚决打击官员特别是高级官员中存在的非法行为，对贪腐采取"零容忍"态度。她表示，政府决不允许官员与贪腐等非法行为发生任何关系，所有的内阁部长都应该清楚政府目前对于此问题的立场，即一旦被揭发存在不法行为，那么所牵扯到的官员必须辞职，改由其他人接任。而此前已有六名内阁部长因被媒体曝出贪腐丑闻而接连去职。2011年6月7日，罗塞夫总统的"幕僚长"、总统办公室主任安东尼奥·帕洛奇（劳工党）因巨额资产来源不明而辞职。7月，交通部长阿尔弗雷多·纳西门托（共和党）涉嫌在公共项目招标中舞弊而辞职。8月4日，国防部长内尔松·若宾因批评政府政策混乱不堪且用人不当，与总统交恶而辞职。此外，若宾透露在2010年大选期间他将选票投给了罗塞夫的对手、社会民主党总统候选人若泽·塞拉。8月17日，农业部长瓦格纳·罗西（民主运动党）因涉嫌贪腐和道德丑闻而去职。9月14日，旅游部长佩德罗·诺瓦伊斯（民主运动党）被指控在担任众议员期间，动用国会资金支付家中保姆的工资，并用公款雇用一名公务人员充当其妻子的私人司机。在舆论压力下被迫

---

① 2011年10月，巴西《阅读》周刊首次曝光了席尔瓦涉腐丑闻。这其中包括席尔瓦借助于自己所在政党的一个非法集资项目索要回扣，以及借助于公共体育项目（2014年世界杯足球赛和2016年里约热内卢奥运会）非法敛财，从多项政府合约中牟取总额高达4000万雷亚尔（约合2300万美元）的回扣，装进自己和所在政党的腰包。此外还涉嫌滥用政府信用卡，为家人支付生活费。2011年10月25日，巴西最高法院宣布介入调查。10月26日晚，席尔瓦在一片责声中面见总统，随后发表了简短声明，宣布用辞职"捍卫名誉"。这是2011年6月以来罗塞夫政府第六位去职的内阁部长，也是第五位因涉嫌腐败丑闻而被迫辞职的部长级官员。10月28日，巴西共产党人阿尔多·雷贝洛接任体育部长。反对派对罗塞夫的这一任命提出了严厉批评，认为在巴西共产党的掌控下体育部内已经形成了一个腐败圈，应由其他党派的人来接管体育部门。

辞职。10月26日,体育部长奥兰多·席尔瓦(共产党)在一片指责声中辞职。2012年2月2日,城市部长马里奥·内格罗蒙特(进步党)因涉嫌腐败传闻而辞职。

上述一系列事件对罗塞夫执政联盟的执政能力提出了严峻挑战。接连爆出的内阁高官的贪腐丑闻已经严重影响了罗塞夫政府的形象,以及罗塞夫与执政联盟伙伴党的关系,加剧了罗塞夫与执政联盟内部其他党派间的冲突,使得政府在议会寻求通过法案时遭遇阻力。巴西共和党已经宣布退出执政联盟。巴西民主运动党的众议院党团领袖恩里克·爱德华多·阿尔维斯则认为,政府议案在议会受阻是因为政府缺乏透明度、坦诚以及不尊重议会的做法而招致了强烈的不满情绪。

尽管巴西政府为公务人员提供了优厚的薪资待遇(一般政府公务员的月薪约为1800美元,而一名司局长的月薪更是高达1万—2万美元),但是仍然难以摆脱高薪难养廉的困境。巴西政党的软弱恰恰体现在其政治和其他势力之间的"雇佣"关系之中,而腐化就是这种政治关系中的主要因素。[①] 究其原因,一是通过政治任命的政客和官员大都没有受过严格的良好的职业训练,缺乏职业道德,腐败之气未能彻底祛除,一旦有机会就想通过非法手段捞回竞选期间投入的资金。二是在巴西,贪腐不仅是一个政治问题,而且是一个社会文化问题,民众对腐败现象态度漠然,认为腐败只是个人道德问题。三是一些执政联盟成员党利用担任的行政职务,不惜采取非法手段,为所在政党牟取利益。由于以上因素,虽然罗塞夫总统个人对贪腐行为深恶痛绝,但要想彻底根除腐败也绝非易事。一旦下手过重,有可能导致执政联盟分崩离析。

在执政联盟内部,虽然同属于左派政党,但巴西共产党同其他党派(社会民主主义或民主社会主义性质的政党)在党的理论基础和指导思想上以及对待新自由主义的态度和党的最终政治目标上,都存在着诸多的差异。即使像巴西劳工党这样的左派政党,也面临着来自党内激进派别的压力,不得不在"左"、"右"政治之间寻求平衡,以维持党的组织机构的正常运转。因而,巴西共产党作为一个以马克思列宁主义为理论

---

① Nathaniel Leff, *Economic Development Through Bureaucratic Corruption*, American Behavioral Scientist, 8 (Nov. 1964), p. 132.

基础和指导思想、坚持社会主义奋斗方向的无产阶级革命政党,在左翼联合政府的日常运作中,不仅面临着来自党内的不同声音的影响和压力,还要面对来自其他左派政党的有形或是无形的影响,虽然它们在现阶段面临着相同的政治任务以及振兴和发展左翼运动的历史使命,但是要想使执政联盟的执政基础更加稳固,就必须在各个不同的左翼政党之间进行政治利益的相对均衡的分配。

维护执政联盟内部的团结,加强和巩固执政联盟的社会基础和政治地位是包括巴西共产党在内的所有致力于主权、民主、进步和社会正义的巴西左派的共同的政治责任。左翼力量的稳固及其所领导的社会运动的发展将为巴西社会的发展提供新的选择。正如巴西劳工党领袖卢拉所说,自1979年劳工党成立以来,它就和拉美其他左翼政党一道,通过民主斗争获得政权(卢拉曾连续参加了1989年、1994年和1998年总统选举,但均告失败),现在拉美左翼力量有了很大发展,而且学会了如何搞政治斗争,参加民主进程。[①]

三 巴西政党制度和选举制度对巴西共产党政治发展的影响

20世纪70、80年代巴西政治民主化以来,政党就成为人民大众参与日常国家政治生活的一个重要载体和主要渠道。但是巴西的政党和政党政治具有两个极为显著的特征,那就是"虚弱的政党"和"脆弱的政党制度"。[②] 据统计,自19世纪30年代巴西产生政党以来,巴西历史上曾先后出现过至少七种不同的政党制度,即帝国时期的两党制(1830—1889年)、旧共和国时期的一党制(1890—1930年)、多党制初步形成时期(1930—1937年)、多党民主制度时期(1946—1964年)、军政府时期的两党制(1966—1979年)、威权主义时期向多党制的过渡(1980—1984年)及多党民主制的重新确立时期(1985年至今)。[③]

虽然经历了不同政党和政党制度的变迁,但巴西的政党在精英主义的政党政治格局中依然处于一种十分"虚弱"的地位和"脆弱"的状

---

① 李慎明主编:《低谷且听新潮声——21世纪的世界社会主义前景》(上),社会科学文献出版社2005年版,第429页。

② 张凡:《巴西政党和政党制度剖析》,载《拉丁美洲研究》2006年第6期。

③ Scott Mainwaring, Timothy Scully, eds., Building Democratic Institutions: Party Systems in Latin America, Stanford University Press, 1995, pp. 354–355.

态，即各政党成员缺乏对其所属的政党组织应有的忠诚度和纪律性，变换党派成为家常便饭，而绝大多数政党本身逐渐地演变为"全方位政党"①，从而使得巴西政党制度成为一种独具特色的多党制。在历次大选中，主要政党往往必须同其他政党组成竞选联盟方能赢得选举胜利。至2010年大选，在联邦参议院中拥有席位的政党多达15个，而在联邦众议院中拥有席位的政党至少有16个。其中许多政党自身意识形态倾向模糊，并没有明确、清晰的政治纲领。

1. 巴西独特的精英主义的多党制政治格局对巴西共产党政治选举的影响

在独特的精英主义的多党制政治格局中，巴西各政党无论是左翼政党还是右翼政党，都具有鲜明的"全方位型政党"的特征，即各政党（政党联盟）都必须在民主框架内通过公开的民主的普选方式上台执政；各政党都力图通过渐进式的社会改良政策而非激进的革命性变革措施来赢得人民大众的认同；在政治运作和政治选举活动中动用一切必要的人力、物力、财力等各种手段来保证其政治行动的有效性；入党大门向所有人开放且注重党员权利而非义务，因而党员忠诚度大大下降；政党更多地充当了国家与公民社会的"中间人"角色。这意味着各政党（政党联盟）之间的政治竞争将会更趋激烈。

即使是对于执政联盟来说，整合执政联盟内部的关系以及同反对党保持有效的政治沟通就成为日常政治运作中一个非常棘手的问题。特别是在2006年大选前夕集中暴露出来的劳工党内部的腐败案件，就遭到了反对派的猛烈攻击，并被拿来大做文章。巴西共产党对此指出，由腐败案件所引发的政治危机明显地暴露出卢拉政府"以改革纲领为基础建立的政治联盟的能力不足和有限性"，正如劳工党作为执政联盟中的一个起

---

① 20世纪50年代，德裔美国政治学者奥托·基希海默尔（Otto Kirchheimer）通过整合组织学和功能主义两种路径，在考察二战后西欧政党政治变革趋势的基础上提出了"全方位政党"（catch-all party）的概念。他认为群众性政党（mass party）正在实现向全方位型政党的转型，其主要特征表现为，政党的阶级意识不断地弱化；各政党在重大的原则性问题上的分歧和对抗逐渐消失；在政治选举中各政党为更多地赢得选民支持而不断地减少对特定阶级、阶层和社会集团的依赖，其政治纲领的社会性和包容性逐渐地扩大；政治精英人物对政党的影响和作用力进一步扩大而普通的基层的党员个体的影响和作用力不断地下降。参见王勇兵《西方政党变革与转型理论初探》，载《经济社会体制比较》2004年第6期，第109—110页。

主要领导作用的政党，必须在领导执政联盟在反对保守主义势力进攻的同时还要重组左派力量。①

巴西共产党作为一个具有鲜明无产阶级性质的马克思主义政党，在巴西全方位型政党的政治格局中处于一种不利地位。由于历史的原因，巴西共产党要得到全社会的广泛认同并扩大其影响力，并不是一件十分容易的事情。而在现实的政党政治格局中，巴西共产党认为，虽然同历史上的独裁专制时期相比，当今巴西处于"一个理性的政治自由的新阶段"②，左派政党日益地活跃，但是其政治纲领在很大程度上受到了居于主导地位的保守的新自由主义势力的强烈抵制。因而在现实的政治环境中，巴西共产党要建设和巩固一个革命性的政党，就必须对保守主义政治精英所提出和极力推动的政治改革议题保持持续的高度的警惕。

1986年至2010年，巴西共产党在历届联邦及地方议会选举中，不论是得票数、得票率还是所获得的参众两院的席位数，都呈现出一种稳中有升的趋势（见表5-1）。这种良好的稳定的表现不仅得益于巴西政治民主化进程中左翼政治力量异军突起的大背景，而且也同巴西共产党自身政治斗争的策略和方式的转变密切相关。在摒弃了传统的武装斗争和暴力革命策略后，巴西共产党提出在政治斗争中要同其他左翼力量一道，通过政治选举，扩大党的社会影响力，并努力推动重建民族民主新政府，实现广泛的社会变革。

表5-1　　1986年以来巴西共产党在历届联邦议会选举中的表现

议会 年份	众议院			参议院		
	得票数 （张）	得票率 （%）	所获席位	得票数 （张）	得票率 （%）	所获席位
1986	297237	0.6	3	—	—	0
1990	352049	0.9	5	—	—	0
1994	562121	1.2	10	751428	0.8	0

---

① Partido Comunista do Brasil (PCdoB), Project of Political Resolution to the Central Committee in the occasion of the 11th Congress of PCdoB: a renovated party, a sovereign and democratic Brazil, a socialist future, Cf. 11o Congresso do PCdoB-Documentos e Resoluãces. São Paulo: Anita Garibaldi, 2005.

② Ibid..

续表

议会年份	众议院			参议院		
	得票数（张）	得票率（%）	所获席位	得票数（张）	得票率（%）	所获席位
1998	869293	1.3	7	559218	0.9	0
2002	1967833	2.2	12	6199237	4.0	0
2006	1982323	2.1	13	6364019	7.5	1
2010	2748290	2.8	15	12561716	7.4	2

资料来源：巴西共产党官方网站 http://www.pcdob.org.br（1986—2010）。

巴西共产党在政治选举中有着明确而清晰的目标，即巩固和保持共产党人在政府机构中的存在；提高党在社会中尤其是在基层群众中的影响力；推动民族民主新政府的变革进程。巴西共产党在坚持马克思列宁主义理论和社会主义方向的价值取向的同时，着眼于当前国内政治现实，在复杂多变的政党政治格局中，找到了自己合理的政治定位，体现了马克思主义政党原则性和灵活性相统一的斗争策略。但是如何在激烈的政党政治竞争中保持自身无产阶级政党的性质不至于发生根本性的改变，仍然是巴西共产党必须面对的现实问题。① 因此，巴西共产党在未来政党政治中所面临的挑战不仅取决于自身的发展，而且还要受制于巴西整体的政党竞争格局的影响。其中最为紧迫的任务就是如何应对以选举制度改革为核心的政治改革。

2. 巴西选举制度的改革对巴西共产党政治发展的影响

巴西的选举制度改革一直是巴西国家政治议程中的一个争论不休的

---

① 这里需要特别指出的是，巴西共产党同以劳工党为首的左翼政党结成联盟，参加大选，并成为左翼联合政府的参政党，并不表明巴西共产党已经社会民主党化，它只是巴西共产党着眼于现实的政治斗争环境，比较自觉和主动地对马克思主义政党这一现代群众性政党所进行的变革与调整，是对马克思主义政党传统的政治斗争策略和方式的一种扬弃。巴西共产党与社会民主党仍有着根本的原则性区别，这主要表现为，社会民主党主张指导思想多元化，而巴西共产党仍然坚持和捍卫马克思列宁主义和无产阶级国际主义，不搞指导思想的多元化；社会民主党只要求改良资本主义，而巴西共产党则主张通过和平民主的方式走向社会主义；社会民主党主张建立混合经济，而巴西共产党则明确地提出要建立以生产资料社会所有制为导向的混合经济体制；社会民主党并不要求从根本上改变资本主义的国家政治结构，而巴西共产党则提出要建立以"人民民主共和国"为导向的人民民主政权；社会民主党已经演变为专门从事议会斗争的议会党，而巴西共产党只是把议会斗争作为党的政治斗争的形式之一，议会斗争的目的不仅是为了发展和壮大党的力量，而且是推动实施新国家发展计划的手段之一。因而从根本上说，巴西共产党仍然是领导工人阶级和广大劳动人民为实现科学社会主义而奋斗的现代群众性马克思主义政党。

问题。选举制度的发展演变在很大程度上取决于政治精英的态度及其利益，并根据不同历史时期的巴西政治经济状况而进行着相应的调整和变革。1988年宪法确立了两院制、多党制和比例代表制，但随着20世纪90年代社会经济改革被提到议事日程上来，中左派政党无一例外地接受了以市场为导向的改革计划，并强调政治权力（总统权威）的集中。①1987—1988年制宪会议期间，宪法起草委员会建议实行新的议会选举制度，即设定了3%的全国得票率，而1995年新的政党组织法则将得票率提高到了5%，而且规定各政党所获选票必须至少分布于全国1/3以上的州并且在每个州的得票率不得低于2%。② 巴西选举制度的变革呈现出一种显著的独具特色的精英政治特征。由比例代表制带来的政党活动的空前活跃，特别是随着左翼政党力量持续不断地上升，巴西政党政治格局发生了重大变化，从而造成了传统政党同新兴左翼政党在全国及地方选举中更加激烈的政治竞争和对抗，由此也使政治竞争的成本急剧上升。这种情况对于力量相对弱小的政党来说，竞争将更加困难。

正因为分散化的选举制度和政党制度使各政党为应对选举以及日常政治运作，付出了相当大的人力、物力和财力的消耗，因此，力量相对来说比较强大的政党都极力推动以"列表投票法"和"竞选融资制度"为主要内容的选举制度改革。③ 虽然这有利于进一步推进政治民主化和

---

① Maria D'Alvā Kinzo, James Dunkerley, eds., *Brazilsince 1985*: *Economy*, *Policy and Society*, Institute of Latin American Studies, University of London, 2003, pp. 42 – 61.
② Lincoln Gordon, *Brazil's Second Chance*: *En Route Toward the First World*, Brookings Institution Press, 2001, p. 157.
③ 卢拉在两届总统任期内，一直致力于推动以选举制度改革为重点的政治改革，即针对市议员、州议员和联邦众议员的选举改革的"列表投票法"（voto em lista）和"竞选公共融资"（Financiamento Público de Campanha）。但在2007年这两项选举改革法案均在众议院遭到了否决。2010年罗塞夫在竞选中和当选后均表示将会继续"延续"和进一步推动这一政治改革议程，以改善巴西的政党政治环境，提高政党在巴西国家政治生活中的地位，改变巴西政党组织涣散和党员忠诚度低的状况。"列表投票法"也称为"政党列表法"，顾名思义，就是以政党为计票单位，在选举中选民主要是选政党而不是单个的政党候选人，在选举之前，各政党将会提出一份有排名先后的政党候选人名单，选举结束后，计算出各政党所获选票的比例并据此确定各政党所获得的席位数，最后按照各政党候选人排名先后来确定最终的政党候选人。"竞选公共融资制度"规定，所有政党的竞选资金均应来自联邦公共竞选基金，不得接受个人或企业的捐赠；联邦公共竞选基金的分配主要是按照各政党在众议院所占席位比例来进行分配。参见周志伟《从2010年大选看巴西新政府的政策走向及挑战》，载《拉丁美洲研究》2010年第6期，第24页。

第五章 面向未来的巴西共产党：成就、经验与挑战

减少选举中的腐败和舞弊现象，但在联邦参议院和众议院都遭遇了强大的阻力。

巴西共产党对此指出，一个多元化的社会、一个人民享有文化财富的国家需要进一步扩大和提高不同的政治党派在民主的政治机构中的地位。而试图以牺牲中小政党的利益来确保大党对选举进程的控制，这实际上是在搞"大党政治"，是对中小政党的"一个反民主的进攻"。议会选举中5%的"保障性条款"以及未达到这一比例的政党不得通过广播和电视等媒体进行选举活动，众议院实行按选区投票的原则等，其目的就是要将联邦议会中的政党数量减少到4—5个，由大党来控制议会选举及其运作，把其他中小政党统统排挤出议会。[①] 列表投票法不仅强化了大党的政治地位，而且使政治精英人物的地位和权势更加突出，同时如果要按照各政党在议会中的席位来确定竞选经费，那么势必会对中小政党造成沉重打击，使选举制度既丧失了"民意"的基础，又失去了"民主"的含义。在2010年大选中，中小政党在众议院里所占议席从2006年的197席上升到2010年的275席，所占比例从38.4%上升到53.6%，占据了众议院的半壁江山（见表5-2）。随着中小政党力量的日益壮大，改革议会选举制度的难度和阻力必将进一步加大[②]。因而对于像巴西共产党这样的中小政党而言，采取政党联盟策略是捍卫自身政治利益的必然选择。

[①] Partido Comunista do Brasil（PCdoB），11o Congresso do PCdoB-Documentos e Resoluãçes. São Paulo：Anita Garibaldi，2005.

[②] 在现行的比例代表制下，即使是大党（例如巴西民主运动党）所拥有的参议院席位仅占总议席的25%，而大党（例如劳工党）所拥有的众议院席位也仅占总议席的17%，因而使得数量众多的中小政党都能在参众两院拥有一席之地。联邦参众两院的选举以州为选区，各州选出的联邦议员为8—60名，由于选商（选票数与议席数之比）极低，各政党只需要获得少量选票即可当选，而中小政党则可以组成竞选联盟参加比例代表制的选举，从而获得进入议会的机会。例如在圣保罗州的联邦众议院选举中，单独一个政党或政党联盟只需要获得1.67%的州选票即可赢得1个联邦众议院席位。参见 Scott Mainwaring，Timothy Scully，eds. Building Democratic Institutions：Party Systems in Latin America，Stanford University Press，1995，pp. 374-375。

表5-2　　2010年大选中各主要政党在联邦议会选举中的表现

议会 政党	众议院（共513席）		参议院（共81席）	
	得票率（%）	所获席位数	得票率（%）	所获席位数
劳工党（PT）	16.74	88	23.12	13
巴西民主运动党（PMDB）	13.00	79	14.08	20
巴西社会民主党（PSDB）	11.82	53	18.13	11
共和党（PR）	7.58	41	2.73	4
民主党（DEM）	7.57	43	6.00	6
巴西社会党（PSB）	7.10	34	3.60	3
巴西进步党（PPB）	6.56	41	5.38	5
民主工党（PDT）	5.02	28	1.43	4
巴西工党（PTB）	4.19	21	4.69	6
绿党（PV）	3.85	15	2.96	0
基督教社会党（PSC）	3.18	17	0.73	1
巴西共产党（PCdoB）	2.85	15	7.37	2
社会主义人民党（PPS）	2.63	12	3.97	2
巴西共和党（PRB）	1.82	8	1.96	1
社会自由党（PSL）	1.18	3	1.78	2
民族行动党（PMN）	1.13	4	0.14	1
其他政党	3.78	11	1.93	0

资料来源：巴西《圣保罗州报》网站，http://www.estadao.com.br/。

四　巴西共产党推动实施新国家发展计划所面临的困难与挑战

新国家发展计划的出发点是要解决长期以来由新自由主义发展模式所造成的国家发展进程中的一系列结构性问题和矛盾。它在本质上是同居于主导地位的保守的新自由主义经济社会政策相对立的，其目标是要满足人民日益增长的经济、政治和文化需求。因而"新国家发展计划是与向社会主义过渡的愿景密切相关的"。[①] 巴西共产党认为,变革新自由主义发展模式,推进实现新国家发展计划,具有一个从资本主义向社会主义过渡的反对金融垄断资本主义的向度。这是因为新自由主义不仅仅是一种意识形态,而且也是资本主义信条的外在表现,在当今时代更是在最强大的国际金融垄断资本支配下现代资本主义的积累和再生产的推动力。

巴西共产党要想在既定的新自由主义发展模式中进行具有社会主义向度的变革,不可避免地会触及保守的新自由主义势力的利益,必定会遭到既得利益集团的强有力的抵抗。即使在左翼政党联盟上台执政的条件下,彻底变革新自由主义发展模式也面临着巨大的阻力。

卢拉政府执政时期便表现出了在确定相关政策方针问题上的"二重性"(dualidade)特征,即"在制定和实施过渡性的国家发展计划问题上所持的妥协立场及其局限性"。[②] 左翼执政联盟上台10多年来,巴西社会结构逐渐由"金字塔形"向"菱形"转变,新兴中产阶级不断壮大,其比例由2005年的34%上升至2012年的54%,4000万巴西人得益于社会流动性而加入到了新兴的中产阶级行列,总人数高达1.03亿,但仍然处于一种"脆弱"状态。最贫困阶层的人口比例从2005年的51%下降至2012年的24%,基尼系数从2001年的0.6下降至2009年的0.54,巴西重新实现了由经济增长而带来的社会差距缩小这一跨越,但是仍然任重而道远(1100万巴西人生活在贫民窟里)。因而,在削减社会贫困问题上,罗塞夫表现出了比卢拉更为坚定的立场,提出了"富裕国家就是消除了贫困的国家"的口号,力图克服"巴西奇迹"的局限性。[③]

由贫困和收入分配不公问题引发的社会动荡时有发生。2013年6月6日起,巴西爆发了1992年以来最大规模的抗议游行活动,从圣保罗开

---

① Partido Comunista do Brasil (PCdoB), Programma Socialista para o Brasil: O Fortalecimento da Naãço é o Caminho, o Socialismo é o Rumo! Cf. Novo-Programa Socialista e Estatuto do PCdoB. São Paulo: Anita Garibaldi, 2009.

② Ibid. .

③ 法国《回声报》2012年4月3日。

始，迅速蔓延至巴西利亚、里约热内卢等二十多个城市，甚至蔓延到纽约和巴黎等外国城市。抗议活动的导火索是公共交通费的上涨。圣保罗市和圣保罗州在5月底决定，将公共汽车、地铁票价从每张3雷亚尔上涨到3.2雷亚尔，上涨幅度为7%。里约市将公共汽车、地铁票价从每张2.75雷亚尔上涨2.95雷亚尔，上涨幅度也为7%。巴西其他一些城市也纷纷提高公共交通费的价格。①

虽然巴西比过去更加富有，但是此次抗议活动实际上反映了广大中下层民众对巴西现状的不满情绪在增长，一方面是对政客阶层的极度反感（这个阶层被视为基本上是腐败而且服务于自身利益的），对教育、医疗等公共服务质量低劣而政府又投入巨资建设足球场馆等体育基础设施（其中存在大量的腐败问题）的愤怒；另一方面则是对近年来巴西经济增长乏力，结构性改革迟滞，通货膨胀加剧的不满。② 公共交通费的增长幅度虽然不大，但对于平均工资只有339美元的普通劳动者来说依然是一个不小的负担。6月18日，罗塞夫总统表示抗议是合法的，"大街上的声音应该听取"，"这是对执政者发出的直接信息"。6月21日，罗塞夫在电视讲话中承诺要与所有党派、州长及市长共同努力，改善公共服务，改革失去信用的政治体制。但这一姗姗来迟的讲话并没有起到作用。由MDA咨询公司于7月7—10日对2002人进行的一项问卷调查显示，民众对罗塞夫"个人表现"的认可率已由6月的73.7%下降至49.3%；对政府作出正面评价的，也由原来的54.2%下降至31.3%。同时，如果罗塞夫作为2014年总统候选人，只能获得33.4%的选票，比一

---

① 徐世澄：《巴西缘何会爆发大规模抗议活动？》，http：//blog.china.com.cn/blog-1235932-227697.html。

② 巴西应用经济研究所（Ipea）的最新数据显示，2012年巴西国内生产总值（GDP）的增幅仅为0.9%，人均收入却增加了8%。2001年至2012年巴西劳动者工资实际增长率为169%，而产值增长仅为1%。社会生产率低下且增长缓慢是近年来巴西经济发展的"痼疾"。诺贝尔经济学奖得主保罗·克鲁格曼就曾指出没有相应的社会生产率提高的经济增长，在面临外部经济环境变化时表现得更为脆弱。罗塞夫政府在应对当前严重的通货膨胀时便陷入了进退维谷的两难境地，即提高社会生产率非短期内可以实现，而依靠提高利率和回购美元来抵御通货膨胀虽然见效快，但却不是长久之计。因而问题的症结还在于先前卢拉政府所推行的基于消费而不是投资的发展模式，即"消费者社会"模式已经走到了尽头，而全球经济环境的恶化又加剧了巴西国内经济深层次的结构性矛盾。这一切都限制了罗塞夫政府在应对选民诉求和实现政治承诺时的政策选择空间。

个月前下降了 19 个百分点。① 大规模的抗议游行活动在一定程度上改变了巴西当前的政治生态。罗塞夫集中式的决策方式，以及她不愿意在政治上妥协的行事风格，已被执政联盟伙伴党视为问题的一部分。前总统 F. H. 卡多佐在接受《圣保罗页报》(Folha de São Paulo) 采访时甚至认为，罗塞夫缺乏领会抗议活动的含义并据此改变其话语和与社交媒体互动的能力。因此，这一既出人意料又规模空前的抗议活动使得"对于罗塞夫 2014 年 10 月将毫无悬念地胜选连任的感觉不复存在了"②。

巴西共产党作为执政联盟成员的政治地位，为其提出、宣传和推动实施社会变革计划提供了有利的条件，但是巴西共产党在联合政府及议会中并不是一个处于强势地位的联盟党，这对它推动实施新国家发展计划造成了相当大的难度。实际上，即使是对于联合政府自身和处于强势地位的联盟成员来说，任何迅速的激进的社会变革计划都是难以顺利推行的。无论是对于卢拉还是刚当选的罗塞夫，一旦上台执政，都会一改先前的激进立场，转而推行温和、务实的实用主义路线。从客观上说，新自由主义在巴西经济社会发展过程中带来了严重的社会问题，如严重的社会不公、贫富分化等问题，甚至引发了社会骚乱。但是在新自由主义主导下巴西在各方面的发展仍然取得了显著的成效，而且巴西现在仍然在实行新自由主义的部分原则。虽然左翼政党力量崛起并连续三次上台执政，但是一些重大的决策是由议会无法控制的大机构如国际货币基金组织和世界银行等国际金融机构、跨国公司及证券机构等控制和操纵的。垄断寡头之所以能够容忍左翼候选人当选，原因在于左翼政府几乎没有彻底改变现行游戏规则的能力和可能性，而试图打破这种游戏规则不仅会遭遇重重阻碍，严重时可能会给政府施政带来灾难性后果，因而不得不采取一种折中主义和实用主义的政策方针。

这其中一个最明显的例子就是巴西土地改革问题长期以来难以取得实质性的进展，并导致了大规模的"无地农民运动"兴起，但成效甚微。大土地所有者同工商业和金融业寡头的政治经济联系日益密切，它们凭借雄厚的资本，控制大型企业和金融部门，甚至广泛地参与到国有

---

① 新华网巴西利亚 2013 年 7 月 16 日电。
② ［英］保罗·索特罗：《巴西人为何走上街头？》，载《金融时报》2013 年 6 月 25 日。

经济部门的运作中，已经成为一股强大的社会力量。土地改革所触及的不仅仅是大土地所有者的利益，还包括与其利益密切相关的其他政治集团的利益。虽然在政治民主化进程中它们丧失了对国家政权的垄断地位，但是它们往往通过在政府、政党、议会和军队中的代理人及其所控制的舆论工具和行业组织对政府决策施加强有力的影响。①

作为巴西共产党在现阶段的政治行动纲领，新国家发展计划所提出的一系列政治、经济、文化及社会改革与发展措施，立足于当前巴西经济社会发展状况，在现存的社会经济关系基础上是可以实现（至少在一定程度上可以部分地实现）的，同时又是为继续前进，实现社会主义所必需的。虽然新国家发展计划注定会面临着难以想象的困难，但是它鲜明地表达了巴西共产党对于巴西经济社会改革与发展所持的基本立场和政策主张，符合一切致力于推动民族的、民主的、人民大众的社会运动及组织的利益，必将成为巴西未来发展的方向。

---

① 武剑：《巴西土地分配改革的政治经济学探究》，载《当代世界》2009年第10期。

结 束 语

　　巴西共产党是当代西方国家共产党中一支非常活跃的政治力量，巴西共产党领导的巴西社会主义运动是世界社会主义运动的重要组成部分。当代社会主义运动已经发生了不同以往的全面而深刻的变化，其中一个无可争辩的事实就是当代西方国家共产党为适应生存环境的剧变而对其理论和策略进行了重大的调整和变革。其主要表现在社会主义运动的目标与策略；社会主义革命运动的发展阶段与阶级力量配置；马克思主义政党的组织形态；共产党和工人党国际团结的内容与形式以及马克思主义政党的工作方法和活动方式等几个方面。当代西方国家共产党的这一重大的调整和变革，不是一般意义上的变化，而是全面深刻的重大变化。即：它已从过去几十年里一个中心、一条道路、一种模式的社会主义运动，转变为各国共产党在独立自主的原则基础上，积极探索具有本国特色的社会主义发展道路；它已从处于资本主义体制外的运动，转变为处于资本主义体制内的运动；它已从过去的武装斗争和暴力革命方式，转变为通过和平民主的方式对资本主义进行革命性变革；等等。这一重大而深刻的全面调整与变革，不仅符合世界政党发展的基本规律，而且反映了当代世界社会主义运动的发展趋势和基本规律。

　　巴西共产党在当代社会主义运动整体上处于低潮时期，反而呈现出了逆势上扬的态势，引起了人们的密切关注。这在根本上源于巴西共产党的理论变革和政策调整，进而在党的自身建设和发展以及探索巴西社会主义发展道路上取得了显著成就，推动了巴西社会主义运动的发展。

　　在党的自身建设和发展上，这主要表现为，一是在党的组织建设上，巴西共产党捍卫和发展了马克思主义政党的民主集中制原则，以建设现代群众性政党为目标，实现了党员数量的稳步增长；二是在党的领导体制上，巴西共产党建立起了一个有感召力的团结的领导集体，实现了党的最高权力的平稳有序过渡，并稳步推进党的领导体制的制度化和党的队伍的年轻化建设；三是在党的政治活动方针上，巴西共产党着眼于巴西新的政治生态，与以劳工党为代表的左翼政党建立起了比较牢固的政治联盟，参加政治选举，参与联合政府的运作，在国内的政治地位和影响力不断地得以提升。

在探索巴西社会主义发展道路问题上，这主要表现为，巴西共产党自觉地坚持和运用马克思主义的立场、观点和方法，对巴西社会的性质及其主要矛盾、巴西现阶段社会主义革命的性质及其任务等社会主义革命中的一系列基本问题进行了全面而深刻的剖析，进而提出了通过"走向社会主义的巴西式道路"，探索一条适合巴西情况的社会主义发展道路。为此提出了党在政治、经济和文化上的基本纲领以及具体的社会变革计划。

这在一定程度上体现了科学社会主义的理论逻辑与巴西社会发展的历史逻辑的辩证统一。巴西共产党的组织变革及其转型，既是马克思主义政党发展的内在要求和对传统政党模式的扬弃，是马克思主义政党的自我完善和发展，同时也是一个机遇与挑战并存、希望与风险同在的历史发展过程。巴西共产党积极探索走向社会主义的巴西式道路，体现了当代社会主义运动的普遍性与特殊性、一般性与多样性相统一的特点和规律，是对传统社会主义革命和建设模式的扬弃，推动社会主义运动进入了一个新的更高的发展阶段，即在独立自主的原则基础上探索巴西特色社会主义发展道路。正如列宁所说："一切民族都将走向社会主义，这是不可避免的，但是一切民族的走法却不会完全一样，在民主的这种或那种形式上，……在社会生活各方面的社会主义改造的速度上，每个民族都会有自己的特点。"[①]

对于巴西共产党的组织变革、理论探索及其实践活动，我们应该持有的基本立场，一是正视现实，二是正确对待。时代的变迁给巴西共产党人所进行的"新的争取社会主义的斗争"提出了更高的要求，吸取过去年代革命和建设的经验教训，并结合自己国家的实际情况，积极探索具有本国特色的社会主义发展道路。这既是马克思主义科学世界观和方法论的要求，也是现代科学社会主义给共产党人提出的重大历史任务。如果共产党人还是把运动仅仅局限于自身的狭小范围内，那么正如恩格

---

① 《列宁选集》第 2 卷，人民出版社 1995 年版，第 777 页。

斯所说，共产党人就只能成为像布朗基那样的"过去一代的革命家"①。他们虽然在感情上算得上是社会主义者，但是他们既没有科学社会主义的理论，更不可能提出任何改造社会的确定的实际的建议。特别是在当代社会主义运动中，我们尤其要强调的是，各国共产党人应该在独立自主的原则基础上探索各自国家走向社会主义的独特道路。各个国家的社会结构和社会阶级状况千差万别，人民的思想和政治觉悟程度迥异，套用一个固定的公式，即使是马克思主义的公式，也是行不通的。归根到底，要由他们自己的实践作出回答。正如邓小平所说："各国党的国内方针、路线是对还是错，应该由本国党和本国人民去判断。最了解那个国家情况的，毕竟还是本国的同志。……一定要尊重各国的党、各国的人民，由他们自己去寻找道路，去探索，去解决问题，不能由别的党充当老子党，去发号施令。……这应该成为一条重要的原则。"② 这一原则的科学性已被过去几十年的世界社会主义运动的理论与实践所证实。

在可预见的时期内，巴西资本主义还会继续向前发展，新自由主义的某些原则还会继续在巴西政治、经济、文化以及社会生活等各个领域内发挥作用。但是资本主义自身所固有的结构性矛盾不可能从根本上得到解决。新自由主义发展模式的弊端及其社会后果还会不断地以这种或那种形式表现出来。2013年6月，以公共交通费用的上涨为导火索，从巴西最大城市圣保罗开始并蔓延至全国各大、中城市的大规模抗议活动，便是在过去几十年里新自由主义发展模式所造成的社会不公和社会撕裂这一严重社会后果的反映，其直接目标即是改善生活条件，特别是要求高质量的医疗和教育。这从一个侧面印证了巴西共产党长期以来主张的进行深刻的结构性改革——收入分配和实现劳动价值（valorizaãço do trabalho）——这一议题的必要性同时也是进一步变革的基础。

但是，巴西共产党也清醒地认识到了实现彻底的结构性改革的难度和风险。在既定的新自由主义发展模式中进行具有社会主义向度的变革，不可避免地会触及保守的新自由主义势力的利益，遭到既得利益集团的强力阻挠。如果强行改变现行的游戏规则，极有可能给左翼联合政府施

---

① 《马克思恩格斯选集》第3卷，人民出版社1995年版，第244页。
② 《邓小平文选》第2卷，人民出版社1994年版，第318—319页。

政带来灾难性后果。不论是先前的卢拉政府还是现在的罗塞夫政府，一旦上台执政，都会一改往日的激进立场，转而采取温和务实的折中主义和实用主义的政策方针。即便如此，这些温和务实的政策措施却被国内一些极左党派看作是在"向右转"[①]。左翼联合政府上台执政开启了一个新的政治发展周期，但是由于新自由主义的影响太过深重，因而政府在制定和实施过渡性的国家发展计划上表现出了一种明显的二重性（dualidade）特征，即在开辟新的发展道路的同时又充满了妥协性和局限性。正如巴西共产党所指出的，过去的10年是一个过渡时期以及为实现新国家发展计划而斗争的时期，其目标在于为先进社会力量获得政治权力以及进行革命性决裂从而把巴西带入社会主义平铺道路。但是通往社会主义的巴西式道路不可能不充满矛盾，甚至是局部的挫败。[②]

由于受制于来自左、右两方面的责难和压力，包括巴西共产党在内的左翼执政党派只是在党内和党的文件中提出社会主义，社会主义只是执政党派的目标和口号，而不是政府和国家的口号。这决定了巴西社会向社会主义的过渡只能以一种渐进地和平方式逐步向前推进。巴西共产党的基本纲领及其社会变革计划，立足于当前巴西经济社会发展的现状，在现存的社会经济关系基础上是可以实现的（至少在一定程度上可以部分实现），同时又是为继续前进，进而实现社会主义所必需的。巴西共产党对社会经济改革与发展所持的基本立场和政策主张符合一切致力于推动民族的、民主的、人民大众的社会运动及其组织的利益，必将成为巴西未来发展的方向。

[①] 李慎明主编：《低谷且听新潮声——21世纪的世界社会主义前景》（上），社会科学文献出版社2005年版，第427页。

[②] 15IMCWP, Contribution of CP of Brazil, http://www.solidnet.org/.

附录一　巴西共产党章程[①]

第一章　党

第一条　巴西共产党创立于1922年3月25日，于1962年2月18日改组，并于1985年5月27日获得目前的合法地位。巴西共产党是巴西工人阶级和全体劳动者的政党，是劳动人民和国家利益的忠实代表。它是由马克思和恩格斯所创立的、由列宁和其他马克思主义革命家所发展的科学的和革命的理论指导下的无产阶级有觉悟的先锋队的政治组织。

巴西共产党反对资本主义和帝国主义的剥削和压迫。其目的是要使无产阶级及其同盟者获得政权，捍卫科学社会主义。其最终目的是实现共产主义。它坚信社会主义制度优于资本主义制度，渴望开辟为社会主义理想而斗争的新时期，这些理想是随着20世纪社会主义实践经验的积累不断更新的和为适应我们时代的现实、满足我们国家和人民的要求而不断发展的。同时，要按照无产阶级国际主义精神，支持各国人民为争取民族和社会解放、国家主权和世界和平的反对帝国主义的斗争。

巴西共产党是一个具有社会主义的、爱国的和反对帝国主义的性质特点的组织，它是巴西人民崇高斗争传统的表达和继续，它是一个在权利平等、自由和团结等价值观激励下承担着面向21世纪战斗责任和改革行动的组织，是一个具有无产阶级的、人道主义的和民主的伦理和道德的组织。

为了实现其目标，巴西共产党在国家现行法律范围内，依照本章程开展活动。

[①]　2005年10月22日巴西共产党第十一次全国代表大会通过，2009年11月8日巴西共产党第十二次全国代表大会修改通过。

第二章 党员

第二条 巴西共产党是一个只要接受其纲领和章程、年满18岁的男女公民均可自由和自愿参加并享有其政治权利的团体。在特殊情况下，年满16岁的年轻选民也可入党。

成为一名党员就意味着，致力于团结广大人民群众和进步民主人士，为捍卫巴西人民的平等权利、尊严和民主进步以及国家主权，实现社会主义而斗争。

党员的资格包括权利和义务。党员的权利和义务是随着加入党的一个组织，执行其方针，在物质和资金上加以支持，学习并宣传它的思想和主张，通过一种觉悟和进步的过程而形成的。

第三条 党员的资格从入党开始，以个人形式通过填写全国党员登记表，表示接受党的纲领和章程。入党申请应由一名党员担保并由一个党的组织批准。正式接受入党的消息将在30天内通知该成员。新党员将在党员登记簿上登记，并通报选举法院。接受新成员入党的机构应向新党员指明其所属的单位，说明其权利和义务，并同他确定缴纳党费事宜。此外，还应向其建议订阅党报《工人阶级》（*Classe Operária*）和参加政治理论培训班。

1. 著名领导人、有选举职务者、其他党派的领导人和社会知名人士等申请加入本党应得到州委员会的批准，并听取全国政治委员会意见。

2. 在特殊情况下，可以仅申请内部入党，但须得到州级政治委员会的批准。

3. 党员退党应向其所属基层组织或向市级委员会提出书面申请，由它们通报选举法院。

第四条 作为党的政治财富，男女党员均应持续努力地提高自己的政治觉悟，积极参与党的生活和承担党员责任。

党员的权利包括：参加党的会议，参与制定党的政治路线并在其活动的范围内向党的领导机构表明自己的立场。男女党员可自愿成为党员积极分子，通过获取"全国党员积极分子证书"（*Carteira Nacional do Militante*）以便能在党组织中获得选举权和被选举权，并正常参加党的一个组织的活动。

党员的义务包括：支持党的事业及其各项运动，投票给党的候选人，执行党的大政方针并承诺促进提高人的尊严，为维护人民的权利、自由、国家主权和社会主义而斗争。

第五条 男女党员积极分子同劳动者及人民群众一道都是党的力量的基础，他们是在一个基层组织中正常参加各项活动的成员；能按时向党组织缴纳党费；学习、服从并执行党的决定；宣传党的方针、主张和建议。

党员积极分子应努力不断地加强与劳动者和人民群众的联系，提高自己的文化水平和政治觉悟；应无愧于共产主义战士的光荣称号，致力于推广高尚的伦理道德标准，团结人民群众，尊重公共事业，成为同事的斗争、荣誉和诚挚方面的榜样。

党员积极分子的资格应凭全国党员积极分子登记证确认并应在党员登记中注明，并每年按本章程规定的党费缴纳过程中进行更新。

第六条 所有党员积极分子拥有同等的权利和义务。

1. 其权利包括：

（1）在其所属的党组织中以自由发表意见的方式参与制定党的政治路线，参加关于政治、理论和实践问题的讨论；如有分歧，在不妨碍执行、维护和宣传党的决定的前提下可保留个人意见。

（2）在其所在的党组织中拥有选举权和被选举权。

（3）可向党组织反映有利于改进党的活动的意见；通过组织提出各种想法和建议，并请求任何一个上级组织提供信息；对其做出的纪律处罚决定享有上诉权；在处理违纪行为过程中可要求个人的参与权及更为广泛的辩护权。

2. 其义务包括：

（1）按照本章程的原则和规定行动，遵守党的纪律，参加党的一个组织的正常活动，为党的政治路线的发展作贡献，发展新党员，执行党的决定，维护党的政治行动的一致。

（2）拥有全国党员积极分子登记证作为按时缴纳党费的证明，阅读并宣传《工人阶级报》、理论杂志、党的网站及党的其他刊物，参加党组织的培训活动。

(3) 参加与其工作、居住、活动区域或部门有关的群众团体或组织尊重其做出的民主决定并为该团体的巩固和发展作贡献。

(4) 向集体通报其参加党的活动的情况，鼓励开展批评与自我批评；报告可能会造成其活动机构变动的工作地点、居住地或活动区域的变化。

(5) 反对任何形式的压迫行为，支持受到政治迫害或社会的、种族的、民族的、性取向歧视的对象和青少年、老年人、有特殊需要者。全力支持劳动者和人民群众捍卫国家主权和社会解放、和平以及反对帝国主义的斗争。

第三章 党的干部

第七条 干部是党组织中的脊梁骨干。他们是使党在原则和方针方面团结一致的主要负责人，也是党进行长期政治、思想和组织建设的主要负责人。他们是党员义务的模范执行者。

党的干部的培养要经过长期、艰苦的过程，它结合了集体的工作和个人的努力。他所受的先进共产主义教育，将促使他用批评和自我批评的精神及对党的事业的热情去承担并完成其所担负的党任务。他们对社会主义事业坚定的思想信念，忘却自我及对所赋予的工作的全身心投入，与人民群众的密切联系，严格的个人纪律及在党的生活中维护民主集中制原则等，对党的团结和力量都是最大的激励。

党的干部是在党的一个组织中正常参加组织活动的党员，他们个人长期努力提高马列主义和党的政治路线水平，严格履行缴纳党费的义务，并：

1. 当选为党的委员会的领导职务，或者和党的领导机构一起，作为辅助委员会成员或在其他支援性的职位上活动。

2. 在公共机构中或在群众组织领导岗位上，从事选举出来的或党指定的政治代表活动。

3. 作为党的任务，在国家事务、学术活动和科学文化活动范围内向党团和党的领导机构提供技术性咨询。

第八条 党的干部政策鼓励根据每个人的能力、潜力和天赋等综合素质,在符合集体利益的前提下,对各级干部进行培训、长期观察、评估、提升和分配。给杰出者确定在党务工作中的主要任务。反对与共产党人修养格格不入的倾向,如任人唯亲(favoritismo)、钻营(carreirismo)、个人主义(individualismo)、官僚主义(burocratismo)和腐败行为。表彰具有敬业精神的党务工作者,不断提高他们的政治和业务、文化和思想素质,发挥社会和政治作用。作为共产党人终身教育的组成部分,要实行干部轮岗交流机制。

第四章 党费和全国党员证

第九条 党员缴纳党费是其履行对党组织、对理想和斗争所做的承诺的表现。对党的活动及对党的委员会的物质及财政支持是全体党员的共同责任。全体党员都应尽己所能努力保证上述诺言,具体数额如下:

1. 每一年缴纳的党费至少应相当于其工资或月收入的1%,基数按最低工资计算,收党费的工作由州委员会承担。

2. 党员积极分子和干部的月党费应至少相当于其工资或月收入的1%,其收费工作由中央委员会负责。

3. 担任公共职务、选举产生的职务或由党组织指定的,或在立法或政府部门担任推荐职位的党员,将按照中央委员会的条款规定缴纳特殊党费、月党费或特别党费。

(1) 党的各级委员会将制定在各个下级组织分配收到的资金的标准;

(2) 党的组织可以采取集体募捐形式筹集资金,以免除失业党员或无收入党员的党费。

第十条 全国党员积极分子证书,是党的积极分子身份的证明和在党的各级机构行使选举和被选举权以及参加活动时上级机关要求其出示的必不可少的文件。所有按本党章第九条第1款和第2款要求,向党缴纳党费的党员每年都可得到由中央委员会换发的证书。

第五章　民主集中制

第十一条　党内生活的形成与发展建立在民主集中制原则（princípio do Centralismo Democrático）的基础之上。民主集中制是在党的全国代表大会领导下（在两次代表大会之间，是中央委员会的领导下），鼓励个人以自由和负责的方式发表意见，鼓励每个党员和各个组织广泛地行动主动性，并以此作为党的方针建设的积极因素。党在自由的和自觉遵守的纪律的基础上保持行动的一致性。团结就是党的力量。

实施发展民主集中制旨在通过集体的力量，在全党政治行动团结一致的前提下，来增强党的政治和思想凝聚力。

1. 民主是党内生活的根本财富，它意味着：

（1）不管一般党员和党员积极分子的身份，只要执行党的各种义务，所有成员的权利和义务平等，拥有党内的选举权和被选举权；

（2）各级党的领导机构由下而上地选举产生，选出它们的基层单位有权解除被选举人职务；

（3）在党的机构中，根据党内个人言论自由，广泛讨论党的方针；

（4）领导机构应定期向选出该机构的基层单位和全体党员汇报情况和提供信息；

（5）在开展党的各项活动和执行本章程及中央委员会做出的规定和条例的范围时，严格遵守制度、真实性和客观性的原则。

2. 集中制确保全党政治行动必不可少的一致并意味着：

（1）通过协商或多数党员做出的集体决定对所有党员均有效；个人利益或少数人的利益服从集体利益或多数人的利益；

（2）由上级机关做出的决定对其所有下属机构都有效；全党必须执行由代表大会或中央委员会做出的决定；

（3）意见分歧并不免除党员执行、捍卫和宣传党的方针的义务；

（4）不允许党员或党组织在党的体系之外，围绕着个人的或集体的、临时的或永久性的建议或纲领而组织帮派活动。

第六章　有关党的组织和运行体系的总体规定

第十二条　党是一个由相互联系的各级组织组成的体系，党的各级组织以国家行政区域划分为标准设立，包括全国性最高级组织，州级中层组织，其市级和地方组的各级组织是审议机构，其划分如下：

1. 党的全国代表大会、中央委员会以及全国选举大会；
2. 在联邦的各州和联邦区（巴西利亚）设立州及联邦区代表大会、委员会以及选举大会；
3. 在联邦的各个市和联邦区（巴西利亚）所属的每个行政区都设有市（区）级代表大会、市（区）委员会以及市（区）选举大会；
4. 基层代表大会和基层组织。

根据党的政治行动和党的组织建设的需要，经党的中央委员会、州委员会或市委员会的审议批准，在遵守现行章程规定的情况下，还可以根据其他的标准设立党的委员会。

第十三条　党的运行体系还包括各级磋商机构，其任务是加强横向的广泛磋商机制，加强政策的制定，加强对党的方针的实施。各级磋商机构由各级党的委员会召集，各级磋商机构要讨论的问题及构成人选的标准由各级党的委员会确定。党的磋商机构所做出的审议结果和指示应由其所在的党的委员会审议。其构成如下：

1. 全国性会议，在全国范围召开；
2. 各种会晤，可以是全国性的，也可以在州及市范围召开；
3. 全国性、州、市级研讨会。

（1）召开带有磋商目的的全国性会议，是由集体来确定党的政治立场，或者在特定的行动或认知领域制定全国性的纲领性政策；

（2）全国性、州、市级会晤的目的是为了讨论和贯彻党的方针，并对党的方针政策的实施加以监督；

（3）各种研讨会的目的在于使党的方针的实施系统化，监督党的方针的实施。各种研讨会可以是常设的，也可以是临时的，其与会人员构成及目的由党的委员会审议确定；

（4）根据党的中央委员会和州委员会制定的标准，可以组织全国范围或各州范围的大地区论坛，讨论和实施由党的相应的委员会制定的方针；

（5）还可以召开不同级别的研讨会、行业性会议和座谈会，此类会议起草的决议和提出的建议，只有在经相应的委员会批准通过之后，才可以作为党的意见加以公布。

第十四条　根据本章程的规定，党的各级委员会的组成人员经选举产生，其任期有一定期限。党的委员会由正式党员、按时缴纳党费并按时履行党要求的各项义务的党员组成。党还提倡选举妇女、男女劳动者，尤其是男女产业工人进入党的各级委员会。

只有遵守本章程第九条第2款的规定按时缴纳党费的党员，才有资格被选为党的中央委员会、党的州委员会和党在居民人数超过10万的城市建立的党的市委员会的成员。通过全国或各级地方选举担任公职，或者由党委派担任公职的党员，应遵守本章程第九条第2款和第3款的规定，按月缴纳党费。

第十五条　各级委员会从其成员中选出政治委员会，在相应的各级委员会的会议闭会期间，各级党委的政治委员会在政治、意识形态和组织上行使政治指导、指导党的组织建设和指导群众行动的职责。

1. 政治委员会的成员人数不应超过各级党委总人数的一半；

2. 政治委员会通常每30天召开一次例行会议，如经政治委员会主席召集或由政治委员会多数成员同意，可以召开特别会议；

3. 由党的中央委员会、州委员会和市委员会负责选定党在众议院、联邦参议院州议会及市议会的议会党团领袖，他们进入相应的政治委员会；

4. 在组建所属政治委员会时，各级党委还必须为其指定正、副主席；

5. 正常情况下，其主席代表相应的政治委员会。当主席暂时不能履行职务时，由副主席代行其职责；在政治委员会主席人选空缺时，它所隶属的委员会应在45天内，为其选定新的主席；

6. 在中央委员会，可以确定3位副主席，并在主席暂时不能行使职责的情况下，3位副主席确定接替他临时履行职责的先后次序；

7. 各级委员会还需要根据各种情况的具体要求，选出组织秘书处、财政秘书处、联络秘书处、工会秘书处、培训和宣传秘书处、青年秘书处、社会运动秘书处、机构活动秘书处、公共政策秘书处以及其他辅助性委员会的负责人。这些负责人履行行政职责，在政治委员会的领导下，完成日常性任务；

8. 中央委员会和州委员会下设的政治委员会可以在其职权所辖范围内任命临时委员会，这些临时委员会要由至少3名成员组成，最长任期为1年。

第十六条 各级党委可以从其党员中、政治委员会成员或非成员中指定组成一个书记处，协调各秘书处的行政工作。依照本章程第四十八条的规定，各级党的委员会还可以建立监督委员会。

1. 各级党的委员会的每一项行政权限，应按照党的中央委员会批准的规章来确定；

2. 各秘书处定期向相应的政治委员会作有关其各项活动的汇报。

第十七条 党的各级组织在其辖区范围内，有采取主动政治行动的自由，只要它不违背党的总体方针。党提倡下属各级组织的行动广泛地分散开来；鼓励党的组织建设实行两年规划，并鼓励监督这些规划的实行；反对自发主义、派别主义和行业本位主义等倾向。党的各级组织按照集体工作、其成员个人负责的机制运行。党提倡批评和自我批评，以此作为促进党的工作完善的推动因素。党反对专断倾向，反对个人崇拜。同时，同样倡导在党的行政职位和代表职位上实行轮换制。

第十八条 当具备法定人数时，党的各级组织可以通过公开、唯一和投票权不可转让的投票方式，并通过与会大多数成员的投票进行审议表决，但本章程中有相反规定的事务除外。需要选举领导机关、机构或代表机构的成员时，应在相关的党的组织中进行缜密而民主的集体磋商酝酿工作，先由领导层提出初步建议，然后再进行范围广泛的磋商和讨论，以便形成一个能在党组织所辖区域内更好地反映党的总方针的一致的意见。在这一过程中，最终的表决应通过不记名、一人一票和投票权不可转让的投票方式进行。要想享有选举权和被选举权，党的成员必须按时缴纳党费，并由所属的一级党组织以适当方式加以证明。

第七章 党的各级组织

I 党的组织及其最高领导机构

第十九条 全国代表大会是党的最高领导机构。在确定党的方针和中央委员会的选举等问题上，党的全国代表大会也是党的最高民主审议机构基层组织及以上的党员和干部在内的所有人均参与其中。全国代表大会的决议对全党有约束力，全党各级组织和所有党员必须执行，除非新一届代表大会外，不能对其进行改动、取代或废除。

党的全国代表大会由中央委员会召集，应至少提前3个月发出举行全国代表大会的通知，并在党的机关报上公布大会要讨论的内容、召开的日期、地点，以及将由党的各级机构讨论的决议草案。应当每4年召开一次，经过中央委员会成员三分之二多数同意，可以召开特别全国代表大会。

1. 根据中央委员会制定的规则，参加党的全国代表大会的代表由党的州代表大会选举产生。代表人数应以参加基层代表大会的党员的人数为基础确定；

2. 中央委员会的委员是全国代表大会的当然代表，并享有发言权和投票权，但人数不能超过全国代表总人数的10%；如果超过10%，只能遴选10%的享有发言权和投票权代表，其余代表仅有发言权。

第二十条 全国代表大会具有以下职权：

1. 批准工作的日程，批准内部的及选举的规定；选举大会领导机构，选举决议委员会和选举委员会；在全国代表大会召开期间，由全国代表大会领导机构行使中央委员会的职能；

2. 讨论和审议中央委员会决议草案，审议由各代表提交的关于规章的建议；

3. 按照日程安排，修改党的纲领和章程；

4. 针对当前政治局势中的根本问题，确定政治路线；

5. 选举中央委员会，审定其活动总结，并确定其成员人数；

6. 审理针对中央委员会或中级组织所做出的决定而提出的上诉。

第二十一条 除了召开特别代表大会的规定之外，在定期召开的全国代表大会闭会期间，中央委员会是党的最高领导机构。党的各级组织必须执行中央委员会的决议。中央委员会至少每4个月举行一次例行会议。中央委员会的特别会议可以由主席、政治委员会或者其多数成员提议后召开。

第二十二条 中央委员会有如下职权：

1. 召开全国代表大会并确定规则；

2. 从其成员当中选举主席、全国政治委员会、全国书记处和纪律委员会；

3. 制定全党的方针；

4. 捍卫党的完整性，有必要时，对各州党的委员会进行纪律审查；必要时可以越过州委，直接对党的市委员会进行纪律审查，甚至可以在这些地区召开特别代表会议；在执行政治和组织决定方面，在全国运动和计划方面，在对劳动者开展系统工作方面，在推动财政、宣传和培训方面，对各州委员会的行动进行指导、鼓励和评估；

5. 为各级组织制定推举担任政府、议会职务的候选人的要求；对由各州党的选举大会推选出的参加各州选举的候选人，进行核批；

6. 指导党在联邦众议院和联邦参议院中党团的行动，并批准其规章；

7. 在联邦领域，指导由选举产生、由党指派及由议会或政府任命而担任公职的党员的活动；

8. 在联邦领域中，指导在全国性群众团体和社会运动中担任代表性质职位的党员的活动；

9. 对党的全国性传媒机构进行指导和监督，确定传媒机构负责人选；

10. 每年发放全国党员积极分子证书；

11. 审批每年有关党的基金使用的决议；每年确定从各种来源征集到的资金在党的各级组织之间的分配比例；

12. 与有关机构一起，推动党章和纲领的登记；审理针对全国政治委员会或州委员会所做出的决定而提出的上诉；批准关于各级政治委员会和各级书记处的构成和运行的规定。

中央委员会可以延长中级领导机构的任期，但至多只延长6个月。

第二十三条 党的中央委员会机构如下：

1. 全国政治委员会，是全国代表大会闭会期间行使全面领导的机构；
2. 全国书记处，是党的活动的执行机关，隶属于全国政治委员会；
3. 联邦众议院和参议院中的议会党团；
4. 检查委员会。

第二十四条 全国代表会议由党的中央委员会召集。当认为有必要讨论、制定围绕党的参与和形成党的政治路线的立场问题，全面性的问题，特别的利益问题，政治和社会突出的问题，以及在各个行动领域开展纲领制定和政治行动的问题，党的中央委员会就可以召开全国代表会议。

1. 全国代表会议由中央委员会的成员以及各州党的委员会根据中央委员会的规定指定的代表构成；
2. 为了使全国代表会议的各项决议有效和必须执行，决议必须得到中央委员会批准。

第二十五条 全国选举大会由党的中央委员会召集，其目的是就与其他党派的联合和结盟以及共和国总统和副总统的人选作出决定。全国选举大会由中央委员会和各州党的委员会遵照中央委员会制定的各项规定指派的代表参加。其决定对全党有效力。

Ⅱ 党的中级领导机构

第二十六条 州、市级党的代表大会是州、市的最高领导机构。应当每2年召开一次，由相应的委员会召集。经委员会三分之二多数同意或经中央委员会同意可以召开特别会议，讨论议程中所包括的经常性议题。

第二十七条 代表会议是由下一级代表会议或基层代表大会根据上级委员会通过的规则和补充规则选出的代表组成。

委员会的成员自动成为参加所在各级党的代表大会的代表有发言权和投票权，但人数不超过由选举产生的代表总人数的10%；如果超过10%，委员会应遴选10%的代表享有发言权和投票权，其余代表仅有发言权。

第二十八条 州市级代表大会职权如下：

1. 分析其辖区范围内的政治形势，根据党的全国代表大会和上一级组织的方针，制定党的行动准则；

2. 选举党相应的委员会，并根据本章程第三十一条所规定的限额确定其成员的人数；

3. 根据已确立召开大会的相关规定，选出参加全国代表大会和上一级党的代表大会的代表；

4. 审议针对相应地委员会的决定提出的上诉。

第二十九条 选举大会也要按照代表会议一样的规则去召开。至于在选举中与其他党派的联合和结盟，以及在其辖区范围内的由选举产生的公职候选人人选，须征得上级委员会的意见和同意后做出决定。

第三十条 州、市委员会任期两年。对其辖区内的党的所有组织的活动进行领导。州委员会至少每3个月召开一次会议，市委员会至少每2个月召开一次会议。委员会主席、政治委员会或委员会成员多数提出，随时可以召开特别会议。

1. 在至少5%的市举行代表大会的州才可以选举组建州委员会，在联邦区（巴西利亚）也一样；

2. 在至少有15名党员而且每千名选民中至少有一名党员的市才可以通过选举组建党的市委员会。在联邦区，其行政区相当于市。

第三十一条 以党员登记表中所登记的党员人数为基础，州、市委员会的构成应遵照下述最高人数限额：

1. 100名党员或以下的党的委员会：在市委员会中限额为15名成员，州委员会中最多有19名成员；

2. 拥有101—500名党员的组织：在市委员会限额为23名成员，在州委员会中限额为27名成员；

3. 拥有501—1000名党员的委员会：在市委员会中最多有27名成员，在州委员会中最多有39名成员；

4. 拥有1001—3000名党员的委员会：在市委员会中最多有35名成员，在州委员会中最多有51名成员；

5. 拥有3001—5000名党员的委员会：在市委员会中最多有43名成员，在州委员会中最多有59名成员；

6. 拥有5000名以上党员的委员会：在市委员会中最多有51名成员，

在州委员会中最多有63名成员。

第三十二条 州、市委员会一般的权限和义务如下：

1. 召集各自级别的党的代表大会；

2. 贯彻党的上级机构做出的决定，确保其所属下级党的机构能够执行这种决定，定期举行会议，有权在其辖区范围内制定政治方针，同时应将其决定和活动的情况向党的集体通报；

3. 支持、组织、加强由其领导的党的各级组织，尤其在劳动者中间、在人民中间以及在各种斗争中的活动；

4. 在其委员间分派任务，并关注其活动；鼓励参与，提倡争论，深化内部民主，听取并采纳党员的意见；鼓励批评和自我批评；对其领导下的党员干部加以了解和培养，严格考察或罢免，要考虑更好地发挥党员干部各自的能力和天赋；

5. 传播、鼓励阅读《工人阶级》和党的其他出版物；组织党员缴纳党费和向党提供其他形式的资金支持；定期将党费上缴给上一级党组织；鼓励党员提高政治文化水平，推动学习马克思主义、列宁主义以及党的各种文件；

6. 通过各级政治委员会，对其所辖区域内的议会党团进行领导，并指定党团领袖；审批辖区的组织指定的候选人名单；督促各候选人在辖区范围内的选举站登记；

7. 通过各级政治委员会指导由选举产生或由党指派或由议会和政府任命而担任公职的党员的行动；

8. 指导其辖区内在群众团体和社会运动中担任代表性职务的党员的活动；

9. 选举检查委员会；监督其下属各级委员会的活动，对其所属党的委员会进行纪律监督，以确保党的廉洁性；审核针对所在相应的政治委员会和由其直接领导的组织做出的决定而提出的上诉。

各市级委员会应每年至少一次，与其辖区内未加入基层党组织的党员举行一次全体会议，以便讨论党的政治方针，把他们纳入党的队伍。

第三十三条 根据市政治行动的需要，只要有3个基层组织，或在此范围内有30名从事活动的党员，各市级委员会可以以区委员会、企业委员会、大学委员会、各行业或行业分支委员会的形式，设立辅助委员会，以便加强对基层组织的管理和领导。

这类委员会行使本章程第三十二条所规定的权限第1款、第6款、第7款及第9款除外。在市代表大会上，赋予规范属下的各市委员会各辅助委员会召开大会的权力，或者通过基层代表大会或党员全体会议直接选举参加党的市委员会的代表。根据市委员会的规定辅助委员会的成员将由专门召开的代表大会选举产生。

Ⅲ 党的基层大会和组织

第三十四条 基层组织是党的日常行动的支柱。是党、劳动者和人民之间的主要环节，可了解他们的愿望和要求，有助于党的方针制定和政治参与。通过定期参加党的基层组织的活动，党员可以实现他们参与党的生活的许诺，并能提高他们的理论和政治觉悟。

基层组织在工厂、企业，以及其他劳动场所，在大学和学校，在居住地，在农村安置点、农庄及在农业企业，在各职业行业，在群众组织和社会运动团体中建立，至少应由3名党员组成。

建立党的基层组织的标准是党员能积极参与党的政策制定和政治行动。党的各个委员会在确定各基层组织的活动范围时，应关注他们所面临的各种具体的条件，关注各基层组织确保更好地活动的方式。用党的政治方案指引，丰富党员及男女公民自己的活动，鼓励把党的行动扎根于政治生活、社会生活和文化生活之中。

一、党重视党员在基层组织中的组织工作，把他们的劳动关系当作加强党在男女劳动者中间的存在，同时也增强他（她）们的力量在党的生活中的存在。

二、在特殊情况下，通过党的州委员会和中央委员会的决定，在某些特殊领域工作的党员可以跨部门的基层组织，直接受州委或中央的领导，选举相应级别代表大会的代表。

第三十五条 基层组织的正常运转，包括定期召开会议并适当充分准备，是党的基层组织履行职责和开展工作必不可少的工具。正常情况下，他们至少每60天召开一次会议，应当选出至少由3名基层组织协调书记组成的领导机构，来领导政治、意识形态和组织领域的工作。在党的基层组织的协调书记中，他们中有1名为政治书记。

第三十六条 各基层党组织的最基本的任务是保证参加基层党组织

的党员能够从事研究、宣传工作．及时缴纳党费。亦即：

1. 贯彻党的政策，收集大众的意见和批评，以便制定行动纲领和政治路线；与人民保持紧密联系，在他们的利益的斗争中，为了他们的团结、动员和组织而开展行动；支持和引导党员参与工会团体和运动，加强并尊重其自主性；在竞选期间，组织党的竞选活动和指导党的候选人。

2. 定期开展吸收新党员的活动；组织定期和适当的宣传活动，以便扩大党的影响。

3. 推动阅读、订购和传播《工人阶级》和党的其他刊物、媒体和宣传方式，推动对《工人阶级》和党的其他出版物、传媒和宣传的传播。

4. 鼓励党员加强学习，将举办基层训练班、文化活动、党的文件的学习纳入党委培训计划。

5. 根据党的领导机构所制定的规则，确保党员缴纳党费；参与党募集特别基金的活动，鼓励各级组织自筹资金解决机构运行费用。

6. 关心党的团结，不允许在其内部出现分裂活动。

第三十七条　党的基层代表大会召开是全体基层组织的特殊时刻，大会总结工作，确定工作计划，选举党领导机构。在州级党的代表大会期间召开，根据相关规定，选出党的代表大会的代表。

基层组织代表大会每年至少召开一次。党的基层组织的所有党员都应参加党的基层组织代表大会，都享有发言权和投票权。预备党员有发言权，至少要提前7天通知。在特殊情况下，可以邀请党外人士朋友参加基层组织代表大会，但他们不享有投票权。这样做的目的是使他们能参与讨论和接触党的政治方针。

第八章　党内纪律

第三十八条　在党的纲领和章程基础上，党通过其所有党员和组织自觉遵守纪律的方法，来确保党的政治行动的统一。对于纪律，全党都应当是谨慎的，尊重本章程和中央委员会确定的规章制度和原则，并严格执行和捍卫。

第三十九条　党员违反了纲领性原则、道德、纪律以及党章所规定的义务，应在他所属的党组织内部，本着教育本人和全体党员的精神，批评个人使其负起责任，保护党的利益。视违纪严重程度进行纪律处罚。处罚的目的是为了加强全党的团结、纪律和革命道德。

处罚是以每个事件的情况、过失的原因、严重程度和党员应负责任为基础来施行，以单一的形式或结合以下措施施行：

（1）警告：内部性质，由其所属的组织做出决定，并上报上一级组织；

（2）公开批评：要在媒体上公布；

（3）有限期暂停在党的机构和议会中的职权，但最高限期不能超过9个月，不可以延长。在停职期间，受处罚者不能以党的名义发表讲话；

（4）撤销党内职务，或者撤销代表党所担任的公职，脱离议会党团；

（5）脱离组织关系；

（6）开除出党。

1. 处罚须由党员所在的党组织做出，如果该党组织未对其进行处罚，就由上一级组织进行处罚；

2. 对各级党的委员会成员的任何处罚，都需要经到场者的三分之二多数票通过才能进行，要确保法定人数；

3. 给予开除出党处罚时须由上一级党组织批准；

4. 对中央委员会成员离党或驱逐出党的决定需要由中央委员会全体成员的三分之二多数做出，并应得到全国代表大会的批准；

5. 离党是指一名党员被强制与党脱离关系，要通报选举法院，被处罚者5年内不能回到党内；

6. 开除出党适用于严重违纪或屡次违纪的现象，包括对党或党的领导人有明显的敌意，或持有不尊重的态度，或者犯下寡廉鲜耻的罪行或违法行政错误。

第四十条 在党员涉嫌违犯党的纪律之后，其所在的组织应该书面通知他的违纪行为，并通过检查委员会进行纪律诉讼。纪检委员会应听取涉嫌违纪党员的申诉，并召集适当的证人听取他们的意见，在初步收集证据之后，于立案调查阶段结束之后30天之内拟定一份报告，并把其结论提交相关组织审议。

违纪者有广泛的辩护权利，应当包括：

1. 可以在 7 天之内向检查委员会提交辩护材料；
2. 针对检查委员会的报告提出反驳理由；
3. 亲自参加讨论对其处罚决定的会议，确保其有权口头辩护，提交自己的证据，和至少 3 名证人的证据。

如果没有纪检委员会，组织可以指定一个负责该纪律案件的特别委员会。

第四十一条 党的领导人如果连续 3 次或者累计 5 次不参加党的会议，而又不能提出全体委员认可的理由，应视为离职，同时并不影响对其做出其他处罚。经上一级党组织同意，可以恢复其党内职务，但应减少其职责。中央委员会委员只有在得到党的中央委员会三分之二多数同意的情况下，才能恢复职务。

第四十二条 在特殊情况下，如果党员的行为与党的道德规范相违背，并且给党带来负面影响，党的各级组织可以对党员采取预防性停职的处置，最长期限为 60 天。此种处置不能延长，并由当事者所在组织三分之二多数同意，并要由上一级组织批准。在停职期限结束前，当事者所在党组织应对其进行纪律审查。在审查期间，该党员不能以党的名义发表意见。

第四十三条 在特殊情况下，党员因个人问题可以向党组织请假，不履行党组织所要求的任务，但最长只能请假一年，期满后不能延期。在此情况下，不能以党的名义发表意见，但要继续接受党纪的约束，并公开遵守党的方针和经济方面的义务。请假须经上一级组织批准，重回党组织也需要经上一级组织批准。

第四十四条 党的任何一级组织，如果违反纲领性原则、道德规范、纪律或者章程所规定的党的义务，尤其是违反党章第十一条第 2 款的规定，或者全国政治方针，将视其违纪的轻重，在不影响对相关个人的处罚外做出如下处罚：
1. 警告；
2. 公开批评；
3. 解散组织。

处罚由其所属直接上一级组织实施，在直接上级组织不作为时，由再上一级组织做出。

第四十五条 受到指控的组织，将会收到上级党组织根据章程第四十条的内容发出违纪事项的书面通知，确保其享有如下的广泛的辩护权利：

1. 在 15 天时间内向检查委员会提交辩护材料；
2. 针对检查委员会提出的报告提出反驳理由；
3. 受到过失指控的组织，最多可由 5 人组成小组参加。在决定对其处罚的会议上，有权进行口头辩护，提交证据，并可有至少 3 名证人。

第四十六条 在特殊情况下，在与党的全国政治方针和党的道德规范相抵触，并给党带来负面影响的问题面前，党的委员会可以对下属组织采取为期 60 天的预防性组织干预措施，而不是纪律处罚的性质。此种措施不能延长，须经委员会成员三分之二多数的同意，并须经上一级组织批准。在干预期间，该组织的领导机构应被解散，并任命一个临时的领导机构。在于预期结束之前，委员会应制定纪检程序。

第四十七条 任何一种纪律处罚，不论是停职、预防性干预或者是准予离职，党员或党的一级组织，都可以向上一级组织甚至直接向全国代表大会提出申诉。

在处罚判决之后 15 天期限内受到纪律处罚的党员或组织可以向上一级组织提出书面上诉。而该组织应该向检查委员会索取意见，并在 60 天内对上诉做出答复。

第九章　检查委员会

第四十八条 各个检查委员会是党的委员会的机构，拥有如下权限：定期检查党务活动中履行党章和遵守道德规范的情况，指导党的各级组织的纪检诉讼程序及上诉，审查党的财务情况。检查委员会由所在委员会选举产生，由 3—5 名成员组成。根据中央委员会批准的规章运行。

1. 在中央委员会和州委员会内必须要设立检查委员会；
2. 在市级委员会，可设可不设检查委员会。如果没有设立检查委员会，其职责可以由政治委员会或市委员会指定的其他委员会履行，尤其是需要对党的财政进行审查的情况下；
3. 检查委员会在其成员中间选举出一名书记，检查委员会需要定期

向所属的委员会汇报活动情况;

4. 正常情况下,每次党的委员会召开会议时,检查委员会也应同时召开会议。在特殊情况下,可以由检查委员会书记、党的主席或者政治委员会召集检查委员会会议。

第十章　共产党员在社会团体和社会运动中的活动

第四十九条　与广大人民群众、青年、先进知识分子紧密联合的城乡劳动者是党的政治计划的执行者。党重视在劳动者中开展活动,同时也参与青年运动、学生运动、社区运动以及包括妇女、黑人、印第安人在内的其他人民阶层的运动,重视推动文化的、艺术的、环境保护的、性取向自由的运动,推动人权的、退休者的、儿童的、青少年的、受压迫和歧视的少数群体的以及其他民主和进步事业的、各国人民之间争取和平及国际团结的运动。反对工团主义倾向。并根据党的方针,通过政治斗争联合上述群众运动。

作为共产党员,必须要扎根劳动者和人民之中,在政治、社会、文化生活的不同领域开展活动,为人民群众争取利益并按照党的政治规划方向提高群众运动的觉悟。

第五十条　党的成员必须在人民组织和行动中活动,以加强各种社团和各种社会运动。党员还应该保护各种社团成员和人民大众的利益,尊重、维护和遵守上述团体和运动的自主性、团结性和民主生活。

作为各种群众性社团或运动领导者的共产党员,应该参加相应委员会领导下的党的基层组织的活动。

第五十一条　当群众性团体或运动具有全国性质或者其活动范围包括一个以上的市时,在其领导机构任职的党员就可以组成一个小组,分别服从党的中央委员会或州委员会领导。

小组是协调共产党员在群众团体或运动领导机关中的行动的辅助机构。小组不具备一级党组织的权利,也不是党组织的领导机构。应指定一名协调者,定期就其活动向其所属的党组织汇报。

1. 只要在群众团体或运动中有 3 名或 3 名以上党员,就可以成立党员小组;

2. 共产党员参加党小组活动的同时也可以参加党的一个基层组织或党的一个委员会。

党和劳动者

第五十二条 党重视在劳动者中间开展活动和建立组织，要在一切类型的群众组织和运动中开展活动，包括在企业内部，直至工会所在地，努力传播党的行动纲领，以使其得到加强。与此同时，还应该尊重他们的组织独立性。

党和妇女

第五十三条 反对歧视妇女的斗争在党的活动和内部生活中占有优先位置。党推动争取妇女解放、男女权利平等的斗争，鼓励党员参加到致力于这项事业的团体中去，培养和造就女干部和妇女党员，并制定扩大妇女参与党的各级组织及其领导机构的政策。

第五十四条 中央委员会将定期召开关于妇女问题的全国会议，并根据妇女解放和妇女参与变革的斗争和党的生活的需要，从性别的视角制定和实施政策。

第五十五条 妇女问题全国大会（Conferência Nacional sobre a Questão da Mulhe）要设立一个全国常设论坛（Fórum Nacional Permanente），由党的中央委员会的一个秘书处进行协调。作为制定妇女解放政策的舞台和跟踪党的各种政策执行情况的平台。全国常设论坛的任期是两届妇女问题全国大会闭会期间。

党和青年

第五十六条 党支持巴西青年的斗争，保护他们的利益和权利，为他们的愿望的实现而斗争。党鼓励青年运动和斗争的发展，并为使社会主义青年联盟（União da Juventude Socialista）更有活力以及在政治、意识形态和组织方面的加强而做贡献。

所有的青年共产党员在年满25岁之前都应该参加社会主义青年联盟的活动。如果担任其领导职务的，可以延至30岁。

第五十七条 所有的青年共产党员都应通过党的基层组织与党保持定期联系，或者在特殊情况下，参加由党的各级委员会召开的青年共产主义者大会，积极参与党的指导方针的讨论，并推动党的思想教育工作。

1. 党鼓励选举青年共产党员进入各级委员会和政治委员会，使之成为他们能够更多地参与党的政治生活的方式。但不应该指派他们在其所在的党组织担任行政职务；

2. 党的各州委员会可以提供特定环境，使青年共产党员在青年运动之外承担主要任务。

党在反对种族压迫中的斗争

第五十八条　反对种族主义是党为社会和民族解放而斗争的纲领的组成部分，不仅涵盖在这些专门领域中开展活动的党员，也把全党包括在内。

共产党人站在阶级斗争的立场，对种族压迫进行马克思主义分析，支持并参与黑人运动及其组织，为战胜种族主义，制定反对偏见和歧视的政策，为推动权利平等做出贡献。

第十一章　代表党担任公职的共产党人的活动

第五十九条　根据党的中央委员会的规定，不管是担任公职、担任选举产生的职务，还是担任由党指派担任的代理职务，也不管是担任立法或行政机构任命的职务，在党所参加的各级政府中，这些职务都构成重要的工作战线，都是为党的政治目标服务的。在这些职位上，共产党人要遵守其任职的机构的制度和规定，而且还应遵守他所在的党的各级组织的规定不能超越于它们之上。在党的名义之下所取得的选举产生的职务属于党的整体。

在这些职位上，共产党人应尽其所能做到：

1. 捍卫并传播党的政治方针和决议，贯彻实施其所在的党的领导机构所做出的决定；

2. 珍视党的名称，诚实履行职务，尊重公共事业和人民的权利，定期向组织进行汇报；

3. 通过其所在的组织，积极参加党的生活；

4. 致力于反对党内的实用主义（pragmáticas）和官僚主义行为，保持本人的习惯、生活方式和与原单位的社会关系；

5. 利用自己的知识、自己所能得到的资料和信息，帮助党了解现实，找出当代问题的创造性解决方法；

6. 根据本章程第九条党的领导和机构的规定，并根据所担任的职务，缴纳常规的和特殊的党费。

第六十条 根据第三十四条第 2 款的规定，担任经选举选出的公职、选举出来的或由党指派担任各委员会的职务的党员，应保留其所在党的党籍，或者参加党的一个集体。原则上，除非获得上一级党组织明确批准同意，党的主席不应在政府中出任职务；如果担任公职，应该辞去主席职务。

第六十一条 党在各个级别中的议员党团组织是所在党的委员会的一个机构，即便担任议员职务的党员不是相关委员会的成员。根据中央委员会的规定，议员党团应接受所属党的委员会的政治委员会的领导，并应遵守党的中央委员会的各项规章制度，党委负责监督议员党团，议员党团由相关的领袖进行协调。各级党团领袖，应在征求党团成员的意见后，由党的政治委员会指定。

第六十二条 在各级议会中的党团应遵照指导党组织运行的总体规章开展活动，还应该积极参加自己党组织的活动。议会党团应定期召开会议，讨论党的政策及在议会中的提案，确定在投票时应采取的立场，以及建议党在议会各委员会中的代表对确定的议题作出答复，参加全国性或国际性的活动。党的议会党团的所有成员都要执行并遵守政治委员会的决议；党的议会党团的决议需得到相应的政治委员会的批准。顾问职能如何行使应由党的议员和党的政治委员会协商确定。

第十二章　党的宣传工具

第六十三条 党的通讯媒体由一系列宣传工具组成，其职责是传播信息、政治指导、宣传党的方针和社会主义。党的宣传工具对于党的政治行动、组织建设、政治和思想教育以及讨论和阐述国内和国际热点问题等是必不可少的。

《工人阶级》创建于 1925 年，是党的中央机关报。党在因特网上的门户网站也是使党与党员和整个社会得以进行日常交流的工具。理论杂志是党与先进知识分子阶层进行互动和传播其学术成果的一个工具。宣传党的出版物是所有党员以及所有组织的一项义务。

1. 党的全国性刊物的领导机关应由党的中央委员会任命；

2. 党的州、市委员会，在不影响党的中央机构刊物传播的情况下，可以在其所辖区域内发行出版物。

第十三章　毛里西奥·格拉波依斯基金会

第六十四条　毛里西奥·格拉波依斯基金会（Fundação Maurício Grabois）属于法人组织，有自己的领导机构，有自己的组织章程，是党从事政治和理论等研究活动的协作机构。毛里西奥·格拉波依斯基金会是一个理论、科学和文化性质的协会，是共产党员参与思想斗争以及与马克思主义及进步知识界对话和联系的工具。

国家的进步知识分子阶层在社会改革进程、在提高劳动者和巴西人民的觉悟水平、在国家的社会经济、文化、科学和技术发展进程中、在争取国家主权的斗争中，都起着突出的作用。共产党人与其一起行动，目的在于发展马克思主义，并加强《巴西社会主义纲领》的斗争。

毛里西奥·格拉波依斯基金会由党的成员以及学术、文化及知识界的党内外人士，即准备与党的主张合作的人士组成。目标主要有：

（1）推动和支持由中央委员会委托的在政治、经济、社会、文化、技术和环保等领域的学习、研究以及对巴西和国际现实的分析；根据其工作纲领，由它组织学习小组、会议、研讨会、讨论会和其他活动；研究和宣传巴西人民、工人运动和巴西共产党的历史。

（2）通过理论课程和政治形势，推动党员的政治以及理论和思想教育工作；当党提出要求时，可协助党的领导机关和党的议会履行其职责；向党的机构提供技术服务咨询及协助。

（3）同本国或国际公私机构订立合同、协议并与之进行交流；出版刊物、电视节目、录像、电影、因特网、音频和其他媒体形式，推动党的理想信念教育、理论和政治的教育活动。

1. 除了其他可以采取的措施之外，党的中央委员会还可以把党的基金所收到的资金的至少20%，拨给毛里西奥·格拉波依斯基金会使用；

2. 在尊重毛里西奥·格拉波依斯基金会自身组织章程的情况下，中央委员会可以任命党员担任毛里西奥·格拉波依斯基金会的领导成员；

3. 在毛里西奥·格拉波依斯基金会自身组织章程允许的范围内，党的各个州委员会可以建议毛里西奥·格拉波依斯基金会设立分会。

第十四章 党的财产、行政管理和财政管理

第六十五条 党的财产主要包括有权和有义务获得诸如证券、遗产收入和党通过自有资金、捐赠、法律允许的遗产以及其他形式的动产和不动产。

第六十六条 党的财政收入有：

1. 根据第九条规定，通过党员缴纳党费获得的资金；
2. 党员或党的同情者的捐款；
3. 通过党所组织的募捐活动所筹得的款项；
4. 出售刊物所得；
5. 来自法律所允许的商业性质的合同和协议所得；
6. 党的基金资金；
7. 其他不违法的捐献，诸如自然人或法人的物品捐赠，或者其他可以折合成金钱的物品、服务或工作。

第六十七条 党的各级委员会有在其所辖区域内自主筹集资金并妥善加以使用的权利，以便为党的各级组织的良好组织和有效运行提供所必需的条件。所有各级政治委员会，都应该向其所属的党委和选举司法机构报告有关其收入和支出情况；应当遵守经济、财政自给自足原则、遵守收入集中和分散的原则；遵守合法性、有道德、诚实、透明及定期报账并实行集体监督的原则。

1. 中央委员会将按照自己的准则把从各种来源获取的资源在党的各级组织间进行分配。党的基金得到的资金将按本党章第六十四条第一款所规定的分配方法，在各级党组织间按照中央委员会80%，各州委员会20%的比例分配。

2. 各级委员会可以就其名下的社会财产的管理做出决定，包括可以获取、转让、出租、租用或抵押财产，也可以接受捐赠和遗产赠予。

3. 党的资金由各级政治委员会进行管理，由主席办公室和财政秘书

处专门负责并每年一次向其所属的党的委员会报告一次，而全党的资金要在全国代表大会期间向全党公开账目；在选举各州、市委员会的州、市党员代表大会召开时，向代表大会报告。

4. 当需要时，检查委员会有权查账并就政治委员会提交的报告提出自己的意见；检查委员会可以要求对方提出理由和解释性的材料，为了更好地履行其职责，检查委员会有权自由查阅所有必要的材料；有关委员会的意见，是向党的委员会和选举法院提交账目的先决条件。

5. 党员没有以党的名义欠下债务负责偿还，但是如果浪费党的资金和财产，或者给党造成损失；如果违反法制和廉洁原则、本章程的规定以及党的领导的准则，就要负法律责任。

第六十八条 除非有党的各级相应的财政秘书处或政治委员会主席的明确授权，任何个人，不管是否是党员，以个人名义或使用党的法人全国登记号所进行的任何金融交易，党都不会替其承担责任。

1. 党的各级组织都应拥有自己的法人全国登记号；

2. 未经负责人的明确批准，任何级别的组织或者党员使用任何一级党组织的法人全国登记号都构成严重的违纪行为，应受到相应的纪律处罚。

第六十九条 党的账目报告应符合会计基本原则和巴西会计基本规范，尤其要符合巴西会计基本规范第十条第十九款对非营利性组织的规定，也要遵守其他法律规定。

包括：

1. 记账工作要由精通会计业务的专业人员进行，以便可以查清收入的来源和支出的去向，同时也有利于查清财产状况；

2. 每年4月30日之前，即在财政年度结束之前，必须向选举法院上报账目；

3. 在做党的年度收支和选举年收支状况账目报表时，应使用由选举法院提供的账目计划表，同时还要遵守法律上的其他规定；

4. 禁止对毛里西奥·格拉波依斯基金会的任何收支情况进行会计记录，除非是对毛里西奥·格拉波依斯基金会所做的投资，但这也应记在毛里西奥·格拉波依斯基金会自己的账目上。

第十五章 最后条款

第七十条 巴西共产党使用 PCdoB 这一首字母缩写作为简称，在全国选举中使用 65 作为选举号。巴西共产党的党徽是交叉的一把镰刀和一把锤子，象征城市和农村劳动者的联盟。巴西共产党的党旗形状为红色横向的长方形，位于党旗中间为黄色标志，其字母缩写为白字。

第七十一条 联邦区巴西利亚是巴西共产党的全国总部所在地，也是巴西共产党的法定办公地和法院辖区。

第七十二条 本章程经党的全国代表大会批准，并在《联邦官方日报》（Diário Oficial da União）及党的报纸上刊登之后开始生效。还要到相关民事公证机构对本章程进行登记公证，并将章程提交给最高选举法院。

任何需要得到选举法院批准的处理、修改、变动，都要由中央委员会做出决定，并由党的中央委员会提交选举法院。

附录二　巴西社会主义纲领（摘译）[①]

捍卫民族发展道路，坚定社会主义方向

（1）巴西共产党确信，21世纪头几十年，巴西将成为世界上最强大和最有影响力的国家之一，一个主权的、民主的、社会进步的并且同南美及加勒比邻国实现了一体化的国家。过去5个世纪以来，尽管有诸多反复和不利因素，巴西人民还是建立了一个伟大的国家。然而，国家建设中出现的一系列相互冲突的问题和矛盾过程延续至今，如今巴西人民必须解决这些现实问题。如果不迅速地解决历史遗留下来的经济社会发展中的扭曲和困境，巴西发展就会陷入倒退境地。

（2）当前严重的资本主义危机为巴西人民提供了一个历史性的机遇：从根本上解决巴西所面临的结构性的矛盾，推动一个新的进步的文明发展进程。这条新道路就是"巴西特色新型社会主义"（socialismo renovado, com feiāço brasileira）。社会主义是一条能够实现巴西人民的潜力，有力地捍卫巴西独立，使其免于外国剥夺，确保其伟大的建设者有权利过一种有尊严的和幸福的生活的道路。社会主义就是巴西民族发展的方向和道路。因而现在至关重要的是为实现新的国家发展计划而斗争——它是能够促使国家发展和进步的工具。

I　国家建设的历史进程

（3）作为一个新的国家，巴西有自己独特的文化，拥有富有创造性的、灵活的、开放的、包容的文明，尽管其经济和政治结构一直以来都是传统型的。虽然它是一个年轻的民族，但是巴西人民却时常为争取自由、社会权利、独立和主权而拿起武器进行斗争。这一历史进程充满了印第安人和非洲人反对奴隶制而抵抗的鲜血，反对独裁政权的英勇斗争，这些都是具有我们这个时代的特征的工人和人民大众的斗争。他们是民族的英雄和缔造者以及国家发展的推动者。明显地，巴西有三种文化形态，即美洲印第安人文化、非洲文化和葡萄牙文化。这些文化形成的历

[①] 2009年11月8日巴西共产党第十二次全国代表大会通过。

史过程是痛苦的，伴随着奴隶制和暴力。一切以殖民主义精英人物的利益为重。但是其成就却是伟大的：一个具有自己特性的新民族产生了。自19世纪末以来，来自欧洲、亚洲和阿拉伯的人更加丰富了这些特性。所有这些以土著印第安人文明、非洲文明和居主流地位的欧洲文明为基础和元素的人民大众文化最终形成了巴西文化——这是巴西民族最为显著的特性之一。如今，这些都成了巴西人民的宝贵遗产，而不像其他民族那样有着要求脱离国家或民族而独立或自治的各种不同的种族主义和民族主义。

第一个巴西文明时期——民族的形成及民族国家的建立

（4）在反对殖民主义统治的斗争中，巴西人民产生了富有活力的思想，形成了一个自由的拥有自决权的民族。其中的里程碑之一就是17世纪驱逐荷兰殖民者的斗争过程中，所有受殖民主义压迫的力量——神职人员、穷人、奴隶、自由的黑人以及印第安人在费利佩·卡麦隆（Felipe Camarão）的领导下，加入了反对荷兰殖民者的运动中来，在没有葡萄牙帮助的情况下，击败了荷兰。这是巴西独立过程中巩固领土完整的具有决定性的事件。

（5）1822年，在长期斗争过程中，巴西宣布独立……

（6）居主导地位的保守力量并没能扼杀巴西人民争取自由和民主的愿望。他们进行了要求分配土地的斗争、要求国家自治的斗争、废除奴隶制的斗争以及要求建立共和国的斗争。废除奴隶制是大规模的群众运动的结果——其中包括了造反的奴隶、城市中等阶级、进步的知识分子，最重要的是工人阶级。这场解放运动并没有能够自由地分配土地以确保人民的生存条件。这些局限并没有影响废奴运动的规模，其要求是废除奴隶制度。然而，从长期来看，它保留了种族主义以及黑人低下的生活条件。

（7）废奴运动结束于1889年"共和国"（República）的建立。这是巴西民主建设的迫切要求。在经过了一系列斗争后，"共和国"处于保守力量控制之下，这就要求同这些共和主义者进行斗争，制定一个最为进步的纲领——把国家作为促进民主、民族团结、发展、土地分配以及加强国家主权的工具。

第二个文明时期——国家发展主义：劳动权利、教育和文化的进步

（8）1930 年，热图里奥·瓦加斯（Getúlio Vargas）推翻了"旧共和国"的寡头统治，使国家进入了一个新阶段。其间，1922—1924 年英雄的陆军中尉普列斯特斯（Prestes）领导了起义，这是 20 世纪早期伟大的无产阶级斗争，1917—1919 年大罢工，以及巴西共产党的建立——它标志着无产阶级有意识的政治斗争开始了。20 世纪 30 年代斗争的成就有：给予妇女选举权；实行最低工资；制定"劳动加强法"（CLT）并且开始推行社会保障。20 世纪 30—80 年代是国家发展最为繁荣的时期。在所有资本主义国家里，巴西是发展最快的国家。

（9）但是巴西资本主义发展是落后的、扭曲的、不平等的，并处于帝国主义控制之下。无产阶级——主要是城市无产阶级，以及工业资产阶级——它变成了统治阶级，取代了大土地所有者和商业资产阶级。这两个阶级变得日益重要了。国家成了推动发展的主要工具。国家资本成了经济发展的关键因素，并且参与私人资本和国外资本。国家开始由农业出口经济向工业化城市化经济过渡。20 世纪 40 年代，建立了国有钢铁工业，在瓦加斯第二任期内建立了大型国有企业，其中包括巴西石油公司（Petrobras），它产生于民权运动——"石油是我们的"（O Petróleo é Nosso）进程中，以及国家经济发展银行（BNDE）。从 20 世纪 50 年代后半期开始，国家加速向外国资本开放，并为跨国公司提供便利。这种计划目标使库比契克政府加速了工业化的进程。

（10）国家财富被大土地所有者占有。在受到国家支持的资本主义领域，农业生产高涨。

（11）这个政治进程是通过各种不同的政党及鱼龙混杂的社会力量的轮换交替而实现的。20 世纪 40—80 年代，军队在政治上起了重要作用，发动了数次反民主的政变。美帝国主义干涉了巴西政治进程。总之，这 50 年是独裁政治时期，民主是有限的，政治自由和人民的民主参与权受到了严格的限制，巴西共产党及其他革命力量遭到了严厉的镇压。然而，劳动者和广大人民群众在决定性的时刻举行了示威游行。虽然处于残酷的条件下，共产党人的斗争还是为巴西的建设做出了贡献。

（12）20 世纪 30—80 年代，巴西人口增长了三倍，城市化进程加速。中产阶级人数增加。收入和财富的集中度居世界首位。巴西强化了其国家特性。公立教育获得发展，科学和文化政策提高了巴西人民的文化水平和巴西文化的特性。

国家发展主义的衰落

（13）1964年军事政变推翻了古拉特（João Goulart）民主政府，并且取消了旨在促进发展的改革措施。政变本身表明了帝国主义及国内的跨国公司和为外资企业服务的私人企业对古拉特政府的民族主义政策的强烈反对。在20世纪70年代中期的世界资本主义危机中，"国家发展主义"（nacional-desenvolvimentismo）开始走向衰落。1968—1973年，由军政府开创的"经济奇迹"结束后，政府制订了第二个"国家发展计划"（Plano Nacional de Desenvolvimento），以推动发展，直至1981年。这50年的衰落源于现代金融体系的缺陷，要么是通货膨胀，要么是外债沉重，特别是70年代，这导致了80年代的债务危机。巴西已经进入了一个受制于国际货币基金组织，并且经济衰退、失业和工资冻结的时期。

（14）1981—2002年是巴西经济发展"失去的二十年"（décadas perdidas）。积极的遗产就是1985年的重新民主化，这是人民大众为争取民主和自由而斗争的结果。尽管1988年宪法存在局限性，但是它毕竟提供了一个法制化的民主政治框架，肯定了重要的社会成果。到80年代末，资产阶级，特别是工业资产阶级已经失去了权力，不能够制订一个新的国家发展计划了。

新自由主义的兴起和民族国家的衰落

（15）90年代，从科洛尔（Collor）政府特别是卡多佐（F. H. Cardoso）政府开始，即使面对人民大众的斗争，政府还是推行了激进的新自由主义的政策措施。其留下的"饱受诟病的遗产"（herança maldita）包括赦免国家的罪人、腐败的国有财产私有化进程、经济的非国有化、金融自由化、日益增强的依附性。政治民主已经被独裁主义破坏殆尽，宪法被撕毁。在社会领域，限制劳动权利，社会状况恶化。国家走向了反动。

卢拉胜利：一个具有重大意义的改变

（16）2002年卢拉当选为共和国总统。这是巴西历史上的一个里程碑；随着民主和进步力量的增强，开启了一个新的政治周期。民族国家衰落的趋势开始得到扭转，反对新自由主义的斗争具备了更好的条件。

在这种激烈的政治斗争中，民主得以发展、主权得以加强、人民赢得了胜利。这种改变标志着一条新的发展道路，其真正复兴始于 2005 年。由于历史的原因，卢拉政府开始执政之际，表现出了双重性。这种双重性包括在制订和实施向一个新的国家发展计划过渡时的妥协性和局限性，而这是解决巴西社会现实的根本矛盾的办法。卢拉政府必须消除自身存在的严重危机。卢拉政府使国家摆脱了新殖民主义的美洲自由贸易区，使国际货币基金组织不能再对巴西颐指气使。即使存在着局限性，这种姿态使卢拉政府承担起了发展的责任——加强主权、促进民主、收入分配和加速南美一体化进程。

当前面临的挑战

（17）当今，巴西人民面临的挑战就是要使当前的政治进程进入一个更加充满希望的阶段。巴西需要而且能够制订并成功实施一个新的"国家发展计划"（NPND）。这个计划要克服由于历史和政治原因而造成的国家发展中的障碍和扭曲。消除这些长久以来累积的障碍需要一些解决办法，即制订一个新的"国家发展计划"。

（18）解决巴西现实的结构性和根本性的矛盾需要克服以下问题：

a. 巴西在资本主义世界中处于依附性的"外围"（periférica）地位。捍卫国家主权，反对帝国主义和霸权主义，建立一个民主的爱国的满足人民社会要求的斗争联盟；

b. 反对保守的金融资本的统治，捍卫民主和人民的创造性，给予人民充分的自由和政治参与权；

c. 反对超级大国强加于巴西的不平等的国际劳动分工以及依附性的经济地位，实现经济的自由和独立，提高初级产品的科技含量，解决收入和财富高度集中的问题；

d. 铲除非生产性的或低生产率的大土地所有者，进行民主化的土地改革；

e. 消除劳动收入与资本收入之间的鸿沟，建立一个现代的进步的经济体制，提高劳动价值和劳动权利；

f. 消除社会的不平等，把发展作为实现收入分配和社会进步的手段，实现社会权利的普遍化，反对种族主义和同性恋歧视，倡导宗教宽容；

g. 消除地区发展的不平等和差距；

h. 消除资本逻辑和性别歧视对妇女解放所造成的障碍和限制。妇女在工作和生活中仍然是被歧视的对象，是暴力的受害者，丧失了在政治决策和政治权力中应有的地位；

　　i. 掠夺性地开发造成了环境退化和环境污染以及对森林资源、水资源和野生动植物的毁灭性破坏；

　　j. 国内外的垄断性媒体和文化产业将其意识形态和价值强加于巴西人民，使其对巴西文化的认同意识、民族意识及主权意识逐渐丧失；

　　k. 消除以美国和欧盟为首的外部力量的影响，加强拉美一体化进程，同其他国家建立战略伙伴关系，实现对外贸易多样化。

　　(19) 在当今时代，克服这些矛盾需要一个战略性的向度——满足未来进步的发展要求和人民的福利。巴西正面临着一个"历史性的十字路口"（encruzilhada histórica）：要么采取促进文明发展的道路，要么继续受制于帝国主义大国的摆布，听任经济社会的衰退。就像客观历史趋势所显示的那样，今天一个切实可行的解决办法就是制订并实施一个新的"国家发展计划"，即"走向社会主义的巴西式道路"（caminho brasileiro para o socialismo）。巴西共产党确信源自于国家建设的历史进程中的这个替代方案的可行性，因而向巴西人民提出了党的纲领。

　　Ⅱ　巴西社会主义纲领

　　(20) 这个纲领的主要目标就是在当今巴西和世界所面临的具体状况下，实现从资本主义向社会主义的过渡。社会主义的主要目标就是要解决资本主义的基本矛盾，即不断增长的以私人对收入和财富的占有为形式的社会冲突。作为一个比资本主义具有优越性的社会，社会主义将按照劳动的数量和质量来分配商品和财富。社会主义具有比资本主义更高的社会劳动生产率。社会主义是科学技术和生产力发展的客观结果——资本主义没有能力满足人类的需要。社会主义实现了劳动者掌握国家权力，以及生产资料的社会所有制形式。社会主义是一种实现各民族和国家的团结、和平、合作，坚决反对帝国主义侵略，实现世界劳动者和人民之间的友谊的制度。

　　社会主义发展的历史进程

　　(21) 从历史上看，社会主义仍然处于充满活力的幼年时期。20世纪我们见证了苏联社会主义的发展。即使在不利的环境中，社会主义仍然在许多国家取得了胜利。这是一份珍贵的遗产。它在不同方面对人类文明进步的进程产生了影响。虽然取得了如此的成就，但社会主义的实践还是失败了。但是鉴于历史的经验教训，世界社会主义得到了革新。在这些经验教训中，我们特别要说的是没有一个统一的社会主义建设和革命的模式，也没有一条从资本主义向社会主义过渡的直接路径。社会主义建设要经历一个包括不同步骤和阶段在内的过渡时期。社会主义建设及其成功要根据每个国家特殊的历史、经济、社会、文化、种族等情况以及全球权力体系中的力量对比状况，采取具体的方式。中国、越南、古巴、朝鲜和老挝这些现实社会主义国家根据各自国家的情况，仍然顽强地通过改革和革新，高举社会主义旗帜。另外社会主义的革新就是美洲的新鲜经验。委内瑞拉、厄瓜多尔、玻利维亚这三个国家宣称，他们决定要实现从资本主义向社会主义的过渡。在南非，同样有着极具民主性质的政权。21世纪初出现了新的争取社会主义的斗争。

从历史上看，资本主义是一种日渐衰落的制度

（22）革命运动的自由抵抗进入了一个新的时期——劳动者斗争意识的增强、革命理论的丰富发展以及从客观上来看资本主义进入了衰退状态。从历史上看，资本主义在发展了300年后，已经变成了一种没有生命力的制度，虽然它仍在政治和意识形态领域占统治地位。19世纪末20世纪初，资本主义进入了帝国主义阶段。从那时起，它就已经失去了在旧的封建社会里所具有的推动文明进步的作用。在资本主义统治下，人类遭受了极大的痛苦。资本主义带给人类的不是和平而是战争，不是自由而是对民主持续不断的威胁。而且造成了数以百万计的人的饥饿和失业，加重了对劳动者的剥削。资本主义为了追求利润最大化而对自然造成了破坏。在当今时代，资本主义的这种特征更加明显地表现出来了。金融资本急剧发展。食利主义恶性膨胀，大大超过了生产领域。国家主权和民族自决权被忽视了，并且否认大多数国家的发展权。帝国主义大国之间的冲突更加严重了。资本主义变得越来越充满危机、剥削和暴力。这种现实情况显示了资本主义的历史局限性并且要寻求替代方案。

全球形势的变化

（23）新的争取社会主义的斗争发生在21世纪世界权力关系变化的过程中。在国际体系中，从后冷战时代的单极世界向不稳定的多极世界

过渡的趋势不断地加强。这一过渡进程的本质特征主要表现在美国的加速衰落和社会主义中国的迅速崛起。这种趋势表现得越来越明显了，这是由资本主义发展不平衡的规律决定的——这加剧了国际资本主义危机。劳动者和人民斗争的加强也是一个很重要的因素。因此，一方面，当前经济危机造成了美国霸权严重衰落的趋势——虽然它仍然拥有大规模的无可匹敌的军事力量；但另一方面，这种趋势并没有从根本上改变革命力量与世界反革命力量之间新的力量对比关系——尽管进步的革命力量的积蓄有了很大改变，但反革命力量仍然十分强大。

巴西从资本主义向社会主义的过渡

（24）巴西共产党社会主义纲领不是要阐述社会主义建设的普遍规律，而是主要阐明从资本主义向社会主义的过渡。根据当前的现实情况，向社会主义过渡的道路包括了政治上和组织上的过渡。因此，一个根本性的问题，也就是过渡的起点，就是城市和农村的劳动者要争取国家政治权力，其中工人阶级对于斗争的胜利起着重要作用。与此同时，这也需要来自同盟者广泛的社会支持并且要加强他们的团结、提高他们的政治意识。这包括同城市和农村的其他社会力量——中产阶级、进步知识分子、中小企业主以及那些致力于社会生产并捍卫国家主权的人——建立联盟。青年人和妇女的参与也是斗争取得胜利的一个有利因素。

（25）作为工人阶级和劳动人民的政治上的先锋队，巴西共产党以马克思列宁主义的革命理论为指导，并且致力于加强同其他能够推动革命胜利发展的政治组织及其领导人建立合作关系。通过斗争，建立一个新的政治、经济和社会制度。只有社会主义能够捍卫国家主权和劳动价值并且通过共同努力建立一个主权的、民主的、统一的国家。由是观之，如果不致力于首先进行捍卫国家主权的事业，社会主义就不能取得胜利。

权力、经济建设及思想斗争

（26）在一个新的人民民主共和国里，革命力量取得政治权力后，将会开始建立一个新的民主国家的尝试。在社会主义建设的初级阶段，取得了民主合法性和广泛的政治自由的底层人民将会在共产党领导下实现向社会主义的过渡。

（27）由于社会主义产生于资本主义生产方式及其结构的内部，在向新社会的过渡进程中将会存在许多不同的经济成分——国家所有制、公有经济、私有经济、混合经济以及多种不同类型的企业形式如合作制。甚至也可以允许国家资本主义形式的经济成分存在，以及在新的政治权力监管下的市场的存在。然而，主要生产资料的社会所有制形式应该逐步占优势地位。

(28) 向社会主义过渡将会遭到旧社会思想价值观念的抵制。总之，这个过程充满了两条道路之间的无情斗争，取决于全球范围内的力量对比关系。这就决定了新的政治、经济和社会制度要取得胜利，就必须要考虑到斗争的进程、形式以及速度问题。

第三个文明时期的挑战

(29) 当前向社会主义过渡的纲领是有历史根源的。它旨在解决巴西政治发展进程中的问题，也是当今推动巴西文明新发展的历史要求。这就是捍卫和加强国家主权，实现社会的完全民主化以及推动社会进步。这是时代的要求。这就要求以科学技术为基础，采取决定性的步骤，推动建立一个先进的社会。资本主义制度——曾经创造了巨大的现代生产力——已经变得没有能力利用科学技术来作为推动社会进步进入一个新的阶段的工具。就像客观历史趋势所显示的那样，一个切实可行的解决办法就是实现社会主义。然而当今，并不能直接地迅速地向社会主义过渡。我们必须考虑到向一个新的社会主义制度过渡的政治和组织状况等现实条件。当前的社会主义纲领就是以此为基础而制定的，其目标就是应对历史性的十字路口的挑战。

(30) 向社会主义过渡这个巴西革命的主要任务就是巴西民族所面临的第三个伟大的文明进程。它是民族的、民主的、人民大众的。其主要目标就是完成和巩固这些任务，并超越当前政治进程所无法完成的改革。因此，这是一个革命性的过渡进程，同资本主义进行深刻的决裂，并从根本上推动文明发展进程。民族的、民主的、人民大众的斗争的联合及其成功，是向社会主义过渡的预备性阶段的主要条件。真正民族的、民主的、人民大众的斗争将会给予人民真正的权利。国家真正的独立和主权的加强，完全的民主化和社会进步只有在社会主义条件下才有实现的可能。

政治权力和革命力量的积蓄

(31) 那些致力于向社会主义过渡的社会力量夺取政治权力的斗争，

需要通过根本性的结构改革来积蓄革命的力量。这个过程有两个基本向度，即政治向度和实践向度。前者是实施社会主义纲领的问题，这就要加强党以及其他进步力量的力量。后者则包括三个相互作用的基本任务——这构成了指导巴西共产党的行动和实践的整体思路，即党在公共机构、民主政府以及议会中的行动，建立广泛的政治行动阵线以动员和组织底层群众，并将其作为增强党的力量以及实现根本变革的主要推动力，进行持续不断的富有创造性的思想斗争以应对当前及未来斗争的挑战。

（32）在实现党的战略目标之前，在像巴西这样的处于世界体系及民主进程中的"外围"国家里，可能的步骤就是要寻找政治权力的过渡形式——这或多或少地会持续一段时间以实现权力的平衡，其间会有竞争和不稳定性。这种权力中甚至没有一个明显地处于统治地位的阶级——这是有助于实现进步的。这种可能的状况将会产生预期的结果。然而，这种形势持续下去并不能保证党的任务取得完全的胜利并且有可能会误入歧途。

新国家发展计划——走向社会主义的巴西式道路

（33）这个纲领所寻求的道路就是实现这个纲领的政治和组织条件——建立人民民主共和国，以推动向社会主义的过渡。实现这个最终目标的方法就是制定并实施一个新的"国家发展计划"。其内容要根据巴西和世界的政治经济形势、人民群众的组织和动员水平以及选举状况——这实际上就是争取政治权力的政治斗争所面临的形势。

（34）民主的、进步的、人民大众的力量在总统选举中的胜利将会推动为实施新国家发展计划而进行的斗争。不管是成功还是失败，抑或是面对不可预料的政治形势，这种进步的政治趋势将会影响到斗争的进程和水平、力量对比关系以及斗争的形势。然而，不管怎样，向社会主义过渡就是巴西共产党的行动方针。

（35）当今始于2008年9月的严重的全球资本主义危机对巴西产生了重大影响，产生了一些意想不到的问题以及一些结构性的问题。这在国内外造成了这样一种形势，即有必要继续推动新国家发展计划并提高斗争的水平。制订这样一个大规模的计划需要相应的政治和经济变革，而不能仅仅局限于修补由当前严重的资本主义危机所造成的困境。这应该是一个具有不同以往的显著特征的新机会和新道路。

（36）新国家发展计划应该考虑到这次大危机所造成的后果，就像1929—1933年大危机那样——那时，巴西利用资本主义大国之间的矛盾推动了工业化建设。然而当前，巴西共产党主张实行一个与向社会主义过渡的前景密切相关的新国家发展计划。为实施这个计划而在各个战线上进行的斗争提高了人民的政治意识并使社会力量得以加强。其目的就是要实现劳动者和大多数人的政治权力和利益。这是一个夺取政治权力并建立一个新的人民民主国家的手段。

本质、目标及联盟

（37）在当前卢拉政府执政的条件下，这个新国家发展计划应该达到更高的阶段。它在本质上是反对帝国主义、大土地所有者、奉行新自由主义政策的金融寡头以及寄生性的食利者的。这个纲领的基本内容包括捍卫国家主权、实现社会民主化、推动社会进步以及实现拉美的团结和一体化。

（38）实现这个目标要建立政治联盟以击败亲帝国主义的政治和社会势力以及那些不劳而获的投机受益者。换句话说，就是要击败那些同国家分离并依附于外国掠夺者的社会势力。除此之外，还要使其他的资本主义势力保持中立。这个清晰的目标就是要建立一个以劳动者为中心的并且包括大多数社会力量的广泛的社会和政治阵线。

任务、内容及原则方向

（39）这个新国家发展计划必须解决一系列重要任务——建立一个民主的、繁荣的和统一的并且拥有新型公共机构的国家，一个拥有高度发达的科学技术的国家，一个主要的食品和能源生产者以保证人民过上有尊严的生活的国家；实现机会平等和基本权利普遍化；实现生态环境的可持续发展；繁荣巴西文化，强化民族意识；加强和巩固南美一体化进程并加强同世界其他国家的战略伙伴关系。

（40）加强和捍卫国家主权。把国家利益和社会需求结合起来，实现人民广泛的民主参与。这主要表现在反对帝国主义统治该地区计划的共同民族行动——进行旨在推翻对该地区经济金融、科学技术以及文化的统治的斗争。制定并实施国家防御战略以确保国家主权及领土完整。国家发展与拉美国家息息相关——这是整个拉美地区的一个新的政治、经济和社会进步的框架和远景。

（41）建立一个新型的民主化国家。实现民主的稳定发展，给予人民广泛的政治自由。把代议制民主（democracia representativa）和直接民主（democracia direta）结合起来，使人民对关乎重大国家利益的问题的决策拥有广泛的参与权和提出建议的权利。建立新型公共机构以使其对政党的选举运动和投票活动提供资金支持。对公共财产和资源实行严格管制。确保公共服务的质量。实现司法民主以确保人民能够享有便捷高效的司法服务。实行反贪调查员制度以便为人民参与司法过程创造条件。实行最高法院法官任期制以结束终身制从而增加活力。加强军队力量并将其作为致力于维护民主秩序的机构，捍卫国家主权。确保与大众传媒公开的自由的进行交流的权利以支持政党和社会运动。

（42）发展能源工业、促进科学技术进步及创新。制定"战略发展计划"以促进公共投资和发挥国家的强力监管作用。积极勘察石油储备，建设发电站，实现电路网的多元化，发展生物燃料、可再生能源以及实现原子能的和平的循环的利用。建设大型的可持续利用的基础设施，特别是覆盖全国的铁路网以连接内地和沿海港口。计划决策应该包括扩张性经济政策、扩大和加强国内市场及国有企业。建设高附加值的工业生产基地。建设先进的可持续的技术创新机构和制度体系。对不同地区的农场制定统一的监管框架。确定生产食品的排他性土地，种植农业资源产品，科学利用和保护生物多样性，特别是在制药工业中。

（43）劳动价值。当前出现了收入从劳动向资本的反转。实现社会劳动关系民主化，更新"劳动加强法"，充分确保工会的权利。为更好地工作、更高的工资以及实现男女同工同酬而斗争。尊重劳动，扩大劳动者社会权利，规范劳动力市场。要从宪法上确保在不降低工资的前提下减少劳动时间——这要以劳动生产力的提高为基础。

（44）和谐的社会生活。解决人民内部的矛盾和相互之间的紧张关系，实现社会平等以推动建立一个具有凝聚力的人性化的社会。把解决种族主义问题和实行对黑人的社会平等权放在优先地位，有效地确保和保护土著居民的权利以实现种族关系的和谐。国家应该同破坏宗教自由和性取向自由的压迫和歧视行为作斗争。保护儿童、青少年、年轻人以及老年人的权利，实行残疾人权利不受限制的政策。消除不同民族之间的紧张关系和差异。

（45）消除地区发展不平等。实现地区发展的和谐和一体化。采取进步性的措施以减少地区之间的不平等，确保所有地区的发展。对东北部、北部及中西部的发展制定特殊政策，加强公共投资和税收减免。复兴、加强和建立新的国家机构如 Sudene、Banco do Nordeste、Sudam、Bank of Amazonia、Sudeco 以及中西部地区发展银行。

（46）解放妇女。妇女解放是社会进步的前提条件。要充分发挥和利用妇女的潜能，而不使其遭受资本积累之痛。妇女的解放斗争首先是妇女自己的事情，但是实现男女平等及妇女在法律和生活中享有的充分权利要求全社会共同努力。为保证妇女在工作、教育及卫生领域享有应有的权利，应该采取措施来反对对妇女的暴力行为。

（47）保护环境。捍卫国家主权，保护环境，实现可持续的发展。这是保证人类生活质量的基本条件。反对掠夺式开发及其发展模式——这种观念认为经济增长就是一切而环境保护则无足轻重，永恒不变的保守主义对发展造成了损害。要同滥伐森林作斗争，保护动物资源和水资源。合理利用土地及经济生态区，鼓励使用可再生能源。保护所有的生物群落区域，特别是亚马孙地区。保持生态平衡和促进社会经济发展是保证人类有尊严地工作和生活的必要条件。

（48）捍卫巴西文化。要坚持不懈地为捍卫和繁荣巴西文化而斗争。要应对国外文化霸权和意识形态压力，实现各国人民的健康的文化交流。要推动艺术和文化发展。要保护各地历史上留下来的物质文化遗产和非物质文化遗产。加强巴西人民的文化认同及文化多样性，制定能够发挥人民自主性和创造能力的文化政策。加强公共文化机构建设以捍卫、促进和传播文化和艺术产品。加强"国家文化体系"（Sistema Nacional de Cultura）建设以确保各级政府的文化预算并制订战略性计划。要确保所有公民都能享有文化产品和服务——这是文化建设的核心问题。实现文化知识、文化创造力和文化创新能力的融合，制定国家政策以推动巴西文化产业发展并扩大文化市场。

（49）国家主权和一体化的伙伴关系。实行独立的外交政策，确立巴西在世界格局中的新位置，提倡合作、民主共存、国际法、和平以及国家、民族间的团结等价值。巩固南美一体化进程，同那些与巴西类似的国家建立战略伙伴关系，实现对外贸易的多元化，把南南关系放在优先考虑的地位。从战略的高度来捍卫南美国家联盟（Unasul）。推动和扩大南方共同市场（Mercosul）并发挥其作为关税同盟和共同市场的作用。建立更多的制度化的机构以加强南方共同市场议会（Parlasul）及其他类似的机构。

（50）社会民主化。解决日益严重的社会不公平并确保每个公民享有发展的平等权利和平等条件。要逐渐消除贫困以确保边缘人群享有基本的社会资源和社会权利。要继续深入进行民主化的结构改革以扩大人民的权利和提高人民的生活质量，其中包括国家、人民团体、进步政府以及那些致力于爱国事业的经济力量。

新国家发展计划的资金来源

（51）实现经济的快速的可持续的发展就需要大规模地增加投资。这只有在一个新的发展观（concepaço desenvolvimentista）下，改变占主导地位的食利主义逻辑的情况下才能变成现实。这就要求改革金融体系，其目的就是要继续加强国有金融体系——银行在国家发展中的根本性的中心地位。巴西中央银行的行为要同发展目标相符合，商业银行体系特别是大公司的长期投资要为发展提供直接的资金支持。

（52）实现新国家发展计划要改变现行的财政和货币政策，实行扩张性（expansivas）财政和货币政策。降低银行利率，增加生产性投资，减少联邦债务预算。这些措施将会使银行体系为实现经济增长和扩大生产提供流动资金。另外，国家经济社会发展银行要在合理的利率水平上为促进战略性公共投资提供长期信贷支持。消除食利主义逻辑，为更好地保护公众自愿储蓄的积极性提供可能。要加强国有企业，提高国家对经济的干预度并建立新的战略性经济部门。利用矿产资源特别是石油储备来为实现发展和社会进步提供资金支持。坚持同南美和其他发展中国家实现金融和货币一体化。这种创造性举措将会使巴西逐渐减少对美元的依赖。建立"巴西主权基金"（Fundo Soberano do Brasil）为发展提供资金支持。根据新国家发展计划的要求，外国资本可以对有利于国家发展的生产性项目进行投资和提供资金支持。这些指导方针只有同一个管制性的汇率政策相配套时才能充分发挥作用——这样就可以确保巴西的出口竞争力，打击货币投机活动，发展民族经济。

实现新国家发展计划的改革措施

（53）实现新国家发展计划要求在当前条件下推进一系列改革——政治、教育、财政、农业、城市、媒体以及国家卫生体系、社会保障和公共安全，以实现巴西社会民主化。

  a. 政治改革。确保民主的多元化的政党体制，加强政党政治、扩大政治自由，建立新的政治选举体制——利用公共资金支持政党的选举运动，建立参与式民主（democracia participativa）和直接民主而不仅仅是代议制民主。

  b. 大众新闻传媒改革。这是一项起着战略性作用的改革。它是一种基本的公民权利和民主权利。要同新闻垄断作斗争，修改私人新闻机构的准入标准，建立社会监督机制。加强公共传媒体系建设，鼓励数字新闻传媒并建立新的管制框架。为传媒民主化而斗争对于加强和捍卫国家文化及其生产至关重要，在数字化过程中要实现文化生产的多样化和独立性，保护国内文化生产以抵御外国文化入侵。

  c. 教育改革。要加强国家教育体制并将免费公立教育置于优先地位，确保教育质量，实现教育世俗化，给予学生享有各级公立教育资源的机会。要加强对私立教育的公共控制。发展职业教育，普及基础教育，消除文盲。加强公立高等教育的战略作用，实现高等教育的民主化并确保教育质量。加强对科学技术研究的投资，提高教育投资在国内生产总值中的比重。所有这些改革都是要确保使与工作和发展密切相关的教育成为消除社会不平等的工具。

  d. 进步性的税收改革。高收入者和财富拥有者要缴纳更多的税，要对投机和食利主义征收特别税。通过税收调节来减少地区和社会不平等，取消统治阶层的经济社会特权——他们比雇佣劳动者缴税少。

  e. 土地改革。现阶段土地改革的成功有赖于斗争目标的确立：要消灭非生产性的大土地所有者，土地要以家庭所有制的形式在合作制的基础上进行分配。加强对农业的信贷和技术及设备支持，实行最低保护价，建立农业保险。建立发达的农业经济，提高农民及其家庭的生活质量。实现农业生产的现代化，确保土地所有权的社会所有。抑制外国人对土地的买卖，反对对土地的强取豪夺。进行社会动员，反对非生产性的大地产主和外国人对土地的垄断，并使生产性的资本家保持中立，同时要获得中小土地所有者，特别是农民、农村无产者以及大多人的支持。

f. 城市改革。要使人民享有应有的权利和服务——高质量的住房同时辅之以必要的基础设施、公共卫生设施、公共交通设施、公共安全设施以及文化、体育和休闲设施。国家要实行民主的城市改革政策和计划，并在宪法和法律上予以保障。

g. 加强国家卫生体系建设。要把减轻人民的经济负担和痛苦放在优先地位。要对卫生体系进行大规模投资，建立现代的、民主的、高效的公共卫生管理体制。制定私人卫生服务机构的标准。从长远来看，要实行统一的公共卫生服务体系。实现公共卫生服务的人性化。

h. 加强社会保障制度建设。除了保障人民享有公共卫生服务的权利外，国家还要提供普遍的、高质量的公共服务，保证人民享有社会保障和社会救济的权利。要使社会保障惠及包括临时工——他们现在被排除在社会保障之外——在内的所有劳动者，并确保那些退休者享有更高的养老金和退休金并使之随着国家经济的增长而增长。加强社会服务体系建设以确保每个人在所有生活领域都享有普遍的基本的宪法权利。

i. 加强公共安全。实行新的国家安全政策，保障公民基本的生活权利，建立联邦、州、市三级一体的"统一公共安全体系"（Sistema único de Seguranãa Pública），采取行动阻止和抑制暴力犯罪。打击有组织犯罪和毒品贸易。

（54）这些旨在加强公共服务的改革措施将会为广泛的民主运动给予行动上的指导，这与居统治地位的保守的政治和经济势力的政策形成了鲜明对比。这些目标将会满足人民日益增长的经济、政治和文化需求。

为社会主义而斗争

（55）这就是《巴西社会主义纲领》的主要内容。这就是巴西共产党带给劳动者及其同盟者和所有致力于社会进步的巴西人民的充满希望的斗争信心。建立一个强大的巴西共产党是实现这一伟大事业的重要条件。现在到了建立一个广泛的民族的、民主的和人民大众的联盟来实现解放斗争的时候了。21世纪初，巴西已经成为一个自由的、完全独立的、具有世界影响力的国家——她能够公正而慷慨地对待其人民并且同世界人民保持团结。

附录三　巴西共产党历次代表大会一览表

届次	时间	地点	党中央领导人	会议内容
第一次全国代表大会	1922年3月25—27日	里约热内卢	总书记阿比利奥·奈盖特（3—7月）、阿斯特罗吉尔多·佩雷拉（7月以后）	制定《党章》；通过《成立宣言》和《告巴西劳动人民书》等文件
第二次全国代表大会	1925年5月16—18日	里约热内卢	总书记阿斯特罗吉尔多·佩雷拉	讨论国内外形势；修改《党章》；成立共青团
第三次全国代表大会	1928年12月28日至1929年1月4日	尼特洛伊	总书记阿斯特罗吉尔多·佩雷拉	讨论国内外政治经济形势、党的工作等16个方面的问题
第一次全国代表会议	1934年7月16—24日	尼特洛伊	总书记安东尼奥·邦芬（至1935年）、劳罗·达·罗沙（1935年以后）	改组党中央
第二次全国代表会议	1943年8月27—30日	曼蒂格拉	总书记普列斯特斯	讨论恢复党的活动和党的政治路线；选举党中央领导人
第三次全国代表会议	1946年7月8日	里约热内卢	总书记普列斯特斯	改组党中央执行委员会；修改党的政治路线
第四次全国代表大会	1954年11月7—11日	圣保罗	总书记普列斯特斯	制定新的《党章》和党的纲领
第四次全国代表会议	1956年5月	里约热内卢	总书记普列斯特斯	主要讨论劳动妇女问题
第五次全国代表大会	1960年9月8—10日	里约热内卢	总书记普列斯特斯	确认1958年3月《巴西共产党的政策宣言》的政治路线；通过《关于国内外形势和巴西革命问题》的政治决议；改组党中央委员会；讨论争取党的完全合法化地位问题，正式放弃武装斗争和暴力革命
第五次全国特别代表会议	1962年2月18日	圣保罗	总书记阿马佐纳斯	重建巴西共产党；通过《纲领宣言》；选举新的党中央领导机构

附录三　巴西共产党历次代表大会一览表

续表

届次	时间	地点	党中央领导人	会议内容
第六次全国代表会议	1966年6月27—30日	—	总书记阿马佐纳斯	讨论军人政变后的国家形势；修改《党章》；通过《巴西人民团结起来，把我国从危机、独裁和新殖民主义威胁下解放出来》的决议，决定走武装斗争道路
第六次全国代表大会	1983年7月	圣保罗	总书记阿马佐纳斯（1985年巴西共产党取得完全合法化地位后改称为主席）	修改《党章》、《党纲》；改选党中央委员会
第七次全国代表大会	1988年5月	巴西利亚	主席阿马佐纳斯	修改《党章》；讨论国家政局；改选党中央领导机构
第八次全国代表大会	1995年8月3—8日	巴西利亚	主席阿马佐纳斯	讨论国内外局势；改选党中央领导机构；通过《社会主义纲领——建设巴西的未来》
第九次全国代表大会	1997年9月15—19日	圣保罗	主席阿马佐纳斯	通过《建立人民民主的、广泛的全国反对派阵线，反对新自由主义升级》的决议；确定当前及今后一个时期党的主要斗争目标及策略
第十次全国代表大会	2001年12月9—12日	里约热内卢	主席拉贝罗	调整党中央领导班子和领导机构；取消了党内最高领导职务实际存在的终身制；修改《党章》；确定参加2002年全国大选的策略方针
第十一次全国代表大会	2005年10月8日	圣保罗	主席拉贝罗	通过《一个革新的党，一个主权和民主的巴西，一个社会主义的未来》的政治决议；讨论左翼联合政府执政时期的国内外形势以及巴西共产党在联合政府中的行动方针
第十二次全国代表大会	2009年11月5—8日	圣保罗	主席拉贝罗	调整党中央领导机构，加强党的集体领导体制和年轻化建设；修改《党章》；通过《巴西社会主义纲领》、《关于资本主义危机》、《关于巴西经济形势》、《关于国际形势》等文件
第十三次全国代表大会	2013年11月14—16日	圣保罗	主席拉贝罗	调整党中央领导机构；讨论左翼联合政府十年执政情况及巴西未来前景；讨论资本主义结构性系统性危机及其发展趋势、过渡时期的斗争以及新的争取社会主义的斗争问题；通过《政治报告》、关于结构性改革等决议

参考文献

一 中文部分

1. 《马克思恩格斯选集》第1—4卷，人民出版社1995年版。
2. 《列宁选集》第1—4卷，人民出版社1995年版。
3. 《毛泽东选集》第1—4卷，人民出版社1991年版。
4. 《邓小平选集》第1—3卷，人民出版社1994、1993年版。
5. 《马克思恩格斯文集》第1—10卷，人民出版社2009年版。
6. 苏联科学院历史研究所：《巴西史纲》（上、下册），辽宁大学外语系翻译组译，辽宁人民出版社1975年版。
7. 季正矩、彭萍萍、王瑾主编：《当代世界与社会主义前沿学术对话》，重庆出版社2005年版。
8. 于洪君主编，柴尚金副主编：《探索与创新——冷战后的世界社会主义》，当代世界出版社2006年版。
9. 张翠容：《拉丁美洲革命现场——一个香港独立女记者的真相之路》，法律出版社2010年版。
10. 宋萌荣等：《开创人类新文明的伟大实验——二十世纪社会主义发展的历史经验》，人民出版社2000年版。
11. 《中国共产党中央委员会关于建国以来党的若干历史问题的决议》，人民出版社2009年版。
12. 冯建平主编：《世界共产党现状及发展趋势》，山西出版集团、山西人民出版社2008年版。
13. 徐崇温：《当代资本主义新变化》，重庆出版社2004年版。
14. [英]梅格纳德·德赛：《马克思的复仇——资本主义的复苏和苏联集权社会主义的灭亡》，汪澄清译，郑一明校，中国人民大学出版社2008年版。
15. 俞可平、李慎明、王伟光主编：《马克思主义研究论丛》（NO.10，阶级和革命的基本观点研究），中央编译出版社2008年版。
16. [俄]顾达寿口述，郑少锋执笔：《直译中苏高层会晤——前苏联驻华大使馆首席翻译揭秘中苏关系内幕》，当代中国出版社2011年版。
17. 刘洪才主编：《当代世界共产党党章党纲选编》，当代世界出版社2009年版。
18. 李会滨：《社会主义文集》，湖北人民出版社2004年版。
19. 高放、李景治、蒲国良主编：《科学社会主义的理论与实践》（第三版），中国人民大学出版社2003年版。
20. 赵曜、王伟光、鲁从明等主编：《马克思列宁主义基本问题》，中共中央党校出版社2001年版。

21. ［巴西］特奥托尼奥·多斯桑托斯：《帝国主义与依附》，杨衍永、齐海燕、毛金里等译，社会科学文献出版社1999年版。

22. 高放主编：《当代世界社会主义新论》，云南人民出版社2002年版。

23. 吕银春、周俊南：《列国志·巴西》，社会科学文献出版社2004年版。

24. 聂运麟等：《历史的丰碑与艰难的探索——20世纪社会主义发展的历史进程》，福建人民出版社2006年版。

25. 宋萌荣：《人的全面发展：理论分析与现实趋势》，中国社会科学出版社2006年版。

26. ［巴西］乔治·亚马多：《希望的骑士》，王以铸译，人民出版社1953年版。

27. ［意］维·维达利：《"苏联共产党第二十次代表大会"日记》，王树德译，东方出版社2006年版。

28. 唐鸣主编：《社会主义政治建设的历史、理论与实践》，中国社会科学出版社2007年版。

29. 唐鸣、俞良早主编：《共产党执政与社会主义建设——原苏东国家工人阶级政党执政的历史经验》，人民出版社2008年版。

30. 程又中：《苏联模式的兴衰》，湖北人民出版社2000年版。

31. ［巴西］博勒斯·福斯托：《巴西简明史》，刘焕卿译，社会科学文献出版社2006年版。

32. ［巴西］塞尔索·富尔塔多：《巴西经济的形成》，徐亦行、张维琪译，社会科学文献出版社2002年版。

33. 江时学：《拉美发展模式研究》，经济管理出版社1996年版。

34. ［美］芭芭拉·斯托林斯、威尔逊·佩雷拉：《经济增长、就业与公正——拉美国家改革开放的影响及其经验教训》，江时学等译，中国社会科学出版社2002年版。

35. 苏振兴、陈作彬、张宝宇等：《巴西经济》，人民出版社1983年版。

36. 闻一：《十月革命——阵痛与震荡》，广东省出版集团、广东人民出版社2010年版。

37. 聂运麟：《变革与转型时期的社会主义研究》，社会科学文献出版社2008年版。

38. 李慎明主编：《低谷且听新潮声：21世纪的世界社会主义前景》（上、下册），社会科学文献出版社2005年版。

39. 靳辉明主编：《社会主义的历史·理论·前景——"21世纪社会主义"国际学术研讨会集》（上、下册），社会科学文献出版社2004年版。

40. 赵明义主编：《当代国外社会主义问题纲要》，山东人民出版社1987年版。

41. 祝文驰、毛相麟、李克明：《拉丁美洲的共产主义运动》，当代世界出版社2002年版。

42. 徐崇温：《当代国外主要思潮流派的社会主义观》，中共中央党校出版社2007年版。

43. 中央编译局世界社会主义研究

所编：《当代国外社会主义：理论与模式》，中央编译出版社1998年版。

44. 世界知识出版社编：《英勇斗争中的拉丁美洲各国共产党》，世界知识出版社1961年版。

45. 中共中央对外联络部编：《各国共产党总览》，当代世界出版社2000年版。

46. 吴彬康、姜士林、钟清清主编：《八十年代世界共产党代表大会重要文件选编》，中国广播电视出版社1989年版。

47. ［美］威廉·E.拉特利夫：《拉丁美洲的卡斯特罗主义和共产主义（1959—1976年）——马列主义的几种类型》，王槐挺等译，商务印书馆1979年版。

48. 肖枫主编：《社会主义向何处去——冷战后世界社会主义运动大扫描》（上、下册），当代世界出版社1998年版。

49. 《斯大林文集》（1934—1952），人民出版社1985年版。

50. 《斯大林选集》（上卷），人民出版社1979年版。

51. 《关于国际共产主义运动总路线的论战》，人民出版社1965年版。

52. 苏振兴：《苏振兴文集》，上海辞书出版社2005年版。

53. 肖楠等编著：《当代拉丁美洲政治思潮》，东方出版社1988年版。

54. ［阿根廷］劳尔·普雷维什：《外围资本主义：危机与改造》，苏振兴、袁兴昌译，商务印书馆1990年版。

55. 聂运麟等：《当代资本主义国家共产党：低潮中的奋进、变革与转型》，社会科学文献出版社2006年版。

56. ［俄］罗伊·麦德维杰夫：《苏联的最后一年》，王晓玉、姚强译，社会科学文献出版社2005年版。

57. 中国社会科学院拉丁美洲研究所编著：《简明拉丁美洲百科全书》，中国社会科学出版社2001年版。

58. 高放、张泽森、曹德成主编：《当代世界社会主义文献选编》，中国人民大学出版社1990年版。

59. 苏振兴主编：《拉丁美洲和加勒比发展报告（2008—2009）》，社会科学文献出版社2009年版。

60. 苏振兴主编：《拉美国家现代化进程研究》，社会科学文献出版社2006年版。

61. 黄安淼、严宜生、杜康传主编：《当代国际共产主义运动》，中国人民大学出版社1991年版。

62. ［美］兹·布热津斯基：《大失败——二十世纪共产主义的兴亡》，军事科学院外国军事研究部译，军事科学出版社1989年版。

63. 李琮主编：《当代资本主义的新发展》，经济科学出版社1998年版。

64. 严书翰等：《经济全球化背景下社会主义与资本主义的关系》，当代世界出版社2001年版。

65. 徐崇温：《世纪之交的社会主义与资本主义》，河南人民出版社2002年版。

66. 谭荣邦：《世界社会主义运动中

国际联合问题研究》，人民出版社 2009 年版。

67. 徐世澄主编：《拉丁美洲现代思潮》，当代世界出版社 2010 年版。

68. 袁东振主编：《拉丁美洲国家的可治理性问题研究》，当代世界出版社 2010 年版。

69. 陈平：《新自由主义兴起与衰落——拉丁美洲经济结构改革（1973—2003）》，世界知识出版社 2008 年版。

70. 徐世澄：《拉丁美洲政治》，中国社会科学出版社 2006 年版。

71. 丁淑杰：《美国共产党的社会主义理论与实践》，中国社会科学出版社 2006 年版。

72. 曹天禄：《日本共产党的"日本式社会主义"理论与实践》，中国社会科学出版社 2004 年版。

73. 李周：《法国共产党的"新共产主义"理论与实践》，中国社会科学出版社 2006 年版。

74. 商文斌：《战后英国共产党对社会主义发展道路的探索》，中国社会科学出版社 2006 年版。

75. 苗光新：《印共（马）"人民民主革命"理论与实践研究》，中国社会科学出版社 2008 年版。

76. 吴治清、沈立邦等：《亚非拉各种社会主义》，求实出版社 1983 年版。

77. 俞思念：《社会主义认识史》，湖北人民出版社 2001 年版。

78. 王坚红：《冷战后的世界共产党》，中共党史出版社 1996 年版。

79. ［美］塞缪尔·P.亨廷顿：《变化社会中的政治秩序》，王冠华等译，生活·读书·新知三联书店 1989 年版。

80. 徐艳玲：《全球化、反全球化思潮与社会主义》，山东人民出版社 2005 年版。

81. 陆国俊、金计初主编：《拉丁美洲资本主义发展》，人民出版社 1997 年版。

82. 张宝宇：《巴西现代化研究》，世界知识出版社 2002 年版。

83. 袁东振、徐世澄：《拉丁美洲国家政治制度研究》，世界知识出版社 2004 年版。

84. 韩琦主编，董经胜：《巴西现代化道路研究——1964—1985 年军人政权时期的发展》，世界图书出版公司 2009 年版。

85. 吕银春：《经济发展与社会公正：巴西实例研究报告》，世界知识出版社 2003 年版。

86. 张小冲、张学军主编：《走进拉丁美洲》，人民出版社 2005 年版。

87. 中国社会科学院拉丁美洲研究所：《拉美研究：追寻历史的轨迹》，世界知识出版社 2006 年版。

88. 王小民主编，吴国平、杨仲林、吕银春等：《拉美三国议会》，中国财政经济出版社 2005 年版。

89. 程极明、李洁：《五大国经济与社会发展比较研究（1990—2005 年）》，经济科学出版社 2006 年版。

90. 钟清清主编：《世界政党大全》，贵州教育出版社 1994 年版。

91. 《兴衰之路——外国不同类型

政党建设的经验与教训》，当代世界出版社，中共中央党校出版社2002年版。

92. 俞邃主编：《外国政党概要》，江苏人民出版社2001年版。

93. 王家瑞主编：《当代国外政党概览》，当代世界出版社2009年版。

94. 王长江：《政党论》，人民出版社2009年版。

95. ［美］阿伦·李帕特：《选举制度与政党制度：1945—1990年27个国家的实证研究》，谢岳译，上海世纪出版集团2008年版。

96. 胡伟主编，谢岳：《社会抗争与民主转型：20世纪70年代以来的威权主义政治》，上海人民出版社2008年版。

97. 张凡：《当代拉丁美洲政治研究》，当代世界出版社2009年版。

98. ［英］莱斯利·贝瑟尔主编：《剑桥拉丁美洲史》第六卷（下）（1930年至1990年的拉美政治与社会），当代世界出版社2001年版。

99. 陈尧：《难以抉择：后发展国家的政治发展战略研究》，上海人民出版社2008年版。

100. ［乌拉圭］爱德华多·加莱亚诺：《拉丁美洲被切开的血管》，王玫等译，人民文学出版社2001年版。

101. 武汉师院历史系巴西史研究室编选：《马克思恩格斯列宁斯大林毛主席论拉丁美洲》（部分论述选辑），1978年。

102. ［巴西］若泽·马里亚·贝洛，辽宁大学外语系翻译组译：《巴西近代史（1889—1964年）》（上、下册），辽宁人民出版社1975年。

103. 聂运麟：《21世纪初世界社会主义运动的若干特点》，载《当代世界与社会主义》2003年第4期。

104. 聂运麟：《论当代马克思主义政党的革新》，载《马克思主义研究》2003年第3期。

105. 聂运麟：《低潮、成因、特征与前景——论21世纪初的世界社会主义运动》，载《华中师范大学学报》（人文社会科学版）2004年第1期。

106. 聂运麟：《20世纪社会主义发展的历程、特点及启示》，载《当代世界与社会主义》2004年第5期。

107. 聂运麟：《论述马克思主义革命斗争策略的经典文献》，载《马克思主义研究》2007年第7期。

108. 聂运麟：《资本主义国家共产党组织形态的历史性转型》，载《社会主义研究》2007年第6期。

109. 聂运麟：《金融危机与资本主义国家共产党的理论与策略》，载《当代世界与社会主义》2009年第2期。

110. 聂运麟：《低潮中的奋进——1990—2010年的世界社会主义运动》，载《马克思主义研究》2010年第8期。

111. 聂运麟：《论当代世界社会主义运动的重大变化及其转型》，载《马克思主义研究》2010年第12期。

112. 郭元增：《工人政党掌管拉美第一大国——巴西劳工党的执政之路》，载《当代世界》2003年第2期。

113. 张宝宇：《巴西共产党目前的

政治地位》，载《拉丁美洲研究》2004年第5期。

114. 吴志华：《巴西左派政党的现状与发展趋势》，载《拉丁美洲研究》2004年第5期。

115. 郭元增、江时学：《拉美共产党为什么难以取得政权》，载《红旗文稿》2005年第18期。

116. 郭元增：《与时俱进的巴西共产党》，载《党建》2007年第10期。

117. 郭元增：《我党三代领导集体与拉丁美洲政党》，载《当代世界》2003年第4期。

118. 郭元增：《一颗红星陨落了——悼念巴西共产党名誉主席若昂·阿马佐纳斯同志》，载《当代世界》2002年第9期。

119. 郭元增：《"中国在建设未来"》，载《当代世界》2000年第9期。

120. 郭元增：《巴西的土地争端与土地改革》，载《拉丁美洲研究》1991年第2期。

121. 郭元增：《一位顽强的革命者——普列斯特斯生平简介》，载《拉丁美洲研究》1990年第5期。

122. 芦思姮：《迪尔玛：从游击队员到巴西首位女总统》，载《半月谈》2010年第22期。

123. 刘新伟：《巴西应对金融危机的措施及其效果》，载《当代世界》2010年第10期。

124. 何中正：《巴西二元经济结构的特征、演进及政策评价》，载《拉丁美洲研究》2010年第2期。

125. 江时学：《"第三波民主化浪潮"后拉美政治发展进程的特点》，载《国际政治研究》2009年第1期。

126. 刘婷：《巴西的土地问题与经济发展》，载《拉丁美洲研究》2006年第2期。

127. 武剑：《巴西土地分配改革的政治经济学探究》，载《当代世界》2009年第10期。

128. ［委］玛尔塔·哈内克尔著，官进胜译：《拉美构建新型民主制度》，载《国外理论动态》2010年第9期。

129. 周志伟：《2010年巴西大选、政治新格局及未来政策走向》，载《当代世界》2010年第12期。

130. 陈晓玲：《社会主义在中国——巴西共产党主席拉贝罗谈访华观感》，载《当代世界》2002年第8期。

131. 张凡：《巴西政党和政党制度剖析》，载《拉丁美洲研究》2006年第6期。

132. 张凡：《巴西政治体制的特点与改革进程》，载《拉丁美洲研究》2001年第4期。

133. 周东华：《布道者与政治家：天主教会的社会政治功能与巴西政治转型》，载《拉丁美洲研究》2003年第4期。

134. 张梅编写：《巴西的参与式预算与直接民主——评〈阿雷格里港替代：直接民主在实践中〉》，载《国外理论动态》2005年第7期。

135. 袁征：《巴西共产党：为什么红旗不倒》，载《理论参考》2002年第

9期。

136. 周世秀：《巴西现代化进程中的地区经济差距和南方分立运动》，载《世界历史》1994年第2期。

137. 周志伟：《当前拉美一体化现状及陷入困境的原因》，载《拉丁美洲研究》2007年第5期。

138. 王建礼：《新时期巴西共产党的行动纲领——巴西共产党〈社会主义纲领〉评析》，载《马克思主义研究》2010年第4期。

139. 王建礼：《苏东剧变以来巴西共产党对社会主义的新探索》，载《当代世界社会主义问题》2010年第4期。

140. 王建礼：《资本主义经济和金融危机与世界社会主义前景——2008年第十次世界共产党和工人党国际会议综述》，载《国外社会科学》2009年第3期。

141. 王建礼：《第十次世界共产党和工人党国际会议论当前世界资本主义金融和经济危机》，载《国外理论动态》2009年第2期。

142. 王建礼：《爱尔兰共产党对当前金融危机的看法》，载《国外理论动态》2009年第3期。

143. 王建礼：《从巴西共产党十二大看其理论发展及政策主张》，载《上海党史与党建》2010年第5期。

144. 王建礼：《21世纪初巴西共产党对社会主义的新探索》，载《湖南科技学院学报》2010年第5期。

145. 王建礼：《试论毛泽东对中国社会主义建设道路及其规律的探索》，载《中共郑州市委党校学报》2009年第5期。

146. 王建礼：《试论中国共产党对社会主义文化建设的探索及意义》，载《中共郑州市委党校学报》2010年第4期。

147. 聂运麟、王建礼：《建设具有巴西特色的新型社会主义——巴西共产党对社会主义的新探索》，载中国社会科学院世界社会主义研究中心《世界社会主义研究动态》2010年第20期。

148. 王建礼：《巴西左翼政党的社会主义理论研究》，载《社会主义研究》2013年第1期。

149. ［英］约翰·史密斯，王建礼译：《GDP统计数据掩盖了价值创造的真正源泉》，载《马克思主义研究》2014年第1期。

二 外文部分

1. Partido Comunista do Brasil (PCdoB), *O Socialismo Vive: Documentos do 8° Congresso do PCdoB*, São Paulo: Anita Garibaldi, 1992.

2. Partido Comunista do Brasil (PCdoB), *Construindo o Futuro do Brasil: Documentos da 8° Conferência Nacional do PCdoB (coletânea de textos)*, São Paulo: Anita Garibaldi, 1995.

3. Partido Comunista do Brasil (PCdoB), *Novo Rumo para o Brasil: Documentos e Resoluções do 10° Congresso do PCdoB (coletânea de textos)*, São Paulo: Anita Garibaldi, 2001.

4. Partido Comunista do Brasil (PC-

doB), *União do Povo Contra o Neoliberalismo*: Documentos do 9° Congresso do PCdoB (coletânea de textos), São Paulo: Anita Garibaldi, 1997.

5. Partido Comunista do Brasil (PCdoB), *A Política Revolucionária do PCdoB*: Documentos do 7° Congresso do PCdoB (coletânea de textos), São Paulo: Anita Garibaldi, 1989.

6. Partido Comunista do Brasil (PCdoB), *11° Congresso do PCdoB-Documentos e Resoluções*, São Paulo: Anita Garibaldi, 2005.

7. Adalberto Monteiro e Fábio Palácio, *12° Congresso Documentos e Resoluções*, São Paulo: Anita Garibaldi, 2009.

8. Partido Comunista do Brasil (PCdoB), *Novo-Programa Socialista e Estatuto do PCdoB*, São Paulo: Anita Garibaldi, 2009.

9. Partido Comunista do Brasil (PCdoB), *Resolução Política da 9° Conferência do PCdoB*, São Paulo: Anita Garibaldi, 2003.

10. Partido Comunista do Brasil (PCdoB), *Em Defesa dos Trabalhadores e do Povo Brasileiro*: Documentos do PCdoB de 1960 a 2000 (coletânea de textos), São Paulo: Anita Garibaldi, 2001.

11. UN Development Program, *Democracy in Latin America*: Towards a Citizens' Democracy, New York: UNDP, 2004.

12. Inter-American Development Bank, *The Politics of Policies*: Economic and Social Progress in Latin America 2006 Report, Harvard University David Rockefeller Center, 2006.

13. Scott Mainwaring, *The Catholic Church and Politics in Brazil (1916—1985)*, Stanford University Press, 1986.

14. Scott Mainwaring and Timothy Scully, *Building Democratic Institutions*: Party Systems in Latin America, Stanford University Press, 1995.

15. Maria D'Alvã Kinzo and James Dunkerley, *Brazil since 1985*: Economy, Policy and Society, Institute of Latin American Studies, University of London, 2003.

16. Lincoln Gordon, *Brazil's Second Chance*: En Route Toward the First World, Brookings Institution Press, 2001.

17. Renato Rabelo, *Socialism Reloaded*: Lessons from the Past for the Future, Political Affairs, Jan. 2008.

18. Larry Diamond and Marc F. Plattner, *Economic Reform and Democracy*, John Hopkins University Press, 1995.

19. Andrew Heywood, *Key Concepts in Politics*, Macmillan Press Ltd., 2000.

20. Maurice Duverger, *Political Parties*: Their Organization and Activity in the Modern State, London, Methuen and Co. Ltd., 1964.

21. Scott Mainwaring, *Rethinking Party Systems in the Third Wave of Democratization*, Stanford University Press, 1999.

22. Julia Buxton and Nicola Phillips, *Case Studies in Latin American Political E-*

conomy, Manchester University Press, 1999.

23. Scott Mainwaring and Matthew Soberg Shugart, *Presidentialism and Democracy in Latin America*, Cambridge University Press, 1997.

24. Scott Mainwaring, *The Catholic Church and Politics in Brazil (1916—1985)*, Stanford University Press, 1986.

25. John Higley and Richard Gunther, *Elites and Democratic Consolidation in Latin America and Southern Europe*, Cambridge University Press, 1992.

26. Jeffey Klaiber, *The Church, Dictatorships, Democracy in Latin America*, US Maryknoll, 1998.

27. Iain Maclean, *Opting for Democracy? Liberation Theology and the Struggle for Democracy in Brazil*, New York, 1999.

28. Iain Bruce, *The Porto Alegre Alternative: Direct Democracy in Action*, London: Pluto Press, 2004.

29. Riordan Roett, *BRAZIL: Politics in a Patrimonial Society*, New York: Praeger, 1992.

30. Alfred Stepan, *Democratizing Brazil: Problems of Transition and Consolidation*, New York: Oxford University Press, 1989.

31. Thomas Skidmore, *The Politics of Military Rule in Brazil, 1964—1985*, New York: Oxford University Press, 1988.

32. James Petras and Henry Veltmeyer, *Social Movements and State Power: Argentina, Brazil, Bolivia, Ecuador*, London: Pluto Press, 2005.

33. http://www.vermelho.org.br/.
34. http://www.pcdob.org.br/.
35. http://twitter.com/PCdoB_Oficial.
36. http://www.twitter.com/portalvermelho.
37. http://www.fmauriciograbois.org.br/portal/cdm/colecaoprincipios/inicio.swf.
38. http://www.baraodeitarare.org.br/.
39. http://www.fmauriciograbois.org.br/portal/.
40. http://www.une.org.br/.
41. http://www.ubmulheres.org.br/.
42. http://www.anitagaribaldi.com.br/home/.
43. http://cebrapaz.org.br/site/.
44. http://www.ujs.org.br/site/portal/.
45. http://www.portalctb.org.br/.
46. http://www.estadao.com.br/.
47. http://mltoday.com/.
48. http://solidnet.org/.

后　记

呈现在读者面前的论著《巴西共产党探索"走向社会主义的巴西式道路"研究》是教育部人文社会科学研究青年基金项目"巴西共产党探索'走向社会主义的巴西式道路'理论与实践研究"（12YJC710063）的研究成果，同时是国家社会科学基金青年项目"西方国家共产党的新探索研究"（13CGJ001）的阶段性研究成果之一。该项目的出版得到了国家重点学科——华中师范大学政治学研究院"科学社会主义与国际共产主义运动"学科点以及国外马克思主义政党研究中心的大力支持。在此谨表谢意！

对巴西共产党的历史、理论与实践进行全方位的研究，这是一项具有开拓性和挑战性的工作，也是当代社会主义运动研究的重要课题之一。从项目的选题、设计研究的框架和提纲以及主要观点的提炼，甚至于标题的斟酌，无不凝结着我的导师聂运麟教授的心血。如果说我能够在西方国家共产党研究中取得一点成绩的话，那么这其中很大一部分要归功于聂老师的悉心指导和关怀。聂老师是当代西方国家共产党研究的开拓者，在长达半个世纪的学术生涯中，他始终保持着旺盛的精力，不断地拓展自己的研究领域，为后来者树立了学术研究的典范。在此谨以最真挚的情怀向聂老师表示衷心的感谢！

在项目研究过程中，华中师范大学政治学研究院的俞思念教授、程又中教授、陈伟东教授、牟成文教授、王建国副教授以及武汉大学的谭君久教授、湖北大学的郭大俊教授和湖北科技学院的商文斌教授等，都提出了诸多宝贵的指导性意见及建议，使我深受启发。同时得到了华中师范大学政治学研究院的肖友英调研员、赵琳老师、邵云华老师、郑先梅老师的热情帮助。我的同学程光德博士、张文化博士、杨成果博士、刘卫卫博士、周华平博士以及郑流云博士、王昌英博士、邓怡舟博士等给了我无私帮助和鼓励。在此特向他们一并表示深深的谢意！

我还要特别感谢我的父母和家人。我的父母对我寄予殷切期望，给我无怨无悔的支持和鼓励。他们甘于默默奉献的精神使我备受感动，是我完成学业的强大动力。我的妻子周丽敏给了我最大的信任和支持，始终是我拼搏向上，完成学业的坚强后盾。他们的关心、支持和鼓励使我在学习中不敢有丝毫的懈怠。论著的最终定稿是对他们的付出的最好回报。

在此，我谨向所有关心、理解、支持和帮助我的亲人、同学和朋友以及老师致以最崇高的敬意和衷心的感谢！

由于本人学识浅薄，理论功底尚缺，论著中难免会出现纰漏和不妥之处，敬请各位专家、同行批评指正。在写作过程中还参考和引用了大量的中外文献资料，限于篇幅，加之本人的疏漏，在此未能一一列出，敬请包涵谅解。

王建礼

2014 年 10 月于长沙

本书得到江苏省世界史优势学科支持

南京大学周边区域研究丛书　郑先武◎主编

冲突与治理

当代东南亚分离运动研究

靳晓哲　著

中国社会科学出版社

图书在版编目（CIP）数据

冲突与治理：当代东南亚分离运动研究 / 靳晓哲著 . —北京：中国社会科学出版社，2023.3

（南京大学周边区域研究丛书 / 郑先武主编）

ISBN 978-7-5227-1349-6

Ⅰ.①冲… Ⅱ.①靳… Ⅲ.①政治运动—研究—东南亚—现代 Ⅳ.①D733.05

中国国家版本馆 CIP 数据核字（2023）第 022422 号

出 版 人	赵剑英
责任编辑	赵　丽
责任校对	冯英爽
责任印制	王　超

出　　版	中国社会科学出版社
社　　址	北京鼓楼西大街甲 158 号
邮　　编	100720
网　　址	http://www.csspw.cn
发 行 部	010-84083685
门 市 部	010-84029450
经　　销	新华书店及其他书店
印　　刷	北京明恒达印务有限公司
装　　订	廊坊市广阳区广增装订厂
版　　次	2023 年 3 月第 1 版
印　　次	2023 年 3 月第 1 次印刷
开　　本	710×1000　1/16
印　　张	25.5
插　　页	2
字　　数	405 千字
定　　价	139.00 元

凡购买中国社会科学出版社图书，如有质量问题请与本社营销中心联系调换
电话：010-84083683
版权所有　侵权必究

目 录

绪 论 ……………………………………………………………（1）
    第一节 研究缘起 …………………………………………（1）
    第二节 研究综述 …………………………………………（8）
    第三节 研究设计 …………………………………………（17）

第一章 概念、案例与研究背景 ……………………………（31）
    第一节 概念、视角与案例选择 …………………………（31）
    第二节 东南亚分离运动产生的背景及特征 ……………（41）

第二章 东南亚分离运动起源的分析框架：异质性与
           社会动员 ……………………………………………（55）
    第一节 起源的逻辑：横向差异、概化信念与异质性 …（56）
    第二节 起源的关键步骤：社会动员 ……………………（71）

第三章 东南亚四国分离运动的起源：个案研究与比较 …（85）
    第一节 矛盾累积与缅甸国内分离运动的起源
           （1948年以前）……………………………………（85）
    第二节 同化政策与泰国南部分离运动的起源
           （1959年以前）……………………………………（95）
    第三节 整合政策与菲律宾南部分离运动的起源
           （1972年以前）……………………………………（103）
    第四节 央地竞争与印尼亚齐分离运动的起源
           （1976年以前）……………………………………（111）

第五节 东南亚四国分离运动起源之比较 …………………………（120）
小 结 ………………………………………………………………（131）

第四章 东南亚分离运动发展的分析框架：弱势性与影响因素 …（135）
第一节 发展的逻辑：资源动员、政治机会与弱势性 ……………（136）
第二节 发展的方向及影响因素探析 ………………………………（149）

第五章 东南亚四国分离运动的发展：个案研究与比较 …………（164）
第一节 多方角力与缅甸国内分离运动的发展及长期化 …………（164）
第二节 组织分化与泰国南部分离运动的短暂高潮 ………………（175）
第三节 长期博弈与菲律宾南部分离运动的两次高潮 ……………（185）
第四节 双重方向与印尼亚齐分离运动的阶段性发展 ……………（195）
第五节 东南亚四国分离运动发展之比较 …………………………（205）
小 结 ………………………………………………………………（219）

第六章 东南亚分离运动治理的分析框架：互动与调适 …………（221）
第一节 东南亚分离运动的国家治理逻辑：主权、稳定
　　　　及其延伸 …………………………………………………（222）
第二节 东南亚分离运动国家治理的方式与进程 …………………（230）
第三节 东南亚分离运动治理效果的评估框架 ……………………（242）

第七章 东南亚四国分离运动的治理：个案研究与比较 …………（252）
第一节 渐进和解：缅甸政府对少数民族分离运动的治理 ………（252）
第二节 剿抚并用：泰国政府对泰南分离运动的治理 ……………（262）
第三节 多轮博弈：菲律宾政府对菲南分离运动的治理 …………（272）
第四节 民主转型：印尼政府对亚齐分离运动的治理 ……………（284）
第五节 东南亚四国分离运动治理之比较 …………………………（293）
小 结 ………………………………………………………………（311）

第八章 东南亚分离运动的现实走向及其反思 ……………………（314）
第一节 长期冲突与缅甸地方分离武装 ……………………………（314）

第二节　极端主义与泰国南部分离运动 …………………（323）
第三节　权力下放与菲律宾南部分离运动 ………………（332）
第四节　社会治理与印尼亚齐分离运动 …………………（341）
第五节　分离主义治理与国家治理能力建设 ……………（350）

结　论 ……………………………………………………（356）

参考文献 …………………………………………………（362）

后　记 ……………………………………………………（399）

绪　　论

第一节　研究缘起

一　现实疑惑

在当代国际政治研究中,分离主义一直是国内外学术界关注的重要议题之一。作为一种相对普遍的政治现象,真正意义上的分离主义是现代民族国家体系下的产物,同时在全球化的推动下又不断演进。"二战"结束后,特别是冷战结束以来,殖民主义时代遗留的族群冲突、宗教对立、跨界民族等问题再次发酵,分离主义在全球范围内再次勃兴。对此,安东尼·史密斯就指出:这一波新的族群民族主义浪潮的另一个结果是,在相当程度上,恢复了较小的群体及其从属的民族希望独立的普遍合法性,并在更广泛的程度上恢复了民族主义的合法性。① 21世纪的世界政治和经济局势,除了信息化、全球化和扁平化,同样也存在着日益"社会化"和"民众化"的特点。② 21世纪以来,基于全球化时代国际、国内环境的多变,分离主义在意识形态、行为方式等方面亦渐趋多元。伴随国际恐怖主义、极端主义等的不断兴起,分离主义对主权国家的领土完整、国家统一等的挑战更为激烈与直接。据不完全统计,仅2011年世界各地就至少存在55个相对活跃的分离运动,还有更多存在分离倾向,但

---

① [英]安东尼·史密斯:《民族主义:理论、意识形态、历史》,叶江译,上海人民出版社2006年版,第127页。

② 朱锋:《大变局呼唤有行动力的大战略》,《环球时报》2019年12月31日第14版。

尚未充分动员的潜在分离运动。①

东南亚是一个典型的多语言、多宗教、多族群的地区，也是佛教文明、伊斯兰文明、基督教文明、中华文明等交汇共融的地区。地理大发现后，东南亚地区逐渐沦为西方国家的殖民地，荷兰、葡萄牙、西班牙、英国、法国、美国等均在此建立过自己的殖民地或势力范围。16 世纪初，以葡萄牙人攻占马六甲王国始，东南亚地区的殖民地化进程正式开启。西方殖民者从沿海逐步深入内陆，从建立驿站、商馆等到划分势力范围，至 19 世纪末东南亚地区几乎完全沦为西方殖民地。此后，伴随全球反殖民浪潮的兴起，东南亚地区的各族人民也发起了声势浩大的反抗西方殖民者的民族觉醒运动，如爪哇人民起义、马来人反抗英国殖民者的起义等。"二战"结束之后，在长期的殖民历程之后，西方殖民者在政治层面给东南亚地区带来了新的政治社会形式——民族国家。然而，尽管新的民族国家建立了，但对于多族群的东南亚地区，民族国家建构是一项长期、复杂且艰巨的任务，再加上殖民时代"分而治之"政策导致的遗留问题，东南亚地区的族群矛盾与冲突尤为突出。由此，作为典型的发展中国家，"二战"后东南亚各国不仅面临经济全球化、工业现代化等的强烈冲击，而且国内亦存在族群冲突、分离主义等的多重挑战。在多种文明的聚合碰撞以及多族群交往冲突的进程中，分歧、对立、矛盾、斗争等的存在是十分普遍的，而分离主义不仅是族群冲突最为极端的表现形式之一，也是族群矛盾长期积累的结果之一。

在东南亚，印度尼西亚（以下简称印尼）、菲律宾、泰国、缅甸、越南等都普遍面临分离主义的严峻挑战。然而，不同国家的分离主义在起源、发展方面并不相同，甚至同一国家、不同地区的分离主义在原因、表现等方面亦存在较大的差异。在缅甸，克伦族、克钦族、掸族、克耶族等都曾提出过分离或独立的诉求，并以此为基础产生了分离运动。缅甸国内分离运动始于 1948 年克伦族对缅甸联邦政府的"发难"。1948 年，因缅甸 1947 年宪法仅产生了克钦、掸、克耶三个民族邦，因而克伦族对

---

① Ryan D. Griffiths, "Between Dissolution and Blood: How Administrative Lines and Categories Shape Secessionist Outcomes", *International Organization*, Vol. 69, No. 3, 2015, pp. 731–751.

此十分不满①，遂在建国后不久即掀起了分离运动。至20世纪60年代，掸邦、克钦邦等相继提出分离与独立的政治诉求，缅甸国内一片混战，至今未能完全平息。在泰国，南部马来穆斯林的武装分离始于1959年"北大年民族解放阵线"（Barisan National Pembebasan Pattani，BNPP）。此后，泰南地区陆陆续续出现了大大小小的分离组织60余个，但彼此的意识形态、活动方式、斗争诉求等并不完全相同。②至21世纪初，在国际恐怖主义等的影响下，泰南分离运动逐步转向极端主义，至今仍然存在。在菲律宾，南部摩洛人的武装分离运动始于1972年摩洛民族解放阵线（Moro National Liberation Front，MNLF）的成立。继而，菲南摩洛人与菲律宾政府进行了多轮次的和谈与武装斗争，并于1996年、2014年先后达成了和解。但是，直到2019年2月新的"邦萨摩洛棉兰老穆斯林自治区"（Bangsamoro Autonomous Region in Muslim Mindanao，BARMM）的成立，菲南分离冲突才进入了新的发展阶段。在越南，分离主义可以追溯至1957年西原地区少数民族"巴嘉拉卡运动"③（Bajaraka）。此外，高棉族、赫蒙族等也在20世纪90年代成立了多个分离组织，如下柬埔寨高棉联盟（Khmers Kampuchea Krom Federation，KKKF）、下柬埔寨高棉共同体（Khmers Kampuchea Krom Community，KKKC）等。④进入21世纪后，在越南政府各项民族政策的引导下，越南民族问题整体趋于和缓。由此来看，东南亚各国的分离主义问题在起源、发展上尽管有诸多相似之处，但并不完全相同。

此外，东南亚地区同一国家不同地区的分离运动，在起源、发展与现实走向上亦存在诸多差异，如印尼各地区的分离主义。基于地缘环境的破碎性、民族文化的差异性等，印尼一度被称为"东南亚的巴尔干"，

---

① Ardeth Maung Thawnghmung, The "Other" Karen in Myanmar: Ethnic Minorities and the Struggle Without Arms, Lanham: Lexington Books, 2012, p. 40.

② S. P. Harish, "Ethnic or Religious Cleavage? Investigating the Nature of the Conflict in Southern Thailand", Contemporary Southeast Asia, Vol. 28, No. 1, 2006, pp. 48–69.

③ "巴嘉拉卡运动"系越南西原地区巴拿族、嘉莱族、埃地族、桂贺族四个少数民族首字母的缩写。参见梁炳猛《越南西原地区民族分离主义问题研究》，《广西民族学院学报（哲学社会科学版）》2005年第3期；兰强：《越南民族问题浅析》，《广西民族大学学报（哲学社会科学版）》2008年第S2期。

④ 唐桓：《越南的下高棉民族分离主义问题》，《世界民族》2006年第2期。

这充分说明了其国内族群问题的多样性与差异性。具体来看，印尼的巴布亚、马鲁古、亚齐等地区都面临分离主义的考验。与印尼其他地方一样，巴布亚地区曾是荷兰殖民地，但印尼宣布独立后，荷兰殖民者重新占领了该地区，直到1969年通过投票才最终纳入印尼版图。因人种、宗教、民族、历史等的差异性，以"自由巴布亚运动"（Organisasi Papua Merdka）为代表的巴布亚分离运动，始终是印尼主权统一、领土完整的威胁之一。2003年印尼中央政府将巴布亚分为西巴布亚省和巴布亚省，但巴布亚分离主义并未因此而完全平息，只是在印尼缓和的族群政策下处于低潮期。与巴布亚地区相似，马鲁古地区亦曾属于荷兰殖民地，但1949年当地的安汶基督徒宣布成立"南马鲁古共和国"。此后，随着印尼的独立和壮大，整个马鲁古地区很快归于印尼版图。1999年之前，该地区并未出现激烈的族群冲突。至2000年前后，因宗教、移民、民族等矛盾，该地区先后爆发了激烈的族群冲突，其中有激进分子明确打出了"南马鲁古共和国"的旗帜，旨在寻求分离与独立。尽管存在"马鲁古主权阵线"等分离组织，但整体上该地区分离主义的力量较为有限。1999年，马鲁古省被南北分治为马鲁古省和北马鲁古省。随后，2002年在印尼政府斡旋下，当地的伊斯兰教与基督教领袖签署了和平共处协议，但当地的零星冲突仍不时发生。① 与上述两个地区相比，亚齐地区分离势力的反抗更为激烈。以1976年"自由亚齐运动"（Gerakan Aceh Merdeka，GAM）的成立为标志，亚齐地区的分离运动持续了近半个世纪。此后，在印度洋海啸等重大灾难的催化下，直到2005年"自由亚齐运动"与印尼政府达成谅解备忘录（Memorandum of Understanding，MOU），亚齐分离冲突才以亚齐地区的自治宣告结束。② 由此来看，尽管同属印尼国内的分离主义，但亚齐、马鲁古、巴布亚等在起源、发展与现实走向等方面也存在诸多的差异。

通过简单回顾东南亚地区的分离运动，尽管同属发展中国家与同一

---

① 李一平：《1999年以来印尼马鲁古地区民族分离运动探析》，《南洋问题研究》2011年第3期。

② 张洁：《民族分离与国家认同——关于印尼亚齐民族问题的个案研究》，社会科学文献出版社2012年版，第171页。

地区，但东南亚各国的分离运动却存在显著差异，尤其是现实走向上的不同。由此，缘何东南亚各国分离运动在现实走向上会有如此不同？本书正是围绕这一基本问题而展开。东南亚各国分离运动的现实走向一方面与各国分离运动的基本概况、特征、属性等密切相关，如强硬的分离领袖往往不愿轻易放弃"独立"的目标，而领袖权威不足则更易导致分离组织的瓦解等；另一方面，东南亚分离运动的现实走向，还与各国政府的治理政策密切相连，如中央政府是否接受或真正愿意给予地方以自治权，采取或强硬或软性的政策，对于分离运动走向何处亦有重要影响等。具体而言：其一，了解各国分离运动产生的背景，是研究其现实走向的基础。各国分离运动的产生，既有共性亦有差异。这就需要从中找出共性、探究差异，以此为研究分离运动的现实走向问题奠定基础。其二，研究东南亚各国分离运动的不同走向，应着眼于分离运动本身。从分离运动的视角看，领袖权威、组织状况等均是影响其发展的重要因素。因而，只有深入探究各要素之间的关系，才能更加深入地理解各国分离运动发展中的不同。其三，研究东南亚各国分离运动的不同走向，还应着眼于各国政府的不同治理政策。各国政府在应对分离运动的挑战时，为何有时采取强力镇压的措施，有时又采取相对缓和的政策？

基于此，本书拟以"当代东南亚分离运动的起源、发展与治理研究"为主题，从理论与现实层面探究各国分离运动的起源、发展与治理问题，将理论探讨与案例分析相结合，尝试为相关研究的推进，做出一些努力。

二 研究意义

本研究具有以下现实意义：

第一，对东南亚地区分离运动的起源与发展进行探究，有助于更好地把握分离运动产生的原因，为发展中国家解决族群冲突等问题提供一些指导。族群问题既是现实问题，又是历史问题，特别是在东南亚这样历史上存在诸多民族纠葛的地区。[①] 历史是已经过去的现实，探究东南亚地区分离运动的起源问题，可以为处理当下各国面临的族群矛盾与冲突，

---

① 陈衍德、彭慧、高金明、王黎明：《全球化进程中的东南亚民族问题研究——以少数民族的边缘化和分离主义运动为中心》，厦门大学出版社2008年版，第10页。

提供更为详细的历史素材，为解决相关问题提供更多的思路。从分离运动的起源看，经济、政治、文化、心理等要素，均可能成为诱发分离运动的原因，但在具有的案例中不同因素的表现不同。就东南亚地区而言，除上述因素外，殖民的历史、外部的干涉、国际环境等的变化，都是分离运动演化的重要背景。英国、荷兰等西方殖民国曾在东南亚推行"分而治之"和"以夷制夷"等统治、管理政策，在殖民统治即将结束之际，因不情愿就此撤离，"有意"制造了一些跨界或跨地区民族矛盾，为该地区复杂的族群冲突埋下了隐患。贺圣达先生认为，英国在缅甸推行的"分而治之"政策，将缅族和少数族群区分开来，并采取了不同的政策，这对独立后的缅甸族群关系发展产生了深远的恶劣影响。① 因而，以历史为基础，从历史出发对东南亚分离运动的起源与发展问题进行探究，对于理解当前东南亚地区乃至世界其他发展中地区的族群冲突、分离主义现象等具有重要的现实意义。

第二，对东南亚地区分离运动的治理问题进行研究，有助于总结各国、各地区族群政策的经验与教训，为应对相关威胁与挑战开拓新的思路。在全球化时代，治理问题已经成为国际社会所普遍关注的重要议题之一。分离主义问题属于族群矛盾的一种，与民族国家建构几乎同时出现。作为一种人类社会长期存在的矛盾，族群问题与分离问题的治理，有赖于各国政府在处理、应对时的能力与经验。实际上，分离运动的发展与分离运动的治理，是同一问题的两面，其区别在于站在谁的立场上进行思考。作为迄今为止人类社会最为先进的政治社会结构，主权国家的性质决定了各国治理分离问题的必要性与可行性。而且，在国际关系研究中，国家是基本的分析单位。② 正因如此，站在主权国家的立场，思考自身的民族政策及分离运动产生的原因，尤其是区分分离运动精英与普通成员行为动机等差异，对于更好地解决分离问题，是十分重要的。由于各国自然环境、社会环境、国家结构等各不相同，因而在处理分离问题时政策各异。但是，这并不能否认人类社会发展中的共性。即，只

---

① 贺圣达：《缅甸史》，人民出版社1992年版，第290页。
② 洪邮生：《现实主义国际关系理论：一种经久不衰的主流范式》，《历史教学问题》2004年第4期。

有深入总结多民族国家在治理分离问题时的经验与教训，才能更好地应对分离主义的威胁与挑战。这也是本书将分离运动治理作为重要研究内容的初衷之一。

此外，本书还具有以下理论意义：

第一，从多学科视角出发，探究东南亚分离运动的起源、发展与治理问题，尤其是结合社会学、政治学、历史学等视角，建构相关问题的分析框架，有助于在理论上拓展对分离主义现象的认识。当前，国内外学者在研究分离运动时，已经融合了多学科、多角度的研究视角，如经济学、心理学、社会学等。如有学者就指出，经济层面的不平等可能是诱发分离运动的重要原因，这种不平等心理既有可能在经济落后的地区触发，亦有可能在经济水平相对较高的地区发生。① 詹姆斯·戴维斯的"J曲线"理论亦指出，人们造不造反、革不革命，并不取决于食品、尊敬、平等等需求的实际满足状况，而取决于人们对需求满足状况的主观感受和期望。② 此外，泰德·格尔进一步发展了戴维斯的"J曲线"理论，丰富了"相对剥夺感"的类型，如递减型相对剥夺感、欲望型相对剥夺感、发展型相对剥夺感等。③ 由此来看，结合不同的视角、不同的学科，对分离主义的起源与发展进行探究，可以更为清晰地把握其中的各个要素，为相关问题的解决开拓新的思路。

第二，本书拟以东南亚分离运动的起源、发展与治理等三个相互关联的问题为主线，建构相关的逻辑分析框架，并从不同的逻辑思路出发，厘清和明晰每一个问题的内在逻辑，并结合案例进行验证，因而可以为构建出有解释力的分离主义研究框架，提供一定的借鉴与思考。分离主义是一种普遍又特殊的现象，世界上很多国家都不同程度地面临分离主义的威胁。不同类型的国家、不同的分离运动，其内在发展、演变的逻辑都不尽相同。基于此，研究东南亚分离运动的起源、发展与治理问题，

---

① 张友国：《后冷战时期民族分离主义研究》，首都师范大学出版社2011年版，第36—38页。

② James C. Davies, "Toward a Theory of Revolution", *American Sociologocal Review*, Vol. 27, No. 1, 1962, pp. 5 – 19.

③ 详见 Ted R. Gurr, "A Causal Model of Civil Strife: A Comparative Analysis Using New Indices", *The American Political Science Review*, Vol. 62, No. 4, 1968, pp. 1104 – 1124; Ted R. Gurr, *Why Men Rebel*, Princeton: Princeton University Press, 1970, pp. 20 – 37.

既要坚持宏观的理论指导，也要从微观入手探究其内在的发展与治理逻辑。换言之，既要尊重不同国家、地区分离运动的差异性，又要把握同类型分离运动中的共性。与世界其他地区相比，当代东南亚地区的分离运动大都是在本国的民族国家建构与全球化的双重进程中起源、发展起来的，不仅带有世界其他地区分离运动的基本特征，还包含了本地区的特殊性，如起源的多样性、发展的暴力性等①。鉴于此，剖析东南亚分离运动起源、发展与治理的内在逻辑关系，总结各国在治理分离运动问题中的经验与不足，在尊重差异性的基础上探寻共性，具有一定的理论意义。

第二节　研究综述

目前，国内外学术界有关东南亚分离运动研究较多，大体可以分为整性研究与个案研究两种。前者从东南亚地区的整体视角出发，考察各国存在的分离主义、族群冲突等，后者则侧重于某国或某地区分离主义的发展及其引发的各种矛盾。两种研究各有优点，亦各有不足。

一　整体研究综述

国内外有关东南亚分离运动的整体研究较多，学者们从不同的视角出发，对东南亚地区的分离运动进行了比较翔实的探究与分析。由拉加德·冈古莱和伊恩·麦克杜夫合作编写的《南亚和东南亚的族群冲突与分离主义：原因、动力和结局》一书，将南亚地区的克什米尔问题、巴基斯坦信德省问题、斯里兰卡泰米尔问题、印尼的东帝汶问题、菲律宾的棉兰老问题、巴布亚新几内亚等问题进行了分析，不仅指出了族群冲突与分离运动之间的种种根源和动因，还提出了相应的解决方案。② 新加

---

① 需要说明的是，东南亚各国分离运动差异显著，具体案例间似乎并不相互关联，但实际上，东南亚各国分离运动起源、发展的背景是一致的。即，本书并不侧重于对各案例之间的比较研究，而是侧重对同一问题的共通性进行探究。

② Rajat Ganguly & Ian Macduff, eds., *Ethnic Conflict and Secessionism in South and Southeast Asia: Causes, Dynamics, Solutions*, Sage Publications India Pvt Ltd., 2003.

坡南洋理工大学国防与战略研究所的报告《东南亚多元族群社会自治运动纲领》对菲南、泰南、印尼亚齐和缅甸少数族群的自治运动纲领进行了比较研究，提出了经济、政治、文化等三种解决分离主义的方法，并比较了各自的优缺点。① 此外，1984 年由多国学者合作、新加坡东南亚研究所出版的《东南亚的武装分离主义》一书，对印尼、缅甸、菲律宾、泰国等国家的分离运动进行了翔实的研究，分别从民族国家发展、族群与冲突、民族国家与少数族群、分离主义中的安全问题等角度进行了论述与分析。② 尽管上述著作或报告的时间相对较早，但内容较为翔实，对于研究东南亚地区分离运动的参考意义较大。

国内学术界亦有诸多有关东南亚分离运动的论著与论文。其中，较为全面、系统的当属陈衍德主编的三部著作：在《全球化进程中的东南亚民族问题研究——以少数民族的边缘化和分离主义运动为中心》一书中，作者着重围绕少数民族的边缘化问题和分离主义这个中心议题，探讨了全球化进程中东南亚地区民族问题的产生和发展。③ 在《对抗、适应与融合——东南亚的民族主义和族际关系》一书中，作者指出"在 20 世纪末叶席卷全球的民族分离主义浪潮中，东南亚也独具特色……东南亚民族主义的兴起演变，以及族际关系的发展变化，大致可概括为对抗、适应与融合三种形式"。④ 在《多民族共存与民族分离运动——东南亚民族关系的两个侧面》一书中，作者不仅对东南亚地区的分离运动进行了较为翔实的分析与探讨，还对东南亚地区存在的族群冲突（如马来西亚的马华族群冲突等）进行了探究与思考。⑤ 此外，国内还有诸多学者对东

---

① Miriam Coronel Ferrer, "Framework for Autonomy in Southeast Asia's Plural Societies", *IDSS working Paper*, No. 13, Singapore: Institute of Defence and Strategic Studies, May 2001. 转引自陈衍德主编《多民族共存与民族分离运动——东南亚民族关系的两个侧面》，厦门大学出版社 2009 年版，第 31 页。
② Joo-Jock Lim & Shanmugaratnam Vani. eds, *Armed Separatism in Southeast Asia*, Ashgate Pub Co., 1984.
③ 陈衍德、彭慧、高金明、王黎明：《全球化进程中的东南亚民族问题研究——以少数民族的边缘化和分离主义运动为中心》，厦门大学出版社 2008 年版。
④ 陈衍德：《对抗、适应与融合——东南亚的民族主义与族际关系》，岳麓书社 2004 年版。
⑤ 陈衍德主编：《多民族共存与民族分离运动——东南亚民族关系的两个侧面》，厦门大学出版社 2009 年版。

南亚分离运动进行了研究。在《战后东南亚民族分离主义运动评述》一文中，施雪琴对印尼、菲律宾、泰国、缅甸的民族分离运动进行了回顾，并分析了其兴起的原因，探讨了四国分离运动未来可能的发展趋向。① 郭雷庆在其博士学位论文《聚居型多民族国家民主转型进程中的民族分离问题研究——以我国周边五国为例》中，对民主转型问题与民族分离问题之间的关系进行了探究，并结合斯里兰卡、菲律宾、泰国、缅甸、印尼五国进行了案例验证。② 杨进勋在其硕士学位论文《战后东南亚民族分离主义运动研究》中，亦对东南亚地区的分离运动进行了概述性研究，分析了分离运动产生、发展的原因，并结合案例对其特点进行了归纳与总结。③

综上而言，国内外有关东南亚分离运动的整体研究大致分为两个主要视角：其一，以东南亚地区伊斯兰思潮为切入点，探究各国存在的武装分离运动、反叛运动或族群矛盾。④ 这类研究多从东南亚各国多族群、多宗教、多语言等的视角切入，认为伊斯兰教与佛教、基督教等之间存在天然的差异性，再加上各国在殖民历史中经历了不同族群之间的错误认知，从而导致族群之间的矛盾与隔阂越来越大。与此同时，"二战"结束之后，随着全球伊斯兰复兴思潮的高涨，东南亚作为伊斯兰世界的重要组成部分之一，各国内的伊斯兰分离问题因而逐渐高涨。其二，结合边缘化、全球化、极端化等不同视角，对东南亚各国的分离主义运动进

---

① 施雪琴：《战后东南亚民族分离主义运动评述》，《世界历史》2002年第6期。
② 郭雷庆：《聚居型多民族国家民主转型进程中的民族分离问题研究——以我国周边五国为例》，博士学位论文，山东大学，2017年。
③ 杨进勋：《战后东南亚民族分离主义运动研究》，硕士学位论文，云南师范大学，2009年。
④ 相关代表性的研究参见 Barry Desker, "Islam in Southeast: The Challenge of Radical Interpretations", *Cambridge Review of International Affairs*, Vol. 16, No. 3, 2003, pp. 415 – 428; Michael Vatikiotis, "Resolving Internal Conflicts in Southeast Asia: Domestic Challenges and Regional Perspectives", *Contemporary Southeast Asia*, Vol. 28, No. 1, 2006, pp. 27 – 47; Ganganath Jha, "Muslim Minorities in the Philippines and Thailand", *India Quarterly*, Vol. 34, No. 3, 1978, pp. 328 – 346; Wan Kadir bin Che Man, *Muslim Separatism: The Moros of Southern Philippines and The Malays of Southern Thailand*, Oxford University Press, 1990; Andrew Tan, "Armed Muslim Separatist Rebellion in Southeast Asia: Persistence, Prospects, and Implication", *Studies in Conflict & Terrorism*, Vol. 23, No. 4, 2000, pp. 267 – 288.

行了研究。① 这类研究多以更为宏大的视角或范围切入,并非仅仅分析东南亚地区的分离主义运动。比如,有的学者从全球化下的地区不稳定视角切入,分析了亚洲、非洲等发展中国家的社会动荡,其中涉及了地区不稳定等的重要方面,即包含了分离运动等的发展及其影响。总之,此类研究的整体性较强,主要侧重于概述与历史总结,但理论分析等相对较弱。

二 个案研究综述

相比于整体研究,东南亚分离运动中的个案研究更多,研究的视角也更为宽泛。印尼、泰国、菲律宾、缅甸、越南等国的分离运动均有所涉及。

印尼。有关印尼分离运动的研究主要集中于亚齐、巴布亚和马鲁古三个地区。相比于其他两个地区,国内外学术界对亚齐问题的关注一直较多。美国学者埃里克·莫里斯在其著作《亚齐的伊斯兰与政治:印尼央地关系研究》中,对亚齐与印尼中央政府之间的互动关系进行了梳理,并解释了二者之间时而冲突、时而合作的复杂原因。② 纳扎鲁丁·夏姆苏丁在其论著《共和国的叛乱:关于亚齐叛乱的研究》一书中,对亚齐第一次分离运动③的起因、经过等进行了论述。④ 夏姆苏丁还在论文《印尼地区主义的问题与政治:亚齐经验的评析》中,将地方性叛乱分为两种类型:一种是为地方争取更多权利,但并无独立倾向的,另一种是以否定中央政权、争取独立为目的的。亚齐属于后一种类型,并且作者认为

---

① 相关代表性的研究参见 David Brown, "From Peripheral Communities to Ethnic Nations: Separatism in Southeast Asia, *Pacific Affairs*, Vol. 61, No. 1, 1988, pp. 51 – 77; Peter Searle, "Ethno-Reglious Conflict: Rise or Decline? Recent Developments in Southeast Asia", *Contemporary Southeast Asia*, Vol. 24, No. 1, 2002, pp. 1 – 11; Justin V. Hastings, *No Man's Land: Globalization, Terrority, and Clandestine Groups in Southeast Asia*, Ithaca and London: Cornell University Press, 2010; Dan G. Cox, John Falconer, and Brian Stackhouse, *Terrorism, Instability, and Democracy in Asia and Africa*, University Press of New England, 2010, Chapter 7。

② Eric E. Morris, *Islam and Politics in Aceh: A Study of Center — Periphery Relations in Indonesia*, Cornell University Press, 1979.

③ 有学者将 1953 年的亚齐叛乱视为亚齐的第一次分离运动,而将 1976 年"自由亚齐运动"的出现视为第二次分离运动。笔者并不认同这种看法,后文将进行说明。

④ Nazaruddin Sjamsuddin, *The Republican Revolt: A Study of the Acehnese Rebellion*, Institute of Southeast Asian Studies Singapore, 1985.

亚齐分离运动的根源在于地方主义。① 日萨尔·苏格马在其论文《亚齐分离主义的挑战：问题与前景》中，对苏哈托时代亚齐的发展状况、亚齐叛乱的根源，以及此后政府对亚齐分离运动的政策等内容进行了论述，并认为单纯的军事手段并不能解决亚齐问题。② 与国外学者的研究相比，国内对亚齐问题的关注主要集中在分离冲突解决与分离原因分析等方面③。其中，张洁的著作《民族分离与国家认同——关于印尼亚齐民族问题的个案研究》，从国家认同与族群认同的视角对亚齐问题的前因后果等进行了系统梳理。与亚齐分离运动的研究相比，国内外学术界对巴布亚和马鲁古地区的分离主义关注相对较少。有关巴布亚地区的分离主义，比较有代表性的研究是皮特·金的著作《苏哈托以来的西巴布亚与印尼：独立、自治还是失序？》④，重点分析了苏哈托政权崩溃后，在民主化等进程中，巴布亚分离运动的现实走向与发展。克林顿·费纳德斯的著作《不情愿的印尼人：澳大利亚、印度尼西亚与西巴布亚的未来》⑤，重点分析了巴布亚问题的起源和后续可能的解决，尤其指出了澳大利亚政府的考虑及政策。与巴布亚类似，学术界对马鲁古地区的关注也相对较少。其中，比较具有代表性的是格里·克林克恩的论文《马鲁古战争：社会的变革》，作者从马鲁古冲突的根源出发，对当地分离主义的原因等进行

---

① Nazaruddin Sjamsuddin, "Issues and Politics of Regionalism in Indonesia: Evaluating the Acehnese Experience", in Lim JooJock & Vani S. eds., *Armed Separatism in Southeast Asia*, Ashgate Pub Co., 1984.

② Rizal Sukma, "Secessionist Challenge in Aceh: Problems and Prospect", in Hadi Soesatro & Anthony L. Smith eds., *Governance in Indonesia: Challenges Facing The Megawati Presidency*, Institute of Southeast Asian Studies Singapore, 2003, pp. 165 – 179.

③ 代表性研究参见张洁《亚齐分离运动研究》，博士学位论文，北京大学，2002 年；李一平《冷战后东南亚的民族分离主义运动——以印度尼西亚为例》，《当代亚太》2002 年第 9 期；胡文秀、孟东伟《发展中国家国内武装冲突终止的条件分析——以印尼亚齐问题的解决为例》，《东南亚研究》2010 年第 1 期；张洁《从亚齐分离运动看印尼的民族分离主义问题》，《当代亚太》2000 年第 7 期。

④ Peter King, *West Papua and Indonesia Since Suharto: Independence, Autonomy or Chaos?*, UNSW Press, 2004.

⑤ Clinton Fernandes, *Reluctant Indonesians: Australia, Indonesia, and the future of West Papua*, Scribe Publications Pty Limitedm, 2006.

了探析。① 与国外研究相比，国内学术界对这两个地区分离主义的关注非常少，仅有几篇硕士学位论文对此问题进行了分析与研究。②

菲律宾。菲律宾国内的分离主义问题，主要指的是南部棉兰老或摩洛问题。针对这一主题，国内外学术界都进行了诸多的研究。塞缪尔·谭在其著作《菲律宾穆斯林的武装反抗（1900—1972）》中，以世界穆斯林参与的冲突为大背景，认为摩洛问题的出现不仅是政治、经济等因素造就的，而且更是穆斯林自身社会文化发展的要求与菲律宾国家发展的要求之间的不一致状况造成的。③ 托马斯·麦肯南在《穆斯林的统治者与反叛者》一书中指出，摩洛人的自我认同并非如人们普遍认为的形成于西班牙殖民统治时期，而是形成于美国殖民统治时期，且这种摩洛认同是美国殖民者刻意鼓励、引导的结果；摩洛分离运动的真实原因并非为了建立摩洛国家，而是为了保护穆斯林的宗教信仰。④ 凯撒·马柔尔在其论著《菲律宾的穆斯林》一书中，以西班牙殖民时期的材料为主，从历史的角度分阶段、分时期对历时300多年的摩洛战争等进行了分析，从而为全面了解西班牙在菲律宾南部的殖民统治及其遭到的反抗奠定了基础。⑤ 与此同时，国内学术界对菲南摩洛问题等亦予以了重点关注，主要围绕摩洛问题的形成、伊斯兰复兴运动对菲律宾分离运动的影响、摩洛形象的形成等方面展开。⑥

---

① Gerry Van Klinken, "The Maluku Wars: Bringing Society Back In", *Indonesia*, No. 71, 2001, pp. 1 – 26.

② 丁润霆:《巴布亚分离主义评析》，硕士学位论文，外交学院，2010 年；陈金:《印尼马鲁古和巴布亚地区民族分离主义运动研究》，硕士学位论文，厦门大学，2008 年。

③ Samuel K. Tan, *The Muslim Pilipino Armed Struggle*, 1900 – 1972, Filipinas Foundation, Inc., 1977.

④ Thomas M. Mckenna, *Muslim Rulers and Rebels: Everyday Politics and Armed Separatism in the Southern Philippines*, Anivil Publishing, Inc., 1998.

⑤ Cesar A. Majul, *Muslims in the Philippines*, University of the Philippines Press, 1978.

⑥ 代表性研究参见孙福生《菲律宾南部穆斯林民族的形成》，转引自陈衍德、彭慧、高金明、王黎明《全球化进程中的东南亚民族问题研究——以少数民族的边缘化和分离主义运动为中心》，厦门大学出版社 2008 年版，第 35 页；谢为民:《论菲律宾的"穆斯林问题"》，《东南亚研究》1990 年第 2 期；彭慧:《伊斯兰复兴运动与菲律宾穆斯林分离运动》，《世界民族》2007 年第 6 期；彭慧:《二战后菲律宾穆斯林民族构建的尝试——对摩洛分离运动的另一种解释》，《世界民族》2011 年第 3 期；彭慧:《菲律宾南部穆斯林分离运动的缘由——反抗组织领导层与普通穆斯林的意识形态错位》，《南洋问题研究》2004 年第 2 期。

泰国。泰国的分离运动主要指的是，南部马来穆斯林的分离主义活动。国外研究泰国南部穆斯林的分离运动主要侧重于族群认同、族群分化以及泰南分离运动产生的历史背景等方面。乌泰·杜莱卡西姆在其论文《族群民族主义的出现与增强：暹罗南部马来穆斯林的个案研究》中指出，马来人根深蒂固的族群意识削弱了其对泰国的国家认同感，这是导致泰国南部分离运动出现的重要原因之一。① 安德鲁·福布斯在《泰国穆斯林少数族群：同化、分离或共存》一文中指出，泰国的马来穆斯林对于泰国政府的同化政策一直处于犹豫状态，在接受与拒绝之间徘徊不定，因为接受同化意味着可能放弃原有的宗教信仰，而拒绝接受同化则可能在现实生活中面临诸多困难，比如教育、就业等。② 与国外相比，国内学者对泰南问题的关注则主要集中在泰南分离运动产生的原因、泰南分离运动的极端化、泰南分离运动与菲南分离运动的比较等方面。③

缅甸。缅甸国内的分离运动是在内战、国内冲突等背景下产生的，因而国内外对其的研究主要集中于特定的族群，如克伦族、克钦族、掸族等。国外学者对克伦人的身份认同等关注较多。杰西卡·哈里顿在其论文《为自己命名：克伦族身份认同与缅甸少数民族的政治化》中分析了克伦族多语言、多文化、多信仰的特征，认为克伦民族联盟等分离组织致力于推行一种反异化的泛克伦身份认同，但这种泛化也导致了分离组织内部的分化。④ 阿南达·拉贾在《缅甸的一种民族含义：克伦人的族裔民族主义、民族主义与民族叙事》一文中指出，族裔民族主义是克伦

---

① Uthai Dulyakasem, "The Emergence and Escalation of Ethnic Nationalism: The Case of Muslim Malays in Southern Siam", in Taufik Abdullah & Sharon Siddique eds., *Islam and Society in Southeast Asia*, Institute of Southeast Asian Studies Singapore, 1987.

② Andrew D. W. Forbes, "Thailand's Muslim Minorities: Assimilation, Secession, or Co-existence?", *Asian Survey*, Vol. 22, No. 11, 1982, pp. 1056 – 1073.

③ 代表性研究参见李一平、吴向红《冷战后泰南穆斯林分离运动的原因探析》，《南洋问题研究》2007 年第 3 期；李海良：《泰南穆斯林分离运动研究》，硕士学位论文，云南大学，2010 年；阳藏廉：《泰南恐怖主义分离运动问题研究》，硕士学位论文，云南大学，2015 年；占薇：《菲律宾摩洛人与泰南马来穆斯林的分离主义运动比较研究》，硕士学位论文，厦门大学，2009 年。

④ Jessica Harriden, "'Making A Name for Themselves': Karen Identity and the Politicization of Ethnicity in Burma", *Journal of Burma Studies*, Vol. 7, No. 1, 2002, pp. 84 – 144.

人深藏于内心的一种身份认同，只是这一认同一度被殖民经历所中断。①兰·霍乐迪在《缅甸联邦的内部冲突：亚洲和谐治理的一个失败案例》一文中，从更宏观的视角对缅甸国内冲突进行了考察，认为缅甸是典型的国内治理失败的案例。② 与国外学者类似，尽管缅甸国内分离问题属于缅甸国内冲突的重要组成部分，但与分离问题相比，缅甸长期的国内冲突与混乱状态则显得更为突出。由此，尽管有很多学者对缅甸国内分离运动进行了解读与分析，但从研究数量上却并非多数。而且，有关缅甸分离运动的研究多集中于身份认同、政府的民族政策、分离冲突的反复等方面。③

东南亚其他国家与地区。东南亚地区因多族群、多宗教、多语言、多文化等，再加上破碎的地理环境与长期的殖民经历，各国都存在普遍的族群冲突，只是有些国家发展为了较为极端的分离主义。当然，东南亚地区很多国家的分离主义并不突出或很少得到学术界的关注，比如柬埔寨、越南、老挝等国家的跨国民族问题等。④ 这些问题很少得到国内外学术界的关注有两个原因：一是这些国家的分离主义问题影响不大，且通常分离势力的实力不强，有些甚至仅停留在口号阶段；二是这些带有分离性质的族群问题并不具有地区乃至全球的代表性，或者因国内族群等的杂居而逐渐消弭。因此，除上述几个国家之外，东南亚其他地区的分离主义等问题并未产生较大影响或引发较大关注。

---

① Ananda Rajah, "A 'Nation of Intent' in Burma: Karen Ethno-Nationalism, Nationalism and Narrations of Nation", *Pacific Review*, Vol. 15, No. 4, 2002, pp. 517–537.

② Lan Holliday, "National Unity Struggles in Myanmar: A Degenerate Case of Governance for Harmony in Asia", *Asian Survey*, Vol. 47, No. 3, 2007, pp. 374–392.

③ 代表性研究参见李晨阳《缅甸的克伦人与克伦人分离运动》，《世界民族》2004年第1期；李晨阳《独立前缅甸民族主义精英对国家发展道路的探索》，《南洋问题研究》2006年第4期；祝湘辉《山区少数民族与现代缅甸联邦的建立》，世界图书出版公司2010年版；王欢欢《缅甸克钦民族主义运动的起源、演变与发展趋势》，《印度洋经济体研究》2014年第3期；陈真波《独立以来缅甸民族关系研究（1948—1998）》，吉林人民出版社2014年版。

④ 以越南为例，国内对越南国内分离运动的研究成果参见唐桓《越南的下高棉民族分离主义问题》，《世界民族》2006年第2期；梁炳猛《越南西原地区民族分离主义问题研究》，《广西民族学院学报（哲学社会科学版）》2005年第3期；兰强《越南民族问题浅析》，《广西民族大学学报（哲学社会科学版）》2008年第S2期；唐桓《福音教与越南的民族分离问题》，《世界民族》2004年第5期。

三 既有研究不足

尽管国内外学术界对东南亚地区的分离运动进行了大量的探究,既有整体状况的概述,又有微观的案例分析,既有比较视域下的案例比较,又包含厚重的历史解析。然而,经过回顾可以发现,既有研究仍然存在一些不足之处。

第一,国内外整体研究大都缺乏对分离运动起源、发展等的理论探讨,更多集中于历史、案例等的梳理,忽视了对分离主义等的机制性考察。经济、政治、文化、社会等内部因素均是分离运动起源的重要原因,外部势力干涉、国际环境的变迁等也是触动分离运动的重要外部原因。目前,学术界有关东南亚分离运动起源与发展等的探究,大都停留在概括性、总结性的阶段,还未出现结合东南亚地区的特性,对该地区分离运动起源、发展等的机制性研究。换句话说,政治、经济等因素都是驱动分离运动的重要原因,但如何与其他族群冲突(比如马来西亚的马华冲突)等相区分,是当前学术界有所忽视的一个重要问题。

第二,国内外个案研究往往集中于对分离运动产生后的分析,如原因、发展动力、国内政策等,不仅忽视了对分离运动产生前的起源探究,而且很少有对分离运动和解或分离冲突终止后治理层面等的关注。就东南亚地区而言,分离主义研究中的一个重要问题是,为何各国分离运动大都产生于20世纪60年代前后?对这一问题进行回答,就需要关注东南亚分离运动的起源,即殖民经历、全球化、民族国家建构等大背景,为各国族群问题的逐步政治化提供了历史与现实条件。此外,有关分离主义的治理问题,学术界已经对其进行了一定的探讨①,但有关东南亚地区分离运动的治理尚处于起步阶段,相关的研究并不深入。例如,印尼政府积极介入和处理了亚齐地区的分离问题,通过和谈、自治等手段,恢复了国内的稳定与和平;而菲律宾也采取了和谈、自治的手段,但菲南摩洛地区却并未恢复稳定?

---

① 部分研究参见严庆《民族分裂主义及其治理模式研究》,《国际安全研究》2015年第4期;胡润忠《多民族国家民族分离主义治理战略研究》,《学术探索》2011年第1期;王建娥《民族分离主义的解读与治理——多民族国家化解民族矛盾、解决分离困窘的一个思路》,《民族研究》2010年第2期。

对于这些问题的深入探究,将是本书所重点关注的。

第三,既有研究缺乏对东南亚分离运动理论框架与历史背景等的结合。从有关东南亚分离运动的研究看,所在国类型、外部干预的重要性等均是影响其发展的重要方面。然而,既有研究缺乏以分离运动为主体的理论建构。换句话说,在分析各国分离运动时,既有研究缺乏相关的理论指引,大都是整体性归因的探究,或是个案式的深入探讨。尽管基于分离运动的特点,其发展历程必将受到外部因素的强力制约,但这种对研究主体及其理论框构等的忽视,仍是一种研究上的不足。此外,既有研究还忽视了分离运动内部的结构,即往往将分离运动视为一个整体,而并非对其精英势力与普通的族群民众等进行区分。将分离运动视为一个"黑箱",客观上忽视了分离运动产生、发展的内部视角,并不能完整地揭示其产生、发展的路径。在分离运动起源与发展的过程中,所在国政府的政策、客观的族群差异、分离运动内部的精英动员等条件缺一不可,而精英势力在分离运动起源、发展的不同阶段扮演着何种角色,则是影响其走势的直接因素。从这个视角看,只有将相关的理论建构与历史事实等相结合,才能更加深入地解释东南亚分离运动起源、发展与治理进程中的内在逻辑。基于此,本书着力弥补既有研究的不足,并尝试以"宏观"视角为基础建构一种解释东南亚分离运动起源、发展与治理的框架,辅以"微观"的案例来验证,最终为地区的发展与稳定提供一些有益的借鉴与指导。

第三节 研究设计

一 研究方法

本书主要以定性研究方法为基础展开,辅以比较分析、案例研究、实证研究等研究方法,对相关内容进行探究。

第一,归纳法。归纳法是搜集同类的事实,以研究它们是否具有异同点。如果具有可比较的相同点,则通过设定一个经验的定律来统辖它们,再从这些事实出发,推导并求证出一个相对合理的解释。就科学研究而言,归纳对于形成类型化的结论是十分重要的。从大量相似的事实中抽象出某种类型化的结论,并对此类现象的内部结构或影响因素进行概括与分析，从而得出相对一般化的结论，以形成"具体—抽象—具体"的研究理路。本书整体上拟对"当代东南亚分离运动的起源、发展与治理"进行研究，这就需要归纳出东南亚地区的整体特征，东南亚各国在内外部环境上的相同点和不同点，进而总结出相对一般性的影响因素，从而更好地对其进行分类整理，形成较为类型化的分析。

第二，案例研究法。案例研究法一般指选择一定的实例或事例的某一方面，对其发生条件、环境等进行较为深入的分析与解释，从而为论证理论观点进行服务。从本质上看，案例研究法可以被视作一种不完全归纳的方法。然而，这一方法是综合运用历史数据、档案资料、观察等，对某一背景下特定社会单元中发生的典型事件进行较为系统、综合的描述与分析，从而在此基础上进行解释、判断或者预测。[①] 本书试图建构东南亚分离运动起源与发展的一般性解释框架，并选取缅甸国内、泰国南部、菲律宾南部、印尼亚齐等国的分离运动进行分析。在行文过程中，本书并不将四国的案例分析进行单列，而是以理论与分析相结合的方式，分别在起源、发展与治理的不同章节对四国案例进行分析与比较。以此为基础，本书选取相关的国家进行论证，并努力从中验证本书在理论建构及其观点等方面的合理性。

第三，比较研究法。比较研究法是对物与物之间、人与人之间相似性或相异程度的研究与判断的方法。比较研究法是根据一定的标准，对两个或两个以上有联系的事物进行考察，寻找其异同，并探究其中的普遍规律的方法。尽管文本主要以缅甸国内、泰国南部、菲律宾南部、印尼亚齐等四国为案例，展开分析，但在案例分析部分将着重比较四者的异同点。即，何以在东南亚地区大环境与本国族群等小环境的相似状况下，四国分离运动的发展却以不同的路径向前推进。比如缅甸国内分离运动，在国内冲突的背景下逐渐长期化，至今尚未解决；泰国南部马来穆斯林分离运动亦曾经历过武装斗争阶段，但21世纪后逐渐有恐怖主义等因素的涉入，逐步转向极端主义；菲律宾南部摩洛分离运动爆发于20世纪70年代，并先后于1996年、2014年与政府达成了和解，当前正处于和平进程之中；印尼亚齐分离运动前后历经近半个世纪，最终于21世

---

① 王建云：《案例研究方法的研究述评》，《社会科学管理与评论》2013年第3期。

纪初走向了自治,当前正处于社会治理不断深化的阶段。

第四,实证研究的方法。实证主义的社会科学深受实证主义思潮的影响。实证主义乃是源自法国哲学家奥古斯特·孔德所创立的一种与形而上学相对应的哲学体系,而孔德恰是在接受了与启蒙运动时代所诞生的实证科学相关联的意义上创立了实证主义概念。就实证主义社会科学的研究导向来看,存在着政策导向和理论导向两种不同范式。前者关心的是现实困惑,解决"怎么办"的问题,其研究思路是"抓问题、摆事实、提对策";后者关心的是理论困惑,解决"为什么"的问题,其研究思路是"想问题、究理论、重证明"。[①] 本书的展开试图以实证主义为导向,从东南亚国家分离运动的本体出发,尝试建构解释分离运动起源、发展的一般性解释框架,并辅之以案例进行验证。这是一种具有实证主义倾向的研究路径,但限于本人的能力和水平,很难完全按照实证主义的研究方法进行研究,故在定性研究的基础上,辅之以实证主义的倾向,从而更好地为研究的展开服务。

二 研究思路

在东南亚,有的分离运动走向了自治(如印尼亚齐),有的走向了极端化(如泰国南部),有的则处于长期的冲突之中(如缅甸国内分离运动),等等。缘何东南亚地区的分离运动在现实走向上存在巨大差异?基于这一问题,本书主要从分离运动与主权国家两个层面进行思考。换言之,东南亚各国分离运动走向不同,既与各国分离运动的基本状况相关,又与各国政府的治理相关。从前者看,分离运动的领袖权威、组织状况、动员效度等,都对其自身的产生、发展有着重要的影响。如果一国分离运动的组织较为单一且领袖号召力强,那么其在民众中的影响力就大,就能动员更多民众参与到"分离事业"中去;反之,如果一国分离运动的组织分化严重、内耗严重,则其实力必然大打折扣。沿此思路,各国分离运动在最初产生时,为何有的存在多个分离组织,而有的则较为单一?这就涉及对各国分离运动起源问题的探究。因为只有了解其起源的背景,才能对其后续的发展做出判断。与此相对,从后者看,各国政府

[①] 边燕杰:《理论导向的实证社会学研究》,《中国社会科学评价》2015年第2期。

对分离运动采取的不同态度及政策,亦是影响其走向的另一因素。各国政府是在何种背景与状况下,展开对分离运动的应对的,又是基于何种动因应对分离主义的威胁,具体采取了何种态度与政策来化解分离挑战。这就不仅涉及了分离运动的发展问题,更为重要的是各国政府对分离运动的治理问题。

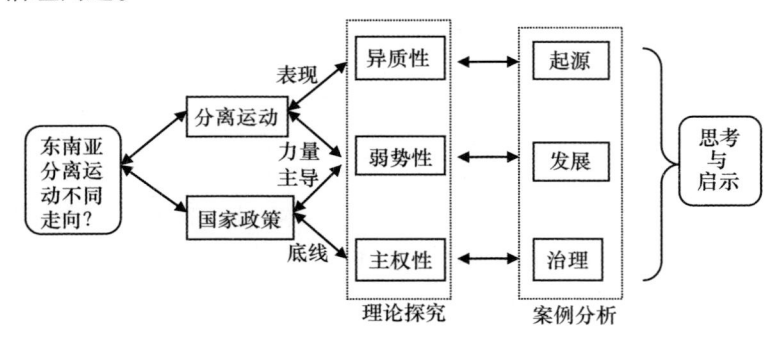

```
                    表现    ┌─────┐   ┌─────┐
              ┌─分离运动─── │异质性│←→│起源 │  ┐
              │         力量 └─────┘   └─────┘  │
┌─────────┐  │         主导 ┌─────┐   ┌─────┐  │  思
│东南亚    │  │        ────→│弱势性│←→│发展 │  ├→ 考
│分离运动  │──┤              └─────┘   └─────┘  │  与
│不同走向? │  │              ┌─────┐   ┌─────┐  │  启
└─────────┘  └─国家政策─── │主权性│←→│治理 │  ┘  示
                    底线    └─────┘   └─────┘
                          理论探究      案例分析
```

图 0—1 本书的主要研究思路

资料来源:笔者自制。

在一个基本问题与两个主要方面的基础上,本书着重探讨的是东南亚分离运动的三个问题,即起源、发展与治理问题。这三个问题既有所区别,又联系紧密,且各自的理论逻辑及在各具体案例中的表现,亦不尽相同。从起源视角看,异质性是东南亚分离运动的理论起点,但其最终形成却得益于分离精英的社会动员。[①] 从发展视角看,弱势性[②]是东南亚分离运动的理论起点,因为与所在母国相比,天然的弱势伴随其始终。从治理视角看,主权是各国对分离主义进行治理的根基,由此延伸至国

[①] 族群冲突与分离运动有着显著的差别。族群冲突可能会导致分离运动,也可能不会发展为分离运动。对此,需要有清晰地认识。有关族群冲突的发生及应对,可参见蒋海蛟《民族冲突及应对研究——以吉尔吉斯斯坦南部民族冲突为例》,社会科学文献出版社2019年版。

[②] 这里的弱势性是相对而言的,而并非绝对意义上的。即,从绝对力量对比上看,产生于一国内部的分离运动,自然弱于国家机器,但本书"弱势性"的概念并非仅此一层,还包括对不同分离运动内部的比较。比如,南北苏丹的分裂最初亦源于分离主义,但南北差距并不悬殊;再如欧美等国的分离运动,尽管在武装力量上较弱,但思想层面的准备则较为系统。从这个意义上看,东南亚地区的分离运动无论是在武装力量上,还是在思想准备上等,都较为"弱势"。

内秩序及其稳定的层面。当然，这仅是理论层面的探讨与分析，并不代表具体的分离运动案例。因为在东南亚各国分离运动的具体实践中，各案例的具体表现及其特征等并不相同。因此，尽管各案例之间具有理论或抽象层面的相似性，但因条件、概况等的差异，其具体表现相差甚远。比如，缅甸国内分离运动源于克伦族对殖民时期优越地位的"眷恋"，而泰南分离运动则源于泰族对马来族群的剥削。尽管二者都是在族群、宗教、语言等先天异质性作用下形成，但在具体的心态表现上却带有明显不同。因此，本书的整体研究思路系在一个主要问题的基础上，分出三个相互连接的部分，进而以理论探究与个案分析相结合的方式，阐述"当代东南亚分离运动的起源、发展与治理"问题。

三　资料来源

本书的资料来源，主要分为国内、国外两大部分。

从国内资料的分类看，有关东南亚分离运动的既有成果大多系专著与学术论文。其中，厦门大学、暨南大学、云南大学对东南亚的分离主义研究较多，且成果十分丰硕。比如，陈衍德教授探讨东南亚少数民族问题的两部姊妹篇：《全球化进程中的东南亚民族问题研究——以少数民族的边缘化和分离主义运动为中心》与《多民族共存与民族分离运动——东南亚民族关系的两个侧面》。再比如，贺圣达教授的《缅甸史》、祝湘辉的《山区少数民族与现代缅甸联邦的建立》、张洁的《民族分离与国家认同——关于印尼亚齐民族问题的个案研究》等，都为了解东南亚分离运动提供了独特视角。在学术论文方面，本书着重搜集了与研究主题密切相关的代表性论文，而且结合最新的研究成果与学术观点，将其融入佐证本书观点的内容之中。比如，李捷、雍通的《权力下放与分离主义治理——基于亚齐与菲南的案例分析》[①] 就为本书有关权力下放或"自治"等的思考，拓展了思路与视野；阳举伟、何平的《论泰国政治整

---

① 李捷、雍通：《权力下放与分离主义治理——基于亚齐与菲南的案例分析》，《东南亚研究》2019年第5期。

合马来穆斯林族群的政策——与"后銮披汶时代"为中心的考察》① 为本书思考泰国政局与分离运动之间的关系,提供了诸多益处,等等。总之,国内学术界对该主题的关注较多,但近年来的专门性研究著作与学术论文成果并不多。

除参考与主题密切相关的专著与学术论文外,本书还对东南亚史及经典译著等进行了搜集、整理与研究。比如,梁志明教授主编的《殖民主义史·东南亚卷》,就为本书了解东南亚各国分离运动的起源及其相关背景提供了重要参考。再比如,余定邦教授的《东南亚近代史》、贺圣达教授等著的《战后东南亚历史发展(1945—1994)》、韦红的《东南亚五国民族问题研究》等,都为了解各国的历史发展等提供了借鉴。而且,本书还参考了一些经典的外文译著。比较具有代表性的包括米尔顿·奥斯本所著的《东南亚史》②、安东尼·吉登斯所著的《全球化时代的民族与民族主义》③,等等。此外,本书还对香港、台湾地区的相关研究成果进行了研究。比如江炳伦的《南菲律宾摩洛反抗运动研究》、吴哲宇的《菲律宾南部分离运动与和平谈判(1968—2014)》④、梁志明教授主编的《面向新世纪的中国东南亚学研究:回顾与展望》⑤ 等。

从外文资料看,除搜集到一些学术论文、著作之外,还搜集了国际组织等的相关研究报告等,尽可能补充更多的史料及佐证。比如,早在20世纪80年代,东南亚多国学者就对当地分离主义进行了关注,并合作编写了《东南亚的武装分离主义》⑥,较为全面地介绍了各国分离运动的

---

① 阳举伟、何平:《论泰国政治整合马来穆斯林族群的政策——以"后銮披汶时代"为中心的考察》,《世界民族》2018年第4期。
② [澳]米尔顿·奥斯本:《东南亚史》,郭继光译,商务印书馆2012年版。
③ [英]安东尼·吉登斯:《全球化时代的民族与民族主义》,龚维斌、良警宇译,中央编译出版社2002年版。
④ 吴哲宇:《菲律宾南部分离运动与和平谈判(1968—2014)》,硕士学位论文,台湾大学,2016年。
⑤ 梁志明编:《面向新世纪的中国东南亚学研究:回顾与展望》,香港社会科学出版社2002年版。
⑥ Joo-Jock Lim & Shanmugaratnam Vani. eds, *Armed Separatism in Southeast Asia*, Ashgate Pub Co., 1984.

基本状况。再比如，托马斯·麦肯南所著的《穆斯林的统治者与反叛者》① 一书，对于了解菲律宾国内的分离运动，具有一定的帮助。除专门的著作外，还查阅了最近的有关东南亚分离运动的英文学术论文。比如，兰·霍乐迪的《缅甸联邦的内部冲突》②，从缅甸国内冲突入手，认为缅甸是典型的国内治理失序的国家。再比如，吉达·赛德的《从分裂主义到区域主义：武装分离运动内部组织的变革及意识形态的缓和》③ 一文，对分离主义与区域观念、分离组织内部的思想变化等进行了考察，为本书观点提供了一些佐证。

本书还参考了很多有价值的报告、学位论文等。比如，克里斯腾·舒尔茨就印尼亚齐分离运动撰写的调查报告《"自由亚齐运动"：对其内部组织的"解剖"》④，对于了解亚齐分离运动具有重要的参考意义。再比如，国际危机组织关于菲律宾南部分离运动的研究报告《菲律宾：交战与新邦萨摩洛》⑤，对于了解国际学者在该问题上的立场、态度等具有重要参考意义。此外，本书还参阅了最新的网络资源，如新华网、中国新闻网、联合早报网、CNN、亚洲新闻在线等，进一步丰富了本书的内容。当然，本小节仅对相关代表性的著作进行了说明，并未全面介绍本书的参考资料。总之，本书的资料来源基本涵盖了国内外相关的研究，既有前辈们的经典历史著述，亦包含年轻学者的一些思考，较为全面地囊括了历史与现实、理论与案例等相关内容。

四　篇章结构

本书的章节安排如下：

---

① Thomas M. Mckenna, *Muslim Rulers and Rebels: Everyday Politics and Armed Separatism in the Southern Philippines*, Anivil Publishing, Inc., 1998.
② Lan Holliday, "National Unity Struggles in Myanmar: A Degenerate Case of Governance for Harmony in Asia", *Asian Survey*, Vol. 47, No. 3, 2007, pp. 374–392.
③ Gyda M. Sindre, "From Secessionism to Regionalism: Intra-organizational Change and Ideological Moderation within Armed Secessionist Movements", *Political Gepgraphy*, Vol. 64, 2018.
④ Kirstten E. Schulze, "The Free Aceh Movement (GAM): Anatomy of a Separatist Organization", *Policy Studies*, No. 2, 2004.
⑤ International Crisis Group, *The Philippines: Militancy and the New Bangsamoro*, Asia Report N° 301, June 27, 2019.

前言部分，主要介绍本书选题的来源、研究意义、文献综述、研究思路、资料来源、篇章结构、创新及不足等。本书的选题主要来源于一种现实困惑，即为何东南亚地区分离运动大体都起源于20世纪60年代？为什么不同国家甚至同一国家不同地区的分离运动在发展与治理方面存在诸多差异？基于此，"当代东南亚分离运动的起源、发展与治理"是本书的研究主题。有关东南亚分离运动的研究，国内外学术界已经进行了深入的研究，并拓展了相关的研究视野。整体而言，国内外学术界主要围绕整体研究与个案研究展开。前者主要围绕伊斯兰视角、全球化、边缘化等展开，较为系统地梳理了东南亚地区分离运动的发展史，而后者则聚焦于某一个案例，更为深入地挖掘其内涵。在此基础之上，本书尝试建构一种多学科、多维度的分析框架，并辅以个别案例的研究，对东南亚分离运动的起源、发展与治理问题进行探究。

第一部分，即第一章，主要介绍本书研究的范围，包括对基本概念的界定、研究视角的说明、研究背景的论述等。尽管"分离主义"或"分离运动"在国内外学界的研究较多，但有关其概念的界定，在不同的语境、不同的研究中，其具体的含义并不完全一致。依据本书的研究范围，本书借鉴约翰·伍德、阿伦·布坎南、马塞洛·科恩[1]等的分析，认为：分离主义指现存国家的一部分人口在所属国家的反对下，力图将其居住的领土从现属国家脱离，建立一个新的独立国家或并入其他国家的系统思想和行为；而分离运动则指在分离主义基础上的有组织的分裂国家的活动。在此基础上，介绍本书的主要研究视角，即东南亚分离运动的起源、发展与治理。结合社会学、民族学、政治学等研究，分离运动不仅是一种社会活动，还是一种政治活动，也是一种族群活动，尽管这种活动自开始就带有非法性。但是，从承认的视角看，社会运动谋求的是一种社会身份的承认，族群活动谋求的则是对族群身份的承认，而分离运动可以被视为谋求一种政治身份承认的活动。因而，从这个意义上

---

[1] John R. Wood, "Secession: A Comparative Analytical Framework", *Canadian Journal of Political Social / Revue Canadience de Science Politique*, Vol. 14, No. 1, 1981, pp. 107 – 134; Allen Buchanan, "Toward a Theory of Secession", *Ethics*, Vol. 101, No. 2, 1991, pp. 322 – 342; Marcelo G. Kohen, Introduction, in Marcelo G. Kohen (ed), *Secession: International Law Perspectives*, Cambridge University Press, 2006, p. 3.

看,借助社会学、民族学等理论视角探究东南亚分离运动及相关问题,是具有可行性的。此外,与世界其他地区的分离运动有所区别,东南亚地区的分离活动是在全球化、民族国家建构、殖民经历等三重背景下产生的,因而带有自身的特点。这是本书研究的起点与基础。

第二部分,即第二章和第三章,主要探究东南亚分离运动起源的分析框架,并围绕缅甸、泰南、菲南、亚齐四个案例展开论述。本章认为,东南亚分离运动起源的逻辑起点是异质性,其中现实中的横向差异及其带来的集体不满、历史中的本土观念及其异化下的概化信念等,都推动着各国族群之间异质性的扩大。最终,在族群精英等的社会动员下,族群问题不断走向政治化,导致了分离运动的产生。在四个案例的研究中,尽管各国分离运动起源的具体要素各不相同,但其内在的逻辑机理却较为相似。在缅甸,克伦族分离运动的爆发来源于历史上族群矛盾的长期累积,再加上殖民时期英国有意制造了克伦族的独立身份意识,如改信基督教、创造克伦文字等,最终塑造了克伦族的分离观念。在泰南,因殖民者之间的相互协调,造就了泰南地区的跨国族群问题,再加上泰国銮披汶·颂堪政府推行强力的同化政策,旨在建立一种以佛教、泰族等为基础的新意识形态,最终引发了马来穆斯林的强烈不满。在菲南,因殖民历史及现实发展,菲律宾南北部地区在宗教信仰、发展水平上存在较大差距,而且美菲政府沿袭了此前西班牙人的统治策略,认为南部的摩洛人是野蛮、落后的,从而创造了一种不同于天主教徒的"摩洛形象",最终在政府整合政策等催化下,菲南分离运动最终产生。在印尼亚齐,最初为了反抗荷兰殖民者,亚齐人民与爪哇人民是团结一致的,但此后随着印尼政府被爪哇族群完全族群化,甚至严重忽视了亚齐人民的历史贡献、不尊重亚齐人的付出时,新的反抗随之出现。

第三部分,即第四章和第五章,主要阐述东南亚分离运动发展的理论框架,并结合缅甸、泰南、菲南、亚齐四个案例展开论述。本章认为,东南亚分离运动发展的逻辑起点是弱势性,这一特性决定了东南亚分离运动仅依靠自身力量难以获得"成功",因为先天的"弱势"决定了其很难与所在国中央政府直接对抗。由此,在发展进程中,组织状况、国内动员、国际动员等是其决定其发展方向的主要因素。实际上,东南亚分离运动的发展并非一个静态或不变的过程,而是一个持续、动态的发展过程；并非一种对称博弈，而是一种典型的非对称博弈。地区化、国内化、国际化不仅是其三种主要的发展方向，亦是影响其后续走向的重要因素。在具体的案例分析部分，缅甸分离运动的发展始于克伦族分离运动，此后伴随克钦族、掸族等相继提出分离诉求，缅甸国内分离运动的力量分化严重，但由于缅甸政府力量亦十分孱弱，因而双方之间实际上长期处于冲突之中。在泰南，因马来亚独立等的刺激，泰南马来穆斯林分离运动产生，但因各组织在具体诉求、斗争目标、意识形态上各不相同，因而严重限制了其国内动员与国际动员的效能，也限制了其后续发展。在菲南，分离运动的分化程度并不严重，主要以"摩洛民族解放阵线"和"摩洛伊斯兰解放阵线"为领导，并先后在 20 世纪 80 年代、90 年代掀起了两次分离运动高潮。在印尼亚齐，分离运动的分化程度更低，主要以"自由亚齐运动"为领导，并于 20 世纪 80 年代中后期不断发展壮大，但随着印尼民主转型进程的开启，于 21 世纪初与政府实现了和解。

第四部分，即第六章和第七章，主要研究东南亚分离运动国家治理的逻辑分析框架，并结合缅甸、泰南、菲南、亚齐四个案例展开论述。实际上，分离运动的发展与分离运动的国家治理属于一枚硬币的两面，二者联系密切。东南亚国家对分离运动的治理进程，是在双方的互动中实现的，属于行动者在相互影响中的互动问题。在行为体双方的互动进程之中，各方诉求、策略等不断地进行调适，最终形成了东南亚分离运动的现实走向问题。面对分离运动对主权的挑战，各国政府普遍采取了军事打击、谈判与安抚、调整族群政策、让步与融合等治理方式，但是因各国分离运动的基本状况及互动过程并不一致，因而在暴力性消除、政治性消解、外部干预的应对等方面存在差异。为应对分离主义的挑战，缅甸政府先后采取了同一政策、僵化打击政策、和解政策、21 世纪彬龙和谈政策等，整体上缅甸国内分离运动得到了压制，但部分地区的冲突仍然在持续之中。在泰南，泰国政府先后采取了国家主义政策、缓和政策、剿抚并行政策、和谈政策等，整体上分离运动的力量遭到了极大削弱，但分离组织逐渐极端化。在菲南，菲律宾政府自始至终都贯彻和谈、打击并用的方针，但由于国际环境、国内政局等的影响，菲南地区的分离势力始终难以得到遏制，直到 21 世纪初双方的和解才逐渐深入，并于

2014年达成了初步协议。在印尼亚齐,面对"自由亚齐运动"的挑衅,苏哈托政权一直致力于武力镇压,但苏哈托下台后,在民主政府的促动下,双方尝试以和谈方式解决分离问题,最终在2005年达成了一致,亚齐实现了高度自治。

第五部分,即第八章,主要对东南亚分离运动的现实走向进行反思,并结合国家治理能力建设等相关内容,对分离运动与国家治理能力的关系进行思考。在四个案例的具体分析中,缅甸国内分离冲突并未解决且逐步长期化,泰南分离运动与极端主义勾连较密,菲南分离运动通过权力下放的方式正在有序参与地方政权的进程之中,而亚齐分离运动则已经完成了权力下放,处在良性参与地方政权的阶段。东南亚四国分离运动的现实走向各不相同,主要与两个方面的原因有关:其一,与分离组织的意识形态及其分化程度相关;其二,与各国的国家治理能力有关。前者影响分离运动自身的发展,尤其是其是否坚持独立的目标,后者则主要在于各国国家治理分离运动的能力,包括国家权威性、合法性等的建设。鉴于此,在现代民族国家建构进程中,作为一种重要的社会政治思潮,分离主义的产生与发展是多种因素综合作用的结果,而对于分离主义的治理,则需要集合政府与社会的力量,从思想上对其进行消解。唯有如此,各国才能实现国内不同族群间的和谐共处与长治久安。

五 创新与不足

本书主要研究的是当代东南亚分离运动的起源、发展与治理等问题,创新之处包含以下三个方面:

第一,引入地区视角,在充分关注东南亚地区分离运动多样性的基础上,尝试将其纳入整体性的区域分析框架之中,以探讨普遍性和规律性。目前,有关分离主义的治理问题,学术界已经对其进行了一定的探讨,但有关东南亚地区分离运动的治理尚处于起步阶段。学界对于东南亚各国分离运动的研究并不少见,但既有研究大都属于整体性的回顾研究或个案分析,侧重于某一时期或某一国家。而且,既有研究大多从分离主义本身出发,缺乏宏观视角的研究,如国家治理或地区发展的大背景等。当然,整体性考察之所以可行,与东南亚地区分离主义问题的普遍存在相关。即,尽管各国分离运动之间并无明显的互动,但分离问题的共通性,使得从整体考察十分必要。正因如此,从地区视角入手,将东南亚地区的发展特征与分离运动的起源、发展、治理等问题结合起来,能较为全面地阐述当代东南亚地区分离运动的基本发展脉络与逻辑思路。

第二,与传统的整体或个案梳理不同,本书在对东南亚分离运动的起源、发展进行探究的基础上,增加了国家治理的分析视角,并提出了一些自己的见解。既有研究缺乏对分离运动发生、发展机制等的探讨,特别是缺少了与分离运动发展相对应的国家治理视野。本书对东南亚各国应对分离主义的政策、措施等进行了分析,尝试在地区特征等宏观视角下,将对地区分离运动的治理纳入研究之中,以丰富对相关领域的研究与思考。比如,本书提出在治理分离运动时,应重点关注其暴力性、政治性和外部干预,特别是发展中国家。暴力性是大多数分离运动采取的主要分离手段之一,而治理暴力性的关键在于"消除",因为最大限度减少分离运动对社会正常秩序的破坏,是治理分离运动的基础。政治性是分离运动的首要属性,因而最大限度地消解其政治性,淡化其政治色彩是真正瓦解分离运动的关键。此外,特别需要指出的是,很多发展中地区的分离运动均面临着诸多外部干预,因而如何最大限度地降低外部干预、增强本国政府在分离运动治理中的主导性,亦是治理分离运动的重要方面。

第三,本书尝试从新的理论架构出发,建构分析东南亚分离运动起源、发展与治理的理论框架。从既有研究的理论分析视角看,有关东南亚分离运动的研究仍存在一些问题。既有研究往往视分离运动为一个整体,即将分离运动视为一个"黑箱"等进行理论操作。尽管这种简化某种程度上有利于理论逻辑上的推演,却并不能完整地揭示其产生、发展等的具体路径。在分离运动的起源与发展进程中,族群内部的差异性分析或对精英力量与普通民众等的划分,是至关重要的。本书在构建理论框架时,就细化了分离运动内部的结构因素,将组织分化或领袖的作用等视为影响其起源、发展的重要因素之一。当然,分离主义往往与宗教、民族等因素相互交织。很多学者认为,不从宗教、族群等视角进行探究,就难以真正把握分离主义的实质。因此,这里需要特别说明的是,尽管本书尝试以起源、发展与治理为视角,对东南亚各分离运动的异同点进行探析，但并非完全摒弃了传统的宗教、族群因素。比如，在治理部分，本书着重提到了影响分离运动治理效度的因素：分离运动的意识形态。这就包含族群、宗教、信仰等因素在内，即分离运动是否愿意放弃自身较为激进或极端的意识形态，对于其后续走向有着重要影响。简言之，本书仅是尝试从不同的理论视角对东南亚分离运动进行分析，并非完全摒弃了传统的研究视角或要素，而是在更为宏观的理论框架下对族群、宗教等微观要素进行了融合。

此外，本书还融合了社会学的研究视角，将其融入了相关的理论建构与案例分析之中。"他山之石，可以攻玉"，尽管不同的学科所要解决的基本问题存在较大差异，但借鉴不同学者的理论研究视角，有时对于探究相关问题或对该问题做出新的理解，具有重大的意义。在既有的研究视角中，政治学、民族学等是学者们较多借鉴的，但有关社会学的研究视角，既有研究相对涉及较少。本书借助了一些社会学的研究视角，建构了相关的理论框架，并结合具体的案例，对文中的理论观点等进行了验证。比如，"概化信念"、民众的"可俘获性"等，均是社会学学者对社会运动的形成、发展进行分析的重要理论视角，借鉴或利用这些相对成熟的理论视角，对于理解东南亚分离运动的整体发展脉络、厘清其内在逻辑关系等大有裨益。

当然，本书的研究仍存在一些不足之处。首先，在资料的收集与获取方面仍有诸多不足。尽管尝试挖掘出更多有意义、有价值的研究文献，如研究报告等，但有关东南亚分离运动的研究资料卷帙浩繁，以至于无法穷尽对所有研究资料的查阅与分析，而仅能选择其中一些较为有代表性的文献。因而，在具体的研究中，本书在资料收集方面可能仍有欠缺（尤其是东南亚各国国内语言的相关文献）。其次，在研究方法上整体上属于定性研究，缺乏对相关问题较为翔实的数据或实证支持，从而在观点的论证上略显单薄。而且，尽管本书力图明晰案例选择的范围与标准，但东南亚地区的分离运动本身十分复杂，不同学者从不同的视角出发，对案例选择的标准可能并不相同。因而，本书的个案分析尽管具有一些代表性，但在对地区分离问题的认识上仍可能存在偏差。这也是本书稍显冗长的重要原因之一。最后，本书对理论与历史的把握尚较为稚嫩，尽管明晰了东南亚分离运动中的逻辑理路，但尚缺乏对相关理论与历史等的深刻融合,导致二者存在一定的脱离。当然,分离主义作为一种特殊的政治思潮,其本身具有复杂性,厘清其内在逻辑是一项庞大、复杂、系统的工程。未来,如何建构更为系统且具有解释力的理论分析框构,将是之后需着重探究与思考的。

第一章

概念、案例与研究背景

作为一个典型的发展中地区,东南亚地区的发展无疑面临着多重的挑战,分离主义问题即是其中之一。本书对东南亚分离运动的研究有两个背景:一是微观背景,即研究的基本概念、视角及案例选择;二是宏观背景,即东南亚分离运动产生的大背景,抑或与其他地区分离运动比较而言,东南亚地区分离运动自身有何特征。基于此,本章主要聚焦于相关概念、视角及案例选择的阐述,并就东南亚分离运动产生的背景及特征进行分析,以为后续研究的开展奠定基础。

第一节 概念、视角与案例选择

概念是研究的起点,视角是研究的指引。正因如此,更好地阐述文章的相关概念、框定研究的范围、明确研究的视角,是行文展开的基本前提。本书主要探究"东南亚分离运动的起源、发展与治理"问题,但东南亚多个国家和地区都存在分离主义问题,因而产生了诸多可供选择的案例。基于行文需要、篇幅章节等安排,很难对所有案例进行一一分析,因而选择哪些案例有必要进行说明。

一 相关概念界定

通常而言,有关"分离主义"比较常用的单词有两个:separatism、secessionism。separatism 源于 separation,而 secessionism 源于 secession 或 secede,学术界通常将前者翻译为"分离",将后者更多翻译为"分裂"。本书并不刻意区分二者之间的差别,而是从"分离主义"产生或最初的含义等方面，对其概念界定的发展进行阐述。从"分离运动"定义的发展来看，其含义是一个不断变化或收窄的过程。从词源上看，secede 一开始并没有政治上的含义，而仅是指代一般的退出行为，后特指为退出宗教团体的行为。① 在美国南北战争期间，secede 逐渐带有了政治色彩，指南部十三州从美利坚合众国脱离的现象。后来，伴随着社会、政治、文化等的发展与变迁，分离主义的含义不断发生变化，但整体指代仍较广，而并非局限于某一领域。比如《大美百科全书》对"secession"的界定是"脱离，指正式脱离某政治组织，如国家、帝国或联邦；20 世纪下半叶的'脱离'大部分意指历史上新成立的民族国家和联邦的分离"。② 再比如，《辞海》对分裂主义的解释是：在一个国家、一个政党、一个团体、一个政治组织内部，系统地制造分裂的意图和活动；通常从结党营私开始，发展到搞秘密派别活动，直至篡夺领导权或另立组织。③ 由此来看，分离主义不仅包含殖民国家、帝国等的脱离，有时还被用于某个组织或政党的分立、分裂。

在当代，分离主义的产生或出现与"民族主义"密切相关。比如杰森·索伦就认为，分离运动是分离主义的实践形式，而分离主义则是民族主义的变种。④ 但在民族国家建构的进程中，"分离运动"成为民族主义或民族国家建构的副产品。因为在民族国家的建设中，不同的族群之间在价值观、信仰、文化、语言等不尽相同，但由于组成了新的政治实体，主体族群控制的中央政权往往会在整个社会推行自我的价值观，这就造成了少数族群的边缘感、排斥感，这种相对地位的变化最终可能带来抗拒、甚至抵制，由此引发分离运动。在这种语境下，分离主义的内涵被进一步缩小。例如，阿伦·布坎南就指出，分离主义是指国家的一部分把国家的政治权威限制在自身群体和其控制区域之外的行为。⑤ 马塞

---

① 杨恕：《世界分裂主义论》，时事出版社 2008 年版，第 2 页。
② 《大美百科全书》第 24 卷，台湾：光复书局 1991 年版，第 318—319 页。同书另有 Separatists 的词条，指代希望脱离已建立之社会秩序的人。同书第 361 页。
③ 《辞海》，上海辞书出版社 2009 年版，第 606 页。
④ Jason Sorens, *Secessionism: Identity, Interest, and Strategy*, Montreal: McGill – Queen's University Press, 2012, p. 8.
⑤ Allen Buchanan, "Toward a Theory of Secession", *Ethics*, Vol. 101, No. 2, 1991, pp. 322 – 342.

洛·科恩也认为,分离主义是指现存国家的一部分领土和人口在所属国家反对的情况下,从现属国家脱离,建立一个新的独立实体或并入其他国家的行为。① 据此,本书结合研究对象、分离主义概念的历史发展等,将分离运动界定为"现存国家的一部分人口在所属国家的反对下,力图将其居住的领土从现属国家进行脱离,并建立一个新的独立国家或加入其他国家的系统思想和行为"②。这是一个相对狭义的界定,指向性相对较为明确。从这个概念看,殖民主义下的独立及其遗留问题,并不属于本书的研究范畴,如东帝汶问题;而且,经过协商等和平手段实现分离的亦不属于本书的研究范畴,如新加坡从马来西亚的分离。因而,本书探究的东南亚分离运动的范围,实际上是指在东南亚的地理范围内,某地区的民众因不满中央政府的政策且在各国政府的反对下,谋求脱离、分离或独立的反抗活动。

二 研究视角

本书将借助社会学、民族学、政治学的相关视角,对东南亚分离运动起源、发展与治理的问题进行分析。其中,将民族学、政治学等视角运用于分离运动的研究之中,在国内外学界都较为常见。因为分离运动本身属于族群矛盾、冲突等的具体表现之一,而且分离运动本身亦带有较强的政治属性。因而,借鉴这两个学科的研究视角,在行为逻辑与框架建构方面并不存在障碍。

从基本概念上看,作为一个专有名词,"社会运动"一词的使用曾十分混乱,有"集体行为""集体行为与社会运动"(collective behavior and social movement)、"社会运动""社会运动与集体行动""集体行动"(collective action)等多种说法。然而,从整体的发展脉络看,"社会运动"概念是一个不断宽泛化的过程,从"集体行为"到"集体行动",再到"社会运动"。经过几十年的发展,当前学术界对"社会运动"的基

---

① Marcelo G. Kohen, Introduction, in Marcelo G. Kohen (ed), *Secession*: *International Law Perspectives*, Cambridge University Press, 2006, p. 3.
② 杨恕、李捷:《分裂与反分裂:分裂主义研究论集》,社会科学文献出版社2014年版,第21页。

本指向较为一致。即"社会运动"通常被界定为"为了追求或抵制特定的社会变革,以某种集体认同和团结感为基础的群体,采取非制度性方式进行、且具有一定连续性和组织性的冲突性集体行动"①。

从特性或性质上看,社会运动与分离运动具有一些相似性,二者都具有目的性、非制度性、连续性、组织性、冲突性等特征。具体来看:其一,二者均带有挑战"权威"的属性。分离运动的政治属性十分显著,因而其挑战的是既有中央政府的权威,否认的是中央政府对某一区域的国家权力。而社会运动可能并不涉及对政治权威的挑战,但亦涉及对其他领域"权威"的挑战。因为谋求某一领域或人群的身份或利益,尝试改变人们对既有领域的认知,本身就是对"权威"的一种挑战。比如,女权运动、同性恋运动等的出现,均是对人们既有价值观或看法的挑战,目的是改变人们的固化思维。其二,尽管是一种对"权威"的挑战,但二者均带有"诉求有限"的属性。通常而言,分离主义并不否认现属国家的政治权威,只是希望将这种权威限制在本民族、宗教、文化或政治集团的成员及其所占据的区域之外。而社会运动尽管带有明确的诉求,但其所追求的或期望实现的目标往往是局部性的,是有一定限度的。正如杰露米·戴维斯所言,社会运动是指人们对社会生活中的不当调整引发精神、生活上的摩擦所表现出来的不满状况的反应,运动作为一种努力、试图产生和谐。② 其三,二者均带有冲突性。分离运动的冲突性较为明显,即使是发达国家以和平方式进行的分离,亦不能否认其内在的身份冲突。而社会运动也往往是对某种既存社会秩序或权威的挑战,亦带有显著的冲突性。其四,二者都具有组织性。分离主义并不是偶然的、个别的、零散的行为,而是一种有思想基础、有组织性、有精英势力参与的系统性运动。③ 有学者曾明确指出了分离主义形成的三大要素:意识

---

① 冯仕政:《西方社会运动理论研究》,中国人民大学出版社2013年版,第37页。

② Jerome Davis, *Contemporary Social Movements*, New York: The Century Co., 1930, p. 8. 转引自张孝廷《西方社会运动发生机制研究》,中国社会科学文献出版社2015年版,第53页。

③ 参见 Bruno Coppieters, "Introduction", in Brounp Coppietets and Richard Sakwa, *Contextualizing Secession: Normative Studies in Comparative Perspective*, Oxford University Press, p. 4。

形态、领导阶层、组织。① 与此类似，社会运动之所以可以被称为运动，也在于其并非单个的、离散的、零散的偶然事件，而是具有连续性、有组织的一系列斗争。尽管偶发性的集体行为亦在社会运动理论的研究之列，单个事件也可能是整个社会运动产生、发展的源头，但单个事件本身并不能被称为社会运动。其五，分离运动先天的非法性与社会运动的非制度性等特征亦存在较强的相似性。分离运动具有先天的非法性特征，这是其内在性质决定的，因为其往往是对一国主权统一、领土完整的直接挑战。② 与分离运动有所不同，社会运动并不一定具有非法性，但一定具有非制度性的特征。因为通常情况下，人们往往依照制度方式行事，但社会制度亦处于不断的变化之中。当社会制度失灵或者既有制度难以完全满足人们对利益等的预期时，人们往往不愿拘泥于既定制度之中，而偏好采取非制度性的方式行事，继而产生社会运动。

由上可知，分离运动往往侧重于政治层面的挑战，而社会运动则不必然涉及政治领域。那么，二者之间是否具有共通性呢？本书认为，从"身份承认"的视角可以较好地说明二者之间的关系。从承认的视角看，分离运动谋求的是政治身份的承认，尽管这种诉求往往不合法；而社会运动谋求的往往是社会身份的承认，且这种承认也往往不符合民众的一般认知。因而，从这个视角看，双方的最终诉求或目的是存在一致性的。而且，从承认的过程看，获取承认往往需要三个阶段：作为认同的承认、自我承认、相互承认。③ 具体来看，这一过程首先指的是对承认—认同的促进过程，即自我认同或自我身份的形成；其次指的是从对一般某物的认同向由自我性规定的实体转换的过程，即自我身份承认的过程；最后指的是从自我承认转向相互承认的过程，即自我身份得到了他者的承认。④ 将身份承认的过程与本书研究的主题相结合，可以发现：东南亚分

---

① Jhon R. Wood, "Secession: A Comparative Analytical Framework" *Canadian Journal of Political Science/ Revue canadienne de science politique*, Vol. 14, No. 1, 1981, pp. 107–134.
② 沈晓晨：《分裂主义与国家认同研究——以新疆分裂主义为例》，社会科学文献出版社2018年版，第5页。
③ 参见［法］保罗·利科《承认的过程》，汪堂家、李之喆译，中国人民大学出版社2011年版。
④ ［法］保罗·利科：《承认的过程》，汪堂家、李之喆译，中国人民大学出版社2011年版，前言第2页。

离运动的起源问题，就是一种作为认同的承认过程，也就是某族群自我身份的产生；东南亚分离运动的发展问题，就是一种自我承认的过程，即自我身份形成后对自我承认的追求问题；东南亚分离运动的治理问题，可以从相互承认的视角进行理解，也就是分离运动无论最终走向何处，其身份总是要得到双方的承认才能最终解决这一问题。从这个视角出发，借鉴社会学的相关内容，探究东南亚分离运动的相关问题，在逻辑与行文上均是可行的。

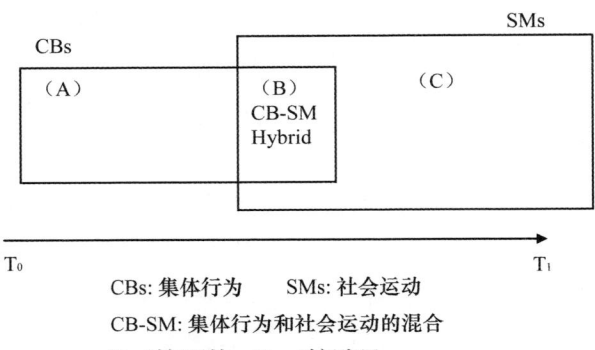

```
          CBs                    SMs
        ┌────────────┬───────┐
        │    (A)     │  (B)  │  (C)
        │            │ CB-SM │
        │            │Hybrid │
        └────────────┴───────┘
        ────────────────────────────────►
        T₀                              T₁

        CBs: 集体行为     SMs: 社会运动
        CB-SM: 集体行为和社会运动的混合
        T₀: 时间开始    T₁: 时间发展
```

图 1—1　集体行为、社会运动发展动态示意

资料来源：William J. Tinney, Jr., "Collective Behaviors versus Social Movements: An examination of the differences", in 2013 *International Conference on Applied Social Science Research*（ICASSR‑2013）, Atlantis Press, 2013, p. 75。

此外，从一个连续发展的过程看，社会运动与分离运动之间，亦存在诸多相似之处。简单来说，集体行为与社会运动存在紧密的联系，但又不是同一种活动。集体行为（Collective Behaviors）指代自发地集聚和行动的群体，他们因社会环境中的一些线索或事件等而做出表面的、情感的无秩序反应[①]；而社会运动（Social Movements）指特定的人群为了促进社会或

[①] William J. Tinney, Jr., "Collective Behaviors versus Social Movements: An examination of the differences", in 2013 *International Conference on Applied Social Science Research*（ICASSR‑2013）, Atlantis Press, 2013, p. 76.

某一社区的某些社会变革，而展开的稳定、有组织的活动①。前者更多属于小规模、自发性、情感主导的偶发性行为，而后者属于规模较大、有组织性、较为稳定的活动。当然，二者之间并不存在一个明确的界限，而是有着诸多联系：其一，社会运动往往不是偶发性的、一蹴而就的；其二，大多数社会运动往往来源于集体行为的演化；其三，并非所有的集体行为都能演化为社会运动。换言之，集体行为、社会运动并非属于同一种活动，但二者之间又存在不可割裂的联系。如果将社会运动的发展视为一个连续的过程，那么集体行为可能是前置于社会运动之间的阶段。而且，二者之间可能还会存在一定时间的交叉。（如图 1—1 所示）

与此类似，本书将东南亚分离运动亦视为一个连续的发展过程。而且，分离运动的治理是与分离运动的发展并行的，属于一枚硬币的两面。在起源阶段，基于族群、语言、宗教等的异质性，族群冲突或对立往往是偶发性的，更多地体现为参与人员的自发性；而在分离运动正式形成之后，由于分离组织的存在，各种集体活动的组织性和参与人员的规模都进一步扩大，并且基于诉求、纲领、原则等，其目标亦更加明确。基于此，本书对东南亚分离运动起源、发展与治理问题的行文逻辑关系，大致如图 1—2 所示：

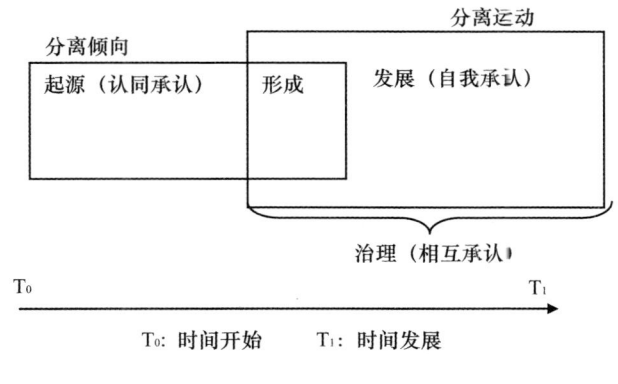

图 1—2 行文逻辑示意

资料来源：笔者自制。

---

① 参见 John Lofland, "Collective Behavior: The Elementary Forms", in Rosenburg and Turner (eds), *Social Psychology: Sociological Perspectives*, New York: Basic Books, 1981, pp. 411–446.

三 案例选择

有关概念界定与视角选择的问题，前文已经进行了论述。本小节着重阐述后文涉及的案例选择问题。在东南亚，很多国家和地区都存在分离主义问题或分离运动，比如缅甸、泰国、菲律宾、印尼、越南等。然而，本书并不旨在对区域内所有分离运动进行分析，而仅选择具有代表性、典型性案例进行分析。具体来看，选择缅甸国内、泰国南部、菲律宾南部、印尼亚齐四个案例进行分析。之所以选择这四个案例，主要基于以下考虑：其一，缅甸国内、泰国南部、菲律宾南部、印尼亚齐四国的分离运动在当代东南亚分离运动的发展进程中影响较大。"二战"结束后，东南亚国家纷纷开始走向独立，在此过程中，受到国际、地区、国内因素等的影响，缅甸、泰国、菲律宾、印尼四国均爆发了较大规模的分离运动。其二，学术界有关这四个案例的研究较为翔实，相关资料较为丰富。与越南国内的分离运动、印尼的马鲁古地区分离运动等相比，这四个案例的相关研究较多，可以为后文的详细展开奠定基础。其三，四个案例各有特点，且在东南亚分离运动中具有代表性、典型性。四个案例的现实状况各异、治理效果方面的差异明显，符合实证研究中的案例选择要求。具体来看，缅甸国内的持续冲突导致地方分离武装至今存在，泰国南部分离运动则逐渐转向极端主义，菲律宾摩洛分离运动正处于和解进程之中，而印尼亚齐分离运动则早已解决、已进入后分离主义时期。从四个案例的现实状况看，缅甸国内、泰国南部、菲律宾南部、印尼亚齐分别属于分离运动发展进程中的不同阶段，且缅甸与印尼亚齐分别处于发展的两端：缅甸国内地方武装的存在证明分离问题尚未解决，而印尼亚齐则已经处于和解之后的后分离时期，社会秩序整体发展良好。因而，这四个案例具有一定的代表性和典型性。

除此之外，关于东帝汶、缅甸国内、泰南与菲南、印尼亚齐等问题，还需进行以下说明：

第一，东帝汶并不属于本书探究的范围。东帝汶位于努沙登加拉群岛东端，包括帝汶岛东部和西部北海岸的欧库西地区以及附近的阿陶罗岛、东端的雅库岛，西面与印尼的西帝汶接壤，南面隔帝汶海与澳大利亚相望。自16世纪之后，葡萄牙开始占据东帝汶从事殖民贸易，直到20

世纪 70 年代葡萄牙仍在东帝汶实行殖民统治。此后，受到安哥拉、莫桑比克等葡属殖民地运动的影响，东帝汶的教育精英阶层开始觉醒。① 最初，东帝汶国内势力主要分为三派——亲葡的帝汶民主联盟、亲印尼的帝汶人民民主协会和主张独立的东帝汶独立革命阵线（简称"革阵"），三方势力因政见不同而陷入内战。1975 年 12 月，印尼出兵占领东帝汶，并宣布东帝汶为印尼第 27 个省。自此，以"革阵"为代表的东帝汶国内势力进行了长达近 30 年的斗争。那么，为何东帝汶问题不属于本书的研究范围呢？其一，自葡萄牙退出后，"革阵"就宣布了独立，且得到了葡萄牙的认可。此后，在"革阵"争取独立的过程中，葡萄牙甚至通过国际舆论压力等，给印尼政府施压。其二，对于印尼出兵东帝汶，联合国不予承认，并始终支持东帝汶的独立。1975 年 12 月印尼出兵占领东帝汶后，联合国安理会和大会曾多次敦请所有国家尊重东帝汶的领土完整和东帝汶人民不可剥夺的自决权利；并要求印尼将其军队撤出该领土。此后，联合国大会基本每年都会重申尊重东帝汶人民的自决权利这一原则。② 因此，从这个视角看，东帝汶问题属于殖民地的独立问题，而不属于本书探究的分离运动之列。

第二，缅甸国内存在多支主张分离的武装力量，但本书仅从整体进行考察，而并不单列。缅甸分离运动始于 1948 年克伦族对缅甸联邦政府的"发难"，至 20 世纪 60 年代前后克钦族、掸族等民族分子中的激进派，亦明确提出了"独立建国"的主张，推动了缅甸国内民族分离运动的进一步发展。此后，缅甸国内长期陷于内战与冲突之中。尽管 20 世纪 90 年代之后，在缅甸政府和解政策的催化下，缅甸国内地方分离武装逐步放弃了此前的独立目标，转而谋求高度自治，但国内的冲突局势并未彻底改观。2010 年前后，钦族、克钦族、勃欧族、掸族等多支分离武装力量，也与缅甸政府实现了和解，缅甸国内局势进一步好转。然而，在缅甸国内民主转型等背景下，缅甸各地方民族的分离武装力量错综复杂、支系繁多，几支武装的和解或被改编并不能从根本上解决缅甸国内冲突

---

① 鲁虎：《东帝汶问题的由来与演变》，《世界历史》2000 年第 2 期。
② 《联合国与东帝汶：大事记》，联合国网站，http：//www.un.org/zh/peacekeeping/missions/past/etimor/chrono.htm。

问题。再加上新近发酵的罗兴亚人等问题,缅甸国内的地方分离武装问题实际上并未得到解决。从这一视角看,尽管缅甸国内存在多个主张分离的民族,但相互之间的关联性很强且相互影响较大,并不能完全割裂。由此,后文仅从缅甸国内分离运动的视角进行整体考察,而并不进行具体的区分。

第三,泰南与菲南地区尽管存在不同的分离组织,但主张分离的领土范围大体相同,因而将泰南、菲南分别视为一个案例。泰国南部地区存在多个分离组织,如"北大年联合解放组织"(Patani United Liberation Organization, PULO)、"北大年民族革命阵线"(Barisan Revolusi Nasional, BRN 或 National Revolutionary Front)等,但其主张的分离范围大致包括北大年、陶公、也拉、宋卡四府。因而,尽管泰南分离组织众多,但均为马来穆斯林等的反抗,可以视为一个案例。与泰南地区相似,菲南地区的分离组织也包括"摩洛民族解放阵线"和"摩洛伊斯兰解放阵线"(Moro Islamic Liberation Front, MILF)等,但主张分离的范围大致是南部棉兰佬岛地区的穆斯林聚居区。从这个方面来看,菲南分离运动是南部"摩洛人"等反抗菲律宾中央政府的活动。基于这两个层面的考虑,本书并不对泰南、菲南的分离组织进行细致化的考察,而是将其视为泰南分离运动、菲南分离运动等单一案例,以便进行更为深入的考察。

第四,印尼的多个地区均存在分离主义问题,但仅选择亚齐地区作为案例进行考察。除了亚齐地区,印尼的巴布亚、马鲁古地区亦存在类似的分离主义问题,为何不选择其他两个地区作为案例进行考察,或者为何不全部进行考察呢?一方面,基于地理环境的破碎性,作为"千岛之国"的印尼海岛众多,这就导致了马鲁古、巴布亚、亚齐等联系并不紧密。这里的联系主要指的是,分离运动起源、发展中的相互影响。与泰国、菲律宾等不同,印尼领土面积广大但海岛之间相隔甚远,因而实际上这三个地区的分离运动是各自发展、互不影响的,而并不能进行统一考察。另一方面,相较于亚齐地区,巴布亚、马鲁古地区的分离运动在组织性、影响性等方面均较差。尽管巴布亚、马鲁古亦产生了分离组织等的领导,但这种领导实质上是很弱的,并未形成类似于亚齐地区的主导性局面。而且,与亚齐分离运动相比,马鲁古、巴布亚地区尽管获得了一些特殊权利,但并未被赋予特别行政区等的高度自治地位,因而在典型性、代表性方面,亚齐地区显然比马鲁古、巴布亚等地区更强。基于此,本书选择了亚齐分离运动作为案例进行考察,而舍弃了对马鲁古、巴布亚等的分析。

第二节 东南亚分离运动产生的背景及特征

在东南亚,分离主义并非一种新生的事物,其兴起和发展有自身的背景。"二战"结束以后,东南亚国家不仅面临民族独立或者说如何立足于世界的重大问题,而且需要解决如何发展或如何处理好国内事务的挑战。而分离主义问题正是后一问题的重要组成部分。正如澳大利亚学者米尔顿·奥斯本所言:"对东南亚的大多数国家而言,获得和保持国家统一的问题曾经存在于两个层面上。一方面是形成一致的全国政府形式——涉及社区内的哪个集团或者哪几个集团应该掌握权力,以及应该采取什么样的限制条件等诸类事务。另一方面是与地区和少数族群利益相关的问题——即中央政府的利益是否应该超越国内一个集团或者地区的利益,这个问题已经成为无休止辩论的核心,有时候甚至会引起武装斗争。"① 奥斯本所述的两个层面均与分离主义有着较为密切的联系。在建立独立的民族国家之际,先后走上独立发展道路的东南亚国家,都面临着一个重新"整合"的问题。这种"整合"既是一种选择,也是一场严峻的考验。② 在"整合"的道路上,由于长久以来自主管理与发展能力的丧失,各国在进行新的民族国家建构的进程中,缺乏应对各种问题的能力,再加上全球化等因素的冲击,东南亚各国的分离运动不断兴起。

一 东南亚分离运动兴起的三重背景

东南亚分离运动兴起的第一重大背景是,本地区长久以来的殖民或

---

① [澳]米尔顿·奥斯本:《东南亚史》,郭继光译,商务印书馆2012年版,第208页。
② 贺圣达、王文良、何平:《战后东南亚历史发展(1945—1994)》,云南大学出版社1995年版,第21页。

半殖民经历及其影响。近代以来的世界殖民主义先后经历了产生、发展、兴盛、衰落与瓦解等历史阶段，东南亚地区的殖民主义历程大体上也经历了这一过程。直到16世纪初，葡萄牙人攻占马六甲王国开始，东南亚地区的殖民地化进程才正式开启。正如霍尔所指出的那样，"亚洲感觉到欧洲人统治的威胁是从1511年（马六甲被占）开始的。"① 整体而言，东南亚地区的殖民主义先后经历了以下几个阶段：早期活动阶段（16世纪初至18世纪末）、进一步发展阶段（19世纪初至1870年前后）、殖民瓜分高潮阶段（19世纪末至20世纪40年代）、殖民瓦解阶段（20世纪40年代末到50、60年代）。② 16—18世纪，在西方殖民的早期，西方殖民活动（以葡、西、荷三国为主）在东南亚地区主要以建立商馆、驿站、兵站等为主，此时除西班牙开始进入菲律宾北、中部的岛屿内部之外，③ 其他国家均尚未深入东南亚地区的内陆。在第二阶段，英法开始介入东南亚地区，并不断扩大在东南亚地区的殖民范围，此时不仅海岛地区，中南半岛等也遭到了较为严重的殖民威胁。第三阶段是东南亚地区整体沦为西方殖民地或半殖民的时期，这一时期除暹罗（泰国）之外，东南亚其他地区已经完全沦为西方殖民地。尽管暹罗在政治上保持了"半独立"④ 状态，但在经济上为英法所掌控，且在不平等的条件下被纳入了世界资本主义的经济体系，⑤ 实际上沦为"半殖民地"。具体地，这一阶段英国占有了缅甸、马来亚、沙捞越⑥、沙巴、文莱和新加坡等地区，法国占有了越南、老挝、柬埔寨等地区，葡萄牙占有了东帝汶，美国取代西班牙占有了菲律宾群岛等。到第四阶段，在世界反法西斯战争与民族独立浪潮的冲击下，东南亚各国开启了民族独立的历史进程，尽管战后西方国家一度希望重新延续此前的殖民进程，但最终不得不在历史潮流的

---

① ［英］D. G. E. 霍尔：《东南亚史》（下册），商务印书馆1982年版，第822页。
② 此阶段划分参考了梁志明教授在《殖民主义史·东南亚卷》中的时期划分，参见梁志明主编《殖民主义史·东南亚卷》，北京大学出版社1999年版，第15—25页。
③ 梁志明：《东南亚殖民主义史的分期与发展进程》，《东南亚研究》1999年第4期。
④ 之所以称"半独立"状态，因为暹罗实际上扮演了英法在中南半岛殖民活动的缓冲国，尽管名义上是独立的，但在对外关系、经济发展等方面的自主权并不完全。
⑤ 余定邦：《东南亚近代史》，贵州人民出版社1996年版，第247—272页。
⑥ 砂拉越州（Negeri Shrawak），旧称沙捞越，简称砂州，位于婆罗洲北部，南与印尼交界，北接文莱及沙巴，是马来西亚面积最大的州。

推动下"黯然离去"。

尽管殖民宗主国各有差异,但东南亚地区毫无例外都经历了西方国家的殖民或半殖民。这不仅中断了东南亚地区此前的发展节奏,而且西方国家的到来还带来了东西方文明的融合,尽管这种融合的进程充满了血和泪。之所以说相似的殖民经历是东南亚分离运动兴起的第一重大背景,主要体现在殖民经历给本地区带来的影响方面。殖民化进程不仅改变了东南亚的宗教、民族、语言等构成,还进一步增加了东南亚文化方面的异质性。在殖民者到来之前,东南亚的伊斯兰文化圈已经初步形成①,殖民者的到来不仅给东南亚带来了新的宗教文化(天主教、基督教),而且带来了大量的移民(印度人、华人的涌入),改变了本地区宗教、语言、族群等的构成。前者的影响体现在西班牙和葡萄牙的殖民政策上。西班牙侵占菲律宾之后,从经济角度看并无过多利益可图,但天主教的传播使命及其菲律宾在进一步侵占中国中的地缘优势等,成为西班牙殖民者的重要考量。以至于很多历史学家认为,西班牙对菲律宾的殖民是通过传教士来实现的。② 与西班牙类似,葡萄牙在亚洲的殖民亦带有强烈的宗教色彩。尽管葡萄牙在东南亚的宗教传播遭到了本地穆斯林教徒的强力抵制和激烈反抗,但仍部分改变了海岛地区的宗教构成,如东帝汶地区的基督教信仰等。后者(移民因素)则主要体现在英国、荷兰的殖民政策中。英国在缅甸、马来亚等地的殖民活动中,大量引入或依靠印度人、华人等,采用间接的统治方式,以便于对殖民地的管理和把控。比如,分割族群的领域分布,马来人以农业为主,华人以商业为主,印度人以橡胶业为生等。③ 荷兰在东印度群体(主要是印尼)的殖民统治中,这种色彩也非常浓厚。此外,相似的殖民经济还中断了本地区已有的族群融合进程,使得族群问题进一步复杂化,为后续族群之间冲突、矛盾的产生埋下了种子。比如,在对越南殖民的进程中,在北部地区,法国改变或干预了土族与京族正在相互融合的进程,从而破坏了土

---

① 贺圣达:《伊斯兰教与影响当代东南亚政治发展的三大问题》,《学术探索》2004年第10期。
② 周南京:《西班牙天主教会在菲律宾殖民统治中的作用》,《世界历史》1982年第2期。
③ 蒋炳庆:《马来西亚"分而治之"民族政策的内在逻辑》,《贵州民族研究》2016年第6期。

族社会;① 在南部,法国驱使大批越南人迁往柬埔寨,从而造成了与原住民高棉族的紧张等②。总之,相似的殖民历史不仅中断了东南亚地区原本的文化进程,使原本就较为多样的地区文化进一步多样化,而且殖民者"分而治之""间接统治""宗教传播"等政策又为战后本地区分离运动的兴起埋下了"伏笔"。

东南亚分离运动兴起的第二重大背景是,各国的民族国家建构进程及其存在的问题。"民族国家"(Nation-State)并非理所当然的政治模式,而是近代以来人类社会发展的一种产物,是经历了长期的历史进程而演化出来的政治社会形态。民族国家建构(Nation-State building)属于民族政治学的研究范畴,指近现代民族国家政体为促进国家整合而制定、实施的措施、政策与制度安排等,以不断增进全体国民对民族国家的认同、巩固国家统一。③ 在西方殖民者到来以前,东南亚的传统社会并非一个统一的整体,而是一种依照亲属、血缘等形成的村落或村社,比如印尼地区的德萨(Desa)、菲律宾地区的巴朗盖(Barangy)、越南地区的村社(Thon Xa)、泰国和老挝等地区的班(Ban)④。在旧有的社会关系中,东南亚地区社会关系中的"忠诚并不遵循地理界限而划定,而是依照亲属关系或血缘关系而产生"⑤。"二战"结束之后,在经历了长期的殖民历程之后,西方殖民者在政治层面给东南亚地区带来了新的政治社会形式——民族国家。与西方国家有所不同的是,东南亚地区的民族国家建

---

① Guy J. Pauker, Frank H. Golay and Cynthia H. Enloe, *Diversity and Development in Southeast Asia*, New York: Magraw-Hill Book Company, 1977, p. 147.
② 孙福生:《西方国家的东南亚殖民政策比较研究》,《厦门大学学报(哲学社会科学版)》1995年第1期。
③ 宁骚:《民族与国家:民族关系与民族政策的国际比较》,北京大学出版社1995年版,第204—206页;关凯:《族群政治》,中央民族大学出版社2007年版,第33—36页。
④ 梁志明主编:《殖民主义史·东南亚卷》,北京大学出版社1999年版,第44页。
⑤ [美]卢西恩·W. 派伊:《东南亚政治制度》,刘笑盈、于向东、董敏、吴官杨译,广西人民出版社1993年版,第23页。

构属于民族国家建立的第三波①或第五波②。对于多族群的东南亚地区，民族国家建构是一项长期、复杂且艰巨的历史任务，但由于长期遭受殖民掠夺，东南亚各国在民族国家建构进程中的时间短、任务重。与西欧国家历经上百年的调适有所不同，在短期内东南亚国家不仅面临实现民族独立的任务，而且需要理顺国内关系。在这一进程中，由于缺乏经验，再加上族群问题的多元性、复杂性等，族群冲突与分离问题不可避免地产生了。

由于长久以来受到西方殖民者的统治和影响，战后东南亚各国几乎不约而同地选择了一种类似于西方民主政治制度的建国模式，以期望通过这种选择实现新兴民族国家的整合。③ 然而，在东南亚各国中，由于本国族群等的多样化，这种西方式的多数民主制并不容易实现，再加上进程的仓促性，十分容易遭到"异化"。换句话说，尽管在形式上各国希望通过民主制的建设，完成现代民族国家的建构任务，但客观上"多数民主"却逐渐发展成为主体族群控制的民主。在这个过程中，主体族群试图通过提升本族群认同，将多数族群认同上升为国家认同，以实现对国家政权的持久控制，形成"相对永久的多数"。这一模式有时也被称为"控制型民主"，即在一国国内，主体族群单独控制国家政权，拒绝与少数族群分享权力，并试图创建一个所谓的单一民族国家。④ 在实现国家独立后的一段时间内，各族群往往对新国家的发展抱有极大的憧憬，但伴

---

① 有学者将民族国家建立的浪潮分为四波：第一波是自1648年维斯特伐利亚条约以来的西欧民族国家的出现，以英法为代表；第二波是19世纪末20世纪初，德、意、俄等作为民族国家的涌现；第三波是"二战"后民族解放运动背景下亚非国家在反殖民运动中的独立；第四波是冷战结束后，苏东等国家的解体和重建。参见许章润主编《民族主义与国家建构》，法律出版社2008年版，第25—26页。

② 有学者将民族国家建立的浪潮分为六波：以英法为代表的欧洲民族国家的建立，是近代以来民族国家建立的开始；以美国和拉丁美洲革命为代表的是民族国家建立的第二波浪潮；19世纪中后期德、意、日等民族国家的建立属于第三波；"一战"结束后，新兴民族国家的出现是第四波；"二战"结束后，广大亚非殖民地国家的独立是第五波；冷战结束后，在原苏东地区新兴国家的出现是第六波。参见蒋炳庆《马来西亚民族国家建构研究——基于东姑·拉赫曼到马哈蒂尔时期族群利益博弈的视角》，博士学位论文，云南大学，2017年，第1页。

③ 贺圣达、王文良、何平：《战后东南亚历史发展（1945—1994）》，云南大学出版社1995年版，第23页。

④ Neil De Votta, "Control Democracy, Institutional Decay, and the Quest for Eelam: Explaining Ethnic Conflict in Sri Lanka", *Pacific Affairs*, Vol. 73, No. 1, 2000, p. 57.

随民族国家建构进程的深入,当国家政权长期被某一族群所把控时,族群之间的矛盾与冲突将不可避免地爆发。当然,东南亚各国在民族国家建构的进程中并非只存在上述一种问题。上述问题更多属于主观范畴,因为该问题是通过主体族群对利益、权力的把控而产生的。除此之外,发展中地区的民族国家建构还存在客观上的问题,即历史跨越性带来的社会矛盾与冲突难以在短期内消化。民族国家建构,属于一国合法性建构的范畴,即如何在短期内实现各族群对国家合法性的认同。这就涉及了"集体忠诚冲突"的问题,"集体忠诚冲突"指的是在多民族国家内部"各个民族群体对自身的认同与对国家的认同之间的矛盾"[①]。这种矛盾突出的表现在东南亚各国的民族国家建构的进程之中。作为发展中地区的东南亚各国,其在现代民族国家建构的进程中,不仅需要完成确立国家边界、完善国家政治制度等基础性建构的任务,而且还需整合疆域内不同文化背景下各族群认同的差异化问题,这是民族国家建构进程中不可或缺的两个方面,稍有不慎就会产生诸多矛盾、冲突。东南亚地区分离主义问题的兴起就与此密切相关。

东南亚分离运动兴起的第三重大背景是,全球化浪潮的冲击与影响。全球化(Globalization)是一种概念,也是一种人类社会发展的现象与过程。关于全球化概念的定义,大体分为两类:一类侧重于经济层面,另一类侧重于社会层面。从经济视角看,"全球化是指减少国家间的壁垒和鼓励经济、政治和社会之间更为密切的相互影响"[②];从社会视角看,"全球化可以被定义为:世界范围内的社会关系的强化,这种关系以这样一种方式将彼此相距遥远的地域链接起来,即此地所发生的事件可能是由许多英里之外的异地事件而引起的,反之亦然。"[③] 本小节的分析侧重于后者,即以社会视角的全球化对当代东南亚分离运动的兴起进行分析。从更为宏大的视角看,东南亚分离运动是世界分离运动的一个小的缩影,其集中反映的不仅是全球化进程中的族群冲突,而且是观察和研究世界

---

① 参见周平《多民族国家的国家认同问题分析》,《政治学研究》2013年第1期。
② [美]詹姆斯·H.米特尔曼:《全球化综合征:转型与抵制》,刘得手译,新华出版社2002年版,第4页。
③ [英]安东尼·吉登斯:《现代性的后果》,田禾译,译林出版社2011年版,第56—57页。

其他地区族群问题的一个重要切入点。① 全球化时代的到来，使少数族群与多数族群之间的矛盾日益突出，而且不同地区、不同国家之间的冲突集团愈益走向联合，从而使该类矛盾与冲突的影响范围不断扩大。此外，在全球化的浪潮中，经济层面的影响极易扩展至其他领域，造成经济问题的政治化、社会化、文化化等。比如，安东尼·史密斯在《全球化时代的民族与民族主义》一书中就明确指出："过去，社会、文化和政治问题构成了抗议的基础，今天经济问题占了主导地位，边缘性共同体声称，由中心或关键族裔控制的政府，剥削了他们的资源和劳动，忽视了他们的地区或使得该地区边缘化了"②。由此来看，全球化浪潮带来的不仅是对单一问题、单一领域的冲击，而是使各种问题与冲突开始相互交织与影响。

全球化浪潮给东南亚地区分离运动的兴起带来了重要的冲击和影响，这主要体现在全球化浪潮的双重性方面，如全球化进程与逆全球化进程的同步发生、国家主权观念的减弱与增强、全球化进程中国家政策的现实性与象征性矛盾等。国内研究东南亚民族问题的专家陈衍德教授曾指出，在研究东南亚地区的民族问题时，既要把握从国际化到全球化的不间断的发展进程，又要注意到全球化所具有的本质意义方面的区别。③ 其中有关全球化的本质意义等，就是要注意区分具体问题下全球化浪潮的不同含义。就东南亚地区分离运动的兴起看，需要重点把握以下三个方面：其一，分离主义问题是在全球化进程背景下，与其同步发生的逆全球化问题。东南亚各国曾经历殖民时期的被动现代化，尽管战后建立了各自的民族国家，但并不等于实现了现代化，尤其是在各国尚未现代化的背景下，又遭遇了全球化的冲击，这加剧了国内少数族群的边缘化感，引发了其对全球化和中央政府的双重抗拒。其二，全球化浪潮对国家主权观念的减弱与增强。全球化更侧重于将民族国家的边界模糊化，但对

---

① 施雪琴：《对全球化、边缘化与族群冲突的独到分析——评〈全球化进程中的东南亚民族问题研究〉》，《世界民族》2008年第6期，第92页。
② ［英］安东尼·吉登斯：《全球化时代的民族与民族主义》 龚维斌、良警宇译，中央编译出版社2002年版，第69—70页。
③ 陈衍德、彭慧、高金明、王黎明：《全球化进程中的东南亚民族问题——以少数民族的边缘化和分离主义运动为中心》，厦门大学出版社2008年版，第54页。

于广大发展中国家,由于民族国家建构的进程尚未完成,尽管其在经济领域试图加快与西方国家的合作,但在政治、文化等领域更多表现为对国家主权的重视。在这种进程中,东南亚各国逐渐改变了对分离问题的看法,如马来西亚、印尼等一开始支持菲律宾、泰国南部的分离势力,但后来转变为对菲律宾、泰国政府的支持。其三,在全球化进程中,东南亚国家所实施的政策往往带有不确定的象征意义。因为不同族群对国家政策含义理解的不同,一项政策往往可能被少数族群误读或难以理解,进而引发敌意、产生冲突。比如,在菲律宾,政府开发南部地区的目的并非对抗穆斯林,而只是希望将整个国家视为一个整体来加以治理,因而加大对菲南经济的开发、缓解菲北部地区的困境与矛盾,带有国家层面的政策合理性[1];然而,在菲南摩洛人看来,跨国公司的到来,目的并非满足本地所需,而只是为了满足出口,这不仅打乱了摩洛人固有的生活秩序,而且将其经济推向了边缘化[2]。从这个视角看,菲律宾政府的政策具有合理性,摩洛人的反抗同样带有一定程度的合理性。这种矛盾化政策困境的出现,是基于不同族群对政策的象征化理解,即国家政策的实施与推行在不同族群中有不同的象征意义。这种政策困境尤其体现了全球化浪潮对东南亚地区分离运动的影响,而且也是理解东南亚地区分离运动兴起的重要背景。正如有些学者所言,民族国家可能正在遭受双重夹击:一方面国际的、地区的、全球的权力结构限定了国家的行动范围,一些国家组织正在替代国家的传统职能;另一方面,民族国家内部的极端民族主义、地方主义等正在要求脱离原来的国家。[3]

二 东南亚分离运动的概况与特征

"二战"结束后,广大的亚非拉国家开启了实现独立的历史进程。伴

---

[1] Moshe Yegar, *Between Integration and Secession: The Muslim Communities of the Southern Philippines, Southern Thailand and Western Burma/Myanmar*, Boston: Lexington Books, 2002, p. 247. 转引自陈衍德、彭慧、高金明、王黎明《全球化进程中的东南亚民族问题——以少数民族的边缘化和分离主义运动为中心》,厦门大学出版社2008年版,第62页。

[2] Syed Serajul Islam, "The Islamic Independence Movements in Patani of Thailand and Mindanao of the Philippines", *Asian Survey*, Vol. 38, No. 5, 1998, pp. 441–456.

[3] 杨雪冬:《全球化:西方理论前沿》,社会科学文献出版社2002年版,第95页。

随世界反法西斯战争的最终胜利，尽管西方国家试图在战后恢复其在战前的殖民统治，但在历史车轮的转动下，这一逆历史潮流的举动必然不会成功。在这一进程中，东南亚国家与西方殖民国家展开了积极的抗争，并且很多国家在20世纪40年代中后期宣布了独立，比如印尼、菲律宾、缅甸等。可以说，第二次世界大战结束之后，东南亚国家掀开了历史的新篇章。① 然而，实现独立并不意味着秩序与稳定，因为在建设新的民族国家的历史进程中，东南亚各国不仅要面临国际环境的严峻考验，还需要承载理顺国内关系的各种压力。其中，分离主义问题的出现就是各国国内问题尚未理顺、各国政治机制等尚未实现有效治理的重要表现之一。

　　当代东南亚分离运动的产生，不仅与各国刚刚实现民族独立有关，还和各国独立前的族群、语言、宗教、文化等的发展相关。受到西方殖民主义的影响，战后东南亚国家的独立，往往是建立在继承前殖民国家领土范围的基础之上，而西方殖民国家为了便于殖民统治，又往往忽视历史、文化等的差异性。由于被殖民之前各地区并无国家、边界等观念，而是由于共同反抗的殖民目标走到一起，由此独立后一旦出现利益、权力等的不均衡，便极易产生矛盾与冲突。此外，东南亚各国在实现民族独立的历史进程中，往往是由某一阶层或族群领导或主导一国的独立。这种状况的延续，在民族国家建构的历史进程中，极易倒向集权和"压迫"，这种"压迫"并非打压、剥削等，而是基于差异性、利益分割不均等心理状态的反应，进而国内矛盾较易激化。再加上殖民前各地方强烈的地方、族群等意识，在国内矛盾激化、统一的国家认同尚未建立等情况下，分离问题极易产生。总而言之，战后东南亚各国在实现独立后，都或多或少产生了国内族群问题，只是有些族群问题发展成了分离问题，而有些问题则仍局限于族群冲突的范畴之内。比如，印尼亚齐问题经历了从一开始的"反叛"到后来的"分离"，而马来西亚尽管没有出现大规模的分离运动，但国内马、华两族的族群冲突亦延续了很长时间，等等。这些都成为东南亚国家发展进程中不得不面对的障碍与困难，尤其是对分离主义问题的整体把握，将有助于厘清其中的原因，进而发掘其中的逻辑关系。

---

① 张锡镇：《当代东南亚政治》，广西人民出版社1994年版　第70页。

从发展阶段看，当代东南亚分离运动先后经历了产生、发展、高潮、衰退或复杂化等阶段。需要注意的是，由于各国实现独立的时间不尽相同，发展阶段各有差异，某一个国家的分离运动的具体分期可能与东南亚地区的整体分期有所出入，但整体分期是从整体上把握东南亚地区分离主义的发展，以便从宏观上对本地区分离运动有所感知，把握宏观概况、总结总体特征。具体来看：20世纪40年代末到60年代末，是东南亚分离运动的产生期。西方殖民势力退出东南亚之后，各国开启了新的民族国家建构的阶段，但此时由于政治体制等的不健全，一国的政治权力往往被主体族群占据，国内少数族群则往往处于被忽视的境地。民族国家意识的淡薄，但族群意识却相对浓厚，再加上各族群之间的长期龃龉，矛盾与冲突较易激化。比如，印尼独立后，1950年亚齐被并入苏门答腊省，引起了亚齐人的不满，此后为争取自治地位，亚齐爆发了反对中央政府的叛乱；缅甸独立后，国内"大缅主义"严重，政府取消了给予少数族群的一些特权，从而引发了各少数族群的不满和愤怒。① 在参与国内民族国家建构的进程中，地方或少数族群逐渐感受到了来自中央政府政策的不公、歧视，再加上文化等方面遭到了来自中央政府的同化，各国少数族群开始奋起反抗，分离运动也开始正式产生。比如1958年缅甸掸邦和克伦邦分离运动、1959年泰国南部分离运动等均产生于这一时期。

20世纪60年代末到70年代末，是东南亚分离运动进一步发展的时期。从各国政治发展的进程看，东南亚大致经历了效仿西方民主制、军人（或文人）集权制、民主化等三个发展阶段。② 伴随着各国政治进程的动荡，各国国内地方或族群势力也在不断发展之中。与战后初期的效仿西方民主制相比，军人或文人集权引发了少数族群更大的不满，各国分

---

① 施雪琴：《战后东南亚民族分离主义运动评述》，《世界历史》2002年第6期。
② 战后东南亚总体进程分为两种情况：一种是以战争为主线的政治发展，主要涉及柬埔寨、越南、老挝三国；另一种是以政治制度演变为主线的政治发展，涉及大多数东南亚国家。参见张锡镇《当代东南亚政治》，广西人民出版社1994年版，第70—222页。

离主义也从最初的否定"政府合法性"发展到否定"国家合法性"①,并且在方式上从表达自治诉求等转变为武装分离的斗争。换句话说,集权制使得少数族群的利益和权利遭到了进一步的侵害,伴随而来的是各国分离运动的反抗也愈加激烈。比如,在缅甸,1962年奈温发动军事政变以来,完全取消了各少数民族自治邦的自治权,片面强调国家实行统一的行政管理,从而引发了大规模的武装分离反抗;1968年菲律宾南部的棉兰佬岛等也爆发了激烈的"棉兰老独立运动"等。② 在这一阶段,东南亚各国政治发展进入了新的阶段,分离运动的发展亦进入了新的发展阶段,其中最主要的体现就是面对中央政府的同化、移民等政策,各少数族群的不满愈多,反抗和分离倾向亦愈激烈。

20世纪70年代末到90年代中期,是东南亚分离运动发展的高潮时期。这一时期,经济、政治、文化、社会等各种因素的叠加,使缅甸、泰国、印尼、菲律宾等国的分离运动进一步高涨。在缅甸,20世纪70年代中后期,国内十几个少数民族均出现了反政府武装,人数达3万左右;③ 在印尼,1976年"自由亚齐运动"正式成立后,东帝汶、巴布亚、马鲁古等地区亦产生了诸多谋求脱离印尼中央政府的地方武装,至80、90年代以"自由亚齐运动"为核心的武装分离运动得到了迅猛发展,印尼国内一度面临"南斯拉夫化"(Yugoslavia-style)④ 的危险;在菲律宾,为了更好应对南部分离运动的发展,1972年马科斯宣布进入"军管"状态,但是菲南棉兰老地区的分离运动在摩洛民族解放阵线(Moro National Liberation Front,MNLF)的引领下不断高涨,南部地区的武装对峙一度十分激烈,引发了国际社会等的高度关注;在泰国,南部马来穆斯林的分离运动也达到了高潮,各分离主义武装不断在南部发动有组织的武装行动,泰国南部一度动荡不安。

---

① 笔者认为,"反叛"与"分离"存在实质上的区别,反叛的目标是否定中央政府的合法性,而并不否认国家的合法性,而分离则是对二者的全面否定。关于此问题,本书在第二章还将有所论述,在此不做过多阐释。

② 施雪琴:《战后东南亚民族分离主义运动评述》,《世界历史》2002年第6期。

③ 杨进勐:《战后东南亚民族分离主义运动研究》,硕士学位论文,云南师范大学,2009年,第14—15页。

④ 参见 Andrew Tan, "Armed Muslim Separatist Rebellion in Southeast Asia: Persistence, Prospects, and Implications", *Studies in Conflict & Terrorism*, Vol. 23, No. 4, 2000, pp. 281–282。

20世纪90年代末至今,是东南亚分离运动衰退或复杂化的时期。在经过长期的军人或文人集权之后,很多国家开始步入民主化时期,分离运动的发展也逐步降温,甚至沉寂。在缅甸,1988年上台的苏貌政府施行了较为温和、灵活的民族政策,取得了不错的成效;在泰国,自80年代中期开始,中央政府逐步采取了尊重少数民族文化、经济权利的政策,摒弃了"大泰主义"、放弃了同化政策,开始尊重穆斯林的文化和信仰,并逐步发展经济,从而压缩了泰南分离武装的发展空间,泰南分离运动至90年代逐步沉寂;在菲律宾,90年代的拉莫斯政府采取了与摩洛民族解放阵线和谈的道路,双方签署了一揽子和平计划,至21世纪初尽管仍有"摩洛伊斯兰解放阵线"(Moro Islamic Liberation Front,MILF)等分离运动活动,但武装对抗的规模已大大减小。发展至今,东南亚地区分离运动有的已经基本进入沉寂阶段(如泰南),有的则已经(如印尼亚齐自治)或正在(如缅甸、菲律宾)实现和解、和谈的道路上。然而,进入21世纪以来,尚未完全解决的东南亚分离运动又出现了复杂化的发展趋势,主要体现为分离主义、恐怖主义与族群冲突等之间的深度交织,比如菲律宾南部不仅分离主义问题尚未完全平息,而且在"基地"组织、"伊斯兰国"等国际恐怖主义的影响下,菲南恐怖主义的发展日益猖獗;泰国南部尽管分离主义的问题一度沉寂,但21世纪初又出现了多起恐怖主义性质的暴恐袭击。

通过回顾战后东南亚分离运动的概况,当代东南亚分离运动具有暴力有限性、发展长期性、走向多样性等特征。具体来看:

第一,当代东南亚分离运动具有暴力有限性的特征。世界上绝大多数的分离运动都是暴力性质的,尤其是发展中国家或地区的分离运动,只有少数西方国家的分离运动采取的是温和的方式,如加拿大魁北克分离运动等。但是,暴力性与暴力程度并非同一概念,与世界其他地区相比,东南亚地区分离运动的特征是暴力的有限性。在欧美国家,尽管有些分离运动或分离运动发展的某些阶段,分离组织采取了暴力手段,但整体的暴力性程度较低;而在更为落后的非洲地区,分离运动的暴力性程度则更高,甚至多国陷入内战,如南北苏丹内战、埃塞俄比亚与厄立特里亚内战等。在东南亚地区,尽管分离运动采取了武装斗争的方式,但暴力程度却较少发展到内战,暴力的使用始终局限在某一地区或一定限度之内。东南亚各国中,除缅甸建国初期爆发的内战之外,其他国家的分离运动均未发展到内战的程度。究其原因,东南亚各国的政府治理能力、社会发展状况等,均是影响暴力发展程度的重要因素。在有关印尼分离运动的分析中,国际危机组织(International Crisis Group)就强调:印尼分离主义和宗教—族群冲突的延伸与其国家治理能力的长期虚弱化(Weakness and Incapacity)密切相关。[1] 换句话说,由于政府在解决分离问题方面的能力不足,进而使各国政府与分离运动之间呈现对峙态势,客观上将暴力程度限制在了一定限度或范围之内。

第二,当代东南亚分离运动具有发展长期性的特征。在东南亚,通常意义下的武装分离叛乱都已经持续了多年,比如泰国南部的穆斯林分离运动、菲律宾南部的穆斯林分离运动、印尼的亚齐分离运动等;缅甸的克伦族和其他少数民族的武装分离叛乱自"二战"结束后开始,至今已超过50年。[2] 东南亚分离运动中的发展长期性特征,还体现在谈判、解决进程的长期化方面。查尔斯·凯格利和尤金·维特克夫曾指出:在争权夺利的敌对派系之间实现和平是非常困难的,因为这些对立的派系长期受到仇恨的驱使,长期的杀戮已经成为一种状态,而这种状态正在毒害着他们。[3] 在菲南,棉兰老问题的解决并不容易,因为基于基督教—伊斯兰教之间长期的宗教对立等,使得达成一致的解决方案异常困难;在印尼亚齐,地方认同的强化、伊斯兰因素的叠加、历史的承继性等因素,使得亚齐人的分离倾向日盛,要解决这些问题并非一次或两次的和谈就能解决。这种争端解决的长期性,不仅与东南亚地区分离主义问题的复杂性有关,还与东南亚各国缺乏相应的多边问题解决机制有关。由于东盟坚持不干涉内政的基本原则,各国争端与矛盾更多采取

---

[1] Peter Searle, "Ethno-Religious Conflicts: Rise or Decline? Recent Developments in Southeast Asia", *Contemporary Southeast Asia*, Vol. 24, No. 1, 2002, p. 2.

[2] Andrew Tan, "Armed Muslim Separatist Rebellion in Southeast Asia: Persistence, Prospects, and Implications", *Studies in Conflict & Terrorism*, Vol. 23, No. 4, 2000, p. 268.

[3] Charles W. Kegley Jr. and Eugene R. Wittkopf, *World Politics: Trends and Transformation*, New York: Worth, 1999, p. 369.

双边的方式处理，东盟更多是扮演平台、协调等角色①。这一情况客观上延长了各国冲突的解决，是东南亚分离运动具有发展长期性特征的重要原因之一。

第三，当代东南亚分离运动具有走向多样性的特征。发展至今，东南亚地区的分离运动大都进入了衰落期或沉寂期，有的则通过谈判、协商等实现了独立或自治。不同国家分离运动的不同走势，也是当代东南亚分离运动发展进程中的一大特征。经过70、80年代的迅猛发展，泰国南部的分离运动最先进入了低潮期。泰国政府通过调整民族政策、发展泰国经济，尊重少数民族的宗教、语言、文化习俗等，获得了普通民众的认可和支持，压缩了分离运动的发展空间，泰南分离运动逐渐沉寂。未来，泰南地区的稳定，仍需要泰国政府在发展经济、改革教育机制、消除文化不平等等方面的努力。② 与泰南地区有所不同，菲律宾南部地区尽管早在1996年达成了自治协议，但分离运动的活动仍然十分猖獗，地区秩序与稳定并无保障。印尼亚齐地区于2005年与印尼政府达成了最终协议，实现了地区自治，并在稳步地发展之中。总之，东南亚地区的分离运动的走向呈现出多样化的特征，基于不同国家实际情况的不同，各国采取了并不相同的应对、处理方式，其产生的结果和走向亦不相同。

---

① 比如在泰、马有关分离运动与边界等问题上的关系，东盟并未能发挥更为积极的作用。参见 Michael Vatikiotis, "Resolving Internal Conflicts in Southeast Asia: Domestic Challenges and Regional Perspectives", *Contemporary Southeast Asia*, Vol. 28, No. 1, 2006, pp. 30 – 41。

② Peter Chalk, "Separatism and Southeast Asia: The Islamic Factor in Southern Thailand, Mindanao, and Aceh", *Studies in Conflict & Terrorism*, Vol. 24, No. 4, 2001, p. 246.

第二章

东南亚分离运动起源的分析框架：异质性与社会动员

"分离"意为分开、离开、分别、隔离之意，其蕴含的逻辑前提是承认整体或主体关系的存在。在此基础之上，基于某种理由或原因，"部分"不愿再承认其为"整体"的有机体，进而谋求从整体或主体脱离的趋势或结果。作为一种社会政治思潮，分离主义产生的基本逻辑前提是，承认曾作为一部分从属或归属于某个国家。探究东南亚分离运动的起源问题，亦须在此逻辑基础之上展开。"二战"结束后的20年间，东南亚各国大都进入了争取民族解放和国家独立的阶段，尽管西方殖民国家一度谋求重建殖民秩序，但最终都以失败告终。① 经过艰苦卓绝的斗争（泰国除外），东南亚各国先后实现民族独立，但民族独立只是进入"新世界"的第一步，如何更好地进行民族国家的建构，才是能否实现更好发展的关键。在此背景下，为何东南亚部分国家出现或产生了分离主义的思潮？这种分离思潮是如何产生的？基于此，本章将重点分析"东南亚分离运动的起源"问题。具体来看，从逻辑上看，本书认为东南亚分离运动的起源是异质性与社会动员综合作用的结果，前者是基础，后者是关键步骤。当然，"异质性"并非一定会触发或导致分离运动，而仅是分离运动起源的必要条件，而非充分条件；社会动员则是东南亚分离运动起源的关键步骤，是分离运动正式产生前汇聚、聚合族群价值观、态度、期望等的主要载体或方式。

---

① 潘一宁、黄云静、尤洪波：《国际因素与当代东南亚国家政治发展》，中国社会科学出版社2004年版，第5页。

第一节　起源的逻辑：横向差异、概化信念与异质性

对于主权国家来说，国内分离"冲动"的触发绝非偶然的、随机的，而是遵循着一定的发展路径或逻辑。目前，有关分离运动缘何产生的研究并不系统，基于不同的案例或实际状况，不同的学者给出的答案并不相同。有的从"民族主义的滥觞"的角度分析，将分离运动看作"族群民族主义"（Ethnic Nationalism）发展的结果；有的从工具化、理性化的角度分析，将分离运动视为族群基于成本—收益计算的选择；有的则从文化、心理的角度分析，认为分离运动是族群不满和文化异质性相互作用的产物，等等。分离运动首先属于国内族群冲突的一种，但与族群冲突有所不同的是，分离运动属于较为激进且有明确目标的族群冲突，是对一国主权统一、领土完整的强力挑战。作为典型的发展中地区，与发达国家有所不同，东南亚地区分离运动的起源大都是以民族国家建构为背景的。在此进程中，一旦国内族群政策未能协调或处理好族群间的利益分配等问题，极有可能触发族群矛盾与冲突。在走向现代化的进程中，东南亚各国国内族群政策的不当或失误，诱发了不同族群之间的横向比较，尤其是少数族群对主导族群的主观感知。通过比较，某一族群对另一族群的不满被触发，并且在横向差异中这种不满进一步地累积；此外，在东南亚各国国家认同尚未建立或完善的前提下，原来较为"模糊"的"本土观念"开始被凸显，进而强调族群的概化信念生成，族群认同不断被凸显和强调，并超越了民族国家本身的身份认同。在这两种因素的综合作用下，族群之间的文化异质性被不断放大，族群差异以社会类别化的方式被强调，族群之间的不信任感加深、对立加剧，从而为少数族群的分离创造了条件。

一　殖民经历与民族国家建构中的社会整合不良

约翰·伍德认为，目前并没有一种能系统解释分离运动起源的理论，研究者们需要关注的是分离的先决条件，即分离运动开始异化（alienation）的必要条件（不一定是充分条件）；与其将"分离"视为一种条件

(condition)，不如将其看作一种进程（process），我们需要关注"分离"的若干条件及各种因素的综合作用与累加，这些条件可能会导致分离主义的结果，也可能不会导致分离主义的结果。① 换句话说，分离运动在起源阶段的表现可能是多种多样的，而并非单一的，这些条件可能会最终发展为分离运动，也可能在某些因素或干预条件下被中止。因此，研究东南亚地区分离运动的起源，单纯的聚焦于分离运动的视野可能会遗漏某些生成条件或要素，只有结合该地区的历史与现实背景，从更宽泛的族群冲突等视角入手，才能更加全面、充分地厘清分离运动起源的逻辑线条。

从根源上看，东南亚分离运动的起源大多始于国内的族群冲突，继而演变或发展为分离运动，其中殖民统治的遗留问题与民族国家建构中的社会整合不良是重要的触发因素。长期的殖民或半殖民经历给东南亚各国的政治、经济、社会和文化带来了广泛的影响。据统计，"二战"结束以后世界上的族群冲突大多发生在有过殖民遭遇的国家中。② 殖民经历给东南亚各国带来的影响是深远而持久的，尤其是在引发各国国内族群冲突方面。其一，基于统治的便利，殖民国对东南亚地区的国界进行了随意划分，遗留了战后的跨界族群、领土争端等问题。比如，1909 年英国与暹罗王国（泰国）签订了《1909 年曼谷条约》（*Bangkok Treaty of 1909*），马来亚被分成两部分，今天的泰南五府（北大年、陶公、宋卡、沙墩、也拉）被划归暹罗，而吉打、吉兰丹、丁加奴等划归英国的势力范围。这为此后泰南分离运动的出现埋下了隐患。其二，"分而治之"与族群优劣的殖民政策等，加深了各国族群之间的历史积怨。为了分化抵抗的力量，殖民者往往重用某一族群，而贬低另一族群，这就加深了各族群之间的矛盾。比如，英国在缅甸统治时期，曾重用克伦族而贬低缅族，从而加深了二者之间的历史矛盾，成为缅甸独立后克伦族分离运动的重要原因。正如马克思所言："当我们把目光从资产阶级文明的故乡转向殖民地时，资产阶级文明的极端伪善和野蛮本性就赤裸裸地呈现在我

---

① John R. Wood, "Secession: A Comparative Analytical Framework", *Canadian Journal of Political Science / Revue Canadienne de Science Politique*, Vol. 14, No. 1, 1981, pp. 107 – 134.

② 王伟：《殖民主义的历史遗毒：当代族群冲突的根源探析》，《探索》2018 年第 5 期。

们面前，因为它在故乡还装出一副很体面的样子，而一到殖民地就丝毫不加掩饰了。"① 历时四百年之久的殖民经历及其创伤，很难在短时间内得以愈合。因而，独立后的东南亚各国需要制定更为谨慎的族群政策，因为稍有不慎便可能重新激活沉痛的历史记忆，进而引发矛盾和冲突。

与殖民遗留问题相比，族群冲突更为直接和根本的触发因素是，东南亚各国在民族国家建构进程中产生的社会整合不良问题。独立后，东南亚各国首先面临的是民族国家建构和自主发展的问题。基于殖民经历的影响，各国自觉或不自觉地选择了前宗主国的政治体制，并步入了民族国家建构的现代化进程之中，但这一发展充满了"社会动荡"和"政治衰朽"，继而造成了国家认同缺失或不完整、国家权力的族群化等问题。具体来看：一方面，就社会动荡而言，东南亚各国社会整合不良的问题着重体现在，从传统到现代过渡之中国家认同的残缺或缺失。殖民主义击垮了东南亚的传统政治—社会架构，却并未建立一种新的现代化秩序，从而留下了一个危险的两难"真空"：既不可能恢复传统，又难以走向现代。② 新兴的"民族国家"表面上是一个统一的社会，却极易被基于原生性的归属、不满等伤害，在这方面印尼几乎成为民族整合失败的典型例子③。因为在"传统社会和发展中国家，非政治社会结构的影响是非常明显的"④，走向现代性的每一步都可能会带来社会不满。尽管东南亚各国建立了名义上的现代国家，但真正的国家认同并非一朝一夕可以完成的，尤其是在氏族首领、宗教领袖、地区权威等并未消解的背景之下。殖民者离开后，原有的殖民体系需要重新被整合，在统一的国家架构下，被重新整合的各族群需要共同面对的问题是：谁是国家的主人？为了寻求本族群或地区的合法性，时间上的优先居住、特殊的族群使命、

---

① 《马克思恩格斯选集》第 1 卷，人民出版社 2012 年版，第 861—862 页。
② 潘一宁、黄云静、尤洪波：《国际因素与当代东南亚国家政治发展》，中国社会科学出版社 2004 年版，第 53 页。
③ [美] 克利福德·格尔茨：《文化的解释》，韩莉译，译林出版社 1999 年版，第 331—332 页。
④ [美] 加里布埃尔·A. 阿尔蒙德、小 G. 宾厄姆·鲍威尔：《比较政治学：体系、过程和政策》，曹沛霖、郑世平、公婷、陈峰译，东方出版社 2007 年版，第 151 页。

传统的统治权以及殖民者的继承资格①等都成为各族群展开竞争的理由。族群竞争带来的不仅是民族国家的族群化、碎片化，而且造成了国家认同建设的迟滞。国家认同的缺失或残缺，更加凸显了族群认同在社会生活中的地位，从而为族群冲突奠定了基础。

另一方面，就政治衰朽而言，东南亚社会整合不良还体现为，国家权力的族群化或异化。在建构新的民族国家进程中，东南亚各国的主体族群或优势族群往往把持着国家权力，忽视甚至践踏少数族群的利益，从而造成族群在政治与社会上的分裂。苏吉特·乔杜里就认为，族群多元具有政治重要性，也就是说，族群身份可以成为政治身份和政治动员的持续性标志；族群文化上的多元性可转变为政治上的分裂性；族群身份成为政治表达的主要途径，族群间的冲突与政治冲突的边界相一致。②在向现代政治转型的过程中，东南亚地区的旧制度被打破了，但新的制度尚未建立或完善，而此时族群民众参与政治的热情已经被动员起来，这种参与热情与有限的政治渠道之间产生了巨大隔阂。一方面是积极参与政治的热情，另一方面是政治制度水平的低下。这就极易造成政治的族群化，进而导致权力集中于某一族群手中。而且，获取国家权力的主导族群，很难一时间转变殖民时期的族群思维，独立初期往往以族群立场思考国家问题，而非以国家立场思考。这就极易激化脆弱的族群关系和族群矛盾。此外，族群身份或族群冲突还塑造了族群性政党（ethnic party），并且使其局限于单一性、排他性的特征之内。唐纳德·霍洛维茨在其著作中解释了"多元化的政治动员在族群分野严重的社会是如何变得单一和排他的"这一问题：他认为，基于族群间矛盾的存在，如果某族群性政党试图获取其他族群的支持，就可能会被本族群选民所抛弃，其结果就是被单一的族群性政党所击败，因而他们必须尽量避免这种一无所获的情况发生。③ 政治生活中政党族群化现象进一步加剧了族群之间

---

① 参见 Donald L. Horowitz, *Ethnic Groups in Conflict*, University of California Press, 2000, pp. 201-207。

② Sujit Choudhry, "Bridging Comparative Politics and Comparative Constitutional Law", in Sujit Choudhry, *Constitutional Design for Divided Societies: Integration or Accommodation?*, Oxford and New York: Oxford University Press, 2008, p. 5.

③ Donald L. Horowitz, *Ethnic Groups in Conflict*, University of California Press, 2000, p. 309.

的猜忌和不信任感，割裂了族群之间的政治合作。

当然，东南亚国家在战后面临的困难是客观存在，因为在没有民族国家建设经验的基础上构建现代化的国家并非一件容易的事情。综观世界各国，在实现现代化的道路上，英国从1649年到1832年经历了183年的时间，美国从1776年到1865年经历了89年时间，欧洲其他13个从拿破仑时代进入现代化的国家也经历过大约73年的时间；而20世纪60年代形式上进入现代化的第三世界国家，历时平均仅29年。① 经济的发展、族群的分化、利益的冲突、价值观的转变以及民众对政治等期望的提高，这些急剧的变化超出了既有政治体制的承受能力，导致了社会的紊乱。然而，这里要强调的并非东南亚各国面临的客观困难，而是各国主观上存在的政策失误或偏差，如对国家认同建构的忽视、国家权力的族群化等。正如塞缪尔·亨廷顿所言：相对于西方发达国家，第三世界新兴国家，除少数共产党国家外，从传统到现代的过渡时期就是一个克服社会动荡和防止政治衰朽的历史阶段；动荡和衰朽的根源不是这些国家的贫困和落后，而是他们致富和发展的欲望。② 总之，东南亚分离运动起源的最初表现，即是各国建国初期产生的各种问题，这些问题引发的族群冲突与矛盾为分离运动提供了重要的前置性条件。

二 横向比较与集体不满的累积

东南亚分离运动起源逻辑的一个重要环节是横向比较与集体不满的累积。不同群体间政治地位、经济发展水平、文化宗教地位等的不平等、不平衡，是诱发族群冲突的关键因素之一。英国牛津大学"不平等、人类安全与族群研究中心"（the Center for Research on Inequality, Human Security and Ethnicity, CRISE）联合多国学者，对拉美、东南亚、西非等地区的族群冲突进行了详细的案例解析，并提出了横向不平等（Horizontal Inequalities）理论，重点强调了横向不平等与族群冲突之间的关系。该理

---

① ［美］塞缪尔·P. 亨廷顿：《变化社会中的政治秩序》，王冠华、刘为译，上海人民出版社2008年版，译者序第4页。

② 参见［美］塞缪尔·P. 亨廷顿《变化社会中的政治秩序》，王冠华、刘为译，上海人民出版社2008年版，第一、五章。

论的核心论点是：群体间的文化差异与经济、政治差异相结合时，将产生严重的怨恨，并引发暴力冲突。① 其实，不平等是人类社会一种较为复杂而普遍的现象，不仅涵盖不同层面的不平等，如个体、家庭、阶级、团体等，也包括不同维度的不平等，如经济、政治、文化、社会等。横向不平等主要指的是有共同身份的人们所组成的群体之间的不平等，既包括政治、经济层面，也包含社会、文化层面。横向不平等与纵向不平等（Vertical Inequality）相对应，后者主要指代个体层面的不平等，如基尼系数就是典型的纵向不平等概念。

横向不平等又被称为横向差异②，指群体之间在边界较为清晰的前提下，在相互比较之后对相对位置、差别、不同等的认知和感受。横向差异既是一种主观感受，也是一种客观存在。横向差异的前置假定是族群成员较为认可自己的族群身份，且与其他族群有着较为显著的边界，即差异或不平等的参照物是较为明确的。事实上，横向差异只有在群体身份相对明确或明晰的前提下才更有意义，因为如果群体边界是流动的或开放性质的，那么即便客观上存在差别，主观上的群体感受也是相对较低的。当然，群体边界的明晰有赖于群体认同感的增强，而群体认同又是族群冲突的重要基础或动员的重要手段。因而，横向差异与族群冲突之间是存在关联的。但是，从横向差异到群体冲突爆发的路径，不同学者的看法并不一致。弗兰西斯·斯图尔特等认为，横向不平等与族群冲突之间至少存在两个干预因素：对横向不平等的感知、群体认同的政治化。③ 简言之，横向不平等在政治、经济、社会、文化等的客观存在，需要经过群体感知和族群认同的政治化两个步骤，才能最终引发族群冲突；而群体感知包含两个方面：一是劣势群体的怨恨和相对剥夺感，二是优势群体对丧失优势的担心。这两个方面都可能会引发族群的冲突和矛盾，

---

① Frances Stewart and Graham K. Brown, "Motivations for Conflict: Groups and Individuals", in Christoff Luehrs, *Leashing the Dogs of War: Conflict Management in Divided World*, Washington DC.: United States Institute of Peace Press, 2007, pp. 219 – 244.

② 参见李捷《南亚极端民族主义与民族分裂主义研究——以斯里兰卡为例》，兰州大学出版社2014年版，第158页。

③ Frances Stewart, Graham K. Brown and Arnim Langer, "Policies Towards Horizontal Inequalities", in *Horizontal Inequalities and Conflict*, London: Palgrave Macmillan, 2008, pp. 301 – 325.

甚至最终导致分离运动。古德伦认为，认同、挫折、机会在横向不平等到族群冲突的发展中至关重要，其中最为关键的是集体怨恨的出现。① 很明显，群体间的不平等再加上族群边界的作用，会诱发族群之间自觉或不自觉地相互比较，劣势群体进而会产生不满、挫折，乃至怨恨；但是这种不满情绪是如何导致冲突的呢？古德伦将其归纳为两点：一是以认同为基础的群体怨恨的出现，二是以机会性煽动为内容的族群动员。也有学者认为，从横向不平等到族群暴力甚至内战需要经过至少两个步骤：首先，从横向不平等到怨恨；其次，从怨恨到集体行动。② 总之，无论具体的发展路径是什么，横向不平等或横向差异与族群冲突之间是存在相关关系的。

集体不满不仅是群体间横向差异的出现、进而相互比较的结果，还是一个个体感知到集体爆发的过程。与横向不平等类似，隧道效应（Tunnel Effect）亦是理解东南亚地区分离运动起源的重要理论视角。隧道效应假定这样的一种情境：有一条双车道的隧道，且两条车道是同方向行驶的，在目光所及是能看到一定范围的车辆状况的；当前方遇到严重的交通拥堵时，不同情境下左右两个车道上的司机感受是不同的。③ 假如我们在左侧车道上，当右侧车道开始慢慢向前移动时，我们会有些兴奋或者期待，因为这是一种堵车被打破的信号释放，期待的是不久左侧车道也会慢慢移动。此时，尽管我们的车子还没向前移动，但至少有一种对未来会移动的向往。然而，随着时间的流逝，左侧车道的车子始终没有移动，只有右侧车道的车子在继续向前，这种情况下我们会产生明显的不满、焦躁，甚至愤怒。处在左侧车道的车子甚至会怀疑是右侧车道前方有人在搞鬼，故意为之。这就产生了左右车道的身份之分。此时，一旦有左侧车道的车子违规向右

---

① Gudrun Østby, "Inequalities, the political environment and civil conflict: Evidence from 55 developing countries", in Frances Stewart, *Horizontal Inequalities and Conflict*, London: Palgrave Macmillan, 2008, pp. 136–159.

② Lars-Erik Cederman, Niils B. Weidmann and Kristian Skrede Gleditsch, "Horizontal Inequalities and Ethnonationalist Civil War", *American Political Science Review*, Vol. 105, No. 3, 2011, pp. 478–495.

③ 参见 Hlbert O. Hirschman and Michael Rothschild, "The Changing Tolerance for Income Inequality in the Course of Economic Development", *The Quarterly Journal of Economics*, Vol. 87, No. 4, 1973, pp. 544–566。

变道，就可能引发交通事故或更严重的交通拥堵。

隧道效应是一种经济学现象，但对于理解东南亚分离运动的起源有一定的启发意义。如果将这种假设与东南亚分离运动的起源相结合，将车子行进比作一国的发展，将变道行驶比作越轨行为的话，可以引发诸多思考：其一，独立初期的一段时间，尽管东南亚各国的国家认同尚未完善，但族群认同同样并未被凸显。就像行使在两个车道上的汽车，在进入车道时司机并不会刻意凸显或者强调车子处在左侧或右侧车道。其二，在东南亚各国步入现代化进程时，落后并非引发冲突的关键，关键是持续的落后以及未来预期的渺茫。就像拥堵现象刚刚出现时一样，落后车道的车辆并未立刻产生不满，而是有所期待，但随着时间的流逝，这种对未来的预期逐渐丧失，期待转化为不满与愤怒。其三，族群身份或认同是在持续的不满和怨愤中逐渐得到强化的。当某一侧车道的车辆持续停滞不前时，该车道的车辆就会产生一种集体身份，即同在左侧车道，而且会产生一种不好的想象：肯定是前方右侧车道的人在捣鬼，要不为什么右侧车道的车辆可以移动？其四，个体的越轨行为可能会引发集体行动或集体冲突。当某一左侧车道的车辆向右变道时，可能会引发交通事故，甚至是更为严重的交通拥堵。这与社会运动理论中的相对剥夺感理论有一定的相似性。比如戴维斯的"J曲线"理论就认为：革命的发生既不取决于需求满足的绝对水平，也不取决于实际满足水平与期望满足水平之间的差距，而是取决于这种差距的突然扩大。① 格尔进一步发展了相对剥夺的概念，并区分了递减型剥夺、追求型剥夺、进步型剥夺三种类型。其实，相对剥夺感产生的重要前提就是比较，而且在比较过程中个体或集体的身份边界得到进一步的明确甚至强化。

总而言之，横向差异和集体不满的累积，是理解东南亚分离运动起源逻辑的重要步骤之一。横向不平等理论为理解这一发展提供了一种逻辑线条：从横向差异到群体感知，从群体感知到不满、怨恨的产生，从不满、怨恨的产生到群体动员，最终引发族群冲突。而隧道效应为我们理解这种逻辑线条提供了另外一种思路：从横向差异到期待产生，从期

---

① James C. Davies, "The J-Curve and Power Struggle Theories of Collective Violence", *American Sociological Review*, Vol. 39, No. 4, 1974, pp. 607–610.

待产生到期待消失，从期待消失到不满、愤怒产生，从不满、愤怒到越轨行为出现。这两种逻辑思路都为理解东南亚分离运动的起源提供了指导。本书基于这两种理论或逻辑，认为东南亚分离运动的起源逻辑与横向差异、集体不满的累积密切相关。在横向差异到集体不满的发展过程中，有两种主要的方式：一种是群体性的方式，即在比较的过程中，族群边界不断得到凸显和强化，最终导致对另一族群不满的累积；另一种是个体性的方式，即偶发的个体冲突或越轨事件可能会触动其他个体对自我身份的归类，从而诱发更大范围或更大规模的冲突，而且群体身份在此过程中亦不断得到凸显和强化。简言之，从客观存在的差异化发展，到集体不满的累积，需要经历差异产生、相互比较、族群身份边界的明晰、集体不满产生、集体不满累积等阶段，最终在个体不满扩散、集体身份凸显等催化下，族群冲突爆发或集体行动出现。

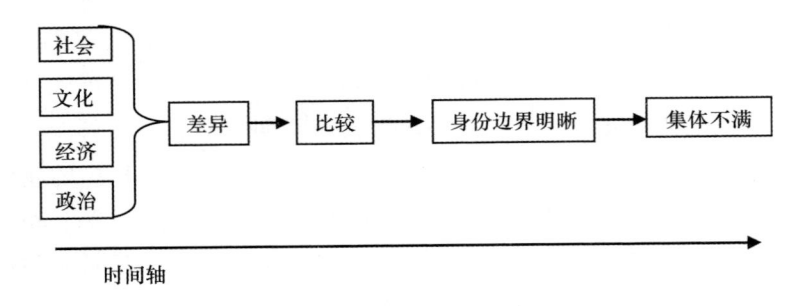

图 2—1　族群集体不满的形成逻辑

资料来源：笔者自制。

三　本土观念与概化信念的形成

本土观念与概化信念的形成，是理解东南亚分离运动起源逻辑的另一个重要环节。观念是人们在长期的生活、生产实践中，形成的对事物等的总体认识；本土观念指的是，某一个地区的民众对自己长期生活地区的一种特殊感受。在社会学意义上，本土观念既包含传统、习惯等，也包括地方特色、身份认同等，属于一种普遍存在的正常现象。在摆脱殖民的进程中，广大亚非拉地区的民众曾借助"本土化"等的概念与西方殖民者相抗衡，意在反抗外来统治，尤其是复兴被压制的本民族文化。

故而，现今的"本土"概念不仅具有乡土、原本的生长地等含义，还可指代被殖民国家本国的领土（对殖民地而言）等。

　　本土观念是一种隐藏的精神意识，曾在东南亚各国独立进程中发挥了重要的作用。第二次世界大战之前，东南亚各国几乎都成为欧美列强的殖民地、保护国或半殖民地，泰国虽然保持着相对独立的政治地位，但在经济上被英法等西方大国控制；"二战"期间，日本侵占了几乎整个东南亚地区，但持续时间并不长；"二战"之后，东南亚地区的民族独立运动勃兴，各国相继取得独立或自治地位，东南亚地区旧的殖民体系瓦解。[①] 尽管东南亚各国的独立进程或方式各有差异，但其中蕴含的某些逻辑是一致或相似的。即，以"本土"论证殖民者的入侵或占有非法性，并强调本国人民和领土独立的合法性。可以说，在面对外来入侵或外来者时，"本土"或乡土观念是一种整体性的思想武器。此时，本土观念的范围是较大的，也是较为包容性的。族群之间的差异化，因外敌的存在而变得模糊，因为基于生存地区与外敌的一致，各族群都将自身视为"本土人"，大家是一体的、本土的，而非外来的。

　　然而，在实现民族独立、国家统一之后，这种本土观念的范围在逐渐缩小，基于各族群之间的差异性，尽管都共同生活在同一片土地上，但共同经历、习俗、传统、服饰、信仰等并不完全一致，"本土"逐渐变成了一种地区性的或差异化的代表。在迈入现代化的进程中，国家政策的整体性与地区发展的不均衡等，均可能导致内部差异化的凸显，进而造成本土观念的进一步狭隘化、简单化。换句话说，之前的内、外部竞争或斗争有可能会转换为国家内部的区域之争。尽管本土概念的内容有所收缩，但其基本内涵并未发生大的转变，反而在民族国家建构进程中进一步明确化为"本土意识"。"意识"有两种基本内涵：一种是心理学意义上的，指人们对外交往和自身的察觉与关注程度，属于思想范畴；另一种是哲学意义上的，指一种高级有序的组织形式或精神活动，与物质相对。本土意识是一种地方或族群身份认同，是一种乡土意识的表现。有学者认为，本土意识是一个地方的居民经过多年生活后，自然地对本

---

① 梁志明主编：《殖民主义史·东南亚卷》，北京大学出版社1999年版，第497—498页。

地自然环境、风土人情和生活方式等产生的一种情感依赖。① 本土意识仍属于一种正常的乡土情怀，只是相较于本土观念更为具体，也更为明确或显著，且在国内资源、利益等分配不均时，更容易狭隘化或强化。本土意识包含很多方面，如宗教、民族、情感、习惯、语言、历史等。比如在《聚众：大众心理研究》中，勒庞就认为：群体信念包含很多间接因素，如民族、传统、时代、各种典章制度以及教育等，他们具有普遍性的特点，都是群体一切信念和意见的基础。② 勒庞这里的群体信念就与本土意识相类似，都是一种可以聚合群体的信念或思想。从对外的"本土观念"到内部差异化的"本土意识"，二者均是乡土情结的一种体现，只是参照物有所不同而已。

然而，本土意识的不恰当扩大，就会产生"本土主义"。本土主义有两种对应的英文：一种是"Nativism"，多被理解或解释为一种较为极端的排外，原指北美印第安人的权益不应受到欧洲殖民者的剥削、压迫；另一种是"Localism"，意为把本地权益置于首要地位，是一种强调本地区利益或权益的意识形态，是本土意识的强化和升级，是一种不恰当的含义扩大。当然，无论是哪一种含义，本土主义都包含着较为强烈的"冲突"意味。Nativism 本身指代的就是一种反抗，而 Localism 尽管没有明确的对抗，但将地区利益置于首要位置，本身就是对国家利益或整体利益的一种超越，具有一定的不合理性。"主义"本身指代一种理念或有完整体系的思想。故而，本土主义被视为对本土意识的升华和强化，属于较为完整的意识形态范畴。从概化信念的角度出发，对本土主义进行理解有助于明晰其中内涵。概化信念（generalized belief）是斯梅尔塞在"值数累加"理论中的一个关键性概念。他认为，概化信念是引发集体行为的关键步骤之一，其功能在于为集体行为提供意义（meaning），以引导人们对当前的形势进行解释、评估和反应，即当前的问题是什么、问题的根源是什么、谁该为问题负责、问题又该如何解决等。在斯梅尔塞的理论模型中，概化信念占有核心位置，同时也是导致集体行为发生类

---

① 陈端洪：《理解香港政治》，《中外法学》2016 年第 5 期。
② 参见［法］古斯塔夫·勒庞《乌合之众：大众心理研究》，冯克利译，中央编译出版社 2000 年版。

型变异的根本原因。但是"值数累加"理论中的概化信念,在逻辑和推理上都是较为简单、粗糙的。所谓的"概化"实际上包含两个方面:一是扩大化,即夸大问题的根源和危害,二是夸张化,即论证与推理上粗线条化。本土主义即是一种对地方问题扩大化、夸张化的思维方式。

本土观念 → 本土意识 → 本土主义 → 概化信念 → 冲突

图 2—2 概化信念的形成逻辑

资料来源:笔者自制。

简言之,"本土主义"对于存在的地方性或族群性问题进行夸张化、扩大化的归因,将根源和责任全部推给他者——政府或掌权族群。这种从本土观念到本土主义的发展,其背景不仅包括民族国家建构中的利益分配不均,还与各国中央政府的政策密不可分。在东南亚各国分离运动的起源中,族群冲突或矛盾是其中重要的发展阶段,而概化信念又是族群冲突形成的重要因素之一。在概化信念的形成过程中,通常族群的内群体和外群体的界限会逐渐明晰化,是一个"主体我"不断自我感知的过程,并将"我者"与"他者"不断分化。这是一种潜藏的文化意识或信念逐步清晰化的阶段,也是一种族群中心主义或族群归属感不断强化的阶段。概化信念能增强个体的族群归属感,而族群归属感可以给个体提供安全感、归属感,从而摆脱孤立感。这就有可能带来族群之间的集聚或团结,甚至一致对外。由此来看,概化信念不仅是一个扩大、夸张化本土观念的阶段,还是汇聚个体情感和意志的重要步骤。正如勒庞在《革命心理学》中所说的那样:在集体的影响下,作为集体组成部分的个人将发生一系列变化,其中最为突出的后果之一,就在于他们的感情和意志的同质化;这种心理上的同质化将赋予群众一种非同寻常的力量。[①]总之,在东南亚分离运动的起源逻辑上,除了上一小节涉及的"横向差异和集体不满的形成",从本土观念到概化信念的形成亦是其中重要的步

---

① [法]古斯塔夫·勒庞:《革命心理学》,佟德志、刘训练译,吉林人民出版社 2011 年版,第 70 页。

骤之一。

四 异质性的扩大

异质性是理解族群冲突产生的重要概念之一，也是本书尝试解释东南亚分离运动起源逻辑的核心概念之一。异质性是指在一个群体中，个体特征差异化的程度，通常与同质性相对。就个体而言，异质性是绝对的，同质性是相对的。对于群体或族群来说同样如此，而且族群异质性更多的是指文化层面的异质性，如信仰、价值观、习惯等。族群异质性分为族群内的异质性和族群间的异质性两种，前者强调的是族群内个体之间的差异[①]，而后者强调的是族群间整体的差异。本书的分析主要指的是族群间的异质性。族群认同或身份是理解族群间异质性的重要视角。通常，族群认同是指个体对本族群的态度或信念，以及对其族群身份的承认。[②] 族群认同是一个多视角、动态的自我建构过程，是一种自我身份模式的概念化，某种程度上族群认同对于个体是包含强制性的，这种强制性就体现在个体对群体的归属感或依赖感上。而且，族群认同是一个相对复杂的结构，它既包含个体对群体的归属感，又包含个体对所属群体的认知及活动参与情况等。[③] 在东南亚分离运动的起源中，族群认同因信仰、语言、历史等的不同，成为群体与群体之间异质性的重要体现。当然，异质性并非一定会触发族群之间的冲突或矛盾，因为"仅仅依靠族群成员间的共同特征（如语言、宗教等）并不能足够地在任何时间、任何条件下激发共同的族群想象，不足以独自引发族群冲突和暴力"[④]。然而，族群之间的冲突和暴力行为，却往往与族群异质性有关。因为在冲突情境中，可能并不存在两个实际的群体，但一旦冲突双方被建构或将自己看作某个群体的代表，则个体冲突可能会升级至族群冲突。

[①] 有关族群内差异性的相关研究参见梁茂春《论族群内部的异质性：以广西大瑶山为例》，《广西民族学院学报（哲学社会科学版）》2004年第4期。

[②] Carla J. McCowan and Reginald J. Alston, "Racial Identity African Self-Consciousness, and Career Decision-making in African American College Women", *Journal of Multicultural Counseling and Development*, Vol. 26, No. 1, 1998, pp. 28 – 38.

[③] 万明钢、王舟：《族群认同、族群认同的发展及测定与研究方法》，《世界民族》2007年第3期。

[④] 王剑峰：《多维视野中的族群冲突》，民族出版社2005年版，第126页。

冲突不会由于群体的差别而自然地发生,但往往与附属于族群差异性本身的特殊意义有关。① 族群冲突的出现与社会类别化的机制等密切相关②,因为社会类别化的过程就是赋予族群差异性特殊意义的过程。约翰·特纳等认为,一般的个体是在三个层面上感知社会的:一是超级层面,将自己视为人类的一员;二是中间层面,依据个体之间的相似性和差异性将人群分为内群体和外群体;三是低级层面 将个体视为一个单独的个体。③ 社会类别化就属于典型的中间层次。所谓社会类别化,是指个体将自身放在各种不同的分类之中,并依据这些分类将其划分为不同的群体的过程。社会认同理论认为,认同或身份的产生是一种社会比较(social comparison)和社会类化(social categorization)的自然结果,经过比较,个体往往将感知的对象划分为两类,即与自己相似的内群体(in-group)和与自己不同的外群体(out-group)。④ 这一过程就是社会类别化的过程。社会类别化会对个体产生较为深远的心理、行为效应。它会强调内群体的同质性和外群体的差异性,从而产生对群体类别的刻板印象,这种刻板印象将可能导致对内群体的偏好以及对外群体的歧视,进而赋予群体认知以特殊的含义。社会类别化程度的加深,可能会引发族群冲突。因为社会类别化赋予了个体一种社会身份感,这种社会身份感源于"个体对自身作为某成员的认知,也包含个体对这一身份的价值与情感方面的认同"⑤。这属于一种积极的身份追求,是一种通过对外群体的歧视、偏见等实现内群体地位提高的常用手段。

族群异质性是一种正常的现象,一定范围的异质性并不会触发族群冲突,反而是一种人类社会文化多样性、多元化的体现。然而,异质性的扩大可能是触发族群冲突的重要因素。族群异质性的扩大主要有两个方面的体现:其一,异质性领域的扩展。通常来说,族群异质性指的是

---

① 王剑峰:《多维视野中的族群冲突》,民族出版社2005年版,第40页。
② 付宗国:《群际冲突的社会心理实质、原因与对策探析》,《山东社会科学》2005年第4期。
③ 参见 John C. Turner and Michael A. Hogg, *Rediscovering the Social Group: A Self-Categorization Theory*, Basil Blackwell, 1987。
④ 万明钢、王舟:《族群认同、族群认同的发展及测定与研究方法》,《世界民族》2007年第3期。
⑤ Henri Tajfel, *Human Groups and Social Categories*, Cambridge University Press, 1981, p. 255.

族群之间文化层面的差异性存在。当族群异质性从文化领域逐渐扩展到经济、社会,直至政治层面时,可以视为异质性的领域显著扩大了。在东南亚地区,最初的异质性大都属于文化层面,后来逐渐扩展至经济、社会、政治层面了,这种异质性的扩大或渗透是分离运动起源逻辑中的重要环节。其二,族群间边界的强化与凸显。如果说前者属于广度上的拓展,那么后者就属于深度上的延伸。正常情况下,族群间的差异性是一种既模糊又清晰的状态,即各族群之间存在差异,但又不会影响族群之间的正常交往。各族群之间在正常交往中,可以互通有无、融汇交融。然而,当族群间的异质性被不断强化时,这种异质性就显著扩大了,乃至到了被凸显,甚至族群边界走向封闭化的程度。在东南亚各国族群冲突中,对族群边界的强调也是十分普遍的,尤其是各国独立初期。比如,在菲南族群冲突中,菲律宾南部族群始终强调他们属于摩洛人等。

　　总而言之,在分析东南亚分离运动的起源问题时,异质性的扩大是一个不得不涉及的要素。分离运动既可以被视为社会运动的一种,也可以被视为族群冲突的一种极端表现形式。东南亚地区因语言、宗教、民族、历史等,各国、各地区、各族群之间的差异性是十分明显的,但这些都属于文化层面的异质性。单纯的文化异质性并非一定导致族群分离,但异质性的扩大极可能造成族群之间的矛盾、冲突,乃至分离。因为在族群问题不断走向政治化,乃至对国家主权形成挑战的进程中,精英势力在进行动员时往往将"异质性"作为一面大旗,以更好地进行族群动员,凝聚力量进行反抗,尤其在民族国家建构的背景之下。在前两个小节已经提到,在东南亚各国民族国家建构的背景下,横向差异与集体不满的累积、本土观念与概化信念的形成等均是东南亚地区分离运动起源逻辑的组成部分,而这两种因素的综合作用亦是各族群间异质化不断扩大的重要原因。因而,需要再次强调的是,异质性的扩大并非一定会导致分离运动的产生,也可能只是带来族群冲突、偶然的暴力事件、骚乱等,但在分析东南亚分离运动起源的逻辑中,异质性及其扩大是分离运动产生的必要因素。换句话说,如果没有显著的异质性扩大,东南亚地区的分离运动可能就不会出现或者发生。当然,东南亚各国分离运动的最终产生还与其他因素有关,比如社会动员、族群冲突的政治化等,有关这两点内容,将在下一节重点论述。

第二节 起源的关键步骤:社会动员

本书认为,社会动员是东南亚分离运动起源阶段的关键步骤,因为在族群精英的动员之下,民众的不满、怨愤等才可能转化为行动,而且基于政治利益的考虑,精英集团会操纵族群认同和怨愤情绪等寻求政治利益,有意夸大族群矛盾,进而挑起族群冲突,并最终走向分离。从发展的角度看,分离运动的起源是一个过程,而分离倾向的产生与族群精英的政治诉求密切相关,其中社会动员在此过程中扮演着关键性角色。基于此,本节将重点关注三个问题:第一,社会动员是什么,即社会动员有哪些含义,为什么社会动员是分离运动起源逻辑中的关键步骤。第二,社会动员何以可能,即为什么社会动员可以在分离运动中实现。这将涉及族群精英与民众之间的关系问题。一国国内的民众具有可俘获性的特点,即精英阶层通过动员等方式可以获得或引导民众的诉求,使二者在目标或利益方面形成共振。民众所具有的这种特征,给精英进行社会动员提供了条件。第三,社会动员的具体内容是什么,即精英是如何进行社会动员的。基于某种目标或诉求,精英会进行有针对性的社会动员,最终的目的就是推动人们相信自己编织的"分离谎言",通过鼓动、说服、号召、宣传等促动民众参与到分离运动中去。

一 社会动员概念及其辨析

分离运动的起源和发展并非从最初就是一种群体性的政治行为[①],作为一种较为系统性、组织化的思想和行动,分离运动在起源阶段的关键步骤就是社会动员。一般来说,"社会动员"指人们在某些经常、持久的社会因素影响下,态度、价值观与期望等变化发展的过程,是一种态度、价值观等转变、汇集的过程。然而,关于这一概念的基本内涵,国内外学界不仅视角不同,在具体内涵上也有差异。国外学者往往将社会动员(Social Mobilization)与社会变迁、社会转型等相联系,将社会动员视为一种社会发展的必要过程。美国学者卡尔·多伊奇就认为,社会动员是

---

① 杨恕:《分裂主义产生的前提及动因分析》,《世界经济与政治》2011年第12期。

"社会的、经济的和心理的旧的束缚的瓦解,以及人们逐渐适应新的生活方式的社会化和行为的过程"①。在这里,卡尔·多伊奇强调的是在现代化转型的过程中,个人的思想和行为方式等将被全面、深刻地影响,进而发生转变。布莱克认为,社会动员是现代社会中大批人口从农村等自然迁居到城市的必然结果,同时也是人们通过通信手段等拓展自我认识,最终提高了对国家利益、外部世界等认识与看法的必然结果。② 塞缪尔·亨廷顿认为,社会动员是"人们在态度、价值观等方面与传统社会分道扬镳,转而向现代社会看齐的过程"③。他认为,这是人们在一连串旧的社会、经济、心理等方面的观念受到冲击,进而选择新的社交格局、行为方式的结果。由此可见,国外学者往往将社会动员与现代化进程相结合,认为现代化的进程就是社会动员的过程④,社会动员就是一个社会中的社会成员在价值观、认知等方面发生全面、彻底变化的过程。这种变化不仅指代制度、职业、社会环境、需求、情感等方面的变化,还包含个体习惯、身份、观念等的变迁。⑤

与西方学者有所不同,国内学者对"社会动员"的解读更多从动员主体的工具性目的等方面入手。⑥ 林尚立就认为,社会动员是政治团体利用政治资源,通过充分发动社会力量谋求实现经济、政治及社会发展目标的政治性行动⑦。甘泉、骆郁廷认为,本质上看社会动员是国家、政党或社会团体等,通过激发思想、调动人们的积极性、创造性、主动性等,促进其广泛参与社会实践、共同完成社会任务的活动。⑧ 吴忠民、龙太江等也认为,社会动员是为了实现特定的目标或目的,党和政府鼓动、组

---

① Karl W. Deutsch, "Social Mobilization and Political Development", *The American Political Science Review*, Vol. 55, No. 3, 1961, pp. 493–514.
② [美] C. E. 布莱克:《现代化的动力》,段小光译,四川人民出版社1988年版,第33页。
③ [美] 塞缪尔·P. 亨廷顿:《变化社会中的政治秩序》,王冠华、刘为等译,上海人民出版社2008年版,第26页。
④ [以] S. N. 艾森斯塔特:《现代化:抗拒与变迁》,张旅平等译,中国人民大学出版社1988年版,第243页。
⑤ 杨龙:《经济发展中的社会动员及其特殊性》,《天津社会科学》2004年第4期。
⑥ 周凯:《社会动员与国家治理——基于国家能力的视角》,《湖北社会科学》2016年第2期。
⑦ 林尚立:《当代中国政治形态研究》,天津人民出版社2000年版,第271页。
⑧ 甘泉、骆郁廷:《社会动员的本质探析》,《学术探索》2011年第12期。

织、引导人们积极参与某种行动的过程。① 从上述界定看，国内学者更多将社会动员看作国家治理的手段，强调的是政治性组织等对社会成员行为的引导作用，比如宣传、说服、激励、引导、影响、促动等，最终目的是推动社会成员从思想走向行动。以国内学者的视角来看，社会动员更多指代有目的地引导社会成员参与重大社会活动的过程，其包含四个主要特征：广泛参与性、兴奋性、目的性、秩序性。② 广泛参与性，指的是社会成员必定是广泛或较为广泛地参与社会活动的；兴奋性指的是社会成员参与社会活动的积极性；目的性指的是社会动员的展开往往是为了实现特定的目的；秩序性指的是社会动员的开展不是杂乱无章、混乱的，而是有一定的组织秩序的。以此为视角，社会动员的过程，实质上就是多元主体在互动中实现彼此的利益与价值的过程，或者说动员的最终目标就是努力地弥合分化的社会阶层，促使其采取一致行动的可能。③

从国内外学界的概念界定看，无论是国外学者的社会变迁与转型的视角，还是国内学者的工具性、过程性视角，本质上都是强调社会动员的变化、聚合、共意的功能。从社会实践的角度看，我们可以从以下四个方面来理解或解读社会动员。其一，社会动员是一种对资源、人力、精神等的调集。在社会变迁的过程中，新的观念必将取代旧的观念，价值观、传统等不是一成不变的，其中的变化不仅是社会变迁的结果，也是社会动员的结果。其二，社会动员的主体可以是政府，也可以是其他社会组织。社会动员既可以以自上而下的方式展开，如政府主导下的庆祝活动等，也可以以自下而上的方式进行，比如带有特定利益诉求的社会动员，如工人运动、同性恋运动等。只是国家主导的社会动员与带有特定利益诉求的社会动员在方式、可调动的资源等方面存在较大的差异而已。其三，社会动员是一种共意行动。比如，当集体行动的组织者看到出现政治机会时，可能会利用这一机会、激发集体认同，从而控制集体行动发展的规模和方向。而且，那些相对规模较小的集体行动也可以

---

① 周凯：《社会动员与国家治理——基于国家能力的视角》，《湖北社会科学》2016年第2期。
② 吴忠民：《重新发现社会动员》，《理论前沿》2003年第21期。
③ 蔡志强：《社会动员论——基于治理现代化的视角》，江苏人民出版社2015年版，第19页。

通过一定方式的社会动员，联结其他组织等，以形成一个更大规模和统一的行动联盟。① 其四，社会动员是意识形态发展与发挥作用的过程。因为无论是现代化过程，还是社会整合过程，社会动员所期望达成的效果都是人们在价值观、态度和参与的变化等方面，不断符合动员主体要求的过程。②

从广义内涵看，社会动员就是动员主体向动员客体发出呼吁、号召等，以求实现社会成员在某一问题看法、态度等的转变。换句话说，凡是通过有效方式向社会群体等灌输其价值观和目标，以求实现对社会成员的组织和发动的过程，都可视为社会动员。然而，在不同的语境下社会动员的含义又需要进行特殊的界定，尤其是对动员主体、客体的界定。因而，在分析具体问题时，必须对社会动员的含义进行狭义化处理，如此才能对动员的主客体进行明确，明晰化社会动员的含义指向。基于此，参考国内外学者对"社会动员"的相关界定，结合研究内容及语境等，对社会动员进行如下处理。即，在分离运动的起源阶段，社会动员是指族群精英利用民众在文化、经济等方面的不满，引导、煽动、夸大族群矛盾，将族群不满等问题不断引向政治化的过程。需要指出的是，在分离运动的起源过程中，社会动员的两端分别连接的是异质性和族群问题的政治化。换句话，扩大的异质性只有经过族群精英的社会动员，才能将族群问题不断推向政治化，最终触发分离运动。从这个视角看，族群精英不仅是分离运动的领导者，还是筹集资源、招募人员、协调行动、谋划分离思想与体系等的组织者。总之，分离运动并不是偶然、个别、零散的个体性行为或偶发性活动，而是一种有思想基础、社会基础，在族群精英等的动员、领导之下的有组织、成体系的分裂国家的活动。其中，族群精英的社会动员是其起源进程中的关键一步。

二 社会动员何以可能

在明晰了社会动员的基本含义之后，还需回答的是"社会动员何以

---

① 参见谢岳《社会抗争与民主转型：20 世纪 70 年代以来的威权主义政治》，上海人民出版社 2008 年版，第 147—177 页。

② 蔡志强：《社会动员论——基于治理现代化的视角》，江苏人民出版社 2015 年版，第 21 页。

可能"的问题。即，在东南亚分离运动的起源阶段，为什么社会动员可以实施？有什么条件或者基础展开社会动员？对上述问题的回答需要首先明晰社会动员的主体和客体，即在分离运动的起源阶段，是谁对谁的社会动员；其次，还应明晰社会动员的可行性，即主体为什么能够对客体施加影响。

在分离运动的相关界定中，社会动员的主客体分别为族群精英与民众。精英（Elite），汉语语境中通常指代社会中相对成功的人士，他们是社会中的少数，在见识、能力、财产、素养等方面超过了社会多数成员，是社会的精华；在英文语境中，精英属于社会学术语，指社会中有杰出才能的人，精英的规模较小却蕴含巨大的能量。在学术界，不同学者对精英的界定并不完全一致。比如，维尔弗雷多·帕累托在区分"精英阶层"和"民众"概念的基础上来定义精英①，但在韦伯、熊彼特那里更多将"精英"视为民主政治进程中的获胜者。在本书的语境中，精英是族群范围内的"精英"，指在某个群体范围之内，相对于多数成员而言，才能、见识、能力等都较为突出的少数群体。需要注意的是，族群精英并不一定与一国政府相关联，二者可能存在一定关系，也可能不存在关系。而且，族群精英可能并非一开始就存在，而是伴随族群问题的发展而逐渐产生的。

与精英相对，本书"民众"的指代限于某族群或与该族群有关的群体范围之内，是一种更为狭义化的民众。通常情况下，民众指的是人民、群众、百姓之意，并不加族群等限定，范围与含义较广。在社会学中，民众的含义较为丰富，不仅指大众，还包含群众、公众等。比如，奥尔特加·加塞特在其著作《大众的反叛》中就指出，大众（Masses）②是相对极少数精英而言的集合。③ 群众（mass）、公众（public）、聚众（crowd）等概念与本书的"民众"既有相似，又有不同。对这些概念进

---

① 参见 Vilfredo Pareto, *The Rise and Fall of Elites: An Application of Theoretical Sociology*, Transcation Publishers, 1991.

② 有关 Mass 一词的翻译，国内学者在使用上并不统一，有的将其译为"大众"，有的将其译为"群众"。

③ ［加］奥尔特加·加塞特：《大众的反叛》，刘训练、佟德志译，吉林人民出版社 2004 年版，第 105 页。

行简要界定，对于后文的展开是有帮助的。在社会学中，"聚众"指的是，因共同的关注和兴趣而临时聚集在某个地点的一大群人；"群众"指的是，虽有共同的关注点和兴趣点，却分散在不同的地点，相互间虽不互动但其行为在时间、形式上具有一致性的人群；"公众"指的是，分散在不同的地点、不存在面对面互动，却出于共同兴趣而被吸引到一起的人群。上述概念强调的时间、形式、内容等不尽相同，本书无意对这些概念进行更深入的辨析，而仅是在对各类概念的特征进行提取、借鉴的基础上，指出"民众"的一些特点，以为后文族群精英对民众进行社会动员等内容的论述奠定基础。

总体而言，作为某个国家中普通的社会成员，"民众"是一个集体性概念，具有非固定性、普通性、情绪性、盲从性、无意识性等特点。顾名思义，非固定性指的是民众概念属于集体性概念，而并非个体概念，因而民众边界因语境的不同，并非总是固定不变的；普通性指的是，民众是没有任何资质的普通人，即普通人的聚合体；情绪性指的是，民众具有暂时集聚成群的特征，易受到外部环境的感染和影响；[①] 盲从性指的是，民众易受到社会情绪的影响，从而改变对社会现象的看法；无意识性指的是，作为一个群体，个体民众会不由自主的失去自我意识，而融入集体意识中去。在分离运动中，社会动员的主体是族群精英，客体就是普通民众。尽管二者之间是一种相互影响、相互作用的关系，但族群精英会有意、无意地开出解决族群问题的"药方"，并以此为基础对民众展开说服、劝说、拉拢等动员，以使族群问题逐渐扩大化。当族群精英与民众之间的利益、情感等形成共振时，民众不断被鼓动甚至采取相应行动时，族群问题的影响就会不断走向政治化，最终在族群精英"分离"的处方下走向分离运动。

在对分离运动中社会动员的主客体进行了论述之后，还需阐述"族群精英为何能对民众实施动员"的问题。借助"群众或大众社会理论"的观点，可以更好阐述"为何族群精英可以对民众进行社会动员"这一问题。康豪瑟的"群众社会理论"认为，群众社会（Mass Society）是群众运动的原因。所谓群众社会，是在该社会中精英很容易被非精英所影

[①] 郗彩红：《西方大众社会理论中的"大众"概念的不同义域》，《学海》2007年第4期。

响，而非精英也很容易被精英的动员所俘获。康豪瑟将前者称为精英的可涉入性（Accessibility of elites），将后者称为非精英的可俘获性（Availability of non-elites）。① 这一理论的产生有其特殊的时代背景，即现代性背景。台湾学者宋顺明在其论著《大众社会理论——现代社会的结构分析》中，开篇就提到："现代社会是人类历史上极具独特性的社会。其结构错综复杂，现象变幻不息。要正确地了解此社会的本质，决非易事。"② 换句话说，20世纪以后的社会发展，可以用两个M来解释：一是大众"Mass"，另一个是机械"Machine"。前者代表的是"大众时代"的到来，这意味着过去长久以来躲在世界舞台幕后的一般平民大众已经逐渐登上世界舞台，在政治、经济、教育、文化等方面扮演日益重要的角色；后者代表"机械时代"的来临以及高科技的持续性发展，这不仅使21世纪的经济结构及人们的经济生活产生了巨大的变化，而且影响到人民生活的每一方面。③

从根本上说，"大众时代"与"机械时代"这二者是相辅相成的。因为伴随着工业化、城镇化等的社会发展，社会形态也会相应地产生变化。在机械化、城镇化以及高新技术等的影响下，人们在高强度的工作压力下，越来越表现为原子化的个体，而且逐步抛却或淡漠了此前的传统、习惯或交往形式。在现代社会，个体的同质化趋向较为明显，且无暇顾及社会生活和社区联系等，彼此相对孤立。④ 在康豪瑟看来，理想的社会结构应该是三个层级：高度个人化的个体、中间层级的团体以及更高层级的社会关系。但在群众社会中，社会结构缺乏必要的中间群体（Intermediate Groups），从而使精英与大众之间缺乏中间隔离带，每一方都直接"裸露"给对方，形成了一个所谓的"裸露社会"或"大众社会"。⑤ 在

---

① 参见 William Kornhauser, *The Politics of Mass Society*, New York: Free Press, 1959, pp. 23–47。

② 宋顺明：《大众社会理论——现代社会的结构分析》，台北 师大书苑有限公司1988年版，第1页。

③ 宋顺明：《大众社会理论——现代社会的结构分析》，台北 师大书苑有限公司1988年版，第110页。

④ 楼碧君：《理解政治冲突：大众社会和交叉压力的解说》，硕士学位论文，上海交通大学，2007年，第1页。

⑤ 冯仕政：《西方社会运动理论研究》，中国人民大学出版社2013年版，第70—71页。

这个"裸露"的社会，精英与大众之间的互动与相互影响，因此而变得更加便利与可能。

与群众或大众社会理论的背景相似，战后初期的东南亚各国也面临不断现代化的过程。在这个过程中，各国迅速变化的社会导致民众来不及清楚的认识并形成稳定的价值观念，与此同时旧有组织也很难适应迅速变化的环境，从而导致了中间阶层或组织的缺失，民众越来越趋向原子化个体。而且，经济发展带来的困境可能会暂时损害一部分人的利益，从而使这部分人产生不满与怨愤，进而部分民众倾向于采取激进或非理性的行动，而且易受到外部环境的影响。① 再加上国家认同尚未完善，族群认同尚未完全消逝，不满人群很容易将这一困境的责任归结到政府头上，进而产生对既定国家政权的不满。然而，与大众或群众社会理论有所不同的是，在东南亚分离运动的起源阶段中，族群精英对民众的影响要大于民众对族群精英的影响，即精英的可涉入性和民众的可俘获性是一种不对称的存在。究其原因：第一，在现代化背景下，东南亚各国个体化的民众具有自我疏离的倾向。在社会分工日益明确的前提下，民众之间的传统联系逐渐淡化，从而产生了一种自我疏离的发展趋势，即民众不断走向个体化、孤立化。个体化的民众在力量和思想方面的能力较弱，很难形成对族群精英的系统性影响。第二，自我疏离的特点决定了民众的易受影响性，尤其是个体遭遇不公平或不平等时。在工业化时代，迅速发展的社会可能会在短期内造成部分民众利益的受损，加上整个社会处于一种分散的状态，民众易于受到他者或族群精英的操控。第三，个体化的民众很难为改变现状或解决问题提供方案，而族群精英往往能为解决当前问题提出较为系统化的方案。在工业化初期，民众往往缺乏必要的整合，这就给族群精英施加影响提供了条件。一旦某个族群中的个体感受到来自中央政府的压力和剥削，则个体化的民众就极易受到族群精英的感召和影响甚至操控。

当然，虽然族群精英对民众的影响较强，但并不意味着民众对族群精英毫无影响，毕竟民众才是整个社会力量的根基和源泉。如果族群精英对民众的号召或引导，并未切中普通民众内在的诉求或并未引发民众

---

① 李龙海、刘旭：《康恩豪萨大众社会理论评述》，《理论探讨》2009 年第 6 期。

的情感共鸣，则族群精英能够得到的响应就会很少；相反，如果族群精英能够将自身利益与普通民众的利益、情感等相结合，依赖族群性等进行有针对性的社会动员，则更多民众可能会被号召或影响，直至被族群精英所操控。简言之，在东南亚分离运动的起源逻辑中，社会动员是族群精英将族群问题导向政治化的关键步骤，其目的是更大程度地利用民众的情感、利益等不满，从而实现自身的政治目标；而普通民众的可俘获性等特点则赋予了族群精英进行社会动员的可能性和可行性，在此基础上最终催生了分离运动的形成。

三　社会动员的过程与方式

在分离运动中，族群精英对民众的社会动员，并非凭空产生或没有基础的，而是建立在民众对自身状况的认知和感受基础之上。上文已经对东南亚分离运动的前置性条件或逻辑等进行了分析，比如横向差异、概化信念、异质性的扩大等，这些均是族群精英实施社会动员的基础。那么，族群精英如何进行社会动员呢？克兰德曼斯认为，社会运动中的动员任务主要概括为两个方面：一是共识动员（consensus mobilization），即说服人们支持该运动的立场和观点；二是行动动员（action mobilization），即说服那些支持运动立场和观点的人加入到运动中来，而不仅是停留在口头上。[①] 在分离运动的起源逻辑中，族群精英进行社会动员的主要目标是，为普通民众分析其现实状况，并提出"分离"的解决方法，以此鼓动民众认可"分离"、参与"分离"。遵循这一思路，在分离运动的起源阶段，族群精英社会动员的重点应该放在"共识动员"层面。具体来看，东南亚分离运动起源阶段的社会动员包含三个方面：第一，确认民众面临的问题是什么——遭到歧视和不公正对待；第二，提出相应的解决办法——从既有国家中分离出去；第三，推动民众参与到分离中去——分离运动正式形成。

社会运动中的框架建构论认为，框架建构（framing）是用一个概念框架去塑造和建构人们对社会现实解读的过程，因为个体无论多么力求

---

① Bert Klandermans, "Mobilization and Participation: Social-Psychological Expansions of Resource Mobilization Theory", *American Sociological Review*, Vol. 49, No. 5, 1984, pp. 583–600.

客观,其对外界的感知和认识都总是带有一定主观色彩的,"框架"(frame)的意义就在于引导或决定人们的注意力投向。"框架"的功能就在于"使个体能够定位、感知、识别、标记在生活空间以及更广泛世界中所发生的事件,并赋予事件以意义,从而发挥引领行动的作用"。① 框架建构论的主要代表人物斯诺和本福特将"框架建构"的核心任务分为三个方面:社会问题的诊断、社会问题的预后、运动参与和动机激发。这三个方面分别对应诊断性框架建构(diagnostic framing)、预后性框架建构(prognostic framing)、促动性框架建构(motivational framing)。② 在东南亚分离运动起源逻辑中,族群精英对普通民众的社会动员亦可以遵循此种逻辑进行分析,其中三种框架分析对应的动员方式分别是问题转化、问题夸大与合法性塑造。

具体来看,族群精英进行社会动员的第一步是,对"问题"进行界定和建构。这一过程包含三个方面:一是确认出现了什么问题;二是是谁造成了这些问题;三是谁有资格来解决这些问题。独立后初期,东南亚各国都面临实现国内现代化的发展问题,在此过程中出现的横向差异使一部分国内族群感受到了不平等、不公正,尤其是国内的少数族群。在独立初期,各国政府的权力往往把控在某一主导群体手中,他们倾向于使用同化政策来应对出现的族群矛盾,而并非更为温和的融合政策等。由此,少数族群的民众会产生较强的被剥夺感、歧视感。再加上新建立的民族国家认同并不完善,此前的族群认同等并未完全消失。此时,族群精英借助民众情感、利益等方面的不满现状,将这一问题不断细化、明确化,甚至进行转换。比如,并不将社会问题的出现视为现代化进程中的一种阶段性结果,而是将问题的出现视为中央政府或主导族群的故意为之。在框架建构论中,"转换"(transformation)是指将民众的注意力

---

① Robert D. Benford and David A. Snow, "Framing Processes and Social Movements: An Overview and Assessment", *Annual Review of Sociology*, Vol. 26, 2000, pp. 611–639.

② David A. Snow and Robert D. Benford, "Ideology, Frame Resonance and Participant Mobilization", in B. Klandermans, H. Kriesi and S. G. Tarrow, *From Structure to Action: Comparing Social Movement Research Across Culture*, Conn.: JAI Press, 1988, pp. 199–204.

从甲转移到乙。① 在分离运动的起源中，族群精英逐步将民众对现实的不满，转化为对政府的怨恨。这一转换不仅明确了问题的存在，而且指明了是谁造成了这些问题。最终，在族群精英的鼓动、宣传之下，族群边界不断被强化，族群对立与冲突不断增多。社会问题被转换成族群问题，而族群精英则自然成为解决这些问题的代表。

一般而言，预后性框架建构与诊断性框架建构之间具有逻辑上的一致性，即做出什么样的诊断就开出什么样的药方。然而，其实二者之间并非一一对应的关系，即使确认了问题是什么，如何解决该问题仍会出现不同的答案。比如，就像感冒的症状一样，同样是感冒，但分为风寒性感冒和病毒性感冒，由此开出的药方自然有所区别。在东南亚分离运动的起源中，族群精英往往会采取"夸大问题"的方式进行社会动员，即不断夸大问题的严重性，将社会矛盾上升为族群矛盾、国家矛盾，最终得出"只有脱离既有国家才能解决问题"的结论。当然，在具体的分离案例中，不同国家的分离运动采取的方式并不完全一致，甚至同一个国家之内的不同分离组织采取的方式也并不一样。比如，在菲律宾摩洛分离运动中，摩洛民族解放阵线以"民族"为口号进行社会动员，而摩洛伊斯兰解放阵线则以"宗教"为口号进行社会动员。本质上，族群精英采用"夸大问题"的方式进行社会动员，与社会运动理论中的"聚焦"（focusing）十分相似。即，突出某些事件的情节、意义，而忽视另外一些事件的情节、意义。② 这种方式类似于照相机的取景，总是把对自己有用的人和事物框定出来，而有意识的忽略那些没有意义的人和事物。

---

① David A. Snow, "Framing Process, Ideology, and Discursive Fields", in D. A. Snow, S. A. Soule, and H. Kriesi, *The Blackwell Companion to Social Movements*, MA.: Blackwell Pub, 2004, pp. 380–412.

② David A. Snow, "Framing Process, Ideology, and Discursive Fields", in D. A. Snow, S. A. Soule, and H. Kriesi, *The Blackwell Companion to Social Movements*, MA.: Blackwell Pub, 2004, pp. 380–412.

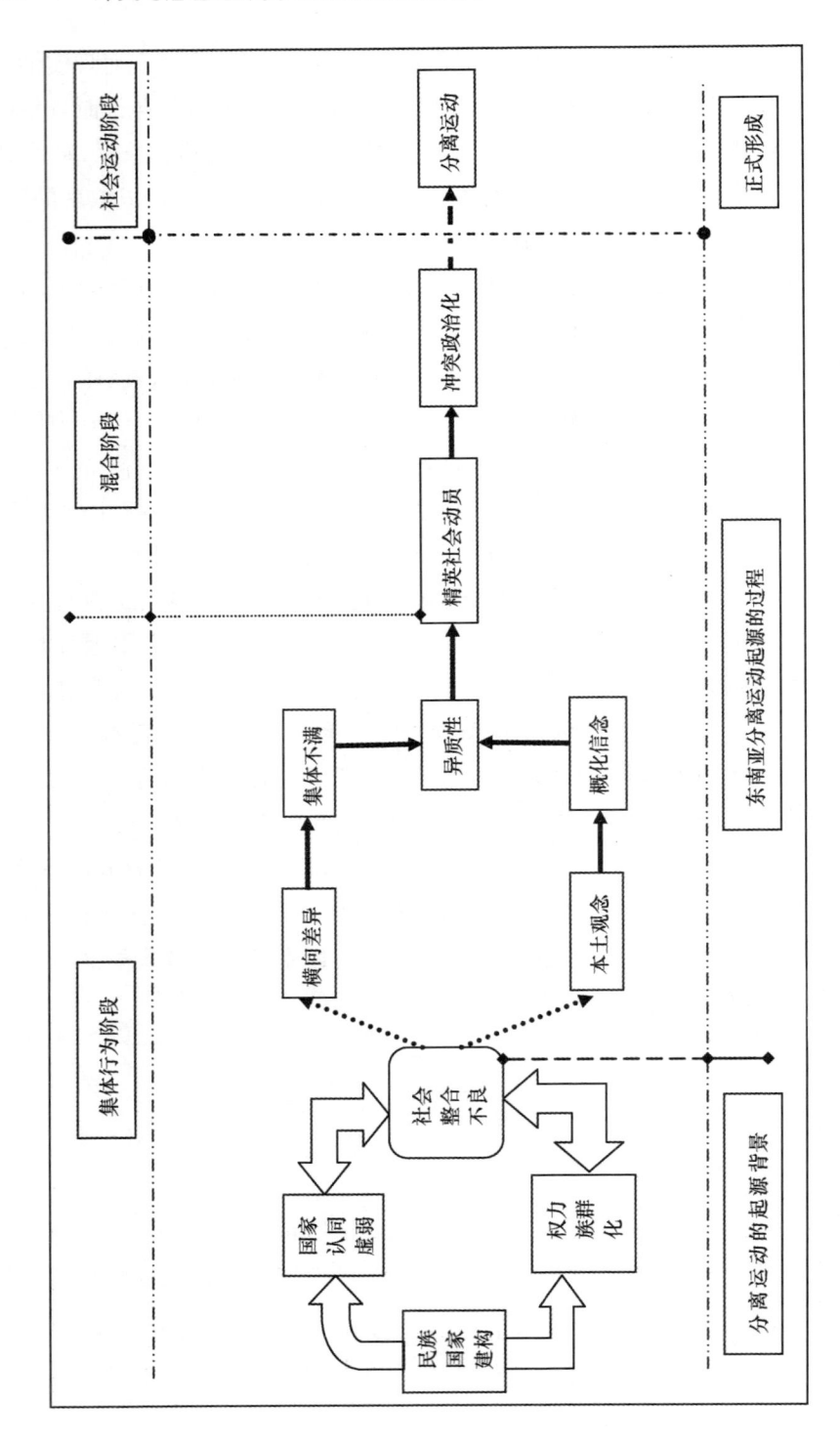

东南亚分离运动起源的过程

阶段	社会运动阶段	混合阶段	集体行为阶段
	正式形成		分离运动的起源背景

流程（横向，自右向左）：

民族国家建构 → 国家认同虚弱 / 权力族群化 → 社会整合不良 → 横向差异 / 本土观念 → 集体不满 / 概化信念 → 异质性 → 精英社会动员 → 冲突政治化 → 分离运动

族群精英进行社会动员的目的，是促动普通民众积极参与分离运动。通过转换问题、夸大问题等社会动员方式，均不足以实现这个目的。要真正使普通民众接受分离运动，还需要对自身的合法性进行论证。这一方式与框架建构理论中的促动性框架建构如出一辙。为了推动人们采取行动，对行动合法性的论证是十分必要的，具体的方法包括：呈现问题的严重性、说明行动的紧迫性、论证道德的正当性。在东南亚分离运动中，族群精英一方面阐明"我们"面临着"生死存亡"的时刻，再不及时采取行动就可能面临整个族群被同化的命运，另一方面族群精英们会论证反抗与分离的正当性，借用民族自决等理论为分离思想进行伪装，使其看起来是合理、合法的。这是一种将思想与行动进行连接的方式，在论证行动合法性的同时，也强化了普通民众对分离思想的接受和认可。在现实生活中，民众对生活的认知总是片段式的，当遇到困难或不满时，对外部的感知就会更加敏感。此时，族群精英的介入及其对普通民众进行的全景式描述，似乎是给他们指明了出路。然而，这一过程的实质是，族群精英利用普通民众情感的脆弱期，对其进行鼓动、宣传，以为实现其政治目标而服务。总之，经过转换问题、夸大问题、合法性论证等社会动员的过程，族群精英不断将汇集普通民众的支持，推进族群问题向政治化的方向发展，最终触动分离运动的正式形成。

综上所述，本书在分析东南亚分离运动起源中，先后对各国民族国家建构的背景、横向比较与集体不满的累积、本土观念与概化信念的形成、异质性的放大等逻辑内涵进行了阐述，进而分析了东南亚分离运动起源的关键步骤——社会动员，结合社会运动理论的相关内容建构了较为完整的解释框架。从社会运动理论的视角看，分离运动是一个从集体行为到社会运动的发展过程。集体行为表现为个体受到情感因素等的影响，自发地从事某些行为，参与人数较少，而且组织性、规模性较弱。但个体化的集体行为可以激发同类群体的情感认知，如个体不满在集体中的扩散等，从而可能会采取此类行为的不断增多。再加上群体内精英阶层的利益等受损，群体精英可能会利用民众的情感、利益来实现自我的政治目标，由此经过组织化、系统化的社会动员，推动集体行为向更大规模发展。集体行为在不断组织化的进程中，参与人数、规模、利用的资源等都不断增多，从而发展成为成体系的社会运动。简言之，从社会运动理论的视角看,东南亚分离运动的起源是一个从集体行为不断向社会运动发展的过程;而从自我视角看,东南亚分离运动的起源则体现为明显的起源背景、起源过程及分离运动正式形成三个阶段。

第 三 章

东南亚四国分离运动的起源：
个案研究与比较

本书认为，当代东南亚分离运动的起源与各国在民族国家建构中的社会整合不良、横向差异、本土观念等密切相关。横向差异带来了集体不满的累积，而潜藏的本土观念则导致了概化信念的形成，最终二者综合作用于族群的异质性，引发了异质性的扩大。在此基础上，族群精英基于自身的利益与目标，利用普通民众心理、情感等方面的不满，建构了实现自身诉求的框架，对普通民众进行社会动员，不断将族群问题导向政治化，最终触发了分离运动。第二章结合了民族学、社会学、政治学等内容，建构了解释当代东南亚分离运动起源的逻辑框架。本章将对缅甸国内分离运动、泰国南部分离运动、菲律宾南部分离运动、印尼亚齐分离运动等案例进行分析，在梳理各国分离运动起源的基础上，对东南亚各国分离运动的起源进行比较，以总结、验证与归纳上一章的逻辑分析框架等。

第一节　矛盾累积与缅甸国内分离运动的
起源（1948 年以前）

从古代封建社会始，缅甸中央政府与地方之间的关系就呈现为松散、分散的特征，主体民族缅族与各少数民族之间亦是一种若即若离的关系。此后，英国的入侵打断了缅甸封建社会的自然进程，改变了缅甸社会发展的方向。从 1824 年至 1885 年，英国先后发动三次战争，对缅甸进行了侵略，逐步吞并了缅甸。① 殖民时期，英国殖民者采取的"分而治之"政策加剧了缅甸国内的族群对立，使原本就存在矛盾的族群矛盾进一步激化。由于族群差异明显，再加上地理上高山、大河等的阻隔，缅甸国内各族群的差异十分显著且矛盾重重。尽管经过各方努力，1948 年 1 月缅甸联邦宣告成立，但其并非建立在各族群相互融合、共同努力的基础之上，而是多方利益、权力等相互妥协、调和的结果。也许正因如此，独立之初在各少数民族精英的领导下，缅甸国内就爆发了反政府的武装分离运动，且其带来的长期动荡，成为缅甸国内稳定与发展的最大障碍。②

一　起源的背景：历史上的松散关系

缅甸位于亚洲东南部、中南半岛西部，北邻中国、西靠印度和孟加拉国、东部与老挝和泰国毗邻。从地形上看，缅甸地势北高南低，北、东、西山脉环绕，中南部为伊洛瓦底江冲积平原，地势地平。缅甸是世界上民族最为多样化的国家之一③，其境内大约有 135 个民族，包括缅族、克伦族、克钦族、掸族、克耶族、钦族、若开族、孟族等，其中缅族为主体民族，约占总人口比重的 68%。受地理、地形、历史等因素影响，缅族及亲缘上较为接近的孟族等主要生活在中部平原地区，而掸族、克伦族、克钦族、克耶族等少数民族主要生活在北部、东部与西部高原或山区，因而又称山区少数民族④。

从历史上看，缅甸先后建立过蒲甘王朝（1044—1287）、分裂时期（1287—1531）、东呼王朝（1531—1752）、雍籍牙王朝（1752—1823）等封建王朝⑤。封建时代，主体民族缅族与少数民族之间是一种十分微妙、若即若离的关系。当封建王朝实力强大时，不断向周边征伐，以期占领更多的土地和统治更多的人口；而当封建王朝势力衰微时，少数民族亦

---

① 贺圣达：《缅甸史》，人民出版社 1992 年版，第 224 页。
② 需要说明的是，缅甸国内主张分离或独立的少数民族众多，且很多都有自己的武装。在此，本书以缅甸国内较大的几支反政府武装为主要考察对象（克伦族、掸族、克钦族、克耶族），以对缅甸国内的分离运动进行分析。
③ Martin Smith, *Ethnic Groups in Burma*, Anti-Slavery International, 1994, p. 17.
④ "山区少数民族"的概念详解可参见祝湘辉《山区少数民族与现代缅甸联邦的建立》，世界图书出版公司 2010 年版，第 10—12 页。
⑤ 相关历史分期参见贺圣达《缅甸史》，人民出版社 1992 年版，第 36—223 页。

会向中央王权发难,以扩张领土与领地范围。比如,蒲甘王朝后期,孟人、掸人、若开人等少数民族趁王室衰微,纷纷宣布独立,致使蒲甘王朝迅速崩溃、缅甸陷入分裂。① 整体而言,封建时代缅人中央王朝与其他少数民族之间的关系十分松散,既有归顺与贡附关系,又有攻伐、对立关系;而蒲甘王朝后期出现的土司制度是缅甸中央与地方少数民族关系的集中体现。

缅甸土司制度的起源,受到了中国元、明两朝在缅设置土司官员②的重要影响。从内部条件看,封建时代的缅甸国内族群关系较为松散,尽管名义上受中央王朝的管辖,但并无实际的直接管理与统治。在缅甸,以"谬"为基础的行政制度为土司制度的形成创造了条件。"谬"的封建主往往是世袭的,但官职须由国王确认。③ 从外部条件看,元、明两朝在缅甸设置的众多土司官员,事实上为后来土司制度的形成提供了重要借鉴。再加上缅甸中央王朝与山区少数民族之间的关系本就松散,到东吁王朝时期缅甸的土司制度正式形成。到雍籍牙王朝时期,土司制度延续了此前的模式,即土司由国王任命,可获仪仗、印信、封号和食邑,拥有独立管理地方事务的权力;但也有些许变化,如设立专门管理土司的委员会,同时向土地统治区域派驻一定的管理人员等④。以掸人为例,土司制度是缅人王朝统治掸人的重要支撑,土司在履行地方统治、管理职权时,还需向缅人中央王朝表示臣服,且附有率兵征伐的义务。然而,由于受到地理环境、经济制度、族群分布、周边局势、历史文化等多方面因素的制约,缅人中央王朝从未形成过真正强大的中央集权和彻底的国家统一。尤其是在边疆地区的少数民族地区,其统治仅是名义的,既缺乏强力的统治基础,也缺乏必要的延续性。因比,掸人等少数民族土

---

① 赵永胜:《缅甸与泰国跨国民族研究》,社会科学文献出版社2015年版,第220页。

② 土司又称土官、土酋,是古代一类官职的统称。在中国主要用于委任西北、西南地区的少数民族头目,以夷制夷。广义的土司指少数民族地区的领袖在其势力范围内设立的,且被中央政府认可的机构;狭义的土司指世有其地、世管其民、世统其兵、世袭其职、世治其所、世受其封的土官。

③ 贺圣达:《缅甸史》,人民出版社1992年版,第85页。

④ 参见 Sai Aung Tun, *History of the Shan State: From its Origins to 1962*, Chiang Mai: Silkworm Books, 2009, pp. 111–125。

司在封建时代多叛服无常。① 比如，据《琉璃宫史》记载：1625 年景永土司、孟赛土司反叛，缅王派御弟征讨，夺取景永、孟赛两地；景永、孟赛两位土司于次年被处以极刑。②

在封建时代，缅甸中央王朝对周边少数民族的统治是一个不断拓展的过程，但土司制度等对双方后续关系产生了重大的影响。一方面，缅人王朝的统治从未对少数民族形成过强大的中央集权，且双方之间存在诸多矛盾与冲突，尤其是少数民族叛服无常。土司制度下的少数民族头领实际上是当地的"土皇帝"，仅通过贡附等关系与封建王朝保持着臣属关系。③ 然而，这种关系极不稳定，一旦封建王朝出现动荡或势力衰微，边远的少数民族就立即寻求摆脱臣属关系，甚至联合起来共同反抗缅人的统治。另一方面，长期的世袭权力事实上赋予了少数民族头领独立的意识，而且双方松散的关系更是强化了这种认识。世袭的土司们实际上掌控了地方实权，具有很强的独立性。缅甸封建王朝的间接统治制度实际上强化了少数民族的独立意识，再加上自然环境等的封闭性，少数民族地区的民众各自保持着自己的社会组织形式，地方土司的权威相比中央王朝的权威更大。总之，封建时代缅族与周边少数民族之间的关系是一种松散的契约关系，而并非高度集权的统治与被统治关系。④

二 殖民统治、颠倒的地位关系与异质性的扩大

18 世纪末英国殖民者的到来，进一步加深了缅族与各少数民族之间的隔开状况。从 1824 年第一次英缅战争开始，至 1885 年第三次英缅战争，英国逐渐将殖民统治从下缅甸⑤延伸至上缅甸，且在缅人为主的核心区推行直接统治政策，并建立了"英属缅甸省"。在取得第三次英缅战争的胜利后，英国殖民者开始了对缅甸各少数民族地区的殖民征服，并制

---

① 赵永胜：《缅甸与泰国跨国民族研究》，社会科学文献出版社 2015 年版，第 224 页。
② [缅]《琉璃宫史》，李谋等译注，商务印书馆 2007 年版，第 927—928 页。
③ 韦红：《东南亚五国民族问题研究》，民族出版社 2003 年版，第 30 页。
④ 韦红：《东南亚五国民族问题研究》，民族出版社 2003 年版，第 30 页。
⑤ 上缅甸，与"下缅甸"相对，是缅甸的一种地理、历史分区，指该国中部和北部地区。二者之间并无明确的地理界线，一般将缅甸距沿海较远的中部、北部广大地区，如曼德勒、实皆等省以及掸邦、克耶邦、克钦邦等，视为上缅甸。

订了相应的征服计划。比如,为了征服掸族地区,英国殖民者先是向掸人土司实行了"橄榄枝"政策(Olive Branch Policy),若此计失利,则准备实施"胡萝卜加大棒"的政策(Carrot and Stick Policy)。① 征服之后,利用缅甸封建时代遗留的民族矛盾,英国殖民者对少数民族采取了间接的统治方式,并在相关的文件中得以明确。"掸人、克钦人和其他山区部落,生活在世袭酋长的统治之下,这些酋长的权力一般说来足以维护各部落的秩序。因此,我们要采取不同于在缅甸本部所采取的措施……如果能取得这些统治者的效忠,可以预料,我们将获得想要的大部分东西。"②

与对缅人聚集区的直接统治不同,英国在少数民族山区采取了间接统治的殖民政策。具体来说,缅族聚集区的一切都由英国殖民者控制,所有法令、法律、制度、军事等均要经过英印政府才能发布;而在各少数民族聚集区,英国殖民者则基本保存了原有的社会、政治、经济等组织体制,保留少数民族上层的统治地位、世袭权力,并将其培植为亲英势力。这种有区别或差异化的统治方式,实际上改变或颠倒了缅族与各少数民族之间的地位。换句话说,在殖民时期,缅族更多沦为英印殖民政府下的被统治者,而各少数民族尽管亦是被殖民的重要对象,但在很多方面取得了特权,实际扮演了"殖民执行者"的角色。在政治、经济层面,各少数民族首领在承认英国统治权的基础上,主要扮演维护地方秩序、保护贸易通道畅通的角色。比如,殖民当局承认掸邦土司的传统地位,并保留了其司法、税收等权力,而仅在行政上派出驻扎官。在军事、文化层面,少数民族的特权地位则更为显著。在文化上,英殖民者在少数民族地区大力宣传基督教,至20世纪30年代基督教已经传播到若开、克伦、克钦、掸等民族之中,尤其在克伦人、克钦人中得到了广泛接纳。

英殖民时期,殖民统治方式的差异,对缅甸各族群之间的关系产生了深远的影响:其一,"分而治之"的政策对缅甸民族关系产生了恶劣的

---

① Sai Aung Tun, *History of the Shan State: From its Origins to 1962*, Chiang Mai: Silkworm Books, 2009, p.164.
② 贺圣达:《缅甸史》,人民出版社1992年版,第281页。

影响，加深了缅族与各少数民族之间的矛盾与对立①。比如，英殖民当局有意识地扶持亲英的克伦人，同时加大对克伦地区的基督教传播。这不仅扩大了缅族与克伦族之间的文化差异，而且客观上造就了不同族群之间的地位差异。在英属缅甸的军队中，一般士兵往往来自缅甸山区的少数民族，而军官则几乎为印度人或英国人。与此相对，缅族人民在自己的国家中地位是最低下的。再加上缅人与各少数民族之间在封建时代就是一种相互征伐的状态，当时缅人是统治阶层，而各少数民族则是被统治阶层。因此，历史矛盾的累积与颠倒的现实地位，加深了缅族与各少数民族之间的矛盾与对立。

其二，"分而治之"的政策客观上刺激了各少数民族的地方民族主义，并且为各少数民族日后的冲突及分离倾向埋下了隐患。比如，英国殖民者将掸邦从缅甸单独划分，采取了与缅甸本部不同的统治方式，并逐步提高了掸邦的行政地位。1888年，英印殖民政府颁布《掸邦法》（The Shan State Act），进一步确保了掸邦土司的地位，并正式将其纳入英属缅甸的行政官员之列；1922年，英殖民当局发布第31号通告，成立"掸族联邦"（Federated Shan States），且在殖民体系中"掸族联邦"与缅甸本部属同一级别的行政机构。②再比如，在英殖民当局的影响下，下缅甸地区的克伦人于1881年成立了"克伦民族组织"，其目标或宗旨是更好地与英国人进行合作，促进克伦民族的社会经济发展，并且保护克伦人免受缅人统治复辟的威胁。③由此可见，英国殖民者利用了缅甸封建时期遗留下来的民族矛盾，客观上刺激或建构了各少数民族的民族主义，为此后分离运动的出现埋下了伏笔。

其三，英殖民政策及统治方式中断了缅甸各族群之间的融合进程，人为制造并加剧了主体族群缅族与各少数民族之间的异质性。伴随殖民进程的深入，基督教传教士在缅甸的传教不断深入。在缅人聚集区，因佛教信仰的根深蒂固，皈依基督教的缅人十分有限，于是基督教传教士

---

① 韦红：《东南亚五国民族问题研究》，民族出版社2003年版，第33页。
② Sai Aung Tun, History of the Shan State: From its Origins to 1962, Chiang Mai: Silkworm Books, 2009, pp. 173 - 174；赵永胜：《缅甸与泰国跨国民族研究》，社会科学文献出版社2015年版，第230—232页。
③ 贺圣达：《缅甸史》，人民出版社1992年版，第291页。

便将传教重点转移到山区少数民族身上。以克伦人为例,基督教传教士利用缅族、克伦族之间的矛盾,不仅笼络了大批克伦人改信基督教,而且还为克伦人创制了文字。历史上,在缅人统一缅甸的进程中,克伦人曾遭到缅人的杀戮,为此很多克伦人逃往山区和沼泽地区①,因而对缅人带有普遍的敌视情绪。为此,面对英国的入侵,克伦人不顾缅人的残酷镇压,多次为英军充当向导。而且,在征服克伦地区的进程中,尤其是20世纪后,皈依基督教的克伦人迅速增加。② 此外,克伦人只有自己的语言,但没有文字,为此1830年美国传教士威尔博士采用部分缅文字母创制了"斯戈克伦文"③,1840年前后传教士博丹叶又创制了"波克伦文"。④ 由此可见,英殖民统治及其政策实施过程中,各族群之间既有的矛盾与宗教、文字等文化层面的改变,客观上扩大了缅族与各少数民族之间的异质性。

三 和解"失败"与缅甸国内分离运动的兴起

20世纪30年代前后,以大学生为主的缅甸爱国知识分子逐渐成长为缅甸民族解放运动的领导人⑤,开启了缅甸走向独立的历史进程。与此同时,各少数民族的民族主义意识亦不断觉醒,但与主体民族缅族在具体的民族独立等问题上看法、态度各异。"我缅人协会"在缅甸独立运动中扮演着重要的角色。1930—1941年,"我缅人协会"掀起了缅甸独立运动的高潮,并提出了"缅甸是我们的国家""缅文是我们的文字""缅语是我们的语言"等口号。⑥ 昂山、吴努等一大批优秀的学生领袖都是"我缅

---

① [美]约翰·卡迪:《东南亚历史发展》,姚楠、马宁译,上海译文出版社1988年版,第370页。
② 陈真波:《基督教在缅甸的传播及其对缅甸民族关系的影响》,《世界民族》2009年第3期。
③ 克伦人分为11个分支,包括克伦(Kayin)、白克伦(Kayinphyu)、勃雷齐(Paleichi)、孟克伦(Monkayin)、斯戈克伦(Sakaw Kayin)、德雷勃瓦(Tahleipwa)、勃姑(Paku)、勃外(Pwe)、木奈勃瓦(Mawneipwa)、姆勃瓦(Mpowa)、波克伦(Po Kɛyin)。其中,斯戈克伦和波克伦占整个克伦人口的70%。参见李晨阳《缅甸的克伦人与克伦人分离运动》,《世界民族》2004年第1期。
④ 秦钦峙、赵维扬主编:《中南半岛民族》,云南人民出版社1989年版,第19页。
⑤ 李晨阳:《独立前缅甸民族主义精英对国家发展道路的探索》,《南洋问题研究》2006年第4期。
⑥ 杨梅:《"我缅人协会"研究》,硕士学位论文,云南大学,2010年,第19—41页。

人协会"的成员,而且以红龙书社等为基地传播先进的民族主义思想。在"我缅人协会"的领导下,缅甸民族解放运动进入了一个新的时期,并呈现了全面高涨的局面。与此同时,这一时期缅甸各少数民族的民族主义意识也处于不断的发酵之中。比如,早在1928年山克·罗姆比波就在《缅甸与克伦族》(*Burma and the Karens*)一书中鼓吹要在克伦人自己的土地上建立"克伦国"。① 在这种民族主义思想的指引和影响下,克伦族的民族主义组织纷纷建立并到处游说,尤其希望通过英属政府实现克伦地区的独立。

1941年底日本侵入缅甸,中断了英国在缅甸的殖民统治。与英国有所不同,日本宣布废除英国殖民政府对山区民族的特殊统治政策,允许少数民族与缅甸本部的自由交往。这客观上为缅甸各民族之间的交往、融合提供了便利,因而在对日政策上各民族之间曾出现短暂的分歧。日本侵缅初期,昂山领导下的"我缅人协会"曾一度将争取缅甸独立、反对英殖民统治作为中心任务,并未认清日本侵略缅甸的真正用意。"我缅人协会"的一些领导人从狭隘的民族主义立场出发,曾幻想依靠日本帝国主义的力量,实现缅甸的独立,即"联日抗英"。② 在此背景下,克伦人等少数民族武装力量曾与昂山领导的独立军发生了多次武装冲突,其中仅在渺弥亚冲突中就有1800多名克伦人被杀。③ 这无疑加剧了克伦族与缅族之间的隔阂与仇恨,也是独立后克伦人率先走上分离主义道路的重要原因。与克伦人相比,"二战"期间其他少数民族与缅族之间的矛盾并不凸显,并且前者也为缅甸抗日做出了重要贡献。比如在3年多的抗日战争中,克钦人就消灭了5000多名日军,且造成10000多名日军受伤或失踪。④

"二战"结束后,英国势力重返缅甸,试图重新对缅甸进行殖民统治。1945年5月,英国发布对缅白皮书:宣布缅甸由英国总督直接统治三年,然后依据1935年宪法举行立法议会选举,最后取得英联邦自治领

---

① 李晨阳:《缅甸的克伦人与克伦人分离运动》,《世界民族》2004年第1期。
② 贺圣达:《缅甸史》,人民出版社1992年版,第402页。
③ 李晨阳:《缅甸的克伦人与克伦人分离运动》,《世界民族》2004年第1期。
④ 王欢欢:《缅甸克钦民族主义运动的起源、演变与发展趋势》,《印度洋经济体研究》2014年第3期。

地位；山区少数民族地区仍然作为"特区"，置于英总督的直接管辖下，直到山区民族表明他们愿意以某种适合的形式与缅甸本部合并。① 从这一政策看，当时缅甸联邦独立的一大障碍是，缅族为主的缅甸本部与各山区少数民族之间并未达成一致。由于山区各个民族内部政治力量对比、觉醒程度不同，其政治主张亦不尽相同。克伦族的地区民族主义意识最强，寻求从缅甸本部分离的意愿最为强烈。为此，1945 年 6—7 月，克伦族曾召开过一次全民族代表大会，并向英国政府和联合国递交了请愿书，要求建立一个统一的"联合山区克伦邦"（United Frontier Karen States）。此后，克伦族又建立了克伦中央总会，并宣布了克伦族的政策：为了保持和发扬克伦文化、语言，克伦族有必要争取自治，建立克伦邦。② 克伦族的主张仅是缅甸国内山区少数民族的代表，由于涉及土司等传统政治精英的利益分配，各少数民族尽管原则上同意建立独立的缅甸联邦，但由于历史积怨、现实利益分配等，均提出了众多的条件。

为了尽快实现缅甸的独立与统一，且在国家独立问题上取得一致意见，昂山领导的自由同盟在解决民族之间的矛盾与隔阂上做出了巨大的努力，尝试实现各民族间的和解。1945 年 11 月，自由同盟③举行了规模空前的群众大会，昂山在大会上提出了争取独立的 18 条主张，并多次强调"民族团结"，反对将山区少数民族与缅甸分开统治。在民族团结、民族和解、国家统一的基本路线和方针指导下，1946 年召开了自由同盟第一次全国代表大会，邀请了多个少数民族政党的参与，如克伦中央总会、若开民族大会、孟族协会以及掸、钦、克钦族的代表等。昂山在大会上强调：民族大团结不仅是领导人的大团结，而且是不分种族、语言、男女、宗教的全国人民大团结。④ 1947 年 1 月 27 日，英、缅双方在伦敦签订《昂山—艾德礼协定》，英国政府对缅甸代表做出了实质性让步，承认

---

① 赵永胜：《缅甸与泰国跨国民族研究》，社会科学文献出版社 2015 年版，第 223 页。
② 祝湘辉：《山区少数民族与现代缅甸联邦的建立》，世界图书出版公司 2010 年版，第 78 页。
③ 全称"反法西斯人民自由同盟"，是缅甸各抗日党派联合组成的统一战线组织，简称自由同盟。1944 年 8 月成立，目标是消灭法西斯、争取民族独立，昂山任主席。1964 年 3 月 28 日，该组织宣布解散。
④ 祝湘辉：《山区少数民族与现代缅甸联邦的建立》，世界图书出版公司 2010 年版，第 72—73 页。

缅甸山区少数民族可以在自愿的基础上与缅甸本部统一。但是，英国殖民者并不甘心放弃对缅甸山区少数民族的统治，因而培养和扶持了大批少数民族中的亲英势力，以达到长期控制缅甸的目的。

1947年2月，昂山领导的缅甸反法西斯人民自由同盟与掸人、克钦人、钦人、英国政府等各方代表在彬龙镇召开会议，并签订了旨在实现民族和解、缅甸联邦独立的《彬龙协定》。《彬龙协定》规定：与会代表坚信，掸人、克钦人、钦人立即与缅甸过渡政府合作，有利于上述民族获得自由；且原则上山区民族对边境民族地区的内部行政管理拥有完全的自治权；等等。同年4月，缅甸制宪会议通过了《缅甸联邦宪法》，并充分体现了《彬龙协定》中的相关原则。其中，第九章分为六大部分，即建立"掸邦""克钦邦""克伦邦""克伦尼邦""钦特别区"等，并讨论了缅甸相关少数民族地区的行政设置及地位、权力、义务等；第十章特别指出掸邦、克耶邦享有脱离联邦的权力，但不得在十年内行使。① 由此可见，在宣布独立前，昂山领导的自由同盟在民族和解问题上做了大量工作，试图在民族和解与团结基础上建立独立、统一的缅甸联邦。然而，1947年7月昂山遇刺身亡，给独立前夕的缅甸国内局势增添了诸多不确定因素。

尽管以昂山为首的自由联盟在实现缅甸国内民族和解上进行了很多努力，但独立前的缅甸国内潜在的民族矛盾依然十分突出：第一，彬龙会议中尽管有很多少数民族参与，但也遭到了苏巴吴基领导的克伦人中央协会的抵制，少数民族的参与范围并未如预想的广泛；第二，《彬龙协定》与《缅甸联邦宪法》对各少数民族的权力分配并不平均，尤其是忽视了传统土司等精英阶层的利益，招致很多不满；第三，《缅甸联邦宪法》赋予了掸邦、克耶邦10年后的分离权，但其他自治邦并未获得相应的权力，成为后来各邦不满的重要根源；第四，缅甸独立前民族和解进程的推进与昂山本人的个人魅力密切相关，昂山遇刺后各少数民族精英对国家领袖的敬畏逐渐减少，为后续的冲突与矛盾埋下了伏笔；第五，缅族与各少数民族之间的历史积怨深重，尽管独立前在一定程度上缓解

---

① Sai Aung Tun, *History of the Shan State: From its Origins to 1962*, Chiang Mai: Silkworm Books, 2009, pp. 327-328.

了各民族间的矛盾，但仍存在巨大隐患。1948年1月4日，缅甸宣布独立，吴努任政府总理。吴努政府上台后采取了限制、削弱甚至收回少数民族上层特权的政策。为了维护自己的权利，各少数民族纷纷建立了反政府武装，同缅甸中央政府对抗。1948年7月，克伦自卫军发动暴乱，各地克伦人纷纷响应。至1949年5月，克伦自卫军一度控制了缅甸古都曼德勒。① 此外，孟人、掸人、克耶人、克钦人也纷纷开始组建自己的反政府武装，缅甸民族矛盾空前激化，国内分离运动风起云涌。

第二节 同化政策与泰国南部分离运动的起源（1959年以前）

与其他国家有所不同，泰国是"二战"前唯一没有完全沦为西方殖民地的东南亚国家。正因如此，泰国南部分离运动起源的时间与其他东南亚国家亦有所不同。由于其他国家均是在"二战"后才获得独立，故当代分离运动起源的背景与独立初期的民族国家建构密切相关，而泰国由于并未完全沦为殖民地，故其南部分离运动的起源是以1932年君主专制制度的终结为背景的。从1932年泰国君主专制制度终结，到1959年北大年民族解放阵线（Patani National Liberation Front）的成立，这一阶段是泰国南部分离运动起源的重要时期。

一 起源的背景：反抗与被融入

历史上，泰国南部曾属于独立小国北大年王国的领土，该王国整体于1457年皈依伊斯兰教，成为东南亚地区最早的伊斯兰教传播中心。此后，暹罗②曾多次向南扩张，北大年王国与暹罗长期保持着一种相对松散的依附、从属关系，前者不定期向后者进行朝觐、进贡等。③ 至18世纪中后期，暹罗国王拉玛一世发动了向南扩张的战争，谋求将领土进一步

---

① 赵永胜：《缅甸与泰国跨国民族研究》，社会科学文献出版社2015年版，第236页。
② 暹罗，泰国的古称。1939年6月24日改称"泰国"，1945年复名"暹罗"，1949年再度改名"泰国"，并沿用至今。
③ 吴向红：《泰南穆斯林分离运动研究》，硕士学位论文，厦门大学，2007年，第12页。

向南拓展。双方展开了长期的征战，最终经过近半个世纪的征讨，暹罗终于在1832年成功征服了北大年王国。由于统治当地穆斯林等的需要，暹罗将北大年地区划分为7个部分，以分化当地的反抗力量。事实上，北大年地区的穆斯林从来没有真正接受暹罗的统治，不断发动起义和反叛，但均被暹罗军队镇压。从某种意义上看，这一时期暹罗对北大年的征服并未获得认可或承认。一来此前二者属于依附关系，现今反抗势力依然存在；二来并未得到周边国家的认可或承认，尤其是西方殖民国英、法等。因而，直到1902年，暹罗才正式宣布北大年地区为其领土的一部分，并且给予穆斯林与暹罗人同样的待遇和地位。① 1909年，为了保持政治上的相对独立，暹罗被迫与英国签订《1909年曼谷条约》②，将原本属于同一宗教、语言和民族的马来半岛中部，人为地进行了分割：南部吉达、吉兰丹、玻璃和丁加奴四个土邦并入英属马来亚，而沙墩、北大年等半岛北部归属暹罗。该条约的签署不仅人为地造成了跨界民族问题，而且赋予了泰国对北大年地区主权归属的国际含义，即国际承认。至此，北大年问题逐渐成为泰国的内部问题，泰国南部问题形成。

在19世纪末20世纪初，暹罗能够在英、法的殖民扩张中保持相对独立，得益于两国将其视为该地区重要的缓冲区。事实上，暹罗是东南亚地区最早开始现代化进程的国家，始于"朱拉隆功改革"。作为泰国近代史上的一位开明君主，朱拉隆功③的改革不仅是泰国历史的转折点，而且开启了泰国现代化的进程。朱拉隆功改革是全方位的，不仅包含政治、经济、社会，还包含文化、卫生、教育等各个方面。他建构了现代的暹罗王国，而且创立了现代军队和国家官僚制度。概括来看，朱拉隆功的改革包含三个关键词：宗教、教育和公民感。④ "宗教"指的是对佛教的彻底重组和改革，推动佛教仪式的简化，建立乡村寺庙和佛教学校，将

---

① 中国现代国际关系研究所民族与宗教研究中心编：《全球民族问题大聚焦》，时事出版社2001年版，第369页。
② 又称《英暹条约》。该条约不仅人为地将马来半岛中部划分为两个属地，而且赋予了泰国对北大年地区主权归属的合法意义，即国际承认。
③ 朱拉隆功（1853—1910），即拉玛五世，中文名郑隆，是泰国近代史上一位开明君主，在位期间进行了一系列的改革，为现代泰国的发展奠定了基础。
④ ［美］戴维·K. 怀亚特：《泰国史》，郭继光译，中国出版集团2009年版，第204—206页。

佛教逐步制度化,且到达乡村。这成为整个暹罗王国重新进行整合的主要工具。"教育"是指以佛教为基础的文化、宗教思想教育,不仅在语言上强化泰语等的标准化普及,代替地方文字、方言等,还向民众介绍、传播西方的现代科学等。"公民感"主要来自共同的宗教传统和教育经历的共享,通过两者的共振实现对公民社会身份的重新建构,即所有居民都是单一国王的臣民,都是单一国体的成员。所谓"单一"实际上指的是,民族上的泰族主体性、宗教上的佛教主体性、国家上的暹罗主体性。基于历史、民族、宗教等的差异,泰南地区的民众对此较为反感,并不愿意接受泰族文化和佛教信仰,而是以马来穆斯林的身份认同为荣。① 基于此,泰南分离运动在这种背景下逐步萌芽了。

尽管朱拉隆功的改革意在富国强兵,但仍可以看出其中对异族进行同化的政策指向。此后,在暹罗的国家发展中,这种同化政策得到了进一步地贯彻,尽管其在方式上较为温和。对此,1922年泰南的马来穆斯林上层就曾明确反对暹罗的同化政策,因为语言、文化上的泰族化可能会削弱马来文化,并因此而发生了叛乱,但很快被镇压。② 这一时期,暹罗的政治体制仍是君主制,处于向现代西方政治不断过渡的时期。尽管这一时期暹罗希望加强对南部的控制,以阻碍英国势力的北进,但实质上暹罗对南部更多是一种上层控制,而并未深入乡村。从这个视角看,尽管这一时期存在诸多南部叛乱,但这种叛乱更多属于马来穆斯林上层或贵族与暹罗中央政府之间的权力斗争,普通民众的参与度相对较低,因而至多属于一种内部权力斗争或叛乱,并不能称之为分离运动。此外,这一时期的暹罗尽管保持了政治上的相对独立,但仍面临英、法等西方国家的渗透,内忧外患的现实使得暹罗政府很难对南部地区采取强硬的同化政策,而仅是保持一种对南部地区的统治。因而,1932年之前的泰国南部地区与暹罗政府整体上保持了相对的稳定。③

---

① 陈衍德、彭慧、高金明、王黎明:《全球化进程中的东南亚民族问题研究——以少数民族的边缘化和分离主义运动为中心》,厦门大学出版社2008年版。第142页。
② 周慧芝:《从认同角度分析20世纪末泰南问题进入高潮的原因》,硕士学位论文,清华大学,2012年,第16页。
③ 丁春娟:《从社会动力学视域解读20世纪30—60年代泰南问题》,硕士学位论文,云南师范大学,2015年,第17页。

二　强硬的同化与族群对立

1932年6月，经过一场未流血的政变，暹罗成为名义上的君主立宪制国家，但实质上进入了军人主导的历史阶段。在1938—1944年銮披汶·颂堪元帅统治时期，他推行激进的民族主义政策，强化佛教与泰族人的地位，不仅将佛教与爱国相关联，而且要求其他少数族群移风易俗，改为泰人的生活方式。这激起了泰国南部马来穆斯林的强烈不满。因为这种强力的同化政策，蕴含着政治、文化等方面的横向不平等，即压制马来穆斯林文化，贬低马来民族等。比如，在銮披汶·颂堪的领导下，大泰族主义者狂热地将佛教上升为泰国的国家政治意识形态的高度，并试图通过佛教的价值观和信条等进行政治宣传，以证明其反对马来穆斯林的正当性。① 而且，銮披汶·颂堪的权力运用并非为了建设一个新的国家，而是为了建构一个新的民族。他在1939年将暹罗改名为"泰国"，给出的理由是"这个国家是属于泰人的"。② 銮披汶·颂堪推行的所谓"国家主义政策"，即是以提倡泰民族国家为宗旨的，谋求建立一种新的政治、文化观念，并以这种新的观念来改造泰国社会等，这进一步加深了泰南马来穆斯林对泰国政府的不信任。③ 1940年6月24日，銮披汶·颂堪政府颁布了《泰国语言、字母表及优秀公民义务》条例，指出"所有泰国人必须学习泰语——泰语是一个好公民的义务之一……帮助那些不懂泰语的公民学会泰语也是泰国公民的职责……每个人都要认识到作为一个泰国人意味着其有泰国的血统，并说着同一种语言……"④

"二战"的蔓延一度中止了銮披汶·颂堪在泰国的军人统治，却无法中断泰南穆斯林潜藏的本土观念。从历史上看，北大年曾在很长时期内作为独立的王国存在，对今泰国南部地区形成了有效地统治。而且，

---

① Omar Farouk, "The Origins and Evolution of Malay-Muslim Ethnic Nationalism in Southern Thailand", in Taufik Abdullah and Sharon Siddique, *Islam and Society in Southeast Asia*, Singapore: Institute of Southeast Studies, 1986, p. 252.
② [美] 戴维·K. 怀亚特：《泰国史》，郭继光译，中国出版集团2009年版，第245页。
③ 韦红：《东南亚五国民族问题研究》，民族出版社2003年版，第199页。
④ Omar Farouk, "The Origins and Evolution of Malay-Muslim Ethnic Nationalism in Southern Thailand", in Taufik Abdullah and Sharon Siddique, *Islam and Society in Southeast Asia*, Singapore: Institute of Southeast Studies, 1986, pp. 253 – 254.

作为伊斯兰教在东南亚的传播中心之一，该地区在文化上始终保持着自身的独特性。尽管曾先后多次臣服于周边强国，但在很长一段时期内都仅是松散的朝贡关系，在内政等方面始终保持着相对独立性。这种历史经历、文化信仰层面的独立存在，是深藏于泰国南部地区民众的本土观念的根源。自1909年被人为分割为两个部分以来，尽管在国家归属上并不相同，但马来民族或穆斯林在文化认同上始终未被割裂，二者在语言、文化、习俗等方面保持着高度一致。"二战"期间，泰国政府一度倒向日本，成为日本侵略东南亚国家的"助力器"。但泰南穆斯林则并未"随波逐流"，而是加入了英马抗日军队。当时，英国殖民者也答应，将在战后认真考虑将泰国南部地区的北大年、沙墩等合并到英属马来亚联邦。① 最终，在世界反法西斯联盟的打击下，日本在东南亚的侵略宣告失败。在共同的抗击外来侵略的斗争中，潜藏在泰南马来穆斯林内心的共同身份、意识等被不断唤醒。作为一个整体，泰南马来穆斯林不仅进行了长期的抗击暹罗入侵的斗争，而且在"二战"期间与泰国政府选择了不同的道路，这更加强化了该地区民众的本土意识。因而，从北大年王国时期的独立性到联合抗日的斗争意识等，泰南穆斯林之间的身份认同被不断强化，与泰国政府统治下的其他民众形成了鲜明对比，进而造就了一种相对独立的概化信念——马来穆斯林身份。也许正如奥马尔·法鲁克（Omar Farouk）在《伊斯兰与东南亚社会》（*Islam and Society in Southeast Asia*）一书中所总结的那样：1945年结束的太平洋战争不仅唤起了东南亚殖民地国家的民族主义精神，而且马来亚的马来穆斯林也首次联合起来反抗英国的统治……东南亚的民族运动对暹罗南部的马来穆斯林产生了显著的影响，他们开始逐渐形成了脱离暹罗统治、联合马来穆斯林的思想。②

对泰国政府不满的累积，再加上不断强化的马来穆斯林等概化信念，泰国南部地区的民众在政治、经济、社会、文化上都感受到了强烈的差

---

① 吴向红：《泰南穆斯林分离运动研究》，硕士学位论文，厦门大学，2007年，第14页。

② Omar Farouk, "The Origins and Evolution of Malay-Muslim Ethnic Nationalism in Southern Thailand", in Taufik Abdullah and Sharon Siddique, *Islam and Society in Southeast Asia*, Singapore: Institute of Southeast Studies, 1986, p. 256.

异感。尽管泰国政府名义上保持着对泰南地区的统治，但实际上泰国政府派往南部地区的官员与当地民众之间存在巨大的矛盾。二者的差异性促使当地的穆斯林领袖开始不断反思，并希望寻求解决族群对立的办法。比如，北大年伊斯兰宗教委员会（Islamic Religious Council）主席阿吉·素龙（Haji Sulong）曾向泰国政府提出过七点要求：第一，希望泰南四府统一进行治理，并由当地人民选举产生地方政府；第二，本地穆斯林要占当地公务人员总数的80%；第三，马来语和暹罗语同为官方语言；第四，中小学的教学语言应为马来语；第五，伊斯兰法应在穆斯林聚居区得到承认和执行；第六，四府收入归当地人所有；第七，建立穆斯林委员会（Muslims Board）。① 然而，泰国政府非但没有采纳该提议，反而以叛国罪（treason）逮捕了阿吉·素龙。这一事件引发了当地警察和穆斯林之间激烈的暴力冲突。此后，1948年泰国政府宣布该地区进入紧急状态，试图以武力镇压该地区的族群冲突。这进一步强化了泰南穆斯林对泰国政府的认识——泰国是一个外来入侵国。②

三　社会动员与泰南分离运动的形成

在1959年泰南分离运动正式形成之前，泰南马来穆斯林中的贵族或领导阶层对穆斯林普通民众进行了积极的社会动员。一方面，泰南地区开始出现宗教领袖或贵族阶层的领导，并向泰国政府施加压力，甚至将矛头对准泰国政府。早在1921年，泰国政府就曾颁布了强迫泰南穆斯林学生上泰语学校的《初等教育法令》，此后在北大年残余邦第四任邦主③阿卜杜勒·卡迪尔·卡玛鲁丁的领导下，1922年泰南地区发生了一场较大规模的叛乱，但最终被镇压。④ 这时，尽管叛乱打着前北大年王国的旗号，但其性质更多是穆斯林上层与泰国政府争夺地方统治权的斗争，并

---

① Syed Serajul Islam, "The Islamic Independence Movement in Patani of Thailand and Mindanao of the Philippines", *Asian Surevy*, Vol. 38, No. 5, 1998, p. 444.

② Syed Serajul Islam, "The Islamic Independence Movement in Patani of Thailand and Mindanao of the Philippines", *Asian Surevy*, Vol. 38, No. 5, 1998, p. 446.

③ 北大年残余邦系前北大年王国的残留产物，邦主相当于前北大年国王。前三位邦主曾先后被暹罗政府免职，阿卜杜勒·卡迪尔·卡玛鲁丁系第四任邦主，曾因反抗暹罗统治被监禁、流放。

④ ［新西兰］尼古拉斯·塔林主编：《剑桥东南亚史Ⅱ》，王士录、孔建勋、李晨阳、胡华生、朱振明等译，云南人民出版社2003年版，第248页。

没有过多民众的参与。到 20 世纪 40、50 年代，泰南马来穆斯林的贵族或精英阶层意识到自身力量的不足，开始有意识地动员普通民众的参与，以谋求自我力量的增强。比如阿卜杜勒·卡迪尔·亍玛鲁丁之子马哈伊德恩曾率众抗击日本帝国主义的入侵，并试图依靠广大民众的支持，借助反法西斯联盟之力谋取北大年的独立。另一方面，泰南地区马来穆斯林的反抗开始逐步走向组织化。尽管有资料指出这一时期泰南地区已经产生了分离主义组织，如"北大年人民运动"（Patani People's Movement）、"伟大的北大年马来人协会"（Greater Patani Malay Association）等，但此时分离组织尚不具备完备的号召力，而且尽管有统一的领导人，但领导往往是名义上的，而非实质上的。比如，"北大年人民运动"就是借用了泰南穆斯林领袖阿吉·素龙的名号而发起的，在阿吉·素龙被捕后，该组织的影响力自然也将大大下降。再比如，'伟大的北大年马来人协会"系马哈伊德恩在马来西亚组建的①，希望借此号召泰南民众起来反抗，但该组织毕竟不在泰国境内，影响力十分有限。

1948 年，銮披汶·颂堪重新执掌泰国政府大权，并进一步强化了对泰南地区的同化政策。"二战"结束后，銮披汶·颂堪政府实施文化训令，用暹罗法律取代伊斯兰法律，从而引发了（泰南地区）民众强有力的抵抗。② 泰国南部的马来人越发感到自己像是一个外来殖民政权的臣民，而并非泰国的普通公民。因此，泰南民众要求或呼吁政府在行政、教育、财政、宗教、语言和司法等方面给予泰南地区自主权，却遭到了泰国政府的武力镇压。综观这一时期泰国南部地区的反抗，自发性、组织性较差、斗争目标的不明确性等特征均较为突出。比如，泰南穆斯林曾提出过自治、并入英属马来亚、独立等多种目标，而且尝试借助不同的力量反抗泰国政府的同化。再比如，在 20 世纪 50 年代泰南地区穆斯林曾联名向联合国请愿，希望获得国际支持，以获取更多的自治权。③

需要指出的是，尽管在组织性、斗争目标等方面仍然较为混杂，但

---

① 吴向红：《泰南穆斯林分离运动研究》，硕士学位论文，厦门大学，2007 年，第 14 页。
② ［美］戴维·K. 怀亚特：《泰国史》，郭继光译，中国出版集团 2009 年版，第 261 页。
③ 周慧芝：《从认同角度分析 20 世纪末泰南问题进入高潮的原因》，硕士学位论文，清华大学，2012 年，第 22 页。

几经尝试的泰南穆斯林反抗斗争在精英阶层的社会动员下，在不断发酵，并开始走向组织化。有学者就认为，少数族群上层人士进行分离活动时，往往以民族领袖自居，而且为了发展自己的事业、提高自己的地位，往往借助民族主义思想动员本族群民众，甚至不惜以分裂来威胁现属国家。① 泰国政府推行的强力同化政策使得南部穆斯林上层和民众都感受到了强力的压迫感，故而对泰国政府的不满、不信任日益增强。比如，在20世纪30年代马哈伊德恩愿意接受泰国的领导，但实际上其总督职位仅是名义上的，实际权力仍然操纵在军方领导人手中，根本没有给予当地民众参与国家管理的机会，令当地穆斯林非常失望。② 穆斯林民众对泰国政府的不满和失望，是族群精英进行社会动员的重要基础。伴随这种不满和失望的不断累积，再加上族群精英此前尝试的各种请愿、自治诉求等的失败，泰南穆斯林对政府的情感日疏、灰心失望加甚，转而导致分离主义运动的兴起③。而且，族群精英开始利用民众的不满，建构身份认同，为分离运动的组织化等奠定了基础。比如，1945年马来贵族阶层曾向英属马来亚的司令部请愿，并写道：北大年是一个马来人国家，世世代代由马来苏丹统治，只是在50年前才成为泰国的属国。④ 此后，在族群精英的动员下，20世纪50年代泰南穆斯林不断将斗争矛头指向泰国政府，将泰南地区的冲突与矛盾归咎于泰国政府的强力同化政策。1957年，英属马来亚的独立进一步刺激了泰南地区穆斯林寻求从泰国分离的决心；而且，"二战"后国际社会不断兴起的伊斯兰复兴运动亦为泰南马来穆斯林的斗争提供了动力。在经历了多次和平请愿难以奏效的情况下，泰南穆斯林开始逐渐走向武装分离的道路。1959年，伴随"北大年民族解放阵线"——北大年历史上第一个用武装手段争取北大年独立的组织——的成立，标志着泰南分离运动最终形成。

---

① David Brown,"From Peripheral Communities to Ethnic Nations: Separatism in Southeast Asia", *Pacific Affairs*, Vol. 61, No. 1, 1988, p. 53.

② 庞海红：《泰国民族国家的形成及其民族整合进程》，民族出版社2012年版，第210页。

③ ［泰］差威汶·巴蜀莫、猜瓦·萨塔阿南：《泰国民族紧张关系受到控制下的错杂景况》，《民族译丛》1987年第4期。

④ S. P. Harish, "Ethnic or Religious Cleavage? Investigating the Nature of the Conflict in Southern Thailand", *Contemporary Southeast Asia*, Vol. 28, No. 1, 2006, p. 52.

第三节　整合政策与菲律宾南部分离运动的起源（1972年以前）

作为西班牙、美国等的殖民地，菲律宾南部的分离运动是在"二战"结束后或菲律宾独立后的背景下形成的。从1946年菲律宾的正式独立，到1972年摩洛民族解放阵线的成立，菲律宾南部分离运动的起源与现代菲律宾民族国家的建构密切相关。基于反抗西班牙、美国等的殖民统治，菲律宾南部地区在共同信仰伊斯兰教等因素的影响下，逐渐形成了较为一致的"摩洛认同"，从而为分离运动的最终形成奠定了基础。再加上战后菲律宾政府"整合政策"的错位，以及精英阶层等的社会动员，菲律宾南部的斗争矛头逐渐由反抗殖民转向抗争菲律宾政府，分离运动正式形成。

一　起源的背景：长期斗争与宗教差异

公元6世纪后，印度商人先后将伊斯兰教传入苏门答腊北部、马来半岛、爪哇岛北部等地区。① 约公元14世纪末，伊斯兰教传入现菲律宾南部地区，棉兰老、苏禄等开始出现一些穆斯林苏丹政权。此后，伊斯兰教继续在菲律宾扩散，并与当地的"巴朗加"②（Barangay）等社会组织相融合，很多巴朗加首领都皈依了伊斯兰教，从而为伊斯兰教在当地的传播提供了便利。在西班牙殖民者到来前，菲律宾南部海岛的伊斯兰化已基本完成，而中北部地区的伊斯兰化则刚刚开始。换句话说，在西班牙到来之前，菲律宾南部已经形成了相对松散的伊斯兰教国政权，有着较为完整的宗教生活和伊斯兰文化，而中北部地区则仍在缓慢的伊斯兰化过程之中。16世纪初，伴随麦哲伦的全球航行，西班牙开启了其全球殖民化的进程。1565年，黎牙实比率领西班牙舰队在宿务登陆，并以

---

① ［新西兰］尼古拉斯·塔林主编：《剑桥东南亚史Ⅰ》，贺圣达、陈明华、俞亚克、申旭、宋天佑等译，云南人民出版社2003年版，第273页。

② 音译，又称"巴朗盖"。"巴朗加"系菲律宾早期社会的一种基层统治组织，系一种既有奴隶制关系又包含封建制关系的"混合体"。相关研究参见何平《西班牙入侵前菲律宾的巴朗盖社会》，《东南亚》1996年第1期，第46—52页。

此为据点向整个菲律宾扩张；1571年马尼拉陷落，随后吕宋岛被划入其殖民版图之中。① 随后，西班牙殖民者在菲律宾中北部地区开始传播天主教，依靠宗教征服该地区，并完成了该地区的天主教化。殖民者的到来，中断了此前伊斯兰教在菲中北部的散播，并将菲律宾划归为天主教和伊斯兰教两大文化区，为此后的冲突埋下了伏笔。

在征服了菲律宾中、北部之后，西班牙殖民者试图向南扩张，但遭到了南部穆斯林的激烈反抗，由此拉开了"摩洛战争"长达近300年的序幕。"摩洛"（Moro）一词的使用与西班牙本土的宗教战争密切相关。从公元711年到1492年西班牙人进行了长达7个多世纪的收复失地运动，将北非阿拉伯穆斯林赶出了伊比利亚半岛，因而"摩洛"在西班牙语中多为异教徒的负面形象。在口语中，"摩洛"一般泛指穆斯林，在东南亚的殖民活动中指代菲律宾南部的穆斯林，称其为"摩洛人"。"摩洛战争"断断续续持续了300年之久，尽管双方并非一直处于征战之中，但战争的对立使双方均缺乏对彼此的了解，并加深了菲律宾南北方之间的仇恨。在此过程中，西班牙殖民者对摩洛人形成了好战、残忍、自私、野蛮等刻板印象，并认为"摩洛人是西班牙人完全敌对的势力……他们是我们永远的敌人……武力是他们唯一理解的交流方式……只要他们触怒我们，就应立即受到惩处"②，而且这一刻板印象亦逐渐渗透到中北部民众的头脑之中。当然，摩洛战争期间的菲律宾南部穆斯林亦并非一个整体，尚未形成一种广泛的、超越部族的身份认同，而仅是基于对宗教文化与信仰等的保护而进行奋起反抗。对此，托马斯·麦肯南就认为，摩洛人的认同并非形成于西班牙殖民时期，而是美国殖民者刻意鼓励、引导的结果。③

19世纪末，在菲律宾民族主义革命等的冲击下，西班牙殖民统治濒临崩溃。但美国借1898年美西战争的契机，夺取了西班牙的殖民地，菲律宾进入了美国殖民统治时期。美国在菲律宾的殖民大致分为四个阶段：

---

① 彭慧：《菲律宾穆斯林的"摩洛形象"研究》，华中师范大学出版社2015年版，第5页。
② Peter G. Gowing, *Muslim Filipinos: Heritage and Horizon*, New Day Publishers, 1979, p. 30.
③ 参见 Thomas M. Mckenna, *Muslim Ruler and Rebels: Everyday Politics and Armed Separatism in the Southern Philippines*, University of California Press, 1998。

军事占领、南北分治、菲律宾化、自治。1899—1905 年，美国采取"逐个击破"的策略，先后通过拉拢菲南穆斯林首领、征服中北部、再镇压南部反抗等阶段①，实现了对整个菲律宾的征服和军事占领。1903—1914 年，美国在菲律宾南北分设基督教省和摩洛省，对南北进行针对性管理。从这一时期起，美国开始大力开发南部的自然资源，并向南部移入大量的天主教移民，尝试改变、甚至同化南部穆斯林的信仰和生活方式，但遭到了南部穆斯林的强烈抵制，引发了双方持续、大规模的冲突。比如，时任美驻菲总督就指出：美国在开发新大陆时与印第安人的武装冲突，也没有 1904—1914 年美国与摩洛人之间的冲突这样频繁与激烈。② 1914 年美国废除了摩洛省，开启了"菲律宾化"阶段。因为在美国殖民当局看来，南部摩洛人本质上也是菲律宾人，只是他们的宗教信仰等存在差异，故而提出了"菲律宾化"的政策，目的就是将伊斯兰教和天主教居民共同融合为同一的菲律宾民族。③ 在菲律宾化的过程中，美国殖民当局逐渐将管理权交给了菲律宾人，但权力更多被给予北部的天主教徒，忽视或轻视了对摩洛人的使用，因而在移民、委任统治等美国看来可以缩小差异的政策，反而进一步激化了南北双方的矛盾。1934 年美国国会通过《泰丁斯—麦克杜菲法案》，宣布成立菲律宾自治政府，并以十年为期限，十年后允许菲律宾独立。本着进一步发展南部地区的目的，基于人人平等等原则，菲自治政府取消了许多给予摩洛人的优惠和权力。比如，废除摩洛地区的特殊法律、撤销处理伊斯兰事务的摩洛法庭、成立国家土地移民管理局等。④ 这些政策忽视了摩洛地区本来的特点，不仅未能促进双方的融合，反而激发了摩洛人自我认同的形成。总之，菲律宾南部穆斯林经历了长期的反抗殖民统治的斗争，而且这些共同经历的斗争均是在宗教信仰差异的基础上产生的。也许正如菲律宾南部地区的穆斯林领袖在给罗斯福总统的信中所言：菲律宾本就是由两个宗教习俗和传统

---

① 靳晓哲：《菲律宾南部摩洛问题的演进、症结与前景》，《南亚东南亚研究》2019 年第 2 期。
② Ralston Hayden, "What Next for the Moro?", *Foreign Affairs*, Vol. 6, No. 4, 1928, p. 638.
③ [新西兰] 尼古拉斯·塔林主编：《剑桥东南亚史 II》，王士录、孔建勋、李晨阳、胡华生、朱振明等译，云南人民出版社 2003 年版，第 245 页。
④ 占薇：《菲律宾摩洛人与泰南马来穆斯林的分离主义运动比较研究》，硕士学位论文，厦门大学，2009 年，第 18 页。

不同的民族构成，穆斯林聚居区不应该被并入菲律宾联邦。①

二 错位的整合与异质性的强化

1946年菲律宾正式宣布独立，并开启了现代民族国家建构的进程。在此进程中，菲律宾本就存在的南北冲突被进一步扩大，而且在菲政府错位的整合政策下，南北矛盾被进一步激化。其实，自1935年自治到1946年独立，美国人就已经认识到其未能完成对菲律宾南部穆斯林的改造任务，因而才将南部穆斯林事务统称为"摩洛问题"（Moro Problem）。② 正式独立后，"摩洛问题"着重体现在菲南北的横向比较及由此而产生的横向差异上。从人口上看，北方人多地少，而南方地广人稀。尽管在西班牙、美国殖民时期已经有大量天主教徒向南移居，但相对于北部的人均土地量，南部地区仍然较为富足。从经济发展水平上，由于北部地区很早就被西班牙彻底殖民化了，因而在现代化的起步上更早；南部穆斯林因"摩洛战争"、抵抗美国殖民等原因，常年处于战乱之中，对外部世界的认识有限，仍处于十分落后的境地。从政治层面看，菲律宾政府系美国主导下的自治政府转型而来，权力多被天主教徒所掌控，南部穆斯林很少能参与到国家的治理和决策中来。而且，在独立初期菲律宾完全仿效美国式的政治体制，如实行美国人制定的宪法、建立两党制、实行总统制、开放言论自由等③。在民族国家建构初期，实行民主制本无可厚非，但由于菲律宾的天主教徒和穆斯林人数差异过大，不合时宜地"一刀切"就可能会被解读为多数对少数主观的"敌意""歧视"等。1954年，在菲律宾参议院的调查基础上，菲律宾政府认为摩洛问题的根源是穆斯林缺乏对国家的归属感，为此制定了"整合政策"。在缺乏更多了解的基础上，菲律宾政府实施了错位的"国家整合"政策，进一步加剧了南北对立，尤其是加深了南部穆斯林对政府的误解与不满。整合政策的目的原本在于：一方面，加快北部天主教徒向南部地区的移民，

---

① Wan Kadir bin Che Man, *Muslim Separatism: The Moros of Southern Philippines and The Malays of Southern Thailand*, Oxford University Press, 1990, pp. 54–55.
② 彭慧：《菲律宾穆斯林的"摩洛形象"研究》，华中师范大学出版社2015年版，第69页。
③ 张锡镇：《当代东南亚政治》，广西人民出版社1994年版，第200页。

以促进穆斯林融入主流社会；另一方面，向穆斯林灌输天主教文化，通过西式教育等同化穆斯林，促进摩洛人文化的进步。① 站在历史的角度分析，菲律宾政府的整合政策是存在错位的，即认知与目的上的双重错位。从认知上看，菲政府并未结合历史、宗教等因素深入了解穆斯林的诉求，就简单将双方矛盾归为"缺乏对国家的归属感"；从目的上看，整合政策意在建立统一的国家认同，但基于认知的错位，反而造成了更大范围的矛盾和冲突。正如彭慧在书中所言：在菲律宾这一多民族的大家族中，政府如同兄长，被赋予了照看弱小民族的任务，南部穆斯林如同弱小却淘气的小孩，政府总是一厢情愿地认为让他们衣食无忧、安分守己就万事大吉了，因而塞给他们了一些冠冕堂皇的发展计划，甚至干脆无视其存在。②

当然，除因横向差异而产生的集体不满的累积之外，菲律宾南部穆斯林厚重的历史观念与地域观念，也是激发南北矛盾的重要因素。长久以来，地域性的部族意识在菲律宾南部穆斯林社会中有着极强的控制和指示作用。早在在16世纪西班牙殖民者入侵之前，菲律宾南部地区就已经形成了诸多独立的苏丹国，如1450年的苏禄苏丹国、16世纪初建立的马京达瑙苏丹国（Sultanate of Maguindanao）等。在西班牙殖民者到来之后，依托既有的苏丹国，南部穆斯林发起了奋力地反抗，而中北部地区则很快沦为西班牙的殖民地，并迅速被天主教化。此后，在美国殖民时期，通过"以菲治菲""以北治南"等政策，行政权力大多被给予了北部的天主教徒，从而使北部菲人产生了"国家主人翁"的意识和认知。与此相对，菲南穆斯林认为自己是菲律宾最早从事殖民抗争的力量，为民族的解放和国家的独立作出了巨大的牺牲③，而且土生土长在这片土地之上，但并未获得相应的尊重。南部穆斯林普遍带有浓厚的本土观念，认为自己是这片土地的主人，并且为了这片土地付出了巨大的代价；北部天主教徒则是借助或享用了殖民者统治的工具和结果，才继承了国家的

---

① 段宜宏：《菲律宾民族国家建构及其民族整合研究》，硕士学位论文，云南大学，2017年，第46页。
② 彭慧：《菲律宾穆斯林的"摩洛形象"研究》，华中师范大学出版社2015年版，第76页。
③ 阳阳、黄瑜、曾添翼、李宏伟：《菲律宾文化概论》，中国出版集团2014年版，第169页。

权力。在这种对立中，北方天主教徒视穆斯林为"异教徒"、仇人和未开化的野蛮人，而南方穆斯林则打着宗教旗号团结起来抗击"敌人"。这一敌对状态被打上了宗教文化对抗的深刻烙印，加之与地缘差异因素等相结合，导致了南北两大群体的剧烈分化。① 菲律宾独立后，穆斯林意识到自身并未获得相应的政治、经济、社会、文化地位，并且受到了天主教徒控制的政府的压制，由此浓厚的本土意识开始转化为对政府敌视的概化信念，即将这种结果简单归结为政府对穆斯林的歧视、偏见和仇视。当然，这种概化信念并非凭空产生的，而是基于早先价值观和反抗实践的一种想象性重构。

总之，菲律宾北部天主教徒和南部穆斯林之间的隔阂、仇恨都是建立在不同的身份认知之上的，是长期的殖民历史以及由此产生的差异化结果。双方对对方形成的刻板印象，在独立后菲律宾政府错位的整合政策中被进一步加深了。天主教徒往往认为穆斯林是落后的、低等的，与其他"正常菲律宾人"有很大差异，是不可靠、不正直、不忠诚且难以预料的一群人②。然而，宗教信仰、历史经历等产生的差异，是社会发展中的正常现象。当这种差异在政策催化下被进一步的扩大化、夸张化时，一国的民族国家建构可能将面临巨大的挑战，尤其对于新兴国家的国家认同建构。最终，在双方隔阂不断扩大的背景下，天主教徒对菲南穆斯林的敌意也发展到了极致，甚至连与穆斯林同桌共餐都被认为是对天主教徒的侮辱③。这种在身份边界明晰基础上的敌意扩大，是一种双向综合作用的结果。南北双方的宗教矛盾混杂着经济、政治等集体不满，触发了族群冲突的按钮。原生性的文化民族意识并未随着现代政治国家的建立而削减，反而因被纳入了同一体系而被扩大、彰显出来了。

---

① 阳阳、黄瑜、曾添翼、李宏伟：《菲律宾文化概论》，中国出版集团2014年版，第168—169页。

② Peter G. Gowing, *Understanding Islam and Muslims in the Philippines*, New Day Publisher, 1988, p. 105.

③ Raimuda J. Banico, *Matrix of Muslim-Christian Relational Studies in the Philippines*, Western Mindanao State University, 1996, p. 107. 转引自彭慧《菲律宾穆斯林的"摩洛形象"研究》，华中师范大学出版社2015年版，第76页。

三　矛盾转移、社会动员与菲律宾南部分离运动的形成

在某种程度上，1946 年菲律宾的独立起到了转移或转化菲律宾南北矛盾的作用，即摩洛问题由宗主国、殖民政府、菲南穆斯林等的三方问题，逐渐转化为菲律宾中央政府与穆斯林的两方问题①。一方面，南部穆斯林的斗争指向发生了转移。在西班牙殖民时期，菲律宾南部穆斯林的斗争对象系宗主国西班牙，双方进行了长达三百年的摩洛战争；在美国殖民前期，这种激烈的反抗和斗争仍在持续。在美国殖民统治的中后期，菲律宾政府的行政权力逐渐转换为菲人自治管理，并且在"二战"结束后允许菲律宾政府完全独立，此时这种反抗处于一种潜在的混杂阶段，既反抗殖民又反对自治政府。独立后，因殖民宗主国的消失，菲南摩洛人的斗争指向便由宗主国转换为菲律宾中央政府。另一方面，南部穆斯林的反抗由殖民问题换化为菲律宾国内问题。在殖民时期，由于外来殖民者的存在，南部穆斯林问题属于全球范围内较为普遍的殖民地问题。伴随菲律宾的独立，菲南北宗教信仰、历史经历、经济、政治等的差异性渐趋凸显，再加上独立初期菲政府错位整合政策的催化，南部穆斯林问题逐渐成为菲民族国家建构中的重大问题。问题背景的转换以及在此过程中双方冲突与矛盾的进一步凸显，成为最终催化菲律宾南部分离运动形成的重要因素。

除矛盾转移等因素外，穆斯林精英阶层的社会动员亦是推动菲律宾南部分离运动最终形成的关键步骤。从社会学视角看，族群可以被视作一种社会组织形式，其关键性的要素在于族群认同或族群身份。在殖民时期，南部穆斯林就形成了一种相对模糊、杂乱的"摩洛认同"。"摩洛人"是西班牙殖民者赋予南部穆斯林的一种外化符号，而精英阶层借助这种带有贬义色彩的外化，塑造了群体地位差异的符号，即摩洛认同。穆斯林精英们利用这种外化的"他者"属性，借助"他者"形象的投射，即对共同历史经历与命运以及处于弱势地位的压抑性与反弹，来为团结菲律宾南部的穆斯林群体而服务，并借此明确了斗争的目标。换句话说，"摩洛认同"的基本特征，就在于反殖民过程中的反抗传统、反上层的、

---

① 靳晓哲：《菲律宾南部摩洛问题的演进、症结与前景》，《南亚东南亚研究》2019 年第 2 期。

独特的伊斯兰性及对社会公正的追寻。① 其中蕴含的"伊斯兰性"和"族群性",就是早期精英们凝聚群体认同的载体。只是殖民时期穆斯林精英们对普通民众的动员较为杂乱,并不系统,甚至存在着较为严重的分化。换句话说,在殖民时期有的穆斯林精英动员民众反抗殖民,以争取更多的权力和利益,而有的穆斯林精英则直接投靠了殖民者,企图以最小的代价换取对其领土的控制权。然而,到菲律宾独立后,基于南北矛盾的国内化,后一种类型的精英动员逐渐消逝。而且,在美国新式殖民的影响下,新一代的穆斯林精英成为集传统文化权威和现代文明于一体的存在。相比老一辈精英,他们不是在传统与现代、宗教与世俗、国家与部族之间进行折中,而是创造性地建构了一个"原发性"、独特的群体属性与意识。② 他们回溯历史,培育一种同根同族、血浓于水的同一认同,并且将已经激化的南部穆斯林与天主教徒之间的冲突,升级为所谓的"文化性的种族屠杀"和"低度种族清洗"③,甚至利用国际伊斯兰组织的支持,将这种反抗合法化。此外,新一代的穆斯林精英还强调,从西班牙殖民时期开始,摩洛人就以共同的语言、文字等为基础开始了民族建构,并且认为在菲律宾的历史上一直存在共时性的两条线:一条是棉兰老的抗争史,另一条是菲律宾整个殖民史及现代化历史进程④。

简言之,在菲律宾独立后,穆斯林精英利用南部穆斯林共同的地域特征,将穆斯林的历史故乡与现实地域统一起来,提出了建立新的民族国家的口号。虽然摩洛身份认同难以完全实现,却在一定时间内起到了鼓动、宣传、凝聚的良好效果。当然,菲律宾南部普通民众的积极响应,也反映了当时不可调和的社会矛盾,但革命性的目标总是领导者强加给愤怒的群众的,作为追随者的群众总是不自觉地要颠覆社会秩序⑤。作为

---

① Eric Gutierrez, Aijaz Ahmad (eds.), *Rebels, Warlords and Ulama: A Reader on Muslim Separatism and the War in the Southern Philippines*, Institute for Popular Democracy, 1999, p. 312.

② 彭慧:《菲律宾穆斯林的"摩洛形象"研究》,华中师范大学出版社2015年版,第115页。

③ Eric Gutierrez, Aijaz Ahmad (eds.), *Rebels, Warlords and Ulama: A Reader on Muslim Separatism and the War in the Southern Philippines*, Institute for Popular Democracy, 1999, p. 318.

④ Amina Rasul (eds.), *The Road to Peace and Reconciliation: Muslim Perspective on the Mindanao Conflict*, AIM Policy Center, Asian Institute of Management, 2003, p. 9.

⑤ [美]詹姆斯·C. 斯科特:《弱者的武器》,郑广怀、张敏、何江穗译,译林出版社2007年版,第415—416页。

在历史情境中形成的"摩洛认同",并未像陈词滥调一样在旧的穆斯林精英时代被消解掉,而是在新的斗争情境中被赋予了新的意义。从表面上看,是穆斯林精英们利用创建的新的"摩洛认同""摩洛国家"等动员了底层民众,而实际上这些底层民众亦是"摩洛认同""摩洛国家"的利用者,因为他们是为了更好地生存而暂时性的团结起来,尝试通过斗争等获取更多的利益和权力。

第四节　央地竞争与印尼亚齐分离运动的起源(1976年以前)

作为荷兰的殖民地,亚齐分离运动是在印尼独立初期进行民族国家建构以及现代化的双重背景下形成的,自1946年宣布独立到1976年"自由亚齐运动"(Gerakan Aceh Merdeka, GAM)出现,这一阶段均是印尼亚齐分离运动的起源时期。然而,与泰国、菲律宾两国有所不同的是,亚齐地区在建国之初是并不存在脱离印尼而独立的思想的。之后,随着央地竞争的加剧,尤其是在有关地方权力的博弈上,亚齐地方与印尼中央政府出现了激烈的冲突与分歧。再加上原本存在的政治、经济、社会、文化等的差异,亚齐民众对中央政府的不满日益累积,最终在地方族群精英的动员下,印尼的国家认同与亚齐的族群认同从共生到冲突,最终催生了分离运动的形成。

一　起源的背景:斗争与融入

亚齐位于苏门答腊岛的最北部,扼东西交通之要冲,历史上曾受到过多种文明的影响。[①] 亚齐的主体民族是亚齐族,属于早期生活于此的马来山民、高幺人(Gayo)、阿拉斯人(Alas)、巴达克人(Batak)、印度人、中国人、日本人、阿拉伯人和尼散斯人(Nisans)等相互交织、融合

[①] 陈衍德、彭慧、高金明、王黎明:《全球化进程中的东南亚民族问题研究——以少数民族的边缘化和分离主义运动为中心》,厦门大学出版社2008年版,第74页。

而成的低地沿海族群。① 14 世纪前后，伊斯兰教传入印尼，并于 1385 年建立了印尼群岛上第一个伊斯兰教王国——沙姆特拉·巴塞义。② 伊斯兰教最早传入印尼乃至东南亚的就是亚齐地区，再加上该地区民众的信仰十分虔诚，亚齐又被称为"麦加走廊"（Veranda of Mecca）。约 16 世纪初期，亚齐成为印尼群岛西北部地区最为强大、富饶的苏丹王国，但此后因与周边国家争夺贸易控制权等，与马来半岛的柔佛王国、葡萄牙人占领下的马六甲王国等展开了长达百年的"三角战争"③。早在荷兰殖民者入侵之前，亚齐就已经形成了相对独立且完整的王国统治，大致属于一种部落封建主制度与外来教阶制度相混合的统治模式。具体来看，亚齐的社会阶层分为苏丹、乌略巴郎（Ulebalang）、乌里玛（Ulama）、农民等四个基本部分，苏丹是名义上的最高统治者，系亚齐王国的象征；乌略巴郎是地方部落的世俗领导人；乌里玛负责各地的伊斯兰事务；农民则是亚齐最小的社会细胞。④ 整体而言，尽管亚齐王国的统治较为系统、稳定，但这一时期亚齐的社会结构较为封闭、松散，社会成员之间并没有明显的族群意识或族群身份，而仅仅是在部落封建等制度下的缓慢融合。

16 世纪末，荷兰殖民者就已经到达爪哇地区，并逐渐向周边外岛进行扩展。然而，由于受制于英法等殖民列强，荷兰一直没能占领亚齐。直到 1871 年，英荷两国在殖民地问题上达成了妥协，签订了《苏门答腊条约》，规定荷兰将非洲的部分沿海殖民地移交英国，而英国则同意荷兰在苏门答腊岛自由行动。1873 年，荷兰向亚齐宣战，开启了长达 30 年的亚齐战争。从 1873 年到 1903 年，荷兰先后发动了三次大规模的入侵亚齐的战争，最终才征服了亚齐。值得注意的是，在印尼群岛中亚齐是最后一个被荷兰殖民者征服的地区，并且在征服过程中荷兰殖民者数易其帅、耗资亿盾，付出了伤亡数千人的代价。长期的反殖民战争对亚齐原有的

---

① Lee Khoon Choy, *A Fragile Nation：The Indonesian Crisis*, World Scientific Publishing Company, 1999, p. 283.
② 曾晓祥：《并非民族的差异性——对印尼亚齐独立运动的探讨》，中国世界民族学第八届会员代表大会暨全国学术讨论会论文集（上），2005 年，第 47 页。
③ 陈衍德、彭慧、高金明、王黎明：《全球化进程中的东南亚民族问题研究——以少数民族的边缘化和分离主义运动为中心》，厦门大学出版社 2008 年版，第 74—75 页。
④ 张洁：《民族分离与国家认同——关于印尼亚齐民族问题的个案研究》，社会科学文献出版社 2012 年版，第 33—35 页。

社会结构产生了重要的影响。战争初期,抗荷斗争主要由乌略巴郎阶层领导,但后来荷兰殖民者采取了拉拢乌略巴郎的政策,使其逐渐沦为荷兰殖民者的"帮凶",此后亚齐的抗荷斗争领导权逐渐转移到了乌里玛阶层手中。在乌里玛阶层的领导下,亚齐的抗荷斗争逐渐打出了"圣战"的旗号,这就赋予了抗荷斗争以浓厚的宗教意味。以宗教等为旗帜的抗争方式不仅起到了团结民众的作用,而且改变了原本以地缘、血缘等进行定位的底层民众,他们纷纷化身为"圣战"献身的穆斯林,投入到抗击殖民者的英勇斗争中。这种共同的抗荷经历,不仅使亚齐地区彻底的伊斯兰化了,而且还塑造了亚齐民众的归属感或族群意识。

1939 年,乌里玛改革派成立了"全亚齐宗教学者联合会"(Persatuan Ulama Seluruh Aceh,PUSA),继续率领亚齐人民抗击荷兰殖民者,并与印尼其他地区的民族解放斗争,汇成了反抗荷兰殖民者的一道洪流。[①] 事实上,与其他大多数被殖民国家一样,印尼各地的反荷斗争亦是在面对共同敌人的情况下而不断汇聚的,而并非在"印度尼西亚"这一观念或意识的指导之下进行的。实际上,"印度尼西亚"的概念最早出现在 1850 年,由两位英国人种志专家提出,但当时仅是为了对一个尚不为世人所认知的、特定的人种和领土实体等的一种描述。[②] 直到 20 世纪初,至善社、伊斯兰联盟等印尼早期民族主义组织的出现,"印度尼西亚"的概念才逐渐用于指代印尼的民族身份或共同体的认同。据悉,1913 年"印度尼西亚"的名称才首次出现在爪哇当地的刊物中,1924 年东印度共产党才更名为"印度尼西亚共产党"。[③] 由此来看,直到 20 世纪初"印度尼西亚"才作为一种民族、国家观念在印尼群岛普及开来,并伴随着印尼民族独立运动而不断深入人心。正如英国学者埃里克·霍布斯鲍姆所指出的,《凡尔赛和约》之后的世界格局,呈现另一种新现象:即民族运动在世界各地广泛传播开来……那些受压迫的民族或未受国际承认的民族,

---

① 周俊华:《国家整合视角下印尼亚齐民族分离问题研究》,《云南民族大学学报(哲学社会科学版)》2016 年第 5 期。
② Russel Jones, "Earl, Logan and 'Indonesia'", *Archipel*, Vol. 6, No. 1, 1973, pp. 102 – 103.
③ 厦门大学历史系编:《印度尼西亚简史》,商务印书馆 1978 年版,第 47 页。

自然打着民族原则的旗号，特别强调其民族自决的权利，来争取独立地位。① 从这个视角看，亚齐民众的抗荷斗争属于印尼反殖民斗争的重要组成部分，而且在抗击荷兰及日后的日本侵略者时表现出了英勇、顽强的气魄，为印尼最终的独立做出了巨大的贡献，甚至被印尼建国之父苏加诺称为"印尼独立斗争的基石"。简言之，在印尼正式独立前，尽管亚齐建立过独立王国，但仍属于印尼民族独立运动的重要组成部分，并无独立建国之思想，属于一种"反抗"进程中的"融入"。在此过程中，亚齐地区的族群认同逐渐建立，但形成的是一种双层结构：一方面，基于共同的地域、历史、文化、语言、宗教等，在反荷斗争中，亚齐民众的族群观念或身份逐渐形成；另一方面，面对共同的殖民者，在"自我"与"敌人"的区别中，"印度尼西亚"与"荷兰殖民者"的观念建构逐渐形成，且前者深入到了亚齐民众的心中。

二 央地竞争、异质性扩大与亚齐的反叛

"二战"结束后，尽管 1945 年 8 月 17 日印度尼西亚共和国宣告独立，但荷兰殖民者很快"卷土重来"，因而这种独立仅是形式上的，并未在全境范围内形成有效统治。在这种背景下，尽管亚齐地区属于新生的印度尼西亚共和国的一部分，但实际上处于自治状态。而且，面对新生共和国可能"夭折"的情况，亚齐民众给予了印度尼西亚共和国坚定的支持。1945 年 10 月亚齐发表《全亚齐乌里玛宣言》，正式表示对共和国的支持，并呼吁亚齐人民团结在"伟大领袖苏加诺"的领导之下，反抗荷兰重新殖民化的企图。在独立初期抗击荷兰重新殖民印尼的斗争中，亚齐是唯一没有被荷兰重新占领的地区。为此，亚齐利用与外部地区的贸易资金等，对印尼抗荷斗争进行了援助和支持，如资助共和国的外交使团、为印尼购买了两架飞机等。经过艰苦的斗争与谈判，1950 年 8 月印度尼西亚共和国终于重获新生。然而，外敌的消失仅是新生民族国家建构的第一步，如何处理好国内错综复杂的央地关系，才是保证印尼共和国进一步发展的基石。仅仅在 3 年之后，亚齐就因建省问题、国家政

---

① ［英］埃里克·霍布斯鲍姆：《民族与民族主义》，李金梅译，上海人民出版社 2006 年版，第 164 页。

权性质等矛盾，发动了地方性叛乱。1953年9月21日，亚齐地方领导人达乌德·贝鲁宣布在亚齐不存在"潘查希拉"① 政府，亚齐将参加西爪哇的"伊斯兰教国运动"②。③

究其原因，亚齐的反叛既有横向差异带来的央地矛盾等的因素，也有亚齐地方族群认同不断强化等的作用，最终在异质性的作用下，双方矛盾激化且不可调和，尤其是上层。第一，亚齐地方与印尼中央政府在政治、经济、文化等权力分配上存在严重分歧，在横向差异作用下亚齐地区的集体不满日益累积。在政治方面，亚齐地方领袖认为基于在殖民时期反抗斗争中的突出贡献，亚齐有别于印尼其他地区，有理由得到中央的特殊照顾，并且基于保证地方政权的伊斯兰教性质、维持社会价值观稳定的考虑，亚齐应单独建省。在印尼独立初期，因再次抗荷需要，该问题一度被搁置。然而，基于民族整合、保持对地方控制等的原因，印尼中央政府并未同意亚齐这一要求，而是将其划归北苏门答腊省管辖。在经济方面，印尼中央政府亦逐步取消了地方特权，将外岛税收统一收归国有，引发了亚齐不满。因为当时印尼大部分外汇来自外岛的出口贸易，亚齐等外岛地区认为本地理应获得更多的发展资金，但印尼中央政府因被爪哇人掌控，因而实施了倾向于爪哇的政策。在文化方面，相较于印尼其他地区，亚齐地区的伊斯兰教信仰更为虔诚、宗教教育氛围更浓，希望建立政教合一的政权。但印尼中央政府基于团结更多民众等原

---

① "潘查希拉"，即印尼独立的五项原则：民族主义、国际主义、民主、社会繁荣和信奉神道，又称"建国五基"。"建国五基"的提出是力图将当时印尼存在的各种思想统一于民族主义的目标之下，以克服宗教、民族、政治等的差异，为印尼的统一和独立奠定思想基础。尽管印尼国内穆斯林民众过半，但仍有很多民众信奉基督教、佛教等，故而苏加诺坚持世俗主义原则，反对建立政教合一的伊斯兰政权，由此与虔诚的亚齐等地方领袖发生了矛盾。这一时期除亚齐外，还有很多地方性叛乱的存在，如西爪哇、马鲁古等。

② "伊斯兰教国运动"是20世纪40年代末在印尼爆发的一场伊斯兰教的叛乱活动。1949年8月，科尔托素维里约（Kartosuwirdjo）在西爪哇成立"印度尼西亚伊斯兰教国"，并自封"元首"，打着"伊斯兰教革命"的旗号，宣称在印尼实行统一的伊斯兰教法，并同一切"异教徒"进行"圣战"。需要注意的是，尽管亚齐地方叛乱打出了参加西爪哇"伊斯兰教国运动"的旗号，但实际上二者之间并无从属关系，也无过多联系。

③ M. Isa Sulaiman, *Sejarah Aceh, Sebua Gugatan Terhadap Tradisi*, Jakarta: Pustaka Sinar Harapan, 1997, p. 506. 转引自张洁《民族分离与国家认同——关于印尼亚齐民族问题的个案研究》，社会科学文献出版社2012年版，第80页。

因，不仅在国家政权建构上选择了世俗化道路，而且亦不允许地方建立宗教性政权，这引发了亚齐地方的不满。

第二，持久的抗争经历凝聚了亚齐民众的身份认知，而且对中央政府的不满在集体身份汇聚的作用下，日益凝聚为一种概化信念，并直指中央政府的政策。基于在殖民时期及建国初期对于印尼共和国精神、物质等方面的重要支持，亚齐对于印尼具有重要的政治意义，且亚齐民众亦将自身视为印尼不可分割的一部分。[①] 与此同时，长久的抗争唤起了亚齐民众的族群意识。纵观亚齐历史，在殖民入侵前独立的王国观念以及此后长期的抗争精神，本地区形成了较强的独立自治意识。在印尼建国初期的抗荷斗争中，这种独立自治的意识得到了进一步的强化。当印尼最终建设为一个世俗国家时，伊斯兰教已经在亚齐占据了统治性地位，因而在建省问题、国家政权性质等问题上，双方存在着巨大的分歧。分歧的存在仅仅体现了双方存在矛盾，但矛盾的最终激化直接源于印尼中央政府对亚齐的军事镇压。1953年叛乱出现后，中央政府的部队就占领了亚齐的主要城市。强力的军事手段并未迫使亚齐屈服，而是进一步累积了亚齐民众对中央世俗政权的不满。反叛领导人达乌德·贝鲁就认为，斗争的根源在于"潘查希拉的政府是罪恶的"，因为他们妄图将伊斯兰教从印尼的土壤中根除。直到1956年，中央政府才意识到仅凭军队手段难以解决亚齐问题，故而逐渐增加了新的"软"性措施，以缓解中央与亚齐的矛盾。最终，印尼中央政府同意了亚齐的特殊地位，并给予其"特别行政区"的地位。尽管亚齐叛乱最终以此而告终，并且在此过程中亚齐从未放弃或否认印尼度西亚的统一，而仅是将矛头对准了世俗的中央政权，但是这一过程凝聚与强化了亚齐民众的身份认同，并且加速了地方民众对世俗政权的偏见形成，即形成了一种简单化、夸张化的概化信念，这些都为此后亚齐分离运动的最终形成奠定了基础。

总之，在外部敌人存在时，亚齐地区建构了族群身份和国家身份的双重认知，但在外敌逐渐消失时，内部的差异化存在逐渐凸显，且族群身份和国家身份之间的距离日益拉大，最终引发了地方性叛乱。但是，

---

① 张洁：《印尼亚齐问题政治和解的原因探析》，《当代亚太》2007年第1期。

此次亚齐地方叛乱的指向并非国家认同,而是一种对中央政权性质不满的集体性表达。尽管叛乱最终得以解决,但亚齐地方意识在此次事件中被再次唤醒。1965 年,"九三〇"事件的发生标志着印尼进入了军人政权统治时期;1966 年,苏哈托宣布印尼进入了"新秩序"。该时期印尼经济得以迅速发展,但由此带来的差异化也在进一步扩大。在"新秩序"下,亚齐的穆斯林改革派和原教旨主义者再次成为边缘化存在,再加上亚齐"特别行政区"的地位并未得到真正地贯彻、落实,苏哈托统治下的印尼经济尽管有了长足进步,但亚齐的经济利益被进一步忽视了[1],从而引发了各阶层人士的极大不满。此外,在民族政策上,苏哈托继续强调"潘查希拉"原则,并进一步加强中央集权,国家权力亦被牢牢控制在爪哇人手中,如此在爪哇岛与外岛之间的权力差异化分配和文化异质性等都被进一步扩大化了。

三 认同对立、社会动员与印尼亚齐分离运动的形成

从 20 世纪 50 年代的亚齐反叛到 20 世纪 70 年代"自由亚齐运动"的出现,亚齐的族群认同与印尼国家认同不断走向对立。其中普通民众对中央政府的不满只是基础,精英阶层对民众的动员才是导致亚齐分离运动最终出现的关键。20 世纪 50 年代的反叛并未被称为"分离运动",因为其根本上并不否认国家认同,而仅是对中央政府世俗政策不满的一种集体表达。[2] 比如,纳扎鲁丁·夏姆苏丁就认为,亚齐冲突的根源在于地方主义而不是民族主义。亚齐 50 年代的叛乱是"一种在承认印尼国家主权的前提下,以争取更多的地方权力和满足政治、经济等要求为目标的叛乱活动",而"自由亚齐运动"则是另"一种以否定印尼国家政权的合法性,以争取亚齐独立为目标的"抗争[3]。从前一种反叛到后一种分离运

---

[1] 高金明:《印尼亚齐民族分离运动的原因及特点探讨(1966—2003)》,《东南亚研究》2005 年第 2 期。

[2] 类似观点可参见 Rizal Sukma, "Ethnic Conflict in Indonesia: Causes and the Quest for Solution", in Kusuma Snitwongse and Willard Scott Thompson, eds., *Ethnic Conflicts in Southeast Asia*, Institute of Southeast Asian Studies, 2005, pp. 1 – 41。

[3] Nazaruddin Sjamsuddin, "Issues and Politics of Regionalism in Indonesia: Evaluating the Acehnese Experience", in Lim Joo-Jock and Vani S., *Armed Separatism in Southeast Asia*, Singapore: Institute of Southeast Asian Studies, 1984.

动的转化，不仅是普通民众不满的累积，更是精英阶层对普通民众动员的结果。总之，在族群精英的社会动员之下，亚齐地方认同被重新建构，民众的认知被重塑。正如爱德华·阿斯皮诺尔所言："自由亚齐运动"将自然资源分配不公的现实、亚齐的历史和中央政府对亚齐特殊地位的承认等结合在了一起，整合出了一套证明有关亚齐独立合法性的学说，重塑了亚齐的认同并动员亚齐人民进行分离运动。①

在亚齐冲突中，如果说达乌德·贝鲁是亚齐第一代精英的代表，那么哈桑·迪罗则是亚齐第二代精英的代表，因为后者直接领导了"自由亚齐运动"的建立及发展。尽管达乌德·贝鲁被誉为"亚齐人民觉醒之父"，且在20世纪50年代的反叛运动中一直坚持到1961年10月才最终被说服，表示只要中央政府能在亚齐实行伊斯兰教法，就会停止抵抗运动。②但其与后者的最大区别在于，达乌德·贝鲁始终没有否认印尼国家的统一，而仅是将矛头对准了印尼中央政府。与此相对，哈桑·迪罗则直接重建了新的身份框架，重构了亚齐认同，并将亚齐认同与印尼国家认同对立起来，编织了一整套看似合法化的分裂理论。其实，在"自由亚齐运动"成立之初，哈桑·迪罗就发表了《亚齐独立宣言》，表示将为捍卫"亚齐的独立和自由而奋斗"。据称，哈桑·迪罗是亚齐抗荷英雄东姑·齐克·蒂·迪罗（Teungku Chik di Tiro）的后代，但这一说法尚有待进一步考证。与达乌德·贝鲁成长于亚齐抗荷斗争不同，哈桑·迪罗既经历过50年代亚齐的反叛运动，又受到过西方的政治思想、学术传统等的影响，因而其在进行社会动员时并非仅是重构历史，而是将其与西方民族自决等理论相结合，建构了一整套社会动员的理论，以此鼓动普通民众参与分离运动。

具体来看，哈桑·迪罗对亚齐认同的重构或者对亚齐进行分离的理论建构，主要包含四个方面：其一，强调亚齐历史上曾建立过自己的国家，而且在被荷兰占领之前就曾是一个由亚齐族建立的独立国家，因而

---

① Edward Aspinall, "The Construction of Grievance: Natural Resources and Identity in a Separatist Conflict", *Journal of Conflict Resolution*, Vol. 51, No. 6, 2007, pp. 950-972.
② 张洁：《民族分离与国家认同——关于印尼亚齐民族问题的个案研究》，社会科学文献出版社2012年版，第85页。

亚齐人争取自己的独立理所当然；其二，印尼共和国本身的建立是非法的，因为爪哇岛和外岛之间本无历史联系，而仅因同属荷兰殖民而将继承权交给印尼政府，这是不符合国际法精神的；其三，在印尼取得独立之后，实际上爪哇对外岛亦是一种殖民，因为二者之间的政治、经济、文化等分配极度不均；其四，亚齐必须争取独立，建立"亚齐苏门答腊"国家，实行联邦制，各族有权选择自己的统治形式。① 从其理论建构可以看出，哈桑·迪罗借用了西方的民族自决理论，对亚齐历史进行了重构，并号召人们为亚齐的独立而战。此外，"自由亚齐运动"还宣称，印尼的国家政权已经成为爪哇族的代言人，以此将国家权力族群化与反抗的合法性相关联。亚齐精英通过重构族群认同，将经济、政治、文化等横向差异引发的不满，转化为对爪哇政权的怨愤，进而鼓动人们参与分离运动。亚齐精英还利用和强化族群记忆、神话及象征作用，将亚齐认同与印尼认同建构为相互对立、矛盾的存在，以此论证亚齐建"国"的合理性与合法性。当然，这种建构与重塑是站不住脚的，但在本章不做分析，后文将详细剖析其内在逻辑上的缺陷与不足。

综上所述，在一个多元宗教国家，如果政治经济问题处理不好，往往使政治经济问题转化为复杂的宗教问题，从而导致宗教矛盾的激化和宗教冲突的产生。尽管印尼一直强调政教分离，但实际上宗教从未真正与政治脱钩，这是因为宗教是动员和号召群众的最简单且最有效的方式。② 在印尼独立初期，由于政治、经济、文化等的差异，掌握国家权力的爪哇人挟其历史文化、军事政治优势，建国伊始就凌驾于其他民族之上。在苏哈托军人集团统治时期，这种情况变本加厉了。③

---

① 陈衍德主编：《多民族共存与民族分离运动——东南亚民族关系的两个侧面》，厦门大学出版社2009年版，第153—154页；张洁：《亚齐分离运动研究》，博士学位论文，北京大学，2002年，第66页。

② 韦红：《东南亚五国民族问题研究》，民族出版社2003年版，第265页。

③ 陈衍德主编：《多民族共存与民族分离运动——东南亚民族关系的两个侧面》，厦门大学出版社2009年版，第83页。

第五节　东南亚四国分离运动起源之比较

前四节重点分析了缅甸、泰国、菲律宾、印尼四国分离运动的起源情况，本节将对其进行比较，以归纳、总结各国分离运动起源过程中的异同。大体来看，缅甸、泰国、菲律宾、印尼四国存在诸多的差异。比如，泰国、缅甸属于中南半岛的大陆国家，且国内文化主要以佛教为主；而印尼、菲律宾则属于海岛国家，国内文化分别以伊斯兰文化、天主教文化为主。在地缘、文化等差异的基础上，独立后各国国内先后产生了影响较大的分离主义运动，成为影响本国长期稳定与发展的重要因素。纵观各国分离运动起源的过程，原生性与工具性等因素均囊括其中，而对各国分离运动起源的异同性进行分析，不仅可以在某种程度上验证第二章的起源逻辑框架，还可以进一步剖析分离运动产生的各种要素，以为探究相关问题提供一些指导与借鉴。基于此，在本节着重分析三个问题：其一，泰国、菲律宾、印尼、缅甸四国分离运动起源中的差异性；其二，泰国、菲律宾、印尼、缅甸四国分离运动起源中的共通性；其三，通过比较四国分离运动的起源进程及要素，归纳与思考相关的理论内涵，为未来探究相关问题提供一些启示。

一　四国分离运动起源的差异性

从起源要素上看，缅甸、泰国、菲律宾、印尼四国国内分离主义运动的起源都有着各自不同的动因、主导身份、触发因素等。从动因上看，四国的分离运动可以分为两种类型：一种是"贪婪型分离"，另一种是"剥夺型分离"。亨利·哈勒认为，相对于贫困地区，发达地区更倾向于分离，因为他们打算独享发展所带来的收益。[①] 分离主义中的贪婪理论，往往指的是因担心失去某种地位、既得利益而分离，或者对既得的利益认知与自我付出的认知出现了严重的不匹配而引发的分离。从这个视角

[①] Henry Hale, "Divided We Stand: Institutional Sources of Ethnofederal State Survival and Collapse," *World Politics*, Vol. 56, No. 2, 2004, pp. 165–193.

来看，缅甸克伦族分离运动、印尼亚齐分离运动都可以划入"贪婪型分离"。就前者而言，在英国殖民统治的"分而治之"政策之下，克伦人作为制衡缅人的力量，不断被殖民者赋予"优先权"，政治、经济、社会地位等显著地高于缅人。由此，在缅甸独立前，缅人的主要斗争目标是英国殖民者，其目的是摆脱英国的殖民统治；而克伦人的斗争目标则是缅人，即希望继续得到英国的重用而免遭缅人的"统治"。①而且，英殖民者还一步一步地重构了克伦人的历史，不仅改变了部分克伦人的宗教信仰，而且还为其创造了克伦文字。在缅甸不断走向独立的进程中，克伦人担心自己"高人一等"的政治、经济地位终将失去，而且对于封建时代曾被缅人统治的历史"心有不甘"，再加上独立前夕领导人昂山等领袖对克伦人的族群定位②有所偏差，最终这种担心转化为分离的行动。

与此类似，亚齐人在印尼的独立进程中扮演了十分重要的角色。无论是荷兰殖民时代的反抗殖民活动，还是在建国初期抵制荷兰殖民者的再次入侵等，亚齐人为"印度尼西亚"这一新生的共和国付出了很多血与泪。比如，在独立初期抗击荷兰重新殖民印尼的斗争中，亚齐是唯一没有被荷兰重新占领的地区。然而，印尼独立后，并没有考虑亚齐地区的特殊性，将亚齐地区划归苏门答腊省，这引发了亚齐人的巨大不满，导致了1953年的亚齐叛乱。因为他们认为，亚齐为共和国的付出远比其得到的回报要少得多。此后，随着20世纪70年代油气资源等的发现，亚齐人的这种不满更加强烈，最终在70年代末转化为旨在脱离印尼的武装分离运动。

与缅甸、印尼有所不同的是，泰国、菲律宾等两国南部的分离运动起源，则更多与主体民族对少数民族的剥夺相关。通常来看，如果一国使用过多的武力或其他的政治、经济手段来压制国内少数民族，则这些

---

① 陈衍德主编：《多民族共存与民族分离运动——东南亚民族关系的两个侧面》，厦门大学出版社2009年版，第118页。

② 在昂山看来，缅甸具有种族意义上的少数族群（ethnic minorities）只有掸人，克伦人只能被看成一个"国民性的少数民族"。但克伦人认为：克伦就是克伦，因为我们有着兄弟般的血缘关系、情感认同、多样性和民族感，拥有所有民族所具有的要素。详见Jessica Harriden, "Making A Name for Themselves: Karen Identity and the Politicization of Ethnicity in Burma", *Journal of Burma Studies*, Vol. 7, No. 1, 2002, pp. 84 – 144。

少数民族将会对主体族群更加疏远、沮丧，进而在少数民族精英等的号召或利用下，最终发展成为分离主义运动。① 就泰国南部分离运动的起源而言，长期以来泰国政府推行的经济、文化等同化政策，给南部马来穆斯林带来了"剥夺感"，再加上长期的政治边缘化地位得不到改善，最终促动了马来穆斯林的分离。历史上，泰人对本族人担任政府官员较为信任，而对其他少数民族的政治能力则更多持怀疑态度。而且，泰国政府往往视泰国为泰人的国家，视南部马来人为"外来人"，因而后者未得到相应的国民待遇。在这种背景下，泰南马来穆斯林的剥夺感逐渐累积，最终转化为分离的诉求。与此类似，菲律宾南部的穆斯林亦始终处于菲律宾整个国家的边缘地位，无论是政治、经济等收益，还是社会、文化等地位，均与北部的天主教徒存在一定的差别。菲律宾独立后，天主教集团掌权的菲律宾政府并未正确认识南部的摩洛问题，而是简单地将该问题归结为对菲律宾"国家身份"的不认同。继而，尝试采取族群整合、移民等措施促进南部穆斯林对菲律宾国家身份的认同，但菲南穆斯林却将其视为一种文化上的歧视与不平等。最终，经济、政治、文化等方面的剥夺感在菲南穆斯林中扩散开来，诱发了分离活动。正如有些学者所言：从世界范围看，有些民族分离分子并非是要真正地获得独立，只是因为"他们享受不到与其他民族同等的权利、地位，因而提出了独立的口号，以获取本民族应有的利益"。② 从这个视角看，泰南与菲南都属于"剥夺型分离"。

从主导身份上看，泰国、缅甸、菲律宾、印尼等分离运动起源进程中的民族、宗教、地缘等主导性身份各不相同。缅甸国内的分离运动由克伦族分离武装率先挑起，此后在国内武装冲突不断的背景下，掸族、克钦族、克耶族等相继提出了分离或独立的目标。由于缅甸国内各少数民族都组建了本民族的军事武装，并且长期以来与以缅人为核心的中央政府对立，最终造成了缅甸国内长期的动乱，持续时间之长在东南亚、

---

① Syed Serajul Islam, "The Islamic Independence Movements in Patani of Thailand and Mindanao of the Philippines", *Asian Survey*, Vol. 38, No. 5, 1998, p. 442.

② 张吉炎：《从民族主义与现代化的关系看民族主义的归宿》，《世界民族》1998年第2期。

乃至世界都较为罕见。① 缅甸国内民族、宗教等状况较为复杂，全境共有135个民族，基督教、佛教、伊斯兰教等均有信众，但以佛教为主。② 缅甸国内分离运动中的民族性因素较强，而宗教性因素较弱。这与缅甸历史上缅族与各少数民族之间的关系密切相关。在封建时代，缅族长期统治周边各少数民族，这种历史记忆成为独立前后推动缅甸国内分离运动产生的重要因素。与此相比，缅甸国内宗教多样性的影响则相对较少，尽管伊斯兰教、基督教等均有信徒，但占据缅甸国内主导的始终是佛教。而且，从缅甸国内各分离运动的名称上，亦能看出民族因素比宗教因素的重要性更甚。比如，克伦民族联盟、克钦独立组织等。从这个角度看，缅甸分离运动的起源属于"民族身份主导型"。

　　与缅甸相比，泰南、菲南等分离运动的起源并非"民族身份主导型"，而更多属于"宗教身份主导型"。在泰国，90%的民众都信仰佛教，但基于历史、殖民等因素，泰国南部的马来人大都信仰伊斯兰教，尤其是北大年、沙墩、陶公、也拉四府。由此，宗教因素对于泰南分离运动的起源有着重要的影响。一方面，宗教信仰的不同成为泰国国内族群身份划分的重要基础，以佛教为基础的泰族人往往较为轻视信仰伊斯兰教的马来人；另一方面，占多数的泰人政府希望同化马来人的宗教信仰，而后者则为了避免被同化，转而以宗教为载体进行了族群动员，这成为泰南分离运动起源中的重要因素。与此类似，菲南地区分离运动的起源亦与宗教信仰的差别有着密切的关联。从历史上看，如果没有殖民入侵，菲律宾可能将被全面伊斯兰化，但西班牙殖民者的到来中断了这一进程，并且在菲中北部传播了天主教。从分离运动的起源看，"摩洛人"的名称即与伊斯兰教的信仰密切相关，起初是西班牙人对菲南穆斯林的蔑称，后来则成为分离领袖们用来团结、号召穆斯林的工具与载体。实际上，菲南地区的民族构成是较为复杂的，如棉兰老地区就存在玛诺博族、比兰族、曼达亚族等不同的民族，但各族之间因共同信仰伊斯兰教，而被统称为"摩洛人"。从这个层面看，在菲南分离运动的起源中，宗教因素扮演着重要的作用。

---

① 李晨阳：《缅甸的克伦人与克伦人分离运动》，《世界民族》2004年第1期。
② Martin Smith, *Ethnic Groups in Burma*, Anti-Slavery International, 1994, p. 17.

与上述三国相比，印尼亚齐分离运动起源中的宗教、民族身份都并不显著，其主导性的身份是地域。因为亚齐地区的民众与印尼国内大多数民众都信仰伊斯兰教，而且在民族分布上，作为千岛之国的印尼则更加广泛与多样。然而，基于自身独特的地缘位置以及历史经历，亚齐地区具有十分重要的独特性，这种独特性赋予了亚齐民众发自内心的自豪感。亚齐位于印尼最西部、苏门答腊岛最北端，是东南亚地区最早皈依伊斯兰教的地区，因而被称为"麦加走廊"。早在16世纪前后，亚齐地区就建立了第一个政权——亚齐苏丹国。因而，从历史沿革上看，亚齐作为一个地区具有相对的独立性。此后，面对荷兰殖民者的入侵，印尼群岛先后沦为殖民地，但亚齐民众进行了英勇的抵抗。经过长达30多年的斗争，直到1913年亚齐才沦为荷兰的殖民地。基于历史、地缘等方面的特殊性，独立前后的亚齐在印尼国内均扮演着十分重要的角色，并且为印尼实现独立作出了巨大的牺牲。正是基于这种以历史地理为基础的地域性的自豪感，当印尼国内政权忽视了对亚齐以及亚齐人的发展时，亚齐民众最终走上了武装分离的道路。从这个层面看，印尼亚齐分离运动的起源属于"地域身份主导型"。①

当然，除上述几个方面的差异性之外，缅甸、泰国、菲律宾、印尼四国分离运动的起源还有许多其他方面的差异。比如，在发生时间上，缅甸国内分离运动的发生几乎与国家独立相同步，而其他三国则是在国家独立后20年左右，在国内政府的族群政策催化之下发生；在触发因素上，缅甸因昂山被杀、国家独立等因素刺激，而诱发了克伦族的分离运动，泰南因马来亚的独立等因素刺激了马来穆斯林走向分离，菲律宾因国内的雅比达屠杀事件等激起了摩洛人的反抗决心，亚齐则因油气资源等的开发加剧了亚齐人对印尼政府的不满；在殖民因素上，泰国并未完全沦为西方的殖民地，而仅是政治等方面的半殖民状态，而缅甸、印尼、菲律宾则是完全沦为西方国家额殖民地，等等。总之，与东南亚地区的文化、地缘等特征类似，东南亚各国分离运动的起源亦存在诸多的不同，

---

① 当然，任何分离运动都主张领土的分裂，但这里的身份主导主要指的是在动员或运动产生之前，哪种因素在分离运动中更为重要。民族、宗教、地域、语言、人种等均可能存在于某分离运动之中，但各自的比重或重视程度是有区别的。

对这些因素的归纳对于从整体上把握分离运动的起源具有一定的指导与借鉴意义。

表3—1　　　　东南亚四国分离运动起源的差异性比较

国家	殖民状况	宗主国	分离动因	身份类型	触发事件	是否有原型国	国内是否存在多个分离地区
缅甸分离运动	殖民地	英国	贪婪	民族	昂山遇刺、国家独立	无	是（克钦族、掸族等）
泰南分离运动	半殖民地	无	剥削	宗教	马来亚独立	有（北大年王国）	无
菲南分离运动	殖民地	西班牙、美国	剥削	宗教	雅比达屠杀	有（苏禄苏丹国等）	无
亚齐分离运动	殖民地	荷兰	贪婪	地域	油气资源的发现	有（亚齐苏丹国）	是（巴布亚、马鲁古等）

资料来源：笔者自制。

二　四国分离运动起源的共通性

尽管东南亚各国分离运动的起源存在诸多差异性，如在分离动因、身份类型、触发事件等具体要素上各不相同，但作为寻求从一国分离的政治社会运动，各国分离运动的起源在理论逻辑上亦存在诸多共通性。东南亚分离运动的起源是在民族国家建构的背景下社会整合不良的体现，其中横向差异及其导致的集体不满、本土观念催生下的概化信念在运动起源的发酵中起到了重要作用，二者的相互作用导致了族群间异质性的扩大与凸显，进而在少数族群精英等的社会动员下，族群冲突走向政治化，最终导致了分离运动的产生。在这一过程中，横向差异、概化信念、异质性与社会动员等是东南亚分离运动起源进程的核心要素与关键步骤。

横向差异是指群体之间在边界较为清晰的前提下，在相互比较之后对相对位置、差别、不同等的认知和感受。横向差异既是一种主观感受，又是一种客观存在。换句话说，少数族群的主观差异感是通过对客观的实践、事实等比较后产生的，而并非凭空想象的。在缅甸，1947年先后签订的《昂山—艾德礼协定》与《彬龙协议》是缅甸各山区少数民族横向差异感来源的标志性事件。对于前者,缅甸各山区少数民族认为,在没有自己参加的情况下,《昂山—艾德协定》却事关自己的命运①,这显然是大缅族主义的体现;而对于后者,以克伦族为代表的少数民族并未参加,亦未获得独立建邦的自治权利,这直接引发了他们的不满,也为此后分离运动的爆发埋下了伏笔。当然,缅甸各少数民族横向差异感并非仅是一两个事件的结果,还与此前封建时代、殖民统治时期各族群的政治、经济、社会地位等密切相关。然而,《昂山—艾德礼协定》与《彬龙协议》在很大程度上反映了缅甸各族群之间相互比较后产生的不平等感。换句话说,缅甸的最终独立并非各民族共同武装斗争的果实,而是缅族与英殖民者妥协的结果,但这种妥协是建立在忽视部分少数民族利益的基础上完成的。由此,在未理顺或解决缅族与各少数民族之间矛盾的前提下,仓促的宣布独立,再加上昂山这一具有号召力的民族领袖的遇刺等,最终直接引发了缅甸国内的动荡与分离冲突的产生。

在菲律宾,独立后的南部穆斯林与北部天主教徒在国家政治、经济生活中的地位与角色是显著不同的。菲律宾政府对南部穆斯林采取了"整合政策",试图加强他们的国家认同。1954 年,菲律宾参议院成立了专门委员会,以研究、解决摩洛问题。该委员会调查后认为,摩洛问题的症结在于"这个国家的穆斯林没有对国家的归属感"②。然而,对于穆斯林群体而言,国家的整合政策是一种以天主教文化为核心的强制同化,是一种对穆斯林信仰的不尊重。再加上菲律宾政府加快了对南部的开发与移民,导致大多数摩洛穆斯林因失去生产资料,而变得无所依靠,生活水平普遍下降。如 1972 年菲律宾大学和棉兰老大学的一项调查显示:5000 名企业管理人员中,穆斯林只有 203 人,占总数的 4.06%。③ 由此来看,菲律宾独立后的国家整合政策不仅没能增进南部穆斯林的国家认同,反而进一步拉大了彼此的政治、经济地位,导致了其横向差异感的

---

① 陈真波:《独立以来缅甸民族关系研究(1948—1998)》,吉林人民出版社 2014 年版,第 88—89 页。
② Cesar Adib Majul, *The Contemporary Muslim Movement in the Philippines*, Mizan Press, 1985, p. 32.
③ 陈衍德、彭慧、高金明、王黎明:《全球化进程中的东南亚民族问题研究——以少数民族的边缘化和分离主义运动为中心》,厦门大学出版社 2008 年版,第 215 页。

产生，南部穆斯林的集体不满逐渐累积，最终导致分离冲突的出现。

在泰国，政治、经济等方面的横向差异亦使马来穆斯林很难产生对泰国的国家认同。政治上，泰国政府派到南部的官员多是泰族佛教徒，很少有马来穆斯林担任的官职，这在事实上切断了政府与马来穆斯林民众之间沟通的渠道。据悉，在20世纪上半叶的马来穆斯林上层的呼吁中，就曾有"要求南部四府官员中80%由穆斯林担任，且马来语和泰语都为官方语言"等的诉求，但并未得到泰国政府的同意。在经济上，泰南马来人大多生活在农村，依靠橡胶、稻米种植为生，收入水平低下，但政府税收比重却很高。比如，1962—1976年也拉、陶公、北大年三府的家庭平均收入仅提高10%，而同期全国平均增长60%。① 在印尼，政治、经济等方面的横向差异同样十分显著。政治上，尽管经过1953年叛乱印尼政府赋予了亚齐地区"特区"地位，但到苏哈托"新秩序"时期，亚齐地区的政治地位名存实亡。在经济上，20世纪70年代初油气资源被发现后，亚齐地区民众的被剥夺感进一步上升。因为油气资源并未惠及当地，反而90%以上的收入都被中央政府所占。基于此，尽管东南亚四国的少数民族在具体的政治、经济等经历中并不一致，但经过与主体民族比较后的横向差异确是十分相似的。即，来自主体族群经济、政治等层面的歧视与偏见，导致了少数民族民众差异感的产生，进而这种横向差异不断累积，成为分离运动起源进程中重要的民众基础。

除横向差异带来的集体不满外，本土观念催生下的概化信念在各国分离运动的起源进程中同样扮演着重要角色。本土观念、本土意识以及在此基础上产生的本土主义，均是东南亚四国分离运动起源进程中的重要因素。"本土主义"对于存在的地方性或族群性问题进行了夸张化、扩大化的归因，将根源和责任全部推给"他者"——政府或掌权族群。这一过程在斯梅尔塞的"值数累加"理论模型中也被称为"概化信念"，即"概化"（generalized）实际上包含两个方面：一是扩大化，即夸大问题的根源和危害，二是夸张化，即论证与推理上粗线条化。在泰国，泰南马

---

① Chaiwat Satha-Anand, *Islam and Violence: A Case Study of Violent Events in the Four Southern Provinces, Thailand, 1976–1981*, Department of Religious Studies, University of South Florida, 1987, p. 19.

来穆斯林地区直到 1909 年才被划归为泰国领土，而且是在殖民期间泰、英两国划归势力范围的结果。再加上泰南地区存在的北大年苏丹国，马来穆斯林的乡土情结十分浓厚。这种宗教、人种等方面深积的本土观念与泰国的佛教文化格格不入，在现实政策的催化下，泰南马来穆斯林对泰国的国家认同并不会自然产生，反而是在同化、歧视政策等下将自我的困境归结于泰国政府，并将这种认识进一步扩大化、夸张化。最终，在本土观念的催化下，带有离心倾向的概化信念成为泰南马来穆斯林寻求脱离泰国的思想根基。在菲律宾，本土观念的扩大化同样在分离运动起源中扮演了十分重要的作用。作为本地人，菲南人民早在封建时代就曾建立了自己的苏丹国，如苏禄苏丹国等，因而具有根深蒂固的本土观念。面对西班牙、美国的殖民统治，菲南穆斯林曾作出英勇的抗争，进而留存了自己的伊斯兰文化，但菲律宾独立后仍然试图整合、改造这种文化，这就与菲南民众内心的本土观念发生了激烈的冲突。[①] 再加上双方对各自群体的偏见性认知，导致北部天主教徒认为穆斯林是落后的、低等的，而菲南穆斯林则视政府为天主教徒压迫自己的工具，进而将自身艰难的处境简单归结为菲律宾政府的政策失误或有意为之。最终，在浓厚的本土情结与现实的歧视认知下，菲南穆斯林走上了武装分离之路。

在印尼，本土观念在横向差异的催化下不断扩大化，由此产生了将自身困境简单归结为印尼政府的概化信念，成为印尼亚齐分离运动起源的重要基础。早在 17 世纪初，亚齐地区就建立了统一的亚齐政权，成为亚齐人历史自豪感的重要来源。在殖民时期，亚齐人民与爪哇人等一起为实现印尼的独立做出了重要的贡献，但在国家独立后并未得到相应的自治权力。而且，为了实现印尼国家整体的建构与发展，亚齐地区甚至被降级处理，并入了苏门答腊省。比如，亚齐军队的管辖权被降级，由中央司令部直接管理改为由棉兰第一军区管理；亚齐地方领导人全部调入北苏门答腊省的首府棉兰，等等。[②] 政治上的降级，再加上经济上印尼

[①] 参见彭慧《菲律宾穆斯林的"摩洛形象"研究》，华中师范大学出版社 2015 年版，第 76—77 页。

[②] 张洁：《民族分离与国家认同——关于印尼亚齐民族问题的个案研究》，社会科学文献出版社 2012 年版，第 77 页。

政府忽视了亚齐人民的经济发展，导致亚齐人对印尼国家的认同逐渐降低，而亚齐人骨子里的本土观念与族群认同不断提升，最终发展为脱离印尼的现实诉求。在缅甸，与上述三国不同的是，缅甸各少数民族的概化信念主要来源于对缅族的不信任，而并非仅来自浓厚的本土观念。早在封建时代，缅族与周边少数民族之间就不断在征伐、归服之间徘徊，进入殖民时代后，英国殖民者使用"分而治之"的策略抬高了以克伦族为代表的少数民族地位，从而人为地激化了双方之间的对立与矛盾。至缅甸独立前夕，这种主体民族与少数民族之间的不信任感已经累积到了一定的程度，再加上缅甸山区各少数民族长久以来就生活在各自的土地上，这种浓厚的本土观念极易与内心长期的不信任感相结合，继而诱发出借机脱离缅族统治的观念与认知。

当然，仅有横向差异与概化信念尚不足以触发分离运动，因为异质性的存在是人类历史中一种正常的文化现象。但是，当这种异质性被少数族群精英等经过社会动员不恰当的扩大或建构为一种政治诉求时，族群之间的冲突与矛盾可能就会走向政治化。从这个层面看，社会动员是东南亚各国分离运动起源中的关键步骤。在东南亚四国的分离运动起源中，族群精英的社会动员是利用族群之间的异质化及其扩大，结合本族群的历史记忆及现实状况等，塑造一种族群形象，动员更多的民众加入到族群精英建构的"分离"道路之中，将族群冲突引向政治化。在菲律宾，菲南族群精英利用的是"摩洛形象"，以此塑造、动员、号召更多穆斯林进行分离。菲南摩洛精英首先选取了"摩洛人"这一象征性符号，并对这一殖民遗产进行了修正和改造。[1] 对于菲南穆斯林来说，"摩洛"是英勇与反抗，是对唯一的、历史性的、独特民族国家的强烈向往；[2] 而对菲律宾政府及天主教徒而言，"摩洛"则是野蛮、异族、他者、未开化的代表。通过这一正一反的形象塑造，菲南族群精英得以塑造和鼓吹"摩洛认同"，进而团结和凝聚更多民众认同"自我"、反抗政府、谋求分离。在印尼，亚齐精英利用与塑造的是亚齐人的"荣光形象"，即亚齐在

---

[1] 彭慧：《菲律宾穆斯林的"摩洛形象"研究》，华中师范大学出版社2015年版，第117页。
[2] Eric Gutierrez, Aijaz Ahmad, eds., *Rebels, Warlords and Ulama: A Reader on Muslim Separatism and the War in the Southern Philippines*, Institute for Popular Democracy, 2000, p. 312.

抗击殖民者以及历史上曾经有过的光荣历史。比如，在1945年10月亚齐乌里玛的《全亚齐乌里玛宣言》中就有"荷兰想要再次摧毁我们纯洁的宗教，压迫和阻碍亚齐人民的光荣与繁荣"[①]等论述。而且，亚齐精英还特意利用了亚齐历史上的英雄反抗形象。比如"自由亚齐运动"领导人哈桑·迪罗据称是亚齐抗荷英雄东古·迪罗的后人。尽管这一事实有待进一步验证，但亚齐地区在抗击殖民时代的英勇斗争确是没有争议的。而借助这一"荣光形象"，结合现实中印尼政府对亚齐地区的忽视或不平等对待，亚齐精英塑造了必须脱离印尼、走向独立的分离建构，最终将经济、文化等异质性问题不断扩大化、夸张化，并有意引向了政治化，开出了只有独立才能走出当前困境的"处方"。

在泰国，南部马来穆斯林尝试塑造的是"马来形象"，即自古以来泰南地区与泰国主体民族泰族就并非同源同种，因为泰南穆斯林属于马来人的范畴。从历史上看，作为地区伊斯兰教的传播中心之一，北大年地区并非一直处于泰人的统治之下。在亲缘上，泰南穆斯林与马来西亚西北部吉兰丹州等的穆斯林具有天然的亲缘关系，只是1909年的《曼谷条约》将这两个地区人为地划分给了两个不同的国家。在归属泰国后，因泰国政府的大泰主义情结，对泰南地区穆斯林实行了同化政策，激起了众多穆斯林的不满与反抗。在缅甸，各族群精英建构的是一种"压迫形象"，即从古代历史上缅族就对周边少数民族进行着间歇性的统治。当缅甸王朝实力强盛时，周边各少数民族往往是朝贡、归服的角色，而当缅甸王朝实力衰微时，周边少数民族又常常反叛。在这种相互征伐中，缅族始终是占据主导地位的。然而，殖民者的到来改变了这一历史进程，中断了缅甸各族群的自然融合，并在某种程度上改变了缅族与各少数民族之间的地位差别。这一经历使少数民族获得了比缅族更高的政治与社会地位。但在独立前夕，在缅族将要再次成为现代缅甸的主导时，少数民族精英担心再次被压迫或压制，继而塑造了这种"压迫形象"，并号召广大民众从缅甸分离。

---

① Eric Eugene Morris, *Islam and Politics in Aceh: A Study of Center-Periphery Relations in Indonesia*, Cornell University Ph. D Thesis, 1983, p. 122.

表 3—2　　　　　东南亚四国分离运动起源的逻辑共通性

	横向差异		概化信念		社会动员	
	事件	表现	来源	表现	载体	体现
缅甸国内分离运动	《昂山—艾德礼协定》《彬龙协议》	山地少数民族对政治地位丧失的担忧	少数民族对缅族的不信任	对自我在缅甸联邦的政治、经济地位担忧	"压迫形象"	心理上对历史上被压迫经历的回忆
泰国南部分离运动	国家名称的变更	马来穆斯林对政治、经济地位的不满	北大年王国	将泰南的落后归因于泰国政府并谋求脱离	"马来形象"	对大泰主义的不满与反抗
菲律宾南部分离运动	国家整合政策的实施	摩洛人对政治、经济地位的不满	殖民时期苏丹国	将菲南的落后归因于菲政府且谋求脱离	"摩洛形象"	鼓吹"摩洛认同"、谋求分离
印尼亚齐分离运动	油气资源未惠及亚齐	亚齐人对政治、经济地位丧失的不满	早期亚齐伊斯兰教国	对印尼政府未给予亚齐应有地位不满并谋求脱离	"荣光形象"	突出亚齐对印尼的贡献及其当下的不平等地位

资料来源：笔者自制。

小　结

有关民族主义的产生，学术界有两种理论：原生论（primordialism）、工具论（instrumentalism）。前者强调原生性条件的作用，比如血缘、语言、风俗等族群间的差异；而后者强调的则是诸如利益、资源分配等现实性因素的作用。借用这两种理论及其相关观点,拉尔夫·帕拉达斯解释了分离运动的起源。他指出,分离运动的起源可以分为"原生"和"次生"因素,前者强调的是语言、宗教、种族、领土等群体划分的基本要素,而后者强调的是被忽视、被剥削、被压迫等集体意识形成的机制。① 目前,有关分离运动的起源,学者们大都认为应该将"原生"因素与"次生"因素相结合,并不存在单纯的原生因素驱动或次生因素驱动的分离主义运动。当然,仅有原生与次生因素的存在并非一定会触发或产生分离运动,比如世界上存在诸多族群冲突的形式,并非都发展成为分离运动。族群冲突中的原生与次生因素只有被煽动、动员,且有族群成员接受甚至宣扬"分离"的思想时,才能最终产生分离运动。这其中的关键性驱动力量就是族群精英,因为分离运动的产生并非从一开始就是一种群体性政治行为②。此外,分离运动往往产生于一国内部,这就势必与各国的民族国家建构或现代化发展进程密切相关,而并非仅是分离势力孤立的活动。从这个层面看,分离运动的起源与各国国内发展的大背景密切相关。

基于此,通过回顾与比较东南亚四国的分离运动起源,东南亚分离主义运动的起源是三重背景、两大要素、一关键步骤的综合产物。三重背景是殖民经历、全球化及其东南亚各国的现代民族国家建构,在此背景下出现了国家权力族群化、国家认同建构不足或虚弱等现象,成为分离主义起源的重要基础。两大要素是横向差异带来的集体不满、本土观念催化下的概化信念,其中前者侧重的是次生或现实性要素,而后者强调的是原生或历史性要素,这两大要素的结合不仅塑造了差异化的族群身份、建构了族群反抗的理由,而且明确了族群的斗争方向与目标。一关键步骤指的是族群精英对民众的社会动员,这是族群冲突向分离运动转化的关键一步。即,借助对族群历史性因素的刻画或重塑,强调本族群的特殊性,尤其是侧重于对族群认同的建构,继而将族群精英的利益与族群成员对现实的不满等相结合,并将族群当前的困境归咎于主体族

---

① 参见 Ralph R. Premdas, *Secessionist Movements in Comparative Perspective*, London: Pinter Publishers, 1990.

② 杨恕:《分裂主义产生的前提及动因分析》,《世界经济与政治》2011年第12期。

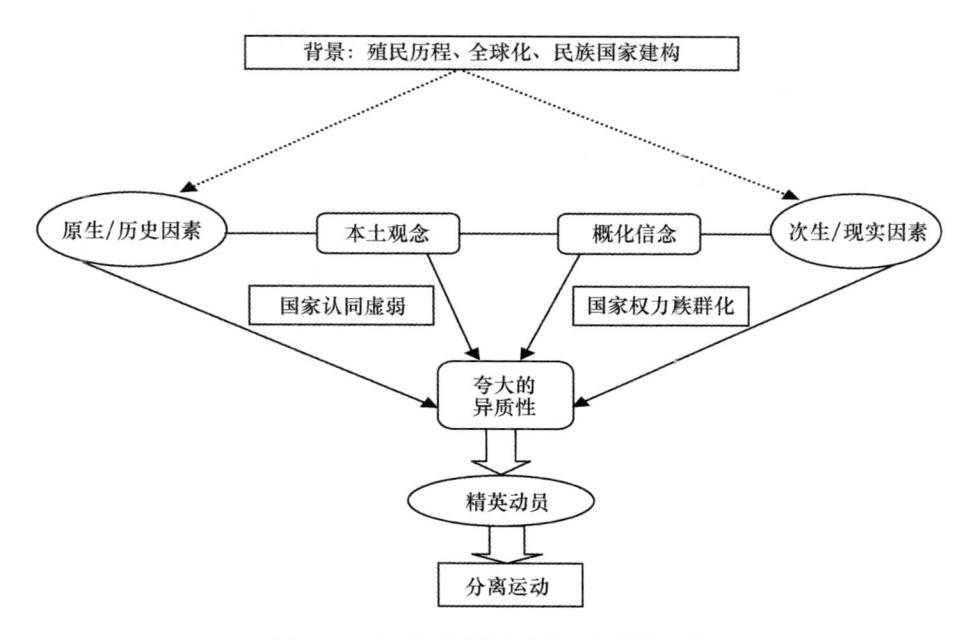

图3—1 东南亚四国分离运动起源的逻辑

群的压迫或歧视,最后开出"分离"的"处方",鼓动族群成员发起分离运动。

综上所述,上文对缅甸、泰国、菲律宾、印尼等东南亚国家的分离运动起源进行了案例与比较分析,通过梳理、归纳与总结相关的历史、现实与精英动员等因素,本章得出了一些带有启发性的观点:第一,分离运动的起源既是主观因素与客观因素的结合,也是历史因素与现实因素的结合。主观上,族群精英对本族群的历史记忆等进行了重构,有意夸大、扩大了族群之间的异质性,客观上各国内部族群之间确实存在诸多差异,并且这些差异被各族群解读为"敌意"。从历史角度看,族群的本土观念或乡土情结在分离运动的起源中扮演着重要角色,因为分离不仅是人员的脱离,更是领土的分裂,因而没有领土因素的族群冲突并不会发展为分离运动。从现实因素看,各国的族群政策可能会存在一定的偏差,带来或造成了某族群成员的集体不满,进而为分离运动的产生创造了条件,这就需要各国政府时刻反思、及时调整。第二,正确认识族群交往过程中的族群冲突与分离运动。在人类社会的发展中,多样性是人类发展与进步的必然现象。由此，在不同族群进行交往、融合的进程中，出现一定范围的族群冲突是正常的。这时，一国政府需要正确认识与引导各族群间的交往，建立族群信任、缓和族群矛盾、促进相互融合。而与此相对，分离运动是某些族群精英精心策划的分裂一国的行为，尽管亦属于族群冲突的范围，但确是建立在夸大族群身份的差异性、鼓动族群冲突的发展、强调族群认同而背离国家认同等基础上的极端与非法行为，对此各国不仅要时刻警惕，而且要坚决打击那些鼓动族群分离的少数分子。第三，各国制定族群政策时，需要充分考虑各族群的差异性与特殊性，尤其是少数民族的宗教信仰、风俗习惯。因为只有在相互尊重基础上制定的族群政策，才能真正促进族群间充分的交流与融合，而矫枉过正的族群政策不仅不能促进各族群的国家认同感，反而可能会引发族群成员的集体反感或不满，招致更多的矛盾。比如，菲律宾、泰国等国在制定本国南部政策时，初衷是希望整合或增进南部少数族群的国家认同感，但由于在认知上存在偏差，反而被南部族群解读为"同化"，最终加深了双方的隔阂与矛盾。总之，在东南亚国家现代民族国家的建构进程中，族群认同与国家认同的关系尤其需要谨慎处理，主体族群不能完全将国家权力族群化，应该尊重少数族群参与国家政治的权利与机会，给予少数民族参与政治的空间，而少数族群则应正确看待族群认同与国家认同之间的关系，遇到问题或矛盾不能总想以极端的方式解决，而应以更加温和地方式处理与主体族群的关系。只有在尊重各族群之间的习俗、习惯，顺应族群融合的规律，才能建立真正和谐的族群关系；唯有在双方互相尊重、理解的基础上，各国的族群关系才能和睦、和谐地发展。

第四章

东南亚分离运动发展的分析框架：
弱势性与影响因素

在分析了当代东南亚分离运动的起源之后，本章将重点聚焦于东南亚分离运动的发展问题上。在民族国家建构的大背景下，如果说异质性是东南亚分离运动起源的逻辑起点，那么弱势性就是研究东南亚分离运动发展的逻辑出发点。弱势性是指产生于一国国内的分离运动，与其所在国中央政府相比，在实力等方面总是处于劣势。这一特性决定了东南亚分离运动仅依靠自身力量难以获得"成功"，因为先天的"弱势"决定了其很难与所在国中央政府直接对抗。分离运动的最终目标往往是独立或加入他国，是对一国主权的严重挑战。因而，对于分离运动来说，获取国际社会的承认是至关重要的。这是分离运动先天所具有的外向性。弱势性与外向性这两重属性共同决定：东南亚分离运动的发展不仅局限于国内的民众动员，还包括获取国际社会的支持。因为只有获得了足够的国内、国际支持，分离运动才能在与中央政府的"抗衡"中占得"先机"。然而，这仅是理论上的逻辑推演，是建立在一国分离运动与分离组织"合二为一"基础之上的，即将分离运动视为一个整体。但在现实中，一国分离运动往往并非仅有一个分离组织，而是包含众多分化、竞争的分离组织。因此，在研究分离运动的发展时，还需探究其自身的组织因素，即考虑分离运动自身对其发展的影响。基于此，本章主要探究分离运动发展的逻辑起点及影响其发展的主要因素。

第一节　发展的逻辑：资源动员、政治机会与弱势性

塞缪尔·亨廷顿认为：现代性孕育着稳定，而现代化过程却滋生着动乱。[①] 这一观点的内涵是，政治秩序混乱的原因，可能并不在于缺乏现代性，而在于为实现现代性所进行的努力。到20世纪中叶，世界上大多数的后发展国家都正处于现代化之中，正是这种遍及世界的现代化进程，促使暴力在全球范围内蔓延，而导致暴力冲突的原因并不在于落后，而在于现代化。东南亚地区属于典型的后发展国家，在其现代化进程之中产生了诸多的暴力冲突，分离运动便是其中之一。也正是在这种背景之下，20世纪60年代前后东南亚各国的分离运动实现了进一步的发展。然而，与其他暴力冲突有所不同，分离运动是一种先天不合法的政治活动，其目的往往是实现独立，是一种有组织地分裂国家主权的行为。但分离运动具有先天的弱势性，这一特性决定了东南亚分离运动的发展需要借助外部力量，因为单纯依靠自身力量不足以与所在国中央政府抗衡。

一　现代化：东南亚分离运动发展的背景

《变化社会中的政治秩序》一书中指出：政治动乱之所以在20世纪的亚洲、非洲和拉丁美洲到处蔓延，很大程度上要归咎于那里的现代化进程过快，其速度远远超过早期实现现代化的国家。[②] 在这些国家中，现代性往往使人们感到眼花缭乱，"社会的传统生活方式四分五裂；整个国家面临着经济、社会、政治各方面要求改弦更张的压力；制造经济产品和提供劳务的新的'更好的'方法连珠炮般地杀来；现代化进程中的变革使大家牢骚满腹，而政府未能满足群众日益提高的期待，尤其使百姓

[①] [美] 塞缪尔·P. 亨廷顿：《变化社会中的政治秩序》，王冠华、刘为等译，上海人民出版社2008年版，第31页。

[②] [美] 塞缪尔·P. 亨廷顿：《变化社会中的政治秩序》，王冠华、刘为等译，上海人民出版社2008年版，第36页。

怨声载道。"① 因而，除西方发达国家外，世界其他地区的现代化进程，中央集权、社会变迁、经济发展、政治参与等并非佚次而至的，而是同时发生的。在经历了"二战"初期的调整之后，东南亚各国大都进入了现代化的探索时期。在这一背景下，东南亚各国在政治上放弃了此前的西方民主制，而转向了权威政治；经济上尽管实现了迅速发展，但由此带来的贫富差距、地区差异等也进一步增强，以至于整个社会处于一种激荡、转型的过渡之中，充斥了来自各个阶层、团体的不满和压力。分离运动便是这些不满、压力等汇聚之后，族群冲突不断走向政治化的结果之一。

政治变革即政治现代化，主要指政治形态上普遍出现新的调整过渡，这种调整与过渡的目的是建立更加符合本国发展实际的现代政治制度。② 在政治上，战后初期，东南亚国家普遍效仿了西方的议会民主制，但这种所谓先进的制度却严重脱离了东南亚各国的发展实际，不仅未带来发展和稳定，反而激化了诸多矛盾。到 20 世纪 50 年代末 60 年代初，东南亚各国逐渐放弃了议会民主制而转向威权主义政治体制。在泰国，1957 年 9 月沙立·他那叻发动政变，推翻了銮披汶政权；1958 年 10 月他再次发动"自我政变"③，独揽军政大权，从而开启了比銮披汶政权更加独裁的军人统治时期。在菲律宾，1965 年 12 月马科斯入主马拉卡南宫，开启了统治菲律宾 20 年的马氏家族王朝。④ 在印尼，从 1965 年"九·三〇"运动的失败到 1968 年 3 月苏哈托掌权，印尼正式进入了"新秩序"时代，开启了军人政权统治的漫长时期。在缅甸，1962 年 3 月奈温将军发动政变，从此缅甸进入军人统治时代。在马来西亚，1969 年"五·一三"族群冲突后，国内政治的中央集权不断得到加强，等等。

在经济层面，威权统治下东南亚各国都加快了经济现代化的步伐，

---

① Wallace W. Conroe, *A cross-national analysis of the impact of modernization upon political stability*, MS thesis. San Diego State College, 1965, pp. 65 – 73, pp. 86 – 87; Ivo K. Feierabend, and Rosalind L. Feierabend, "Aggressive behaviors within polities, 1948 – 1962: A cross-national study", *Journal of Conflict Resolution*, Vol. 10, No. 3, 1966, pp. 263 – 267.
② 李文主编：《东南亚：政治变革与社会转型》，中国社会科学出版社 2006 年版，第 2 页。
③ "自我政变"是泰国政治中的一大特征，即在军权已尽为我所掌控的情况下，扶植一个文人政府，之后借口对文人政府的不满，由此发动"自我政变"，以总揽军政大权。
④ 张锡镇：《当代东南亚政治》，广西人民出版社 1994 年版，第 207 页。

但由此也带来了各种矛盾与冲突的加速。在泰国,沙立是20世纪70年代之前唯一致力于国家现代化的军人领袖。他认为泰国急需的并非民主,而应调集一切力量发展经济。在美国支持以及第二次印支战争的影响下,泰国经济持续高速增长。但这种快速而短期的经济增长必然是不均衡、不均匀的,实际上经济快速增长的成果大多为大城市所享有,大众生活水平依旧很低[1]。在菲律宾,在马科斯统治时期,他整顿经济秩序、振兴工农业生产、引进外资、发展基础设施建设,以至于20世纪60年代菲律宾经济增速仅次于日本居亚洲第二位[2],但这种发展很大程度上并不均衡、甚至是破坏性的。因为低效的外资引进,低水平的资源开发,不仅易滋生腐败,而且缺乏可持续性。看似快速发展的经济,实际上扩大了贫富差距、地区发展差异,进一步激化了各种社会矛盾。在印尼,随着新秩序的建立,苏哈托政权逐渐将注意力转向经济发展,先后通过吸引外资、大力开发本国资源、推动工业化战略等,实现了经济的快速发展。据统计,1960—1970年印尼国内生产总值年均增长3.9%,而1970—1979年则达到7.6%。[3] 但经济的发展并未使广大民众受益,由此激起了人民对政府的不满,各地反政府活动频发。

政治、经济层面的变革总是会在社会层面有所反映。20世纪60、70年代东南亚各国的政治、经济变革改变了各国此前的发展道路和方向,尤其是加速了各国的现代化步伐。然而,现代化进展的速度愈快,政治动乱可能也愈严重。因为短期内经济增长以极快的速度促进了物质福利的提高,但同样以另外一种更快的速度带来了社会的怨愤。[4] 东南亚地区民族国家确立之后,军人政变及军人政权、社会失范等俨然成为东南亚国家现代化进程之中一个难以逾越的历史阶段。[5] 泰国在向现代社会转型过程中,资源配置不均引发了社会群体间的激烈竞争,社会权力一次次

---

[1] 李文主编:《东南亚:政治变革与社会转型》,中国社会科学出版社2006年版,第173页。
[2] [澳]约翰·芬斯顿主编:《东南亚政府与政治》,张锡镇等译,北京大学出版社2007年版,第237页。
[3] 张锡镇:《当代东南亚政治》,广西人民出版社1994年版,第196页。
[4] [美]塞缪尔·P.亨廷顿:《变化社会中的政治秩序》,王冠华、刘为等译,上海人民出版社2008年版,第39页。
[5] 张锡镇:《泰国军事政变频繁的原因及其发展趋势》,《东南亚纵横》1992年第2期。

被重组，社会失范行为频发；而且，经济的现代化并未带来社会凝聚力的增强，反而导致了信仰危机，尤其是意识形态领域，始终没有建立起一种统一的信仰体系来保证和增强社会的凝聚力①。社会学家尼尔斯·马尔德尔曾指出"泰国的文化传统中不存在平等的概念……所有的社会关系都有高低贵贱之分"②，而现代化带来的高度贫富分化强化了这种区别，进一步增加了少数族群的被压迫感和被剥削感。在菲律宾，传统的家族政治文化导致了社会存在着家族、宗教、族群等方面的裂痕，从而使国家建构和族际整合所需要的共同信仰难以成形，进而导致了社会的分裂和分化。而且，70年代经济的快速增长也并未惠及广大普通民众，反而是贫富悬殊越来越严重，各种势力对马科斯政权的专制统治也日益不满，引发了严重的政治动荡。在印尼，苏哈托及其子女不仅利用国家权力攫取了个人的巨额财富，还与商人勾结实施特准经营等，导致了裙带资本主义的严重泛滥。而且，威权政治体制下的大众政治参与日益减少，民众在经济等受压制的情况下，政治上并没有相应的表达诉求的通道，从而累积了更大范围的不满。总之，相对于西方国家，东南亚国家的现代化是一种短期内的剧变，这种"被压缩了"的现代化进程，需要在短期内完成国家认同建构、政治制度建设、经济发展等诸多任务，才能为现代民主国家和现代民族国家建构提供有效的保障③。但这对于东南亚各国是极其困难的。

二 弱势性与资源动员

弱势性是研究东南亚分离运动发展的逻辑起点。一般而言，东南亚分离运动往往产生于各国内部，首先表现为对所在母国主权的一种排斥，属于一国国内问题的范畴。但在后续的发展中，东南亚各国的分离运动

---

① 岳蓉：《东南亚地区民族国家研究》，中国社会科学出版社2016年版，第178页。

② J. A. Niels Mulder, "Origin, Development, and Use of the Concept of 'Loose Structure' in the Literature about Thailand: An Evaluation", in John F. Embree and Hans-Dieter Evers, *Loosely Structured Social Systems: Thailand in Comparative Perspective*, New Haven: Yale University Southeast Asia Studies, 1969, p. 19.

③ 赵海英：《现代化进程中东南亚国家建构研究——基于族际整合视角》，中国政法大学出版社2016年版，第4页。

需要基于自身特征、内外部环境等进行"自我思考",以更好地实现最终目标或诉求——独立或加入他国。① 而与所在母国的实力相比,分离运动总是处于弱势地位的,这是分离运动"思考"自身发展的逻辑出发点,也应该是我们分析该问题的起点。弱势性是分离运动形成伊始所内生的,但弱势并不意味着失败,也并非决定分离运动最终走向的关键。因为从逻辑上看,在分离运动正式形成后,为了更好地实现分离目标,分离组织往往会尽最大可能弥补自身的不足,以在与所在母国的斗争中取得优势乃至"胜出"。由此可见,在分离运动的发展阶段,分离组织首先需要考虑的是如何借助外部力量或获取外部支持,以弥补自身先天的弱势性,并在之后的博弈或竞争中实现最终目标。

这一逻辑出发点与资源动员理论的基本假定及主要观点较为相似。在社会运动理论中,资源动员理论抛弃了此前集体行为论中的"社会人"假设,转而选择了经济学中的"理性人"假设,认为社会运动的发展是一个理性选择的过程,而非源自怨愤和不满。因而,资源动员论的核心关切是"资源动员",即"社会运动"怎样高效地掌握集体行动所需要的资源,才是决定社会运动成败的关键。资源动员论认为:其一,社会运动是一种与制度化行为没有本质区别的正常行为;其二,社会运动是一种需要消耗资源的行为,信念或悲情不足为恃;其三,社会运动所需要的资源主要来自外部,而不是内部;其四,社会运动不完全是一个只包含运动和权威的两方对垒,而是一个包含运动、权威和旁观者的三方游戏。②

本章尝试将弱势性与资源动员论的基本观点相融合,将东南亚分离运动的发展视为一个资源动员的过程,即如何通过动员更多的资源,最大限度地弥补自身的弱势性,将是决定其发展或成败的关键。资源动员论认为,社会运动所需要的资源主要来自外部,而不是内部,因为运动所代表的人群往往是资源有限的弱势群体。这与分离运动先天的弱势性"异曲同工"。那么,社会运动如何获取外部的资源呢?查尔斯·蒂力认

---

① 靳晓哲:《东南亚地区分离运动的发展路径与现实走向研究——以东帝汶、印尼亚齐、泰国南部为例》,《南洋问题研究》2019 年第 1 期。
② 冯仕政:《西方社会运动理论研究》,中国人民大学出版社 2013 年版,第 94—103 页。

为：所谓"动员"就是"一个群体寻求对行动所需要的资源进行集体控制的过程"。① 一个社会运动能否壮大和成功，不是取决于外部条件，而是取决于内部条件，即运动自身所具备的竞争力。资源动员理论的重要内容就是分析不同社会运动的竞争力差异，以及这种差异的原因和后果。从这个意义上看，"资源动员"实际上就是"资源竞争"，"动员能力"实际上就是"竞争力"。基于此，资源动员论的研究议程主要包含两个方面：一是社会运动组织，包括组织的类型、领袖和演变，以及不同组织类型的动员效能；二是社会运动参与，包括参与的类型、参与的过程以及组织招纳策略等。就东南亚分离运动的发展问题而言，借用资源动员论的一些视角无疑可以为分析问题提供诸多帮助，但这种借鉴是有限度的，而并非盲目的。换句话说，资源动员理论与东南亚分离运动之间并非完美对接的，需要明确二者之间的关联，如此才能建构出更为合理的分析框架。

具体来看，二者之间的关联如下：其一，东南亚分离运动属于社会运动的一种，但是较为特殊的一种社会运动。资源动员论将社会运动视为一种正常的制度化行为，就本书研究的东南亚分离运动的主题而言，需要进一步阐明其中的内涵。从产生的视角看，东南亚分离运动属于一种社会现象，是发展中国家民族国家建构进程中、急速现代化的背景下，族群冲突政治化、极端化的一种体现；但是站在一国中央政府的立场看，分离运动具有先天的不合法性，因为其是对一国主权完整的直接挑战。因此，本书借用社会运动理论的相关视角，但并不认为东南亚分离运动或其诉求是合法的，这是需要重点明确和强调的基本问题。其二，从资源动员论的视角看，东南亚分离运动的发展是一个如何动员外部资源，以增强自身竞争力的问题。在东南亚分离运动的发展问题上，"外部资源""动员"等必须指明其中的内涵或指向。从逻辑上看，为了弥补自身的弱势性、获取更多的外部资源，东南亚分离运动有两种基本途径：一是在国内动员更多支持者，以寻求最大支持，通过国内斗争给中央政府施压；另一种则是寻求国际社会的支持，通过获得国际支持，给所在国

---

① Charles Tilly, *From Mobilization to Revolution*, Addison-Wesley Publishing Company, 1978, p. 7.

中央政府施压。换句话说,在分离运动正式形成后,所谓的"外部"不仅指国际社会,还包含除分离组织之外的国内民众;而获取资源的过程就是如何"动员"国内、国外力量以获取更多支持的过程。其三,在获取资源的过程中,分离组织采取何种策略进行动员,亦是影响东南亚分离运动发展的重要因素。为了实现分离的最终目标,分离运动往往会进行有意识或无意识的策略选择。正如非国家行为体的暴力以这种或那种方式呈现,可能是无意识的,是形势发展的自然结果,但更可能是非国家行为体一种有意识的选择,即一种战略选择。① 换句话说,在不同的发展阶段分离运动采取的动员策略可能会略有不同,有时偏重于对国内民众的动员,有时又偏重于寻求国际支持,等等。总之,基于东南亚分离运动先天的弱势性,借助资源动员理论的相关视角,将东南亚分离运动的发展视为一个资源动员的过程,在此过程中分离组织如何"动员"、能够获取何种"资源"、获取了多少"资源"等都是影响其发展的重要因素。

三 外向性与政治机会

除弱势性外,分离运动还具有外向性的特征,这是由其基本诉求或目标决定的。分离运动的起源可能有多种原因,如经济不满、文化差异、社会地位等,但分离运动最终的诉求却往往是政治性的——独立或加入他国,因为无论是经济诉求还是文化诉求,均需建立在政治诉求的基础之上,没有政治上的保障,其他诉求即便短暂实现,也很难得到持久保障。这也是为何分离运动往往将政治性诉求视为根本的重要原因之一。分离运动的政治诉求决定了其外向性的属性,即实现政治独立或脱离原有国家的主权控制,发展成为与所在母国同样的主权国家。本节将这种外向性想象为一种"圆中圆",即假想分离运动、所在母国、国际社会为"圆中圆"的基本结构,产生于一国内部的分离运动,其最终诉求是从所在母国分离,并最终成为与所在母国拥有同等地位的"圆"(主权国家)(如图4—1所示)。

---

① 王伟光:《恐怖主义·国家安全与反恐战略》,时事出版社2011年版,第96页;朱永彪、武兵科:《结构压力、资源动员与极端组织的攻击策略》,《世界经济与政治》2016年第9期。

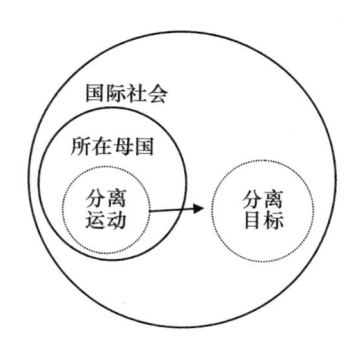

第四章　东南亚分离运动发展的分析框架：弱势性与影响因素　/　143

图 4—1　分离运动的外向性

资料来源：笔者自制。

分离运动的外向性及其附带的政治诉求，与政治过程论的理论逻辑具有一定的相似性，二者均强调运动的政治斗争属性。与资源动员论不同，政治过程论的研究焦点是社会运动与政治环境之间的关系，而并非社会运动的资源竞争及其动员机制。政治过程论强调社会运动的政治属性，将社会运动看作一个政治性的斗争过程。这种政治性斗争并非没有前提，而是基于出现了适宜进行斗争的条件，即"政治机会"。美国社会学家皮特·艾辛格就认为：政治系统中的个人或群体以何种方式行事，并不单单是他们所掌握资源的结果，而是政治系统本身所具有的开放性、弱点、障碍和资源的产物。[①] 在这种意义上，政治环境就被理解或解读为一种"政治机会"。换句话说，社会运动的出现不仅是基于自身诉求的结果，也是基于外部环境产生了利于进行斗争的条件。这一思考逻辑与影响分离运动发展的外部因素之间具有一定的可类比性。在有关分离运动的相关分析中，有些学者就着重强调了分离运动发展进程中的地缘条件、政治条件。比如，理查德·梅里特（Richard Merritt）就重点分析了封闭的地理因素与分离运动之间的关系：一是封闭的地理环境不利于该群体与外界的交流，从而不利于国家认同的整合，二是偏远、封闭的环境限

---

① Peter K. Eisinger, "The Conditions of Protest Behavior in American Cities", *The American Political Science Review*, Vol. 67, No. 1, 1973, pp. 11–28.

制了中央政府的政治控制能力，从而为其分离活动提供了便利。① 换句话说，分离运动的发展不仅与自身因素有关，还可能受到外部环境的制约。如果中央政府的控制能力不足，则极可能加速分离运动的发展；反之，分离运动将被制约。

除艾辛格的"政治机会"概念外，道格·麦克亚当的"政治过程模型"同样可以为研究东南亚分离运动的发展提供借鉴。麦克亚当认为，影响社会运动发生的要素有三个：政治机会（Political Opportunities）、本土组织力量（Indigenous Organizational Strength）、认知解放（Cognitive Liberation），其中政治机会主要指"任何能够改变既有政治结构的事件与社会发展进程"，如战争、工业化、国际政治变化、失业率以及人口变化等。② 这些均属于较为宏观的社会经济进程。但在分析社会运动发展时，麦克亚当增加了两个因素：集体归因（Collective Attribution）、社会控制程度（Social Control）；并且认为，社会运动的发展并非单纯的因果逻辑，而是多种因素综合作用的结果。具体来看，他认为：社会运动一旦爆发，其与对立面的互动过程就出现了，当权的政治精英会千方百计地对其施加社会控制，但社会运动已经崛起为一种力量，且其发展将同时影响作为外部因素的政治机会和社会控制，以及作为内部因素的组织力量和集体归因，并反过来同时受到这些因素的影响。③（见图4—2）换言之，麦克亚当认为社会运动的发生机制与发展机制是不同的，前者是一个政治机会、组织力量、认知解放三种因素的结果，而后者则是一个与四种因素相互影响、综合作用的过程。

借鉴政治过程论的理论视角，"政治机会"可以视为影响东南亚分离运动发展的重要外部因素。这里"政治机会"视角下的"外部因素"主要指的所在国中央政府。也就是说，除上一小节涉及的东南亚分离运动自身的"资源动员"外，外部的"政治机会"亦是影响其发展的重要因

---

① 参见 Richard L. Merritt, "Noncontiguity and Political Integration", in James N. Rosenau, ed., *Linkage Politics: Essays on the Convergence of National and International Systems*, New York: The Free Press, 1969, pp. 272 – 273。

② Doug McAdam, *Political Process and the Development of Black Insurgency*, 1930 – 1970, Chicago: University of Chicago Press, 1982, pp. 50 – 52。

③ 杨悦：《美国社会运动的政治过程》，社会科学文献出版社2014年版，第49—52页。

素。因为如果中央政府的权威较为强硬,则其对社会的控制能力就较强,分离运动的发展就将受到更多限制;反之,如果中央政府的权威不足,在社会中的合法性不足或对社会的控制能力较弱,则分离运动在进行"资源动员"时的空间就较大,发展也就更为"顺利"。换言之,东南亚分离运动与所在国中央政府之间既是直接博弈的双方,同时相互之间又是一个此消彼长、相互影响的过程,任何一方的强大或衰弱都是对方的"政治机会"。

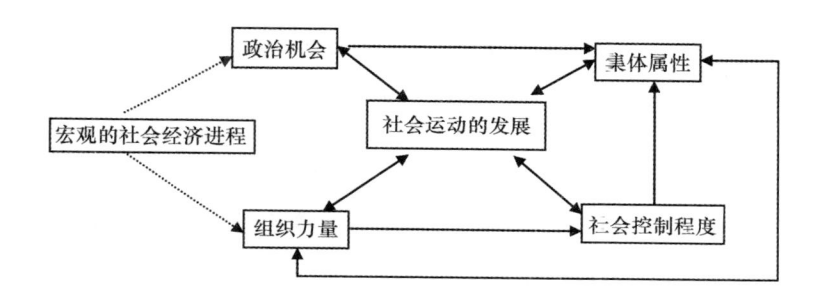

图4—2 麦克亚当的社会运动发展或衰退的分析模型①

此外,从麦克亚当的分析模型中可以看出,其隐含的一个条件是"宏观的社会经济进程"。这与我们前面分析的"东南亚分离运动发展的背景"不谋而合,即在现代化进程的宏观背景下,作为一种特殊的社会运动,东南亚分离运动的发展是在宏观的现代化背景下展开的,其中既有威权政治体制带来的政府统治合法性下降的影响,也有因经济快速发展带来的不均衡分配等因素。总之,东南亚分离运动中的"宏观社会经济进程"就是现代化进程。在现代化进程中,东南亚各国的政治、经济等都处于急剧转型的时期,社会矛盾的积累以及威权统治带来的合法性危机等,都可能成为分离运动的"政治机会"。再加上分离运动自身的属性、分离组织自身的建设、国际环境等的变化,东南亚分离运动的发展亦是十分复杂的,并非一种单一的因果机制可以解释的。当然,这也并

---

① Doug McAdam, *Political Process and the Development of Black Insurgency*, 1930 – 1970 (*Second Edition*), Chicago: University of Chicago Press, 1999, p. 52;杨灵:《社会运动的政治过程——评〈美国黑人运动的政治过程和发展(1930—1970)〉》,《社会学研究》2009年第1期。

非意味着东南亚分离运动的发展是一个不可讨论的问题，借鉴社会运动理论的相关视角，在总结东南亚各国分离运动发展的共性基础上，厘清影响分离运动发展的主要因素，并以此为基础对其现实走向展开分析，亦可以加深对东南亚分离运动发展问题的理解。

四 不对称动态博弈——一个初步分析框架

基于资源动员论、政治过程论等理论视角，从分离运动先天的弱势性、外向性等出发，本书尝试将东南亚分离运动的发展视为一个分离运动与所在国中央政府的两方博弈过程。基于其先天的弱势性和外向性，作为一种对主权国家进行直接挑战的社会运动，分离运动具有先天的不合法性，因而其在国内的行动并非完全意义上的"自由"。即，由于先天的非法性，东南亚分离运动的发展总是会遭到母国中央政府的限制甚至压制。当然，东南亚分离运动的发展还具有一定的主动性，即能否动员足够的国内、国际资源，对于其获取国内外支持至关重要。换句话说，东南亚分离运动的发展是一个既被动又主动的过程，是在不对称博弈中的动态发展。由此，本书将东南亚分离运动的发展简化为一个两方博弈的模型，但影响其发展的因素却并非仅来自两方本身，而是会受到国内民众、国际社会等影响。（如图4—3所示）

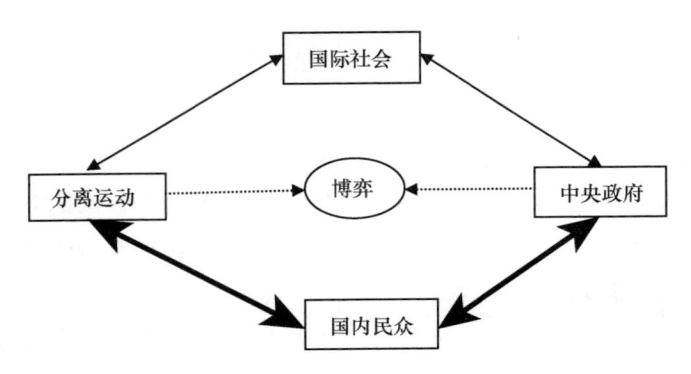

图4—3 东南亚分离运动发展过程中不对称博弈模型
资料来源：笔者自制。

第一，东南亚分离运动的发展究竟是主动还是被动，需要分阶段研究。从起源到发展初期，分离运动往往在这一博弈中占据着较为主动的地位，因为挑战民族国家主权的行为是某一群体或团体"有意而为"，而并非偶然发生的。无论这种挑战行为的理由多么充分，都无法否认分离运动非法性的本质，而且这种挑战往往是主动进行的。然而，随着分离运动的发展，这种主动性逐渐转移到所在国中央政府一方，这是由国家控制暴力的特殊属性决定的。在东南亚国家中，各国分离运动往往采取暴力的方式挑战国家主权的统一性，这就迫使所在国中央政府不得不被动的采用武力方式应对，以最大限度地维护国家主权的完整。因为按照韦伯的界定，就法理而言，国家的实质是对暴力的合法垄断。① 以此为逻辑，基于国家机器对暴力的垄断，无论分离运动的准备多么充分，在其发展中总是会受到国家机器的限制甚至镇压。而且，为了维护国家的统一，在分离组织出现后，一国中央政府往往会采取更为主动的态度或措施，镇压或遏制其发展，以防国家分裂。因此，在这一双方博弈的过程中，分离运动一方的主动性是不断降低的，而中央政府一方在反分裂进程中的主动性是不断增加的。当然，拥有主动性并不能决定博弈的结果，而仅是双方不对称博弈的一种体现。

第二，东南亚分离运动的发展并非一个静态或不变的过程，而是一个持续、动态的发展过程。在分离组织正式宣告成立之后，一国分离运动即从此前自发的、零星的、杂乱的集体行为逐渐转变为有组织的、成体系的、自觉的社会运动。但在分离组织领导或引领之下，该国分离运动究竟如何发展或走向何处，是一个十分复杂的问题。一方面，分离组织在国内的动员效果将直接影响其民众基础，这是其在国内能否获取足够资源或支持的关键。另一方面，基于国际环境、外部势力、邻国关系等，分离组织还会在国际社会进行广泛动员，以谋求获得国际支持，以此向本国中央政府施压。从博弈过程看，尽管博弈的主体是较为明确的，但影响博弈进程的因素是多样的。因此，在分析东南亚分离运动发展时，并不能仅从分离组织、中央政府等两方主体进行分析，还需结合其在国内外获取资源的情况。简言之，东南亚分离运动的发展是一个动态的博弈过程，不同时期因各方态度、策略等的不同，博弈的"均衡值"是不

---

① 李捷、杨恕：《反分裂主义：共识与应对》，《国际政治研究》2019 年第 4 期。

断变化的，最终的博弈结果亦会不同。

第三，分离运动与中央政府的博弈并非一种对称博弈，而是一种典型的非对称博弈。这种非对称性主要体现在两个层面：其一，双方实力的非对称性。从某种视角看，主权国家可以被视为对暴力、认同、资源等的合法性集中，而分离运动即是对这三个方面的全面挑战。但这种挑战并非在双方实力对等的情况下进行的，更多数情况下双方的博弈是在实力并不对等的基础上展开的。其二，双方信息的不对称。在一个两方博弈模型中，双方均有可供选择的策略集，但双方在信息不对等的情况下，做出的策略选择并不相同，进而导致博弈的结果不同。在分离运动与中央政府的博弈中，由于先天的非法性，无论是在国内还是国外，分离运动的活动空间或信息获取空间都是较为狭小的；而作为一国的合法代表，中央政府在国内资源获取、国际社会交往等方面均占据主动，获取信息的渠道也更多。其三，立场的不对称。分离运动的最高诉求或目标往往是独立，但这一目标并非不可变更。在分离运动的发展中，基于现实利益等因素，分离组织可能会向下调整最高诉求，以获得既得利益或地区性权力，如从谋求独立到转向"自治"。而一国中央政府的最低诉求往往是反对分裂、维护国家主权的统一。尽管有些分离运动（如南苏丹）最终获得了"独立"，但这并不能否认一国中央政府反对分裂的坚定立场。因此，分离运动与中央政府在立场博弈上亦是不对称的，前者的立场可调整空间较大，而后者较小。

总之，本书将东南亚分离运动的发展视为一个双方不断进行博弈的动态过程，其中对国内民众的动员、对国际社会的动员是影响其发展的关键因素。从图4—3看，对国际社会、国内民众标注的线条是有粗细之分的，因为二者在影响分离运动发展的过程中，扮演的角色并不完全一致。相比于国内民众，国际社会更多扮演的是"狐假虎威"[①] 的角色，即在国民民众动员有效的前提下，国际社会的支持对于分离运动的发展有"加持"作用。相反，如果缺乏国内的民众支持或国内民众支持较少，则国际社会的支持很难发挥实际影响。究其原因：第一，分离运动

---

① 有关"狐假虎威"博弈模型的分析，参见曹金绪《实力与决心的较量——三方不对称均势威慑博弈分析》，《国家政治科学》2013年第2期。

首先是一国国内问题，外部力量的贸然介入可能会引发国际冲突，因而各国在对待其他国家的分离问题时往往较为谨慎；第二，联合国明确规定了"任何旨在部分地或全面地分离一个国家的团结和破坏其领土完整的企图，都与《联合国宪章》的目的和原则相违背"①，由此赋予了尊重各国主权和完整的国际合法性。基于这两个方面的考虑，在影响东南亚分离运动发展的问题上，国内民众的重要性显然大于国际社会。这是本书分析"东南亚分离运动发展问题"的简要理论框架。然而，"理论既非真理的大厦，亦非现实的再现；理论仅是头脑中形成的一幅关于某一有限领域或范围内的行动的图画……仅是指出某些要素比其他要素更重要，并将其联系具体化。"② 因而，本节仅是初步地建构了一个影响东南亚分离运动发展的分析框架，而对各个影响因素或博弈过程进行详细的理论推演，以及对东南亚各国分离运动的发展等的阐述，将在后文详细展开。

第二节 发展的方向及影响因素探析

将东南亚分离运动的发展视为一个其与所在国中央政府的博弈过程，其中分离运动是相对弱势的一方。在一个非对称博弈中，如果非对称性事先就能被博弈者所感知或察觉，那么就能经常影响个体对其行为的选择③。也就是说，当弱势一方已知自我的"弱势"时，会努力弥补自身的不足，这种策略选择的过程会影响博弈进程的发展。作为弱者一方，分离运动的发展是自我选择的结果，只是这一选择是在与中央政府进行博弈的进程中做出的。对方的策略选择或情况的变化，必将影响另一方的博弈选择及结果。因而，分析双方博弈的过程是一个十分复杂的问题。东南亚分离运动的发展是一种双向博弈的过程，其中既包含分离运动自身的因素，也包括中央政府政策的影响，前者属于弱者视角下的发展，

---

① 联合国：《给予殖民地国家和人民独立宣言》，https://undocs.org/zh/A/RES/1514(xv)。
② [美]肯尼斯·华尔兹：《国际政治理论》，信强译，上海人民出版社2008年版，第11页。
③ [英]约翰·梅纳德·史密斯：《演化与博弈论》，潘春阳译，复旦大学出版社2008年版，第23页。

而后者属于强者视角下的发展。基于此，将双方博弈进程分为分离运动自身（自我发展）与国家政策（政府治理）两个视角，并分别在第四章和第六章展开论述。在本节，首先从弱者视角出发，以分离组织、国内动员、国际动员等为基础，对影响东南亚分离运动发展的因素进行论述。

一 东南亚分离运动发展的分析框架

东南亚分离运动的发展是一个力量或影响不断扩大的过程，而这一发展总是遵循从弱小到强大的逻辑。基于分离运动先天的弱势性，分离运动往往首先起源于某个国家的某个地区，该地区族群因种种原因而选择脱离现有国家。从这个视角看，分离运动最初属于某个国家内的"地区问题"。伴随着分离组织等的成立，分离运动的影响逐渐扩大或蔓延至整个国家，成为一国政府不得不重视的"国内问题"。此后，为了进一步壮大自身的实力或实现最终的目标，分离组织在动员国内民众的基础上，还会进一步寻求获得国际社会的支持，以此进一步向中央政府施压。当一国的分离组织在国际社会积极活动时，我们称一国分离运动逐渐发展成为"国际问题"。由此，基于分离运动影响范围或经营范围的差异，将东南亚分离运动分为地区化、国内化、国际化三个方向的发展，且不同方向的发展中影响其发展的因素亦各有不同。

在地区化方向上，影响东南亚分离运动发展的因素是领袖与运动分化程度。在社会运动理论中，很多研究者都将运动参与者简单地区分为"领袖—追随者"（leader vs. follower）或"领袖—参与者"（leader vs. member）[①]，但并未对其影响做过多论述。社会运动组织是需要领袖来领导或运作的，没有领袖的领导，社会运动组织的发展就可能是杂乱的、分散的、没有方向的。与此类似，作为社会运动的一种，分离运动的发展亦受到领袖的影响。在地区化方向上，是否具有统一的领袖、领袖对

---

① 参见 Joseph R. Gusfield, "Functional Areas of Leadership in Social Movements", *The Sociological Quarterly*, Vol. 7, No. 2, 1966, pp. 137 – 156; Sam Marullo, "Leadership and Membership in the Nuclear Freeze Movement: A Specification of Resource Mobilization Theory", *The Sociological Quarterly*, Vol. 29, No. 3, pp. 407 – 427; Harold A. Nelson, "Leadership and Change in an Evolutionary Movement: An Analysis of Change in the Leadership Structure of the Southern Civil Rights Movement", *Social Forces*, Vol. 49, No. 3, 1971, pp. 353 – 371。

参与者的号召力、领袖合法性的来源等均是影响分离组织能否进一步发展的重要因素。与领袖因素密切相关，分离运动分化程度的高低是影响其能否进一步壮大的关键。在某一分离运动内部，并不必然仅存在一个分离组织，而可能存在诸多有分离诉求的组织。由于分离运动目标附带的领土因素，分离运动必然是一种具有排他性的社会运动。因而，多个分离组织的存在必将分化分离运动的实力，使原本就处于弱势的分离运动进一步削弱。一般来说，分离运动的分化分为两种：一种是在不存在影响力突出的领袖时，分离运动自起源阶段就分为众多分离组织，如泰南地区的分离运动；另一种是因分离组织领袖之间的权力竞争等，原有分离组织分化出或脱离出新的分离组织，如菲南地区的分离运动。简言之，在"地区化"方向上，东南亚分离运动中的领袖号召力越强，则其凝聚力越强、分离运动的分化程度越低，由此与中央政府的博弈中，其弱势性就越能得到弥补，越可能实现进一步的发展。

在国内化方向上，能否动员到足够多的国内资源是影响东南亚分离运动进一步发展的关键。资源动员论认为，人们在决定是否以及怎样参与社会运动的过程中，会仔细权衡成本和收益，因而社会运动必须经过一番艰苦的动员，才能招纳足够多的参与者。① 从社会运动视角看，资源动员是一个招募（recruitment）过程，而从普通民众视角看，则是一个参与（participation）过程。当然，就行为选择来看，普通民众有"参与"和"不参与"两种选择，且从作出选择到最终真正付诸行动亦是一个过程而非必然。克兰德曼斯和奥格玛就认为，社会运动参与一般有三步："一般行动准备"（generalized action readiness），即有可能参与；"特殊行动准备"（specific action readiness），即非常有可能参与；"实际参与"，即成为社会运动的参与者。② 就东南亚分离运动而言，能否动员到足够的国内民众支持是影响其能否进一步壮大的关键。因为只有获得了足够多的国内民众支持，分离组织才具有更加"合理"的反抗理由；只有获得

---

① 冯仕政：《西方社会运动理论研究》，中国人民大学出版社2013年版，第130页。
② Bert Klandermans and Dirk Oegema, "Potentials, Networks, Motivations, and Barriers: Steps Towards Participation in Social Movements", *American Sociological Review*, Vol. 52, No. 4, 1987, pp. 519–531.

了足够多的国内民众支持，分离组织才更具有与中央政府进行博弈的"资本"。事实上，作为某一族群的"代言人"，分离组织的国内民众动员过程总是伴随人员流失的：一种是流蚀（erosion），即未能成功地维系同情者，使一部分同情者变得冷漠甚至反对；二是"滞结"（nonconversion），即未能成功地将同情者转化为参与者。① 这都将影响分离组织的国内动员效果，最终影响其国内化的发展。

在国际化方向上，能否动员到足够多的国际支持是影响东南亚分离运动发展的关键。与国内动员有所不同，国际动员的重点是共识动员，即凝聚共识、使国际社会接受并支持分离运动。克兰德斯曼认为，任何社会运动参与都需要两个动员过程：共识动员（consensus mobilization）和行动动员（action mobilization）；前者指促使他者接受并支持其观点的过程，意在凝集共识、获得外界的关注、接受和支持，后者指促使人们采取行动、参与行动的过程，意在推动人们参与行动。② 基于民族国家的主权属性，分离运动谋取其他国家的支持更多只能是话语层面的，而并非行动层面。因为一旦其他国家对某国分离运动采取"行动"，即意味着武装干预其他国家内政，很可能引发国际冲突或内战。在当今时代，主权已经深植于各国，因而对于干涉或直接支持某国分离运动的举措往往是十分谨慎的。当然，这并非意味着这种情况不存在，而是这种情况属于外部势力的强势介入，将极大改变一国分离运动的发展进程。就东南亚地区的分离运动而言，这种强势介入的情况是基本不存在的。就东南亚分离运动而言，获取国际支持更多是通过游说、渲染、宣传、呼吁等方式，获得相关国家或国际组织的同情或支持，但这种支持很大程度上亦仅是道义层面的，且与当时的国际环境密切相关。如在20世纪60、70年代，国际伊斯兰浪潮风起云涌，进而为东南亚地区的穆斯林分离运动提供了诸多的援助与支持等。

---

① Dirk Oegema and Bert Klandermans, "Why Social Movement Sympathizers Don't Participate: Erosion and Nonconversion of Support", *American Sociological Review*, Vol. 59, No. 5, 1994, pp. 703 – 722.

② Bert Klandermans, "Mobilization and Participation: Social-Psychological Expansions of Resource Mobilization Theory", *American Sociological Review*, Vol. 49, No. 5, 1984, pp. 583 – 600.

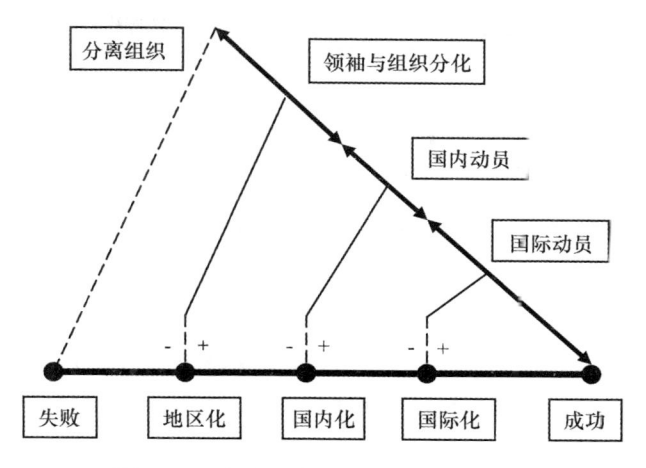

第四章　东南亚分离运动发展的分析框架：弱势性与影响因素　/　153

图 4—4　东南亚分离运动发展方向示意

资料来源：笔者自制。

总之，本节将东南亚分离运动的发展分为"地区化""国内化""国际化"三个方向，且每个方向上影响其发展的因素并不相同。然而，需要特别指出的是，这种发展并非一个线性的过程，而是各因素同时起作用的发展过程。从逻辑上看，分离运动只有在本地区凝聚了足够的力量，才可能逐步发展壮大到"国内化"；在国内动员了足够的支持，才可能进一步扩大至"国际化"。只是前一阶段的发展是后一阶段发展的基础，但并非意味着没有前一阶段的发展就没有后一阶段的出现。换句话说，这些影响因素在东南亚分离运动的发展中是同时存在的，但基于各种条件、因素等，各分离组织对每种因素的把控会存在诸多差异，进而导致一国分离运动的发展在某个时期偏向于某个方向。就像盖一座三层小楼，每一层的结构都不一样，但只有在地基打牢的基础上，各层才能稳固，最终才能完成。地区化、国内化、国际化就像是三层小楼的搭建，尽管材料、结构各异，但只有第一层牢固，第二层才更有效。简言之，在分析某国分离运动时，需要结合各种因素进行考量，以明晰其发展的基本路径。如果将东南亚分离运动的发展视为一个从"失败"到"成功"两端（"失败"代表分离组织最终消失，"成功"则代表分离组织的目标实现）的话，每一个影响因素分为"＋"和"－"两种状态，"＋"代表该因素对分离运动的发展是促进作用，"－"代表该因素对分离运动的发展是阻碍作用，那么东南亚分离运动发展的示意将如图4—4所示。当然，如果将分离运动的发展视为一种促进力，则中央政府的政策则是一种阻碍力，最终二者的博弈决定了东南亚分离运动的现实走向。图4—4的分析框架仅是以分离运动为视角的分析，各国中央政府采取的措施并未被考虑其中，原因是本书将分别考察这两方的博弈，即中央政府的政策属于一国政府对分离运动的治理，该内容后文将单独阐述，在此不做过多分析。总之，本节尝试将这一复杂的博弈过程进行了拆解，以简化其中逻辑、明晰其中的各要素关系。尽管这种简化存在一定的问题，但也能从侧面加深对影响东南亚分离运动发展的各因素的理解。

二 组织分化与分离运动的地区化发展

在东南亚分离运动的发展进程中，地区化是其最初的一种发展方向，也是一国分离运动发展的基础。因为任何一个分离运动总是起源于某国某地区的族群对主体族群的不满，最终经异质性、社会动员等步骤而产生。分离组织不仅是分离运动正式产生的标志，同时也是分离运动的载体，是策划、实施分离活动的主体。作为一个集体性组织，分离组织的运作必然涉及其领导人或领袖的问题，而且其自身的分化程度是影响其后续发展的重要因素。因而，在东南亚分离运动的"地区化"阶段，需要进行重点分析的是领袖及分离组织的分化问题。

领袖对于分离运动的发展具有十分重要的影响，因为领袖的权威性不仅象征着其对分离组织的强大控制力，而且意味着其可以团结、号召、甚至凝聚更多力量，为分离组织提供源源不断的发展动力。通常来看，领袖的权威分为法理型权威、传统型权威、克里斯马型权威。这一分类是马克斯·韦伯基于领袖支配人们社会行动的方式而划分的，他认为：法理型支配的基础是确信法令、规章必须合于法律，支配者在这些法律规定之下有发号施令之权利；传统型支配的基础是确信渊源悠久的传统之神圣性，并根据传统行使支配者的合法性；克里斯马型支配的基础是个人对领袖所指定的道德规范或社会秩序之超凡、神圣性、英雄气概或非凡特质的献身和效忠。① 韦伯同时指出，上述关于权威的分类只是一种理想的分类，在实践中绝不可能找到这三种权威的纯粹状态。基于此，就分离组织的领袖而言，其权威往往是传统型和克里斯马型的混合，即是一种集个人魅力、传统认知、社会建构于一体的产物。有学者认为，正是追随者的追捧赋予了领袖特殊的魅力；② 但也有学者认为，领袖与追随者之间是一种社会性关系，因而社会建构对于魅力型领袖的产生发挥着重要作用。③ 实际上，分离组织领袖的权威既可能来自其追随者的支持，又与其在组织、实施各种分离活动中发挥的重大影响有关，还可能与当地民众对传统、历史事件等的认知有关。换言之，分离组织中魅力型领袖的出现，往往与血缘、历史、英雄事迹、宗教、传统等息息相关。或者是分离组织的领袖是该地区某英雄人物的后裔（可能来源于某种建构），或是曾领导该地区人们历经某重大事件，或是因宗教地位等德高望重，等等。正如有些学者所言：领袖不但可以创办和运作社会运动组织，而且能够制造悲情、制造议题。④ 简言之，领袖的权威性越高，则其可凝聚的分离力量就越强，分离组织的实力就越强；反之，则较弱。

与领袖的权威性密切相关的是，分离组织是否存在分化以及分化程度如何。分离运动是针对某个地区主权的一种斗争，因而具有排他性的属性。即，如果在一国分离运动的发展中，涉及其地区的分离问题中不仅只有一个分离组织，则各分离组织之间必然是竞争性的或排他性的。比如，菲律宾南部地区的分离运动中就存在"摩洛民族解放阵线""摩洛

---

① 李强：《韦伯、希尔斯与卡里斯玛式权威——读书札记》，《北大法律评论》2004 年第 6 卷第 1 辑。

② 参见 Gerald M. Platt and Stephen J. Lilley, "Multiple Images of Charistmatic: Constructing Martin Luther King Jr.'s Leadership", in Gerald M. Platt andC. Gordon, *Self, Collective Behavior, and Society: Essays Honoring the Contributions of Ralph H. Turner*, Greenwich, Connectticurt: JAI Press, 1994。

③ 参见 Alberto Melucci, *Challanging Codes: Collective Action n the Information Age*, Cambridge: Cambridge University Press, 1996。

④ Anthony J. Nownes and Grant Neeley, "Public Interest Group Entrepreneurship and Theories of Groups Mobilization", *Political Research Quarterly*, Vol. 49, No. 1, 1996, pp. 119 – 121; Douglas R. Imig and Jeffrey M. Berry, "Patrons and Entrepreneurs: A Response to 'Public Interest Group Entrepreneurship and Theories of Groups Mobilization'", *Political Research Quarterly*, Vol. 49, No. 1, 1996, pp. 147 – 154。

伊斯兰解放阵线"等多个主张棉兰老地区独立的分离组织,无论是从最终目标还是对相关资源的调集上,各分离组织之间都是一种竞争关系,而并非合作关系。社会运动理论认为,不同的运动领袖之间、同一领袖所扮演的不同角色之间,以及领袖和成员之间是经常发生变化和冲突的。① 领袖权威性的不足,极易带来分离组织的分化,进而导致分离运动力量的弱化。这种状况的出现,必将分化分离运动的力量,影响其下一步的发展。当然,分离运动的分化并不必然意味着发展的终止,而仅是对其发展动力的削弱。然而,组织在资源动员过程中发挥着关键作用,因此运动的组织化(同时意味着专业化)程度越高,资源动员的效率就越高。② 分离组织的分化,势必代表着其资源动员效率的降低,进而影响其发展。正如多娜泰拉·德拉波尔塔所言,社会运动组织"既可能变得温和,也可能更加极端;既可能更加正式化,也可能日趋瓦解;既可能与外界联系越来越紧密,也可能向内紧缩,宗派色彩越来越浓"。③ 作为社会运动的一种,分离组织的发展亦是多种多样的。虽然不同的分离组织在其领袖的领导下,可能朝向不同的方向发展,但分离组织本身的分化必然导致分离运动力量的削弱,使先天的弱势性更加弱化。简言之,东南亚各国的分离运动要想最终实现其目标或诉求,保持相对单一、完整的组织领导至关重要,因为领袖权威不足以及分离组织的分化等,都会降低运动的自我动员能力,以致在与中央政府的博弈中更加被动。

三 国内动员与分离运动的国内化发展

在国内化的发展方向上,影响东南亚分离运动发展的关键因素是国内动员。因为有效的国内动员,可以凝集、获取甚至转化为更多的国内支持,只有如此分离运动才能在实现最终诉求的征程中更进一步。当然,

---

① Sam Marullo, "Leadership and Membership in the Nuclear Freeze Movement: A Specification of Resource Mobilization Theory", *The Sociological Quarterly*, Vol. 29, No. 3, pp. 407 – 427; John P. Roche and Stephen Sachs, "The Bureaucrat and the Enthusiast: An Exploration of the Leadership of Social Movements", *The Western Political Quarterly*, Vol. 8, No. 2, 1955, pp. 248 – 261.

② John D. McCarthy and Mayer N. Zald, "Resource Mobilization and Social Movements: A Partial Theory", *American Journal of Sociology*, Vol. 82, No. 6, 1977, pp. 1212 – 1241.

③ Donatella della Porta and Mario Diani, *Social Movements: An Introduction* (the second edition), Oxford, UK: Blackwell Publishing, 2006, p. 151.

分离组织在进行国内动员时并非盲目的，而是有步骤、有目标、有策略的，同时也是有条件的。克兰德曼斯等学者认为，行动动员一般需要经过四个步骤：识别（distinguish）、瞄定（target）、激发（motivate）、参与（participate）。① 由于动员者主观的因素或超出其控制的客观因素的影响，并不是所有同情者都能被识别出来，不是所有同情者都能被瞄定或激发，也不是所有瞄定和激发都能成功，因此每一步骤都可能有人员的流失。② 而且，分离组织在进行国内动员时，需要结合目标民众的需求，提供有效的动员"供给"，即结合民众的诉求，制定更能契合其需要的动员话语。从这个视角来看，分离组织进行国内动员的目标应该是将民众需求与组织供给进行有效的结合。因为国内一定数量民众的支持，是分离组织凝聚力量的重要来源，只有明确其诉求或需求，才能在明确目标的基础上进行更为有效的国内动员。具体来看：第一，了解民众对运动参与的"需求"。分离组织需要关注国内民众不满情绪的程度、不满的归因问题、期待的解决方式等，因为在不同的民怨状态、归因逻辑下，民众对于是否以及怎样通过运动表达自己的诉求的意愿是不同的。第二，明确分离组织所提供的"供给"，包括提供的行动手段、运动的意识形态和话语框架、给运动支持者的回报，以及运动的有效性等。第三，将"需求"和"供给"两个方面进行有效对接，进行有效率的动员宣传。③

社会运动理论认为，社会认同参与是一个展现自我认同的过程，人们参与特定的社会运动，是因为他们认同该运动所体现的价值和规范。对于分离运动而言，这一观点同样适用。资源动员理论将社会人群分为公众（public）、拥护者（adherents）、支持者（constituents）、旁观者

---

① Bert Klandermans, "The Demand and Supply of Participation: Social-Psychological Correlates of Participation in Social Movements", in D. A. Snow, S. A. Soule and H. Kriesi Malden, *The Blackwell Companion to Social Movements*, MA: Blackwell Pub, 2004, pp. 360–379.
② 冯仕政：《西方社会运动理论研究》，中国人民大学出版社2013年版，第135页。
③ 该思考参考了克兰德曼斯的"供给—需求模型"，参见Bert Klandermans, "The Demand and Supply of Participation: Social-Psychological Correlates of Participation in Social Movements", in D. A. Snow, S. A. Soule and H. Kriesi Malden, *The Blackwell Companion to Social Movements*, MA: Blackwell Pub, 2004, pp. 360–379。

(bystanders)、反对者（opponents）、受益者（beneficiary）六类。① 尽管这一分类仍有很大的模糊性，或者说较为杂乱，却可以为分离组织的国内动员提供更多的参考性策略。如果按照对待分离运动的态度，将一国国内民众分为支持者、旁观者、反对者三类的话，那么针对不同的公众类型，分离组织进行国内动员时的侧重点是不同的。针对支持者，分离组织应该加强"供给"，即在动员其真正投入到运动之中的同时，还应利用支持者的社会组织网络（人际关系、亲缘关系等），积极扩大支持者的范围；针对旁观者，分离组织应该加强"需求"与"供给"的对接，即向摇摆不定的中间人群宣传自我的"合法性"，以转变其中立态度，推动其成为分离组织的支持者；而针对反对者，分离组织应该加强对这部分人"需求"的研究，从自我主张或框架建构等出发，更多宣传自我诉求的合理性，促使其从反对者转向中立者。除此之外，分离组织在进行国内动员时还需要对国内资源的类型等进行区分，以明确资源动员的具体指向。在综合前人研究的基础上，爱德华兹和麦卡锡将运动资源分为道义资源、文化资源、社会组织资源、人力资源和物质资源五类。② 其中，社会组织资源侧重于分离组织的自身建设，道义资源侧重于分离组织的国际动员，而文化资源与人力资源则是分离组织在国内动员时应着重获取的。比如，分离组织应更多利用本地区的文化资源，借助历史事件、英雄人物或当地民众的传统认同等建构组织诉求的"合法性"等。

此外，分离运动的国内动员效果并非完全是由分离组织的动员策略所决定的，还与组织结构、国内条件等密切相关。上一小节已经提到，就一国分离运动而言，分离组织的分化程度是影响其发展的重要因素。因而，分离运动的国内动员是否能取得实际的成效，还与分离运动的分化程度相关。如果一国分离运动的分化程度较高，即分离组织众多，则各个分离组织之间必然就动员框架、动员策略等出现分歧、竞争甚至冲突，这将极大降低分离运动的国内动员效果。比如，在菲律宾南部分离

---

① John D. McCarthy and Mayer M. Zald, "Resource Mobilization an Social Movements: A Partial Theory", *American Journal of Sociology*, Vol. 82, No. 6, 1977, pp. 1212 – 1222.

② Bob Edwards and John D. McCarthy, "Resources and Social Movements Mobilization", in D. A. Snow, S. A. Soule and H. Kriesi, *The Blackwell Companion to Social Movements*, MA: Blackwell Publishing Ltd, 2004, pp. 125 – 128.

运动中,"摩洛民族解放阵线"与"摩洛伊斯兰解放阵线"分别打出了"民族旗帜"和"宗教旗帜"。尽管二者在诉求上均主张棉兰老地区的独立,但分离组织的分化等客观上削弱了菲南分离运动的国内动员效果。当然,分离组织在进行国内动员时亦是有条件的,即存在实施动员的民众基础。资源动员理论认为,集体行动的心理条件是一直都具备的,但问题的关键只在于能否找一个"动员结构"① 把人们发动起来、组织起来。这种观点是存在一定偏差的。事实上,就分离运动而言,国内动员的心理条件并非一直存在的。如果一国实施了较为公正且契合实际的族群政策,满足了大多数民众的基本需求,社会不存在大范围的不满情绪,则分离组织的国内动员策略等亦很难实施。换句话说,分离组织的国内动员需要建立在一定的集体不满累积的基础上,如此实施积极的国内动员才更能取得成效。总之,只有进行较为充分的国内动员,分离组织才能获得更多、更充分、更持久的国内支持,才可能最大限度弥补与中央政府的博弈中"弱势性",也才更有可能走向"成功"。

四 国际动员与分离运动的国际化发展

与上述两个发展方向不同,分离运动的国际化发展是一个更为复杂的发展问题。其一,与通常将国际化界定为一种"结构性现象"(如经济活动的国际化等)有所不同,分离运动的国际化更多是一种基于特殊目标或获益动机的主动追求行为。其二,分离运动的国际化是一个具有内在驱动与外在参与的双重过程,既包含分离组织主动寻求国际支持的行为,也包括国际势力的主动介入或干涉②。有学者认为,按照分离主义国际化的类型,可以有如下划分:按照介入主体的不同,可以划分为国家政治干涉型(如科索沃)、民族与宗教联系型(如北爱尔兰)、散居者支

---

① 动员结构是指"人们赖以发动和加入集体行动的集体性载体,包括正式的和非正式的"。参见 Doug McAdam, John D. McCarthy, and Mayer N. Zald, *Comparative Perspectives on Social Movements: Political Opportunities, Mobilizing Structures, and Cultural Framing*, New York: Cambridge University Press, 1996, p. 3。

② 就东南亚分离运动而言,外部势力的主动介入程度较低,即使有其他国家或国际组织的参与,也更多是基于宗教、领土等的联系,并非外部国家等的强力支持。换句话说,东南亚地区的分离运动国际化是一种基于分离组织主动呼吁下的结果,并且与国际环境、国家间冲突等相互裹挟、共同发展。

持型（如库尔德问题）、联合国介入型（如塞浦路斯问题）；按照推动方式不同，可以划分为权力诉求式国际化、暴力恐怖式国际化；按照影响范围的不同，可以划分为周边型国际化、区域型国际化、全球型国际化。① 这是一个相对全面、系统、广义的分类方式，对于研究分离运动的国际化有重要的借鉴意义。然而，就东南亚分离运动的国际化发展而言，需要结合本地区的实际情况，对分离运动的国际化发展进行更为狭义的操作化。

本节从弱者的视角出发，认为国际化是东南亚分离运动发展的一个重要方向，且国际动员是分离运动国际化发展的关键因素。即，分离运动的国际化是一个分离组织主动寻求国际支持的过程，能否通过国际动员获得足够的国际支持，是影响其发展的重要因素之一。当然，外部势力的强力干预亦可以促使一国的分离运动走向国际化，但这种情况在很大程度上属于国际干涉的研究范畴，而并非单纯的分离问题。而且，东南亚各国分离运动的发展基本不存在外部势力强势介入的情况，更多属于在分离组织的动员下，相关的国家、国际组织等基于某方面的联系或冲突等给予他国分离运动一定的支持。从分离运动主动动员的视角（而非外部势力主动介入的视角②）看，一国分离运动的可动员对象包含国际组织、主权国家两类。通常来说，获得主权国家的支持比获得国际组织的支持更有效，但基于某些国际组织的强大影响力，需要在具体情况中具体分析，比如获得联合国的支持基本意味着一国分离运动得到了国际承认等。同样，从主权国家的国际影响力来看，获得大国的支持比获得中小国家的支持更有力。当然，这仅是现实逻辑下的粗线条分析，有关国际动员的具体内容还需从路径及动员指向等方面进行阐述。

从国际动员的路径上看，宣传、渲染、呼吁、游说等是分离运动进行国际动员的主要方式，因为与国内动员有所不同，国际动员更侧重于共识动员。在社会运动理论中，桥接（bridging）、渲染（amplification）、扩展（extension）、转变（transformation）等是框架建构的四种主要手段。分离运动在进行国际动员时，能否通过对自身"合法性"、诉求等的建

---

① 李捷、杨恕：《分裂主义及其国际化研究》，时事出版社 2013 年版，第 110—114 页。
② 本书将在后文详细讨论外部势力介入的相关问题，在此不做过多赘述。

构，得到有关国家或国际组织的认同是其能否获得国际支持的重要方面。具体来看，桥接指的是将两个或多个意识形态上相互吻合但在结构上又互不关联的框架连接到一起。① 桥接主要表现在分离运动对自己主张和合法性的宣传方面。由于国际社会中大多数成员对于分离运动与其所在母国之间的关系并不了解或者了解不深入，而分离运动通过宣传可以增加在国际社会中的曝光率，进而引起国际社会的关注。渲染指的是分离组织对其既有价值和信念的美化、润饰、显化和激发。分离运动进行国际动员时，往往会对自我价值进行凸显，润饰诉求的合法性，以获取更多的国际支持。扩展指的是分离运动扩展自己的框架，以便塑造容纳更多人群、主体、议题的框架。分离运动往往通过呼吁的方式实现对既定框架的扩展，即将自身处境进行泛化描述，以扩大影响范围，实现呼吁的国际动员效果。转变指的是改变国际社会原来的某种理解，创建和代之以新的理解和意义。对于分离运动来说，游说是改变国际社会态度的重中之重，因为只有将国际社会成员从旁观者或中立者转化为支持者，分离组织才能获得更多的国际支持，并尽最大可能弥补自身的弱势性。

从动员指向上看，分离运动的国际动员往往指向那些与自己有地缘、民族、宗教、意识形态及其他联系的国家或国际组织。从动员对象"介入"的理由来划分，为分离运动提供支持或因地缘政治、意识形态、安全等利益考量，或因民族、宗教联系，抑或是族群散居者的联系，当然也包括联合国这一特殊的国际组织。② 然而，需要说明的是，尽管通常各国的分离运动有明确的动员指向，但这并不代表其一定能获得支持。因为国际动员与国际支持之间并不完全等同，前者是分离运动的主观动机，后者则是客观实际。具体来看，衡量分离运动获得的国际支持程度，不仅包括获得支持者的数量，还包含程度。通常来看，可以将对分离运动的支持划分为强力支持、明确支持、表示关切三个层面。其中，强力支持指直接给予军事、物资等援助，明确支持指明确表态对分离运动的支

---

① Robert D. Benford and David A. Snow, "Framing Processes and Social Movements: An Overview and Assessment", *Annual Review of Sociology*, Vol. 26, 2000, pp. 611 – 639.
② 详细分析参见杨恕、李捷《分裂主义国际化进程研究》，《世界经济与政治》2009 年第 12 期。

持但并无明确行动，表示关切则仅指一种弱表达，即从人道主义或出于怜悯等出发，愿意为相关事务提供帮助或服务（提供和谈场所、积极斡旋等），属于最低程度的关注。例如，联合国往往会对某一地区的事务表示关切，尤其是该地区爆发大规模人道主义危机时，但这并不代表地区势力取得了联合国的支持，而仅是获得了关注。此外，需要注意的是，基于国际社会的主权规范，在分离运动谋求国际支持时，强力支持往往是较少的，但并不意味着不会出现。当然，也需考虑国际社会的反对者情况，因为这也是分离运动国际化发展的重要方面。基于大国关系、地缘因素、国际竞争等因素，国家之间的关系往往是十分复杂的。例如，在科索沃宣布独立的问题上，西方大国往往予以承认，但俄罗斯则不承认。①

总而言之，从弱者视角分析，国际动员是东南亚分离运动实现国际化发展的关键因素，通过国际动员获得有效的国际支持是东南亚分离运动实现进一步发展的推动力。尽管外部干涉、国内政策等亦是影响分离运动国际化发展的因素，但其并不属于弱者视角，本书将在后文给予重点关注与分析，而不在本节进行讨论。整体而言，基于分离运动与中央政府的博弈，本章建构了东南亚分离运动发展进程中的地区化、国内化、国际化模式，并指出三个发展方向中涉及的要素均是影响其发展的重要因素，而且三者之间并不冲突。换句话说，就分离运动的发展而言，领袖与组织建设、国内动员、国际动员同时存在于一国分离组织的发展进程之中，且只有三者同时有效的前提下，分离运动的发展才愈接近成功；反之，则成为分离运动发展进程中的阻碍。而且，领袖与组织建设是各国分离运动发展的基础，当一国分离运动分化严重时，尽管各分离组织亦可进行国内动员、国际动员等活动，但受限于分离组织之间的相互竞争与排斥，动员效果往往不佳。同样，当国内动员效果不佳或国内支持有限时，尽管分离运动亦可进行国际动员，但缺少"民意"支持的分离往往存在合法性、合理性不足的情况，进而导致国际动员受限。简言之，地区化、国内化、国际化三个发展方向既相对独立、同时并存，但也存

---

① 关于分离运动与大国承认的相关论述，参见曾向红、杨双梅《论"无公认非国家行为体"的大国承认》，《世界经济与政治》2017年第12期。

在一定的递进、继承关系,前者是后者发展的重要基础和前置条件。总之,从短期看,受国际环境、国内因素等的影响,东南亚分离运动的发展可能会表现出诸多国内化、国际化等特征,但分析一国分离运动的发展需要进行长时段观察,分阶段、分时期等对其发展特征进行总结、归纳,以对其发展进程进行更为细致、深入的探讨。

第 五 章

东南亚四国分离运动的发展：
个案研究与比较

本书认为，当代东南亚分离运动的发展是一个与中央政府相互博弈的过程，其中领袖与组织、国内动员、国际动员是影响其发展进程的主要因素。作为不对称动态博弈中的弱势者，分离运动先天能力的不足与其最终的诉求之间存在不匹配性，这种不匹配性决定了东南亚分离运动的发展既有主动性又有被动性。东南亚分离运动的发展具有主动性，是因为"分离活动"一般由分离组织主动挑起，是一种挑战国家主权的活动，其后续发展与分离组织的发展及策略选择密切相关；而被动性则指在双方的博弈中，先天弱势的分离运动并不具备力量优势，属于博弈模型中的弱者，发展受到中央政府政策、国际环境等的强力制约与影响。基于此，结合了民族学、社会学、政治学等内容，上一章建构了当代东南亚分离运动发展的解释框架。即从弱者视角看，东南亚分离运动的发展有地区化、国内化、国际化三个方向，且三者之间既相互独立又联系密切。在本章，通过对缅甸国内分离运动、泰国南部分离运动、菲律宾南部分离运动、印尼亚齐分离运动等的分析，将对各国分离运动中的发展阶段及影响因素进行阐述，以进一步验证上文的观点。

第一节 多方角力与缅甸国内分离
运动的发展及长期化

缅甸联邦的独立进程不仅是缅族民族主义觉醒的过程，同时也是各山区少数民族或地方势力形成的过程。1948 年 1 月，缅甸联邦宣布独立。然而，独立并未给缅甸带来和平与稳定，反而各方势力之间的矛盾开始走向公开化。克伦民族联盟领导克伦族率先"发难"，不仅成为缅甸山区少数民族中最早的反政府武装力量之一，而且在此后缅甸少数民族分离运动中始终扮演着领导者的角色①。在此背景下，20 世纪 40 年代末至 50 年代中后期，伴随独立初期缅共的反叛，缅甸国内山区少数民族分离运动亦形成了武装斗争的高潮。此后，基于国内外形势的变化以及国内地方武装的分化、组合等，缅甸国内的少数民族分离力量长期存在，成为影响缅甸国内稳定与发展的重要因素之一。进入 20 世纪 90 年代后，各分离运动的斗争目标由独立逐渐转向在国内获取高度自治，且很多分离运动武装与缅甸政府实现了停火或签署了和解协议，但缅甸国内分散化的地方武装力量仍然长期存在，成为影响缅甸民族国家建构的重大障碍之一。

一 缅甸独立与克伦族分离运动的"发难"

早在缅甸正式宣布独立前，克伦族就展示出了强烈的独立建国意识。比如，克伦族并未参加旨在民族和解的彬龙会议，而且独立前夕还派出代表、赶赴伦敦，希望游说英国政府，获得独立建邦②的支持，但最终遭到拒绝。而且，《彬龙协议》及其后的 1947 年《缅甸联邦宪法》都没能回应克伦族的要求，亦没有单独设立克伦邦，这就为此后克伦族分离运动的产生提供了借口与理由。1948 年 1 月 4 日，缅甸举行了独立庆祝大典，但克伦族并未参加；同年 2 月，克伦族在缅甸各地举行了约 40 万人的大规模游行，并打出了"立即成立克伦邦""平等对待缅人和克伦人"的口号；3 月 3 日，克伦民族联盟代表大会通过了"武装斗争建立克伦邦"的决定。③ 基于英殖民时期大量征召克伦人的原因，独立后的国家军队和警察力量中克伦人的比重并不低，因而在最初的武装分离路线确立

---

① 李贵梅：《缅甸克伦族分离运动研究》，博士学位论文，华东师范大学，2017 年，第 270—274 页。
② 此处的"邦"实际上是谋求建立"国中之国"，相当于建立独立的国家。
③ 李晨阳：《缅甸的克伦人与克伦人分离运动》，《世界民族》2004 年第 1 期。

后，克伦民族联盟以抵御缅甸共产党的威胁为由，就合法地建立了克伦民族保卫组织的武装部队。此外，孟族的民族主义者亦效仿克伦民族保卫组织，建立了孟族保卫组织，且二者之间保持着密切的合作关系。①

克伦族分离运动正式形成后，缅甸吴努政府曾尝试以和平方式平息克伦族分离运动。为此，1948年4月6日，吴努提出在宪法第199条第5款和第200条第6款的规定下，成立"哥都礼②边界划界委员会"③，以为克伦邦的最终成立做必要的准备。然而，克伦民族联盟提出了三个要求：一是建立克伦邦，二是赋予克伦邦随时脱离缅甸的权利，三是克伦邦应包括勃姑、德林达依和伊洛瓦底等平原地区。对此，吴努政府表示只能答应第一项，而且坚决反对第二项，第三项则应该交由"哥都礼边界划界委员会"来处理。④ 在进行谈判的同时，克伦族与缅族之间的武装力量不断出现小规模的摩擦与冲突。1949年1月，在苏巴吴基和曼巴山领导下，克伦民族保卫组织的成员解除了永盛（首都仰光附近城市）附近政府警察的武装；同月底，原本计划中的苏巴吴基与吴努的会面亦被取消。随后，克伦民族保卫组织与进攻永盛的缅族军队发生了激烈冲突，克伦族分离运动武装叛乱正式爆发。⑤

分离反叛初期，由于吴努政府准备不足且政府军中多数克伦人反戈加入了克伦民族保卫组织，因而克伦族分离武装一度占领了伊洛瓦底省、丹那沙林省、克耶邦等大部分市区，甚至包围了首都仰光。1949年6月14日，克伦民族联邦在东吁建立了克伦革命政府，苏巴吴基自任总理。⑥ 然而，随着武装冲突的深入，克伦民族保卫组织很快失去了主动权，并被政府军分割为"东哥都礼"和"西哥都礼"两股力量，且二者各自为政。1950年8月12日，苏巴吴基在冲突中阵亡。克伦族分离武装对吴努

---

① 陈真波：《独立以来缅甸民族关系研究（1948—1998）》，吉林人民出版社2014年版，第97页。

② 哥都礼，又译高都丽，克伦文译为"鲜花之地、幸福之地"。克伦族分离运动的发展过程中曾建立哥都礼政权，成为缅甸国内反政府分离武装的割据地方政权。

③ U Nu, *U Nu Saturday's son*, New Haven and London: Yale University Press, 1975, p. 167.

④ U Nu, *U Nu Saturday's son*, New Haven and London: Yale University Press, 1975, p. 168.

⑤ 陈真波：《独立以来缅甸民族关系研究（1948—1998）》，吉林人民出版社2014年版，第101页。

⑥ 李晨阳：《缅甸的克伦人与克伦人分离运动》，《世界民族》2004年第1期。

政府的率先"发难",引发了缅甸国内局势的动荡,孟族、克耶族、克钦族等先后发动了武装叛乱,独立不久的缅甸局势陷入一片混乱之中。早在1948年8月,孟族保卫组织领导人拉貌、奈瑞金就与克伦民族联盟领导人苏巴吴基签订了四点备忘录:一、双方统一行动并在宪法内争取民族独立;二、若未达到目标则共同采取其他行动;三、双方都不单独与政府签订协议;四、双方享有平等权利。① 与此同时,在克伦族武装力量的支持下,苏貌雷组建了克耶族武装,并谋求建立独立的克耶国。此外,克钦族武装亦早在1949年政府军反攻时就与克伦族武装组成了联军,由罗相率领的克钦族军队给予了克伦族分离运动重要的支持。但是,实际上克钦族民众并不支持罗相的武装斗争,因为他们对1947年缅甸宪法给予的克钦邦地位感到较为满意。最终,由于缺乏必要的民众支持,罗相率领的克钦族武装于1950年5月败退至中缅边境。

总之,基于历史、语言、宗教等差异化存在,克伦族的民族精英早在缅甸独立前就表达了谋求独立建邦的强烈意愿。然而,一来克伦族并未参与独立前的彬龙会议,二来昂山等认为克伦族所提出建立克伦邦的地区内,克伦族人口并不占多数,如果克伦族并入缅甸本部,完全可以通过设立克伦民族事务委员会的方式保障克伦族的利益。② 事实上,克伦族的独立建邦诉求与昂山等的认知存在偏差,前者谋求的是"国中之国",而后者则基于地理、人口等考虑整体国家下的民族差别。在此背景下,克伦族就成为独立后率先向缅甸政府"发难"的山区少数民族。此后,在克伦民族联盟的领导下,克伦族分离武装逐渐成为缅甸反政府武装中规模较大、较为活跃的一支,并在各山区少数民族中极具影响力和号召力,事实上在缅甸国内少数民族分离运动中扮演了"领导者"或"示范者"的角色。③

---

① Ashley South, *Mon Nationalism and Civil War in Burma: the Golden Sheldrake*, New York: Routledge Curzon, 2003, p.107.
② 陈真波:《独立以来缅甸民族关系研究(1948—1998)》,吉林人民出版社2014年版,第92页。
③ Jessica Harriden, "'Making a Name for Themselves': Karen Identity and the Politicization of Ethnicity in Burma", *Journal of Burma Studies*, Vol.7, No.1, 2002, p.20.

二 力量分化：20世纪50—80年代缅甸国内分离运动的发展

1950年8月苏巴吴基死后，克伦族的武装分离运动进入分化期。尽管在英殖民时期克伦人就曾存在多个派别分化的现象，但20世纪50年代中后期克伦族的分化还是严重削弱了自身的力量。随着战场主动权的逐步丧失，克伦族武装力量分化为以曼巴山和苏汉达特美为首的两派，双方在如何处理与缅共关系问题上发生了严重分歧。前者仿效缅共的建制，在哥都礼政权控制的三角洲地区创建了克伦民族联合党，成立了农村合作组织，并得到了当地农民的支持；而后者则拒绝接受缅共的马克思列宁主义路线，转而建立了克伦革命委员会。到1959年前后，克伦族的反政府武装力量已经分化为四支，分别为克伦民族联合党、克伦革命委员会、克伦民族联盟、克伦人民解放军。

克伦族分离运动的爆发就像打开了潘多拉魔盒，缅甸国内其他各少数民族不仅纷纷建立了地方民族武装，而且在20世纪60年代前后，克钦族、掸族等民族分子中的激进派还明确提出了"独立建国"的主张，推动了缅甸国内民族分离运动的发展。1957年4月，《彬龙协议》与1947年《缅甸联邦宪法》10年期满，掸邦、克耶邦提出了脱离缅甸联邦的主张，遭到了吴努政府的拒绝。面对愈演愈烈的国内分离活动，吴努政府坚决反对掸邦等行使宪法赋予的分离权利，并采取了武力方式进行镇压。1958年，掸族、克耶族等上层精英先后提出独立要求。1959年5月13日，由散暖领导的掸族武装部队开始攻打政府军的营地，正式开启了掸族武装分离运动的序幕，并明确提出了"争取掸族独立"的口号。[①] 与此同时，同样信奉基督教的克钦族上层对吴努政府的"佛教国教化"政策亦大为不满。1961年2月5日，克钦人昭赛领导克钦族成立克钦独立军，并提出了建立"克钦共和国"的政治诉求。至1962年，缅甸境内已有克伦族、孟族、克钦族、掸族四支力量较强的反政府武装分离运动，国内局势动荡不堪。

1962年3月2日，以奈温为首的缅甸军人集团发动政变，缅甸进入

---

① 陈真波：《独立以来缅甸民族关系研究（1948—1998）》，吉林人民出版社2014年版，第131页。

奈温军人集团统治时期。奈温上台初期，曾尝试通过改变执政理念、大赦、和谈等政策，改善同国内各少数民族分离武装的关系。奈温政变后，政变军人组成了革命委员会，并发布了纲领性文件《缅甸的社会主义道路》，宣布要向缅甸式社会主义的目标迈进。事实上，缅甸式社会主义道路是尝试将佛教主义、社会主义、民族主义等相融合，进行执政理念上的革新，以此探索化解缅甸当前困境的发展道路。1963 年 4 月 1 日，奈温又宣布大赦，为解决长期困扰缅甸的武装叛乱问题作出了努力。此后，奈温又亲自致信克伦民族联合党的曼巴山和缅共领导人丹东，提出进行无条件的和谈，以结束国内长期的冲突局面。然而，接连发生的"七月事件"①与各反政府武装发起的"向仰光和平进军运动"②，遭到了奈温政权的镇压，和平谈判宣告失败，政府与各地反政府武装重新开始激战。

此后，奈温政权加大了对各山区少数民族分离武装的打击，同时不断加强中央权威、减少民族地区的权力，导致了民族关系的进一步恶化。整体而言，1962 年至 1988 年奈温政权时期，缅甸山区少数民族分离武装的发展基本沿袭了前一阶段的特征：既有各武装力量内部的分化与组合，又有不同武装力量之间的联合与合作。比如，1966 年，波妙从克伦民族联合党中分化出来，并领导重组了克伦民族解放党；1968 年 6 月，曼巴山与波丹昂等率部脱离克伦民族联合党，并与波妙领导的克伦民族解放党开始合作。与此同时，进入 20 世纪 70、80 年代缅甸国内各反政府武装之间亦开始联合起来，甚至制定了共同的行动纲领。比如，1975 年 5 月五支少数民族（克伦、克耶、孟、若开、掸）秘密成立了"民族民主联合阵线"，其纲领是解散现有的缅甸联邦，并建立民族自治原则为基础的

---

① 1962 年 7 月 4 日，缅甸发生政变后，仰光大学的学生等上街游行，反对一党专政、要求民主政治。经过几天对峙，7 日晚武装部队开进校园，在警告学生撤走无效的情况下，开始向聚集的人群开火，大批学生在事件中丧生。相关内容可参见 Bertil Lintner, *The Rise and Fall of the Communist Party of Burma*, New York: Cornell University Southeast Asia Program Publications, 1990, p. 21。

② 1963 年 11 月初，在参与政府和谈的各反对派武装的组织下，上万名各族群众从仰光 100 英里以外的敏拉等 6 个地区向仰光进发，发起了和平进军运动。游行者在途中高呼反政府的口号，并于 11 月 14 日试图在曼德勒举行一次大规模的和平集会，但在集会举行前，政府军突袭了会场、驱散了人群。此后，军政府与克钦独立组织等的会谈亦宣告取消。相关内容可参见陈真波《独立以来缅甸民族关系研究（1948—1998）》，吉林人民出版社 2014 年版，第 144 页。

民族联邦,并保证各民族的民族独立、平等与进步。① 1976 年 5 月,泰缅边境地区有九支少数民族(克伦、若开、克耶、孟、掸、克钦、崩龙、巴奥、拉祜)的 13 个武装力量组织举行了秘密会议,试图进行联合行动。总之,20 世纪 50—80 年代缅甸山区少数民族分离运动先后经历了吴努政府、奈温军人政权的统治,并且奈温上台后,缅甸政府军的力量得到了进一步加强。为了消灭反政府武装,奈温对其进行了频繁的军事围剿,但反政府的武装分离力量不仅未被消灭,反而加剧了各少数民族地区的离心力。至 80 年代初,奈温政权顾此失彼、疲于应付,国内经济发展缓慢、政局动荡,反政府的武装分离问题依然严峻。

三 斗争转向:20 世纪 90 年代至今的和解与发展

20 世纪 80 年代末,奈温军政府统治下的缅甸陷入困境,在政府军强力的镇压下,国内分离武装不仅未能得到有效的控制,反而滋生、分化出了更多谋求独立或高度自治的地方势力。1988 年 9 月 18 日,以苏貌为首的高级军官发动军事政变,推翻了奈温政权,缅甸进入了新军人政府统治时期。与此同时,在冷战结束、东盟发展等国际因素的助推下,缅甸国内诸多民族分离武装倚仗的重要外部因素逐渐丧失,再加上新军人政府上台后,积极调整了在民族分离武装问题上的策略,推动实现地方武装与政府进行对话、谈判等。基于此,自 1988 年以来,诸多少数民族分离武装逐步放弃了独立建国的政治诉求,转而将斗争的重点转为寻求高度的自治。比如,克钦族独立组织将目标从过去的"反对大缅族主义、建立独立的克钦共和国"转变为"实现克钦族真正的自治";克伦民族联盟也将目标从"独立建国"转变为"高度的民族自治";孟、若开、掸等少数民族分离武装亦大致经历了从"要求民族自决或独立"到寻求"联邦内的民族自治"的转变等。②

伴随缅甸新军人政府民族政策的调整,进入 20 世纪 90 年代后各少数民族分离武装从自身实际利益出发,逐步放弃了此前的"独立建国"目

---

① 韦红:《东南亚五国民族问题研究》,民族出版社 2003 年版,第 48 页。
② 刘务:《缅甸 1988 年以来的民族国家建构研究》,博士学位论文,云南大学,2013 年,第 2 页。

标，在承认中央政府的前提下努力获取更多地方性权力。由此，1995年前后掸族、克伦族、克钦族、孟族等多支力量较大的分离武装与缅甸政府达成了和解，在某种程度上暂时缓和了地区冲突。1989年9月，由色廷领导的掸邦军①大部与缅甸新军人政府签署了和解协议，掸邦军交出了武装，缅甸政府则将其辖区划定为掸邦第三特区；1993年11月原掸邦军第一、第七旅武装共575人也与缅甸政府达成和解②。至此，掸邦军大部分都与缅甸政府实现了和解，仅有以赛雷为首的左派继续从事反政府活动，但并未明确打出过独立建国的旗帜。同一时期，受到泰缅关系正常化以及国内外和平主义因素的影响，新孟邦党领导的孟邦民族解放军、克钦独立组织领导的克钦独立军等，都与缅甸政府达成了和解协议。此外，克耶民族分离武装克耶解放军等多支地方民族分离武装，也在20世纪90年代与缅甸政府达成了和解协议。

表5—1　20世纪90年代与缅甸政府达成和解的民族分离武装组织（部分）③

族属关系	分离武装名称	活跃时间	政治诉求	和解达成时间
掸族	掸邦军	1964—1993年	掸邦独立建国	1993年
	蒙泰军	1989—1996年	掸邦独立建国	1996年
若开族	若开人民军	1963—1997年	若开独立	1997年
孟族	孟族民族解放军	1958—1995年	孟族建国	1995年
克钦族	克钦独立军	1959—1994年	建立克钦国	1994年
克耶族	克耶解放军	1957—1995年	克耶独立	1995年

进入21世纪后，缅甸各民族分离武装延续了20世纪90年代的基本特征，在坚持为本地区、本族群争取最大利益与权力的基础上，逐渐放弃了"独立建国"的诉求，转而寻求在缅甸联邦的框架之下寻求获得最

---

① 掸邦军起源于1960年的掸族青年义勇军，后从掸族青年义勇军中分化为掸邦独立军，领导人为昆加努、塞拉昂。1964年4月更名为掸邦军，之后多次与掸邦联合阵线、掸邦反政府军波妙部等分化、组合，但始终保留着该名称。
② 钟志翔、李晨阳：《缅甸武力量研究》，军事谊文出版社2004年版，第193页。
③ 刘务：《缅甸1988年以来的民族国家建构研究》，博士学位论文，云南大学，2013年，第66—110页。

大限度的自治权。其中，具有代表性的克伦民族分离运动亦不再坚持武装反叛的分离道路，转而寻求与缅甸政府的政治和谈。[①] 其实，早在90年代克伦民族联盟就曾尝试与缅甸政府进行谈判，但最终和解失败。究其原因，缅甸新军人政府希望克伦民族联盟放下武器，并在新宪法或法律框架内解决地区反叛武装及发展问题；而波妙等克伦民族联盟领导人则认为，此条件违背了苏巴吴基的四项原则[②]。对此，马丁·史密斯认为：这一时期，与其他组织的策略有所不同，克伦民族联邦的政治要求是第一位的，这使得双方很难达成和解。[③] 但是，实际上克伦民族联邦在90年代就不断分化，实力大不如前，发展也面临诸多困难。因不满上层对权力的垄断，1994年民主克伦佛教军[④]从克伦民族联盟中分裂出来，并组建了民主克伦佛教组织。2010年在缅甸结束军政府统治、进行民主改革前后，克伦民族联盟的诸多武装力量不断与政府进行了和谈，有的接受了政府的改编，有的实现了停火。最终，2012年1月12日克伦民族联盟与缅甸政府签署和解协议，由于其一直在缅甸各民族武装分离运动中扮演着重要角色，因此该和解的达成对于缅甸民主改革和国家转型等都意义重大。此外，2010年前后克钦族、克伦族、勃欧族、掸族等多支分离武装力量，也和缅甸政府实现了和解，缅甸国内局势进一步好转。当然，需要注意的是，缅甸各地方民族的分离武装力量错综复杂、支系繁多，几支或几个武装的和解或被改编并不能从根本上解决缅甸国内冲突问题。然而，尽管缅甸国内实现完全的和平与稳定仍需很长一段路要走，但应该从和解进程中看到缅甸民族关系的积极变化。

---

① 李贵梅：《缅甸克伦族分离运动研究》，博士学位论文，华东师范大学，2017年，第269页。
② 苏巴吴基领导克伦民族联盟时期，曾提出过指导克伦民族革命的四项原则：一是绝不投降，二是必须承认克伦邦自治，三是保留自己的武器，四是自己决定自己的政治命运。参见 Martin Smith, *Burma: Insurgency and the Politics of Ethnicity*, The University Press, 1999, p. 143。
③ Ardeth Maung Thawnghmung, *The Karen Revolution in Burma: Diverse, Voice, Uncertain Ends*, Singapore: Insitute of Southeast Asian Studied, 2008, p. 31.
④ 克伦族的信仰较为复杂，与缅族的融合程度较高。受到英殖民统治的影响，居住在城市的及上层克伦人主要信奉基督教，而居住在平原的主要信奉佛教，居住在山区的则主要信奉原始拜物教。

表5—2 2010年前后与缅甸政府达成和解的民族分离武装组织（部分）①

族属关系	分离武装名称	活跃时间	政治诉求	和解达成时间
掸族	南掸邦军	2003—2012年	维护掸族利益	2012年
	北掸邦军/掸邦进步党	1996—2010年		2010年主体被改编
勃欧族	勃欧民族军	1976—2010年	保卫勃欧人	2010年被改编
克伦族	克伦民族联盟	1947—2012年	克伦独立	2012年
	民主克伦佛教军	1994—2010年	维护克伦利益	2010年主体被改编
克钦族	克钦新民主军	1989—2009年	克钦独立	2009年被改编

四 国内外因素与缅甸国内冲突的长期化

与菲律宾、泰国、印尼等有所区别，在分析缅甸国内分离运动的相关问题时，并未对国内动员、国际动员等进行过多着墨。究其原因：一方面，"二战"后缅甸民族分离武装与国内冲突复杂交错，中央与地方、地方与地方武装力量之间的冲突经常发生，很难完全区别开来，由此在动荡环境下的民众力量难以凸显；另一方面，冷战时期缅甸地处美苏两大阵营的交会处、属于大国斗争的"断裂带"地区，因而更多奉行中立主义的外交政策，多国因素均可能牵涉其中但又动因各异，从而使国内冲突的局势更加复杂。冷战结束后，两极格局不复存在，但现行国际体系和秩序仍然留有冷战体系的深刻烙印。② 在这两重背景下，长期的国内冲突事实上造成了国内民众的民不聊生，再加上缅甸各少数民族具有浓厚的地方主义，由此造成了地方主义、民族矛盾、现实利益冲突等的相互交织，而少数民族的分离主义武装仅是其中的一面大旗，因而很难进行完全细致化的动员分析。然而，国内外因素对于缅甸国内冲突的长期化却有不可忽视的影响，对其进行整体性分析与把握仍具有重要意义：

其一，殖民遗留与昂山遇刺是导致缅甸各少数民族分离主义武装产生乃至不断发展壮大的重要基础。缅甸独立后克伦族分离武装率先"发

---

① 刘务：《缅甸1988年以来的民族国家建构研究》，博士学位论文，云南大学2013年，第112—115页。
② 洪邮生、孙灿：《"一带一路"倡议与现行国际体系的变革——一种与"马歇尔计划"比较的视角》，《南京大学学报（哲学·人文科学·社会科学）》2016年第6期。

难",这与英国殖民时期的政策、影响等密切相关。历史上,克伦族与缅族本就存在诸多的差异与矛盾,英殖民者的到来颠倒了二者的地位关系。在缅甸独立建国的背景下,克伦族担心"缅甸独立后克伦族可能会再次被置于缅族的统治之下",再加上殖民时期基督教的传播、克伦文字的出现等,英国殖民者实际上扮演着对克伦族历史进行重构的角色。克伦人认为,我们绝不仅仅是一个少数民族,因为我们是拥有700万人的民族,拥有自己的历史、语言、文化、地域以及经济生活体系。① 换句话说,克伦族对重新被缅族统治的担忧以及对民族主义的重构等相融合,建构出了克伦人应该"独立于缅甸"的想象。而且,在"二战"期间克伦人为了抗击日本的入侵,获得了英国大量的武器支援,这为克伦人进行分离提供了重要的物质基础。从这个视角看,克伦族的分离运动与英国殖民统治的相关遗留问题密不可分。然而,到20世纪60年代前掸族、克钦族等亦产生了旨在"独立建国"的分离武装,这可能与现代缅甸之父昂山遇刺有一定的关联。因为根据《彬龙协议》以及1947年宪法,缅甸独立前掸族、克钦族、克耶族等与缅族实现了某种程度的和解。尽管和解仍然存在诸多问题,但昂山依靠个人领袖的魅力与号召力,完全可能控制缅甸独立后的局面。因此,缅甸各少数民族分离武装的相继出现以及缅甸国内冲突的长期化,可能与失去昂山这一伟大的政治家存在一定关联。正如很多学者所认为的那样:缅甸独立后各少数民族的反叛对缅甸民族国家建构形成了重大挑战,这可能是因为昂山之后无伟大的政治家②。

其二,国际形势与地方主义是缅甸国内冲突长期化的重要推手。缅甸独立后,因地缘上位于两大阵营的交会处,因而受到了多方力量角力的影响。一方面,西方国家担心缅甸被社会主义化,因而加强了对其影响。比如,1950年11月美国为缅甸政府提供了约价值350万美元的10艘快艇与其他装备,并同意此后一年内分10个月为其提供800万—1000

---

① [英]安东尼·D. 史密斯:《全球化时代的民族与民族主义》,龚维斌、良警宇译,中央编译出版社2002年版,第94页。
② Bertil Lintner, *Burma in Revolt: Opium and Insurgency Since* 1948, Chiang Mai: Silk Books, 1999, p. 86.

万美元的发展援助资金。① 而且，1952年蒋介石败退大陆后的一支国民党残部，还直接参与到了缅甸国内冲突之中。据悉，国民党残部拟将缅甸作为反攻大陆的跳板，事实上与克伦民族联盟等地方分离武装形成了一个松散的联盟关系②，加剧了缅甸国内冲突的复杂性。另一方面，缅甸历史上长期存在的地方主义等，是导致缅甸国内冲突长期化的重要内因。长期以来，缅甸中央与地方关系较为松散，殖民统治加剧了缅族与各少数民族之间的对立，成为缅甸国内各地方势力拥兵自重、割据一方的重要思想根源。此外，长久以来地方精英势力把控地方发展，中央政府很难实施真正的统治，这就为内外部因素之间的相互借重提供了条件。经过几十年的国内冲突，缅甸国内各方力量错综复杂、积重难返，并非一朝一夕可以平息的，缅甸国内民族问题的最终解决需要多方力量的共同努力与协调。

第二节　组织分化与泰国南部分离运动的短暂高潮

20世纪50年代末60年代初，国际伊斯兰复兴思潮、马来亚联合邦独立、国内政权更迭等都为泰国南部分离运动的发展提供了"政治机会"。60、70年代，泰国南部先后发展出十几个谋求独立的分离组织，但各分离组织之间的具体主张不尽相同。由于没有统一的领袖，泰国南部分离运动的发展始终缺乏领导核心，分离运动的组织力量分化严重，各组织之间各自为政，严重限制了整体发展。与此同时，分离运动的分化还导致了国内动员的低效，进而难以凝聚起国内民众对分离运动的支持；而且，受到国际因素的制约，尽管泰国南部分离运动一度获得了部分国家与国际组织等的支持，但整体的国际动员对外依赖性较强，受国际环境的制约程度高。最终，在经历了80、90年代的短暂高潮之后，泰南分离运动迅速走向衰退，并逐渐归于沉寂。至21世纪初，泰南分离运动逐

---

① Bertil Lintner, *Burma in Revolt: Opium and Insurgency Since 1948*, Chiang Mai: Silk Books, 1999, pp. 99-100.

② 李贵梅：《缅甸克伦族分离运动研究》，博士学位论文，华东师范大学，2017年，第277页。

渐向极端化转型，频繁制造恐怖袭击事件，再度成为影响泰南和平与稳定的"不定时炸弹"。

一 发展的"机会"：国内外因素的刺激

自1959年"北大年民族解放阵线"正式成立，泰国南部分离运动正式进入了武装反抗的分离斗争时期。在此前后，国内外因素等的刺激是泰南分离运动进一步发展的重要"政治机会"。第一，政权更迭带来的政治经济危机是泰南分离运动发展的国内"政治机会"。通过1958年政变上台的沙立元帅对泰国南部穆斯林采取了渐进式的温和政策，尽管做出了部分让步，但仍引发了短暂的政治、经济危机。20世纪60年代前后，伴随国际橡胶市场的剧烈波动，泰国南部地区的经济出现衰退，人均收入显著下降。在此背景下，众多南部穆斯林将这一困境归结于泰国政府的"国家发展计划"，即政府掠夺南部的橡胶和锡矿等资源补贴北部的佛教徒。[①] 而且，基于温和的同化政策，泰国政府为开发南部资源、发展经济，倡议大量佛教徒南迁，这极大增加了南部穆斯林的就业压力。因为泰国南部民众往往受教育水平有限且泰语不熟练，在就业选择中的竞争力有限。对此，阿斯特里·舒赫克就明确指出：族群冲突往往伴随着经济分化（economic cleavages）……据此，一些泰南穆斯林领袖就认为，自治或分离是泰南地区获得收入"公平"份额的必要条件。[②]

第二，1957年马来亚联合邦的独立为泰南分离运动的进一步发展注入了动力。马来西亚北部与泰国南部在民族、语言、宗教等方面天然的亲缘性，长期以来都是吸引后者的重要向心力。"二战"结束后，马来亚地区的民族解放运动如火如荼，同时泰国南部穆斯林则在大泰主义政策下日益感受到了来自"他者"的歧视。在这种双向作用力的推拉下，泰国南部穆斯林在同源同族等的吸引下，逐渐将马来穆斯林建构为了身份中的"我者"，而将泰国北部佛教徒视为"他者"。与此同时，在马来亚正式独立前，泰南穆斯林对于"马来民族统一"是一种"自觉地、有意

[①] 李海良：《泰南穆斯林分离运动研究》，硕士学位论文，云南大学，2010年，第19页。
[②] Astri Suhrke, "Loyalists and Separatists: The Muslims in Sourthern Thailand", *Asian Survey*, Vol. 17, No. 3, 1977, p. 241.

识的追求"。① 当 1957 年马来亚联合邦走向独立时，作为"我者"中的一部分，泰南穆斯林并未被包含其中。这极大地刺激当地民众的宗教、民族情感，助推了泰南分离运动的进一步发展。

第三，国际伊斯兰复兴思潮是泰南分离运动发展的国际"政治机会"。20 世纪初期，泛伊斯兰主义成为全球反殖民浪潮的重要组成部分，并发展为领导世界民族革命的重要思想。"二战"后，广大亚非伊斯兰世界国家大都建立了世俗政权，并效仿西方的政治、经济发展模式。至 70 年代前后，这些国家的发展出现了诸多问题，以中东为核心的当代伊斯兰复兴思潮迅速席卷广大伊斯兰世界。作为全球伊斯兰的重要组成部分，东南亚地区并非伊斯兰世界的核心区，但印尼、马来西亚等国有着众多的穆斯林信众，由此亦受到相应的波及。在此背景下，泰国南部的穆斯林分离运动得到了来自伊斯兰世界的关注，并获得了相关国家、国际组织的支持，成为 70、80 年代泰南分离运动发展的重要推动力。

二 分离组织的分化

1959 年以马来贵族、伊斯兰领袖自居的东姑（Tengku）成立了泰南地区第一个武装分离组织"北大年民族解放阵线"，其目标是建立以北大年为中心的伊斯兰国家。尽管"北大年民族解放阵线"的出现标志着泰南分离运动进入了相对系统化、组织化的发展阶段，但由于"北大年民族解放阵线"自身定位不明确、东姑的领袖地位认可度不高等原因，泰南分离运动并没有良好的整体性，而是呈现出杂乱的领导、严重的组织分化，始终难以形成有效的大规模反抗。自 20 世纪 60—80 年代，泰南各地的分离组织大批量涌现，但没有一个分离组织可以对整个泰南地区实施有效领导，新出现的分离组织或是由于领导人之间的权力斗争而出现分裂，或是因斗争纲领等的差异而"改头换面"。据估计，在 60 年代泰南存在 60 多个武装分离组织，70 年代有近 20 个较为活跃的武装分离组

---

① 彭慧：《20 世纪以来泰国马来穆斯林民族主义的演化与发展》，《南洋问题研究》2009 年第 4 期。

织。① 其中，影响较大的分离组织包括：1963 年阿卜杜尔·卡里姆·哈桑（Abdul Karim Hassan）建立"北大年民族革命阵线"（Barisan Revolusi Nasional，BRN 或 National Revolutionary Front），最终目标是建立以印尼为核心的泛马来亚国家；1968 年东姑·比罗（Tunku Biro）在印度建立的"北大年联合解放组织"（Patani United Liberation Organization，PULO），其世俗性与包容性更强，不仅强调伊斯兰色彩，还包含民族、国家等意识形态，成员多为在海外学习或培训的泰南穆斯林；1989 年由活跃在泰南的分离组织联合成立了所谓的伞形机构"北大年独立联合阵线"（Bersatu），尝试整合泰南分离力量；等等。

整体而言，泰南分离运动具有数量众多、规模有限、纲领混乱、手法多样、缺乏统一领导、对外依赖严重等特征。如前文所述，泰南地区存在数十个有名称的分离组织，但通常人数并不多，往往几百人或上千人的规模，难以形成相对稳定、有效的组织结构。而且，泰南各分离组织之间在纲领设置等方面并不统一，尽管最终诉求通常是独立或并入马来亚，但民众基础各异、利益诉求多样。比如，北大年联合解放组织招募的多为在海外留学的马来穆斯林，与阿拉伯世界等联系紧密；而北大年民族革命阵线则大多通过宗教教师招募泰南乡村村民，偏重于在国内活动。此外，泰南各分离组织的凝聚力不强、缺乏有威望的领袖，以至于各组织易因领导人的权力斗争等而分化。比如，20 世纪 80 年代"北大年民族革命阵线"就因领导人意见不合而分裂为三派："北大年民族革命阵线"协同派（BRN Coordinate）、"北大年民族革命阵线"议会派（BRN Congress）、"北大年民族革命阵线"乌里玛派（BRN Ulama）等②。当然，受限于各分离组织的规模小、资金少、管理混乱、纪律性差等不足之处，泰南分离运动很难在与泰国政府的正面对抗中取得优势，因而出现了诸多爆炸、枪击、绑架、暗杀等活动方式，其中尤以佛教徒、学校教师、政府公务员等为袭击目标。③ 正如赛义德所言：一个成功的抵抗运动需要

---

① 李海良：《泰南穆斯林分离运动研究》，硕士学位论文，云南大学，2010 年，第 20 页。
② 吴向红：《泰南穆斯林分离运动研究》，硕士学位论文，厦门大学，2007 年，第 26—27 页。
③ 张议尹：《泰国政府政策与泰南恐怖主义的演变》，硕士学位论文，广西民族大学，2018 年，第 19 页。

一个稳定、复杂、适应性强的组织来领导……北大年地区所有的革命性组织似乎都在互相斗争，而并非与政府对抗；尽管该地区的解放性活动（Liberation activities）[①]一直存在，但只要他们没有联合起来，他们就依然是弱小的。[②]

三　国内动员的错位与低效

除分离运动的分化严重外，泰国南部的分离组织在国内动员上亦处于错位与低效的状态，难以真正与普通民众的诉求相对接。一方面，泰南各分离组织的动员指向各不相同，存在显著差异。比如，"北大年民族解放阵线"主要借助伊斯兰教的作用，尝试以宗教旗帜动员泰南穆斯林，尤其将动员指向海外留学的泰南穆斯林学生；而北大年民族革命阵线则更强调马来民族主义，尝试拉起"民族主义"的大旗动员泰南民众，但对海外的泰南穆斯林影响十分有限。这种动员指向上的差异，很难团结起更大范围的泰南民众。因而，尽管泰南分离组织在泰国南部地区有一定的社会基础，较为支持分离势力与泰国政府的对抗[③]，但由于动员指向或动员旗帜等的不统一，严重分散了分离组织的动员力量，不利于国内动员的扩大化。此外，这种动员指向上的差异还体现在动员领域的不同上。比如，"北大年民族解放阵线"与马来西亚吉兰丹地区的马来西亚伊斯兰政党联系密切，而北大年民族革命阵线则与马来西亚共产党、泰国共产党等进行了密切的合作等。[④]再比如，北大年联合解放组织更多代表了在国外留学的马来穆斯林群体的利益和诉求，而"北大年民族解放阵线"更多依赖于马来穆斯林社会中的宗教保守派，北大年民族革命阵线更多反映的是马来穆斯林中的左翼积极分子的诉求等[⑤]。

另一方面，泰南分离运动中的领导层与普遍民众的诉求之间存在严

---

①　原文如此，笔者将泰南地区的分离运动视为一种马来穆斯林的解放活动。笔者注。

②　Syed Serajul Islam, "The Islamic Independence Movements in Patari of Thailand and Mindanao of the Philippines", *Asian Survey*, Vol. 38, No. 5, 1998, p. 453.

③　中国现代国际关系研究所民族与宗教研究中心：《周边地区民族宗教问题透视》，时事出版社2002年版，第370页。

④　葛公尚主编：《当代国际政治与跨界民族研究》，民族出版社2006年版，第241—242页。

⑤　阳藏廉：《泰南恐怖主义分离运动问题研究》，硕士学位论文，云南大学，2015年，第12页。

重脱节，前者并未依据后者的诉求进行动员，而是按照自身的利益进行斗争，这极大降低了普通民众的参与热情。在泰南分离运动中，领导阶层往往是流亡在外的马来人的宗教领袖或前王公贵族的后裔，他们所主张的独立或并入马来西亚的斗争目标，主要是基于上层穆斯林的政治诉求。而对于广大普通民众而言，其关心的更多是经济层面的利益，因为政治利益对于广大穆斯林民众来说并非生死攸关的①。泰南分离组织的领导层往往更加看重政治利益，而并未将普通民众更关心的经济诉求与政治目标之间进行对接、建构，从而导致了国内动员进程的"断裂"。而且，很多泰南分离组织都成立于境外，指挥、领导机构等也大都不在泰南地区，这就导致了领导阶层缺乏对泰南普通民众的了解，提出了诸多空洞的动员口号，而实际效果却大打折扣。比如北大年联合解放组织成立于印度、总部设立在麦加，"北大年民族解放阵线"的指挥部设在了马来西亚的吉兰丹州等，而且仅喊出"独立"的口号显然难以引发广大民众的共鸣。此外，泰南分离组织中的一些宗教领袖等缺乏权威性，也是导致国内动员号召力不足的重要原因。在泰南，很多宗教领袖与泰国中央政府的关系密切，因而受到了普通民众的排斥，权威性不足，这与泰国政府的南部政策密切相关。为了缓和南部矛盾与冲突，泰国政府曾向南部穆斯林发起宣讲、设立伊斯兰事务委员等，但其中的伊斯兰领袖多为泰国政府指派或委任，很难得到普通民众的认可。

总之，泰南马来人除经济地位相对低下、生活较为贫困之外，在社会生活领域亦有别于主体民族泰族。在泰南，马来人视自己为主体民族，视伊斯兰文化为建构自我认同的重要方式，并不接受泰族文化。而且，泰南四府的马来人绝大多数生活在农村，北大年、陶公、也拉三府平均只有6%的人口居住在城市②，且马来人大都较为贫困、发展缓慢。据统计，1962年至1976年泰南三府（北大年、陶公、也拉）每个家庭的农业

---

① 陈衍德、彭慧、高金明、王黎明：《全球化进程中的东南亚民族问题研究——以少数民族的边缘化和分离主义运动为中心》，厦门大学出版社2008年版，第143页。
② 陈鹏：《泰国的马来人问题》，载葛公尚主编《二十世纪世界民族问题报告：典型篇 I》，民族出版社2005年版，第241页。

收入仅增长10%，而同时期泰南其他地区平均增长30%，整个国家增长60%。① 经济上的落后与文化上的差异、政治上的隔阂结合起来，使泰南呈现出一种多重贫困的复合现象。② 然而，泰南分离组织领导层并未针对这种复合现象进行有效动员，而仅是提出了政治、文化等方面的诉求，忽视了广大民众更为关心的经济问题。这种国内动员上的错位，使泰南分离运动很难组织起大范围的民众斗争活动，进而大大降低了泰南分离运动的实际效果。

四 被限制的国际动员

泰南穆斯林属于跨界民族，即"那些因传统聚居地被现代政治疆界分隔而居住于毗邻国家的民族"③，因而在亲缘、地缘、宗教、民族等方面与马来西亚北部地区具有天然联系。在20世纪60年代泰南分离运动兴起之后，马来西亚给予了泰南分离组织重要的支持。据悉，在建国之初讨论马来西亚的具体构成时，马来西亚伊斯兰党曾提出过将泰南四府并入马来西亚的倡议。1969年，在马来西亚吉兰丹州的一次地方政治集会上，地方官员穆罕默德·穆达（Muhammad Asri Hajji Muda）曾呼吁建立一个由马来半岛和泰南地区组成的马来人国家。④ 基于这种亲缘上的天然联系，泰南多个分离组织（如北大年民族解放阵线、北大年联合解放组织等）与马来西亚保持了密切的联系，吉兰丹地方政府为这些分离组织提供了大量的物质和道义支持。其实，马来西亚对于泰南穆斯林分离组织的支持与泰马两国的边界、领土冲突等密切相关。这一时期，泰马两国关系并未理顺且存在领土争端，再加上泰南分离运动对泰国政府的负面宣传等，马来西亚认为支持泰南分离组织不仅有利于分化泰国的实力，

---

① Astri Suhrke, "Southeast Asia: The Muslims in Sourthern Thailand", in Robert G. Wirsing, *Protection of Ethnic Minorities: Comparative Perspectives*, New York: Pergamon Press, 1981, p. 321. 转引自 M. Ladd Thomas, "Cultural Factors Affecting the Rural Development Interface of Thai Bureaucrats and Thai Muslim Villagers", *Contemporary Southeast Asia*, Vol. 7, No. 1, 1985, p. 2.

② 陈衍德、彭慧、高金明、王黎明：《全球化进程中的东南亚民族问题研究——以少数民族的边缘化和分离主义运动为中心》，厦门大学出版社2008年版，第142页。

③ 葛公尚：《当代政治与民族》，中央民族大学出版社1995年版 第178—179页。

④ Moshe Yegar, *Between Integration and Secession: The Muslim Communities of the Southern Philippines, Southern Thailand and Western Burma/Myanmar*, Boston: Lexington Books, 2002, p. 164.

而且是牵制泰国政府的重要方式，但这种支持往往并不是公开化的。比如，20世纪70年代马来西亚在难民政策上做出了较为严格的限制，但"在泰国穆斯林难民问题上却并无明确的政策限制"①。而且，马来西亚政府往往以人道主义为掩护，为泰南分离分子提供避难，马来西亚认为他们"不会违背难民的意愿将其遣送回国，且马来西亚将在纯粹人道主义的基础上为其提供保护"②。

除马来西亚之外，中东伊斯兰国家或国际组织也为泰南分离运动提供了重要的支持。在全球伊斯兰复兴思潮的影响下，泰南马来穆斯林中有很多留学海外的留学生。这些留学生大多是分离组织成员，或者对泰南分离运动持同情态度。借助这一身份认同，他们在国外尤其是伊斯兰世界积极宣传泰南独立思想，博取其他伊斯兰国家的同情，获取了大量的财政、人员等支持。在这种话语动员下，中东多个伊斯兰国家都对泰国政府产生了不满，开始为泰南穆斯林提供物质援助和道义支持。比如，沙特为泰南分离组织（北大年联合解放组织、北大年民族解放阵线和北大年民族革命阵线）提供了反泰的政治和外交支持，还提供了财政、人力支持等。利比亚也为泰南分离组织提供了财政支持，而且"为（分离组织）领导人提供了避难以及可以详细阐述他们分离主义思想的平台，还为分离组织成员提供了军事训练"等帮助③。此外，泰南分离组织还对伊斯兰会议组织（OIC）等进行了积极的动员，获得了在国际社会发声的重要平台。例如，1974年在吉隆坡举办的第五次伊斯兰外长会议上，"北大年民族解放阵线"提出了向泰国禁运石油的请求；1977年北大年民族革命阵线通过伊斯兰会议组织向联合国提交了一份控诉泰国政府的控诉书；1984年的伊斯兰会议组织呼吁对北大年地区的穆斯林提供财政和人

---

① Shanti Nair, *Islam in Malaysian Foreign Policy*, Routledge, 1997, p. 176.
② Surin Pitsuwan, "The Ethnic Background of Issues Affecting Bilateral Relations Between Malaysia and Thailand", in Remo Guidieri, Francesco Pellizzi, Stanley J. Tambiah, *Ethnicities and Nations: Processes of Interethnic Relations in Latin American, Southeast Asia, and the Pacific*, Austin: University of Texas Press, 1988, p. 338.
③ Moshe Yegar, *Between Integration and Secession: The Muslim Commities of the Southern Philippines, Southern Thailand and Western Burma/Myanmar*, Boston: Lexington Books, 2002, p. 167; Shanti Nair, *Islam in Malaysian Foreign Policy*, Routledge, 1997, p. 169.

道主义支持,① 等等。

整体而言,由于泰南分离运动分化严重,尽管分离组织借助地缘、亲缘、宗教思潮等进行了积极的国际动员,并且一度获得了部分国家、国际组织的支持,但这种支持往往是暂时的且受到国际环境、国家关系的影响。20 世纪 90 年代,随着泰马关系的理顺和两国矛盾的解决,马来西亚明确表示不再对泰南分离运动给予支持,并与泰国政府在反分裂方面开展了合作。此后,马来西亚逮捕了北大年联合解放组织的军队领袖哈吉(Hajji)及其他三个成员,并移交给了泰国当局。而且,伴随着国际伊斯兰复兴思潮的退去,来自中东各国的支持也逐渐消失。在缺乏国际支持的情况下,泰南分离组织在国内的动员亦十分低效,再加上泰国政府加大了对泰南经济、政治、文化等的改革,出台了一系列有利于马来穆斯林的政策,大批分离组织向泰国政府投降,泰南分离运动逐渐归于沉寂。

五 20 世纪 70—80 年代的"短暂"高潮与 21 世纪初的极端化转向

尽管在 20 世纪 70、80 年代泰南分离运动的发展进入了高潮期,但这一高潮很快在泰国政府政策、国际环境等的影响下消退,至 90 年代中后期泰南分离运动基本归于沉寂。20 世纪 60 年代,泰南分离运动实现了初步的发展,各种分离组织在国内外动因的刺激下先后成立。据不完全统计,自 20 世纪 60 年代泰南有 60 多个较为活跃的分离主义武装组织。② 70、80 年代,泰南分离运动曾掀起了短暂的反抗高潮。1976 年泰国政府宣布泰南地区进入紧急状态,并取消了罪犯的申诉权。1968—1975 年,泰国政府先后发动了一系列旨在应对分离武装活动的军事行动,如"南部边境四府特别行动""兰甘亨行动"等。从 1976 年到 1981 年底,泰南先后发生 127 起暴力事件、伤亡近 500 人。到 80 年代中期,受到国内外因素的影响,泰南分离运动进入衰退期。泰国政府转变此前的强硬打击

---

① 吴向红:《泰南穆斯林分离运动研究》,硕士学位论文,厦门大学,2007 年,第 48—49 页。

② 阳举伟:《泰国整合马来穆斯林族群的困境与出路——基于影响民族同化因素的分析》,《印度洋经济体研究》2015 年第 6 期。

态度，采取了对投降者既往不咎的宽大政策，大量武装分离分子开始放下武器、放弃抵抗，如 1988 年 1 月就有 460 名穆斯林武装分离分子向政府投降等。① 至 90 年代，尽管部分泰南分离组织尝试整合力量再次"发难"，但很快因领导权等问题自动瓦解，此后泰南分离运动逐渐归于平静。

在"9·11"事件等影响下，21 世纪初国际恐怖主义浪潮席卷全球，泰南地区亦发生了多起恐怖袭击事件，造成了不小的人员伤亡。有些学者将其视为泰南分离运动的第二波高潮②，甚至推测多起爆炸事件系北大年联合解放组织、北大年民族革命阵线等分离组织制造③。实际上，这是泰南分离主义不断走向极端化的重要标志之一。自 20 世纪 90 年代以来，泰南局势呈现缓和发展的趋势；进入 21 世纪后，在国际恐怖主义等的推动下，泰南分离主义开始向宗教型极端主义转向。长期以来，泰南分散化的分离组织相互竞争，并未取得实际的效果。伴随着 1998 年马来西亚政府对待泰南穆斯林分离运动的态度发生变化，其放弃了对泰南分离运动的支持或同情态度，转而与泰国政府等进行安全合作，共同打击、预防跨国犯罪、禁毒、走私等。在这种背景下，由于依然坚持实现"独立"等的不切实际的斗争目标，但又难以支撑分离运动所需的巨大消耗等，由此泰南分离运动逐渐转向了一种成本较低但"成效"较高的方式——极端化。④ 自 21 世纪以来，因观察到伊斯兰极端主义意识形态在动员、攻击等方面的煽动性极强，由此泰南分离运动等开始将极端主义作为其斗争工具⑤，这是其极端化的重要体现。自此，泰南分离运动不断倒向伊斯兰极端主义，与此同时自身的宗教色彩越来越浓，攻击方式逐步由游击战转向城市恐怖主义，组织自身的族群性降低而宗教极端性增强。

进入 21 世纪以来，泰南分离运动时不时在南部地区制造恐怖袭击。

---

① 韦红：《东南亚五国民族问题研究》，民族出版社 2003 年版，第 201 页。
② 周慧芝：《从认同角度分析 20 世纪末泰南问题进入高潮的原因》，硕士学位论文，清华大学，2012 年，第 28—33 页。
③ 方金英、马燕冰：《泰国南部动乱的来龙去脉》，《国际资料信息》2004 年第 7 期。
④ 靳晓哲：《东南亚地区分离运动的发展路径与现实走向研究——以东帝汶、印尼亚齐、泰国南部为例》，《南洋问题研究》2019 年第 1 期。
⑤ S. P. Harish, *Changing Conflict Identities: The Case of the Southern Thailand Discord*, Working Paper No. 107, Institute of Defence and Strategic Studies Singapore, February 2006.

比如，2004年4月的"库塞清真寺"事件，当时驻扎在北大年府的政府军第四军团与潜入库塞清真寺的武装暴乱分子进行了激战，最终击毙武装暴徒30余名；2005年4月，陶公府与也拉府同时发生暴恐事件，前者导致两名警察死亡，后者导致一名乡村行政人员遇难①，等等。鉴于此，2000年7月泰国政府在南部地区颁布实施了《紧急状态行政管理法》，以控制、稳定南部地区的不稳定局势。2011年英拉政府上台，尝试从根源上解决泰南分离与极端主义问题，为此试图与相关组织进行和平谈判。2013年以来，泰国政府与南部分离组织展开了多次谈判，希望终结长期的南部纷乱与流血冲突，但仍未达成一致。②自2014年"伊斯兰国"崛起后，泰国南部再次发生了多起暴恐事件，尽管泰国政府否认"伊斯兰国"成员已经渗透进泰国南部，但多起恐袭事件与"伊斯兰国"的暴恐手法极为相似。然而，泰南分离运动的极端化与恐怖主义之间是否存在关联，这一问题有待进一步观察和研究。2017年11月，国际危机组织在《泰国南部地区的"圣战主义"——一种幻想的威胁》报告中指出：泰国南部地区的极端组织与"伊斯兰国"的战斗目标并不一致，但与此同时外部极端思想对该地区的分离组织影响越来越大，尤其可能加剧该地区的极端化。③当然，泰南分离组织与国际恐怖主义之间究竟是否有勾连或有多大程度的勾连，迄今并无足够证据可以证明。

第三节 长期博弈与菲律宾南部分离运动的两次高潮

自20世纪70年代摩洛民族解放阵线成立，菲南分离运动正式走向组织化、系统化。此后，因领袖的价值理念、权力分配等不平衡，尽管菲南分离运动出现分化，但主要以"摩洛民族解放阵线"和"摩洛伊斯兰

---

① 《泰国南部恐怖袭击两死五伤，总理保证和平解决》，中国新闻网，2005年4月24日，http：//www.chinanews.com/news/2005/2005-04-24/26/566687.shtml。

② 《泰政府与分离组织谈判盼终结纷乱》，搜狐网，2017年9月18日，http：//www.sohu.com/a/192771174_402008。

③ 参见International Crisis Group, *Jihadism in Southern Thailand: A Phanton Menace*, Brussels: Headquarters International Crisis Group, 2017。

解放阵线"二者影响最大。早在20世纪70年代，菲律宾政府就试图通过对话、谈判等解决菲南分离问题，但基于种种原因，双方始终难以达成一致。至90年代中期，摩洛民族解放阵线与菲中央政府达成了自治协议，但摩洛伊斯兰解放阵线仍在坚持反抗，并掀起了新一轮的分离浪潮。2014年，摩洛伊斯兰解放阵线与菲政府达成新的自治协议，但因种种因素并未立即生效。菲南问题的长期化为极端主义、恐怖主义的渗透和介入创造了条件，导致该问题进一步走向复杂化。

一 雅比达事件及影响

独立后，菲律宾在南部地区推行所谓的"国家整合计划"，试图通过向南方移民的方式"促使"摩洛人融入整个国家。然而，该计划不仅未能促进双方的融合，反而因土地、就业等问题引发了双方激烈的矛盾和冲突。随着摩洛人对北方天主教徒的不满日益累积，冲突不断被激化，最终在雅比达事件中得以爆发。1968年3月17日，一批来自苏禄省的穆斯林士兵①得到征召，在雅比达镇（Jabidah）训练营集训，其公开说法是对付菲共，但事实上他们受训的目的是渗透到马来西亚沙巴州进行破坏。得知真相后，穆斯林士兵便欲退出，但军方恐因此泄露此秘密任务，便将其每12人编成一个小队带到了附近的一个小型机场的跑道上，予以集体屠杀，但其中一名士兵因故逃过此劫。②消息一经曝出，便引发了菲国内的震动，尤其是激发了南部摩洛人的悲愤和不满。同年5月，此前曾担任哥打巴托省（Cotabato）省长的优德托戈·马塔兰姆（Udtog Matalam）宣布成立"穆斯林独立运动"（Muslim Independence Movement）。这是菲律宾独立后摩洛人首次表示要从这个国家分离出去，标志着摩洛人斗争诉求的根本转向，吹响了"摩洛人要求独立的号角"③。

雅比达事件唤醒了摩洛青年人的政治意识，推动他们走向了誓死反抗菲律宾政府的不归路。雅比达事件曝光后，马尼拉总统府前曾一连数夜聚集了大批穆斯林青年，他们甚至带着棺材静坐抗议，棺材上写着

---

① 具体人数各方说法不一，人数在28—64名。
② 江炳伦：《南菲律宾摩洛反抗运动研究》，台北：中国文化大学法学院1999年版，第72页。
③ 江炳伦：《南菲律宾摩洛反抗运动研究》，台北：中国文化大学法学院1999年版，第73页。

"雅比达"。据悉,后来成摩洛民族解放阵线领导人的密苏阿里(Nur Misuari)也在此次静坐抗议的行列之中,并自称其政治生涯即诞生于这些夜晚。① 1969 年,雅比达事件的涉案军官均被无罪释放,这进一步刺激了菲南摩洛领袖进行反抗、自救的决心。此后,诸多摩洛青年人前往马来西亚开始接受军事训练,这些人后来成了摩洛武装力量的核心。②

雅比达事件还引发了菲南地区激烈的族群冲突。此前,因政府的移民政策,天主教徒与穆斯林之间往往因土地、就业等问题发生冲突,但规模往往不大且较易控制。但雅比达事件后,自 1970 年下半年至 1972 年年中双方的冲突演变为有组织、大规模且极度残酷的武力对峙,造成了严重的人员伤亡和经济损失。对峙双方均各有名称,穆斯林方面称为"巴拉库达斯"(Barracudas)或"黑衫帮"(Blackshirts),天主教徒方面称为"伊拉格斯"(Ilagas)或"老鼠"(Rats)。③ 双方的武力对抗不断升级,导致众多平民被杀,寺庙、教堂、学校等被烧毁,村民纷纷逃离家园到同教人数较多的地方避难。据统计,至 1970 年底难民人数已达 3 万多人,1971 年底增至 5 万多人。④ 其中,最令穆斯林感到气愤的是,菲政府不仅不帮助平息冲突,反而站在天主教徒一边,给予暗中支持,甚至很多士兵也参与了杀戮穆斯林的行动。比如,有学者就认为:"马科斯政权在处理穆斯林问题方面是短视的……菲南穆斯林看到政府如此袒护'伊拉格斯',难免会相信政府是有意要消灭穆斯林。这种信念自然而然强化了他们进行反抗的决心。"⑤

在日益严峻的菲南冲突中,马科斯总统宣布戒严令,开始实行个人独裁统治。他给出的理由是:菲律宾正面临政治全面失控的严苛危机,包括共产党颠覆活动、穆斯林分离运动、右派阴谋、学生纷扰以及政府

---

① Macpado Abaton Muslim, *The Moro Armed Struggle in the Philippines*: *The Nonviolent Autonomy Alternative*, Marawi City: Mindanao State University, 1994, p. 93.
② Wan Kadir bin Che Man, *Muslim Separatism*: *The Moros of Southern Philippines and the Malays of Southern Thailand*, Oxford University Press, 1990, p. 75.
③ 江炳伦:《南菲律宾摩洛反抗运动研究》,台北:中国文化大学法学院 1999 年版,第 74 页。
④ Wan Kadir bin Che Man, *Muslim Separatism*: *The Moros of Southern Philippines and the Malays of Southern Thailand*, Oxford University Press, 1990, pp. 75 – 76.
⑤ Diosdado Macapagal, *Democracy in the Philippines*, Downsview: Ruben J. Cusipag, 1976, p. 91.

无力推动必要的改革等。然而,戒严令对于南部摩洛人是十分不利的。一位菲律宾学者就认为:一是戒严令将政治权力集中在了天主教菲人手中;二是戒严令限制了合法的政治活动,民众只剩两项选择,或无条件接受或从事反政府行动;三是政府限制了枪械的流动,如果民众乖乖交出,则之后将无力再从事武装反抗的斗争。① 总之,戒严令强化了摩洛人诉诸武力、进行反抗的决心,连此前较为温和、希望通过政治途径解决问题的摩洛领袖,亦逐渐加入了主战派阵营。1972 年 10 月 24 日,在传统世俗精英的领导下,七个不同团体的穆斯林青年突袭了菲南马拉维市(Marawi City),一度占领了军队营地、学校等地,但菲政府军很快开始反击,穆斯林青年军不得不退入附近山区。马拉维事件揭开了菲南摩洛人大规模武装反抗的序幕。尽管有关马拉维事件的性质有不同的猜测②,但不得不承认,在雅比达事件的催化下,菲南摩洛领袖领导下的菲南分离运动逐渐走上了坚定的武装反抗之路。

二 第一次高潮:20 世纪 70 年代菲南分离运动及发展

初期的摩洛反抗运动往往是由曾担任过高级公职的地方精英所领导的,但这些反抗大都未发展壮大。直到1972年摩洛民族解放阵线的出现,密苏阿里及其青年领导人摆脱了传统的封建领导色彩,在国内外积极奔走,不仅获得了国内民众的大力支持,还得到了来自国际的重要支援。密苏阿里原是菲律宾大学的教职人员,曾是马尼拉一个名为"爱国青年"组织的激进学生团体的代表,该团体具有浓厚的马克思主义倾向。因而,密苏阿里主张反对封建主义、资本主义、帝国主义,并将这种主张与激进的民族主义思想相结合,从而提出了通过武装斗争脱离菲律宾共和国的政治目标,并在棉兰老地区建立"摩洛共和国"。摩洛民族解放阵线的成员大都是来自南部不同部族的激进青年,宣称该组织是菲南穆斯林的

---

① 转引自江炳伦《南菲律宾摩洛反抗运动研究》,台北:中国文化大学法学院1999年版,第80页。

② 第一种猜测是马拉维事件是真正的摩洛人反叛,而无政府的策动或操控;第二种猜测是马拉维事件是政府在幕后操纵的一项阴谋,目的在于测试当时刚刚萌芽的摩洛反政府武装的力量大小、民众支持程度等;第三种猜测认为这是马科斯为戒严令在寻找理由,以求其独裁政权可以无限期延长。

合法代言人，负有为摩洛人争取正当权利的责任。①

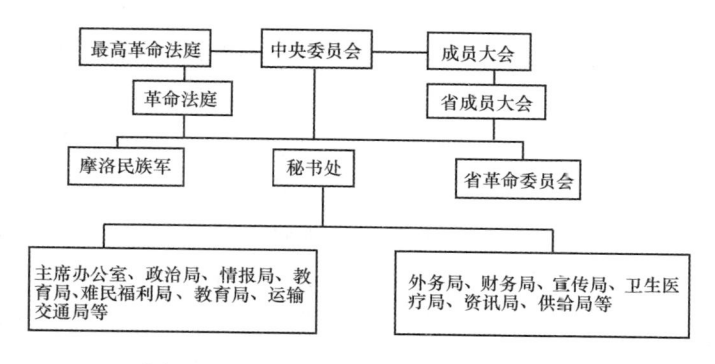

```
              ┌─────────────┐
   ┌──最高革命法庭─中央委员会─成员大会──┐
   │          └─────────────┘          │
   革命法庭                          省成员大会
   │                                    │
   摩洛民族军──秘书处──省革命委员会
   │                                    │
主席办公室、政治局、情报局、教       外务局、财务局、宣传局、卫生医
育局、难民福利局、教育局、运输       疗局、资讯局、供给局等
交通局等
```

图 5—1　"摩洛民族解放阵线"组织结构

资料来源：江炳伦：《南菲律宾摩洛反抗运动研究》，中国文化大学法学院 1999 年版，第 95 页。

摩洛民族解放阵线具有相对完整的领导机构，最高决策机构为中央委员会，大约由 13 个人组成（如图 5—1 所示），中央委员会互选 1 人为主席，是事实上的最高领导人。② 中央委员会下设有 10 个功能性单位，如政治局、财务局、宣传局等，主要负责菲国内事务的运作。对外联络的任务则主要由中央委员会负责，以联络各伊斯兰国家或国际组织，寻求和接受其援助。省市革命委员会是中央委员会的下一级组织，负责实际的工作，主要任务是领导武装力量、招募和训练新成员、指挥作战等。尽管领导体系相对完整，但除领导层和武装人员外，摩洛民族解放阵线并没有正式的人员名册，不同作战单位之间的指挥、旗号等并不统一。因此，摩洛民族解放阵线更为重要的意义在于，树起了反抗菲律宾政府的大旗，团结和凝聚了南部摩洛民众的反抗。摩洛民族解放阵线将大多数摩洛人均视为潜在的支持者，因为在相同的宗教信仰之下，尽管大家分属不同的民族，但摩洛民族解放阵线将反抗赋予了"圣战"的含义，成为每个摩洛穆斯林都应当而且必须参与的活动。当然，在经历雅比达

---

①　白宁丽：《菲律宾南部的穆斯林问题研究（1946—1999）》，硕士学位论文，贵州师范大学，2015 年，第 28—29 页。
②　江炳伦：《南菲律宾摩洛反抗运动研究》，台北：中国文化大学法学院 1999 年版，第 95 页。

事件的刺激后，菲南摩洛人对马科斯政权的愤懑和不满日渐累积，因而在宗教、民族等感情的动员下，极易被吸纳为摩洛民族解放阵线的成员。此外，摩洛民族解放阵线还得到了来自摩洛民众的大量财力支持，利用穆斯林的"天课"① （Zakat）聚拢了民间财富，成为其长期抗争的重要基础。

摩洛民族解放阵线之所以能在20世纪70年代掀起菲南分离运动的高潮，除系统的国内动员外，国际社会外部的援助和支持亦是重要的因素之一。就国家主体而言，马来西亚和利比亚是给予摩洛民族解放阵线援助和支持最多的两个。基于与菲律宾之间的领土争端，马来西亚通过对摩洛民族解放阵线等的支持，不仅可以削弱菲国内的力量，而且可以借此问题向菲律宾施压，迫使其在沙巴等领土问题上让步。② 马来西亚的沙巴地区不仅是摩洛民族解放阵线的重要训练基地，还是外来支援物资等的主要转运站。沙巴地方政府是摩洛民族解放阵线等分离人员武器装备的重要供给者之一，也是摩洛难民等的重要避难所。此外，马来西亚还是助推摩洛问题国际化的重要力量。据悉，马来西亚前任首相东姑·阿不都·拉曼（Tunku Abdul Rahman）在70年代任伊斯兰会议组织秘书长时曾为菲南摩洛问题大肆游说相关国家，并积极推动其他会员国的介入或援助。③ 除马来西亚外，利比亚也是最早对摩洛民族解放阵线进行援助的伊斯兰国家之一。早在1971年，摩洛民族解放阵线成立前利比亚就对菲南摩洛反抗运动十分关注，甚至给予了大量的资金资助。有学者就指出，在1973—1975年利比亚积极联络伊斯兰世界国家，大约为摩洛地区输送了350万美元的军事用品，摩洛民族解放阵线为主要的受援对象之一。此外，利比亚还积极联系伊斯兰会议组织成员国等，试图对菲律宾实施经济制裁，以间接支援摩洛民族解放阵线的反抗，但并未获得成功。总之，马来西亚、利比亚等不仅是菲南摩洛问题国际化的重要推动者，

---

① "天课"，伊斯兰宗教术语，又称"济贫税"。伊斯兰教法规定，凡有合法收入的穆斯林家庭，须抽取家庭年度纯收入的2.5%用于赈济穷人或需要救助的人。

② 相关分析参见 Wan Kadir bin Che Man, *Muslim Separatism: The Moros of Southern Philippines and the Malays of Southern Thailand*, Oxford University Press, 1990, p. 139。

③ 参见江炳伦《南菲律宾摩洛反抗运动研究》，台北：中国文化大学法学院1999年版，第100页。

而且是"摩洛民族解放阵线"的主要外来援助国。

在内外因素的共同作用下,摩洛民族解放阵线领导菲南摩洛人掀起了反抗高潮。摩洛民族解放阵线的作战组织为"摩洛民族军",为中央委员会的下属单位,但具有一定的独立性。在马科斯独裁政权的压制以及现代化发展的困境下,众多菲南摩洛青年或基于理想,或为情势所迫,纷纷加入了反抗行列。由于菲南民众有着同仇敌忾的精神斗志,尽管与菲政府军相比实力弱小,但摩洛民族解放阵线仍取得了不错的战果。从1972年下半年开始,摩洛民族解放阵线掀起了大规模的反抗,至1974—1975年达到最高峰。摩洛民族军一度占领苏禄省会和乐市(Jolo),但双方均伤亡惨重。据悉,1972—1976年菲律宾国防预算增加了7倍,兵员从6万陡升至25万。1974—1975年,菲全国武装部队的四分之三驻防在棉兰老地区。① 经过长时间对峙,双方始终难分胜负,最终迫使马科斯不得不尝试谈判解决。最终,在利比亚、伊斯兰会议组织等的积极推动下,双方于1976年签订《的黎波里协定》,但终因公投、自治范围等分歧而未能落实,对抗又重新开始。1980年至1986年,双方呈现"谈""打"交替的局面②,但就权力分配问题始终难以达成一致。

三 组织分化与第二次高潮:20世纪90年代菲南分离运动及发展

除密苏阿里之外,哈希姆·萨拉马特(Hashim Salamat)是菲南摩洛分离运动中的另一位杰出青年领袖。他曾在埃及接受相关的宗教教育,并在开罗的菲律宾留学生会中担任领袖角色。1970年萨拉马特返回菲律宾,很快成长为摩洛民族解放阵线中央委员会的委员。在《的黎波里协定》宣告失败后,密苏阿里遇到了来自组织内部的信任危机,以萨拉马特为首的领导层趁机向密苏阿里发起挑战。1977年,摩洛民族解放阵线在麦加召开大会,萨拉马特击败密苏阿里当选摩洛民族解放阵线的主席,但后者拒绝承认这一结果,并且其地位得到了来自利比亚等伊斯兰世界国家的强力支持。至1984年3月,萨拉马特已无力获得摩洛民族解放阵

---

① Macpado Abaton Muslim, *The Moro Armed Struggle in the Philippines*: *The Nonviolent Autonomy Alternative*, Marawi City: Mindanao State University, 1994, p. 114.

② 陈衍德:《马科斯时期菲律宾的穆斯林问题》,《世界民族》2004年第3期,第29页。

线的领导权且与密苏阿里之间的关系不可修复,遂宣告建立了新的组织——"摩洛伊斯兰解放阵线"。与摩洛民族解放阵线有所不同,摩洛伊斯兰解放阵线的宗教色彩更浓,态度也更为强硬,敌视一切损害穆斯林利益的行为,在哥打巴托和拉瑙等地区获得了众多穆斯林青年的响应和支持①。

20 世纪 80 年代初期,摩洛伊斯兰解放阵线仅初具规模,因而与政府军的正面对抗并不多。1986 年马科斯因选举舞弊被迫下台,菲律宾进入阿基诺政府时期。阿基诺总统致力于恢复菲南的和平与安定,积极推动《的黎波里协定》的落实。1989 年,尽管《穆斯林棉兰老自治基本法》获得通过,但政府与南部分离组织并未达成谅解。同一时期,阿布沙耶夫组织(Abu Sayyaf Group, ASG)宣告成立,并迅速成长为更为激进且极端的地区恐怖组织。阿布沙耶夫组织坚持"为安拉而战""为伊斯兰而战、不惜一死"的口号,鼓励穆斯林民众参与到"圣战"中,以实现纯正的伊斯兰意识形态。② 阿布沙耶夫组织的出现,表明阿基诺政府在处理菲南分离主义问题上并不成功。1992 年菲律宾进入拉莫斯总统时代。上任后,拉莫斯积极推进南部分离问题的解决,但采取了"逐个击破"的策略,即先同实力较强的摩洛民族解放阵线达成协议,而忽视了摩洛伊斯兰解放阵线的存在。1996 年 9 月,拉莫斯政府与摩洛民族解放阵线达成全面实施《的黎波里和平协议》的最终协定。根据协议,7500 名摩洛民族解放阵线武装人员并入军队和其他安全部队,其余人将放下武器。③ 协议的达成正式结束了摩洛民族解放阵线与菲政府的军事对抗,为摩洛民族解放阵线回归主流社会提供了机会。④ 然而,由于摩洛伊斯兰解放阵线已从摩洛民族解放阵线中分化出来,实际上和平协议的签署并未给菲南带来真正意义上的和平,因为菲政府军与摩洛伊斯兰解放阵线的冲突

---

① 白宁丽:《菲律宾南部的穆斯林问题研究(1946—1999)》,硕士学位论文,贵州师范大学,2015 年,第 32 页。

② 靳晓哲:《菲律宾南部摩洛问题的演进、症结与前景》,《南亚东南亚研究》2019 年第 2 期,第 72 页。

③ Eleanor Dictaan Bangoa, "The Question of Peace in Mindanao Southern Philippines", in Chandra K. Roy, Victoria Tauli Corpuz & Amcmda Romero Medina eds, *Beyond the Silencing of the Gun*, Tebtebba Foundation Inc., 2004, p. 158.

④ 孟庆顺:《菲南和平进程的回顾与思考》,《南洋问题研究》2008 年第 4 期。

仍在继续。①

20世纪90年代，在摩洛伊斯兰解放阵线的领导下菲南分离运动再次掀起了反抗高潮。与摩洛民族解放阵线相比，摩洛伊斯兰解放阵线自视为更为革命、更为彻底的分离运动。尽管1996年协议达成了建立"棉兰老穆斯林自治区"的决定，但摩洛伊斯兰解放阵线明确表示不会和密苏阿里"同流合污"。与此同时，很多摩洛民族解放阵线的成员认为密苏阿里背叛了摩洛人的事业，转而加入了摩洛伊斯兰解放阵线。②再加上拉莫斯政府许诺的各种经济援助迟迟未能到位，民众再次感受到了政府的"歧视"与冷漠，民怨与不满再次被点燃。一时间，摩洛伊斯兰解放阵线迅速壮大，并逐渐成为菲南分离运动的主力，再次发动了对政府军的大范围攻击。1997年7月，拉莫斯政府向摩洛伊斯兰解放阵线的营地发动了空袭，迫使摩洛伊斯兰解放阵线开始转变强硬的态度，但直到拉莫斯下台，双方的战斗仍在激烈持续。

1998年埃斯特拉达就任菲律宾总统，对摩洛伊斯兰解放阵线采取了"胡萝卜加大棒"的政策。一方面，政府与摩洛伊斯兰解放阵线举行和谈，强调不允许国家领土分裂、不允许外国插手等原则；另一方面，政府军在棉兰老地区部署了近10万军队，谨防摩洛伊斯兰解放阵线继续在菲南地区扩充武力。③1999年东帝汶获准独立，这极大鼓舞了摩洛伊斯兰解放阵线的士气，其再次在和谈中提出独立要求，遭到了埃斯特拉达的拒绝。2000年3月，埃斯特拉达政府加大了对摩洛伊斯兰解放阵线的打击力度，一度攻占其多处训练营地。面对政府军的进攻，萨拉马特号召南部全体穆斯林进行"圣战"，以打击"伊斯兰的敌人"④，此后摩洛伊斯兰解放阵线在马尼拉和棉兰老地区制造了多起爆炸事件⑤。与上一次菲南分离高潮有所不同的是，国际因素在此次高潮中的作用并不显著。究

---

① 靳晓哲：《菲律宾南部摩洛问题的演进、症结与前景》，《南亚东南亚研究》2019年第2期。
② 陈衍德、彭慧、高金明、王黎明：《全球化进程中的东南亚民族问题研究——以少数民族的边缘化和分离主义运动为中心》，厦门大学出版社2008年版，第230页。
③ 陈衍德、彭慧、高金明、王黎明：《全球化进程中的东南亚民族问题研究——以少数民族的边缘化和分离主义运动为中心》，厦门大学出版社2008年版，第231页。
④ Nathan Gilbert Quimpo, "Options in the Pursuit of A Just, Comprehensive, and Stable Peace in the Southern Philippines", *Asian Survey*, Vol. 41, No. 2, 2001, p. 272.
⑤ 吴杰伟：《菲律宾穆斯林问题溯源》，《当代亚太》2000年第12期。

其原因，一方面在东南亚各国合作的框架下，菲马关系进一步协调，马来西亚放弃了此前对菲南分离运动的支持立场，转而变为斡旋者、调停者，另一方面国际伊斯兰复兴浪潮在20世纪90年代有所回落，来自伊斯兰世界的支持亦大大减弱。此外，尽管21世纪初前后国际恐怖主义势力开始崛起，但分离主义与恐怖主义之间毕竟尚有一段距离，摩洛伊斯兰解放阵线并未与恐怖主义合流。

2001年3月，在马来西亚的调解下，双方重启和谈，并取得了积极的成果。菲政府与摩洛伊斯兰解放阵线在的黎波里达成《和平协议》，协议确定了三项谈判议程：棉兰老地区的安全、穆斯林聚居区的援助与重建、穆斯林祖传领地问题。2003年3月4日，菲南达沃市国际机场发生爆炸，双方谈判再次面临困难。此时，阿罗约政府[①]决定借美国反恐之机，以彻底消灭摩洛伊斯兰解放阵线的武装，双方的对抗再次升级。[②] 2003年7月，摩洛伊斯兰解放阵线的强硬派领导人萨拉马特病死，哈吉·穆拉德成为新领袖。2004年2月，摩洛伊斯兰解放阵线与菲政府在马来西亚重启谈判。此后，双方就祖传领地问题迟迟难以达成一致，和谈一度陷入僵局。2010年7月，阿基诺三世总统就职后，菲政府和摩洛伊斯兰解放阵线都准备重启和谈。此一阶段，摩洛伊斯兰解放阵线态度发生重要转变，正式宣布放弃南部棉兰老地区穆斯林的独立运动，并同意在统一的菲律宾共和国体制下寻求政治谅解的可行性方案。[③] 2011年2月，双方的和谈正式重启。由于在主要议程和核心议程等方面双方已有实质性接触，因此双方对此次和谈均抱有很大希望。2014年3月，经过17年的谈判，双方终于正式签署全面和平协议，菲南分离运动开始进入平静期。

[①] 2001年，埃斯特拉达因收取贿赂和回扣指控，引发菲律宾第二次人民力量革命，被迫下台，副总统阿罗约接任。
[②] 靳晓哲：《〈邦萨摩洛组织法〉与菲南和平进程》，《国际研究参考》2018年第9期。
[③] 肖建明：《菲律宾南部和平进程的困境与前景》，《东南亚南亚研究》2012年第2期。

第四节 双重方向与印尼亚齐分离运动的阶段性发展

自 1976 年正式成立至 20 世纪 80 年代初期,通过对民族、领袖等象征性符号的建构,"自由亚齐运动"尽管并未在国内、国际产生较大的影响,但夯实了地区化的身份认同、建构了自我存在的合理性等。20 世纪 80 年代末至 90 年代初,"自由亚齐运动"在国际、国内等方面都实现了进一步发展,借助国际支持和不断扩大的国内支持,亚齐问题的影响范围进一步扩大。20 世纪 90 年代末至 21 世纪初,在东帝汶独立、国内政局转换等因素的影响下,"自由亚齐运动"再次掀起了分离运动的高潮,最终在国内外等多方的斡旋下,亚齐走向"自治"。

一 认同重构:20 世纪 70 年代末"自由亚齐运动"的发展

"自由亚齐运动"全称"亚齐—苏门答腊民族解放阵线"(Acheh-Sumatra National Liberation Front,ASNLF),正式成立于 1976 年,领导人系东古·哈桑·穆罕默德·迪罗(Teungku Hasan Muhammed di Tiro,简称哈桑·迪罗)。哈桑·迪罗曾参加过 1953 年的亚齐叛乱,失败后赴美留学并获得法学博士学位。尽管长期生活在国外,但哈桑·迪罗一直关注着亚齐地区的发展与变化。1976 年他重返亚齐,创建了"自由亚齐运动",提出了"独立建国"的诉求,成为亚齐分离运动的精神领袖和主要领导人。最初,哈桑·迪罗并不主张亚齐的分离,而是主张印尼实行联邦制。他认为,基于历史、经济、政治等因素,实行联邦制可以创造出一种平衡——即爪哇人让其他民族分享政治权利与经济资源,从而实现各民族间等的平等与共同发展,这才是解决民族问题的正确方案。[①] 然而,在进入苏哈托的"新秩序"时期后,国家权力集中于爪哇一族的情况日趋严重,印尼其他地区的经济、社会等发展缓慢,亚齐的特别行政

---

① Hasan Muhammad Tiro, *Demokraso Untuk Indonesia* (*Democracy for Indonesia*),Aceh:Penerbit Sulawah,1958. 转引自张洁《民族分离与国家认同——关于印尼亚齐民族问题的个案研究》,社会科学文献出版社 2012 年版,第 114 页。

区地位"名存实亡"。比如，1974年苏哈托颁布了《印尼共和国第五号法令》，规定地方政府由行政首脑和地方议会组成，并确立了地方行政首脑的任命程序——由总统从国家内政部提交的候选人中确定。① 这实际上确立了"总统—军队—专业技术集团"的国家统治结构，而专业技术集团则成为中央政府在地方实际的代言人，唯"中央政府"是从。换句话说，地方政府实际上成为中央政府的执行机构（service delivery agency），而不再是相对独立的决策机构（policy-making agency）。② 在此背景下，哈桑·迪罗认为在印尼实行联邦制的可能性已经消失，争取民族独立是亚齐的唯一选择。于是，围绕亚齐人的族群身份与认同等符号性象征，哈桑·迪罗建立并直接领导了"自由亚齐运动"的初期发展。

1976年11月4日，哈桑·迪罗发表《独立宣言》，成立"自由亚齐运动"，宣称要为捍卫"亚齐的独立和自由而奋斗"。最初，"自由亚齐运动"以政治宣传活动为主，至1977年中期因行动计划暴露，开始转入丛林并进行武装斗争。③ 这一阶段，"自由亚齐运动"的规模与影响范围都十分有限，成员多是来自受过高等教育的族群精英，但实际参与到武装斗争的人数可能还不足200人。尽管在展开政治宣传的同时，"自由亚齐运动"还发动了一些武装斗争，但斗争规模和影响也十分有限。限于自身薄弱的实力，"自由亚齐运动"在70年代末的武装斗争很快失败。1979年，哈桑·迪罗被迫逃往瑞典。至1982年，"自由亚齐运动"在印尼军队的镇压之下基本宣告失败。然而，需要指出的是，这一时期的武装斗争尽管宣告失败，但"自由亚齐运动"并未消失，而是转入亚齐的乡村或丛林中活动，一部分成员甚至开始在国外接受训练，以求再起。更为重要的是，这一时期以《独立宣言》等为代表的认同建构，为"自由亚齐运动"的存续提供了合理性支撑，进一步夯实了亚齐人的地区化

---

① 任若晗：《东南亚民族分离运动发生过程的精英动员研究——以亚齐及摩洛、泰南分离运动为例》，硕士学位论文，上海交通大学，2014年，第43—44页。
② Rolf Gerritsen, Saut Situmorang, "Beyond Integration the Need to Decentralize Central-Regional/ Local Relations in Indonesia", in Mark Turner, *Central-Local Relations in Asia-Pacific: Convergence or Divergence*, New York: St. Martin's Press, 1999, p. 51.
③ Nazaruddin Sjamsuddin, "Issues and Politics of Regionalism in Indonesia: Evaluating the Acehnese Experience", in Lim Joo-Jock and Vani S. , *Armed Separatism in Southeast Asia*, Singapore: Institute of Southeast Asian Studies, 1984, p. 113.

身份，为分离获得的后续发展奠定了基础。

具体来看，一方面"自由亚齐运动"建构了独立的亚齐民族身份，强调了亚齐民族的历史荣誉感和独立建国的合法性。这一时期，亚齐精英以"民族解放"为旗帜，提出了建立"亚齐—苏门答腊国家"的政治主张。古老的亚齐王国及其辉煌的抗荷斗争经历等，在亚齐民众中形成了深刻的历史记忆和英雄主义情结。借助这些深埋于历史的厚重情结，"自由亚齐运动"将亚齐民族塑造成了勇敢、独立、受到爪哇迫害的形象，将矛头对准了苏哈托政权，并视印尼政府为"新殖民者"，与历史上的荷兰殖民者无异。通过将亚齐的古老历史、殖民反抗经历等与民族身份等相连接，"自由亚齐运动"以血缘、宗教、族群①等纽带建构出了新的"亚齐民族"，并认为亚齐人应为世代居住在这里的穆斯林，且应属九个民族之列（Aceh's nine *suku*）②。"亚齐民族"概念的提出，为区分亚齐族群中的"自我"和苏哈托政府为首的爪哇"他者"之间提供了标准，同时借助反抗历史等民族自豪感，凸显了亚齐人的独特性。

另一方面，在苏哈托政权日益将国家权力狭隘化至爪哇一族的进程中，"自由亚齐运动"强调了因经济开发、移民等带来的发展差异，并将这种差异视为一种新的压迫，以此激发和放大亚齐民众对印尼政权的敌意。作为意识的认同具有强大的能动作用，且影响相当深远。③ 在有关族群问题的认识上，原生主义将族群视为"自然"、先天的人类共同体，而工具主义或象征主义则视历史、文化、传统等为族群认同的基础与核心。在族群冲突中，有很多的传统、文化、习惯等的差异都是现代人发明的产物，如本尼迪克特·安德森将民族视为想象的共同体。然而，更具威胁或杀伤力的是，族群成员对这些差异的接受与认同，最终可能被赋予集体荣誉、尊严、权利、价值等情感意志，成为反抗合法性的来源。尤

---

① 原文为 *suku*，系英文中"族群"（ethnic group）的含义。
② 九个民族分别为亚齐（Aceh）、阿拉斯（Alas）、高尧（Gayo）、新吉尔（Singkil）、檀阳（Tamiang）、库鲁特（Kluet）、安妮可（Anek Jamee）、布鲁乐（Bulolehee）、西蒙乐鲁（Simeuleu）。参见 Kirstten E. Schulze, "The Free Aceh Movement (GAM): Anatomy of a Separatist Organization", *Policy Studies*, No. 2, 2004, p. 7.
③ 张洁：《民族分离与国家认同——关于印尼亚齐民族问题的个案研究》，社会科学文献出版社2012年版，第118页。

其，当部分成员尝试利用这些被发明创造出的想象来质疑并力图改变现状时，就会成为引发族群之间或族群与中央政府之间的新仇旧恨。[①] 在此认同重构下，"自由亚齐运动"重点强调了爪哇人在政治层面对印尼的把控，而政府中少数的非爪哇人仅是其对外宣传的工具；在经济方面，爪哇人在"发展原则"的外衣下，对亚齐资源进行了掠夺式开发，并且使用军队对外岛进行控制。因此，亚齐人无论是历史上还是现实中都未享受到公正的待遇，而唯有争取独立、建立亚齐—苏门答腊国家，才能真正解放"自我"。基于这一建构，"自由亚齐运动"整体的分离思想较为系统、完整，且在单一组织的领导下印尼亚齐的分离运动具有较强的延续继承性，为下一阶段的发展奠定了基础。

二 国际与国内：20世纪80年代末"自由亚齐运动"的发展

很多学者的研究表明，"自由亚齐运动"在20世纪70年代末的宣传效果并不理想，未获得更多支持。比如，埃里克·莫里斯就认为"自由亚齐运动"尽管得到了一些民众的同情，但这并不意味着民众支持亚齐独立的政治主张。[②] 尽管如此，从长远看"自由亚齐运动"的宣传还是直接影响了亚齐分离运动的后续发展。蒂姆·凯尔就认为"自由亚齐运动"的宣传把分离思想从皮迪亚扩展到了北亚齐、中亚齐和亚齐巴塞地区。[③] 从后续的发展状况看，也许正是因为有这些前期活动的铺垫，才有了后续20世纪80年代末至90年代初亚齐分离运动的高潮。"自由亚齐运动"于20世纪80年代末至90年代初掀起了亚齐分离运动的高潮，这主要体现在两个方面：在国际层面，"自由亚齐运动"得到了来自其他国家和国际组织的一些支持；在国内层面，与上一阶段有所不同，"自由亚齐运动"改变了世俗道路，增加了伊斯兰等宗教宣传与主张，得到了更多亚齐人和其他地区民众的同情和支持。与此同时，为了更好地镇压分离运

---

① 钱雪梅：《从认同的基本特性看族群认同与国家认同的关系》，《民族研究》2006年第6期。

② Eric Eugene Morris, "Islam and Politics in Aceh: A Study of Central-Periphery Relations in Indonesia", *Ph. D. dissertation*: *Cornell University*, 1983, pp. 300–301.

③ Tim Kell, *The Roots of Acehnese Rebellion*, 1989–1992, Cornell University Southeast Asia Program Publicaitions, 1995, p. 65. 转引自高金明《伊斯兰国家内部的穆斯林反叛——以印度尼西亚亚齐分离运动为例》，《世界民族》2007年第2期。

动,印尼政府于 1989 年将亚齐变成了军事占领区。在近 10 年的军事统治期间,军队滥用职权、严重践踏人权。据不完全统计,期间全亚齐死亡、失踪和受到拷打的人数在 2000 人以上。① 高压政策和践踏人权,引发了当地民众对政府的不满,亚齐多个阶层的民众均转而开始支持、庇护"自由亚齐运动",这促进了印尼亚齐分离运动的发展。

从国际层面看,这一阶段"自由亚齐运动"注重从国际社会获取支持,以给苏哈托政权施加压力。长期以来,"自由亚齐运动"都将国际化(internationalization)视为其获取独立的唯一途径(only way)。② 其实,早在成立之初,哈桑·迪罗就十分注重获取外部支持,甚至为了获得西方国家更多的支持,"自由亚齐运动"在 70 年代末并未公开提出建立伊斯兰政权的主张,也正因如此失去了很多国内民众的支持。③ 20 世纪 80 年代之后,哈桑·迪罗逐渐增加了"自由亚齐运动"中的伊斯兰色彩,更加重视在国际社会中的宣传和动员,尝试获取更多的外部力量支持。80 年代末,伴随着国际伊斯兰复兴主义的发展,"自由亚齐运动"得到了诸多来自伊斯兰国家及国际组织的支持,比如伊朗、利比亚等为"自由亚齐运动"提供了财政和培训战士等支持,东南亚一些民间的伊斯兰组织也为其提供了诸多的援助等。④ 据称,1987 年大约有 250 名亚齐人在利比亚接受军事训练。⑤ 除与利比亚等保持密切联系外,"自由亚齐运动"还试图与印尼以及南太平洋地区的一些反政府武装组织等建立联系。而且,基于地缘等因素,马来西亚成为"自由亚齐运动"的重要资金来源地、训练基地和避难地。此外,哈桑·迪罗还注重从国际组织的相关活动中

---

① Vidhyandika Moeljarto and Arya Budhiastra Gaduh, "Indonesia in Transition: Government responses to the reform demands in the state of uncertainty", *Indonesian Quarterly*, Vol. 26, No. 3, 1998, pp. 183 – 205.

② Kirstten E. Schulze, "The Free Aceh Movement (GAM): Anatomy of a Separatist Organization", *Policy Studies*, No. 2, 2004, p. 51.

③ 张洁:《民族分离与国家认同——关于印尼亚齐民族问题的个案研究》,社会科学文献出版社 2012 年版,第 117 页。

④ 靳晓哲:《东南亚地区分离运动的发展路径与现实走向研究——以东帝汶、印尼亚齐、泰国南部为例》,《南洋问题研究》2019 年第 1 期。

⑤ *Far Eastern Economic Review*, June 28, 1990. 转引自张洁《民族分离与国家认同——关于印尼亚齐民族问题的个案研究》,社会科学文献出版社 2012 年版,第 129 页。

获取支持，增加在国际社会的曝光度，以将亚齐问题进一步国际化。20世纪90年代，哈桑·迪罗积极游说包括联合国在内的多个国际组织，试图得到更多的国际支持，比如1991年8月23日他向联合国反歧视和保护少数民族委员会（UN Subcommission on Prevention of Discrimination and Protection of Minorities）第44次会议提交了相关意见；1992年1月29日他又在人权委员会第48次会议中提交了相关意见等。①

在国内层面，这一阶段"自由亚齐运动"借助自身的宣传、动员得到了更多民众的同情与支持。20世纪80年代末"自由亚齐运动"再次兴起，影响范围迅速扩展至亚齐的北部和东部地区。在司马威市工业区东部的一个村中，就有超过650人加入了"自由亚齐运动"，附近另一村庄也有约800名居民发誓效忠"自由亚齐运动"。② 亚齐的司马威工业区与1971年在北亚齐发现大量油气资源密切相关。1977年，为油气开发而兴建了司马威工业区（Lhokseumawe Industrial Zone），此后亚齐的油气资源出口成为印尼国家收入的重要来源。油气资源的开发并未推动亚齐经济的发展，反而成为制约其经济增长和引发族群冲突的重要因素。根据"资源诅咒"理论的阐释，因自然资源开发而引发的"荷兰病"、资本外流、制度弱化、资源浪费、贫富差距扩大以及人力资本缺乏积累和科技能力下降等，是影响经济增长的主要渠道，而制造业衰退和产权安排缺陷则是导致这些问题的关键。③ 油气开采等不仅未能给亚齐地区带来经济的快速发展，反而对当地环境、产业结构、就业等产生了很多负面影响。比如，为了建设化肥厂，亚齐当地约400个家庭迁出了原居之地，但因缺乏新的谋生技能，很难适应新的生活环境，引发了诸多社会问题。这一阶段，"自由亚齐运动"有意识增加了宗教身份的宣传，扩大了普通民众的认同共鸣，再加上经济上并未获得油气开发的实惠，客观上推动了亚齐民众在思想上向"自由亚齐运动"的倾斜。有学者就指出，从地域分

---

① Kirstten E. Schulze, "The Free Aceh Movement (GAM): Anatomy of a Separatist Organization", *Policy Studies*, No. 2, 2004, p. 51.

② 张洁：《民族分离与国家认同——关于印尼亚齐民族问题的个案研究》，社会科学文献出版社2012年版，第127页。

③ 徐康宁、王剑：《自然资源丰裕程度与经济发展水平关系的研究》，《经济研究》2006年第1期。

布看,1988—1993年"自由亚齐运"的支持者可能已经遍布全亚齐。①蒂姆·凯尔也指出,从1990年中期到1993年上半年,"自由亚齐运动"的游击队员很多都潜伏到了民众之中②,这可以充分体现出其对民众的动员较为高效。

整体而言,这一阶段"自由亚齐运动"在国际、国内的影响力大增,掀起了亚齐分离运动的高潮。一方面,"自由亚齐运动"获得了来自伊斯兰世界的重要支持,但并未得到西方国家的支持,这成了限制其在国际社会进一步发展的障碍。西方大国和多数国际组织认为,亚齐问题是印尼的国内事务,尽管一度对亚齐的人权状况表示关切,但希望印尼能采取和平手段解决亚齐问题。比如美国就表示承认亚齐是印尼不可分割的一部分,但不愿看到印尼军队践踏人权的行为,希望印尼可以通过"提高亚齐的人权和福利"等方式来解决亚齐问题。③另一方面,依靠"自由亚齐运动"组织和领袖的号召能力等,这一阶段亚齐分离运动在印尼国内得到了众多支持。有学者指出,"民众就像一堆码好的砖块,略经风雨就可能坍塌,因为没有任何东西把他们粘合起来",而领袖的意义就在于创建"一种人为的与人同在、团结一致的感觉,以及一种面对面的人际关系的幻觉"。④ 这就是团结个人、支撑民众大厦的黏合剂。哈桑·迪罗就扮演了黏合剂的作用,尽管其早在1979年就逃往瑞典,但作为"自由亚齐运动"的精神领袖,他为分离分子提供了思想和世界观,同时也是亚齐分离运动的一种"象征"。在印尼政府强力的军事镇压下,至1991年11月"自由亚齐运动"军事总指挥官约瑟夫·阿里被杀,这一阶段的亚齐分离运动也逐渐开始步入低谷。简言之,这一阶段"自由亚齐运动"在国际社会获得了一定的支持,但并未得到西方大国的承认,而在国内则进一步加强了伊斯兰身份等宣传,获得了更多民众的同情和支持,为

---

① Jacques Bertrand, *Nationalism and Ethnic Conflict in Indonesia*, Cambridge University Press, 2004, p. 172.
② Tim Kell, *The Roots of Acehnese Rebellion*, 1989 – 1992, Cornell University Southeast Asia Program Publicaitions, 1995, pp. 66 – 67.
③ 陈衍德、彭慧、高金明、王黎明:《全球化进程中的东南亚民族问题研究——以少数民族的边缘化和分离主义运动为中心》,厦门大学出版社2008年版,第122页。
④ 参见[法]塞奇·莫斯科维奇《群氓的时代》,许列民、薛丹云、李继红译,江苏人民出版社2003年版,第6—7页。

后续回归国内、与政府进行谈判奠定了基础。

三 回归国内：20世纪90年代末"自由亚齐运动"的发展

20世纪90年代末之前，印尼被认为是威权统治下经济现代化建设较为成功的国家之一。然而，成功背后隐藏着诸多不稳定和冲突的因素。1997—1998年，东南亚金融危机对印尼经济造成了严重冲击，长期潜藏的政治、社会矛盾全面爆发。1998年5月，苏哈托被迫辞职。军人统治的结束标志着印尼政治生活发生了深刻的变化，各种社会力量参与政治的热情空前高涨。正如亨廷顿所言：长久地压制政党就会造就某种力量，一旦独裁统治走到山穷水尽的地步，这些力量就会爆发出来。① 此外，1999年8月30日，东帝汶在联合国的监督下进行全民公决，结果78.5%支持东帝汶独立；10月，印尼正式承认公决结果。② 这一事件的出现强烈地刺激了亚齐地区的分离意愿，此后在"自由亚齐运动"等的宣传、号召下，亚齐地区几乎陷入无政府状态，学生运动、地方政党活动、伊斯兰教组织等都积极主张进行公决，以为亚齐地方争取更多权力和利益。尽管各方在具体主张上各有差异，但均将矛头对准了印尼政府，认为印尼政府应该给予亚齐更多优惠。在此背景下，印尼亚齐分离运动再次掀起高潮。

1998年苏哈托下台后，"自由亚齐运动"重新开始活跃，并迅速拓展至比迪亚、北亚齐和东亚齐地区，且获得了民众的广泛支持，力量迅速壮大。据悉，至2001年"自由亚齐运动"的影响力已经遍及亚齐地区，到处可见"自由亚齐运动"的旗帜和标志，且在民众的保护下，军方很难抓捕到其成员和领导人。③ 从1998年亚齐分离运动再次兴起到2005年实现政治和解，在国内政权不断民主化的背景下，经过多次和谈"自由亚齐运动"最终放弃独立，选择回归印尼国内。具体来看：

---

① ［美］塞缪尔·P. 亨廷顿：《变化社会中的政治秩序》，王冠华、刘为等译，上海人民出版社2008年版，第340页。
② 靳晓哲：《东南亚地区分离运动的发展路径与现实走向研究——以东帝汶、印尼亚齐、泰国南部为例》，《南洋问题研究》2019年第1期。
③ 张洁：《民族分离与国家认同——关于印尼亚齐民族问题的个案研究》，社会科学出版社2012年版，第137页。

一方面,"自由亚齐运动"尝试借助国际化的路径向印尼政府施压,但效果并不理想,其在国际社会的活动空间被进一步压缩。一直以来,"自由亚齐运动"都坚持将亚齐问题不断国际化的策略,试图借助国际支持向印尼政府施压。然而,20 世纪 90 年代末国际伊斯兰复兴思潮逐渐退去,此前为"自由亚齐运动"提供支持的伊斯兰国家也纷纷表示不再支持。比如,1999 年,约旦、卡塔尔、科威特等国均表示不支持亚齐独立,利比亚也逐渐放弃了对"自由亚齐运动"的支持。① 而且,在印尼政府的游说下,卡塔尔甚至承诺将在 2000 年的伊斯兰会议组织会议中说服各成员国,就反对亚齐独立问题达成统一立场。此外,联合国、东盟以及西方大国等本就在亚齐问题上采取不支持、不干预的态度,认为亚齐问题属于印尼的国内事务。1999 年,东盟首脑会议发表了一份主席声明,表示对印尼亚齐分离问题持"尊重印尼和其他东盟成员国的主权和领土完整"的态度。西方大国尽管关注亚齐的人权状况,但也明确表示支持印尼的完整和统一。2000 年初,美国驻印尼大使格尔巴德强调,美国同国际社会一样,绝对尊重印尼的领土完整,但希望印尼政府采取明确而广泛的措施,尽快解决亚齐等分离问题。

另一方面,在国际支持不断减少的背景下,"自由亚齐运动"同意与印尼政府进行和谈,以不断适应或在日益高涨的群众运动中占据主动。"自由亚齐运动"同意和政府进行和谈,但前提条件有两个:具有国际性的第三方参与、谈判地点在印尼之外。因为"自由亚齐运动"认为,印尼政府同意与其举行会谈,意味着对自己合法性的承认,而且其可以借此机会争取更多国际关注,这对于其国际化策略亦是一种成功。之所以愿意与政府进行和谈,一是为占据道义方面的制高点,二是在直接国际化整体受到压制的情况下,"自由亚齐运动"尝试通过和谈来间接实现国际化,三是"自由亚齐运动"在军方打击下整体走弱,通过和谈可能是回归制度内、获取最大利益的途径之一。② 具体来看,"自由亚齐运动"

---

① 靳晓哲:《东南亚地区分离运动的发展路径与现实走向研究——以东帝汶、印尼亚齐、泰国南部为例》,《南洋问题研究》2019 年第 1 期。

② Kirstten E. Schulze, "The Free Aceh Movement (GAM): Anatomy of a Separatist Organization", *Policy Studies*, No. 2, 2004, p. 51.

与印尼政府的和谈分两个阶段：第一阶段系 2000—2003 年，第二阶段为 2004 年底至 2005 年。第一阶段和谈在国际非政府组织亨利·杜楠人道主义对话中心①（Henry Dunant Center for Humanitarian Dialog，HDC）的协调下进行，双方先后在日内瓦举行多次谈判，但因多种因素，谈判最终失败。2000 年 1 月、2002 年 2 月，双方在日内瓦举行多轮和谈，最终于 12 月达成了《敌对双方停火协议》（Cessation of Hostilities Agreement，CO-HA），在逐步实现非军事化、举行全面对话等问题上达成一致。然而，由于印尼军方立场强硬且"自由亚齐运动"不肯放弃独立的政治要求，最终谈判破裂，双方再次进入大规模的武装冲突阶段。2003 年 5 月，印尼政府针对"自由亚齐运动"发动大规模军事行动，试图在短时间内消灭其武装力量。但是，此时"自由亚齐运动"的群众基础已经较为广泛和坚实。面对政府的强力镇压，"自由亚齐运动"损失惨重，被迫转入丛林进行游击战，但政府试图短期内消灭其武装力量并不可能。2004 年苏西洛当选印尼总统，着手重启与"自由亚齐运动"的和谈。同年 12 月，印度洋海啸发生，震中就在亚齐，亚齐在遭到严重人员、财产伤亡的同时，也为政治和谈的开启带来了契机。2005 年 1 月至 7 月，印尼政府与"自由亚齐运动"先后举行 5 论和谈，最终于 8 月达成谅解备忘录（Memorandum of Understanding，MOU），亚齐分离冲突实现政治和解。协议规定，"自由亚齐运动"放弃独立目标并解除武装，印尼政府军队撤出亚齐，并特赦政治犯，给予亚齐高度自治权。② 2006 年 7 月，印尼国会通过《亚齐自治法》，至此亚齐由分离走向自治。

总之，政治和解的达成与双方在重大问题上的让步密切相关。就印尼政府而言，同意在亚齐建立地方性政党、从亚齐撤军、给予亚齐高度的自治权力、允许亚齐实行伊斯兰教法等均是中央政府做出的妥协与让步；而对于"自由亚齐运动"而言，顺应国际形势、放弃独立诉求则是和谈成功的关键性一步。

---

① 该组织成立于 1999 年，总部位于赫尔辛基，组织成员多为在国际红十字会和联合国工作的人道主义者，组织宗旨为保护平民。HDC 对印尼的关注源于东帝汶问题的发酵，但在发现已有多个国际组织关注东帝汶问题时，转而将注意力转向亚齐。

② 靳晓哲：《东南亚地区分离运动的发展路径与现实走向研究——以东帝汶、印尼亚齐、泰国南部为例》，《南洋问题研究》2019 年第 1 期。

第五节　东南亚四国分离运动发展之比较

整体而言，尽管泰、菲、印、缅四国均产生了分离运动，且此后分离运动的影响进一步扩大，但各国分离运动在发展过程中的具体表现并不相同。在前一章提到，分离运动的发展受到领袖与组织分化、国内动员、国际动员等主要因素的影响，并对应产生了地区化、国内化、国际化三个发展方向。基于此，本节将以此为基础，对四国分离运动的发展进行横向的比较。

一　四国分离运动组织发展之比较

领袖与组织分化是影响各国分离运动的发展的重要因素之一。如果某国分离运动拥有一位号召力、影响力、凝聚力等较强的领袖人物，则对其后续的发展将更为有利，因为领袖的号召力是分离运动获取资源与支持的重要保障；反之，如果缺乏领袖人物的存在或领袖的凝聚力不足，则分离运动就可能出现分裂、分化。作为一种旨在分裂国家领土与主权的政治活动，分离运动的排他性极强，如果分离运动的组织分化严重，意味着出现了多支与其并存且直接竞争的分离组织，这势必将大大影响其汲取国内外资源的能力；反之，如果某国分离运动中的组织较为单一，面临国内同类组织的竞争就更小，在进行国内、外动员时的空间也就越大，汲取资源与发展的能力就越强。在东南亚四国的分离运动发展中，领袖与组织分化的程度各不相同，具体的发展方向存在诸多差异。

在泰国，泰南分离运动中先后出现了多个分离组织，这些分离组织之间不仅存在一定的竞争关系，而且普遍缺乏具有号召力的领袖。自1959年北大年民族解放阵线宣告成立以来，泰南分离主义的大旗就此拉起，但此后北大年民族革命阵线、北大年联合解放组织、新北大年联合解放组织等众多泰南分离组织先后出现，不仅各组织之间的定位不清晰，在具体的纲领制定等方面也存在一定的竞争。比如，20世纪60年代泰南地区先后出现了60多个武装分离组织，此后经过频繁的分化、组合，至

70年代仍有近20多个武装分离组织的存在。① 而且，各组织在斗争纲领与目标的制定上亦不尽相同。有的分离组织谋求并入马来西亚（如北大年民族解放阵线），有的分离组织则主张泰南地区的独立（如北大年民族革命阵线），等等。纲领、主张与目标上的区别，导致泰南众多分离组织往往各自为战，这导致了泰南分离运动始终难以团结起来，亦成为阻碍其发展的最大障碍。当然，有时面对泰国政府等的镇压，诸多分离组织会组成暂时性的联盟，但各领导人之间的钩心斗角以及组织成员间的同床异梦等，最终的结果往往难逃解体的命运。对此，有学者在比较了泰南与菲南分离运动之后，就明确指出：北大年地区的分离组织都在互相争斗，而并非与政府在对抗……只要他们还没有联合起来，他们就依然是弱小的。② 此外，泰南分离运动的领导者往往是穆斯林或原王公贵族的上层，他们往往因个人利益被政府损害而奋起反抗，而并非从泰南广大穆斯林民众的实际需要出发，因而在领袖的号召力与影响力方面十分缺乏。

相较于泰南分离运动，菲南摩洛分离运动的分化程度并不高，分离组织领袖的号召力也较强。最初，菲南摩洛分离运动是由摩洛民族解放阵线所领导的，但此后因领导权等因素出现了分化。在摩洛民族解放阵线与菲政府实现妥协之后，摩洛伊斯兰解放阵线接过了摩洛人反抗的大旗，并在20世纪90年代成为菲南实力最强大的分离组织。在此过程中，因不满摩洛民族解放阵线、摩洛伊斯兰解放阵线等的主张与目标，认为应该采取更为极端的反抗政策，简加拉尼于1989年创立了"穆斯林自由突击队"（Mujahideen Commando Freedom Fighters），后更名为阿布沙耶夫组织。③ 然而，与摩洛民族解放阵线、摩洛伊斯兰解放阵线有所不同，阿布沙耶夫组织此后成长为东南亚地区典型的恐怖组织。从这个层面看，菲南摩洛分离运动的组织分化程度相对较低，但摩洛民族解放阵线与摩洛伊斯兰解放阵线之间存在一定的竞争、掣肘关系。尽管摩洛民族解放阵线与摩洛伊斯兰解放阵

---

① 李海良：《泰南穆斯林分离运动研究》，硕士学位论文，云南大学，2010年，第20页。

② Syed Serajul Islam, "The Islamic Independence Movements in Patani of Thailand and Mindanao of the Philippines", *Asian Survey*, Vol. 38, No. 5, 1998, p. 453.

③ Rommel C. Banlaoi, "The Abu Sayyaf Group: From Mere Banditry to Genuine Terrorism", *Southeast Asian Affairs*, No. 1, 2006, p. 248.

线崛起与发展的时期并不完全重合,前者的斗争高潮在 80 年代前后,而后者的斗争高潮则在 2000 年前后,但菲南两大分离组织之间仍然存在一定的竞争。比如,前者高举的是"民族"大旗,尝试将所有摩洛人聚集在一起,而后者举起的则是"宗教"大旗,尝试从信仰的角度收纳力量。这势必会造成菲南民众抵抗力量的分散,在某种程度上会限制分离运动自身的发展。此外,在分离运动的领袖方面,领导菲南分离运动的主要是新一代的摩洛青年,他们具有良好的教育背景,并建构了相对丰满的分离话语,因而具有较强的号召力和影响力。比如,摩洛民族解放阵线的领导人密苏阿里就曾在菲律宾国内大学任教,而摩洛伊斯兰解放阵线的领导人萨拉马特亦有在国外留学的经历等。

与泰南、菲南相比,印尼亚齐分离运动的领袖与分离组织相对固定且唯一,这就为其后获取国内外支持打下了良好的基础。自 1976 年宣告成立以来,"自由亚齐运动"就始终是亚齐地区分离运动的领导性组织,而哈桑·迪罗则成为无可争议的领袖人物。尽管 20 世纪 70 年代末"自由亚齐运动"的武装斗争很快归于失败①,但固定且唯一的分离领导组织,是亚齐人反抗印尼政府的重要力量源泉。由于没有其他分离组织的出现,"自由亚齐运动"在经历低潮期的发展后,借助在国内外的积极动员,实现了此后的阶段性发展。最终,在经过激烈的国内斗争,亚齐获得了印尼政府承认的"高度自治"地位。然而,这并不意味印尼国内的分离运动是唯一的。从印尼国内看,在同一时期并非仅有亚齐分离运动一个,巴布亚地区、马鲁古地区等,也都爆发了带有分离主义性质的族群冲突。前者系 20 世纪 60 年代荷兰殖民者撤出后,因宗教信仰、人种、语言等与印尼爪哇人存在较大差异,不愿并入印尼而产生②;后者因宗教信仰等差异,当地的基督教群体与移民而来的穆斯林发生了激烈的冲突

---

① Nazaruddin Sjamsuddin, "Issues and Politics of Regionalism in Indonesia: Evaluating the Acehnese Experience", in Lim Joo-Jock and Vani S. , *Armed Separatism in Southeast Asia*, Singapore: Institute of Southeast Asian Studies, 1984, p. 113.

② 相关研究参见丁润霆《巴布亚分离主义评析》,硕士学位论文,外交学院,2008 年,第 9—18 页。

而出现。① 但是，受制于印尼破碎化的岛国地形，印尼国内各地区的分离运动并不能形成彼此的呼应或支持，而且巴布亚、马鲁古地区的分离运动在组织性、国际关注度等方面相对较低，因而影响不及亚齐地区。但发生于印尼国内不同地区的分离运动，其反抗目标均为印尼政府。从这个层面看，"自由亚齐运动"不仅在组织状况上无分化情况，而且还"间接"得到了其他地区的"支持"（分散了印尼政府的力量），这是其与菲南、泰南分离运动所不同的地方。

与上述三国的组织情况都不同，缅甸国内分离运动的发展并不能单纯从领袖或组织分化情况等方面进行考察。因为在克伦族分离运动发酵之后，缅甸国内事实上陷入了长期的内战之中，此后很多少数民族都提出了分离的诉求。基于殖民战争、抗日战争的军队、武器遗留，缅甸国内各少数民族普遍建立了自己的地方武装，成为割据一方的地方势力。比如，20世纪60年代前后，克钦族、掸族等民族分子中的激进派明确提出了"独立建国"的主张，推动了缅甸国内民族分离运动的进一步发展。尽管1962年以奈温为首的军人政权对国内的武装分离运动进行了坚决镇压，但鉴于国家能力有限、地形限制等因素，少数民族武装分离力量始终存在。而且，面对缅甸政府的镇压，各少数民族武装进行过暂时性的"合作"，以共同抵抗政府军的进攻。比如，1975年5月五支少数民族（克伦、克耶、孟、若开、掸）秘密成立了"民族民主联合阵线"，目的是解散现有的缅甸联邦，建立新的民族联邦。② 至20世纪90年代，尽管和解政策等带来了国内分离武装斗争的转向，即各分离运动普遍放弃了独立的诉求，转而寻求高度的地方自治，但缅甸国内政局的动荡与民族地方武装成为长期存在的割据势力。当前，民族地方武装、民盟政府与军方之间的结构性矛盾日趋复杂，尽管多次宣称停火，但事实上的冲突始终存在，且冲突后往往相互指责、各执一词。③ 这种状况已经成为缅甸国家政治不可分割的一部分。

---

① 相关研究参见陈金《印尼马鲁古和巴布亚地区民族分离主义运动研究》，硕士学位论文，厦门大学，2008年，第10—39页。
② 韦红：《东南亚五国民族问题研究》，民族出版社2003年版，第48页。
③ 成汉平、宁威：《国家利益论视角下的中缅关系——民盟执政时期中缅合作的机遇与挑战》，《亚太安全与海洋研究》2020年第1期。

泰南分离组织状况　　　　　菲南分离组织状况

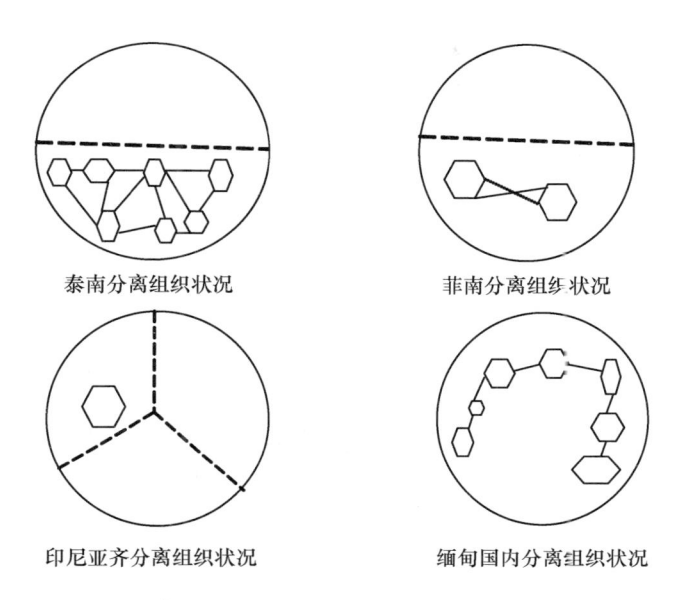

印尼亚齐分离组织状况　　　缅甸国内分离组织状况

图 5—2　四国分离运动组织状况示意

资料来源：笔者自制。

综上所述，尽管东南亚四国国内均产生了分离运动，但各国分离组织的分化程度各异。如果图5—2中的圆形表示各个国家，小六边形表示分离组织的话，那么，泰国南部的分离组织处于一种"各自为政"的状态，即泰国仅存在南部地区的分离主义运动，但泰南各分离组织分化严重且各自竞争。菲南地区的分离运动则相对简单，只存在两个实力较强的分离组织，且二者既有分化关系又有竞争关系。印尼国内尽管存在多个地区的分离主义运动，但由于地缘等因素各地区分离组织的关联性并不强，而地处西北部的亚齐分离运动主要由"自由亚齐运动"领导，相对唯一且无分化情况。缅甸国内的情况则十分复杂，整个国家的政局并不稳定，而且各少数民族分离武装大都处于一种"割据"状态，即山地少数民族利用国内冲突的契机，自发建立了统治本地区的武装力量，继而提出了分离的口号。这些分离组织或地方武装大都位于缅甸周边的山区，而且提出分离或独立的目标更多出于现实需要，即维持对本地区的统治。这是与其他国家的相异之处。由此，从分化程度看，东南亚四国分离运动中泰国、缅甸两国的分离组织分化程度较高，而印尼、菲律宾则相对较低。

二 四国分离运动国内发展之比较

国内动员的效果是影响东南亚各国分离运动发展的又一重要因素，因为国内民众尤其是本族群民众对分离运动的态度，某种层面上是分离活动能否得到国内支持、实现国内发展的关键。如果国内民众大都对分离运动持支持、同情的态度，则分离组织在国内就能实现更好地发展，从而增加与中央政府抗争的筹码；反之，如果民众对分离组织持一种冷漠、敌对的态度，则分离活动在国内的展开将十分艰难，因为得不到民众支持的分离活动很难持久。当然，国内民众尤其是本族群民众对分离运动的支持程度并不能测量，而仅能通过其他观察进行某种主观预估，如不同时期分离活动的活跃度、国内冲突的频度以及当地民众对政府政策的态度等。

在泰国，由于泰南分离组织的分化程度高，其在国内动员及成员招募方面也往往较为分散，国内发展上仅在1980年前后掀起短暂高潮。比如，北大年民族解放阵线主要借助伊斯兰教的作用，尝试以宗教旗帜动员泰南穆斯林；而北大年民族革命阵线则更强调马来民族主义，尝试拉起"民族主义"的大旗动员泰南民众。由此，一方面泰南各分离组织得到的民众支持程度各异，另一方面在不同时期基于泰国政府政策的差异，泰南民众对分离组织的支持程度也不同。自1959年泰南分离运动兴起以来，各分离组织纷纷成立，且大都坚持认为泰国政府对泰南地区实施了殖民统治，唯有通过武装斗争获取独立才能改变困境。① 以"北大年民族解放阵线"为例，自1959年东姑·阿卜杜·贾拉乐（Tengku Abdul Jalal）创建"北大年民族解放阵线"以来，不断对泰南四府的穆斯林进行招募。据悉，"北大年民族解放阵线"下辖的"北大年人民族解放军"（National Liberation Army of the Pattani People）主要从陶公、也拉、北大年三府招募人员，且将他们编入10—25人不等的编队中，主要活跃于三府交界处。②

---

① 参见 Nantawan Haemindar, "The Problem of he Thai-Muslims in the Four Southern Provinces of Thailand (Part Two)", *Journal of Southeast Asian Studies*, Vol. 8, No. 1, 1977, pp. 85 – 105。

② Nantawan Haemindar, "The Problem of he Thai-Muslims in the Four Southern Provinces of Thailand (Part Two)", *Journal of Southeast Asian Studies*, Vol. 8, No. 1, 1977, p. 87.

至70、80年代，泰南分离组织大批涌现，而且在泰国政府同化政策的催化下，泰南穆斯林对政府的怨恨程度提升，从而为分离活动的国内发展高潮创造了条件。此后，伴随着泰国政府南部政策的调整，民众对分离活动的支持逐渐下降。至90年代，泰南分离活动在泰国政府的镇压与打击下逐渐趋于平静。进入21世纪，部分分离组织转向极端化，在泰南地区频繁制造恐怖事件，但泰南民众对分离活动尤其是极端活动的参与度并不高。

与泰南分离运动相比，菲南分离运动的国内发展效果相对更好。泰南分离运动的兴起更多来自马来亚联邦的成立等外部刺激，而菲南分离运动的兴起则更多来自雅比达屠杀事件的国内刺激。菲南穆斯林士兵被杀，对于菲南摩洛人的刺激是直观且强烈的。此后，自1970年下半年至1972年中，菲南冲突逐渐演变为有组织、大规模且极度残酷的武力对峙，天主教徒与穆斯林的武力对抗不断升级，导致众多平民被杀，寺庙、教堂、学校等被烧毁。从这个视角看，20世纪70、80年代前后菲南穆斯林对菲政府的不满程度较高，因而对于国内分离活动的支持亦较高。至90年代前后，马科斯独裁政权下台后，民选政府不仅改变了对分离组织的武力镇压政策，而且调整了在菲南地区的民间措施。比如，尝试通过赋予地区自治权换取分离组织的让步，加强对菲南地区的基础设施投资等。至1996年《的黎波里协议》签订后，摩洛民族解放阵线放下武器、回归政府。此后，摩洛伊斯兰解放阵线主导了菲南分离运动的国内发展进程。2000年前后，政府与其进行了多次的和谈，但和谈失败后双方爆发了大规模的武装冲突，摩洛伊斯兰解放阵线损失惨重、失去了多处营地。面对国内外形势的不断变化，逐渐失去民众支持的摩洛伊斯兰解放阵线倾向于和谈，并于2014年与菲政府正式签署了全面和平协议，此后菲南分离活动逐渐偃旗息鼓。

与泰南、菲南有所类似，印尼亚齐分离运动是在政府政策的催化下逐渐掀起反抗高潮，并得到了亚齐民众的诸多支持。1976年正式成立后，"自由亚齐运动"的国内动员并没有得到当地民众的过多响应，这一时期的武装反抗很快归于失败。80年代，"自由亚齐运动"抛却了西方民族主义学说，转而强调亚齐地区的历史荣誉感。即，将当前多数亚齐人民的不满归咎于印尼政府，强调亚齐历史上的荣光，以此来论证亚齐独立建国的合法性，并逐渐得到了民众的认可与支持。至 1989 年，在利比亚、伊朗等外部援助下，"自由亚齐运动"掀起分离高潮。然而，印尼政府很快采取了军事镇压措施，将亚齐划为军事占领区。此后，亚齐分离活动再次转入低潮。苏哈托对"亚齐问题"主要采取的是军事打击的政策[①]，但其强硬的政策触怒了更多亚齐民众，他们转而开始支持分离运动。在此期间，政府对亚齐民众进行了严密监控，甚至严重践踏了亚齐民众的人权。这极大地激怒了亚齐民众反抗政府的决心，也为亚齐分离活动的再次高潮奠定了基础。90 年代初，尽管亚齐秩序大体稳定，但这种稳定属于"消极的和平"（negative peace），即通过军事力量和暴力手段创造的和平，而并非"积极的和平"（positive peace），即通过对话、外交、协商等公正的政策而实现的和平。[②] 1998 年苏哈托下台后，在东帝汶公投、印尼政府民主转型等背景下，亚齐再次掀起了分离高潮。此后，印尼政府开始采取和平谈判等方式解决分离问题，并先后与"自由亚齐运动"进行了多次和谈。最终，2004 年印度洋海啸的巨大灾难面前，双方迅速达成一致，亚齐走向和平。

与上述三个国家有所不同，缅甸国内分离运动是在国内冲突或政局动荡的背景下逐步发展的。自 1948 年宣告独立后，克伦族分离运动就率先提出了"独立建国"的口号，并发动了武装反叛。此后，在缅共、克伦族反叛等国内冲突背景下，缅甸政局始终不甚稳定。至 20 世纪 60 年代前后，掸族、克钦族、孟族等各地方武装纷纷建立，有的甚至提出了"独立"的政治诉求，国内分离活动日盛。在国内动荡的局势下，缅甸各少数民族地方武装各自为战、割据一方。尽管 1962 年奈温军人政权对少数民族分离武装给予了坚决的军事打击，但国内经济等的不景气促使其在 1988 年被迫下台。进入 90 年代，温和的缅甸军人政权开始对少数民族分离武装采取和解政策，与此同时各少数民族分离武装先后放弃了独立的政治诉求，转而寻求国内政治条件下的高度自治。21 世纪以来，国家

---

① Sumanto AI Qurtuby, "Interethnic Violence, Separatism and Political Reconciliation in Turkey and Indonesia", *India Quarterly: A Journal of International Affairs*, Vol. 71, No. 2, 2015, p. 135.

② 有关"消极和平"与"积极和平"的讨论，参见 David Cortright, *Peace: A History of Movements and Ideas*, Cambridge: Cambridge University Press, 2008。

政权的民主转型推动缅甸进一步走向稳定，但少数民族地方分离武装的问题并未彻底解决。在缅甸地方分离问题上，混乱的国内冲突及政局变动，导致了对其国内分离活动更加难以厘清。因为对于国内少数族群发起的武装分离来说，他们很少愿意承担保护民众的责任①，在动乱时期民众更多考虑的不是支持谁的问题，而是能否生存的问题。从这个层面看，大体从 90 年代以来，缅甸国内分离活动整体减弱，但问题仍然很多。

综上所述，如果将东南亚四国分离运动的国内发展视为一个动态变化的过程，则大体而言四国状况如图 5—3②所示。换句话说，尽管对于分离运动的国内动员、国内发展等不能进行直观的数据测量，但可以通过不同时期各分离运动的影响范围、国内冲突状况以及分离活动的活跃程度等，进行某种程度的把握。其一，各国分离运动在国内冲突中扮演的角色并不相同。缅甸国内分离运动只是国内冲突的一部分，属于地方民族武装割据势力的一部分，而其他三个国家政局较为稳定，且分离冲突为国内的主要冲突。其二，从影响范围看，泰国、菲律宾的分离活动主要集中于本国南部的穆斯林聚居区，印尼亚齐人民的分离活动在苏门答腊岛的北端，而缅甸国内分离活动的国内分布更为广泛，几乎遍布国内的边缘山区。其三，从时间跨度上看，缅甸国内分离运动自 1948 年就已产生，尽管 90 年代后大都放弃了独立主张，但目前冲突仍在持续；泰南分离运动在 80 年代前后掀起了高潮，2001 年后分离活动逐渐转向极端化；菲南分离运动在 80 年代中期、90 年代末期先后掀起反抗高潮，但到 2019 年底随着摩洛伊斯兰解放阵线武装的解散，菲南分离运动宣告终结；印尼亚齐分离运动在 1989 年至 2004 年的发展呈现阶段性，且 2001 年前后最盛，但此后在和谈、海啸等因素影响下 2006 年以"高度自治"的方式迅速平息。需要指出的是，图 5—3 仅是各国分离运动国内发展的一种趋势反映，即是各国国内分离活动高潮、低谷等的一种直观展示，而不代表具体的分析数据。

---

① 谢超：《暴力方式与民心向背：寻找治理族群叛乱的条件组合》，《国际安全研究》2018 年第 4 期。
② 横轴标注的为各国分离运动发展的关键节点，纵轴则为各国分离运动国内发展的相对高潮与低潮期。

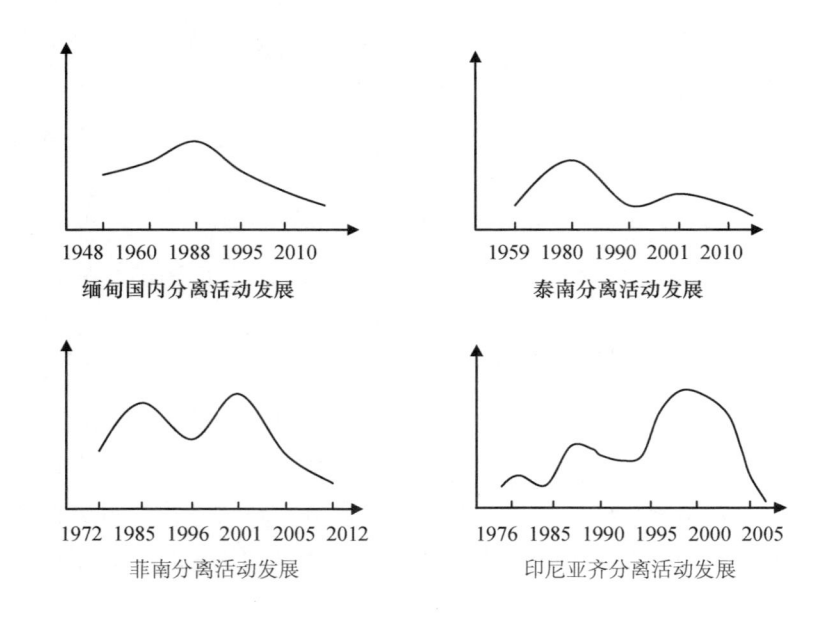

```
        1948 1960 1988 1995 2010              1959 1980 1990 2001 2010
            缅甸国内分离活动发展                    泰南分离活动发展

        1972 1985 1996 2001 2005 2012         1976 1985 1990 1995 2000 2005
            菲南分离活动发展                      印尼亚齐分离活动发展
```

图 5—3　东南亚四国分离运动阶段性发展示意

资料来源：笔者自制。

三　四国分离运动国际发展之比较

除组织发展、国内发展外，国际支持及其带来的国际发展亦是东南亚四国分离运动发展的重要方向之一。在上一章指出，分离运动的国际动员往往指向那些与自身有地缘、民族、宗教、意识形态以及其他联系的国家或国际组织。换言之，分离运动不仅需要从国内获取自身发展所需的资源，还需要必要的外部援助和支持。外部支援的源源不断，是推动各国分离运动不断向前发展的重要动因，一旦失去了外部的支持或援助，各国分离运动一般很难与中央政府相抗衡。因此，国际环境、外部支持等是影响分离运动发展、演变的重要因素之一。

泰南分离运动的发展，不仅借助了国际伊斯兰复兴的"东风"，还有赖于马来西亚地方及民间力量支持等有利条件。泰南马来穆斯林的分离运动属于跨界民族问题，依托地缘、民族、宗教等亲缘性，马来西亚吉兰丹州的地方政党与民间组织为泰南分离运动的发展提供了重要支持。比如，1969 年马来西亚吉兰丹州地方官员穆罕默德·穆达（Muhammad

Asri Hajji Muda）就曾公开呼吁建立一个有马来半岛和泰南地区组成的马来人国家。[1] 而且，马来西亚政府对于逃往本国的泰南分离分子持保护态度，甚至为其提供避难、组织、营地、训练等帮助。冷战时期，泰马关系因边境争端等关系紧张，双方均对对方抱以不友好的态度。这就为泰南分离组织的长期存在创造了国际条件。此外，受到国际伊斯兰复兴运动的影响，泰南分离组织与中东多个伊斯兰国家之间往来密切。沙特、利比亚等都为泰南分离运动提供过重要的财力、物资等支持，伊斯兰会议组织等还为泰南分离运动积极奔走、呼吁。比如，1984年的伊斯兰会议组织就呼吁对北大年地区的穆斯林提供财政和人道主义支持等。[2] 但是，因泰南分离运动组织众多，且缺乏有影响力的领袖人物，因而这些资助或支持较为分散，难以形成合力。进入20世纪90年代，随着国际伊斯兰复兴思潮的褪去以及冷战的结束等，泰马关系逐渐走向正常化。这不仅直接压缩了泰南分离组织的生存空间，而且使其失去了必要的国际支持。进入21世纪后，仍不愿放弃独立目标的部分分离组织逐渐向极端、恐怖主义转型，继续在泰南地区制造暴恐袭击，以彰显自我存在，但整体上泰南分离运动已难以为继。

与泰国相比，菲南地区分离运动因组织状况较为稳定，获得了外部力量的更多支持。自20世纪70年代产生以来，外部援助就是摩洛民族解放阵线与摩洛伊斯兰解放阵线不断发展的重要支撑，其中利比亚和马来西亚的援助和支持最多。早在1971年，摩洛民族解放阵线成立前利比亚就对菲南摩洛反抗运动十分关注，甚至给予了大量的资金资助。有学者就指出，在1973—1975年利比亚积极联络伊斯兰世界国家，大约为摩洛地区输送了350万美元的军事用品，摩洛民族解放阵线为主要的受援对象之一。依托利比亚等的支持，摩洛民族解放阵线还获得了伊斯兰会议组织等的国际舆论支持。马来西亚是菲南分离运动的另一大国际支持力量。基于与菲律宾的沙巴领土争端，马来西亚政府试图借助摩洛民族解放阵

---

[1] Moshe Yegar, *Between Integration and Secession: The Muslim Commities of the Southern Philippines, Southern Thailand and Western Burma/Myanmar*, Boston: Lexington Books, 2002, p.164.

[2] 吴向红：《泰南穆斯林分离运动研究》，硕士学位论文，厦门大学，2007年，第48—49页。

线、摩洛伊斯兰解放阵线等菲南分离组织，向菲律宾政府施压。因而，马来西亚沙巴地区事实上成为菲南分离组织的重要训练基地与物资转运基地。此外，马来西亚还不断将菲南摩洛分离问题推向国际化。比如，马来西亚前任首相东姑·阿不都·拉曼（Tunku Abdul Rahman）在70年代任伊斯兰会议组织秘书长时，曾为菲南摩洛问题大肆游说相关国家，并积极推动其他会员国的介入或援助。[1] 进入90年代后，随着国际伊斯兰复兴运动陷入低潮，菲南分离运动的重要外部支持逐渐消失，再加上菲马关系的正常化，马来西亚不再为菲南分离组织及成员提供庇护。在不断失去国际支持的背景下，菲南分离组织不得不放弃独立的目标，以此换取更多现实利益。最终，摩洛民族解放阵线与摩洛伊斯兰解放阵线先后与菲政府和谈，并在地区自治等问题上达成了一致。

与泰南、菲南相比，印尼亚齐分离运动受到的国际影响则更为显著。一方面，20世纪80年代末"自由亚齐运动"的"卷土重来"与获得了伊朗、利比亚等国家的资金支持密切相关。据悉，利比亚不仅为"自由亚齐运动"提供了必要的资金支持，还为其培养了数百名的战士。除与利比亚等保持密切联系外，"自由亚齐运动"还试图与印尼以及南太平洋地区的一些反政府武装组织等建立联系。基于地缘等因素，马来西亚亦是"自由亚齐运动"的重要资金来源地、训练基地和避难地。另一方面，进入90年代之后，随着国际、国内环境的剧烈变动，亚齐分离运动的外部支持逐渐减少。这一阶段，"自由亚齐运动"转变了国际化的发展思路，不再单纯依靠外部的国际支持，而是专注于在国内的发展，以获得亚齐民众的更多支持。这一时期，国际社会对亚齐问题的关注变得更为中立化，即从此前的直接援助转变为为冲突双方提供和谈场所、从中斡旋等角色。比如，1999年，约旦、卡塔尔、科威特等国均表示不支持亚齐独立，利比亚也逐渐放弃了对"自由亚齐运动"的支持。[2] 同年，东盟首脑会议发表了一份主席声明，表示对印尼亚齐分离问题持"尊重印尼

---

[1] 参见江炳伦《南菲律宾摩洛反抗运动研究》，台北：中国文化大学法学院1999年版，第100页。

[2] 靳晓哲：《东南亚地区分离运动的发展路径与现实走向研究——以东帝汶、印尼亚齐、泰国南部为例》，《南洋问题研究》2019年第1期。

和其他东盟成员国的主权和领土完整"的态度。2005 年，在国际社会的极力斡旋下，"自由亚齐运动"与印尼政府在和谈中达成了谅解备忘录，分离问题得以平息。

与上述三国一样，缅甸国内分离运动的发展亦与国际形势等密切相关。一方面，受到国际形势的影响，泰国、美国等力量都曾参与到缅甸国内分离运动及其国内冲突之中。冷战开始后不久，国民党残余势力就败逃缅甸，至 1952 年末已占领克耶邦边境地区，人数达到 1.2 万人。① 1953 年，缅甸政府还曾向联合国发出抗议，抗议美国经泰国地区转运物资以支持国民党残部。事实上，这一时期缅共、缅甸民族分离运动、周边国家等形成了错综复杂的关系。基于美国的支持，国民党残部以共同对抗缅共为理由，盘踞泰缅边境地区，并先后与缅甸政府、克伦族分离运动等关系走近。比如，国民党残部曾许诺克伦民族联盟，只要后者帮助他们打通一条出海通道以运送武器、物资等，作为回报他们将向克伦分离武装提供武器支持，但这一许诺最终并未兑现。而且，泰国政府为了更好地应对泰共的冲击，与泰缅边境的缅甸克伦族等分离武装达成了"默契"，默认了缅甸国内分离武装在边境地区的非法活动。泰缅边境长达 2100 千米，边境贸易、毒品交易、黑市军火等都成为缅甸国内分离武装的重要收入来源。据悉，尽管泰方宣称对缅甸反政府武装没有提供直接支持，却准许他们在泰缅边境建立营地、训练基地等，并允许他们待在泰缅边境地区，甚至为他们提供了武器弹药等支持。② 至 20 世纪 70—80 年代，泰国政府曾暗中支持泰缅边境的民族分离武装，以抵御来自缅甸政府军的威胁，并尝试隔断缅共、泰共之间的联系。③ 另一方面，与上述三国有所不同，冷战时期缅甸更多被视为东西方的缓冲区，因而各方势力在此竞争，保持缅甸国内冲突成为多方的"默契"。在此背景下，缅甸国内少数民族分离运动仅是缅甸国内长期冲突中的一个方面，而且冷

---

① Hugh Tinker, *The Union of Burma: A Study of the First Years of Independence*, London: Oxford University, 1967, p. 52.

② Bertil Lintner, *Burma in Revolt: Opium and Insurgency since 1948*, Chiang Mai: Silkworm Books, 1999, p. 145.

③ Zaw Oo and Win Min, *Assessing Burma's Ceasefire Accords*, Institute of Southeast Asian Studies, 2007, p. 9.

战结束后他们逐步放弃了独立的政治诉求，转而寻求高度自治。伴随国际形势的剧烈变动，缅甸国内秩序亦逐步好转。再加上东南亚各国关系的调整，边界地区逐渐得到了有效管控，这进一步切断了缅甸国内分离武装的外部援助。进入21世纪之后，缅甸国内分离运动的外部支持基本被切断，但凭借对地方武装的掌控，依靠零星的地下黑市交易、毒品贸易等，地方势力依然割据一方。

表5—3　　　　　　　东南亚四国分离运动的国际支持比较

	支持类型	支持的国际组织	支持的国家	支持的动因	支持程度
缅甸国内分离运动	周边为主	无	泰国、美国等	意识形态、地缘因素	较低
泰南分离运动	国际、周边	伊斯兰会议组织	利比亚、沙特、马来西亚等	跨界民族、宗教信仰	较低
菲南分离运动	国际、周边	伊斯兰会议组织	利比亚、埃及、马来西亚等	宗教信仰、领土争端	较高
印尼亚齐分离运动	国际、周边	伊斯兰会议组织	伊朗、利比亚等	宗教信仰	较高

资料来源：笔者自制。

整体而言，东南亚四国分离运动的国际发展都受到了国际势力的强烈影响，但影响程度不甚相同。与缅甸、泰国相比，国际力量与周边力量对菲南分离运动、亚齐分离运动的支持和影响显然更大。而且，国际各方势力介入某国分离运动的动因亦并不完全一致，有的是基于地缘竞争，有的是基于跨界民族，有的则是基于宗教信仰或意识形态因素。此外，在国际支持的类型上，介入东南亚四国分离运动的主要是周边势力以及与其联系密切的国际势力。然而，进入20世纪90年代之后，冷战的结束、国际伊斯兰复兴浪潮的退去等，使得东南亚四国国内分离运动的国际发展都受到了很大影响。各国武装分离力量或采取了与政府和谈的方式谋求获得现实利益，或放弃了独立的政治目标但依然割据一方，或开始向极端化组织发展。总之，缺少了国际力量等的支持，东南亚四国分离运动很难在国际化方向上有所发展，这迫使其不得不回归国内。

小 结

本章主要分析了东南亚四国分离运动的发展问题,并从组织发展、国内发展、国际发展三个方面对上述四国进行了比较。结合上一章的分析框架,分离运动的发展主要指分离组织依据自身的处境,在与中央政府的抗争中不断调整策略、目标的过程。基于此,影响东南亚各国分离运动发展的因素主要包括分离组织自身的分化状况、国内动员的情况以及获得国际支持的情况。尽管在独立后都产生了分离运动,但东南亚四国分离运动的发展却不甚相同。

泰国南部的穆斯林分离运动因不存在统一的分离组织领导,也缺乏有威信和号召力的领袖,因而分化严重,这严重限制了其国内、国际发展。尽管在20世纪80年代曾掀起过短暂的分离高潮,但很快被镇压下去,此后因力量始终难有较大发展且不愿放弃独立的政治目标,而不得不逐渐转向极端化。菲律宾南部分离运动在组织状况上明显好于泰南分离运动,因而此后的国际、国内影响都较大。无论是摩洛民族解放阵线还是摩洛伊斯兰解放阵线,均在国内得到过较多穆斯林民众的支持,并建立过自己的武装力量、势力范围。然而,随着菲律宾国内政权与国际形势的不断变化,菲南分离组织的力量不断被消耗,由此不得不放弃独立的目标,转而以自治等要求与政府进行了多次和谈,最终双方于2014年签订了全面和解协议。印尼亚齐分离运动的组织与领导相对单一,并未分化出其他组织,因而在国内、国际发展方面更为顺利。尤其是在苏哈托"新秩序"时期,因政府军严重践踏了亚齐人的人权,在90年代前后"自由亚齐运动"得到了众多的国内支持,再加上国际力量的支持,一时间亚齐分离浪潮涌现。1998年苏哈托下台后,"自由亚齐运动"开始与印尼政府进行和谈,最终在2004年印度洋海啸的巨大灾难面前,双方摒弃前嫌、迅速达成了和解。与上述三国有所不同,缅甸国内分离运动引发的冲突仅是其国内冲突的一部分。换言之,上述三国的分离运动并未与国内其他冲突相裹挟,而缅甸国内的克伦族分离运动等则与内战、地方武装等问题相互交织。在此背景下,缅甸国内分离运动自然呈现自己的特点:其一,分离运动多为地方民族武装发展、演变而来,"分离"

的趋利性动机较强,即提出分离主张更多是为了增强自己的武装力量或割据一方。其二,缅甸国内存在多支主张分离的族群,如克伦族、克耶族、克钦族、掸族等,但进入20世纪90年代后,在政府和解政策的催化下大都放弃了独立的主张、转而寻求自治。其三,缅甸国内分离运动是其国内复杂形势的一部分,至今尚未完全平息。与其他三国相比,缅甸国内至今仍存在多支民族地方武装,而其他三个国家尽管亦面临着诸如恐怖主义等的威胁,但国家对地方的控制度较高。从这个层面看,缅甸国内分离运动不属于典型或单纯的分离问题,而是一种集内战、地方、民族、宗教等冲突于一体的多重综合矛盾的结果。

总之,东南亚各国分离运动的发展是分离组织基于"弱势性""外向性"等先天属性而进行的策略选择,但其本质上是对一国主权的强力挑战,必然遭到各国政府的镇压。在此进程中,从分离运动的视角看,影响其发展的因素主要包括组织分化程度、国内动员效果、国际支持情况三个方面。在此基础之上,东南亚四国分离运动呈现出了各自不同的发展状态:泰南分离运动走向了极端化,菲南、印尼亚齐走向了自治,而缅甸国内分离运动尽管放弃了独立诉求,但民族地方武装仍然割据一方,成为国家发展的"定时炸弹"。

第 六 章

东南亚分离运动治理的分析框架：互动与调适

实际上，分离运动的发展与分离运动的国家治理属于一枚硬币的两面，二者联系密切。从分离运动的视角分析，呈现的是分离运动的发展图景；而从国家治理的视角分析，呈现的则是各国对分离运动的治理图景。当然，主权国家对分离运动的治理进程是在双方的互动中实现的，属于行动者在相互影响中的互动问题。在行为体双方的互动进程之中，各方诉求、策略等不断地进行调适，最终形成分离运动的现实走向问题。即，在国内外因素等影响下，无论是主权国家的政策还是分离运动的诉求，都并非一成不变的，而是处于不断地调整之中。双方的非对称动态博弈既是一种互动进程，也是一种相互调适，最终决定了东南亚各国分离运动的现实走向。事实上，国家治理的范围与内涵是十分广泛的，"在某种意义上，国家治理的目的就是国家以政治、行政以及法律的方式为社会、经济、文化、环境等领域提供秩序、规则和稳定，也就是说治理的首要目标是不发生政治革命和社会动荡，在这个前提或者基础之上，实现国家的经济、社会繁荣和人民的幸福"[①]。就东南亚各国的分离运动而言，"分离"不仅是对国家主权、秩序与规则的强力挑战，而且是事关一国国内稳定的重大问题。从这个视角看，对分离运动的治理并非一般意义上宽泛的国内治理，而是属于国家治理的基础性问题。简言之，分离运动的国家治理既属于国内政治安全的治理范畴，又不仅限于此，因

[①] 刘智峰：《国家治理论——国家治理转型的十大趋势与中国国家治理问题》，中国社会科学出版社2014年版，第4页。

为分离运动的发展往往涉及国际因素,因而对其的治理不能仅限于国内。因此,本章的"国家治理"属于狭义范围的治理概念,即面对分离运动的挑战,主权国家"为什么做""怎么做""做得怎么样"的问题。基于此,本章以东南亚各国治理分离运动为主题,集中探讨三个问题:第一,为什么治理,即治理分离运动的逻辑;第二,怎么治理,即治理分离运动的方式和进程问题;第三,治理效果如何,即治理分离运动的效果及评估框架问题。

第一节 东南亚分离运动的国家治理逻辑:主权、稳定及其延伸

"治理"(Governance)源于拉丁文和古希腊语,原来的含义是控制、引导、操纵。长久以来,"治理"与"统治"等在行文中并无过多的区分,主要用于与国家的公共事务等相关的管理、政治活动等语境。自20世纪90年代以来,西方政治学、经济学等学者们赋予了"Governance"新的内涵。如治理理论的创始人之一詹姆斯·罗西瑙(James N. Rosenau)就认为,治理是通行于规制空隙之间的那些制度安排,或许更重要的是当两个或更多规制出现重叠、冲突时,或者在相互竞争的利益之间需要调解时才发挥作用的原则、规范、规则和决策程序。① 库伊曼和范·弗里埃特亦认为,"治理的概念是,它所要创造的结构或秩序不能由外部强加;它之发挥作用,是要依靠多种进行统治的以及相互发生影响的行动者的互动"。② 由此来看,治理的原初含义更多是为了实现更为有效地管理,属于对有效管理的重要补充。需要指出的是,这里有一个隐藏的前提,即治理不仅是统治,还包括有效地管理,但治理的前置条件或基础必然是统治。因为如若没有有效的统治或控制,更何谈有效治理、有效管理。简言之,"治理"只是更加侧重于协商性,而非不包含强制

---

① [美]詹姆斯·N. 罗西瑙主编:《没有政府的治理》,张胜军、刘小林等译,江西人民出版社2001年版,第9页。

② 转引自[英]格里·斯托克《作为理论的治理:五个论点》,《国际社会科学杂志(中文版)》1999年第1期。

性。从这个视角看，尽管随着经济全球化、信息革命等的发展，"Governance"衍生出了诸多全新的含义，但其原初含义仍是有意义的。在某种程度上，"治理"的强制性是其协商性的基础与前提，即没有强制性保障的"治理"是很难完全实现的。结合东南亚地区的特点及分离运动的属性，仅仅依靠协商性并不能完全实现有效治理。因此，本章着重论述"东南分离运动的国家治理"等问题。

一 东南亚分离运动国家治理的必要性逻辑：主权与稳定

分析东南亚分离运动的国家治理逻辑，首先需要回答为何要治理的问题。分离主义是现存国家的一部分人在所属国家的反对下，试图将部分领土及人口脱离现属国家的系统性思想和行为，本质上是否定现属国家合法性、挑战国家主权统一和领土完整的分裂行为。而且，与西方国家的分离运动有所不同，作为发展中地区的东南亚各国的分离运动往往采取暴力手段，极大破坏了国家的稳定秩序，引发了激烈的国内冲突。基于此，东南亚各国对国内分离运动展开治理十分必要。

其一，从主权视角看，分离运动不仅是对国家主权的严重挑战，而且是对国家权力与合法性的根本否定。主权（Sovereignty）是一个国家对其管辖区域内所拥有的至高无上、排他性的政治权力，它不仅是对内依法施政的权力来源，而且是对外保持独立的一种力量和意志。国家主权是国家最重要的属性之一，分离运动对国家主权属性的挑战，是国家为何要进行治理的根本逻辑。因为国家主权具有不可分割、不可让予性，而分离主义即是企图通过某种手段实现对现属国家主权的分割。一般来看，国家主权具有双重属性，即对内的最高属性和对外的独立属性。所谓对内最高，指的是国家事实上行使最高统治权，在国内的一切地方及事务均须服从国家的管辖。这一含义的内生性指向是指国家的属人和属地优先权，即对国家范围内的人员和领土的优先管辖权。与此相对，对外独立指的是在国际关系中享有独立权，即不受任何外部力量干涉地处理国内外一切事务的权力等。分离运动尝试分割国家主权，是对主权对内最高属性的强力挑战，而且分离运动的起源、发展往往受到外部因素的影响，外部力量的介入或干预事实上损害了国家主权的对外独立属性。具体来看：

从国家内部来看，分离主义对国家的对内主权属性构成了直接的威胁。[①] 一方面，分离主义是对国家领土完整的直接挑战。领土是一种政治化了的空间指代，与国家主权之间是一种相互建构的关系：领土是国家主权的内容、管辖范围的空间体现；国家主权是对领土行使权力，即对领土的空间范围进行控制与使用，从而赋予了领土空间政治化的含义。[②] 与传统国家相比，现代国家的一个重要特征就是领土边界的明确化，而传统国家有边陲而无边界，清晰、明确、稳定的领土边界是现代国家的重要特征。从一般意义上分析，与一国的制度和民族等相比较，一个国家的领土是其整体性特征的最突出体现。[③] 分离主义寻求的是国家领土的分割，这是对国家主权进行分割的最重要体现。领土的分割不仅是对国家整体性的一种重绘，而且是一种强力变更国家主权的行为。另一方面，分离主义是对国家权力与合法性的根本否定。法国政治思想家让·博丹认为，国家主权是绝对的、永久的、不可分割和不可让予的，除受自然法则的制约之外，主权的行事不受任何限制。[④] 从现代国家产生的历程看，无论是从国际法的界定，还是从国际规范与共识的视角看，国家主权的分立均不能由局部地区的民众，而必须由全体国民来决定。换句话说，自现代国家形成以来，主权与一国的独立就具有共生性和不可分割性，国家权力的行使以及国家合法性均源于此。分离主义尝试以"民族自决权""唯一补救权"[⑤] 等来分割国家主权、分解国家共同体，实质上就是对原初国家权力与合法性本身的根本否定。

从国家外部看，分离主义还是对国家对外最高属性的一种直接侵害。国家主权是现代国际法所确立的重要原则之一，其根本上要求各国在相互交往与实践中能够相互尊重，由此赋予了国家以国际人格的内涵，且

[①] Rein Mullerson, "Sovereignty and Secession: Then and Now, Here and There", in Julie Dahlitz, ed., *Secession and International Law: Conflict Avoidance Regional Appraisals*, T. M. C. Asser Press, 2003, p. 12.

[②] 李捷、杨恕：《反分裂主义：共识与应对》，《国际政治研究》2019年第4期。

[③] 周光辉、李虎：《领土认同：国家认同的基础——构建一种更完备的国家认同理论》，《中国社会科学》2016年第7期。

[④] 刘胜湘：《国家安全观的终结？新安全观质疑》，《欧洲研究》2004年第1期。

[⑤] 详见 Allen Buchanan, "Theories of Secession", *Philosophy and Public Affairs*, Vol. 26, No. 1, 1997, pp. 34–37.

不得以任何形式侵犯。实际上,从国家的外部看,国家主权原则的中心即是各国主权平等。因而,国家无论大小,在国际社会一律平等。分离主义往往是将一国的部分人口和领土从一国分裂出来的思想和行为,因而首先面临一国中央政府的反对。从源头看,分离运动应该被视为一国内政,但在实际的发展中,分离运动往往与其他国家的干涉甚至支持存在密切联系,无论这种干涉是明示的还是暗中的。从这个视角看,分离主义的行为过程破坏了国际法中的主权平等原则,是对国家主权对外属性的侵害。当然,国际社会中的国家交往是十分复杂的,分离运动的形成与发展亦并非单一因素造成的,但其危害国家主权的本质不容置辩。这是主权国家必须对分离运动进行治理的首要逻辑起点。总之,无论是从国家主权的对内属性看,还是从对外属性看,分离运动均对国家主权构成了严重的挑战,是一种对国家权力与合法性的根本否定。正因如此,有学者就指出,治理首先是一种政治行为,体现着一定的政治价值①,而这种政治价值首先体现为对国家主权与领土完整的保护。

其二,分离运动对国家稳定形成了严重破坏,可能引发激烈的国内冲突。有学者指出,分离主义冲突是"当今世界暴力的主要来源之一"②。在现代国际社会,无论是发达的西方国家,还是广大发展中国家,均面临着分离主义运动的困扰。③ 只是与发展中国家有所不同,因经济发展水平、政治文化包容度等较高,西方发达国家的分离主义运动逐渐放弃了暴力手段,转而采取了相对缓和的公投等方式。比如,20 世纪下半叶西欧地区的分离主义曾引发大规模的暴力冲突,尤以北爱尔兰、巴斯克等地区为典型;但进入 21 世纪,这些地区的分离主义纷纷放弃了暴力手段,转型为公投型分离主义。④ 与西方发达国家相比,东南亚国家的分离运动大都仍以暴力方式进行,对国内的政治稳定造成了极大地破坏,并引发了激烈的国内冲突。

---

① 俞可平:《论国家治理现代》,社会科学文献出版社 2014 年版,第 2 页。
② Barbara Walter, *Reputation and Civil War: Why Separatist Conflicts Are So Violent*, Cambridge: Cambridge University Press, 2009, p. 1.
③ 牛占奎:《浅析发达国家的分离主义》,《国际研究参考》2018 年第 11 期。
④ 具体分析可参见张露《西欧分离主义运动转型研究——基于地方权力的视角》,硕士学位论文,兰州大学,2019 年,第 10—23 页。

通常而言，稳定指的是"稳固安定"或"没有变动"。在东南亚分离运动的国家治理层面，稳定主要指的是国家层面的政治稳定与社会稳定。加里布埃尔·阿尔蒙德等认为，政治不稳定产生的原因是多方面的：政权合法性问题可能诱发国家认同危机，进而社会集团之间的疏远和敌对可能会产生政治冲突，而且利益表达渠道等的受阻也可能带来多种多样的国内冲突，政治体系对政治参与不能做出有效回应等，也可能会触发政治冲突，等等。① 作为典型的多族群地区，东南亚各国的分离主义运动是国家政权合法性、国家认同危机的最集中体现。分离运动尝试用族群认同、地区认同替代甚至僭越国家认同，而突出的外在表现就是对既定政治秩序的破坏。在东南亚各国分离运动的发展中，分离组织往往对国家合法性、国家认同等提出公开质疑，这不仅是对政治稳定的严重挑战，而且是现代政治文明开放性、包容性的一种反叛。正如白鲁恂所言：一个国家政治不稳定往往是由该国的社会文化变迁出发的认同危机、合法性危机、参与危机、整合危机、分配危机等引起的。②

东南亚国家的分离运动还引发了激烈的国内冲突，严重破坏了国内的社会稳定，造成了重大的人员伤亡和财产损失。在东南亚，各国分离运动往往采用暴力手段、强制性实施分离活动，进而带来了国家武装与地方武装的激烈斗争，导致了持久的国内冲突、破坏了国内稳定。以印尼亚齐为例，据统计自 1999 年至 2005 年，亚齐每月约有 133 人死于暴力事件，且在这期间亚齐 68% 的暴力事件和 79% 的死亡人员均来自分离主义运动所产生的暴力。③ 与之相比，在 2005 年 8 月签署了《和平谅解备忘录》的两周内，仅有 7 人被杀，在此后的一年内，死于分离主义暴力冲突的人数不超过 8 人。④ 此外，在东南亚地区，分离运动的发展有时还

---

① 参见［美］加里布埃尔·A. 阿尔蒙德、小 G. 宾厄姆·鲍威尔《比较政治学：体系、过程和政策》，曹沛霖、郑世平、公婷、陈峰译，东方出版社 2007 年版，第 32—54 页。

② ［美］鲁恂·W. 派伊：《政治发展面面观》，任晓、王元译，天津人民出版社 2009 年版，第 80—85 页。

③ Patrick Barron, Erman Rahman and Kharisma Nugroho, "The Contested Corners of Asia: Sub-national Conflict and International Development Assistance, The Case of Aceh, Indonesia", *The Asia Foundation*, 2013, p. 24.

④ 李捷、雍通：《权力下放与分离主义治理——基于亚齐与菲南的案例分析》，《东南亚研究》2019 年第 5 期。

混杂着恐怖主义、极端主义的因素，加剧了各国国内的社会动荡与冲突。近年来，最为典型的是2017年5月至10月菲律宾南部马拉维市的武装对峙事件。在棉兰老长期的分离斗争进程中，各类暴力极端组织利用菲南的地缘环境以及冲突多发的社会环境，纷纷来此集聚，试图重现"伊斯兰国"攻占摩苏尔的图景。由此来看，长期的分离问题得不到妥善解决，已经成为影响东南亚各国社会稳定的重要因素。因为伴随信息化、全球化的发展，世界各类暴力极端组织可以在短时间内转移至目标地区，并借机从事暴力活动，从而触发大规模的暴力事件，这已经成为影响东南亚各国持续安全与稳定的重要因素之一。总之，在东南亚，分离运动常常采取暴力的方式谋求实现政治目标，这严重影响了各国的政治、社会稳定，诱发了激烈的国内冲突。从这个视角看，对分离运动进行治理势在必行。

二 东南亚分离运动国家治理的可行性逻辑：主权的延伸

分离运动对国家主权与稳定带来了巨大冲击，这是对其进行国家治理的必要性，那么主权国家在国际、国内层面是否具备对其展开治理的可行性呢？一方面，从国际层面看，主权国家自宣布独立开始，就成为一国在国际社会的合法代表。而分离运动的起源最初发酵于一国的地方问题或部族问题，其首先是一国的国内问题。由此，对一国国内问题的处理，理论上应当优先在主权国家内部解决。然而，基于国际形势的复杂多样，很多分离运动往往有"外部干预者"的参与，尤其是西方大国。但是，本小节的研究并不侧重分离运动的实际发展情况，而是着重关注主权国家在国际、国内层面是否具有治理合法性及治理能力的问题。从理论上看，既然一国自独立就成为国际社会的平等一员与本国的合法代表，则其自然具备对国内事务进行治理的国际合法性。另一方面，从国内层面看，近代民族国家的形成本质上是一个资源、暴力、认同不断集中化的过程，并且在这三个方面都占据优势。主权国家机器的运转需要具体的国家机构维持，尽管各国政府在政策制定、实施等方面可能存在诸多偏差与不足，但这并不是否认现存国家的借口，至多是对一国中央政府政策的不满。由此，分离运动的产生尽管可能与各国政府的族群政策等有关，但毫无疑问，与一国中央政府相比，分离运动在资源、暴力等方面并不占有优势。这与前文所述分离运动发展的"弱势性"是一脉相承的,即作为"抗争"一方的分离运动,在与主权国家的相对比较中,无论是资源的汲取还是暴力的集中等,总是处于劣势的。具体来看:

其一,主权的对外独立属性赋予了各国在国际层面的平等地位,其对国内分离主义问题的治理具有国际合法性。从国际法视角看,主权意味着国家的独立和平等。因为国家主权平等原则是最重要的国际法基本原则①,它构成了整个国家法律体系的基础,是国际关系赖以存在的基本前提②。《联合国宪章》第二条规定了联合国及其会员国应该遵守的七项基本原则,其中明确提到"会员国主权平等"与"联合国组织不干涉会员国内政"。1970 年 10 月 24 日,联合国大会又一致通过了《关于各国依联合国宪章建立友好关系及合作之国际法原则的宣言》(简称《国际法原则宣言》),再次明确了"国家主权平等"和"不干涉内政"的原则。因此,从国际层面看,独立与主权之间存在密切的联系。比如周鲠生教授就认为,"主权是国家具有的独立自主地处理自己的对内和对外事务的最高权力……如果对外不是独立的,国家便要服从外来的干涉而失去其独立地处理对内对外事务的自由,因而就不是主权的……"③ 此外,主权国家的平等原则也是国际法层面所特别强调的。根据《国际法原则宣言》对国家主权平等原则的阐释,国家主权平等指的是"各国一律享有主权平等,不论经济、社会、政治或其他性质有何不同,均有平等权利与责任,并为国际社会之平等成员国"④。

主权、独立、平等等原则赋予了各国管理内政事务与内政不受干涉的合法性与优先性。作为国际社会的一员,东南亚各国在"二战"结束后纷纷独立,并成为联合国等国际组织的重要成员,各国政府自然成为各国在国际社会的合法代表,并享有独立管理本国事务的权力。尽管各国分离运动的产生有着深刻的历史乃至国际因素,但这并不能否定分离问题的国内属性。因而,从法理上看,分离运动属于一国内政,不容其

---

① 周忠海主编:《国际法》(第三版),中国政法大学出版社2017年版,第43页。
② Antonio Cassese, *International Law*, Oxford University Press, 2001, p. 88.
③ 周鲠生:《国际法》(上册),商务印书馆1976年版,第75页。
④ 周忠海主编:《国际法》(第三版),中国政法大学出版社2017年版,第44页。

他国家干涉。此外,尽管很多分离组织打着"民族自决权"的旗号,谋求对国家主权进行分立,但这在国际法上也是站不住脚的。因为1960年联合国在《给予殖民地国家和人民独立宣言》中明确指出"任何旨在部分或全面分裂一个国家的团结和破坏其领土完整的企图都与《联合国宪章》的目的和原则相违背"。[1] 这在事实上明确了"民族自决权"并不能被解释或曲解为"分离权",与此同时赋予了各主权国家管理内部事务的国内合法性与优先性。当然,国际事务总是多种多样、复杂多变的,有时主权国家内部会发生诸如内战、族群屠杀、种族灭绝等不符合人道主义精神的大规模冲突,这时通过国际舆论压力等方式对其进行人道主义救援等,与"不干涉内政"原则之间并不冲突。然而,需要明确的是,对于具备管理本国内政、处理本国分离问题能力的国家,其他国家不能肆意干预。总之,尽管东南亚各国在独立初期的族群政策上可能或多或少存在偏差,各国分离运动的起源与发展具有殖民经历、边界等内部原因,但从国际法层面上看仍属于一国内政,各国对本国分离运动的治理具有合法性与优先性。

其二,主权的对内最高属性赋予了各国治理本国事务的权力,并且各国政府与分离运动相比具有力量上的优势。与分离运动相比,东南亚各国政府具备进行国内治理的资格和能力。与西方国家相比,东南亚国家大都是在"二战"后才真正进入现代意义的主权时代,因而在国家治理方面的经验不足。面对复杂多变的国际、国内形势,一国政府在制定国内政策时难免会出现偏差与失误,但这与本身的治理经验相关,而并非治理能力的问题。比如有学者就指出,近代民族国家的形成本质上是一个人类社会不断走向集中化、一体化的过程,其在三个方面强化了对人类社会的集中:资源、暴力、认同。[2] 即,现代民族国家通过建立财税体制、行政体制和其他基础设施,加强了对社会资源的汲取和控制;通过建立常备军、警察、司法、监狱等暴力机构,实现了对暴力的垄断;通过民族主义、爱国主义等培养和集中了整个社会的忠诚。与此相对,分离运动同样尝试从以上三个层面对民族国家进行分割,最终实现对国

---

[1] 杨陶:《论国际法下民族自决权与分离权的关系》,《广西民族研究》2016年第6期。
[2] 冯仕政:《西方社会运动理论研究》,中国人民大学出版社2013年版,第191—192页。

家主权的分离。通过对文化符号、话语体系等的再建构，分离运动最容易实现对国家认同的破坏，继而通过认同的分离实现对社会资源的汲取，乃至对暴力的集中。然而，与庞大的国家机器相比，分离运动尽管能在上述三个方面对既有国家进行挑战，但力量仍是相对弱小的。只要各国政府政策得当、顺应民心与社会发展潮流，是可以实现对分离运动的有效控制和治理的。

此外，国家对分离运动的治理某种程度上可以视为主权国家存续的基础。从人类社会发展进程看，没有国家的统治与规范，个人和社会都是不能孤立地存在的。从这个意义上看，国家治理是以一种强制性的政治权利对人性和社会弱点进行规约和克服的过程。正如米歇尔·福柯所言：治理是共和国持续的创造行为。① 作为典型的发展中国家，东南亚国家自独立始就面临各种各样的国内问题，分离运动即是其中之一，而对这些问题的治理不仅是国家存在的基础，同时也是实现国家进步与发展的基础。正如有学者指出的那样，"如果说国家治理的目的是解决社会经济各领域存在的问题，而治理理念和实践的转型则是在社会经济的结构和内涵都出现新的变化、进入新的发展阶段、带来了新的发展问题需要解决的背景下开始的。"② 换句话说，面对分离运动的挑战，东南亚各国尽管是发展中国家，但同样有能力应对和处理相关问题，对这些问题的应对、处理和解决是实现国家进一步发展的基础。当然，对分离运动的国家治理不仅指强硬的军事打击，还可能包含政治容留、多元文化主义等软性手段，但无论何种治理方式均需以国家政权的强制力为基础与保障，如此方可有效。

第二节　东南亚分离运动国家治理的方式与进程

为什么国家要对分离运动进行治理，或者为什么主权国家总是对分

---

① ［法］米歇尔·福柯：《安全、领土与人口》，钱翰、陈晓径译，上海人民出版社2010年版，第228页。
② 刘智峰：《国家治理论——国家治理转型的十大趋势与中国国家治理问题》，中国社会科学出版社2014年版，第89页。

离行为提出反对？这似乎是一个简单、直接且容易回答的问题：因为主权国家希望维护国家主权和领土的完整。① 毫无疑问，这个答案是正确的，这也是上一节所着重论述的。即，分离运动不仅对国家主权和领土完整进行了直接的挑战，而且导致了对国内秩序与稳定的破坏。然而，对这一问题的回答并不具体或仅是治理的基础，因为"维护国家主权和领土完整"回答的仅是国家对分离运动进行治理的逻辑出发点问题，而并未涉及治理的具体原因及方式、手段问题。换句话说，上一节回答的是为什么治理的问题，而这一节重点分析的是如何治理的问题。实际上，不同国家在治理分离运动时，反对分离运动的理由各有差异，采取的手段、方式亦各不相同。比如，有些国家基于分离运动涉及的领土具有较高的经济价值，有些国家则基于对领土的情感依赖或心理因素；有的国家基于分离运动的分裂行为破坏或影响了国家的声望、可能诱发国家分裂的"多米诺"效应，有的则基于外部安全威胁的考量，等等。当然，主权国家对分离运动进行治理的过程中，所采取的手段与方式并非单一的。有学者总结了分离主义治理的六种模式：严厉打击、政治容留、认同调控、抑制外部干预、单边独立公投等。② 有些学者则从治理策略选择的性质上进行了分类，认为存在被迫实行军事打击策略、灵活采取制度妥协策略、以经济施压与政治孤立施压策略等。③ 基于此，本节将主要探讨三个问题：第一，对既有研究中有关分离运动治理的动因和方式等进行总结、归纳；第二，东南亚各国分离运动的特殊属性分析；第三，东南亚各国治理分离运动的治理进程探究。

一 各国应对分离运动的动因及方式

毫无疑问，分离运动是一种制度外的政治运动，其产生与发展具有自身内在的条件与规律。与此相对，主权国家如何应对分离运动对国家主权、领土完整的挑战，是一项十分艰巨的任务。不同国家的经济、政

---

① James Ker-Lindsay, "Understanding state responses to secession", *Peacebuilding*, Vol. 2, No. 1, 2014, pp. 28 – 29.
② 严庆：《民族分裂主义及其治理模式研究》，《国际安全研究》2015 年第 4 期。
③ 李捷、杨恕：《反分裂主义：共识与应对》，《国际政治研究》2019 年第 4 期。

治、文化状况各不相同，且面临的内、外部环境各异，因而各国政府对本国分离运动的评估不同。这就产生了各国对分离运动治理方式的差异问题。即，为何不同国家面对本国分离运动时，所采取的治理方式或手段不同。当前，学术界有关此问题的研究较多，但不同学者针对不同案例所强调的动因与方式不同。整体而言，学者们的研究主要集中于政治、经济、文化、安全四种分离运动的治理动因。

从政治动因看，拒绝在主权问题上让步、防止国家分崩离析等是各国对分离运动展开治理的重要出发点之一。据不完全统计，在1956年到2002年，全球78个国家中的146个族群寻求从所在国中央政府获得更大的领土自治权或者独立，但在这案例中，绝大多数政府对此的态度是，即使是面对武装叛乱的可能，也拒绝在任何与领土有关的问题上做出承诺。① 对分离运动进行治理的政治出发点是主权国家态度的集中体现，即面对分离运动提出的分裂国家的诉求，主权国家不会轻易放弃任何主权与领土。以此为基点，很多学者认为：建立国家声望（Building Reputation）或避免产生"多米诺"效应是国家的重要政治考虑。在展开治理时，很多国家并非仅仅面临来自一个地区的挑战，还可能面临来自国内其他地区的挑战。在这种情况下，对分离运动展现出明确的态度，可以为其赢得"强硬的声誉"（Building a Reputation for Toughness），以对其他蠢蠢欲动的潜在分离者进行威慑。② 此外，防止出现分裂的"多米诺"效应，也是一国展现明确政治态度的原因之一。有学者指出，未来参与者数量和风险考量强烈地影响着一国政府对分离运动的决策：合作或对抗。③ 因为如果政府明确拒绝或反对某一地区的分离诉求，就较好地展现了维护国家政治统一的决心；而如果政府对某一地区分离运动的态度较为模糊，则可能会面临来自其他地区同样的诉求，进而导致国家分崩离析。

从经济动因看，面临分离运动带来的挑战，国家可能会进行成本与

---

① Barbara F. Walter, "Building Reputation: Why Governments Fight Some Separatists but Not Others", *American Journal of Political Science*, Vol. 50, No. 2, 2006, p. 313.

② Barbara F. Walter, *Reputation and Civil War: Why Separatists Conflicts Are So Violent*, Cambridge: Cambridge University Press, 2009, pp. 20 – 21.

③ 李捷、杨恕：《反分裂主义：共识与应对》，《国际政治研究》2019年第4期。

效益的相互权衡。巴特克斯就认为，分离运动提出分离诉求很大程度上是基于对成本效益的分析。即，分离运动会衡量留在既有国家的效益和成本，同时也会衡量分离的效益和成本。留下的效益下降、留下的成本上升、分离的成本下降、分离的效益上升等，都可能会催生分离运动的发生。① 以此为基础，很多学者认为国家在治理分离运动时，同样具有重要的经济动因。一国政府可能会基于分离地区具有重要的资源或经济基础，抑或基于该地区具有重要的象征意义等，对分离运动展现出较为强硬的态度。比如，在塞浦路斯分离主义案例中，土族塞浦路斯人控制了全岛37%的领土，包括57%的海岸线；这部分领土包括了全岛70%的经济潜力、50%多的工业企业、60%的自然资源、65%的总耕地面积和73%的旅游基础设施。② 也正因如此，希族塞浦路斯与土族塞浦路斯之间长期处于冲突之中，尽管前者展现了强硬的反分裂态度，但基于希腊、土耳其等外部力量的介入，这一问题始终难以解决。

从文化动因看，疆土依恋、民族情感、特殊意义等都可能成为一国反对分裂、治理分离运动的出发点。有学者认为，领土不仅具有经济、资源等价值，其本身亦附带一种先天的情感意义。③ 换句话说，国家领土本身的意义就事关本国国民对国家的感性认知及身份归属，国家边界更是民众对一国范围的一种直观性认知。从这个意义上看，分离运动分裂国家的诉求不仅是对国家边界的变更，属于国家"有形"资产的流失，而且属于对人们将国家"可视化"（Visualise）的一种挑战。④ 当然，影响各国对分离运动反应的还可能是，该领土承载着重要的民族情感或特殊意义。在科索沃问题上，隐藏在族群冲突背后的还有科索沃地区本身所特有的历史、文化属性。比如，历史上塞尔维亚人曾在科索沃地区与奥斯曼帝国之间进行过激烈的战斗，因而该地区承载着塞尔维亚人重要

---

① 参见 Viva Ona Bartkus, *The Dynamic of Secession*, Cambridge: Cambridge University Press, 1999。转引自胡润忠《多民族国家民族分离主义治理战略研究》，《学术探索》2011年第1期。

② ［比］布鲁诺·考比尔特斯、宋新宁主编：《欧洲化与冲突解决：关于欧洲边缘地带的个案研究》，法律出版社2006年版，第70页。

③ Jan Penrose, "Nations, States and Homelands: Territory and Territorialism in Nationalist Thought", *Nations and Nationalism*, Vol. 8, No. 3, 2002, pp. 277 – 297.

④ James Ker-Lindsay, "Understanding state responses to secession", *Peacebuilding*, Vol. 2, No. 1, 2014, pp. 29 – 30.

的民族情感；而且，科索沃的全称为"科索沃与教会的领土"（*Kosovo I Metohija*），当地有很多的寺院（*Monsateries*）和教堂（*Churches*）等都带有特殊的文化意义，其中四座被联合国教科文组织认定为世界遗产。① 由此可见，领土等所承载的民族情感或特殊意义也可能成为国家反分裂的重要出发点。

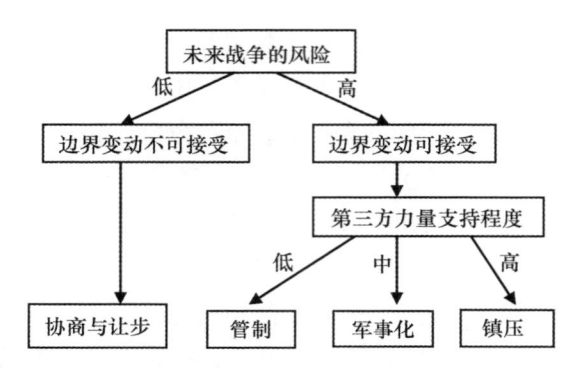

```
                    未来战争的风险
                   ／          ＼
                 低              高
                 ↓              ↓
         边界变动不可接受    边界变动可接受
                                ↓
                         第三方力量支持程度
                          ／    ｜    ＼
                        低     中     高
                        ↓     ↓     ↓
              ↓        管制  军事化  镇压
           协商与让步
```

图6—1　国家反分裂的影响因素示意

资料来源：Ahsan I. Butt, "Why Do States Fight Some Secessionists but Not Others? The Role of External Security", *Journal of Global Security Studies*, Vol. 2, No. 4, 2017, p. 305。

从安全动因看，分离运动带来的国内外安全威胁等是各国对分离运动展开治理的重要出发点。分离主义战争已经成为国际政治中暴力的最重要来源之一，学者们对此进行了很多研究。面对分离运动的挑战，有的国家采取了强制（coercion）手段，而有的国家则采取了妥协（concession）的方式。缘何不同国家的选择会出现差异或不同呢？阿赫桑·布特（Ahsan I. Butt）认为，对未来战争风险的预估是影响国家做出反应的最主要变量。分离运动的壮大可能会改变国家的权势对比，分化母国的安全力量，进而在与地缘政治对手的竞争中落于下风。基于这种考虑，只有对未来可能出现的战争威胁持乐观的估计时，国家才可能对分离运动

---

① James Ker-Lindsay, "Understanding state responses to secession", *Peacebuilding*, Vol. 2, No. 1, 2014, p. 33.

采取妥协的态度；反之，则可能采取强制的手段。① 当然，分离运动带来的安全威胁不仅是国内的，还可能引发来自其他国家，尤其是敌对国家的干预，进而影响所在国应对分离运动的策略。换句话说，外部势力对分离运动的支持程度，亦是影响一国反分裂策略的重要变量。（见图6—1）

综上所述，不同国家在面对分离运动时的考虑与权衡因素并非完全相同。这既与不同分离运动产生的不同原因相关，又与各国政府对分离运动的威胁感知与判断密切相连。整体而言，各国在应对分离主义挑战时，采取的治理态度大体上分为强硬与包容两种。然而，各国对分离运动的治理是一项系统、长期的工程，并非单一因素或机制可以完全概括或解决的。这就决定了各国对分离运动的治理并非单一方式所能解决的。换句话说，所在国政府对分离运动的治理是在一个双方互动、调适的进程中展开的，面对分离运动以及第三方的介入程度等因素，不同阶段或时期所采取的治理方式不尽相同。比如，面对"自由亚齐运动"的挑战，印尼政府20世纪70年代末采取了明确的军事打击政策，而到90年代末则采取了军事打击与和平谈判的混合方式，希望借军事打击削弱分离武装的力量，通过和平对话等拉拢其中的温和派，最终化解国内分离危机。再比如，面对菲南分离运动的兴起，菲律宾政府在20世纪70年代就采取了较为温和的和谈政策，试图通过权力下放、扩大地区自治等方式化解分离主义带来的危机，但和谈进程并不顺利，双方在80年代发生了激烈的武装冲突，菲政府也采取了更为强硬的军事打击政策，等等。

总之，面对分离运动的挑战，各国所采取的治理方式并不完全相同。有的采取较为强硬的手段，如军事打击、同化、隔离等；有的则采取相对宽容的政策，如谈判、妥协、让步、融合等。而且，不同的政策可能会产生不同的治理效果，不能简单地认为军事打击就能取得良好效果，适当地让步就可能助长分离运动的气焰。简言之，对于各国对分离运动采取的治理方式，需要结合不同国家分离运动产生的背景、具体的诉求、第三方介入的程度、国内民众对分离运动的态度等具体分析，不能不加

---

① Ahsan I. Butt, "Why Do States Fight Some Secessionists but Not Others? The Role of External Security", *Journal of Global Security Studies*, Vol. 2, No. 4, 2017, pp. 324 – 345.

区分地笼统概括与归纳。因为基于不同的经济发展水平、政治机制的包容度、对安全问题的重视程度等，处于不同发展阶段的国家对内部挑战、外部威胁的感知等亦不相同。因此，对东南亚地区分离运动的国家治理进行分析，首先应结合整体性的治理动因分析，对本地区分离运动的进行总结与归纳，只有如此才能建构出更加符合实际情况的治理分析框架。

二　东南亚分离运动国家治理中的特殊性

世界各地的分离主义运动是相当多样且多元的。无论是发达国家还是发展中国家，无论是民主制国家还是集权制国家，无论是联系紧密的单一制国家还是相对松散的联邦制国家①，都有可能面临分离主义运动的挑战。② 不仅如此，在具体实施的分离活动中，各国分离运动的具体诉求也是不一而同的。有的谋求经济方面的获益，有的谋求政治权力的扩大，有的则谋求语言、文化方面的地位，等等。而且，各国分离主义运动为实现最终目标而采取的手段也是不同的。通常来看，发达国家分离运动产生的原因较为单一，多为经济因素，采取的手段较为理性民主，往往追求合法的公投或议会选举，外在表现形式相对较为温和；而发展中国家分离运动的成因一般较为复杂，不仅采取的手段更为激进，而且其外在表现也掺杂着暴力与血腥色彩。③ 比如，瑞安·格里菲兹和伊凡·塞维奇通过对比苏格兰分离运动、魁北克分离运动、比夫拉④（Biafra）分离运动和斯里兰卡的泰米尔猛虎组织（Tamil Eelam），认为发达国家因国内与区域经济一体化程度较高，因为分离运动更倾向采取温和手段，而发

---

① 这里的紧密与松散是就中央与地方的关系而言。
② Ryan D. Griffiths and Ivan Savi?, "Globalization and Separatism: The Influence of Internal and External Interdependence on the Strategies of Separatism", *Perspectives on Global Development and Technology*, Vol. 8, No. 2, 2009, pp. 429–430.
③ 牛站奎：《浅析发达国家的分离主义》，《国际研究参考》2018年第11期。
④ 比夫拉是尼日利亚伊博族人的聚居地，位于尼日利亚东南部。20世纪60年代末，因殖民历史、族群矛盾、经济矛盾、权力斗争等宣布从尼日利亚联邦独立，后引发尼日利亚内战。直到70年代，尼日利亚国内才逐渐恢复平静。

展中国家则因国内经济一体化程度较低，分离运动更倾向于采取暴力手段。[1]

与发展中国家的分离运动有所不同，尽管发达国家的分离运动亦是因"差异性"而产生，但这种差异更多属于单一性因素，如经济、文化、语言等，且因经济诱发的分离往往是经济发展水平更高，而非更低。这就基本决定了发达国家分离运动采取的手段往往是和平的，即采用民主、合法的方式追求独立。因为一方面采取暴力手段可能会损害自身利益，尤其是经济利益，反而不利于最终目标的追求；另一方面，发达国家有着相对成熟的民主政治体制，为分离运动通过和平手段实现分离提供了空间与可能性，如公投、地方议会选举等。与此相对，发展中国家分离运动的"差异"更为复杂，诱因通常是多方面的，不仅有经济因素，还可能包含宗教、民族、文化、殖民历史等因素。而且，发展中国家往往处于民族国家建构与实现现代化的进程之中，国内政治、经济等体制尚处于完善之中，留给分离运动进行活动的空间并不多。由此，发展中国家的分离运动往往更为激进，并掺杂着暴力与冲突。比如，加拿大的魁北克、英国的苏格兰、西班牙的加泰罗尼亚等都曾尝试通过公投的方式实现独立，而苏丹、尼日利亚、斯里兰卡等则尝试通过武装斗争的方式实现独立，甚至爆发了激烈的内战。

当然，仅作出发达国家与发展中国家的区分显然是不够的，因为在发展中国家内部亦存在着诸多的差异。就分离运动带来的武装冲突量级而言，以苏丹、尼日利亚、刚果（金）[2] 等为代表的非洲地区分离运动的国内冲突烈度，远高于东南亚地区，许多国家甚至爆发了旷日持久的内战。比如，1960 年 6 月，在刚果民主共和国独立后不久，在原殖民宗主国比利时的策动下，加丹加省发动了武装叛乱，宣布脱离刚果（金）而独立；此后，在多方（比利时、美国、苏联、联合国）介入下，双方进

---

[1] Ryan D. Griffiths and Ivan Savi?, "Globalization and Separatism: The Influence of Internal and External Interdependence on the Strategies of Separatism", *Perspectives on Global Development and Technology*, Vol. 8, No. 2, 2009, pp. 429–452.

[2] 非洲有两个刚果。刚果（金），即刚果民主共和国，首都为金沙萨；刚果（布），即刚果共和国，首都为布拉柴维尔。1960 年独立后，刚果（金）的首都为利奥波德维尔，后改名为金沙萨。为方便行文，统称刚果（金）。

行了长达 3 年的内战。与此相比，东南亚地区的分离运动尽管也触发了国内冲突，但并未达到内战的烈度，至多属于某国内部的地区族群冲突。究其原因，与东南亚地区相比，非洲地区的被殖民时间更长，族群关系更为复杂，经济发展水平更为落后，政治与政党制度更加不成熟，国内武装力量更加不平衡。从这个视角来看，将非洲地区的分离运动与东南亚地区的分离运动进行整体性考察，显然不甚恰当。因为与非洲地区相比，东南亚各国的分离运动具有以下特点：其一，分离运动引发了国内武装冲突但不足以演变为内战；其二，分离组织存在显著的分化现象、分离力量并不团结；其三，尽管有外部力量的介入，但介入程度普遍不高。

与西方发达国家以及非洲地区相比，东南亚地区的分离运动显然具有自身的独特之处。基于此，在面对分离运动带来的挑战、进行国家治理时，东南亚各国采取了诸多的应对措施：第一，军事打击。面对分离运动挑起的国内冲突，东南亚国家采取了必要的军事手段，对分离主义武装进行了打击。比如，泰国政府面对泰国南部地区的多个分离主义武装，采取了坚决的军事化措施，从而遏制了 20 世纪 80 年代的泰南分离运动高潮。第二，谈判与安抚。比如，在菲南武装分离运动兴起后，菲律宾马科斯政权基于国内政局的需要，与分离组织展开了和谈。尽管双方一度再次陷入冲突之中，但和谈在某种程度上也限制了分离运动的发展。第三，调整族群政策。面对泰南地区高涨的分离主义，泰国政府积极调整了此前的整合政策，如尊重马来穆斯林的习惯与传统等，最终逐步平息了泰南的动荡局势。第四，让步与融合。当前，印尼政府通过和谈已经恢复了亚齐地区的和平与稳定，通过"权力下放"等方式对分离运动做出了"有条件让步"，即在主权与国家统一之下，赋予亚齐高度自治权。同时，尊重亚齐当地穆斯林的虔诚信仰，在亚齐实施伊斯兰教法等，进一步实现了国内族群之间的融合。总之，面对分离运动的挑战，东南亚各国政府均进行了积极的治理，采取了诸多措施，以遏制、解决分离主义的挑战。然而，在具体的治理实践中，分离运动的现实走向与国家治理的效果并不以人的意志为转移，因为分离运动的产生、发展有其复杂性，并非简单的一项或几项治理措施就能彻底解决的。

三 东南亚分离运动的国家治理进程

早在 1995 年,全球治理委员会(The Commission on Global Governance)在《我们的全球之家》(*Our Global Neighborhood*)研究报告中就对"治理"进行了界定。治理是各种公共的或私人的个人和机构管理其共同事务的诸多方式的总和,其有四个特征:其一,治理不是一整套规则,也不是一种活动,而是一个过程;其二,治理过程的基础不是控制,而是协调;其三,治理既涉及公共部门,也包括私人部门;其四,治理不是一种正式的制度,而是持续的互动。① 由此来看,治理是一种公共管理活动和公共管理过程,它包含必要的公共权威、管理规则、治理方式与治理机制。② 而治理的要点在于,将目标定于谈判与反思过程之中,并通过谈判与反思加以调整。③

与全球治理的核心要素相似,主权国家对分离运动的治理也并非仅是一种活动,而是一个进程,并非一种正式的制度,而是一种持续的互动。换句话说,各国政府对分离运动的治理,是与分离组织不断互动,且根据不同情况选取不同的治理方式与手段的总和。在东南亚各国对分离运动的治理进程中,各国政府与分离运动之间是一个不断认知、反应、调整、适应的互动过程。首先,各国政府会对分离诉求的出现进行判断、归因,并尝试采取相关措施,以缓解、缓和族群矛盾与冲突;其次,基于国家政策的变化,分离运动亦会产生相应的反应:或更为激烈、或有所缓和;再次,针对分离运动的发展,各国政府将调整治理的手段或方式:或更为强硬,或更为宽容;最后,基于对自我发展及政府态度的变化,分离运动会再次考虑"是否调整斗争目标",即是否适应国内、国外形势的变化。基于此,东南亚分离运动的国家治理进程是一个各国政府与分离运动之间不断进行互动、调适的过程。双方在认知、反应、调整、适应的过程中,不断进行"信息"的交换。在此进程中,分离运动进一

---

① The Commission on Global Governance, *Our Global Neighborhood: The Report of the Commission on Glibal Governance*, Oxford University Press, 1995, pp. 2 - 3.
② 俞可平:《论国家治理现代》,社会科学文献出版社 2014 年版,第21页。
③ [英]鲍勃·杰索普:《治理的兴起及其失败的风险:以经济发展为例的论述》,《国际社会科学》(中文版)1999 年第 1 期。

步明确、调整自身的诉求,而各国政府亦不断调整自己的态度与治理的方式、手段。(见图6—2)

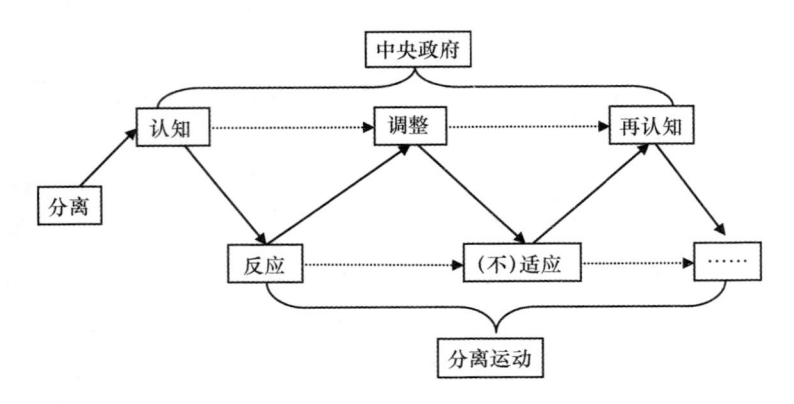

图6—2 东南亚分离运动国家治理进程示意

资料来源:笔者自制。

以泰国南部分离运动为例,最初20世纪60年代的沙立政府认为,泰国南部分离运动与当地经济的落后与民众贫困有关,且只要发展当地经济,则分离问题自然会解决。[①] 于是,沙立政府加大了对泰南地区的经济开发,并制定、实施了一系列旨在发展南部经济的措施,如1961年的"流动发展分队计划"、1964年的"加速乡村发展计划"以及此后的"南方公路修筑计划""橡胶种植计划"等。面对南部分离运动的诉求,泰国政府对出现的问题进行了认知、判断,且进行了归因。然而,政府的归因是否真正符合解决问题的路径,显然是另外一个层面的问题。据悉,在政府实施的"橡胶种植计划"中,普通的马来农民并未取得预期中的经济与发展效益,反而是大种植园主从中获得了丰厚的利益。[②] 再比如,泰国政府也认识到马来穆斯林在经济开发中的就业问题,即因语言文化等因素难以就业,或者在竞争中没有优势。为此,泰国政府开始在南部

[①] 郭雷庆:《聚居型多民族国家民主转型进程中的民族分离问题研究》,博士学位论文,山东大学,2017年,第142页。

[②] Wan Kadir bin Che Man, *Muslim Separatism: The Moros of Southern Philippines and the Malays of Southern Thailand*, Oxford University Press, 1990, p.168.

大力推动"泰式"教育，即提高马来穆斯林的泰语水平，以此整合穆斯林群体。然而，这些旨在解决问题的教育政策，不仅没有解决矛盾，反而激化了矛盾，引起了南部穆斯林的反感。因为他们认为，政府推行世俗教育，其目的在于否定自己的宗教、民族与传统。① 泰南分离运动同样认为，泰国政府正在尝试在马来穆斯林中普及泰语，以使其热爱政府、尊重国王，彻底忘掉或消磨马来人的族群特定，成为一名真正的泰族人。② 由此来看，政府对分离问题的认知与调整，不仅未能解决相关的问题，反而触发了泰南民众与分离组织更大规模地反抗。20 世纪 70 年代，泰南分离运动的发展达到了高潮，这段时期也被称为"分离运动组织过激活动尖锐化的时期"③。

通过简单回顾泰国政府与南部分离运动之间的关系，可以看出：分离运动的国家治理进程并非政府单方面的行为，而是一个双方不断互动、调适的过程。然而，这里需要注意的一个关键节点是，分离运动的适应或不适应。这里适应或不适应的含义是，针对一国政府态度及政策的反应，分离运动是否愿意调整甚至放弃斗争的目标（即独立）。因为分离运动在处理与中央政府的关系，尤其是试图动员更多国内资源时，往往会受到来自中央政府的各种限制。再加上"维护国家统一与主权完整"是主权国家的底线，其不可能放任主权与领土的分离。因此，如果分离运动愿意调整斗争目标、与中央政府进行某种程度的"妥协"（放弃独立的斗争目标，将分离问题转化为国内问题），即为适应；反之，则为不适应。之所以这是关键的一个节点问题，因为分离运动对这一节点的选择，不仅影响一国政府对分离运动的后续态度与治理政策，还是直接关系分离运动后续走向的重大现实问题。总之，对分离运动的国家治理进程即是一个中央政府与分离运动不断认识、反应、调整、适应的过程，双方的态度与选择对于分离运动的现实走向、国家治理的效果等，均会产生

---

① Astri Suhrke, "Loyalists and Separatists: The Muslims in Sourthern Thailand", *Asian Survey*, Vol. 17, No. 3, 1977, pp. 237–250.

② Astri Suhrke, "Loyalists and Separatists: The Muslims in Sourthern Thailand", *Asian Survey*, Vol. 17, No. 3, 1977, pp. 237–250.

③ [日] 桥本·卓：《泰国南部国境诸府的问题与马来—穆斯林统一政策》，《民族译丛》1990 年第 2 期。

重要的影响。

第三节　东南亚分离运动治理效果的评估框架

国家治理是一门艺术，因为治理不是自然天成的，而是需要人的智慧的参与和谋划，需要治理者的意志和领导才能，需要在政治决策、管理国家的具体实践中摸索，在挫折甚至失败中不断完善。① 从这个意义上看，世界上并不存在普遍适用的、所谓的最好治理方式，而治理的效果则主要取决于是否符合具体国家的具体国情。正如德国著名学者列奥波德·冯·兰克在1836年的柏林大学教授就职演说《论历史与政治的区别和联系》中所言：一艘船的舵手必须很清楚一艘军舰和一艘商船之间的区别；如果舵手完全不了解他航行所在海洋的本性，以及他所驾驶的船的本性，那么没有人能控制国家这艘船的舵；如果他缺乏这方面的根本知识，那么他最好是不要掌舵。② 对于分离运动的国家治理而言，这一论断同样是适用的。由于不同国家分离运动的产生原因各异，因而国家采取的治理手段必然存在差别。强硬的态度与手段并非一定可以取得良好的治理效果，相对宽容或温和的态度与手段亦并非一定无效。然而，这并不意味着不能对分离运动的治理效果进行评估。因为既然同属东南亚分离运动之列，各国对分离运动的治理就可能存在一些共性，比如消除暴力性、消解政治性、更好应对外部干预等。基于此，本节将基于东南亚地区各国分离运动的特殊属性，尝试从暴力性的消除、政治性的消解和外部干预的应对等三个方面，对东南亚分离运动的治理效果进行理论性探究，以为后文东南亚各国分离运动的具体实践的分析奠定基础。

一　暴力性及其消除

暴力手段是大多数分离主义运动采取的主要分离手段之一。"暴力"，

---

① 刘智峰：《国家治理论——国家治理转型的十大趋势与中国国家治理问题》，中国社会科学出版社2014年版，第15—16页。
② ［德］列奥波德·冯·兰克著、［美］罗格·文斯编：《世界历史的秘密——关于历史艺术与历史科学的著作选》，易兰译，复旦大学出版社2012年版，第151页。

最基本的含义是"以杀戮、摧残或伤害而对人们造成威胁"。① 从这个视角看，分离运动采取暴力手段的主要目的是，实施暴力损害并以此塑造威胁，即以心理和生理的伤害迫使所在国政府的屈服，最终实现分离的目的。通常而言，很多分离运动在不具备使用和平手段或和平手段难以实现最终目标的情况下，作为弱势一方，大多都会采取暴力手段这一非对称方式。② 因为本质上看，暴力作为一种手段，使用暴力的目的通常在于，通过改变特定行为的预期价值，以此塑造目标听众的政治行为。③ 暴力手段的破坏性不仅能够给对手带来直接打击，还能起到破坏稳定的国内秩序，继而为分离行为提供更多"合法性"与条件方面的支持。比如，在北爱尔兰问题的演变中，新芬党就使用了暴力手段，通过袭击英国的军事经济设施、攻击英国政要，迫使英国在北爱问题上做出了部分让步。

整体来看，分离运动引发的暴力冲突程度并不完全相同，大体可以分为内战与国内局部冲突两种。内战的暴力程度很高，可以造成巨大的人员伤亡与财产损失，但并非每一个分离运动都具备挑起内战的实力与条件。相比于内战，引发国内的局部冲突在分离运动中更为常见，其造成的人员伤亡和损失相对有限。东南亚各国的分离运动大都属于后者，尽管各国的分离组织普遍采用了暴力的手段，但暴力冲突的程度局限于国内的某一地区。可能稍存争议的是缅甸克伦族分离运动。1949年1月，克伦族分离武装克伦自卫军发动暴乱，一度占据了伊洛瓦底省、德林达依省、克耶邦等大部分地区，甚至一度包围了首都仰光，最终在缅甸政府军的镇压下陷于失败。尽管克伦族分离运动某种程度上具有"内战"特征，但一方面叛乱发生在缅甸独立初期，分离运动的强大攻势得益于政府军的立足未稳，另一方面在吴努政府的军事镇压下，克伦自卫军很快便失去了主动。从这个角度看，尽管缅甸国内政局一直处于动荡之中，但并未导致缅甸的分裂，其国内的分离冲突很大程度上仍属于可控制的范畴之列。

---

① ［英］戴维·米勒、［英］韦农·波格丹诺：《布莱克维尔政治学百科全书》（修订版），邓正来等译，中国政法大学出版社2002年版，第846页。
② 张友国：《后冷战时期民族分离主义研究》，首都师范大学出版社2011年版，第92页。
③ Hannah Arendt, *On Violence*, New York: Houghton Mifflin Harcourt, 1970, p.51.

通常来看，学者们把暴力看作权力运用中的一个因素①，但汉娜·阿伦特认为暴力是权力的对立物，因为权力来自群众的合作行为，而暴力依赖的不是人数而是能够扩大损害的技术。② 从这个层面看，暴力的意义或作用在于"损害"。暴力及其带来的损害，遵循的是直接或间接给对方造成实质性伤害，迫使对方因难以承受而让步。然而，暴力及损害具有双面性，或者说暴力的使用是有限度的。分离运动在采用暴力手段对对手形成损害的同时，亦可能给本组织的参与者带来损害，因为暴力手段及其巨大的伤害性可能会招致来自对手的强烈反抗。这种参与暴力的风险，是使用暴力的第一重限度。换句话说，东南亚各国民众在参与分离活动时，是带有受到伤害的风险的。此外，使用暴力的第二重限度是，在现代社会中，暴力带来的巨大伤害面临着来自社会的道德压力，即分离运动的暴力活动往往破坏了社会的正常秩序，甚至附带造成了普通民众的伤亡。由此，如若不是生存遭到强力挑战，通常情况下暴力并不是吸引国内民众参与分离活动的推动力。正因如此，消除暴力性对于分离运动的治理是十分重要的。

　　综上来看，东南亚各国对分离运动的治理应首先着眼于暴力性的消除。一方面，民族国家的重要特征即是对暴力的垄断与集中，而分离运动尝试使用暴力手段迫使政府对主权问题让步，本身就是对政府的强力挑衅。正因如此，面对分离运动的暴力活动，东南亚各国政府往往优先采取军事打击的策略。从逻辑上看，当分离运动采取暴力手段展开活动时，其威胁的不仅是国家的主权与领土完整，更是一种对国家垄断暴力的合法性的直接挑战。在此情况下，通常各国都会坚决予以打击。另一方面，在分离运动的治理进程中，暴力性的消除并非仅能依靠军事打击，还可以采取限制资源汲取、适当妥协等软性措施。从暴力的实施看，暴力活动的开展既需要有参与者的参与，也需要有武器等暴力工具。由此，通过调整国内族群政策等，政府可以得到来自当地民众的支持，这就在某种程度上限制了分离运动的招募；与此同时，政府对黑市军火贸易、

---

① ［英］戴维·米勒、［英］韦农·波格丹诺：《布莱克维尔政治学百科全书》（修订版），邓正来等译，中国政法大学出版社2002年版，第846页。

② 详细分析可见 Hannah Arendt, *On Violence*, New York: Houghton Mifflin Harcourt, 1970.

边境军火走私贸易等的打击,亦能在某种程度上限制分离运动的暴力活动。当然,一国政府还可以通过谈判、让步等达成和解协议,最终让分离武装人员主动放下武器,这亦是消除暴力性的重要方式。比如,印尼政府在与"自由亚齐运动"达成和解协议后,在政府军退出亚齐后,分离武装人员亦主动放下了武器。总之,在东南亚各国分离运动的国家治理进程中,对暴力性的消除既是恢复地区和平与稳定的重要方面,同时亦是评估其治理效果的重要标准之一。

二 政治性及其消解

分离运动的最终目的是分割国家的主权与领土,因而政治性是其首要属性。综观世界各国的分离运动,相对于暴力性,政治性显然是更具普遍意义的属性。换句话说,政治性是分离运动之所以为分离运动的根本属性。因为即便是采取和平方式的分离运动,其最终的诉求仍是政治性的,即实现独立或对既有国家的主权进行分离。从这个角度来看,对政治性的消解理应成为国家治理分离运动的重要评估标准之一。

分离运动的产生及其对主权进行分割的诉求,某种程度上可能源于对民族国家这一"标准"形式的主动习得。查尔斯·梯利就指出,特定人群集体行动的标准形式是习得的。[①] 这一论断来源于对"戏码"(repertoire)概念的解读。"戏码"出自法语,指一个艺人或艺术组织在一定时间内能够上演的全部节目。由此衍生出的"集体行动戏码",指的是特定地区的人们在特定时期能够采取的所有集体行动手法的集合。从这个意义上看,分离运动提出分割主权、另行建立新的主权国家等,与全球进入民族国家时代、强调国家主权的重要性等密切相关。某种意义上看,分离运动的诉求可能恰恰来自对民族国家主权身份的习得。换言之,从"集体行动戏码"的角度看,分离现象的出现是特定时期和特定地区的文化、资源状况等在集体行动领域的集中体现。即,分离诉求既可以被视为一种社会结构,反映特定时期和地区的资源分配状况,也可以被视为

---

① Charles Tilly, "Repetoires of Contention in America and Britain, 1750 – 1830", in M. N. Zald and J. D. McCarthy, *The Dynamics of Social Movements*: *Resource Mobilization, Social Control, and Tactics*, Cambridge: Winthrop Publishers, 1979, p. 131.

一种文化，反映特定时期和地区的价值认同、认知方式和情感取向。东南亚分离运动同样是一种特定社会结构与文化的反映。[①] 前者着重体现为各国在民族国家建构时期少数民族地区的资源分配不公，继而引发了集体性不满，并经分离精英动员后形成分离运动；而后者则可以看作因国家认同体系尚未建立或尚未得到各地区不同族群的完全接纳，各地方族群在身份认同上更偏向于族群身份而非国家身份，继而带来了文化、情感上的冲突。

当然，要实现最终的政治诉求或目标，不仅要有广泛的民众支持，还要强调与国家权威相对立的族群权威合法性。对于分离运动而言，民众参与的数量越大，意味着可释放的社会能量越大。因为参与分离的人员数量不仅直观地反映着其社会支持的力度，而且影响着整个社会对其合法性的认知。在东南亚各国，随着分离活动在某一地区地发酵，其社会影响力将日益扩大，而相对的社会正常秩序则可能越来越难以维持，继而政府将不得不考虑重点关注分离活动及其产生的社会影响。在这种背景下，分离运动的政治诉求及其产生的社会影响力，是其吸引参与者加入以及建构自身合法性的重要基础。从这个层面看，分离运动的政治性往往是通过扩大社会参与而实现的，而且是建立在一定数量的参与者基础之上的。基于此，各国政府在治理分离运动时，消解其政治性的关键就是切断或限制其社会影响力的扩散，避免更多的普通民众加入分离组织。因此，争取国内民众支持，尤其是分离地区的民众支持，对于消解分离运动的政治性是至关重要的。这不仅涉及巩固政府权威、强化国家认同，更为重要的是，通过获得国内民众的支持，可以有效瓦解分离组织建构的虚假的合法性认同，从根本上解构其思想体系与逻辑。这是全面消解其政治性的根本与基础。

除争取国内民众的支持外，各国政府还可以通过转化分离问题的性质等方式消解分离运动的政治性。实际上，分离运动的政治属性是一种国际层面的政治化，即谋求分割国家主权。而分离运动毕竟首先属于一国国内问题，如果各国政府能够将其国际层面的政治化转移或转化到国

[①] 这一观点参考了社会运动的相关内容，参见冯仕政《西方社会运动理论研究》，中国人民大学出版社2013年版，第188—190页。

内政治领域,亦是消解其政治性的重要方面。比如,印尼、菲律宾、缅甸等均通过"权力下放"(赋予自治权)的方式,尝试将分离问题限定在国内范围,以此消解分离运动的政治性,将其纳入整个国家的国内治理体系之中。当然,这一治理方式并非一定可以取得良好的效果,因为对分离运动政治性的消解必须建立在暴力性的消除基础之上。换言之,如果各国政府未能控制本国分离问题的暴力性,就尝试通过将分离组织纳入国内治理范畴的解决途径,可能并不能取得良好的治理效果。比如,比较菲律宾、印尼等国的情况即可得知,印尼政府是在与"自由亚齐运动"达成和解协议、双方均放弃武力的基础上,最终实现了对分离运动政治性的消解,即建立了亚齐特别行政区;而菲律宾政府尽管早在1996年就与摩洛民族解放阵线达成了自治协议,但由于棉兰老地区仍存在摩洛伊斯兰解放阵线等分离武装,因此实际上并未实现地区的和平与稳定。总之,对分离运动政治性的消解是各国治理分离运动的重要方面,同时也是评估其国家治理效果的重要标准之一。

三 外部干预及其应对

尽管分离运动产生于一国国内,但其发展进程往往有外部力量的介入与干预。众多分离主义的案例表明,无论是出于道义、同情,还是出于政治利益、人道主义等,外部力量的介入或干预都增加了分离运动治理的难度。正因如此,各国政府对外部干预的应对,也是评估其治理效果的重要方面之一。有学者就明确指出,分离运动与外部支持二者之间存在着相互支持的纽带型关系[①]。而且,分离运动多位于一国的边境地区,这不仅威胁到了所在国的边境安全,还为分离运动加强与外部势力的联系创造了条件,将分离冲突推向了国际化[②]。斯蒂芬·赛德曼(Stephen Saideman)在总结外部势力介入分离运动的规律时指出:无论是强

---

① 参见 Stephen M. Saideman, "Separatism as a Bargaining Posture: The Role of Leverage in Minority Radicalization", *Journal of Peace Research*, Vol. 44, No. 5, 2007, pp. 539–558; Stephen M. Saideman, *The Ties That Divide: Ethnic Politics, Foreign Policy and International Conflict*, New York: Columbia University Press, 2000。

② 孙超:《国际干预、强力国家与分离冲突的升级——基于欧亚地区的考察》,《俄罗斯东欧中亚研究》2018年第1期。

国内部的分离运动，还是弱国内部的分离运动，都可能获得来自外部诸多的支持，而且发生在边境地区的同族群的分离运动，总是会得到来自邻近国家的族群的有力支持；当然，分离运动还较易得到来自海外同宗教、同族群、同语言的族群的支持。①

外部力量干预分离运动的动力，不仅源于分离运动对获取国际支持的渴望，还与外部力量的自身需要密切相关。一方面，发酵于某国国内的分离运动总是希望最大限度地获得外部关注，以此散播自身诉求。通常来看，分离运动在发展过程中都会进行积极的国际动员，其意在于通过展示或制造某种证据，让国际社会见证自身体现或捍卫着某种价值，而这种价值现在正在被国内政府破坏或冒犯。另一方面，分离运动常常得到来自外部力量的干预，还与外部力量自身的需要有关，尤其是西方大国。比如，马戎教授就在《民族社会学》一书中就指出了西方国家的"双重标准"：对于盟国（如英国）内部的种族冲突、民族分离主义运动（如北爱尔兰分离主义），美国一贯支持这些盟国政府维护统一的各种政策与措施，包括使用武力的镇压行动；但对于自己的"战略对手"（如苏联、中国、南斯拉夫、伊朗等），美国则使用"人权""民族自决"等口号给予公开或暗中的支持，用以削弱"对手"，增加美国在国际谈判中的地位。② 由此来看，某种意义上，外部干预的存在已经成为影响各国治理分离运动的重要因素，也许正是"因为这些'外部行动者'的存在及其行为，民族国家的内部问题才经常演变成为'国际问题'"③。

基于此，各国政府对外部干预的应对，应当成为其对分离运动治理的重要方面。因为只有更好地应对来自外部势力的干预，才能有效消除分离问题的国际影响，将分离问题逐步国内化，并在此基础上加以解决。整体来看，各国政府应对外部干预时，应着重注意以下三个方面：其一，

---

① 参见 Stephen M. Saideman, *The Ties That Divide: Ethnic Politics, Foreign Policy and International Conflict*, New York: Columbia University Press, 2000, pp. 184 – 186；严庆：《民族分裂主义及其治理模式研究》，《国际安全研究》2015 年第 4 期。

② 马戎：《民族社会学——社会学的族群关系研究》，北京大学出版社 2004 年版，第 592 页。

③ 关凯：《族群政治》，中央民族大学出版社 2007 年版，第 115 页。

明确国家主权归属及对分离运动的态度,向国际社会展示捍卫国家主权的决心。对外宣示主权是向国际社会传达信号的重要途径,明确的态度传达是应对外部干预的基础。其二,对与分离运动联系紧密的外部行为体进行积极的游说。在东南亚地区,与分离运动相关的外部干预力量,很少有明确或强力支持的情况,大都是以一种暗示或民间支持的形式进行干预。对此,各国政府应积极进行国际游说,尽量切断分离运动的外部联系。比如,面对亚齐可能重蹈东帝汶覆辙的情况,时任印尼总统瓦希德积极赴中东进行了游说,切断了"自由亚齐运动"与中东各伊斯兰组织或国家之间的联系,为亚齐问题的最终解决奠定了国际基础。其三,各国政府还可以借助国际组织、区域组织的影响力,给分离运动及其潜在的外部干预者施加压力。当前,随着经济全球化、区域一体化地发展,各区域国家之前的联系日益紧密。作为国家关系的重要载体,区域组织成为拓展国家关系的重要平台。由此,各国政府可以借此增进、调整与邻国的关系,尤其是与本国分离运动存在紧密联系的国家。比如,泰国南部的马来穆斯林与马来西亚北部穆斯林之间存在紧密的联系,两国在冷战期间一度关系紧张,导致马来西亚北部地方州对泰南分离运动给予了众多支持,而随着东盟合作的加强,冷战后两国关系进一步调整,泰马两国也加强了对边界地区的管理,共同抵制分离运动的活动,甚至进行了联合安全演练等。再比如,在加拿大魁北克分离问题上,北美自由贸易区官员曾明确表示如果魁北克分离成功,将不再具有北美自由贸易区成员资格,这也在很大程度上遏制了魁北克分离运动的发展,属于所在国政府借助国际组织对其进行有效治理的证明。总之,能否有效限制外部力量对本国分离运动的干预,不仅关系到本国国内和平与稳定的大局,而且是评估各国政府治理效果的重要标准。

综上所述,以暴力性的消除、政治性的消解以及外部干预的应对等三个方面为基础,本节尝试建构一个东南亚各国分离运动治理效果的评估框架。有学者指出,现代社会运动的抗争策略实际上可以归纳为损害逻辑(the Logic of Damage)、数量逻辑(the Logic of Numbers)、见证逻辑

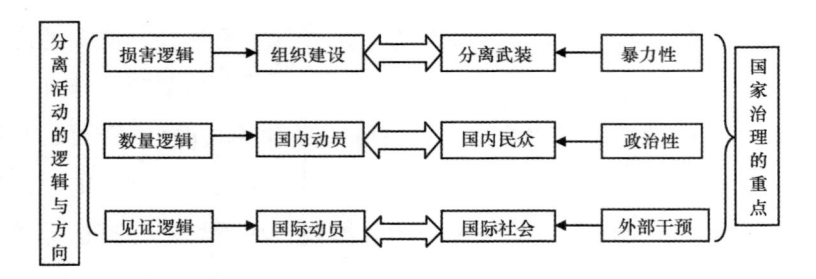

```
┌─────┐  ┌──────┐   ┌──────┐   ┌──────┐   ┌──────┐  ┌─────┐
│分   │  │损害逻辑│──→│组织建设│⇔│分离武装│←──│暴力性│  │国   │
│离   │  └──────┘   └──────┘   └──────┘   └──────┘  │家   │
│活   │  ┌──────┐   ┌──────┐   ┌──────┐   ┌──────┐  │治   │
│动的 │  │数量逻辑│──→│国内动员│⇔│国内民众│←──│政治性│  │理的 │
│逻辑 │  └──────┘   └──────┘   └──────┘   └──────┘  │重点 │
│与方 │  ┌──────┐   ┌──────┐   ┌──────┐   ┌──────┐  │     │
│向   │  │见证逻辑│──→│国际动员│⇔│国际社会│←──│外部干预│ │     │
└─────┘  └──────┘   └──────┘   └──────┘   └──────┘  └─────┘
```

图6—3 东南亚分离运动发展及国家治理逻辑示意

资料来源：笔者自制。

(the Logic of Bearing Witness) 三种，每种逻辑都有其优势和不足。① 在东南亚各国分离运动的活动中，同样可以用这三种逻辑加以解释。比如，借助暴力手段开展分离活动实际上遵循的是损害逻辑，利用伤亡、破坏等图景削弱国内政权的合法性；分离运动进行所谓的国内动员，实质上是希望争取更多民众的支持，形成数量上的优势，以此向中央政府施加国内政治压力；此外，各国分离运动还在国际社会进行大量的号召、宣传，其目的一来是获取国际支持，二来是通过"闹大"②或"以小搏大"的思路来获取国际关注，实质上是见证逻辑的集中体现。由此，从暴力性、政治性、外部干预三个方面对东南亚各国治理分离运动的效果进行大体评估，实质上是从对分离运动三种行动逻辑的遏制程度进行分析的。当然，这三个方面是相辅相成、互为支持的。对于国内分离运动的治理，离不开这三个方面的努力，缺少任何一个方面都可能会导致治理失败。如果对暴力性的治理不到位，则可能造成长期的地区动荡（如菲南棉兰老地区）；对政治性的治理不到位，则可能为分离思想的再次兴起留下隐

---

① 参见 Donatella della Porta and Mario Diani, *Social Movements: An Introduction* (the second edition), Oxford, UK: Blackwell Publishing, 2006, pp. 170–178。

② "闹大"是公共管理学或政治学中的一种现象，该逻辑的核心是公民只有通过某些途径把问题公开化，引发社会公众的广泛关注，形成强大的舆论压力，才能获得政府及其官员的重视，以此推动自身问题得到处理或解决。参见韩志明《利益表达、资源动员与议程设置——对于"闹大"现象的描述性分析》，《公共管理学报》2012年第2期；韩志明《行动的选择与制度的逻辑——对"闹大"现象的理论分析》，《中国行政管理》2010年第5期。

患（如泰南地区）；而对外部干预的治理不到位，则可能直接导致分离运动从国内蔓延至国际，甚至成为分离运动走向独立的关键一步。因此，从这个三个方面对东南亚各国的分离运动治理进行评估，尽管可能存在一定的不足，但大体可以对分离运动的治理问题进行整体性把握。

第 七 章

东南亚四国分离运动的治理：
个案研究与比较

各国政府对分离运动的国家治理与分离运动的发展，本质上是一枚硬币的两面。只不过，前者是各国政府的视角，侧重于政府对国内分离活动的回应；而后者是分离运动的视角，侧重于分离组织自身的策略选择与发展。究其原因：一方面，基于对国家主权和领土完整的保护，各国政府势必对分离运动进行镇压，但在具体的国内外环境中，各国又不能仅以武力镇压的方式来应对分离主义的挑战。另一方面，基于与分离组织之间的互动，面对分离运动的挑战，不同国家采取的措施不完全相同，基于同样的治理逻辑，最终的治理效果千差万别。基于此，本章对缅甸、泰南、菲南、印尼亚齐四个国家的分离运动治理进程进行梳理与研究，并以暴力性的消除、政治性的消解与对外部干预的应对等为基础，对四国分离运动的案例进行比较分析。

第一节 渐进和解：缅甸政府对少数民族
分离运动的治理

缅甸是东南亚地区民族矛盾、冲突最为严重的国家。自独立以来，国内少数民族的反政府武装就长期存在，带来了持久的国内冲突。[1] 与其他东南亚国家有所不同，缅甸国内少数民族的分离问题与其国内的政治

---

[1] 韦红：《缅甸政府在民族问题上的策略调整》，《当代亚太》2001 年第 9 期。

斗争紧密结合，政治危机、族群矛盾等交错交织。时至今日，缅甸仍然是一个政治危机与族际矛盾相互交织的国家，国内局势仍未完全平稳，族际冲突与矛盾仍是阻碍其发展的重要障碍之一。在此背景下，分析缅甸政府对少数民族分离运动的治理离不开其国内民主转型的进程。当然，缅甸国内问题的形成是多种原因综合、复杂作用的结果，而少数民族的分离问题仅是其中一个方面。自1948年独立始，国内少数民族的分离问题及其带来的武装冲突，就一直是缅甸国内政局动荡的重要原因之一。由此，本节拟在缅甸国内政治转型的大背景下，考察万届缅甸政府在治理国内少数民族分离问题时的主要立场、政策及大体效果。

一 吴努政府时期（1948—1961）：同一政策及其失败

缅甸独立后，克伦族率先公开反叛，举起了民族分离的大旗，并在反叛初期取得了一定的优势。① 但是，随着政府军力量的恢复，经过激烈的国内战斗，克伦族武装很快便失去了战场上的主动，且领导人苏巴吴基阵亡。面对国内反叛武装的挑战，吴努政府在坚持缅甸联邦不分裂的基础上，过分强调了各民族间的同一性，某种程度上忽视了各民族之间的差异，不仅造成了独立初期主体民族缅族与各少数民族之间的尖锐对立，扩大了冲突的范围，而且埋葬了独立前《彬龙协议》与1947年宪法中的"民族团结精神"。比如，吴努认为"缅甸居民，包括掸族、克伦族、克钦族、克耶族、若开族，从摇篮到坟墓，都生活在同一块土地上，彼此是同一间房子的亲人……缅甸联邦应该有同一部宪法，而且各民族领导人要有必要的素质来执行宪法……解决少数民族问题的关键是巩固民族纽带，而非瓦解联邦、成立各自的邦"②。由此分析，站在缅甸联邦的角度维护国家统一与领土完整并无问题，但吴努在应对反叛时却并未深入贯彻1947年宪法，而是仅强调缅甸各族的同一性，即过分强调了缅甸联邦的同一性和缅族的主体性，而忽视了各民族之间的差异性。这就

---

① 郭雷庆：《聚居型多民族国家民主转型进程中的民族分离问题研究》，博士学位论文，山东大学，2017年，第251—252页。

② 陈真波：《独立以来缅甸民族关系研究（1948—1998）》，吉林人民出版社2014年版，第98页。

在某种程度上引发了各少数民族更为激烈的不满和抗争。具体来看：

整体而言，面对少数民族分离武装的反叛，吴努政府在政治与军事上采取了较为强硬的打击政策，尝试以武力为基础控制、消灭各少数民族的地方武装。在政治方面，吴努政府控制、削减、限制了少数民族的自治权力，并且修改了1947年宪法中的民族自决权内容，有关少数民族的议题大都收归缅甸政府决定。比如，1956年在未征得掸邦政府和民众同意的情况下，就与以色列签订了开垦掸邦100万亩荒地的协定；面对若开族、孟族的建邦诉求，始终持拒绝的态度等。[①] 而且，为了削弱各少数民族邦的自治权力，吴努政府以给付赔偿金的方法收回了地方土司等的行政权力。吴努政府先后颁布《土地国有化法案》《土地国有化修改法案》，尝试在农村推行土改，这直接破坏了各少数民族土司的统治基础，威胁了少数民族上层的利益，招致更多的少数民族反叛与分离活动。在军事方面，面对少数民族武装的分离叛乱，立足未稳的吴努政府求助于外部援助，先后从印度等获得了大批武器，采取了坚决的军事打击政策。此后，吴努政府加强了缅族在军队中的地位，不仅解散了大量少数民族士兵，还节制了众多少数民族将领，组建了以缅族军官和士兵为主的国家军队。军队的缅族化不仅集中体现了吴努的"大缅族主义"思想，而且加剧了缅族与各少数民族之间的武装冲突和对立。坚决打击反叛分离武装并无问题，但吴努政府在处理与少数民族关系时过于急功近利，以致产生更多的冲突。

在文化方面，吴努政府更是尝试以缅族文化代替其他民族文化、以佛教代替其他宗教，以建立起同一化的缅甸联邦。在语言上，吴努政府规定：自1952年起缅语作为政府公务活动中的必用语言；小学三年级以上缅语是唯一的课程语言，且必须根据缅族民族主义的观点来讲授历史[②]；1955年起大学入学考试全部使用缅语，而其他少数民族语言不得在大学使用[③]。究其原因，由于吴努没有辉煌的政治经历，因而不得不通过

---

① 史晋五：《缅甸少数民族地区的政治经济状况》，世界知识出版社1960年版，第7页。

② David Brown, "From Periperal Communities to Ethnic Nations: Separatism in Southeast Asia", *Pacific Affairs*, Vol. 61, No. 1, 1988, pp. 51–77.

③ Hugh Tinker, *The Union of Burma: A Study of the First Years of Independence*, Oxford University Press, 1967, p. 178.

笼络佛教徒等加强自身的政治合法性。为了获得国内多数佛教徒的支持以赢得大选等，吴努政府还积极推行"佛教国教化"的政策。1956 年有 3 个佛教团体向联邦政府宗教部提出了《佛教国家化》的议案，起初吴努因担心教派冲突持相对谨慎的态度，但这一议案最终还是于 1961 年 8 月获得了通过，从而引发了克伦族、克钦族、若开族等信奉基督教或伊斯兰教民众的强烈不满。这种文化同一化的政策不仅进一步激化了缅甸的族群矛盾，而且推动了更多的少数民族走上了武装反抗政府、寻求分离与独立的道路。如 20 世纪 60 年代前后，掸族、克钦族等先后走上公开的武装分离道路。

事实上，吴努政府的"同一"政策是建立在对缅甸获取独立的历史进程的认知基础之上的。即，在反抗英国殖民统治的过程中，缅甸利用"一个民族、一个国家"的民族国家建构理论实现了独立[①]，因为那时缅甸国内多数民众都面临着一个共同的敌人：英国殖民者。而独立后，吴努政府仍尝试按照这种思路，建立以缅族为主体的"同一化"国家，这就触发了国内各少数民族的不满。尤其是，缅甸联邦的独立并不是建立在各民族武装反抗殖民者的基础之上，很大程度上是一种多方妥协的结果。由此，各少数民族对新生的缅甸联邦的认知并不深入，对新生的国家可能并不认同，再加上吴努政府急功近利的政策，就极易触发或激化民族矛盾。最终，这一时期缅甸各少数民族分离武装，不仅未能得到有效遏制，反而刺激、滋生了更多少数民族的武装分离运动。1948 年初，还仅有克伦族的武装分离运动，但到 1962 年掸族、克钦族、若开族等少数民族先后建立了各自的民族分离武装，甚至提出了"独立建国"的口号。

二　奈温独裁时期（1962—1987）：僵化政策及其恶果

1962 年 3 月 2 日，奈温发动军事政变，推翻了吴努政府、建立了革命委员会，缅甸进入独裁时期。奈温声称，政变的根本原因是为了对付

[①] 乌小花、郝图：《多民族国家整合视野下的缅甸民族政策》，《黑龙江民族丛刊》2017 年第 3 期。

掸邦、克耶邦脱离联邦的威胁，以维护联邦的统一。① 面对少数民族分离运动的加剧，奈温政府制定了一系列新的民族政策，对分离武装等采取了坚决的军事打击。整体而言，尽管奈温独裁政府的出发点是，维护缅甸联邦的统一、稳定，建设兄弟般的民族关系，但在实际的政策制定、执行与实施过程中，无论是民族政策还是军事手段等都十分僵化。比如，奈温曾明确指出：为了实现各民族兄弟般的团结、友爱，克耶族、克钦族、克伦族、钦族、缅族、掸族等各民族必须和睦相处、同甘共苦、相互信任⋯⋯⋯⋯只有意识到这一问题，才能消除各民族间的猜疑和紧张关系。② 但在具体的政策制定上，奈温又说：我们要保证成为一个统一的国家，就需要民族团结，需要有单一的思想和意识。③ 由此来看，尽管奈温尝试加强对少数民族分离问题的治理，但在具体的政策实施中僵化、单一的思维方式显露无遗，也充分体现了奈温政府的独裁特征。

在民族政策方面，民族平等、民族团结等仅是宪法或形式上的，在实际生活中却是严重不平等的。1973 年，奈温政府宣布废除了 1947 年宪法，并于 1974 年 1 月 3 日通过了《缅甸联邦社会主义共和国宪法》。这是独立以来缅甸的第二部宪法，又称 1974 年宪法。1974 年宪法规定承认民族平等原则、尊重民族宗教与民族文化，并把少数民族邦从五个扩大为七个，即将德林达依地区改为孟邦、把若开地区改为若开邦。宪法还规定，各民族在法律面前一律平等，有信仰自己宗教、使用自己语言的权利。然而，在实际的政策执行与实施中，奈温政府的民族政策却处处彰显着不平等。在政治上，奈温独裁政府取消了国会第二院——民族院，而且在中央设立的 17 个部门中，没有一个专门处理少数民族的事务部门。尽管形式上全国划分为 7 个省和 7 个少数民族邦，但省与邦的职能、权力完全同一化，民族自治的内涵难以实际体现。这事实上取消了各少

---

① 韦红：《东南亚五国民族问题研究》，民族出版社 2003 年版，第 45 页。
② 参见 Josef Silverstein, "Ethnic Protest in Burma: Its Causes and Solutions", in Rajeshwari Ghose, *Protest Movements in South and South-east Asia: Traditional and Modern Idioms of Expression*, Hong Kong: Center of Asian Studies, 1987, p. 88。
③ Josef Silverstein, "Ethnic Protest in Burma: Its Causes and Solutions", in Rajeshwari Ghose, *Protest Movements in South and South-east Asia: Traditional and Modern Idioms of Expression*, Hong Kong: Center of Asian Studies, 1987, p. 88.

数民族的自治权利，拉平了邦与省的权力地位，少数民族邦有名无实。此外，在革命委员会体制下，奈温采用中央集权式的思维来处理各少数民族的分离问题，即以"安全与行政委员会"取代邦区、乡镇等的行政机构，以此实现了对少数民族地区行政权的全面控制①。

奈温独裁时期僵化的民族政策，还集中体现在其军事与安全政策上。自20世纪60年代以来，缅甸少数民族反政府武装层出不穷，但众多反政府武装的目标与斗争方向各异。有的要求实现独立，有的要求获取更多自治权，有的则要求推行民主政治，等等。面对这些目标各异的反政府武装，奈温独裁政府认为：只有采取武力打击的方式，才能确保民族大团结；只有严厉打击民族分离武装，才能保证联邦的统一。由此，奈温政府并未区分不同武装力量的具体诉求，而是对所有反政府武装一律采取了严厉的军事镇压手段。比如，自60年代中期开始，奈温政府对少数民族分离运动采取了"四切"政策，即切断叛乱分离武装与其家人、当地民众之间的"食物、资金、情报、人员"之间的联系。尽管这一政策取得了一定的成效，但也招致了不同反政府武装力量之间的联合，如1975年5月五支少数民族分离武装就组成了"民族联合阵线"，共同对抗政府军的军事打击。这就使奈温政府陷入了"越打越多"的恶性循环之中，为此其不得不将大量人力、物力投入到军费开支中。据悉，1962年缅甸政府军人数约11万人，而到80年代初期增加到了18万，每年的军费开支占总财政支出的三分之一以上，年均损失约17亿缅元。

尽管奈温政权的初衷在于维护缅甸的国家统一，但其具体政策实施中的僵化思维却招致了诸多恶果：其一，"一刀切"的军事打击政策不仅未能遏制少数民族分离武装的发展，反而加剧了双方的误判与对立，导致了更加复杂化的国内冲突。有学者就指出，频繁的军事战斗使缅族人认为少数民族武装意在毁灭联邦，而少数民族则认为是缅族军队下决心要彻底毁灭他们。② 20世纪70年代至80年代，缅甸各少数民族武装分离运动的发展达到了顶峰。少数民族武装发展最为鼎盛的时期，几乎十几

---

① 韦红：《东南亚五国民族问题研究》，民族出版社2003年版，第50页。
② Josef Silverstein, "Fifty Years of Failure in Burma", in Michael E. Brown and Sumit Ganguly, *Government Policies and Ethnic Relations in Asia and the Pacific*, Cambridge：MIT Press, 1997, p.184.

个较大的少数民族中都组建了自己的反政府武装,总人数高达四五万人。① 其二,偏重军事化的国家政策,导致缅甸国内经济发展的落后,经济社会生活处于崩溃边缘。奈温独裁前期(1962—1974),缅甸年均经济增长率仅有2.5%,其中有3年出现了负增长②;后期(1975—1988),尽管经济政策有所调整,但收效不大。至1987年,缅甸人均国民收入仅为197美元,被联合国列为世界上最不发达的10个国家之一。③

三 新军人政府时期(1988—2010):和解政策与渐进转型

奈温的独裁统治导致缅甸国内政治、经济形势一片混乱,国内反政府的民主浪潮日盛,奈温被迫辞职。到1988年,"缅式"社会主义路线山穷水尽,政局恶化,全国陷入无政府状态。直到9月18日,国防军总参谋长兼国防部长苏貌上将为首的高级军官团发动政变,宣布成立"国家恢复法律和秩序委员会"并解除党禁,缅甸政局进入新军人政府时期。此后,缅甸政治格局发生了重大变化,逐渐形成了军人集团、民主集团、少数民族武装分离组织等"三足鼎立"的局面。与此同时,1989年缅共中央与地方反政府武装发生内讧,缅共分裂为"果敢民族民主同盟军""佤族民族联合党和联合军""东掸邦民族民主联合军"和"克钦新民主军"四支地方武装。借此机会,新军人政府积极与上述四支反政府武装接触,经过多次谈判,双方达成停火协议,地方武装被收编为缅甸地方警察部队。在此背景下,面对国内外形势的变化,新军人政府逐对各少数民族分离武装等采取了和解政策,并分别从军事、政治两个层面尝试建立稳定的中央地方关系,推动缅甸国内渐进转型。

在军事层面,新军人政府对少数民族武装分离组织采取了"剿抚并用、分化瓦解"的政策。④ 奈温独裁时期对少数民族分离武装一律采取武力打击的政策,不仅激起了更为激烈的对抗,国内的民主运动势力亦风起云涌,二者开始走向联合反政府的道路。于是,新军人政府认识到一

---

① 钟志翔、李晨阳:《缅甸武装力量研究》,军事谊文出版社2004年版,第148页。
② 赵和曼主编:《东南亚手册》,广西人民出版社2000年版,第217页。
③ 张锡镇:《当代东南亚政治》,广西人民出版社1994年版,第119页。
④ 韦红:《缅甸政府在民族问题上的策略调整》,《当代亚太》2001年第9期。

味的武力镇压并不能解决民族问题,转而开始利用各分离武装在政治目标上的分歧,在不放弃武力征剿的前提下,采取了分化瓦解、各个击破、谈判和解等较为灵活的策略,取得了良好的效果。比如,1990年,"崩龙民族解放军""拉祜国民军""爱伲民族军"等分离武装通过和谈与军政府实现了停火;1995年,"克钦新民主军""掸邦军"等15支反政府武装与军政府实现了和解;1996年,在强大的军事攻势下,"金三角"贩毒集团坤沙武装向政府投降,等等。① 到1999年,约19支少数民族地方分离武装与政府实现了和解。

在政治层面,新军人政府逐步拓宽了少数民族参与政权的空间,以制度化方式瓦解、压缩少数民族分离武装的生存空间。新军人政府一上台就宣布解除党禁,并于1990年5月举行了大选。尽管大选后军政府拒绝向昂山素季领导的全国民主联盟移交权力,并大规模取缔和解散政党,仅保留了10个政党,但至少初步地为少数民族提供了武装冲突之外的选择,从而揭开了缅甸国家政治新的序幕。② 比如,掸族民主联盟、佤族发展党、果敢民主团结党等都成为合法性的地方政党。此后,少数族群及其政党成为缅甸政治舞台中不可或缺的因素之一。面对国内外反对党的要求和西方国家等对缅甸的制裁,军政府开始不断探索新的合法化路径。③ 2003年8月30日,军政府总理钦纽提出了"七步走"民主路线图,旨在实现国内各民族的全面和解、推进民主化进程。这进一步拓宽了少数民族参与国内政治的空间,有助于进一步分化甚至瓦解少数民族分离武装。在"七步走"的民主路线图指引下,2004年、2008年分别召开了国民大会、草拟了新的宪法,并定于2010年举行新的全国大选。在2010年大选中,少数民族政党赢得了联邦议会的11.1%的席位,并赢得了钦邦、克伦邦、若开邦、掸邦等地方议会的25%以上的席位,增强了少数民族在国家政治和地方政治的话语权。④

整体而言,新军人政府对少数民族分离武装采取了和解政策,并分

---

① 韦红:《东南亚五国民族问题研究》,民族出版社2003年版,第62—63页。
② 祝湘辉:《抗争与适应:族际关系视阈中的缅甸大选》,《世界民族》2019年第4期。
③ Andrew Selth, "The Myanmar Army Since 1988: Acquisitions and Adjustments", *Contemporary Southeast Asia*, Vol. 17, No. 3, 1995, p. 237.
④ 祝湘辉:《抗争与适应:族际关系视阈中的缅甸大选》,《世界民族》2019年第4期。

别在军事和政治上为解决国内的民族分离问题作出了重要努力。当然，和解政策的实施亦是建立在两个重要的背景之上的：一方面，冷战结束后国际国内形势发生了重大变化，新军人政府不仅面临来自国内民主派要求改革的压力，而且面临来自国际社会的压力；另一方面，进入90年代后各少数民族地方分离武装的斗争目标发生了转向，即不再寻求以"独立"为目标的斗争，转而以获取更多自治权利为目标。在这两重背景下，军政府在渐进转型的进程中坚持以缅甸国家统一为底线，一是努力实现与各少数民族分离武装的军事和解，为国内政治转型创造条件，二是以地方政党参与国内政治为契机，分化少数民族的分离力量，从而极大改善了此前国内的冲突局面，实现了国家政权的初步稳定。当然，和解政策并非对所有少数民族地方武装全都奏效的。比如，在2010年大选中不少边境地区的冲突仍在继续，以致关闭了部分投票站。据统计，掸邦10.69%、孟邦4.8%、克耶邦11.93%、克钦邦16.6%、克伦邦47.25%的村组取消了选举。① 总之，尽管缅甸国内政治转型仍然存在很多问题，但至少中央政府与各少数民族分离武装的共识在进一步增多，国内分离武装冲突进一步减少了。

四 民主政府时期（2011年至今）：深化和解政策及其展望

2011年3月3日，吴登盛宣布就职缅甸总统，此前执政近23年的国家和平与发展委员会同时宣布解散。尽管吴登盛具有浓厚的军方背景，但至少是经过2010年大选选出的总统。正式就任后，吴登盛继续深化此前的民族和解进程，试图在任期内与所有少数民族地方武装组织实现停火、进行和平谈判，最终签订一份永久性的全国停火协议。为此，吴登盛政府专门组建了"和平缔造委员会"，主要负责与地方武装力量的谈判，而且谈判不预设前提、不需要交出武器和改编边防军，这与先前军政府时期的和平谈判有重大区别。2011年下半年，中央政府先后与佤邦联合军、掸东同盟军、南掸邦军、民主克伦佛教军等达成了停火协议；

---

① The Elections Observation Team, 2010 *Myanmar General Elections: Learning and Sharing for Future*, Siem Reap: the Center for Peace and Conflicts Studies, April 2011, pp. 75 – 82. 转引自祝湘辉《抗争与适应：族际关系视阈中的缅甸大选》，《世界民族》2019年第4期。

2012年1月，与缅甸最老牌的民族分离组织"克伦民族联盟"达成和解协议。从这个层面看，缅甸国内少数民族分离武装问题得到了进一步的解决，缅甸国内冲突进一步减少。尽管全国和解进程在不断深化，但缅甸历史上的族群矛盾造成了长期以来少数民族对缅甸缺乏国家认同感与安全感，因而短时期内彻底实现与所有地方少数民族武装的和解，并不现实。由于缅甸地方少数民族地方武装错综复杂，稍有不慎、出现交火就可能会毁掉数个月甚至数年和平进程中建立的信任[1]。因此，和解政策的深化需要一个长期的过程，而并非一朝之举。缅甸国内地方分离武装的存在是一个需要长期关注的问题，彻底地解决需要多方的耐心、信心与决心。

此外，吴登盛政府还积极推进了国内的民主化进程，上台初期就向"全国民主联盟"释放了善意，并得到了昂山素季的积极回应。2015年11月，缅甸大选中昂山素季领导的全国民主联盟赢得大选；2016年3月吴廷觉就任总统，开启了缅甸民主化进程的新时期。吴廷觉政府继承了此前的民族和解政策，加快了实现民族和解的步伐。2016—2018年，为了推动缅甸实现永久的民族和解与和平，21世纪彬龙会议先后举行三次，并得到了越来越多的支持与赞同。据悉，继2015年10月缅甸政府与8支少数民族地方武装签署全国停火协议后，2018年2月又与2支少数民族武装组织签署了全国停火协议。[2] 尽管全国和解进程依然在持续不断地深化之中，但这并不代表缅甸民族问题的彻底解决。目前，掸族、孟族基本认可了缅族的主体地位，克伦族经过半个多世纪的抗争也大体承认了缅族的领导权，但若开邦、缅北等仍存在部分少数民族地方武装，仍是影响缅甸国内持久和平与稳定的重要因素。比如，2018年以来若开军以争取本民族权利为旗帜，频频攻击国防军，并得到了越来越多若开民众的支持[3]；在缅北，克钦独立军、果敢同盟军等与国防军交火不断，而缅甸政府坚持"以打促谈"的做法被认为是军方要求少数民族进行妥协的

---

[1] 张添：《缅甸新政中的民族和解问题》，《世界知识》2016年第8期。
[2] 《缅甸第三届21世纪彬龙会议开幕》，新华网，2018年7月11日，http://www.xinhuanet.com/world/2018-07/11/c_1123111712.htm。
[3] 祝湘辉：《抗争与适应：族际关系视阈中的缅甸大选》，《世界民族》2019年第4期。

策略①。总之，尽管缅甸国内现在已经不存在势力较大的分离运动武装，但仍存在不少少数民族地方武装的割据势力，② 缅甸现在仍然处在民主转型的进程之中，国内政局并未完全稳定；如何处理缅族与少数民族之间的关系问题，仍是缅甸央地权力关系面临的严峻挑战之一③。

第二节　剿抚并用：泰国政府对泰南分离运动的治理

从历史上看泰国国内政权的变动实在太过频繁，因而很难对哪一届泰国政府的南部政策进行分析。自1932年泰国实行君主立宪制政体以来，泰国先后历经近20次政变，军方、王室、佛教力量、民选政府、"红衫军""黄衫军"等势力错综复杂，国内政府频繁变更。不过，尽管政府变动较多，但泰国社会却大致维持稳定，并未爆发内乱或内战等。在这一背景下，某一时期泰国政府对待泰南分离运动的态度或政策是大体稳定的。基于此，回顾总结自20世纪60年代以来的泰国政府对泰南分离运动态度与政策，大体分为四个阶段：20世纪60年代至70年代的国家主义政策、20世纪80年代至90年代的缓和政策、21世纪初的剿抚政策以及2011年之后的和谈政策。

一　国家主义政策的延续与分离高潮的出现（1960—1980）

泰国的"国家主义"④ 政策根源于銮披汶·颂堪统治时期所强力推行的激进民族主义政策，即尝试建立一种新的政治、文化观念，以此来改造泰国社会，加强泰语、佛教等的国家地位，塑造一种以泰文化为基础

---

① 张添、宋清润：《民盟执政以来缅甸政治转型挑战及其应对》，《国际研究参考》2018年第6期。
② 本书初稿完成于2020年9月。2022年2月，缅甸再次发生军事政变，昂山素季被捕，以敏昂莱为首的军政府上台，但缅甸国内分离运动与本书所梳理的时期差异不大。
③ 李晨阳：《当前缅甸的政治力量与权力架构》，《世界知识》2018年第18期。
④ 銮披汶·颂堪于1939—1942年颁布 Ratthani Yom（音译：叻他尼荣），字面含义为"国家主义"，即泰国的爱国主义。汉语中常译为"唯国主义"或"唯泰主义"。实际意义可理解为国家认可或国家要求的行为准则。参见吴向红《泰南穆斯林分离运动研究》，硕士学位论文，厦门大学，2007年，第13页。

的国家主义,从而建构现代泰国。这种政策的实施,根本上是为了强化泰国南部穆斯林对泰国整体的认同感,但实际上,在具体的实施过程中不仅未能产生预期的效用,反而触发了南部穆斯林对泰国政府的不信任感,导致了南部穆斯林武装分离运动的进一步发展。1958年10月,通过二次政变,沙立①取代他侬政府、继任总理,并尝试放弃西方议会民主体制,转而建立一种适合泰国文化的"泰式民主"制度。从本质上看,沙立的"泰式民主"仍是一种建立在军队掌控国家政权的基础上,尝试依托国王建立一种稳定的"国家—国王—总理"的稳定式结构,以此为军人执政提供更多的合法性基础。基于沙立政权的军人色彩,尽管这一时期沙立政府在泰南地区实行了诸多经济、文化改革措施,但政策的制定与实施仍然带有很强的"国家主义"色彩,即并未切合实际的从泰南马来穆斯林的角度考虑,而是从泰国国家的整体发展制定相关的政策措施。面对泰南地区益壮大的分离武装,沙立政府采取了坚决的军事打击政策,在军事打击的基础上尝试通过建立行政指导中心等对泰南地区实施监控,这进一步凸显了其"国家主义"的政策倾向。具体来看:

在经济、文化方面,国家计划下的南部发展计划及教育改革措施等,并未真正惠及泰南马来穆斯林民众,反而增加了他们对泰国政府的猜疑。为了发展南部经济,自20世纪60年代起军政府制订、实施了一系列旨在开发资源、促进社会发展的计划。比如,1962年实施了"流动发展分队"计划、1964年制订了"加速乡村发展"计划等,其目的在于开发泰南落后地区的资源。然而,开发项目多集中于粮食、经济作物、矿产品加工等初级产品方面,而相对先进的工业项目并不多。② 与比同时,这一时期泰国政府还在南部地区实施了"南部公路修筑计划""橡胶种植计划"等,但因后续资金不足、普通胶农受排挤等原因,并未真正惠及普通的马来穆斯林民众,大多数马来穆斯林农民依然十分贫困。此外,为了加

---

① 沙立·他那叻元帅,1958年10月至1963年12月任泰国总理。此后,由他侬·吉滴卡宗元帅取而代之,因而1963—1973年的泰国仍是军人政权。此后,泰国政局进入民主化时期,先后历经汕耶·探玛塞(1973—1975)、社尼·巴莫(1975)、克立·巴莫(1975—1976)、他宁·盖威迁(1976—1977)、江萨·差玛南(1977—1980),直到炳·廷素拉暖(1980—1988)就任总理,才逐渐改变了对泰南地区的政策倾向。

② 庄礼伟:《亚洲的高度》,广东旅游出版社1999年版,第129页。

快泰南地区的开发,泰国政府还制订实施了"土地拓居计划",即把泰南土地分配给外省移民。这一举措被泰南马来穆斯林解读为"领土入侵",系政府企图降低马来穆斯林人口比重,从而使泰南成为一个由泰人占据优势的地区。① 在文化方面,沙立政府认为只有提高马来穆斯林的泰语水平,才能解决他们的就业问题,同时这也是"和平"整合马来穆斯林的方式之一。于是,从 1960 年起军政府就尝试增加泰语授课时间,并重点将伊斯兰宗教学校(旁多克)纳入国家教育体系,规定泰南所有穆斯林学校必须向政府备案,否则即为非法。泰国政府认为,这一文化措施可以有效提高马来穆斯林的"泰国人意识,培养他们对泰国、佛教以及官僚体系等的忠诚度"②。但是,这些教育改革措施某种程度上背离了伊斯兰教的信仰,被泰南穆斯林解读为"文化同化"政策,不仅响应者不多,还进一步加剧了族群对立与冲突。

在政治、安全层面,加强行政控制、坚决打击分离武装的活动也是这一时期泰国军人政府延续"国家主义"政策的重要体现。为了加强对泰南地区的掌控,泰国政府派遣泰人前往当地政府担任行政长官,并且强化了对当地警察等力量的控制。1964 年泰国政府在南部也拉府设立"泰南行政协调中心",但该中心工作的穆斯林比例很低,主要为泰人。在这种背景下,60 年代以后泰南分离运动风起云涌,众多分离组织获得了当地马来居民的诸多支持和同情,分离活动随之进入高潮期。很多穆斯林民众将这些分离组织视为"看不见的政府",在北大年、陶公、也拉等地区也被称为"自由区"。③ 基于此,泰国政府加强了对南部地区的安全措施,先后开展了多次军事行动。据泰国政府统计:1968 年至 1975 年间,泰国政府军在军事行动中击毙分离分子 329 名,抓捕 1208 人,缴获武器、弹药、手雷等上千件,摧毁分离组织营地近 250 个。④

整体来看,这一时期在"国家主义"政策的延续下,再加上马来西

---

① 韦红:《20 世纪六七十年代泰国经济开发中的民族矛盾》,《中南民族学院学报(人文社会科学版)》2002 年第 2 期。
② Wan Kadir bin Che Man, *Muslim Separatism: The Moros of Southern Philippines and The Malays of Southern Thailand*, Oxford University Press, 1990, p. 97.
③ 阳藏廉:《泰南恐怖主义分离运动问题研究》,硕士学位论文,云南大学,2015 年,第 9 页。
④ 阳藏廉:《泰南恐怖主义分离运动问题研究》,硕士学位论文,云南大学,2015 年,第 9 页。

亚独立、国际伊斯兰复兴运动等的影响，泰南分离运动在 20 世纪 80 年代前后出现高潮。一方面，马来穆斯林将泰国政府的"国家主义"政策更多视为一种同化，而非真心促进本地区的发展，这些政策也确实未能改变当地民众贫穷、落后的现状。据悉，1962—1972 年在泰国南部地区农业收入平均增长 30% 的情况下，泰南三府（北大年、陶公、也拉）仅平均增长 10%，而同期全国平均增长约 60%。① 到 1980 年前后，泰国南部地区的发展仍低于全国平均水平，尤其是穆斯林分离运动中心的北大年府，人均收入在南部十四个府中位居倒数第一。② 此外，伴随经济开发计划的实施，泰国政府向南部地区移民了大约 10 万佛教徒③，至 1970 年沙墩、北大年、也拉和陶公府的佛教徒比例分别达到了 30.4%、22.4%、38.4%、21.9%。④ 从这个层面来看，20 世纪 60 年代至 80 年代泰国政府对泰南分离运动的治理并不成功，即相关政策不仅未能增强马来穆斯林民众的国家认同感，相反却导致了分离反抗运动的高涨。

二 缓和政策与泰南分离运动的衰退（1981—2000）

1980 年 3 月炳·廷素拉暖就任泰国总理。为了消除泰国南部存在的诸多矛盾，缓和马来穆斯林对政府的敌视态度，他改变了此前同化色彩浓重的国家主义政策，转而实行了相对温和的政策，这与其塑造的温和军人政权一脉相承。因为他认为，此前政府所采取的国家主义政策或民族同化措施，并不能从根本上解决南部民族矛盾。由此，军政府应该逐步调整对泰南穆斯林诸府的政策，在保持对少数分离武装进行军事打击的同时，要更注重采用缓和、和平的手段消除马来穆斯林对政府的偏见。具体来看：

---

① Thomas M. Ladp, "Cultural Factors Affecting the Rural Development Interface of Thai Bureaucrats and Thai Muslim Villagers", *Contemporary Southeast Asia*, Vol. 7, No. 1, 1985, pp. 1 – 12.
② 韦红:《东南亚五国民族问题研究》，民族出版社 2003 年版，第 219 页。
③ Omar Farour, "Malay-Muslim Ethnic Nationalism: Southern Thailand", in Taufik Abdullah and Sharon Siddique, *Islam and Society in Southeast Asia*, Singapore: Institute of Southeast Asian Studies, 1986, p. 279.
④ Omar Farour, "The Muslims of Thailand — A Survey", in Andrew D. W. Forbes, *The Muslims of Thailand: Historical and Cultural Studies*, Bihar, 1988, p. 13. 转引自韦红《东南亚五国民族问题研究》，民族出版社 2003 年版，第 216 页。

在政治、经济上，扩大马来穆斯林的参政权、加大对泰南地区的开发，真正将马来穆斯林纳入泰国国家整体发展的规划之中。1981年泰国政府在泰南设立"行政中心"，系泰南穆斯林诸府中的最高行政机关。与此前有所不同，该中心很多职务由穆斯林官员担任，并且各地方议会议员中的穆斯林比重亦不断上升。1983年，北大年、也拉、陶公三府的议员候选人70%以上为穆斯林，当选者亦在50%以上。① 这就逐步改变了马来穆斯林中"官员=佛教徒"的刻板印象，并且加强了政府与普通穆斯林之间的交流与沟通。在经济方面，针对泰南穆斯林生活水平提高缓慢的问题，1981年泰国政府设立"农村开发委员会"，并制订了《乡村开发十年计划》。在该计划的指导下，前五年解决农村的基本生活、卫生问题，而后五年提高农民的收入问题，其中泰南地区为该计划重点扶持的地区之一。② 正如有些学者或泰国官员所认识的那样：泰国的佛教徒与穆斯林并不存在直接的对立……双方对立的焦点只是政治、经济等不平等问题……要消除这种对立，必须消除经济、政治上的不平等。③

在安全与文化上，泰国政府调整了此前的教育政策与安全政策，更多从马来穆斯林的实际状况出发，尊重他们的宗教文化方面的特殊性，不再强制同化。1986年，泰国政府在南部四府1100所学校开设了伊斯兰教和马来语课程，并提高了赴中东留学的穆斯林学生人数。自80年代以来泰国高等教育中的穆斯林学生比重有所提高，宋卡大学等录取穆斯林的比重不断上升，还在科研机构等设立了伊斯兰教研究中心等。④ 为了更加切合实际的制定宗教政策，泰国政府曾多次向南部地区派出调查官员，倾听当地民众的不满，并以此调整相关措施。比如，星期五被宣布为穆斯林各府的公共假日、赞成在婚姻和继承问题上适用伊斯兰教法律、马来穆斯林有同等的权利进入军队服役等。⑤ 当然，在缓和与南部马来穆斯

---

① 庄礼伟：《亚洲的高度》，广东旅游出版社1999年版，第138页。
② 王文良、俞亚克：《当代泰国经济》，云南大学出版社1997年版，第67页。
③ ［日］桥·本卓：《泰国南部国境诸府的问题与马来穆斯林的统一政策》，《民族译丛》1990年第2期。
④ ［日］桥·本卓：《泰国南部国境诸府的问题与马来穆斯林的统一政策》，《民族译丛》1990年第2期。
⑤ 韦红：《东南亚五国民族问题研究》，民族出版社2003年版，第202页。

林民众关系的同时，泰国政府对于极少数的分离武装亦采取了诸多的安全措施。为了加强对南部安全的监控，泰国政府在南部边境诸府加强了军队、警察与志愿民兵之间的合作，以切断分离运动的民众动员路径。对于分离组织中的投降者，实施较为宽容的政策，对过往行为一律不予追究，甚至给予优待。在这种政策的引导下，泰南分离组织的活动空间逐步变小，很多成员纷纷向政府投降。据悉，1988 年泰南地区就有 460 名分离武装人员向政府投降。①

大体来看，尽管至 90 年代初期泰南分离运动有所抬头，不少分离组织开始尝试以联合方式应对政府的打击，但效果不佳。由于泰国政府在南部诸府实施了较为缓和且灵活、务实的政策，马来穆斯林民众对分离运动的支持越来越少，再加上泰国与马来西亚在边境安全上的合作逐步加强，泰南分离组织的活动空间进一步被压缩。此外，泰南分离运动的领导层多为在中东学习归来的上层人士，在动员中更多强调的是宗教因素，忽略了马来穆斯林的民族身份。在全球化不断深化的时代，突出宗教性可能仅能在短期内显现成效②，因为"民族比其他人们的共同体具有更大的感召力，它根植于自然的原因，人们可以由此获得自身的血统、归属、价值与尊严"③。从这个层面看，泰南分离组织在动员方面的错位，再加上泰国政府的缓和政策等，很大程度上导致泰南分离运动失去了国内动员的基础，即很多穆斯林民众并不在过分强调自身的宗教身份，而是更加看重自己的民族身份，以谋求在制度内的政治、经济利益。

三 泰南冲突再起与 21 世纪初的剿抚政策（2001—2010）

从 2001 年起，泰南地区的暴力事件频发、冲突再起。21 世纪之前，泰南地区的武装冲突主要为分离主义性质，进入 21 世纪以来泰南分离组织从事的暴力活动越来越多地带有了极端化、恐怖化的色彩。究其原因：一方面 2001 年 "9·11" 事件后以 "基地组织" 为代表的国际恐怖主义

---

① 韦红：《东南亚五国民族问题研究》，民族出版社 2003 年版，第 201 页。
② 彭慧：《20 世纪以来泰国马来穆斯林民族主义的演化与发展》，《南洋问题研究》2009 年第 4 期。
③ 王希恩：《民族形成和发展的三种形态》，《世界民族》1999 年第 2 期。

势力向全球扩散，而东南亚地区"伊斯兰祈祷团"恐怖主义势力逐步渗透至泰南；另一方面，1997年金融危机后泰国经济不景气，尽管2001年上任的他信政府在泰国国内支持率较高，但在泰南地区民众中的支持程度并不高。这两种因素的相互叠加带来了双重的结果：一是泰南分离运动借助极端化手段再度"回潮"，二是他信政府对分离极端势力的态度强硬，加大了对其的打击力度。

2001年"9·11"事件之后，美国政府开启其全球反恐计划，泰国政府随即表示了支持，并且在2003年出兵伊拉克时派遣了支援部队。这一举动引发了泰南穆斯林的抗议活动，与此同时泰南分离组织等不断制造恐袭事件。伺机而动的泰南分离组织趁势而起，不断在泰南地区制造暴恐事件。2004年泰南冲突达到高潮，其中分别发生于4月和10月的两次典型性事件从侧面展现了他信政府的强硬态度。4月28日，大约2000名武装分离分子对北大年、宋卡、也拉三府的11个军、警场所同时发动了袭击，而早已得到情报的泰国政府军与其展开了激战，最终在北大年一座名为"渠生"的清真寺内击毙了负隅顽抗的34名武装分子。该清真寺系北大年王国时期的建筑，具有重要的象征意义，这一事件尽管旨在打击武装分子，但仍招致了泰南穆斯林的极大反感。[①] 同年10月，泰国军方在押送一批被捕的穆斯林犯罪嫌疑人时造成了78人窒息而亡。这一事件引发了国际、国内对泰国政府的谴责。他信政府不得不分别在8月、10月向国内民众做出解释，表示镇压政策本身是正当、合法的，但在具体政策的实施上确实存在诸多问题，并承诺将成立相关的调查委员会、查清事实真相。此外，他信政府的强硬态度还体现在加强南部安全等方面。比如自2004年1月起泰国加强了与马来西亚在边境巡逻、罪犯引渡、边境检查等方面的合作，增加了在泰马边境地区的驻军人数；2005年7月在泰南地区颁布实施了《紧急状态行政管理法》，等等。

在对武装分离分子采取强硬态度的同时，泰国政府还加强了对南部穆斯林民众的安抚，加大了对南部地区的扶持力度。他信政府时期，2004年2月在泰南三府推行了经济扶持计划，目的是从根本上提高穆斯

---

① ［日］玉置充子：《泰国南疆伊斯兰恐怖组织与他信政权》，《南洋资料译丛》2005年第4期。

林的收入、消除该地区的贫困状态；还专门下拨18亿泰铢用于修建北大年的公路，以改善边境地区的交通运输设施。① 此外，为了取得南部穆斯林对他信政府的支持，他信还积极与南部伊斯兰教团体沟通，并多次前往南部各府，尝试安抚穆斯林民众的抵触情绪。为了消除军事镇压措施对"渠生"清真寺的破坏，泰国文化部紧急拨款两千万泰铢，用于该清真寺的恢复、修缮工作。②

事实上，这一时期泰南分离冲突再次"回潮"主要有两个方面的因素：其一，泰南政策更多成为泰国国内政治斗争的一种载体或工具。比如，他信一上任就明确表示要调整政府在泰南的政策，但调整之举更多是从其所在的泰爱泰党的利益出发，而并非整个泰南地区的形势。③ 其二，国际恐怖主义的全球扩散对泰南地区的分离运动产生了一定影响。尽管尚未有明确证据证明泰南分离活动与"基地组织""伊斯兰祈祷团"等恐怖组织相关，但至少极端势力的全球崛起为泰南分离运动提供了某种意识形态方面的重整动力④。从2004年泰国南部的新一轮暴力冲突中可以看出，泰南分离运动越来越脱离了"分离"的轨道，转而带有了诸多宗教极端化色彩，无论是暴力手法还是袭击方式都越来越向恐怖主义靠拢。对此，泰国前内政部部长明确承认：20世纪80年代参与阿富汗战争的泰国圣战者将宗教极端主义带回了泰国，并为泰国新一代武装分离分子的反叛运动提供了意识形态基础。⑤

四 和谈政策与泰南局势新动向（2011年至今）

2011年8月，他信的妹妹英拉当选为泰国总理，她也成为泰国历史上首位女性政府首脑。英拉上台后，在泰南政策方面最大的改变就是尝

---

① Kavi Chongkittavorn, "Thailand: International Terrorism and the Muslim South", *Southeast Asian Affairs*, Vol. 1, 2004, pp. 267–275.
② 傅增有：《泰国南部"4·28"事件的成因及其影响》，《东南亚研究》2005年第1期。
③ Aurel Croissant, "Unrest in South Thailand: Contours, Causes and Consequences Since 2001", *Contemporary Southeast Asia*, Vol. 27, No. 1, 2005, p. 31.
④ Rohan Gunaratna, Arabinda Acharya, Sabrina Chua, eds., *Conflict and Terrorism in Southern Thailand*, Singapore: Marshall Cavendish Academic, 2005.
⑤ Kavi Chongkittavorn, "Time to Acknowledge that 'Jihadism' is at Work in South", *The Nation*, May 17, 2004.

试与分离组织进行和谈,以从根源上解决泰南分离主义问题。目前,泰南地区依然较为活跃的分离组织有"北大年民族革命阵线""马拉北大年"(Mara Patani)、"北大年联合解放组织"等。21世纪以来,在泰国政府的武力镇压下,这些组织在泰南的活动空间较小,多采取制造暴力袭击事件等对泰国政府进行报复。

2013年2月,英拉在访问马来西亚时曾希望马来西亚扮演泰国政府与泰南分离组织之间的协调者,以促使双方就泰南问题及其彻底解决进行交流。此后,3月至6月泰国政府与目前泰国南部最大的分离组织北大年民族革命阵线举行了三轮闭门和谈,但最终并未达成一致。据悉,北大年民族革命阵线希望泰国政府撤出部署在南部3府以及宋卡府5个县的军队和警察,同时无条件释放嫌犯并撤销所有通缉令等,但泰国政府拒绝了这一要求。当时,泰国主管安全事务的副总理察霖表示,政府不会同意北大年民族革命阵线的要求,相信泰南大多数民众也不会同意。① 此后,泰国政局再次发生动荡,但泰南地区的和谈政策得以延续。2014年12月,巴育②政府重启与泰南分离组织的和谈,同时强调了泰南和平谈判的三项原则:谈判期间严禁暴力、泰南各武装组织都必须参与、各武装组织仅能对泰国政府提出共同的诉求。2017年2月,泰国政府宣称与"马拉北大年"组织就南部"安全区"问题达成一致,双方同意在泰南五个地方设立安全区。然而,据相关人士分析,这一协议可能缺乏现实的可操作性:一来此次和谈北大年民族革命阵线、北大年联合解放组织等组织都未参加,二来"马拉北大年"组织更多为流亡分子组成的,在泰南影响力并不强。在缺乏北大年民族革命阵线支持下,泰南地区的和谈很难取得实际效果。③

自2004年泰南冲突再次"回潮"以来,泰南地区的分离运动就受到了极端思想的影响,而且发生了极端化转向。以北大年民族革命阵线为

---

① 《泰国政府拒绝南部异动组织"BRN"撤军要求》,中国新闻网,2013年6月25日,http://www.chinanews.com/gj/2013/06-25/4968481.shtml。
② 2014年泰国军事政变后,巴育接管国家权力并兼任代理总理。2019年6月,巴育当选泰国新一届政府总理。
③ 《泰南势力最强叛军拒绝军政府和平协议》,联合早报,2017年4月11日,http://www.zaobao.com/news/sea/story20170411-747058。

例,起初其成立的主要目标是建立独立的马来王国,后受伊斯兰极端主义①、极端宗教思想等影响,逐渐在意识形态上向极端主义转型,主张通过"圣战"在泰南建立实行伊斯兰教法的独立国家。从袭击目标看,北大年民族革命阵线的袭击对象逐渐由此前的士兵、警察、公职人员等扩大至平民、游客等。这极大地凸显了其极端组织的本质特征。再加上"基地组织""伊斯兰国"等在东南亚地区的渗透与传播,实际上泰南地区发生的暴恐事件某种程度上可以归结为恐怖主义。而且,在2014年至2018年全球恐怖主义指数中,泰国分别位列全球第10、第10、第15、第16、第17,属于暴恐高发地区。此外,近些年泰国南部地区亦发生了多起暴恐事件,如2017年5月北大年暴恐袭击事件、2018年也拉生鲜市场的摩托车袭击事件等。据不完全统计,自2004年始北大年、也拉、陶公三府的暴力冲突已造成6800多人死亡、上万人受伤,路边炸弹、汽车炸弹、摩托车炸弹等各种袭击及枪击频繁发生,成为东南亚地区恐袭率最高的地区之一。②尽管北大年民族革命阵线从未宣称对泰南暴力事件负责,但多方认为,该组织就是幕后黑手。

在此背景下,目前泰南局势有两大困境:一是以北大年民族革命阵线为代表的分离组织在反抗手法上已经向极端组织看齐,但又与"基地组织""伊斯兰祈祷团""伊斯兰国"等恐怖组织保持了一定距离,这在很大程度上会混淆民众与泰国政府的认知;二是泰南分离组织分化严重,各组织并未完全放弃独立的想法,但泰国政府的和谈原则是各分离组织必须全部参加,这就造成了事实上和谈政策难以完全奏效。泰国政府尽管也制定了相关的反恐措施,但始终未将北大年民族革命阵线等分离组织划定为恐怖组织,亦不将泰南的暴恐事件视为恐怖袭击,而仅看作国内政治斗争的附属或副产品。基于此,未来的泰南局势走向极有可能维

---

① 伊斯兰极端主义具有一套基本价值、政治纲领和目标,它认为主权属于神,教法和宗教原则高于国家宪法和法律。建立政教合一的伊斯兰社会是其主要目标。尽管使用暴力是激进原教旨主义的特点,但这并不意味着这类组织必定使用恐怖主义手段。参见蔡佳禾《试论伊斯兰原教旨主义——对一种意识形态的分析》,《南京大学学报(哲学·人文科学·社会科学)》2003年第4期。

② 任华、李江南:《泰南因何再起恐袭之声?》,联合早报,2018年2月5日,http://www.zaobao.com/forum/views/opinion/story20180205-832813。

持一种潜在的"默契":一方面,泰国政府基本控制着泰南地区,但分离组织、恐怖组织等时不时在该地区制造恐袭;另一方面,基于泰南分离组织内部分化严重以及并未完全放弃独立建国的主张,因此政府的和谈政策很难奏效。总之,从属于泰国国内政局的泰南局势,未来很长一段时期内很可能将保持一种大致稳定的状态,分离组织与偶发性的暴恐事件将长期存在。

第三节　多轮博弈:菲律宾政府对菲南分离运动的治理

菲律宾南部摩洛分离运动自产生以来,已持续近 50 年之久。在费迪南德·马科斯(Ferdinand Marcos,1965—1986)、柯拉蓉·阿基诺夫人(Corazon Aquino,1986—1992)、菲尔德·拉莫斯(Fidel Ramos,1992—1998)、约瑟夫·埃斯塔拉达(Joseph Estrada,1998—2001)、格洛丽亚·阿罗约(Gloria Arroyo,2001—2010)、贝尼尼奥·阿基诺三世(Benigno Aquino Ⅲ,2010—2016)等总统任期内,均为实现菲南地区的和平与稳定做出了重要努力。然而,吊诡的是,菲南摩洛分离运动却始终难以解决,反而陷入了一种"冲突—谈判—共识—破裂—再冲突"的恶性循环之中。综观菲律宾政府对菲南分离运动的治理措施,军事打击、和平谈判等交替出现。在此过程中,双方先后于 1976 年、1996 年、2012 年签署了《的黎波里协议》《最终和平协议》《邦萨摩洛框架协议》,但和谈协议又先后因各种原因被"撕毁"或延滞,直到 2016 年罗德里戈·杜特尔特上台后承认并重启了有关建立"邦萨摩洛"自治实体的议程,菲南摩洛地区的和平与稳定才又重现曙光,但恐怖主义等的存在亦为该地区完全的稳定与和平蒙上了一层阴影。

一　马科斯的"阴谋"与 1976 年《的黎波里协议》(1970—1985)

菲南摩洛分离运动在 1970 年前后的爆发,具有深刻的国际、国内背景。从国际上看,国际伊斯兰复兴运动的助推唤醒了摩洛人的伊斯兰意识,菲南摩洛人的民族意识在此时开始萌芽。[1] 1969年9月,24个伊斯兰国家首脑在摩洛哥举行会议,就成立伊斯兰会议组织达成协议;次年3月,伊斯兰会议组织在沙特的吉达正式宣布成立,并开始向世界各地区的穆斯林提供援助。伊斯兰会议组织的支持和援助是菲南摩洛分离运动爆发的重要外部因素。对此,张礼栋就认为:大规模的摩洛人反抗运动,除国内冲突、激化的矛盾外,还因为分离组织从国际势力中获取了大量的人力与物资,从而在短期内迅速完成了相关的准备。[2] 此外,这一时期马来西亚对菲南摩洛分离运动的暗中支持以及美国从越南的撤军等,亦为菲南分离运动的产生与发展创造了条件。马来西亚因沙巴州领土问题担心菲马科斯政府武力入侵,因而暗中支持菲南摩洛分离运动以牵制马科斯[3];而美国从越南的撤军则在某种程度上暗示了"美国不会干涉菲律宾的南部动乱"[4]。

从国内情况看,菲南分离运动的爆发与马科斯谋求长期的独裁统治密切相关。1968年雅比达屠杀事件发生后,菲南摩洛穆斯林反抗组织纷纷成立。面对菲律宾南部困境,马科斯一开始并无意采取和谈的方式,而是有意利用南部的社会动乱实现自己的政治利益。面对国内可能的大规模分离活动,马科斯并未全力镇压,相反马科斯似乎有意让菲南局势继续恶化。因为1973年马科斯任期将满,其有意打破宪法规定的连任限制,而借助菲南混乱局势发布《戒严令》则几乎是其继续当权的唯一途径。因而,面对菲南穆斯林的诉求,马科斯从未予以正面回应,这促使菲南宗教冲突进一步恶化。1970年3月南哥打巴托省5名民众被枪杀,

---

[1] Wan Kadir bin Che Man, *Muslim Separatism: The Moros of Southern Philippines and the Malays of Southern Thailand*, Oxford University Press, 1990, p. 57.

[2] 张礼栋:《菲律宾摩洛人分离运动之研究》,博士学位论文,台湾政治大学,1999年,第101页。

[3] Wan Kadir bin Che Man, *Muslim Separatism: The Moros of Southern Philippines and the Malays of Southern Thailand*, Oxford University Press, 1990, p. 139.

[4] 吴哲宇:《菲律宾南部分离运动与和平谈判(1968—2014)》,硕士学位论文,台湾大学,2016年,第60页。

从而触发了当地一连串的暴力流血事件①；1971年棉兰老岛上又爆发了基督徒与穆斯林之间的大规模武装冲突。从某种程度上看，菲南局势的恶化是马科斯有意操作的结果。因为此前菲南穆斯林领袖与基督徒领袖曾尝试达成和平协议、遏制双方的冲突，但马科斯的放任态度以及对《戒严令》的渴求，成为菲南局势恶化的重要成因。1972年9月21日，马科斯以当前国内政治面临失控危机为由，依宪法发布第1801号命令，宣布全国戒严。②《戒严令》实施后，政府废止国民合法持枪的权力并下令清缴枪械，大规模军警进入菲南，摩洛人深知如若现在不反抗，未来就可能会永远受制于基督徒，为求自保必须立即反抗。③

1972年10月，摩洛青年领袖密苏阿里在得到利比亚、伊斯兰会议组织等的资助和支持下，开始对菲南地区的政府武装大举攻击。1974年4月28日，密苏阿里发表《摩洛民族解放阵线建国宣言》，自此摩洛民族解放阵线正式成为摩洛分离运动的领导组织，密苏阿里则成为摩洛人的领袖，菲南一半以上的摩洛人以各种形式开始追随"摩洛民族解放阵线"。④ 菲南武装冲突爆发后，摩洛民族解放阵线一度控制了几乎整个苏禄群岛，武装力量达3万人之多。面对南部冲突，马科斯开始派遣政府军镇压。据悉，1972—1976年菲律宾国防预算暴增，全国约八成军警驻守在菲南，但仍然无法击败摩洛民族解放阵线，反而是政府军的高伤亡率造成逃兵四起。⑤ 此时，菲南局势陷入困境，而后马科斯开始寻求以和平谈判方式解决危机。

---

① Robert D. McAmis, "Muslim Fillioinos: 1970–1972", in Peter G. Gowing and Robert D. McAmis, *The Muslim Fillipinos*, Manila: Solidaridad Publishing House, 1974, p. 46. 转引自吴哲宇《菲律宾南部分离运动与和平谈判（1968—2014）》，硕士学位论文，台湾大学，2016年，第62页。
② 张礼栋：《菲律宾摩洛人分离运动之研究》，博士学位论文，台湾政治大学，1999年，第106页。
③ Syed Serajul Islam, "Ethno-Communal Conflict in the Philippines: The Case of Mindanap-Sulu Region", in Rajat Ganguly, Ian Macduff and Thousand Oaks, *Ethnic Conflict and Secessionism in South and Southeast Asia: Causes, Dynamics, Solutions*, Calif.: Sage Publications, p. 203.
④ Wan Kadir bin Che Man, *Muslim Separatism: The Moros of Southern Philippines and the Malays of Southern Thailand*, Oxford University Press, 1990, p. 82
⑤ Zachary Abuza, *Militant Islam in Southeast Asia: Crucible of Terror*, London: Lynne Rienner Publishers, 2003, p. 35.

《戒严令》实施后,马科斯开始大举逮捕政敌,并终止政治活动、新闻自由等。① 1973 年 1 月 31 日,马科斯下令解散国会,并无限期延缓召开国民议会,由此菲律宾进入了马科斯独裁时期。在实现了独裁的政治目的之后,马科斯不得不考虑如何解决菲南分离主义的问题。因摩洛民族解放阵线等菲南反抗力量得到了来自伊斯兰世界以及马来西亚等国的支持,再加上菲律宾原油进口等多依赖伊斯兰国家,因而主动改善与伊斯兰世界各国的关系,进而寻求化解菲南危机成为马科斯的重要考虑。1973 年 11 月,马科斯主动派遣官员赴沙特、伊朗、阿尔及利亚、黎巴嫩、科威特等国,寻求改善关系。1974 年 6 月 21 日至 25 日,伊斯兰会议组织在吉隆坡举行第五届外长会议,并作出了第 18 号决议。伊斯兰会议组织确认了菲国政府滥杀穆斯林的事实,并要求菲国政府停止迫害行动;但同时也表达了不赞同摩洛人独立建国的立场,支持菲政府在主权与领土完整的原则下,与摩洛民族解放阵线进行和平谈判,以共同寻找符合和平、正义原则下的菲南困境解决方案。② 尽管密苏阿里对此极为不满,但由于摩洛民族解放阵线的大量外援以及人员的训练等,都有赖于利比亚、马来西亚等国的支持,因而不得不同意进行和谈。于是,1975 年 1 月 18 日在伊斯兰会议组织的协调下,菲政府代表与摩洛民族解放阵线代表在沙特的吉达首次会面。会谈上,摩洛民族解放阵线表达了可以放弃独立的主张,但要求在菲南建立带有主权和自主安全部队的国中之国——"邦萨摩洛国"(an internally sovereign Bangsa Moro State),且这是与菲政府进行正式谈判的基础。马科斯对此表示了明确的拒绝,谈判陷入僵局。此后,摩洛民族解放阵线在菲南陆续给菲政府施压,先后大举攻击政府军营地。

为了打破双方的和谈僵局,伊斯兰会议组织起草一份旨在解决菲南

---

① Clark D. Nether, "Political Clientelism and Instability in the Philippines", *Asian Affairs*, Vol. 12, No. 3, 1985, pp. 2 – 3.

② Wan Kadir bin Che Man, *Muslim Separatism: The Moros of Southern Philippines and the Malays of Southern Thailand*, Oxford University Press, 1990, pp. 213 – 214.

问题的决议，即自治的九项原则①。马科斯以"侵犯主权、领土完整和伤害国民自尊"为由，拒绝接受九项原则。1975 年底菲南冲突进入高潮，政府军陷入苦战，马科斯在强大的国际压力与国内压力下，改变了对分离运动的立场。随后，马科斯在埃及、约旦等国之间穿梭往来，尝试拉拢伊斯兰世界，改变其支持菲南分离运动的立场。1976 年 2 月，东南亚各国签订了《东南亚友好合作条约》，马来西亚表明了不会支持菲南独立的立场。最终，1976 年 12 月，在伊斯兰会议组织和利比亚的协调下，菲国防部次长卡梅尔·巴贝罗（Carmel Z. Barbero）与摩洛民族解放阵线代表在利比亚首都的黎波里进行了和谈。12 月 23 日，双方正式签署《的黎波里协议》（Tripoli Agreement）。协议规定，菲南 13 个省在主权与领土完整前提下，建立穆斯林自治区（the Autonomy for the Muslims）。

《的黎波里协议》签订后，马科斯宣布要依据 1973 年宪法在菲南 13 省举行公民投票，各省自行决定是否加入自治区②。事实上，这 13 个省中仅有巴西兰、南拉瑙、马京达瑙、苏禄和塔威塔威 5 省的穆斯林人口占多数。与此同时，菲政府再度向菲南大批移入基督教徒，这彻底激怒了密苏阿里和摩洛民族解放阵线。于是，菲南冲突再起，双方再次开启战端。至 1980 年 3 月，菲外交部宣布《的黎波里协议》已无法律约束力；与此同时，摩洛民族解放阵线在 1981 年 1 月的麦加伊斯兰国家高峰会议上宣布恢复独立建国的目标③，菲南和平进程回到原点。然而，此时摩洛民族解放阵线内部出现了分化，以萨尔马特为首的青年领袖逐渐从摩洛民族解放阵线中分裂出来，建立了"摩洛伊斯兰解放阵线"（简称 MILF）。在摩洛民族解放阵线实力与影响大减的情况下，马科斯认为已无进行和谈的必要。面对菲南分离运动，马科斯采用了软硬兼施、分化瓦

---

① 九项原则的核心是在菲南建立自治区，除国防、外交外，自治政府享有高度自治。但九项原则有偏袒 MNLF 之嫌。详细规定可参见吴哲宇《菲律宾南部分离运动与和平谈判（1968—2014）》，硕士学位论文，台湾大学，2016 年，第 81—82 页。

② 马科斯在签订协议时，特别要求菲国谈判代表在协议上加上"将采取一切必要的宪政步骤完成本协议"的条目。这也是为何笔者在此以"马科斯的阴谋"为标题的重要原因，因为菲南冲突中处处彰显着马科斯为独裁统治而进行的"精心设计"。参见吴哲宇《菲律宾南部分离运动与和平谈判（1968—2014）》，硕士学位论文，台湾大学，2016 年，第 86 页。

③ Wan Kadir bin Che Man, *Muslim Separatism: The Moros of Southern Philippines and the Malays of Southern Thailand*, Oxford University Press, 1990, p. 81.

解的策略,极大削弱了分离运动的力量。但是,马科斯的独裁统治,不仅在菲国内引起了诸多不满,而且引发了美国的施压。最终,在军方与美国的压力下,马科斯下台、阿基诺夫人上台。

二 "无效"的自治与1996年《最终和平协议》(1986—2000)

1986年2月7日,菲律宾举行了总统大选。官方的选举结果为马科斯获胜,但民间的计票结果则显示阿基诺夫人获胜,双方互不相让。此后,菲军方认定马科斯在选举中舞弊,选择站在阿基诺夫人一边。尽管如此,但阿基诺夫人深知其政权合法性并不牢靠,因为获选更多是因为民众运动的支持。由此,阿基诺夫人上任后基于稳固政权合法性的考虑,提出了"全国和解"的施政方针,尝试解决菲南乱局。1986年9月,阿基诺夫人与密苏阿里进行了会面,双方同意停止敌对行为并立即停火。1987年1月,在伊斯兰会议组织的协调下,摩洛民族解放阵线与菲政府代表在吉达进行了和谈。此时,受到内部领导权竞争等的影响,摩洛民族解放阵线的实力已经大不如从前,尤其是摩洛伊斯兰解放阵线分裂出来之后。因而,对此次和谈密苏阿里表示将以最大弹性看待,而菲政府则表示拒绝任何形式的菲南独立,同时实质性和谈必须在菲国内进行。2月9日,双方代表在马尼拉生活大学举行了正式谈判,但在自治范围、自治权利等方面并未达成一致。与此同时,阿基诺夫人的政权并不稳定。一方面,菲军方担心一旦协议达成,将被大规模裁军和削减军费。为应对菲南冲突,马科斯时期军队编制扩张3倍以上,军费亦增长超过6倍[①]。另一方面,国内民众尤其是基督徒对阿基诺夫人的"绥靖"政策也越来越不满。1990年11月,尽管穆斯林自治区宣告了成立,但事实上这一举动不仅未获得摩洛人的认可,也未使国内民众与军方满意。与此同时,摩洛民族解放阵线部分成员对密苏阿里也表达了失望,从而转投摩洛伊斯兰解放阵线,摩洛伊斯兰解放阵线逐渐扩大了在菲南的影响力。

1992年5月,菲南问题依然是总统大选的重要议题。军人出身的拉

---

① Eva-Lotta E. Hedman and John T. Sidel, *Philippine Politics and Society in the Twentieth Century*: *Colonial Legacies*, *Post-Colonial Trajectories*, New York: Routledge, 2000, p. 26, p. 47.

莫斯欲借机赢得选民支持，于是展开了"神秘外交"①，试图重启菲南谈判。拉莫斯上台后，一方面力推经济改革，有效发展了菲国内经济，另一方面力主推进菲南和谈进程。与此同时，密苏阿里也希望与拉莫斯政府举行和谈，以消解内部危机、获取现实利益。1993 年 10 月，在利比亚的协调下，双方在印尼雅加达举行了正式谈判。此次谈判双方都较有诚意，密苏阿里同意放弃独立建国主张并接受自治区政府的方案。1994 年经过先后多次谈判，双方签署了多份共识协议。过往，很多和谈协议因民间的反对而最终失败，为此拉莫斯尝试通过举办"和平高峰会议"的方式加强民间沟通，并亲自走访棉兰老民间地区、展开对话。1996 年 5 月 9 日马拉坎南宫举行了最后一次"和平高峰会议"，并确立了菲南自治区的大致框架。1996 年 9 月 2 日，在印尼空军专机保护下，密苏阿里前往马拉坎南宫正式签署《最终和平协议》，全称为《菲律宾政府与摩洛民族解放阵线之间关于落实 1976 年〈的黎波里协议〉的最终和平协议》（The Final Peace Agreement on the Implementation of the 1976 *Tripoli Agreement* Between the GRP and the MNLF）。此后，棉兰老穆斯林自治区举行了行政首长和自治区议会选举，密苏阿里被任命为"菲南和平发展委员会"主席。与此同时，政府开始了对摩洛民族解放阵线的收编工作：约 5070 名摩洛民族解放阵线战士缴械，其中 2200 名被收编进菲国军警体系，但也有很多成员不愿屈服，从而转投了摩洛伊斯兰解放阵线和阿布沙耶夫组织。② 尽管《最终和平协议》达成了，但拉莫斯深知缺少摩洛伊斯兰解放阵线的协议效果有限。于是，1997 年 6 月拉莫斯成立了专门的和谈小组，并下令停止进攻摩洛伊斯兰解放阵线的军事设施。这种明确示好一方面意在向摩洛伊斯兰解放阵线领导层展示和谈的好处，另一方面意在

---

① 拉莫斯在选战前曾赴利比亚，与利比亚总统卡扎菲举行了会谈。有关"神秘外交"，一种说法认为是拉莫斯为了说服卡扎菲断绝对 MNLF 的援助，以迫使密苏阿里重回谈判；另一种说法是拉莫斯前往利比亚，是为了获得政治资金，作为交换拉莫斯将在任内推动菲南问题的和谈，以缓解利比亚的国际制裁。参见吴哲宇《菲律宾南部分离运动与和平谈判（1968—2014）》，硕士学位论文，台湾大学，2016 年，第 105 页。

② Zachary Abuza, *Militant Islam in Southeast Asia: Crucible of Terror*, London: Lynne Rienner Publishers, 2003, p. 42.

分化、瓦解摩洛伊斯兰解放阵线内部的各派力量。① 拉莫斯的种种示好并未促使摩洛伊斯兰解放阵线同意和谈，甚至《最后和平协议》亦在拉莫斯卸任后宣告失败，菲南冲突因摩洛伊斯兰解放阵线的武力反抗仍在持续。

实际上，1996 年《最终和平协议》签署之初，拉莫斯政府就招致来自多方面的不满。一方面，天主教团体认为拉莫斯出卖了自己的利益，从而进行了大规模的示威抗议；另一方面，伴随 1997 年亚洲金融危机的影响，拉莫斯在政商两界以及民间的支持也不断下降。再加上拉莫斯尝试借助《最终和平协议》修改宪法、寻求延长执政时间，最终引发了多方的不满。更为糟糕的是，马尼拉向南部自治区拨付的专门款项不是被贪污，就是被密苏阿里挪为他用。比如，密苏阿里将用于小企业、医疗、教育等方面的资金，用在了为其故乡修建高速铁路和机场上。② 在此背景下，1998 年总统选举中平民出身的埃斯特拉达获胜就任。与拉莫斯相比，埃斯特拉达对于与摩洛伊斯兰解放阵线进行和谈并无过多热忱，菲政府内部此时对菲南的政策亦含混不清。③ 1998 年 8 月 27 日，菲政府与摩洛伊斯兰解放阵线签署《意向协议》（*General Framework of Agreement of Between the GRP and the MILF*），但仅表达了和谈意向，并无实质内容。1999 年 1 月，埃斯塔拉达表示愿意与摩洛伊斯兰解放阵线进行和谈，但要求必须在菲境内举行；然而，摩洛伊斯兰解放阵线则坚持在伊斯兰国家进行，双方再陷僵局。④ 终于，1999 年 10 月 25 日双方在菲南部苏丹古达拉省举行了和平谈判，但因受东帝汶公投影响，摩洛伊斯兰解放阵线要求在棉兰老进行独立公投，谈判宣告破裂、双方战端再起。2000 年 3

---

① Zachary Abuza, *Militant Islam in Southeast Asia: Crucible of Terror*, London: Lynne Rienner Publishers, 2003, pp. 45 – 46.

② Zachary Abuza, *Militant Islam in Southeast Asia: Crucible of Terror*, London: Lynne Rienner Publishers, 2003, p. 42.

③ Nathan Gilbert Quimpo, "Mindanao, Southern Philippines: the Pitfalls in Working for Peace in a Time of Political Decay", in Rajat Ganguly, *Autonomy and Ethnic Conflict in South and South-East Asia*, London: Routledge, pp. 114 – 137.

④ Syed Serajul Islam, "Ethno-Communal Conflict in the Philippines: The Case of Mindanap-Sulu Region", in Rajat Ganguly, Ian Macduff and Thousand Oaks, *Ethnic Conflict and Secessionism in South and Southeast Asia: Causes, Dynamics, Solutions*, Calif.: Sage Publications, p. 207.

月 21 日，摩洛伊斯兰解放阵线进犯北拉瑙省的高斯瓦甘里镇（Kauswagan）并挟持了数百名人质。这一举措激怒了埃斯特拉达和菲军方，遂宣布发动"全面战争"（all-out war），并废止了拉莫斯时代的菲南和平计划。① 此后，菲政府军攻陷了摩洛伊斯兰解放阵线的多处营地，收复了棉兰老的多数失地，但并未完全歼灭摩洛伊斯兰解放阵线。与此同时，密苏阿里不满棉兰老自治区内的权力与利益分配，在自治区选举期间发动叛乱，后逃亡沙巴地区。② 因此，尽管1996年菲政府与分离运动达成了《最终和平协议》，但实际上菲南的自治是无效的，双方冲突因摩洛伊斯兰解放阵线和阿布沙耶夫组织的存在仍在继续。

三 《邦萨摩洛框架协议》与"未知"的菲南和平（2001年至今）

2001年埃斯特拉达因贪污、受贿指控，遭到议会弹劾、被迫下台，阿罗约接替埃斯特拉达就任总统。上任初期，阿罗约就停止了"全面战争"政策，转而实施"全面和平"（all-out peace）的政策。2001年2月20日，阿罗约宣布停止在菲南地区的军事行动，重启和平谈判。与此同时，因伊斯兰复兴思潮的退去、冷战的结束等，摩洛伊斯兰解放阵线的外部援助日趋减少，在此前与政府军的战斗中实力大减。2001年在马来西亚总理马哈蒂尔和印尼总统瓦希德的协调下，双方签署《履行2001年和平协议安全议题方针》，并达成了停火共识与禁止双方从事攻击性军事行为等协议。2001年"9·11"事件的爆发打破或中断了双方的和谈进程。在美国的全球反恐战略下，摩洛伊斯兰解放阵线立即明确表示不会理会本·拉登的"全球圣战"呼吁，否认摩洛伊斯兰解放阵线与"基地组织"有关，并解释了自己的资金等来自慈善捐助，向菲政府表达了和平谈判的诚意。然而，"9·11"事件之后阿罗约强力支持美国的反恐，再加上密苏阿里的反叛、阿布沙耶夫组织频繁制造袭击事件等，阿罗约同意美军进入菲律宾南部。由于美国已经将阿布沙耶夫组织列为恐怖组

---

① Zachary Abuza, *Militant Islam in Southeast Asia: Crucible of Terror*, London: Lynne Rienner Publishers, 2003, p. 46.
② 吴哲宇：《菲律宾南部分离运动与和平谈判（1968—2014）》，硕士学位论文，台湾大学，2016年，第122页。

织,而且阿布沙耶夫组织与"基地组织"之间关系密切,因而美国密切关注了菲南的动向,甚至将菲律宾视为反恐战争的"第二前线"①。美军的到来引发了摩洛伊斯兰解放阵线的不满,尽管菲政府向其解释美军的目标在于打击阿布沙耶夫组织,但摩洛伊斯兰解放阵线认为自己与阿布沙耶夫组织的活动区域很多重叠,这必然会对双方的和谈形成阻碍。②

然而,菲军方有意在美军反恐之际打击摩洛伊斯兰解放阵线的力量。事实上,菲军方认为摩洛伊斯兰解放阵线与阿布沙耶夫组织之间存在撇不清的关系,毕竟后者初期属于前者的一部分。起初,阿罗约为了促进和谈,并不认可军方的看法。但随着政权内部出现危机,2002年5月11日阿罗约以摩洛伊斯兰解放阵线与"基地组织"有染为由,中止了双方的和平谈判。③ 2003年至2007年,政府军与摩洛伊斯兰解放阵线在菲南地区进行了激战,尽管一度有过"试探性对话",但并未达成共识。期间,摩洛伊斯兰解放阵线曾明确表示可以放弃独立,但前提是菲政府必须明确给予高度的自治权;菲政府亦在双方的焦点问题"祖传领地"(ancestral domain)的范围等问题上做出了诸多让步。最终,2008年8月在马来西亚的协调之下,双方就和谈内容达成一致,签署了《祖传领地协议备忘录》。④ 然而,由于该协议一定程度上忽视了菲南天主教徒的利益,引起了他们的强烈反对。同年10月,菲律宾最高法院宣判《祖传领地协议备忘录》违宪,菲政府被迫退出和谈,双方再次爆发新一轮武装冲突。菲南武装冲突的再起进一步加剧局势的恶化,造成400多人死亡、约75万人流离失所的悲剧。⑤ 此后,鉴于外部援助与自身实力的受损,

---

① 参见 James A. Tyner, *Iraq, Terror, and the Philippines' Will to War*, Lanham, Md.: Rowman & Litterfield Publishers, 2005, p.9。

② Jay Solomon, "Philippine Rebels Warn of Wider Conflict——Islamic Militants see Risks as U.S. Deploys Troops to Fight Abu Sayyaf", *The Wall Street Journal* (*Eastern Edition*), February 21, 2002, A14. 转引自吴哲宇《菲律宾南部分离运动与和平谈判(1968—2014)》,硕士学位论文,台湾大学,2016年,第133页。

③ Jay Solomon, "Manila Suspends Talks With Rebel Group After Allegations of Its Links to al Qaeda", *The Wall Street Journal* (*Eastern Edition*), May 12, 2002, A22. 转引自吴哲宇《菲律宾南部分离运动与和平谈判(1968—2014)》,硕士学位论文,台湾大学,2016年,第133页。

④ 靳晓哲:《〈邦萨摩洛组织法〉与菲南和平进程》,《国际研究参考》2008年第9期。

⑤ 吴哲宇:《菲律宾南部分离运动与和平谈判(1968—2014)》,硕士学位论文,台湾大学,2016年,第136页。

摩洛伊斯兰解放阵线开始寻求借助美国的力量来向菲律宾施压。2009年10月，美国官员首次进入摩洛伊斯兰解放阵线的军事据点内，后者表达希望谋求支持和谈的立场；同年11月，美国国务卿希拉里访问菲律宾前，美国务院官员与摩洛伊斯兰解放阵线代表在马卡蒂市（Makati City）进行了会面，后者期待希拉里能说服阿罗约接受摩洛伊斯兰解放阵线的和平方案。

此后，双方在美国介入及各国的督促下于2009年12月重启和谈。此次和谈中，摩洛伊斯兰解放阵线宣布愿意放弃独立建国的立场，但提出了"亚国家"（sub-state）的新解决方案。然而，国际法上并无"亚国家"的概念，因而菲律宾政府并未接受。阿罗约提出了扩大自治权的方案作为回应，同意将过去争论的"税收权"和"采矿权"完全交给摩洛伊斯兰解放阵线，但摩洛伊斯兰解放阵线认为这样的权力分配还不够。因而，在阿罗约的任期内并未实现菲南和平协议的达成。2011年6月20日，阿基诺三世就任菲律宾总统，有意在任期内完成菲南和平进程。2011年8月，双方在日本东京举行了非正式会谈，此后又进行了试探性对话。双方争论的焦点在于对"亚国家"的主权认知方面，对此摩洛伊斯兰解放阵线类比了"英国—北爱尔兰""中国—香港"的例子，但认为棉兰老的自治权力应比上述例子更大。摩洛伊斯兰解放阵线的首席谈判代表更是明确指出"亚国家的含义是我们曾经是一个主权国家，只是现在请求被承认为亚国家"①。这似乎暗示了"亚国家"包含分离权。阿基诺三世认为，使用"亚国家"的名称有可能会掉入主权国家的陷阱之中，而且这一提议势必经过修宪、难以实现。因而，菲政府坚持以"扩大自治"作为和解方案。

最终，经过折中2012年4月双方达成《十点原则》，同意将建立一个取代棉兰老穆斯林自治区的"新自治政治实体"。同年10月15日，双方在马拉坎南宫签署《邦萨摩洛框架协议》（Framework Agreement on the Bangsamoro），同意于2016年建立名为"邦萨摩洛"的新政治实体。2014年3月，双方签署了最终版本的《邦萨摩洛综合协议》（Comprehen-

---

① 吴哲宇：《菲律宾南部分离运动与和平谈判（1968—2014）》，硕士学位论文，台湾大学，2016年，第139页。

sive Agreement on the Bangsamoro)。同年 9 月，阿基诺三世总统向国会提交了《邦萨摩洛基本法》(Bangsamoro Basic Law, BBL) 草案。① 2015 年 8 月，菲律宾国会参议院对 BBL 草案进行了审议、质询。② 但由于牵涉的内容较多且问题十分复杂，2016 年 2 月 BBL 草案并未获得菲国会通过。至此，在阿基诺三世政府时期，尽管摩洛伊斯兰解放阵线与政府达成了和平协议，但菲南和平进程并未得到进一步推进，BBL 草案的通过与执行陷入困境。③ 2016 年 6 月，杜特尔特宣誓就任总统。上任以来，杜特尔特并未重视对菲南摩洛问题的解决，而是将更多的资源用于打击菲南的毒品贸易上，一定程度上忽视了棉兰老地区分离主义的存在。2018 年 5 月 30 日，菲律宾国会众议院以 227 票赞成、11 票反对、2 票弃权，三读④通过了延宕已久的 BBL。2019 年 1 月 25 日，棉兰佬岛 280 万居民举行了第一阶段公投，通过了 BBL、建立了"邦萨摩洛自治区"。公投完成后，摩洛伊斯兰解放阵线解散了旗下万余名武装，这些人员将成为过渡政府的主导成员，直至 2022 年 5 月选出新的自治区议会议员。⑤ 同年 2 月，菲律宾政府正式将自治权权力移交摩洛伊斯兰解放阵线。至此，菲南摩洛分离问题暂时得到了解决。

综上所述，在近 50 年的分离主义治理中，菲政府主要运用了武力打击与和平谈判两种策略。前者主要消耗了分离运动的有生力量，而后者则意在分化、瓦解分离组织。综观治理进程，尽管菲政府很早就着手以"自治"或"权力下放"方式平息危机，但受政权斗争、国际因素等影响，菲南摩洛分离运动数次和解，但又数次再乱，似乎陷入了"冲突—谈判—再冲突—再谈判"的怪圈。2019 年 1 月建立的新自治区又给菲南

---

① Andrero Calonzo, "PNoy personally submits draft Bangsamoro Law to Congress Leaders", GMA News, September 10, 2014, http://www.gmanetwork.com/news/news/nation/378481/pnoy-personally-submits-draft-bangsamoro-law-to-congress-leaders/story/.

② Ruth Abbey Gita, "Swnate BBL debates to start August 17", SunStar, August 13, 2015, https://www.sunstar.com.ph/article/25456/.

③ 靳晓哲：《〈邦萨摩洛组织法〉与菲南和平进程》，《国际研究参考》2018 年第 9 期。

④ 菲宪法规定，国会任何议案必须经参议院和众议院分别三读通过（小组通过为一读、相关委员会通过为二读、全体会议通过为三读）。三读通过后成为法案，提交总统签署成为法令。

⑤ 李捷、雍通：《权力下放与分离主义治理——基于亚齐与菲南的案例分析》，《东南亚研究》2019 年第 5 期。

地区带来了和平的曙光，但这并非意味着菲南地区彻底的稳定与和平，因为自20世纪90年代以来阿布沙耶夫组织就已经转型为东南亚地区代表性的恐怖组织，且屡次在菲南制造恐袭事件。2017年5月至10月，借助"伊斯兰国"等的支持，阿布沙耶夫组织曾联合东南亚各国的极端分子围攻菲南马拉维市，一度与政府军展开对峙，造成了几十万人流离失所。因此，尽管目前菲南地区的分离组织已经与政府就权力分配等问题达成一致，但未来菲南地区的稳定与和平还取决于双方对恐怖主义的治理效度。一旦恐怖主义再度泛滥，菲南和平将成为空谈，难免会重演1996年《最终和平协议》的"悲剧"。

第四节　民主转型：印尼政府对亚齐分离运动的治理

在苏哈托"新秩序"时期，以武力镇压为主要方式的国家整合，是印尼政府主要采取的措施。这与苏哈托军人政权的统治方式密切相关。这一时期，苏哈托运用铁腕手段赢得了稳定与发展，在政治上依靠武装部队控制国家秩序①，大批军官被直接任命为省长、县长甚至乡长，地方自主权基本被剥夺。② 1998年苏哈托下台后，印尼进入民主转型时期。随之而来的是，印尼政府对地方控制权的减少以及军人政权色彩的褪色。在这一过程中，印尼政府逐渐转变了此前的高压与强力政策，转而对"自由亚齐运动"采取了军事打击与和平谈判相结合的政策。最终，经过多轮次的和平谈判，面对2004年印度洋海啸等灾后重建等任务，双方都做出了妥协，实现了亚齐问题的和解。

一　苏哈托的武力镇压及其恶果（1976—1998）

分离主义运动的发展，多半会引发武装镇压和猛烈的冲突。③ 1976年

---

① 贺圣达主编：《战后东南亚历史发展》，云南大学出版社1995年版，第160页。
② 张洁：《"自由亚齐运动"的形成发展及其影响》，载梁志明主编《面向新世纪的中国东南亚学研究：回顾与展望》，香港社会科学出版社2002年版，第414—415页。
③ 时殷弘：《民族主义与国家增生及伦理道德思考》，载资中筠主编《国家政治理论探索在中国》，上海人民出版社1998年版，第43页。

11月,"自由亚齐运动"在哈桑·迪罗的领导下正式成立,最初主要以政治活动为主。到1977年,逐渐开始进行武装斗争,但最初的人数仅包含约70名游击队员(Guerrilla Fighters)。① 由于在人员、装备等方面的准备严重不足,实际上这一时期的"自由亚齐运动"力量非常薄弱,很快就被印尼军队所镇压。由于缺乏必要的动员和后续支持,再加上哈桑·迪罗这一时期主要依靠西方的民族主义学说建构组织,因而在亚齐民众当中并未引起较多共鸣,以至于很多当地人甚至都将这些"自由亚齐运动"成员视为土匪等②。然而,印尼政府在亚齐地区的政策实施为下一阶段亚齐分离运动的高潮埋下的伏笔。具体来看:在经济方面,随着油气资源的发现亚齐成为印尼经济发展最快的省份之一,但亚齐民众并未获益。据悉,亚齐地区财政收入的95%都要上缴印尼政府,每年仅有约8200万美元用于自身的发展。③ 由此,尽管油气资源丰富,但苏哈托时代的亚齐反而成为苏门答腊最穷的省份之一,全亚齐5643个村中有2275个贫困村,约占总数的40.23%。④ 在政治方面,苏哈托独裁统治在各地方推行爪哇式管理,亚齐的特别行政区地位逐渐被剥夺。1974年,苏哈托颁布《第五号印度尼西亚共和国法令》,规定中央对地方各级政府实施垂直管理,地方政府的负责人由总统直接任命。⑤

至1986年,由于获得了大量来自伊斯兰国家的资金支持,"自由亚齐运动"再次兴起。1986—1989年,有700—800名"自由亚齐运动"成员在利比亚接受训练。⑥ 此后,"自由亚齐运动"的影响力迅速在亚齐北部、东部地区扩大,而且得到了当地民众的重要支持。当时,在亚齐的

---

① Kirstten E. Schulze, "The Free Aceh Movement (GAM): Anatomy of a Separatist Organization", *Policy Studies*, No. 2, 2004, p. 14.

② Nazaruddin Sjamsuddin, "Issues and Politics of Regionalism in Indonesia: Evaluating the Acehnese Experience", in Lim Joo-Jock and Vani S., *Armed Separatism in Southeast Asia*, Singapore: Institute of Southeast Asian Studies, 1984, p. 113.

③ Priyambudi Sulistiyanto, "Whither Aceh?", *Third World Quarterly*, Vol. 22, No. 3, 2001, pp. 437–452.

④ 李一平:《亚齐民族分离主义运动评述》,《世界历史》2006年第4期。

⑤ 张洁:《民族分离与国家认同——关于印尼亚齐民族问题的个案研究》,社会科学文献出版社2012年版,第104页。

⑥ International Crisis Group, *Aceh: Why Military Force Won't Bring Lasting Peace*, Jakarta: ICG, 2001, p. 3.

农村地区并没有印尼政府的权力机构，因而"自由亚齐运动"得以迅速在农村地区展开。起初，印尼军方将"自由亚齐运动"定性为强盗或土匪，后来认识到其分离主义的性质，并将自我定位为亚齐地区的"安定与稳定的庇护者"后，对其进行了坚决的镇压。后来，面对越发汹涌的分离浪潮，1989年苏哈托政府在亚齐设立军事占领区（Daerah Operasi Militer，DOM），开启了对亚齐长达近10年的军事化统治。印尼在亚齐的军事力量主要由四个部分构成：印尼国民军（Tentara Nasional Indonesia，TNI）、印尼国民警察（Polisi Republik Indonesia，POLIRI）、警察部队机动旅（Brigade Mobil，BRIMOB）和民兵组织。1990年7月，印尼政府在亚齐地区增兵6000人，总驻军人数达到了1.2万，其中包括来自雅加达的"红色贝雷帽"特种兵，他们一向以手段残酷而闻名。1991年下半年，更多的军队开进亚齐，并对分离组织的成员实施了"射杀政策"，即不仅将其绳之以法，而是要将其消灭。对此，苏哈托曾亲口表示，不存在任何的政治让步，无论如何也要抓获"自由亚齐运动"的成员及其领导人。①

除了对"自由亚齐运动"进行强力的军事镇压，苏哈托政府还对亚齐地区的民众发动了恐怖行动，试图威胁或震慑当地民众放弃对分离运动的支持。一方面，政府军队严密控制着亚齐各地的秩序，禁止民众自由活动，并将边缘或偏远地方的民众迁居到交通线附近，以便于监督、管理和控制。据悉，为了更好地应对亚齐的分离运动，军队在亚齐的农村地区建立了民兵组织，通常20—30人一队。至1989年中期，亚齐地区的民兵总数达6万人之多。② 另一方面，苏哈托政府还尝试加强对亚齐民众的思想控制，即实施"地区整合的新计划"。该计划的主要目的在于对当地民众进行思想改造，以强力的手段培养亚齐人对印尼国家的认同和爱国主义。至1992年中期，管辖亚齐地区的一位军官曾明确地表示，过去人们都不知道印尼国歌，但现在每个人都会唱了，而且还都知道红白

---

① "Tak Ada Konsesi Bagi Tokoh GPK"，*Bertita Buana*，January 4，1991. 转引自张洁《民族分离与国家认同——关于印尼亚齐民族问题的个案研究》，社会科学文献出版社2012年版，第128页。

② 张洁：《民族分离与国家认同——关于印尼亚齐民族问题的个案研究》，社会科学文献出版社2012年版，第128页。

旗是印尼的国旗了。① 但这种整合更多是强力下的"顺从",并非真正意义的认同。

面对"自由亚齐运动"在 20 世纪 80 年代末的发展,苏哈托政府对其进行了强力的镇压。至 1990 年底,多数"自由亚齐运动"的成员都撤离到了偏远的山区,还有部分人员逃离到了马来西亚等邻国。至 1991 年底,此一阶段"自由亚齐运动"的发展基本以失败告终。然而,至 1998 年苏哈托下台,苏哈托政府在亚齐地区的军事统治严重压制了当地民众的反抗情绪,军队滥用职权甚至严重践踏人权。据不完全统计,1990—1998 年苏哈托政府在亚齐地区残暴的军事行动就造成了超过 6 万平民的死亡。② 这种强权下的压制,带来了亚齐民众对印尼政府的极度反感,导致此前并无"独立"意愿的民众,也更多转向了支持和同情"自由亚齐运动",客观上促进了"自由亚齐运动"民意基础的拓宽。而且,这一时期军队在亚齐地区的肆意镇压、滥杀无辜等,还建构了亚齐民众的"复仇"心理,以至于苏哈托下台后亚齐地区的分离运动掀起了新的高潮。比如,在结束了军事占领之后,亚齐地区陆续发现了 12 个印尼军队镇压反抗时残杀亚齐人的乱葬岗。③ 这种血腥的暴力和历史记忆,激起了亚齐民众和"自由亚齐运动"争取"独立"的反抗斗志,推动着亚齐分离运动进一步向前发展。

二 民主转型进程中的和谈及其失败 (1999—2003)

苏哈托长期以来的威权与独裁统治,造成了印尼国内民众的不满,再加上 1997 年亚洲金融危机的影响,印尼国内面临着严重的经济、政治危机。一方面,国内企业产能下降、倒闭数量的比例上升,失业人数不断创造新高,经济增长率从 1997 年的 4.7% 骤降至 1998 年的

---

① Albert Situmorang, "Bakti ABRI Di Aceh Merebut Hati Rakyat Melawan GPK", *Suara Pembaruan*, May 12, 1992.

② Rizal Sukma, "Ethnic Conflict in Indonesia: Causes and the Quest for Solution", in Kusuma Snitwongse and Willard Scott Thompson, eds., *Ethnic Conflicts in Southeast Asia*, Institute of Southeast Asian Studies, 2005, p. 6.

③ 李一平:《亚齐民族分离主义运动评述》,《世界历史》2006 年第 4 期。

-13.68%①；另一方面，尽管苏哈托的军人政权一度创造了印尼国内政治的稳定与秩序，但军人政权的僵化及其寡头性质越来越面临来自社会各界的巨大压力。1998年5月，苏哈托的辞职标志着30多年的"新秩序"政权崩溃，印尼进入了民主转型时期。在此背景下，"自由亚齐运动"重新开始活跃，并很快得到了民众的广泛支持、力量迅速壮大。与此同时，"自由亚齐运动"的领导层也发生了变动，1997年创建人哈桑·迪罗中风并导致瘫痪，以马利克·马茂德（Malik Mahmud）、扎尼·阿卜杜拉（Zaini Abdullah）等为代表的第二代领导人逐渐掌权，领导"自由亚齐运动"为获取亚齐独立而斗争。②

苏哈托辞职后，哈比比成为过渡时期的印尼总统。面对印尼国内严峻的政治、经济危机，哈比比尝试塑造新政府的民主、改革形象。对于国内的分离主义浪潮，哈比比尝试以扩大地方自治权的方式缓和央地关系，以和平的方式平息、解决分离问题。一方面，哈比比承诺将调查亚齐的人权状况，组成全国人权调查委员会赴亚齐对军事占领期间的人权状况进行调查。著名学者、宗教领导人与亚齐当地政治领袖等组成了专门的小组，负责解决亚齐的人权问题。1999年3月，哈比比亲自访问亚齐，并再次承诺调查人权事件。另一方面，哈比比政府还对亚齐民众采取了一系列的安抚措施。哈比比表示，将对占领时期受害者的子女、亲属等进行赔偿，并加大对当地宗教、基础设施等的投资，以改善亚齐地区的发展环境。1999年8月，哈比比签署了适用于亚齐地区的第44号法令，扩大了亚齐当地管理宗教、文化、教育等事务的权力。尽管哈比比政府尝试进行民主改革、人权调查等，但由于任期短、军人权力未完全退出等原因，实际上诸多政策并未落实。但是，面对再次高涨的亚齐分离运动，印尼政府的态度与政策已经发生了变化，即不再像此前仅采取武力镇压的强力手段，而是结合了更多的温和手段。在民主转型背景下，印尼政府对分离运动的治理也更加多元化。

---

① 王受业、梁敏和、刘新生编著：《列国志·印度尼西亚》，社会科学文献出版社2006年版，第157—158页。

② 张洁：《民族分离与国家认同——关于印尼亚齐民族问题的个案研究》，社会科学文献出版社2012年版，第143—144页。

1999年10月,瓦希德就任印尼总统。这一时期印尼政府对亚齐分离运动采取了军事镇压与和平谈判相结合的治理政策。一方面,瓦希德延续了此前哈比比政府的缓和态度,希望通过对话等与"自由亚齐运动"进行沟通,以解决长期以来的亚齐冲突。在国际社会与亨利·杜南人道主义对话中心(简称HDC)等的多方协调下,2000年1月印尼政府与"自由亚齐运动"在日内瓦进行了首次和谈,从而开启了亚齐政治和解的进程。同年5月,双方达成了"人道主义停火"(the Humanitarian Pause)的共识,但缺乏相应的保障监督机制。① 事实上,印尼政府和"自由亚齐运动"更多将此次接触或和谈视为试探性的尝试。就后者而言,"自由亚齐运动"希望通过"和谈"这一国际化的策略扩大在国际社会的影响力,从而给印尼政府施压;而就前者而言,尽管与分离运动进行了对话,但并未放弃军事等强硬手段,实质上奉行的是边打边谈、以打促谈的策略。另一方面,瓦希德政府迫于军方的压力等,对"自由亚齐运动"等分离武装发动了军事进攻。由于印尼正处于民主转型的时期,政坛上各方力量复杂交错,瓦希德的上台本身就是多方妥协的结果,因而在应对分离运动时十分摇摆。比如,1999年11月刚就任的瓦希德表示要对"自由亚齐运动"进行镇压,以防国内分离态势的恶化,但随后却与其展开了和谈。2001年4月,迫于军方等的压力,瓦希德签署法令、授权印尼军队与警方向亚齐曾兵,以肃清"自由亚齐运动"等的分离活动,恢复亚齐的社会治安。

2001年7月,印尼人民协商会议特别会议罢免了瓦希德,并同时任命梅加瓦蒂为印尼总统。梅加瓦蒂是印尼前总统苏加诺的女儿,也是印尼历史上首位女总统。面对印尼亚齐的分离主义浪潮,梅加瓦蒂的态度较为明确:一是对发生在亚齐等地区的暴力事件等表示歉意,二是坚决反对分离主义活动、强调必须维护国家的完整与统一。梅加瓦蒂深知,单纯依靠武力并不能解决分离运动,亦会为国际社会所不容,因而她对亚齐问题采取了软硬兼施、分而治之的手段。2002年2月,印尼政府与"自由亚齐运动"重启和谈,并于同年12月达成了《敌对双方停火协议》

---

① Kirstten E. Schulze, "The Free Aceh Movement (GAM): Anatomy of a Separatist Organization", *Policy Studies*, No. 2, 2004, p. 44.

（简称 COHA）。COHA 的核心是建立双方认可的"安全区"（Peace Zones），前提是"自由亚齐运动"的武器要集中管理且印尼政府军在亚齐的角色要重新调整。双方同意建立一个包含泰国、菲律宾士兵在内的"联合安全委员会"（a Joint Security Commission，JSC），泰、菲、印尼与"自由亚齐运动"的成员各 50 名。[①] 这一协议实施的第一步就遇到了巨大障碍。先是"自由亚齐运动"在 2003 年 2 月底未完成武器统一管理的承诺，随后 JSC 也并未如期成立，COHA "名存实亡"。2003 年 5 月，双方曾在日本东京举行会谈，试图恢复此前的和谈成果，但因"自由亚齐运动"拒绝放弃独立而宣告失败。实际上，印尼政府与"自由亚齐运动"的分离武装之间一直处于冲突、对立之中，即使是谈判期间也仅是实现了暂时的停火。比如，印尼国民军曾于 2002 年 10 月包围了亚齐北部地区的"自由亚齐运动"的多支小队，11 月又在名为"切特林"（Cut Trieng）的村镇围困了"自由亚齐运动"的多支小队。和谈宣告失败后，2003 年 5 月 19 日印尼政府宣布亚齐进入戒严状态，军队再次对亚齐地区发动了大规模的军事行动，据悉派往亚齐的军队人数总计近 3.8 万人[②]，目的是彻底摧毁分离运动的武装力量。

此外，梅加瓦蒂还采取了旨在争取亚齐当地民众支持的政策，如重新分配央地收入比例、在亚齐实施伊斯兰教法与地方性民主选举等，以分化、瓦解"自由亚齐运动"的力量和民众基础。2001 年 8 月，上任之初梅加瓦蒂就宣布实施亚齐地区的"特别自治法案"，将亚齐省改为"亚齐特区"（Nanggroe Aceh Darussalam[③]，NAD）。该法案主要涉及三个方面的内容：一是调整中央与亚齐地方在自然资源收入的比例分配，二是拟在亚齐实施伊斯兰教法，三是宣布在亚齐实行地方性民主选举。2002 年 1 月 1 日，"伊斯兰教法"在亚齐地区正式生效，这是印尼成立以来中央政府第一次同意在一个省份实行。这些民主性或分配性政策的实施，主要的目的在于分化亚齐地区的分离力量，以阻滞分离情绪的蔓延。比如，

---

① Kirstten E. Schulze, "The Free Aceh Movement (GAM): Anatomy of a Separatist Organization", *Policy Studies*, No. 2, 2004, p. 45.

② Tiarma Siboro, "TNI Prepared Contingency Plan for Aceh Truce", *The Jakarta Post*, July 29, 2005.

③ 印尼语中意为"太平之国、乐土"。

伊斯兰教法的实施可以拉拢亚齐地区的伊斯兰宗教领袖，以此缓解众多教众对印尼政府的抵触与反抗等。

三　再度和谈与亚齐分离运动的解决（2004年至今）

印尼政府与"自由亚齐运动"的上一阶段和谈最终失败，其原因是多方面的。从"自由亚齐运动"方面看，其坚持"独立"的目标不肯变动，且不接受印尼政府提出的自治方案；从印尼方面看，印尼军方担心和谈将成为分离运动走向独立的踏板，担心重蹈东帝汶事件的覆辙①，因而对于政府的和谈政策起到了掣肘作用。正如安东尼·里德所指出的：印尼中央政府和"自由亚齐运动"都只是想迷惑对方，促使对方放弃最根本的要求，而自身却不愿做出任何实质性让步。② 前者坚持"除了独立，任何事情都能谈"（anything but independence）的立场，而后者则坚持"除了独立，什么都不谈"（nothing but independence）的目标。这种立场的坚持，决定了双方很难达成一致，同时也是双方第一阶段和谈最终失败的主要原因。和谈失败后，印尼政府对"自由亚齐运动"采取了大规模的军事化行动，此时的亚齐民众已经对政府缺乏足够的信任，且地方民族认同大大加强。在这种情况下，尽管政府军对可以对分离武装等进行打击，但基于地缘等逃往丛林的游击人员，政府军队往往缺乏对策。为了切断分离组织与当地民众的联系，印尼军队强行要求诸多村镇集体迁移，造成了大量的平民流离失所、怨声载道。在第一阶段和谈失败后，亚齐问题的解决实际上并无任何进展。

2004年10月20日，苏西洛在总统大选中击败梅加瓦蒂，宣布就任印尼新一届总统。同年12月26日，位于印度洋板块和亚欧板块交界处发生地震，系1900年以来全球规模第三大的地震，引发了"印度洋海啸"。印尼是受灾最为严重的国家，其中亚齐地区更是"灾区中的灾区"。在重大自然灾害面前，印尼政府与"自由亚齐运动"暂时搁置了争议与冲突，

---

① Sumanto AI Qurtuby, "Interethnic Violence, Separatism and Political Reconciliation in Turkey and Indonesia", *India Quarterly*, Vol. 71, No. 2, 2015, p. 137.

② Anthony Reid, *Verandah of Violence: the Background to the Aceh Problem*, University of Washington Press, 2006, p. 16.

全力投入到救灾及灾后重建工作之中。或许是因为在此过程中，双方对彼此的信任得以重建。2005 年 1 月，印尼中央政府与"自由亚齐运动"在赫尔辛基开启了第二阶段的和谈。此后，双方围绕非军事化、亚齐的政治前途、自治权力等问题先后举行了 5 轮会谈，并于同年 8 月达成了谅解备忘录（简称 MOU）。实际上，双方之间的此次和谈首先讨论的是，海啸之后亚齐的灾民现状及其灾后救援等的合作与协调问题。在有关这一问题的讨论下，双方开始寻求全面解决亚齐问题的可能性。随之，双方就亚齐未来的政治地位、非军事化、非军事化的保障、"自由亚齐运动"成员的特赦等问题进行了沟通，并迅速达成了一致。[1]

在整个和谈进程中，最为关键的步骤是"自由亚齐运动"放弃独立的目标，作为交换印尼政府同意亚齐可以组建地方性政党。[2] 谅解备忘录对有关亚齐问题的治理，基本都做出了较为详细的界定。整体上，印尼中央政府除外交、国防、财政等事务之外，其他权力全部下放至亚齐地方政府。政治上亚齐拥有自己的地方旗帜、徽章等，经济上自然资源收益的 70% 留归地方，立法上当地警察与检察部门行政长官的任命须经地方立法机构的批准，法律上建立以伊斯兰教法为基础的亚齐民事法庭，等等。在谅解备忘录签署后，"自由亚齐运动"于 2005 年底完成了对武装力量的解散以及武器的上交工作，与此相对印尼政府撤出了所有来自外省的部队和警察，并对关押的"自由亚齐运动"成员进行了特赦。最后，由来自欧盟、东盟等国家的人员组成"亚齐监督委员会"，负责监督双方对谅解备忘录的执行，并协助亚齐的灾后重建工作等。2006 年 7 月，印尼国会通过了《亚齐自治法》，印尼政府同时宣布在亚齐举行地方选举。2006 年 12 月，前"自由亚齐运动"发言人伊瓦尔迪·优素福（Irwandi Yusuf）当选为亚齐特别行政区长官，并得到了印尼中央政府的承认。至此，持续近 40 年之久的亚齐分离运动问题得以和平解决。

综观亚齐问题的和解之路，"海啸"的巨大灾难为双方信任的建立创

---

[1] 相关内容可参见 Edward Aspinall, "The Helsinki Agreement: A More Promising Basis for Peace in Aceh?" Policy Studies, No. 20, 2005。

[2] 张洁：《民族分离与国家认同——关于印尼亚齐民族问题的个案研究》，社会科学文献出版社 2012 年版，第 171 页。

造了重要前提，但更为重要的是"自由亚齐运动"与印尼政府之间的相互尊重与协调。"自由亚齐运动"放弃了始终坚持的'独立'目标，而印尼政府也对亚齐地方的独特性给予了充分的尊重。最终，在各方的共同努力下，亚齐分离主义的相关问题才得以实现最终的和解。总之，亚齐分离主义问题以分离组织通过制度化方式融入国家政治体制而告终，并且在印尼未来的政治生活中扮演了重要的角色。2006年之后，亚齐地方性政党的建立不仅主导了本地区的政治发展，也逐渐参与到了印尼国家的政治生活之中。比如，2009年4月在地方议会选举中，亚齐党（Partai Aceh）获得了69席中的33席；在7月印尼第二次总统直选中，亚齐党对苏西洛给予了极大支持，其在亚齐地区的支持率高达93%，对于其连任给予了重要支持。[①] 在亚齐分离问题得到妥善解决之后，伴随亚齐地区稳定的经济发展及政治参与，亚齐特别行政区对于印尼国家的认同感在不断提升之中。比如，2019年8月17在印尼的第74个独立日庆祝活动中，来自亚齐140个村庄的2019名青少年进行了一场大规模的歌舞表演，而其中的歌曲表达的则是印尼伊斯兰的历史事迹等。[②] 从这个层面看，"亚齐模式"对于东南亚其他国家或印尼其他地区族群冲突的解决，具有十分重要的借鉴与启示意义。

第五节 东南亚四国分离运动治理之比较

综观东南亚四国政府对分离运动的治理，坚持主权与领土的不可分割是各国政府应对分离运动的基础和底线。从现实结果看，东南亚四国都未出现分裂的现实情况，各国政府在治理分离运动时"守"住了底线。当然，对分离运动的治理不能仅以"国家是否分裂"为衡量，而应在此基础上进行更为深入的探讨。整体来看，东南亚四国对分离运动的国家

[①] 李捷、雍通：《权力下放与分离主义治理——基于亚齐与菲南的案例分析》，《东南亚研究》2019年第5期。

[②] 《亚齐省举行盛大表演 欢庆印尼独立日》，联合早报，2019年8月17日，http://www.zaobao.com/realtime/world/story20190817-981741。

治理，普遍采取了强硬与温和的两种策略，前者旨在消除分离运动的暴力性、最大限度的消除分离武装，后者旨在消解分离运动的政治性、最大限度以制度内方式化解族群矛盾。此外，一国分离问题的发展往往还涉及外部力量干预等问题，最大限度地消除外部势力在国内分离问题上的影响，亦是各国政府治理分离运动的重要方面。基于此，本节以上述四国政府对分离运动的国家治理为案例，分别从暴力性的消解、政治性的消除以及外部干预的应对三个方面，对四国分离运动的治理进行比较研究。

一 暴力性消除之比较

整体来看，在消除分离运动的暴力性方面，东南亚四国大体分为两种：一种是缅甸、泰国，两国在消除分离运动的暴力性方面均取得了一定成效，但尚未完全消除其暴力性威胁；另一种是印尼、菲律宾，两国先后通过和平谈判的方式消除了国内分离运动的暴力性。具体来看：

在泰国，泰南地区的分离暴力活动不仅没能被政府消除，而且在2004年之后再次掀起了新一轮的分离暴力高潮。过去半个多世纪，泰南马来穆斯林的分离活动尽管存在起伏，但始终没有终止。从1948年起，泰南马来穆斯林就开始抵制泰国政府的同化政策，1959年之后有组织的武装分离组织先后成立。至20世纪七八十年代，泰南分离运动掀起了高潮。与此同时，泰国政府亦开展了多次军事行动。据估计，1968年至1975年，泰国政府军在军事行动中击毙分离分子329名，抓捕1208人。[1] 此后，泰南分离冲突进一步发酵，泰国政府与分离组织之间的冲突达到高潮。据不完全统计，1974—1982年泰南冲突至少造成了3415名平民的死亡。[2] 1980年3月，炳·廷素拉暖上台后改变了单纯的武力打击和政治同化政策，更加注重采用缓和及其他手段消除南部冲突。特别是泰国政

---

[1] 阳藏廉：《泰南恐怖主义分离运动问题研究》，硕士学位论文，云南大学，2015年，第9页。

[2] Bethany Lacina and Nils Peter Gleditsch, "Monitoring Trends in Global Combat: A New Dataset of Battle Deaths", *European Journal of Population*, Vol. 21, No. 2, 2005, pp. 145–166.

府对分离组织中的投降者，采取了较为宽容甚至特赦等政策，极大缓和了泰南的暴力冲突状况，很多分离分子纷纷向政府投降。据悉，1988年泰南地区就有460名分离武装人员向政府投降。① 整个90年代，泰南地区的暴力冲突一直处于较低的水平，但分离活动并未完全消失。

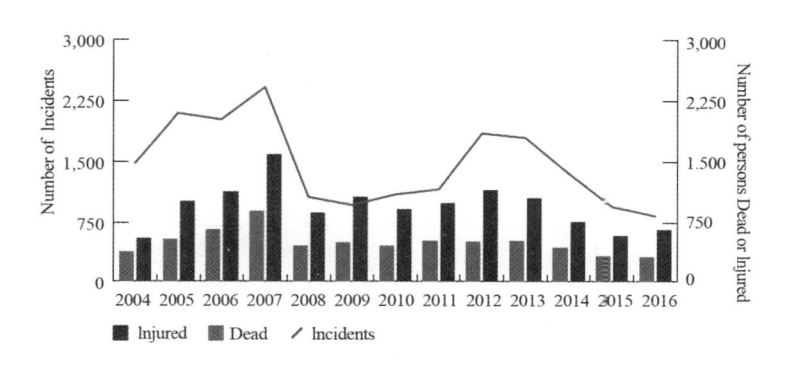

图7—1 "深南"地区暴力事件、伤亡人数统计（2004—2016）

资料来源：Deep South Incident Database②，https：//deepsouthwatch.org/th/dsid。

进入21世纪以来，泰南分离活动的内在性质逐步极端化了。2004年后，泰南冲突再次进入高潮期，泰南甚至成为东南亚地区冲突最为严重的地区之一。在国际恐怖主义、国内分离主义、国家政权斗争等多重因素的综合作用下，泰南地区公共场所的爆炸、袭击事件频发。据估计，自2004年至2016年，泰南冲突造成了近6500人死亡，12000多人受伤，其中三分之二的受害者为平民。学校、政府机构等成为最常见的袭击目标。其中，北大年、也拉、陶公三府位于泰国最南部，因而又被称为"深南"（the Deep South），三府的穆斯林比重最高，且暴力冲突事件最盛。2010年之后，泰国政府采取了与分离组织进行和谈的新政策，尝试通过和解、建立安全区等措施降低南部的暴力冲突程度，但几次重要的和谈均未达成一致，效果并不显著。再加上国际恐怖主义等对泰南地区的渗透，整体上泰南的分离暴力不仅并未得到消除，反而极端主义、恐

---

① 韦红：《东南亚五国民族问题研究》，民族出版社2003年版，第201页。
② 该数据库的统计数据自2004年始，主要对泰南三府的暴力冲突等进行监控。

怖主义等潜在威胁不断增加。

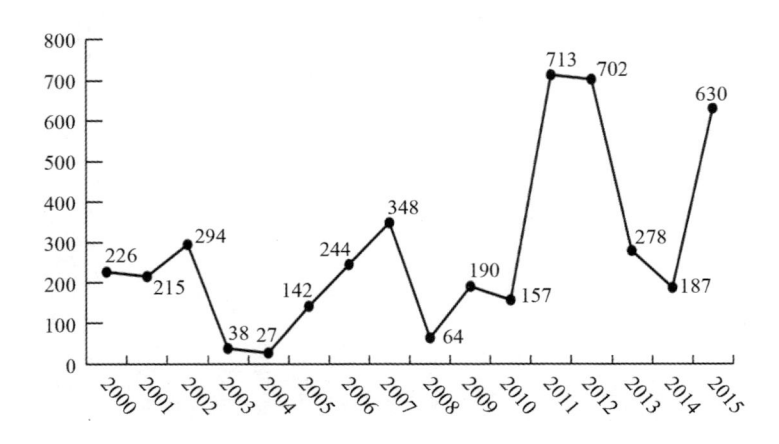

图7—2　缅甸国内分离主义冲突的死亡人数（2000—2015）

资料来源：Erik Melander, et al., "Organized Violence (1989 – 2015)", *Journal of Peace Reasearch*, Vol. 53, No. 5, 2016, pp. 727 – 742。

与泰国类似，缅甸国内的分离冲突尽管一度好转，但近几年又出现了反复，整体上对分离运动暴力性的消除效果不佳。缅甸国内少数民族主要居住在山区，占缅甸总人口的约三分之一。① 1948 年宣布独立后，缅甸克伦族、孟族、若开族等立即发动了武装分离叛乱。至 20 世纪五六十年代，掸族、钦族、克钦族等先后发动了武装分离叛乱。再加上缅共等对缅甸政府的"敌对"态度，缅甸国内政局长期动荡，政府对山区少数民族地区缺乏有效的控制。1962 年后，奈温军政府对少数民族分离武装采取了"四切"（Four Cuts Strategy）策略。即，将缅甸分为白区（政府控制区）、棕区（叛军与政府军各半）与黑区（叛军控制区）②，目的在于切断地方分离武装与其家庭、当地民众等之间的主要联系，包括食物、资金、情报和人员。从短期看，这一政策对于遏制国内冲突起到了一定的作用；从长期看，这种强力压制的结果反而导致了分离冲突的蔓延与

---

① Sasiwan Chingchit, Megumi Makisaka, Patrick Barron and Victor Bernard, *The State of Conflict and Violence in Asia — Myanmar*, Bangkok: The Asia Foundation, 2017, p. 106.

② 封顺、郑先武：《中缅跨境安全复合体及其治理》，《国际安全研究》2016 年第 5 期。

扩散。据悉，缅甸少数民族武装发展最为鼎盛的时期，几乎十几个较大的少数民族中都组建了自己的反政府武装，总人数高达四五万人。① 1988年奈温被迫下台，新的军政府对地方分离武装采取了和解政策，某种程度上缓和了缅甸国内的分离冲突。到1999年，约19支少数民族地方分离武装与政府实现了和解。

进入21世纪以来，在国内政治转型的背景下，缅甸分离冲突的暴力程度不断下降。2011年下半年，中央政府先后与佤邦联合军、掸东同盟军、南掸邦军、民主克伦佛教军等达成了停火协议；2012年1月，与缅甸最老牌的民族分离组织"克伦民族联盟"达成和解协议。然而，长久以来的分离冲突造成了众多平民的死亡。据不完全估计，1949—2013年克伦族分离武装冲突造成了至少18000人死亡，而1949年至2015年掸族与克钦族的分离武装冲突至少造成了10236和16678人死亡。② 整体来看，缅甸国内分离冲突的暴力程度较高，而且各少数民族武装往往割据一方，拥有自己的势力范围。尽管在缅甸政府和解政策的作用下，分离冲突的暴力水平持续降低，但地区性的武装冲突仍然时有爆发，严重影响了国家的稳定与和平。2016年3月，吴廷觉就任总统，开启了缅甸民主化进程的新时期。吴廷觉政府继承了此前的民族和解政策，加快了实现民族和解的步伐。然而，从缅甸2000年、2015年国内分离冲突的死亡人数看，尽管国内分离组织大都已放弃独立的诉求，但地方武装的存在仍是国内冲突不断、持续动荡的根源。据估计，目前缅甸至少仍有21支民族武装组织（Ethnic Armed Organizations，EAOs）仍未与政府实现和解；缅甸330多个乡镇中约有118个仍然受到EAOs和政府之间冲突的影响。2016年，仍有约超过10万人长期生活在泰缅边境的难民营，掸邦、克钦邦等约10万人流离失所。③ 由此来看，尽管缅甸国内整体的暴力程度不断下降，但与泰国相比，长期存在的民族地方武装依然是其国内暴力冲突等的重要来源。

---

① 钟志翔、李晨阳：《缅甸武装力量研究》，军事谊文出版社2004年版，第148页。
② Sasiwan Chingchit, Megumi Makisaka, Patrick Barron and Victor Bernard, *Myanmar—The State of Conflict and Violence in Asia*, Bangkok: The Asia Foundation, 2017, p. 106.
③ The Asia Foundation, *The Contested Areas of Myanmar*, Yangon: The Asia Foundation, 2017.

与泰国、缅甸相比，菲律宾、印尼政府对本国分离冲突中的暴力性消除则更为有效。在菲南，低效的国家治理、部族之间的竞争以及分离叛乱等相互交织在一起。自1968年雅比达屠杀事件之后，菲南地区的分离冲突就被全面触发了。1972年10月，摩洛青年领袖密苏阿里在得到了利比亚、伊斯兰会议组织等的资助和支持下，开始对菲南地区的政府武装大举攻击，由此拉开了武装分离冲突的序幕。与此同时，马科斯政权在颁布《戒严令》后，便着手与摩洛民族解放阵线进行谈判。经过和谈，双方达成了"放弃独立、自治换取和平"的协议，但协议的落实遇到了诸多阻碍。1989年，阿基诺夫人签署了设立"棉兰老穆斯林自治区"的法案，但因种种原因并未得到摩洛民族解放阵线的认可。最终，1996年在拉莫斯政府的推动下，《最终和平协议》得以签订。摩洛民族解放阵线的约5070名战士缴械，其中2200名被收编进菲国军警系统。[①] 然而，这仅意味着菲南暴力冲突水平的降低，因为摩洛伊斯兰解放阵线仍未放弃武装斗争、获取独立的目标。2000年前后，摩洛伊斯兰解放阵线与菲律宾政府军在菲南地区展开激战，摩洛伊斯兰解放阵线遭受重创、丧失了多处营地。此后，双方进入了"相持"阶段，即菲政府军并不能完全消灭摩洛伊斯兰解放阵线，而摩洛伊斯兰解放阵线更是难以重现此前的"辉煌"。在这种背景下，双方经过多轮次和谈，最终摩洛伊斯兰解放阵线放下了武器、菲南将成立新的自治政府。2019年1月25日，棉兰佬岛280万居民举行了第一阶段公投，建立了"邦萨摩洛棉兰老自治区"。而且，后续的棉兰老自治区建设等任务也在不断深化与完善之中。至此，菲南的分离冲突宣告结束。仅从结果来看，菲律宾政府对分离运动暴力性的消解是十分有效的，因为两大分离组织先后放下了武器。然而，当前菲南地区的暴力活动已经不单是分离活动一种。以阿布沙耶夫组织为代表的恐怖组织，利用菲南地理环境的复杂性，频繁实施暴恐袭击，严重恶化了菲南局势。因而，整体上菲南地区分离活动的暴力性得到了有效遏制或消除，但其他暴力冲突（如恐怖活动）并未根除。

---

① Zachary Abuza, *Militant Islam in Southeast Asia: Crucible of Terror*, London: Lynne Rienner Publishers, 2003, p. 42.

与菲南地区相似，印尼亚齐分离活动的暴力性也以和解的形式得以消除。自 1976 年"自由亚齐运动"正式成立，印尼亚齐的武装分离活动拉开序幕。至 1979 年，第一阶段的武装分子基本被印尼政府消灭，残余部分则逃至山区开展游击。20 世纪 80 年代末，"自由亚齐运动"掀起反抗高潮，国内分离冲突的水平陡升。面对分离活动，印尼政府以"军事占领区"政策为基础，对分离活动进行了长达十年的军事镇压，导致了数千人的死亡。① 1998 年苏哈托下台后，印尼进入民主转型期。在东帝汶独立公投等催化下，亚齐分离冲突再次掀起高潮。此后，印尼政府放弃了单一的军事打击策略，辅以和平谈判等温和的治理手段。经过多次和平谈判的失败，双方最终于 2005 年 8 月签署了谅解备忘录（简称 MOU）。此协议的签署标志着印尼亚齐分离活动的终止，也意味着分离冲突暴力性的消除。因为在此协议的规定下，分离武装放下了武器，超过 3 万印尼军队、警察等武装力量撤出亚齐②，亚齐分离问题以分离组织放弃独立且亚齐获得高度自治而告终。然而，亚齐分离冲突的影响是深远的。据不完全统计，仅 1998 年至 2005 年分离冲突就造成了 10613 人死亡；而且，冲突造成的经济损失高达 107 亿美元，这一数字是海啸灾难损失的两倍③。

表 7—1　　　　　　东南亚四国分离运动的暴力性治理比较

	暴力消除方式	分离组织是否仍存在	地方武装是否仍存在	当前状态	暴力性消除效果
缅甸国内	武力+和谈	存在	是	地区冲突	差
泰南地区	武力+和谈	存在	否	零星冲突	较差

---

① Edward Aspinall, *Islam and Nation: Separatist Rebellion in Aceh, Indonesia*, California: Stanford University Press, 2009.

② Adrian Morel, Bryony Lau and Patrick Barron, *Indonesia—The State of Conflict and Violence in Asia*, Bangkok: The Asia Foundation, 2017, p. 71.

③ World Bank, *Multi-Stakeholder Review of Post-Conflict Programming in Aceh: Identifying the Foundations for Sustainable Peace and Development in Aceh*, Washington, D. C.: World Bank, 2009, http://documents.worldbank.org/curated/en/716601468259763959/Full-report.

续表

	暴力消除方式	分离组织是否仍存在	地方武装是否仍存在	当前状态	暴力性消除效果
菲南地区	武力+和谈	解散	否	较稳定	较好
印尼亚齐	武力+和谈	解散	否	稳定	良好

资料来源：笔者自制。

综上所述，从对分离运动暴力性的治理效果看，印尼、菲律宾国内的分离冲突基本终止，而泰国、缅甸国内的分离冲突仍在持续。从暴力消除的方式看，四国均采用了"武力+和谈"的政策，但和谈的时间点与次数并不相同。菲律宾和谈的时间点最早，但过程最为曲折；缅甸和解的时间点次之，但暴力仍在持续；印尼和解的时间点把握最好，效果也最佳；泰国实施和谈政策最晚，但效果仍未显现。从分离组织与地方武装的状况看，缅甸、泰国的分离组织或武装仍然存在，而菲律宾、印尼亚齐的分离武装已经解散。缅甸国内少数民族武装仍然保有数量、范围不等的势力范围，主要盘踞在边远地区；泰国的分离组织始终不肯放弃独立的政治目标，但在泰南并无实际的控制范围，转而发展成为带有恐怖主义性质的极端组织；菲南地区的分离组织已经消解，但恐怖威胁尚在；印尼亚齐则不仅实现了分离组织的消解，而且地方秩序也较为稳定。总之，从暴力性的消除效果看，东南亚四国分离运动暴力性的治理效果：缅甸国内＜泰国南部＜菲律宾南部＜印尼亚齐。

二 政治性消解之比较

在东南亚各国的分离运动中，政治性往往与暴力性相互裹挟。因为发展中国家的分离主义运动通常采取武装斗争的方式，以此来发泄对中央政府的不满和怨恨。与暴力性的消除类似，分离运动中政治性的消解同样是一个在双方互动进程中逐步（未）完成的过程。在东南亚四国分离运动的国家治理中，中央政府与分离组织之间在认知、反应、调整、适应等过程中，基于对方的目标、态度、政策等，会不断"调适"自我的策略、态度与政策。东南亚四国对本国分离运动政治性的治理，亦遵循这一逻辑。具体来看：

整体而言，泰国政府对泰南分离运动政治性的消解并不成功，因为至今泰南分离组织的终极目标仍是实现分离或独立。从对分离运动政治性的消解看，2000年之前泰国政府并未给予过多关注，而仅是通过改变在泰南的统治策略等来化解分离主义的政治基础。比如，20世纪70年代泰国政府在南部地区建立各府管理中心（The Ministry of Interior's Administrative Center or Southern Border Provinces）、南部治安前沿指挥部（The Internal Suppression Operation Command Regional Headquarter Provinces）等。① 经过80年代的短暂高潮，泰南分离运动在90年代呈现出缓和趋势。这主要归功于泰国政府对泰南经济发展、行政管理等认知与态度的变化。起初，泰国政府认为泰南分离与贫困有关②，此后逐渐认识到政治层面参政权等的缺乏，亦是泰南问题的重要根源，遂不断扩大穆斯林在当地政治中的参与比重，从而很大程度上消解了泰南分离主义的民众基础。2000年后，泰南分离运动的性质发生了转向，在意识形态上逐渐从民族分离主义转向了伊斯兰极端主义。正如瓦塔纳所言：泰南的武装分离分子已经将极端、圣战等观念嫁接到了传统、世俗的马来穆斯林独立运动之中。③ 泰南分离运动性质的转向并未被泰国政府所迅速察觉，再加上泰国国内政权斗争等牵扯了中央政权的过多精力，因而泰国政府在南部问题上的政策缺乏连续性。直到2013年泰国政府才启用和谈等方式，尝试消解分离组织的政治性，以促使其放弃独立目标。然而，泰南分离问题的和谈至今未见成效，分离运动政治性的治理成效并不显著。

泰国政府在消解泰南分离运动的政治性上成效不大，既有客观原因亦有主观因素：其一，泰国国内政权频繁变动，牵扯了政府解决南部问题的精力。自1932年废除绝对君主制以来，泰国先后经历了20部宪章或宪法、12次政变、34年的军事统治等④，频繁变动的政府结构很难在泰

---

① 李捷、周鹏强：《泰南分离主义与极端主义——工具化与结合的趋势》，《南洋问题研究》2015年第1期。

② 郭雷庆：《聚居型多民族国家民主转型进程中的民族分离问题研究》，博士学位论文，山东大学，2017年，第142页。

③ Sugunnasil Wattana, "Islam, Radicalism, and Violence in Southern Thailand: Berjihad di Patani and the 28 April 2004 Attacks", *Critical Asian Studies*, Vol. 38, No. 1, 2006, pp. 119–144.

④ Thomas Parks, *Thailand—The State of Conflict and Violence in Asia*, Bangkok: The Asia Foundation, 2017, p. 170.

南政策上带有延续性。其二，2004年后泰南分离组织的性质发生了转向，再加上早已高度分化的组织状态，短时间内泰国政府很难察觉到分离问题的转化，忽视了对其政治性斗争的关注。其三，泰南分离组织始终不肯放弃独立的政治目标。尽管自2013年起泰国政府开启了与北大年民族革命阵线等分离组织的和谈，但一方面泰南众多分离组织难以达成一致意见，另一方面泰南分离组织的意识形态较为极端、不肯轻易放弃独立的目标。比如，2016年8月泰南地区的董里（Trang）、华欣（Hua Hin）、万伦（Surat Thani）等多地发生爆炸，9月北大年民族革命阵线宣布对此负责。① 这种宣称对爆炸负责的形式在泰南尚属首次，某种程度上说明北大年民族革命阵线越来越向极端组织的意识形态靠拢了。总之，到目前为止，泰南分离组织仍未完全放弃独立的斗争目标。

与泰国南部相似，缅甸政府在治理国内分离运动时，在政治性的消解方面并不完全成功。从国内分离运动的治理进程看，缅甸政府通过停火和谈、开放党禁、允许地方性政党存在等措施，某种程度上满足了地方分离武装的政治诉求，消解了众多分离武装的政治诉求。1988年之前，缅甸政府对国内分离武装基本采取了武力镇压的方式，但因政府能力不足等，各地方分离武装反而越"打"越"多"。1988年9月以苏貌为首的新军政府上台后，开放了党禁、拓宽了少数民族参与国家政治的空间。尽管1990年大选"失败"后，军政府大规模取缔、解散了多数政党，但保留的10个政党中包含了掸邦民族联盟、佤族发展党等少数民族地方政党。而且，新军人政府逐渐认识到单纯的武力打击并不能解决少数民族分离武装的问题，反而可能进一步加剧国内冲突。由此，20世纪90年代后缅甸军政府采取了缓和、和解的政策，多支少数民族分离武装与政府实现了停火、和解等。正是在这一政策的催化下，不少民族分离武装逐渐放弃了独立的政治目标，转而谋求国内的高度自治。

进入21世纪后，缅甸国内民主转型加速，民族分离武装的和解力度也在不断增强，但由于民族分离武装势力的长期割据，缅甸国内冲突的和解并非易事。2011年8月，吴登盛政府发起了与少数民族地方武装的

---

① Thomas Parks, Thailand—*The State of Conflict and Violence in Asia*, Bangkok: The Asia Foundation, 2017, p. 174.

和平谈判，很多民族地方分离武装均参与其中。当时，很多地方武装领导人表示，如果能保障其基本权利（Basic Rights）、平等（Equality）和自决（Self-determination），他们亦希望共同建设同一个联邦国家。① 2015年11月，昂山素季领导的全国民主联盟赢得大选，次年吴廷觉就任总统。在这一背景下，2016—2018年先后三次召开了旨在实现民族和解的"21世纪彬龙会议"，但和解进程并不顺利。当前，缅甸国内很多民族分离武装已经与政府实现了和解，甚至编入了国民军队序列，但依然有很多民族分离武装尚未与政府达成一致，北部、东北部、西部等地区的冲突仍在持续。比如，2018年以来若开军以争取本民族权利为旗帜，频频攻击国防军，并得到了越来越多若开民众的支持②；在缅北，克钦独立军、果敢同盟军等与国防军交火不断③。总之，由于地方武装部队等暴力机器的存在，尽管与冷战时期相比，缅甸国内分离武装已经放弃或转变了对独立目标的追求，但分离或高度自治等仍然是缅甸地方武装挑起冲突的重要借口，因迟迟难以实现全面和解，缅甸国内民族分离武装的政治性从根本上并未得到消解。

　　与泰国、缅甸两国不同，菲律宾南部与印尼亚齐两地的政治性消解则更为有效，两者均是通过对分离主义政治主张的"下调"，即政治分权与权力下放、自治等方式实现的。换句话说，将分离运动的政治主张从分离转化为自治，以权力下放的方式将分离问题转化为制度内的权力划分问题。在菲律宾南部地区，摩洛民族解放阵线与摩泽伊斯兰解放阵线都已通过和谈方式与政府实现了和解，且以高度自治权的获取为交换，放弃了对独立目标的追求。当前，菲南地区的分离武装已经放下了武器，且建立了地区性的过渡政府，但这并不意味着菲南分离运动政治性的完

---

① NyeinNyein, "Timeline: 70 Years of Ethnic Armed Resistance Movemerts in Myanmar", *The Irrawaddy*, February 1, 2019, https://www.irrawaddy.com/specials/timeline-70-years-ethnic-armed-resistance-movements-myanmar.html.
② 祝湘辉：《抗争与适应：族际关系视阈中的缅甸大选》，《世界民族》2019年第4期。
③ 张添、宋清润：《民盟执政以来缅甸政治转型挑战及其应对》，《国际研究参考》2018年第6期。

全消解[1]，而仅代表菲南分离运动暂时放弃了独立这一政治目标。未来，棉兰老岛地区的政党政治前景并不明晰，因为摩洛伊斯兰解放阵线或摩洛民族解放阵线等都尚未组建起完整性的地区性政党，这一目标的最终实现可能要到2022年前后。而且，结合此前摩洛伊斯兰解放阵线与政府达成和解之后的表现，一旦菲南自治政府再次感受到来自中央政府的敌意，可能会通过制度内的手段等再次拉起"分离"的大旗。此外，摩洛伊斯兰解放阵线与摩洛民族解放阵线此前的诉求与设想，均是强调伊斯兰属性的治理模式，与菲律宾其他地区的治理模式不甚相同。由此，在未来的地方治理实践中，菲南地区能否完全过渡到"高度地方自治"这一模式，尚有待进一步的观察。但总体来看，菲南分离运动的政治性已经通过权力下放等形式得到了很大程度的缓解，但未来是否可能再次"回潮"尚待观察。

与菲南相比，印尼亚齐地区的分离运动治理则更进一步，因为亚齐地区的分离武装通过权力下放等，已经实现了政党化转型。自2006年政治和解以来，亚齐地区组建的亚齐党在三次地方选举中均占据着主导性地位，积极参与了印尼的国家政治建设。比如，在2014年的总统选举中，亚齐地区以54.93%的支持率支持了代表大印尼运动党（Partai Gerakan Indonesia Raya）的普拉博沃·苏比安托（Prabowo Subianto）。[2] 从这个层面看，亚齐分离运动已经完成了由分离武装向地方政党的转型，分离的政治性大大削减。然而，地方政党的组建并不意味着分离主义政治性的完全消除。因为在分离武装向地方政党的转型中，如何维护国家制度的普遍权威性，以避免地方政党族群化或者借助族群性在地方做大做强，进而制造新的分离主义隐患，亦是后分离运动时期各国需要重点考虑的问题之一。[3] 换言之，对分离主义政治性的消解并非一个简单的和解协议

---

[1] 需要注意的是，本书在政治性上使用的是"消解"一词，而在暴力性上使用的是"消除"一词。因为即使分离武装成功放下武器后，也并非意味着地区分离主义的最终消解，因为其可能通过地方政党等方式继续寻求这一政治目标。比如，西班牙的加泰罗尼亚、巴斯克等地区。

[2] Carrie Manning and Ian Smith, "Political Party Formation by Former Armed Opposition Groups after Civil War", *Democratization*, Vol. 23, No. 6, 2016, pp. 972–989.

[3] 李捷、雍通：《权力下放与分离主义治理——基于亚齐与菲南的案例分析》，《东南亚研究》2019年第5期。

能够完全实现的，因为分离运动是国家认同与族群认同激烈对立、冲突的表现，要完全实现对分离运动政治性的消解，需要各国政府建构更为符合本国实情的国家认同，国家认同被地方族群等普遍接受、认可。当然，分离武装放下武器、与政府实现和解，是各国消解分离主义政治性的重要体现，至少国家认同与族群认同不再是完全对立，或者通过权力下放等实现了暂时的协调。

表7—2　　　　东南亚四国分离运动的政治性治理比较

	政治性的消解方式	是否仍坚持独立	目前状态	政治性消解成效
缅甸国内	民族和解中	是	仍处于对立	较差
泰南地区	和平谈判中	是	仍未放弃独立	较差
菲南地区	权力下放	否	正在转型政党	较好
印尼亚齐	权力下放	否	已转型地方政党	良好

资料来源：笔者自制。

综上来看，与各国政府对暴力性的治理效果相似，各国政府对分离运动政治性的治理效果亦不完全相同。从整体效果来看，印尼亚齐的分离运动已完全转型为地方政党，并积极参与了印尼的国家政治生活；菲南地区的分离运动已经放弃了独立的目标，正在地方化改党的转型之中；而泰南地区的分离运动不仅没有放弃独立的政治诉求，反而转向了极端化；缅甸国内诸多民族分离武装已经与政府实现了和解，但仍有部分民族武装仍与政府处于激烈的对抗之中。从世界发展的潮流看，东南亚四国分离运动的独立目标已经不可能实现，较为现实的解决方式是以放弃独立等为基础，换取民族地方的高度自治权。这也是当前世界上较为普遍地化解分离运动政治性的方式，即"问题下调"，以地方分权方式换取放弃独立目标上，将分离问题转化为国内甚至地方问题。

三　外部干预应对之比较

尽管分离运动属于一国的国内问题，但其发展往往受到外部力量干预的影响，进而增加了各国政府治理的难度。与暴力性的消除、政治性的消解有所不同，各国政府对分离运动外部干预的应对，并非一个自我完全把控的问题，而是受到国际环境、国家间关系等因素的影响。尤其是，东南亚国家多为发展中国家，且该地区属于大国竞争的重要地区，因而各国的发展必然受到多重因素的影响。正如斯蒂芬·赛德曼（Stephen Saideman）所言：无论是强国还是弱国的分离运动，都可能获得来自外部的诸多支持。① 大体而言，分离运动的外部干预分为两种，一种是直接干预，另一种是间接干预。前者主要指的是，外部力量直接对分离运动给予资源、资金等实际的支持，是一种明示性的支持；而后者主要指的是，官方并不明确对他国分离运动发表支持的言论，但对本国地方政府或民间组织的支持行为持默许态度。基于此，对东南亚四国分离运动外部干预应对的考察，重点应放在对上述两种外部干预的应对上。

  缅甸国内分离运动具有自身的特殊性，这是本书所反复强调的，在缅甸政府应对外部干预的问题上，这一观点同样重要。缅甸国内少数民族独立或分离武装及其带来的国内冲突，是在国父昂山遇刺与仓促建国等背景下爆发的。冷战时期，缅甸位于美苏两大阵营的交会处、属于大国斗争的"断裂带"，再加上国内混乱的局势等，因而在外交政策上更多奉行中立主义。基于国内冲突的复杂性，外部势力并未直接介入到缅甸国内少数民族的分离运动之中，各少数民族提出分离或独立的口号，更多是从实际利益与地方武装出发，目的是获得利益的最大化保障。缅甸国内的族群矛盾、分离运动的爆发，更多是封建时代、殖民时期的遗留问题，再加上缅甸的独立是一种各方妥协的结果，因而缅甸主体民族缅族与少数民族之间缺乏足够的信任，分离便是这一矛盾长期化的直接反映。当然，冷战时期国民党残余势力、泰国政府、泰国共产党等，均与缅甸少数民族分离武装建立过一定的联系，但这种联系并不属于外部力量的直接支持，至多是各方基于利益考量做出的政策选择。冷战结束后，缅甸的新军人政府采取了更加积极、主动的策略，以减少外部力量在国内问题上的影响。此外，地缘上的接近造就了泰国、缅甸之间密不可分的关系。在缅甸国内少数民族的武装问题上，泰国扮演着重要的角色。

---

① Stephen M. Saideman, *The Ties That Divide: Ethnic Politics, Foreign Policy and International Conflict*, New York: Columbia University Press, 2000, pp. 184 – 186.

泰缅边境的难民、毒品、黑市、军火走私等问题，一直是影响缅甸治理国内冲突的重要因素。2016年6月，昂山素季访泰期间探访了泰国叻丕府边境难民庇护所，深化了两国在难民问题上的合作。泰国总理巴育表示，双方将在适当时机为缅甸难民提供自愿、安全、体面的遣返；昂山素季亦表示，缅甸政府需要做相当多的工作，且需确保他们回国后不再离开。① 总之，在缅甸国内政局整体向好的背景下，缅甸政府越来越重视发展与周边国家的关系，这进一步阻滞了民族武装的外部联系。当前，缅甸国内一些民族地方武装仅能依靠边境地区的走私等，获取极为有限的外部资源，特定国家或国际组织层面的支持已不复存在。

与缅甸不同，泰国政府主要应对的是来自中东伊斯兰国家和马来西亚等国的干预。20世纪七八十年代，在国际伊斯兰复兴思潮的背景下，中东部分伊斯兰国家和马来西亚等为泰南分离运动的发展提供了诸多支持。泰南很多年轻的穆斯林曾在中东国家留学，实际上扮演了中东国家与泰南分离运动之间的"中间人"角色。借助这一身份，泰南穆斯林在中东国家积极游说，希望获得相关国家的同情与支持。据悉，这一时期沙特为泰南分离组织（北大年联合解放组织、北大年民族解放阵线和北大年民族革命阵线）提供了反泰的政治、外交与财政支持，利比亚也"为（分离组织）领导人提供了避难以及详细阐述其分离主义思想的平台，还为泰南分离组织成员提供了军事训练"等帮助②。同一时期，伊斯兰会议组织亦为泰南分离运动提供了帮助，如1977年北大年民族革命阵线通过伊斯兰会议组织向联合国提交了一份控诉泰国政府的控诉书等。冷战结束后，国际伊斯兰复兴思潮逐渐衰退，对泰南地区的影响逐步减退。此外，马来西亚也是泰南分离运动重要的外部支持力量。基于亲缘、地缘、宗教信仰上的相近性，泰南分离运动的兴起与马来亚联邦的成立直接相关。此后，基于马来西亚共产党等的存在，马来西亚政府与泰南

---

① 《昂山素季此访泰为泰缅关系掀开了新的篇章》，新华网，2016年6月26日，http://www.xinhuanet.com/world/2016-06/26/c_129089603.htm。

② Moshe Yegar, *Between Integration and Secession: The Muslim Commities of the Southern Philippines, Southern Thailand and Western Burma/Myanmar*, Boston: Lexington Books, 2002, p. 167; Shanti Nair, *Islam in Malaysian Foreign Policy*, Routledge, 1997, p. 169.

马来人反抗组织保持了密切联系，以作为泰国可能与马共串通的砝码。① 而且，马来西亚的"泛马来亚伊斯兰教党"（也称回教党）主要活跃在本国的西北部地区，与泰南分离运动有着密切的联系②，常常为其提供武器、避难、训练等支持。至 20 世纪 90 年代，泰国政府积极调整了与马来西亚的关系。马来西亚明确表示不再对泰南分离运动给予支持，并与泰国政府在反分裂方面开展了合作。同时，在东盟多边合作不断深化的背景下，泰马关系进一步密切，尤其是两国边境贸易不断繁荣。基于此，维持边境地区的稳定成为双方共同的利益。2012 年 2 月，时任泰国总理英拉与马来西亚总理纳吉布举行了会谈，双方就改善泰国南部、马来西亚西北部人民的生活达成一致，并希望在泰马边境建立联合发展战略委员会，共同维护泰马边境的和平与稳定。③ 2014 年 12 月，泰国总理巴育对马来西亚进行了访问，双方就携手解决长期以来的泰南边疆的不靖问题达成了多方面共识，如建立三个层次的双边委员会，包括国家层面、执行层面和地方层面等。④ 由此来看，伴随国际环境及邻国关系的改善，泰国政府正在逐渐消除外部力量在泰南分离问题中的干预。

与缅甸、泰国相比，菲律宾政府在应对外部干预上则更为主动与积极。一方面，早在菲南分离运动产生之初，菲律宾政府就通过对相关伊斯兰国家的游说等，间接给分离运动施加了压力、迫使其接受和谈。由于摩洛民族解放阵线等接受利比亚、伊斯兰会议组织等的援助较多，因而不得不受其态度的影响。1973 年 11 月，马科斯主动派遣官员赴沙特、伊朗、阿尔及利亚、黎巴嫩、科威特等国寻求改善关系，以化解这些国家对菲政府的"敌意"。⑤ 于是，1975 年 1 月 18 日在伊斯兰会议组织等的协调下，菲政府代表与摩洛民族解放阵线代表在沙特的吉达首次会面。1976 年《的黎波里协议》的达成与马科斯政府在国际社会的积极游说密

---

① ［澳］约翰·芬斯顿：《马来西亚与泰国南部冲突——关于安全和种族的调解》，《南洋资料译丛》2011 年第 2 期。
② 李林贵：《马来西亚与泰国在泰南分离运动中的合作机制》，《荆楚学术》2017 年第 7 期。
③ 李林贵：《马来西亚与泰国在泰南分离运动中的合作机制》，《荆楚学术》2017 年第 7 期。
④ 《泰总理巴育访马来西亚》，环球网，2014 年 12 月 2 日，https：//china. huanqiu. com/article/9CaKrnJFUSg。
⑤ Wan Kadir bin Che Man, *Muslim Separatism: The Moros of Southern Philippines and the Malays of Southern Thailand*, Oxford University Press, 1990, pp. 213–214.

切相关，尽管其并未打算切实履行该协定。另一方面，对外部力量的应对始终是菲律宾政府治理菲南分离运动的重要方面。从 1976 年《的黎波里协议》到 1996 年《最终和平协议》，菲南的和解进程充满了多方力量博弈的身影。除伊斯兰国家的大力支援外，马来西亚亦在菲南分离问题上扮演了重要角色。马来西亚因沙巴州领土问题，担心菲马科斯政府武力入侵，因而暗中支持菲南摩洛分离运动以牵制菲律宾政府。① 马来西亚不仅为菲南分离运动提供训练基地，而且还为其提供武器、资金等支持。进入 20 世纪 90 年代，国际伊斯兰复兴思潮的退去以及菲马关系的正常化后，菲南分离运动逐步失去了外部力量的支持。再加上菲律宾政府的和谈政策，菲南分离运动逐渐放弃了独立的政治目标，转而寻求更为契合实际的地区高度自治。进入 21 世纪后，国际伊斯兰力量与马来西亚等明确放弃了对菲南分离运动的支持，究其原因：其一，国际伊斯兰复兴思潮进入低谷，且国际社会走向了多极化，更加强调维护主权国家的利益；其二，在东盟等地区合作不断深化的背景下，菲律宾政府主动调整了菲马关系，正视了两国之间的沙巴领土争端。

与上述三国相比，印尼政府对亚齐分离运动中外部干预的应对，简单且有效。起初，"自由亚齐运动"并未得到外部力量的过多关注，因而很快就被印尼政府所镇压。自 1986 年起，"自由亚齐运动"改变了此前的动员策略，加入了诸多伊斯兰教的内容，从而得到了来自伊斯兰世界多个国家的支持。比如，伊朗、利比亚等国在资金、培训战士等方面给予了"自由亚齐运动"多重支持，东南亚一些民间伊斯兰组织也为其提供了诸多援助等②。而且，20 世纪 90 年代，哈桑·迪罗还积极游说了包括联合国在内的多个国际组织，试图得到更多的国际支持，如 1991 年 8 月 23 日他向联合国反歧视和保护少数民族委员会（UN Subcommission on Prevention of Discrimination and Protection of Minorities）第 44 次会议提交了

---

① Wan Kadir bin Che Man, *Muslim Separatism: The Moros of Southern Philippines and the Malays of Southern Thailand*, Oxford University Press, 1990, p. 139.
② 靳晓哲:《东南亚地区分离运动的发展路径与现实走向研究——以东帝汶、印尼亚齐、泰国南部为例》,《南洋问题研究》2019 年第 1 期。

相关意见①。面对"自由亚齐运动"的国际动员，苏哈托政府并未主动出击，而仅是在国内层面对其实施军事打击。1998年苏哈托下台后，印尼进入民主转型时期。自此开始，印尼政府开始更加主动地在国际社会进行游说，以截断或阻滞"自由亚齐运动"的外部支持。比如，为了避免中东国家的干涉，瓦希德曾亲自飞往中东游说，目的是争取各国对印尼主权完整的认可。②此后，约旦、卡塔尔、科威特等国均表示不再支持亚齐独立，利比亚等也逐渐放弃了对"自由亚齐运动"等的支持。此外，印尼政府还对东盟、美国等进行了积极的接触，这些组织或国家亦明确了"亚齐问题属于印尼的内政"的立场。最终，在印尼政府进行了积极的国际游说后，"自由亚齐运动"逐渐失去了外部力量的支持，从而为该问题的积极推进奠定了基础。

表7—3　　　　东南亚四国分离运动的外部干预应对比较

	主要国际力量	干预方式	应对方式	主要地区力量	干预方式	应对方式	当前的外部影响因素	整体应对的效果
缅甸国内	美苏争霸	间接干预	自然消退	泰国	间接干预	积极调整	边境难民等	中等
泰南地区	伊斯兰世界	直接干预	自然消退	马来西亚	直接干预	积极调整	伊斯兰极端主义	中等
菲南地区	伊斯兰世界	直接干预	积极游说	马来西亚	直接干预	积极调整	国际恐怖主义	较好
印尼亚齐	伊斯兰世界	直接干预	积极游说	马来西亚	间接干预	积极调整	无	好

资料来源：笔者自制。

综上所述，与对分离运动暴力性、政治性的治理不同，各国政府对

---

① Kirstten E. Schulze, "The Free Aceh Movement (GAM): Anatomy of a Separatist Organization", *Policy Studies*, No. 2, 2004, p. 51.

② "Presiden Abdurrahman Wahid: Takkan Ditolerir, Upayaa Memerdekan Aceh", *Kompas*, December 9, 1999. 转引自张洁《民族分离与国家认同——关于印尼亚齐民族问题的个案研究》，社会科学文献出版社2012年版，第162页。

分离运动外部干预的应对，并不完全取决于各国政府的治理政策。比如，20世纪七八十年代的国际伊斯兰复兴思潮给予了泰南、菲南、印尼亚齐等国分离运动以重要支持，但到90年代随着复兴思潮的退去，这些支持也逐渐消失。当然，这并不意味各国对分离运动的外部干预力量无计可施。事实上，如果一国政府重视对国内分离运动外部干预的限制，其就会主动进行国际游说，以限制或阻止国内分离运动的国际发展。从这个视角看，东南亚四国分离运动因国内状况、国际环境等各有差异，在应对外部力量的干预方面亦有诸多不同。

小 结

本章主要对东南亚四国政府的分离运动治理政策等进行了系统性回顾，不同时期各国政府对分离运动采取的政策不甚相同，并结合对暴力性、政治性及外部力量应对等，对四国政府的整体治理效果进行了比较。尽管面对国内分离运动的挑战，各国政策普遍采取了军事打击与和平谈判等两种手段，但由于各国所面对的国内外情况各有差异，因而在治理效果上各有不同。理论上，各国政府对分离运动的治理过程，是中央政府与分离运动之间不断调适的过程。首先，各国政府需要对本国分离运动进行认知，判断可能的原因；其次，采取相应地治理对策；再次，中央政府的态度与政策会"反馈"给分离组织，通常一国政府是不会在主权和领土问题上让步的，这就要求分离组织作出适应或不适应的"回馈"；最终，根据分离组织的"回馈"，各国政府调整相关的治理政策。在这一过程中，分离组织是否愿意放弃独立至为关键，因为如果分离组织始终不肯放弃独立，则与中央政府之间的和解几乎是不可能的，而各国政府在这种情况下，只能采取消灭分离组织及其武装的方式。而如果分离组织愿意调整或放弃独立，则各国政府可以通过地方分权等方式，部分地满足分离组织的要求，进而推进分离问题的治理。正因如此，尽管大体上各国采取的治理方式较为相似，但在治理的时间点、分离组织的发展情况、是否愿意放弃独立等方面各不相同，因而治理的效果千差万别。

缅甸国内的情况最为复杂的，也最特殊。基于历史记忆、民族差异等，在国父昂山遇刺与仓促的建国等背景下，缅甸国内动荡与冲突持续不断，而少数民族的分离运动仅是其国内复杂情势的一部分。在这一前提下，为了获取最大的地方收益，各少数民族普遍建立了自己的民族武装，并大都提出了"分离"或"独立"的政治目标。面对这种对国家主权的直接挑战，缅甸政府采取了强硬的军事打击策略，但效果并不如意。此后，新的军人政府在推进民主转型进程中，推行民族和解的政策，部分满足了少数民族地方武装的诉求。因而，很多少数民族武装选择了放弃独立，转而寻求国内的高度自治。2011 年后，不断深化的缅甸民主转型为其国内的民族和解创造了条件，但长期存在的民族地方武装，依然是影响缅甸政局动荡的重要障碍。与缅甸相比，其他三国的分离运动性质较为单一，较少与国内其他问题裹挟。而且，其他三国的分离运动往往系某一地区的少数族群对国家权力族群化不满或怨恨的集中反映。面对泰南马来穆斯林的分离运动，泰国政府积极调整了南部政策，尝试以经济手段瓦解泰南反抗的根源，却忽视了分离组织的政治诉求。直到 2012 年英拉政府的上台，泰国政府才开始与泰南分离组织进行和谈。然而，由于泰南分离组织不肯放弃独立，且各组织分化严重、难以就和谈问题达成一致，因此泰国政府的和谈政策效果不佳。在菲南地区，面对摩洛人的反抗，菲律宾政府很早就采取了和谈的方式，积极消解外部力量的介入，但由于政府更迭等原因，直到 2014 年才最终与摩洛伊斯兰解放阵线签署和解协议。2019 年初，菲南地区的过渡政府才宣告成立，未来能否转型为地方政党尚有待观察。在印尼亚齐，苏哈托时期印尼政府基本采取了武力镇压的方式，试图消灭分离组织的武装力量。后苏哈托时代，各届政府更加注重对分离运动暴力性、政治性以及外部干预的应对，通过和谈、国际游说等极大限制了亚齐分离运动的活动能力。2005 年，在印度洋海啸等的大背景下，亚齐分离运动与政府实现和解。此后，亚齐分离组织成功转型为地方政党，并积极参与了印尼的国家政治生活。鉴于此，从整体的治理效果上看，印尼亚齐最好，菲南次之，泰南再次之，缅甸国内分离运动的治理最差。

当然，分离运动是各国国内族群矛盾的一种极端表现，系东南亚各国在民族国家建构进程中，未处理好国家认同与族群认同的重要体现。经过各国政府的治理，当前东南亚各国的分离运动实现独立的可能性几乎为零。在此条件下，以现实利益计，放弃独立、转型为地方化政党不失为一种有效缓解矛盾的方式。从各国治理分离运动的历程来看，对于广大的发展中国家来说，国家认同与族群认同的关系问题，始终是一国政治发展与进步所要面临的重大课题，过度偏向任何一端，都可能引发族群矛盾乃至武装冲突，而如何以适当方式处理、把握、协调二者关系，不仅需要国家智慧，更需要人类智慧。

第八章

东南亚分离运动的现实走向及其反思

结合缅甸、菲律宾、泰国、印尼等国内分离运动的案例，前文对当代东南亚分离运动的起源、发展与治理等进行了理论与现实的阐述。通过分析四国的分离运动状况，可以发现各国分离运动的现实走向并不相同。换言之，尽管同属发展中国家的分离运动，但基于各国族群、政局、央地关系等的差异，当前各国分离运动的现状与走势各不相同。比如，目前缅甸国内仍处于持续的冲突之中，泰南地区的分离组织日益极端化了；菲南分离组织通过权力下放等，正处于向政党化转型的进程之中，印尼亚齐分离组织则已经完成了向地方政党化的转型；等等。国内分离运动的不同走向或产生的不同结果，与各国的国家政策等密切相关。基于此，从国家治理能力建设的视角，对各国分离运动的现实走向进行反思，明晰现状背后的根源十分必要。

第一节　长期冲突与缅甸地方分离武装

自 1948 年宣布独立以来，缅甸国内就处于长期的冲突之中，至今尚未平息。长期的武装冲突，是缅甸国内各民族矛盾累积及复杂因素综合作用的结果。从历史进程看，"分而治之"的殖民政策是缅甸长期冲突的重要历史根源，同时也是缅甸地方分离武装长期存在的基础和前提。殖民时期，英国人重点扶持了缅甸部分少数民族，甚至帮助他们建立了地方武装力量，以此来镇压缅族的殖民反抗。由此，这一历史经历及其导致的民族矛盾,为双方此后的长期冲突与矛盾埋下了"伏笔"。从现实状况看,缅甸国内局势处于整体向好的发展趋势之中,尽管地方分离武装与中央政府之间的矛盾仍然较为突出,但全面的民族和解在持续推进之中。缅甸国内冲突有何最近进展或体现?其长期冲突的根源是什么?本节将重点阐述这两个方面的问题。

一 缅甸国内冲突的新动向

缅甸国内的冲突,主要源于各地方武装的长期存在。地方武装在缅甸具有悠久而复杂的历史,通常是按照族群或宗教等组织、发展起来的。缅甸国内冲突的现实动向,与各地方分离武装的目标、关切等密切相关。通常来看,和平是一国发展、民主及人权建设等的起点,但"和平"本身无法解答缅甸各族群间长期存在的问题。[①] 因为如果不能满足各地方分离武装领导人的政治诉求,特别是缓解各少数民族与缅族之间的历史积怨,缅甸的国内和平将无从谈起。换言之,对于缅甸来说,全面的民族和解才是其国内和平与发展的关键起点。

自2010年以后,在缅甸国内民主转型的背景下,缅甸地方分离武装出现了新的发展动向。其一,以"罗兴亚人"问题为代表的新族群冲突不断出现。若开邦系缅甸西北部的一个民族邦,邦内有若开族、罗兴亚族、钦族等主要族群。自2016年以来,若开邦的佛教徒与穆斯林之间的族群、宗教冲突不断升级,并引发了严重的政治后果。一时间,围绕"罗兴亚人"的暴力、国籍、难民、屠杀等问题"接踵而至",并迅速在国际社会上发酵、蔓延。根据联合国的相关记录,因暴力冲突等原因,已有超过70万的罗兴亚人逃到了孟加拉国。[②] 事实上,"罗兴亚人"问题的剧烈爆发有着深刻的历史与现实背景。从历史上看,罗兴亚人问题系若开穆斯林与佛教徒之间长期冲突、矛盾的集中体现。比如,有关罗兴亚人的由来等问题,缅甸政府与罗兴亚人各执一词。在缅甸官方看来,

---

① "Overview of Ethnic Conflict", Burma Link, October 10, 2014, http://www.burmalink.org/background/burma/dynamics-of-ethnic-conflict/overview/.

② Vivian Tan, "UNHCR Seeks Equal Treatment for all Rohingya in Bangladesh", UNHCE, March 20, 2017, https://www.unhcr.org/news/latest/2017/3/58cfac434/unhcr-seeks-equal-treatment-rohingya-bangladesh.html.

罗兴亚人是殖民时期英国放任孟加拉人向缅甸非法移民的结果，属于"非法移民"问题①；而罗兴亚人则认为，他们早在公元788年就存在，系"阿拉伯、摩尔、波斯、孟加拉、若开等人的后裔"②。而且，围绕罗兴亚人问题而产生的族群屠杀、难民迁移、公民权承认等问题，早在奈温独裁与新军人政府时期就已出现。比如，1977—1978年奈温政府曾发起了驱逐穆斯林的"龙王行动"，30万罗兴亚人被迫流亡孟加拉国，其中4万人死于难民营；③ 1999年前后，新军人政府曾试图在穆斯林聚居地建立佛教徒"示范村"（Model Village）与佛塔，当地罗兴亚人再次因"生存"问题集体出逃④。从现实层面看，罗兴亚人问题侧面反映了缅甸民主转型、民族和解等仍面临巨大的障碍。自2011年以来，缅甸政府逐渐启动了民主改革，军人集团与国内民主集团之间的合作，一度塑造了新的国际形象，甚至被称为"缅甸之春"。然而，罗兴亚人问题带来的"人权危机"却折射出了缅甸国内民主转型的巨大风险。长久以来，缅甸国内少数族群在国家政权中缺乏代表性，在国家政治生活中处于边缘化的境地。2010年以来的民主转型，仅是缅甸国内军人集团与民主集团之间的和解，实质上是缅族内部之间的权力再分配，而惠及少数民族的民族和解进程却迟迟难以推进。这无疑为缅甸国内未来的和平与发展蒙上了一层阴影。换句话说，如果不能真正推进缅甸国内的全面和解，那么未来类似罗兴亚人问题的事件，可能会再次出现，并严重扰乱缅甸的民主转型。⑤

其二，旧的民族地方分离武装问题并未彻底解决。缅甸北部的克钦邦、东部的掸邦等民族地方武装问题依然存在。2015年昂山素季上台后，就明确表示其首要任务是通过谈判、获取持久和平；与此同时，她认为

---

① 张添：《缅甸罗兴亚人问题的视差——历史、现状与症结分析》，《南洋问题研究》2019年第2期。

② Abdul Kalim, *The Rohingyas: A Short Account of Their History and Culture*, Bangladesh: Arakan Historical Society, 2000, pp. 13 – 14.

③ 张添：《缅甸罗兴亚人问题的视差——历史、现状与症结分析》，《南洋问题研究》2019年第2期。

④ Zan U. Shwe, Aye Chan, *Influx Viruses: The Illegal Muslims in Arakan*, Arakanese in United States, 2005, p. 5.

⑤ 因2021年2月的军事政变，缅甸民主转型进程中断。

和平进程的推进将有助于建立一个民主的缅甸联邦。① 2016年8月，缅甸召开了旨在实现全面和解的"21世纪彬龙会议"，但很多重要的地方民族武装并未参与其中。与此同时，缅甸国内爆发了新一轮的地方民族武装冲突，尤其是克钦邦与掸邦的北部地区。比如，2016年8月克钦独立组织（Kachin Independence Organization，KIO）袭击了孟洪—帕敢（Moekaung Hpakan）公路沿线的警察部队，随之缅甸政府军（Tatmadaw）与其发生了激烈的战斗，导致数千人被迫流离失所。② 2017年3月，因地方武装问题，原本已经与政府和解的果敢地区再次爆发激烈冲突，缅甸政府军与缅甸民族民主同盟军③（Myanmar National Democratic Alliance Army，MNDAA）之间爆发了激烈的战斗，造成约2.7万人沦为难民。④ 事实上，2015年缅甸政府曾尝试通过和平谈判，与各地方民族武装签署《全国停火协议》，进而推动了缅甸国内全面的民族和解。然而，至今仍有很多地方民族武装并未参与到和解进程之中，缅甸国内仍存在多支实力强大的地方民族武装，如若开军（Arakan Army）、克钦独立军、缅甸民族民主同盟军等。缅甸国内多地区武装冲突的反复，从侧面反映出全面的民族和解并非易事。甚至，自2016年以来缅甸国内冲突有再次走强的趋势。对此，联合国人权事务特别调查员李亮喜（Yanghee Lee）就表示：缅甸当下的情况令人担忧，甚至克钦邦等的局势比前几年更糟。⑤ 由此来看，

---

① Mirco Kreibich, Johanna Goetz and Alice Muthoni Murage, "Myanmar's Religious and Ethnic Conflicts: No End in Sight", The Green Political Foundation, May 24, 2017, https://www.boell.de/en/2017/05/24/myanmars-religious-and-ethnic-conflicts-no-end-sight.

② Ye Mon, "KIA Admits to Ambushing Police Convoy en Route to Hpakant", Myanmar Times, August 10, 2016, https://www.mmtimes.com/national-news/21866-kia-admits-to-ambushing-police-convoy-en-route-to-hpakant.html.

③ 缅甸民族民主同盟军，又称为果敢民族民主同盟军，缩写MNDAA。1989年曾于缅甸政府达成停战协定，成立高度自治的缅甸掸邦第一特区，彭家声任特区政府主席。2009年8月，缅甸政府军与果敢民族同盟军再次发生冲突，至今尚未平息。

④ Mirco Kreibich, Johanna Goetz and Alice Muthoni Murage, "Myanmar's Religious and Ethnic Conflicts: No End in Sight", The Green Political Foundation, May 24, 2017, https://www.boell.de/en/2017/05/24/myanmars-religious-and-ethnic-conflicts-no-end-sight.

⑤ "Statement by Ms. Yanghee LEE, Special Rapporteur on the Situation of Human Rights in Myanmar at the 34th session of the Human Rights Council", Human Rights Office of The High Commissioner, March 12, 2017, https://www.ohchr.org/EN/NewsEvents/Pages/DisplayNews.aspx?NewsID=21355&LangID=E.

尽管缅甸国内正在致力于推进民主转型与民族和解,但实际上军方与民主集团的立场并不完全一致。缅甸军方的目标更多着眼于确保自身在军事、政治上的优势地位,而民主集团则更希望通过民族和解等获得执政合法性。再加上缅甸国内族群矛盾的顽固性,破解各民族间的隔阂并不容易。稍有不慎,此前已与政府实现和解的地方分离武装将可能再次拿起武器(如果敢地区的武装等),导致国内冲突四起。

综上所述,缅甸各地方分离武装处于一种割据状态。从分离视角看,尽管各地方分离武装不再明确主张独立或分离,但事实上冲突的长期存在并未彻底解决缅甸国内的分离主义问题,而仅是各民族分离武装在性质上有所转化。从分离运动的现实走向上看,缅甸国内分离主义问题属于"未解决"的一类情况。换句话说,由于缅甸各民族地方武装的存在及其与政府军之间的冲突,尽管各地武装不再寻求独立,但问题的解决仍处于"搁置"状态,并未解决。当然,缅甸国内的分离主义问题并非完全毫无进展。综观独立后的国内状况,缅甸国内问题处于一种整体向好的趋势之中。从奈温时期的独裁政权,到 90 年代新军人政府推行的和解政策,再到 2010 年之后民主转型的深化等,缅甸政府军已经与诸多民族地方武装实现了停火、达成了和解。比如,克伦民族联盟(Karen National Union)、新孟邦党(New Mon State Party)、钦族国民阵线(Chin National Front)、若开解放党(Arakan Liberation Party)等多支地方民族武都与政府装实现了停火,甚至部分地方武装被收编、各地设立了"特区"等(如掸邦第一特区)。由此来看,从程度上看缅甸国内冲突整体向好、有所缓和,但从性质上看,各地方分离武装仅是放弃了独立,事实上仍然割据一方。未来,缅甸国内地方分离武装仍将长期存在,而且长期冲突将是缅甸国内局势最大的特征。

二 对缅甸长期冲突根源的反思

缅甸国内长期冲突的根源,既与各少数民族的聚居、不安全感等相关,也与缅甸国内政权的族群化或缅化等密切相连。从前者来看,族群的地理条件与族群成员的心理感观,是一国分离主义的重要根源。如果少数族群在地缘上是集聚的,而并非分散的,这就为少数族群的分离提供了便利。① 皮帕·诺瑞斯（Pippa Norris）就认为，相对于散居或杂居状态，族群集聚更可能引发冲突。② 在分离运动的产生中，地理要素往往是很容易被忽视的，或被视为理所应当的条件。实际上，地理条件是族群分离运动产生的前置性条件。因为族群成员的集聚为分离主义的扩散提供了可能，同时也为分离运动后续的发展提供了动力。缅甸各山区少数民族与缅族之间长期处于一种相互独立的状态，尽管封建时代的族群融合在缓慢的进行之中，但殖民者的到来中断了融合的进程。英国殖民者推行"分而治之""以夷制夷"等政策，客观上加剧了缅甸国内各族群之间的割裂、对立。英国殖民者在缅族等平原地区推行直接统治，而对少数民族聚居的山区地区则推行间接统治。再加上殖民者利用少数民族武装压制缅甸国内的反抗运动，最终"埋下"了缅族与少数民族之间的仇恨、怨愤的种子。此外，少数民族的心理感观等也是缅甸国内长期冲突的重要根源。族群的心理感观往往不是某一特定历史事件的反映，而是长期历史积累的结果。如果一国历史上曾长期存在主体族群歧视少数族群的历史，那么少数族群就会对主体民族产生一种不满情绪。如果长期的不满，再累加上诸如屠杀、饥荒、暗杀、奴役等历史事实，那么这种被强化的历史记忆往往会促使少数族群走上分离的道路。③ 历史上，缅甸各族群之间曾长期相互攻伐，对立情绪早已有之。而殖民者的到来"颠倒"了此前的民族地位。因为利用殖民者的存在，缅甸少数民族扮演了殖民者的"管理者"角色，而主体民族缅族则成为社会地位最低下的族群。这种错位的颠倒，客观上加深了双方之间的对立情绪，再加上暴力屠杀等历史事实的印刻，缅族与各少数民族都认为自己才是"受害者"，需要对对方进行反击。由此，在独立初期，这种心理感观逐渐蔓延、扩散至国家的族群政策之中。

从后者来看，独立后的缅甸政权长期被缅族把控，国家政权事实上族群

---

① 周光俊：《族群分离运动为什么会发生？——基于过程论的分析视角》，《国际政治研究》2019 年第 5 期。

② 参见 Pippa Norris, *Electoral Engineering: Voting Rules and Political Behavior*, Cambridge: Cambridge University Press, 2004。

③ Philip Abbott, "Utopian Problem-solving: 'The Great Divorce' and the Secession Question", *The Journal of Politics*, Vol. 62, No. 2, 2000, pp. 511–533.

化或缅化了。缅甸国内长期冲突的重要根源之一，系政府企图在整个国家强制推行单一的种族、文化、宗教和语言。① 对此，在《缅甸 60 年民族武装冲突的动因》一文中，李安·萨宏就指出"缅化"（Burmanisation）政策下推行的是一种宗教、语言、族群等的观念，这是缅甸国内长期冲突的重要根源。② 劳伦斯·安德森认为，如果一国国内存在强大的不满情绪，那么相关的制度设计（Institutional Setting）在政治冲突、不满中可以起到关键的调节作用。③ 如果国内制度层面的设计可以逐渐缓和或化解族群不满情绪，那么分离或冲突不会成为少数族群的选择；反之，如果国内的制度设计不能缓和既有的族群不满，那么分离或冲突就将成为少数民族的重要选择。独立初期，缅甸国家政权的组建并未考虑到各少数民族的利益，而是缅族把控国家政权的一种形式建构，这就必然引发各少数民族的不满。尽管经过昂山等的努力，缅甸得以脱离英国而独立，但此后的政权建设和发展严重忽视了各少数族群的利益，而异化为缅族人的政权。由此，缅甸国内政权的族群化或缅化推动了各少数族群不断走向分离。

综上所述，上述两个方面的原因，均是缅甸国内冲突或分离运动产生的重要根源。随着缅甸国家政权的建设，上述两个方面的要素均在不断改善之中，尤其是 1988 年之后。比如，新军人政府开放党禁、允许少数民族建立地方政党、推进国内政权的民主转型，等等。那么，为何自 1988 年以来缅甸国内冲突仍然不断，甚至 2016 年后呈现出再度上升的趋势呢？与缅甸国内分离运动产生的根源有所不同，缅甸国内长期冲突的根本原因在于国家治理能力的基础孱弱，即国家权威性的缺乏。任何国家的分离运动治理都离不开政府的主导，而政府主导的治理行为应该以合法性为前提、以强制力为保障。这是国家治理能力建设的基础，也是根本。换言之，缅甸政府对国内各民族地方缺乏"强制力"，地方对国家

---

① Than Naing Lin and Zaw Goan, "Resources, Conflicts, and Challenges in Myanmar Ethnic Communities", Ecojesuit, September 30, 2014, https://www.ecojesuit.com/resources-conflicts-and-challenges-in-myanmar-ethnic-communities/7105/.

② Lian Sakhong, "The Dynamics of Sixty Years of Ethnic Armed Conflicts in Burma", International Data Information, No. 4, 2012, p. 4.

③ Lawrence M. Anderson, "The Institutional Basis of Secessionist Politics: Federalism and Secession in the United States", Publius, Vol. 34, No. 2, 2004, pp. 1–18.

并不认可。

就分离运动的治理而言，依靠国家强制力、自上而下实施应对族群冲突措施，是治理国内冲突或分离活动的基础。国家强制力是以国家的名义展开，凭借国家强力机关（军队、警察、国家安全力量等），针对冲突中的政治精英、冲突行为及其人员等实施的导控与抑制。"强制"本身就包含着对冲突发生后的遏制，是为了保持或恢复和平而使用强力等的行为。面对多民族国家的国内冲突，国家强制力是国家治理能力的基础。因为通过国家强制力量阻止危及政权合法性、国家统一的民族政治行动，是治理国内冲突的最后一项措施。这种以强制力为基础的国家治理能力，不仅符合公众自身的逻辑，也与政权建设的逻辑相吻合。从国内民众的安全心理看，一个强有力的政府可以为普通民众提供必要的安全感，或者基于国家强制力的存在，民众相信政府可以保护自己、惩罚暴力者，并不会对社会存在感到恐慌，更不会主动参与到冲突活动之中。从震慑力的角度看，国家强力手段的存在，可以威慑那些危及国家政权的群体或成员，遏制其制造暴力冲突的倾向，进而防止国内冲突的扩大。

就缅甸而言，国家强制力不足是其国内冲突长期存在的根源。这主要体现在两个方面：第一，缅甸的国家强制力不足，且被异化为"军队强制力"。长期以来，军队长期把持缅甸国家政权，进而带来了一种"国家军队化"的现象。"国家军队化"的现象是一种畸形的国家强制力，或是一种狭隘化的国家强制力。从历史进程上看，早在建国之前昂山将军就注意到了"团结各少数民族"、共同建设缅甸联邦的重要性。因而1947年的《彬龙协议》得以签订，但昂山死后，缅甸的国家政权长期被以缅族为主的军队力量把控。实际上仅存在"缅人政府"，而不存在"缅甸政府"，这种国家政权族群化或军队化，严重影响了国家权威的建立，很难得到少数族群的认同。由此，最初缅甸国内仅有克伦族一族提出分离，但到60年代前后钦族、克钦族、掸族等都对国家政权的缅族化感到了极大不满，相继提出分离或独立诉求，导致了更加严重的国内冲突。简言之，军队政权的长期把握不仅未能建构出真正的国家强制力，反而严重限制了民族国家的建构，而且自身利益的狭隘化也限制了军队实力的发展，导致缅甸政府军很难通过强力镇压消灭地方武装，由此双方逐渐演化为"长期对立"的局面。

　　第二，缅甸的国家强制力不足，直接导致国家权威性的缺失。在现代民族国家建构的进程中，国家认同的基础是权威性，而权威性缺失则可能直接导致民族国家建构的失败。军队对缅甸政局的影响，实际上严重影响了缅甸国家认同的建设，进而造成了国家权威性不足的困境。自独立以来，缅甸政权长期处于军队的把控之中，严重忽视了对国家权威、国家认同的建设，而仅以武力镇压等方式应对国内冲突，导致了越"打"越"乱"、越"打"越"多"的局面。换句话说，对于发展中国家，在现代民族国家建构初期，国家强制力或国家军队并不必然能完全"征服"各个偏远地方。这就需要国家权威的树立，即当各国政府以一种相对公平、公正的方式对待各边远地区或少数族群时，其对国家的认可程度是会不断上升的，在此过程中国家权威得以建立、国家认同得以强化。长期以来，缅甸并未重视对国家权威性的建构，而完全由缅族把控政权，从而使各少数族群很难对"现代缅甸"产生认同。

　　2010年之后，缅甸国家政权逐步进入民主转型阶段，同时全面民族和解政策亦在不断的深化之中，但国内冲突并未进一步缓和。其中，罗兴亚人问题的爆发就是缅甸国家权威或认同缺失的重要体现。当一个少数族群最基本的公民身份都很难得到政府的承认时，这势必影响其他少数族群对国家权威性的认可，更别说对整个国家的认同了。当然，也有观点认为，昂山素季在罗兴亚人问题上保持沉默甚至与军方暂时性的站在一起，主要是一种政治考量；因为作为政治人物，她首先要考虑的是民众手中的选票。[①] 然而，各族民众对政治事件发表看法时，又往往是带有历史积怨或文化偏见的。出于这种考量，昂山素季选择了国内的缅族民众，并未回应国际社会的呼吁。从这一事件及其缅甸政府的态度上，至少可以发现其国家权威性缺失的端倪，即其做法或行为更多以"大缅族主义"为基础，而并非从"缅甸国家"的层面考量。

　　当然，缅甸国内的长期冲突是一项世界性的研究议程。除上述原因

---

　　① Clay R. Fuller, "Why Is Aung San Suu Kyi Silent on the Rohingya Atrocities?", Newsweek, September 11, 2017, https://www.newsweek.com/why-aung-san-suu-kyi-silent-rohingya-atrocities-662998.

外，殖民统治、军火遗留、毒品走私、地理环境等均是缅甸内乱的重要因素。在此，需要说明的是，本章仅是针对分离运动的治理主题，从国家治理能力的视角等出发，尝试反思缅甸国内长期冲突的根源。最终，缅甸国内问题的真正解决，不仅需要缅甸各方的努力，亦需要周边国家、国际社会等的支持与帮助。

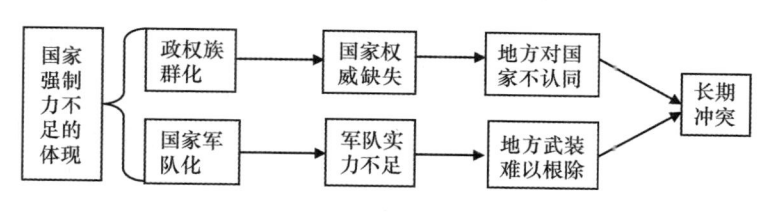

图 8—1 缅甸国内长期冲突的根源

资料来源：笔者自制。

第二节 极端主义与泰国南部分离运动

自 1959 年泰南武装分离运动产生以来，南部问题始终是影响泰国国内和平与稳定的重要问题。与 20 世纪 80 年代的武装斗争不同，2004 年以后泰南分离运动出现了"极端化"转向。即，泰南分离组织越发向极端主义靠拢，采取暴恐袭击等方式，以彰显自我存在及能力。自 2004 年以来，泰国南部北大年、也拉、陶公三府频繁发生暴力袭击事件，至今已逾 7000 人丧生，其中大部分为平民。① 2014 年之后，随着"伊斯兰国"等国际恐怖主义的新一轮发展，泰南分离问题中的极端主义、恐怖主义等因素越来越明显。基于此，当前泰南分离运动有什么新的动向？泰南分离运动转向极端主义的原因是什么？泰国政府应如何应对？本节将重点阐述以上问题。

一 泰国南部分离运动的新动向

长期以来，泰南分离运动因缺乏统一领导、组织分化严重等，始终

---

① Sumeth Panpetch, "Suspected Rebels Kill 15 at Southern Thailand Security Posts", AP News, November 6, 2019, https://apnews.com/aab799841c6e42a1ace93b064f9d4b74.

难以获得实质性发展，仅在20世纪七八十年代掀起过短暂的高潮，但此后被泰国政府迅速平息。进入21世纪以来，在恐怖主义席卷全球的背景下，泰南分离主义不断通过制造恐袭事件等彰显自我存在，尝试以极端主义方式向泰国政府施压。从泰南地区近20年的局势看，泰南分离运动的性质已经逐渐由民族分离主义转向宗教极端主义。

具体来看，泰南分离运动的极端主义转向，着重体现在两个方面：第一，泰南地区暴力性事件频发，暴恐袭击成为泰南分离组织反抗政府的主要手段，宗教极端主义的意识形态被着重凸显。自"9·11"事件以来，基于伊斯兰极端主义的意识形态，依赖暴恐袭击等在动员、攻击方面的巨大威力，泰南分离运动逐步将极端主义作为其主要的斗争工具。[1] 根据对泰南地区暴力事件的统计，自2001年之后泰南地区的暴力事件显著增加了。据悉，1993—2004年泰南共发生1975起暴力事件，其中79%的暴力事件发生于2001年之后。[2] 从意识形态上看，泰南分离组织的指导思想由此前的"族群动员"（强调马来族群与泰族的差异），逐渐过渡到了政治伊斯兰，即主张在泰南地区建立并实行伊斯兰教法；从斗争目标上看，泰南分离组织的袭击目标逐渐从军队、警察、公职人员等扩大至佛教徒、西方游客，甚至是被认为归顺了政府的穆斯林；从暴力方式上看，因实力等的较大差异，泰南分离组织逐渐放弃了武装斗争，转而选择了极端主义的爆炸、暗杀、枪击等暴恐手法。[3] 从上述方面看，泰南分离运动中的伊斯兰极端主义色彩已经十分浓厚，而且暴恐袭击已经成为泰南分离运动活动的主要方式。据报道，2019年7月23日，位于北大年地区的一个军事检查站遭到袭击，造成4人死亡、2人受伤；这并非一

---

[1] S. P. Harish, Changing Conflict Identities: The Case of the Southern Thailand Discord, Working Paper No. 107, Institute of Defence and Strategic Studies Singapore, February 2006, http://www.rsis.edu.sg/wp-content/uploads/2014/07/WP1076.pdf.

[2] Aurel Croissant, "Unrest in South Thailand: Contours, Causes, and Consequences Since 2001", Contemporary Southeast Asia, Vol. 27, No. 1, 2005, pp. 21 - 43.

[3] 卢光盛、李江南：《泰国南部恐怖主义发展的新态势：表现、原因及趋势》，《印度洋经济体研究》2019年第3期。

起孤立性的突发事件,过去10年泰南类似的暴恐事件时有发生。① 对此,有学者就认为:自20世纪以来,泰南马来穆斯林的民族意识先后经历过两次转变:第一次是在大泰族主义的刺激下,马来穆斯林民族主义逐渐向政治性靠拢,掀起了大规模的分离运动;第二次则是在全球伊斯兰激进思潮的催化下,马来穆斯林开始向宗教极端主义进行转变。② 由此来看,极端主义已经成为当前泰南分离运动的主流意识形态。

第二,泰南地区的恐怖主义因素逐渐增多。在"伊斯兰国"席卷全球的背景下,作为伊斯兰世界重要的外围区域之一,东南亚地区的恐怖主义呈现新的发展态势。早在2014年的兴盛时期,"伊斯兰国"就已经开始关注东南亚,这不仅体现在其媒体对东南亚的定期报道上,比如"阿玛克新闻社"(Amaq news agency)和英语出版物《达比克》(Dabiq)对东南亚的关注,还体现在引入马来语宣传和建立马来语作战单位上,如2014年9月成立的"努桑塔拉"(Katibah Nusantara,又称Malay Archipelago Combat Unity)。③ 泰国南部的分离运动是因马来族与泰族之间的矛盾而产生,在这种背景下,国际恐怖主义可能会加快对泰南地区的渗透,甚至与泰南分离主义相融合。受此影响,泰国南部地区的恐怖主义因素不断增多。据悉,2015年泰国警察上将查扎提(Chakthip)就确认了"伊斯兰国"10名叙利亚籍的恐怖分子潜入了泰国,试图制造暴恐袭击事件。④ "伊斯兰国"一直对外宣称,要建立"全球哈里发帝国",其地理延伸的范围亦包含泰国南部地区。尽管泰国政府并不愿承认泰南局势与国际恐怖主义之间存在联系,而且为了建构自身斗争的合法性,泰南分离组织也有意识地保持了与"基地组织""伊斯兰

---

① Philippa Payne, "Thailand: Insurgency In The Southern Provinces Must Be Linked To The Wider Human Right Narrative", The Organization for World Peace, July 25, 2019, https://theowp.org/thailand-insurgency-in-the-southern-provinces-must-be-linked-to-the-wider-human-rights-narrative/.

② 彭慧:《20世纪以来泰国马来穆斯林民族主义的演化与发展》,《南洋问题研究》2009年第4期。

③ Joseph Chinyong Liow, "Shifting Sands of Terrorism in Southeast Asia", The Straits Times, February 10, 2018, https://www.straitstimes.com/opinion/shifting-sands-of-terrorism-in-south-east-asia.

④ 卢光盛、李江南:《泰国南部恐怖主义发展的新态势:表现、原因及趋势》,《印度洋经济体研究》2019年第3期。

国"等的距离，但不可否认的是，近年泰南地区多发的暴恐袭击以及袭击对象中的平民越来越多。从本质上看，这种分离主义的极端化尽管在意识形态上与恐怖主义存在诸多不同，但在暴力性、威胁性等方面，二者并无过多差异。泰南分离运动中的暴恐因素日益增多，可能有两个方面的原因：其一，借助该地区长期存在的民族、宗教矛盾，域外恐怖主义、极端主义等将泰南视为重点渗透的地区之一；其二，基于自身实力的弱小，泰南分离组织借助极端主义等的暴恐手法，不仅可以获得高收益，还能达到宣传自己、宣示存在甚至施压政府等效果。由此来看，泰南分离运动逐渐转向宗教极端主义的趋势，已经十分明显。

面对泰南频发的暴恐袭击，泰国政府采取了积极的应对措施，如尝试通过和谈等缓解泰南动荡的局势等，但因泰国政局等的不稳定，成效并不显著。自 2004 年泰南暴恐出现高潮之后，他信政权就采取了强硬的军事镇压措施，如封锁边境、宣布泰南进入紧急状态等。然而，强硬的军事手段不仅未能平息暴恐活动，反而给当地民众的生活造成了极大影响，引发了民众不满。实际上，使用武力应对地区危机的恶化无可非议，但要真正解决族群矛盾，仅仅依靠武力显然是不够的。正如普米·提拉育（Boonmi Thirayuth）所言：军事手段只能在必要时使用，且使用不应过度，因为过度使用只能触发更多马来人的不满。[①] 此后，他信政权被军事政变推翻，新任总理素拉育将军对南部采取了相对缓和的政策。他曾公开承认，泰南动乱的根源在于当地人民所遭受的"历史不公"，[②] 这是此前历届泰国政府都不曾承认的。尽管如此，但泰南局势并未发生根本性改变。2012 年 3 月，英拉政府上台后，泰国政府才逐渐开始与泰南分离组织进行对话，尝试以和谈的方式彻底平息泰南动荡的局势。但事实上，泰国军方并不支持这一和谈进程，因为他们担心在泰南问题上任何

[①] Mohd Azizuddin, *Dynamic of Ethnic Relations in Southeast Asia*, Cambridge Scholars Publisher, 2010, p. 74.
[②] 阳举伟、何平：《论泰国政治整合马来穆斯林族群的政策——以"后銮披汶时代"为中心的考察》，《世界民族》2018 年第 4 期。

的让步都可能导致泰国的分裂。① 因而，这一和谈事实上并未取得任何成效。

2014年5月，泰国再次发生军事政变，巴育军人政府上台。巴育政府在泰南问题上的基本立场是：按照泰国皇室提出的"理解、投身、发展"策略或原则，以和平方式预防、解决泰南边境诸府的动乱；在缓解对抗、促进和平的基础上，将促进当地繁荣和提高当地民众生活水平等，列为优先事项。② 在此原则的指导下，泰国政府曾与分离组织"马拉北大年"（Mara Patani）进行了接触，但相关人士认为该组织在泰南地区并无过多号召力，因而影响不大。当前，泰南地区最具代表性的分离组织仍是"北大年民族革命阵线"。2019年1月，巴育政府泰南首席谈判专家吴都姆猜（Udomchai Thamsarorat）表示，泰国当局希望邀请北大年民族革命阵线参与对话，以恢复南部地区的和平。③ 然而，泰南地区的和平进程仍然处于"僵局"之中，究其原因：一方面，以北大年民族革命阵线为代表的泰南分离组织坚持此前与政府谈判的"五原则"立场，其中第四点系"承认北大年马来民族的存在和主权"④，这显然是泰国政府无法接受的。另一方面，尽管巴育政府希望与泰南组织进行接触，但实际上并不准备讨论给予泰南自治地位⑤，而且巴育政府还担心谈判进程中其他力量的参与，可能会将泰南问题推向国际化，从而打开国家分裂的大门。还有观点认为泰国军方政府仅将和谈视为控制泰南暴力的一种方式。并

---

① "Security Risks in Southern Thailand: From Origins to Current Situation", Black Peak Group, June 4, 2019, https://www.blackpeakgroup.com/2019/06/security-risks-in-southern-thailand-from-origins-to-current-situation/.

② 阳举伟、何平：《论泰国政治整合马来穆斯林族群的政策——以"后銮披汶时代"为中心的考察》，《世界民族》2018年第4期。

③ "Thailand to Invite BRN to Deep South Peace Talks", The National Thailand, January 4, 2019, https://www.nationthailand.com/national/30361648.

④ "五原则"分别是：第一，承认BRN为北大年人民的代表；第二，指定马来西亚担任协调者角色；第三，东盟、伊斯兰会议组织及相关非政府组织参与和谈；第四，承认北大年马来民族的存在和主权；第五，释放被捕的"北大年战士"。参见Patthara Limsira, "Dialogue Process for Peace in the Border Provinces of Southern Thailand", Journal of East Asia and International Law, Vol. 6, No. 2, 2013, pp. 606–610。

⑤ Gerard McDermott, "The 2013 Kuala Lumpur Talks: A Step Forward for Southern Thailand", Peace Reasearch, Vol. 46, No. 1, 2014, pp. 5–34.

且，巴育认为这种接触仅是对话（dialogue），而并非谈判。① 正因如此，北大年民族革命阵线始终并未答应与巴育政府进行接触，而且有意识地改变了此前频繁实施暴恐袭击的策略，试图增强自身在国际社会中的合法性。由此，当前泰南分离组织的力量已遭到削弱，仅能通过暴恐手段等极端主义方式彰显自我存在，但泰南局势依然处于偶发性恐袭等威胁之中，泰南分离问题并未得到解决。

二 对泰南极端主义现象的反思

2019年11月5日深夜，10—15名泰南分离主义武装分子袭击了也拉府边远地区拉姆普亚（Lam Phraya）村庄附近的一个检查站，造成了15人死亡、5人受伤。据悉，武装分子使用突击步枪，对检查站的当地志愿民兵进行了扫射，抢走了检查站的M-16突击步枪和散弹枪，随后逃进了附近山林。据相关人士分析，这是自2004年以来泰南叛乱分子发动的最致命的一次袭击，且袭击发生在11月2日至4日东盟各国外长参加完相关会议之后，此举的目的显然是让军人出身的巴育将军难堪。② 当前，泰南地区似乎形成一种"脆弱均衡"的困境，即泰国政府无法完全消灭分离主义武装，而泰南分离组织尽管实力大减，但仍以制造暴恐事件等方式长期存在。长久以来，泰南分离问题难以根除，2004年后更是在意识形态方面明确转向了极端主义。这一特殊的现象与两个方面的因素密切有关：其一，泰南分离组织始终不肯放弃独立的斗争目标，这决定了泰南分离问题的长期性；再加上泰南分离组织的力量分散，且在长期对抗中被大大削弱，不得不转向"极端主义"这一低成本、高收益的斗争方式。其二，泰国政局变动频繁，在泰南政策上的延续性较差，且军方态度较为强硬，导致政府对泰南分离问题的处理久拖不决。具体来看：

一方面，泰南极端主义现象的出现，与泰南分离组织不愿放弃独立的最终目标，但又难以长期坚持高成本的斗争方式密切相关。长期以来，

---

① Rungrawee Chalermsripinyprat, "Time to Change the Parameters of Deep South Peace Talks", The National Thailand, November 1, 2018, https://www.nationthailand.com/opinion/30357703.
② Michael Shannon, "Asia Watch: Fogotten but not gone", AIJAC, December 4, 2019, https://aijac.org.au/australia-israel-review/asia-watch-forgotten-but-not-gone/.

泰南分离问题的根源被归结为，南部马来穆斯林与泰族之间在文化、族群、语言、宗教等存在较大的差异。乌泰·杜勒咖瑟姆（Uthai Dulykasem）就认为，泰南马来穆斯林分离运动是马来族与泰族在血缘、文化、宗教、语言等差异的极端化体现[1]，马来穆斯林民众根深蒂固的族群意识是泰南分离运动的重要诱因[2]。自2014年巴育军政府上台以来，泰国南部地区的暴恐事件已经明显减少，泰国政府甚至认为，这似乎预示着南部分离活动失去了动力。然而，具有讽刺意味的是，2019年下半年泰国南部地区又频繁出现了暴恐袭击等极端主义事件。比如8月曼谷的燃烧弹袭击、10月下旬北大年一处警察公寓的汽车炸弹袭击，等等。尽管没有任何组织宣称对这些袭击事件负责，但人们普遍认为，这些袭击是由北大年民族革命阵线等泰南分离组织所精心策划的。实际上，泰南各分离组织并无固定的势力范围或控制区域，这与其有限的实力、高度分化的组织结构等密切相关。在泰南，尽管当前诸多恐袭事件都以北大年民族革命阵线的名义展开，但事实上北大年民族革命阵线等分离组织对各地行动小组的控制力是较差的。这种有限的实力与分散化的组织状态，从根本上决定了泰南分离组织实施分离活动的长期性、极端性。而且，泰南分离组织始终不愿放弃独立的政治诉求，坚持以建立北大年为核心的伊斯兰国家为最终目标。这种实力上的先天不足，以及其在斗争目标上的韧性等，最终决定了其斗争的极端主义转向。此外，尽管2013年北大年民族革命阵线一度与当时的英拉政府进行了对话，但双方的和谈并无任何实质进展。这也进一步彰显了泰南分离组织在斗争目标上的顽固性，同时也决定了泰南分离问题的长期性。

另一方面，泰国政局频发变动，在泰南政策上缺乏连续性，客观上亦加剧泰南分离问题的极端主义转向。近年来，泰国民粹主义运动发展迅猛，严重冲击了国内政治局势的稳定，军事政变、民主政治体制等频

---

[1] Uthai, Dulyakasem, "Muslim-Malay Separatism in Southern Thailand: Factors Underlying the Political Revolt", in Lim Joo-Jock and Vani S., *Armed Separatism in Southeast Asia*, Singapore: Institute of Southeast Asian Studies, 1984, pp. 217 – 233.

[2] Uthai, Dulyakasem, "The Emergence and Escalation of Ethnic Nationalism: The Case of Muslim Malays in Southern Siam", in Taufik Abdullah and Sharon Siddique, *Islam and Society in Southeast Asia*, Singapore: Institute of Southeast Asian Studies, 1987, pp. 208 – 249.

繁变更，政府稳定性较差。民粹主义等引发了激烈的政治斗争与暴力冲突，泰国民众纷纷走上街头表达自身诉求，街头政治中涌现的暴力手段成为常态化存在。在这种背景下，泰国的国家政权的频繁变更，严重影响了中央政府在泰南政策的延续性①，从而间接加剧了泰南分离问题的极端主义转向。比如，2006年他信政权被推翻后，此前的泰南强硬政策也随之改变，新任政府采取了相对缓和的政策；2012年英拉政府上台后，开始着手与北大年民族革命阵线等泰南分离组织进行接触，甚至一度签订了《吉隆坡共识》对话文本②，但2014年军事政变后，这一进程亦宣告中断；等等。整体而言，泰国国内民选政府、军人政府等的频繁变更，使得中央政府在泰南问题的政策上缺乏延续性，即便是能有效缓解泰南危机的政策，亦可能随政权变更而宣告中止。从这个视角看，泰国国内政府的不稳定性，客观上导致了泰南分离问题的长期性，从而加速了泰南分离问题向极端主义的转变。因为即使泰南分离组织愿意与泰国政府进行对话，但由于政府并不能保证泰南政策的延续性，这便在很大程度上削弱了分离组织对话的意愿，造成了泰南问题的久拖不决。

当然，从根源上看，泰南分离问题仍属于泰国政府治理不力的结果。因为从国家治理能力的视角看，泰南分离运动的极端主义转向，是国家控制能力弱、合法性不足的集中体现。就分离运动的治理而言，国家强制力是基础，而国家控制力是保障。"控制"一词本身就包含着对冲突发生后的遏制，其目的在于保持或恢复和平与秩序，但控制并不仅意味着强制，还包含对秩序、环境等的掌控。伊恩·路斯提克（Ian Lustick）就认为，"控制"是冲突得以缓解的根本基础。③ 对于泰南分离主义的治理，军队等国家机器的存在保障了对泰南领土、主权的权威性，但军队并不能延伸至每一处角落。换句话说，在特殊时期实施军事管制是必要的，但现代民族国家并不能仅仅依靠军事管制而长久维持，一国长治久安的

---

① 卢光盛、李江南：《泰国南部恐怖主义发展的新态势：表现、原因及趋势》，《印度洋经济体研究》2019年第3期。

② 阳举伟、何平：《论泰国政治整合马来穆斯林族群的政策——以"后銮披汶时代"为中心的考察》，《世界民族》2018年第4期。

③ Ian Lustick, "Stability in Deeply Divided Societies: Consociationism Versus Control", *World Politics*, Vol. 31, No. 3, 1979, pp. 325-344.

基础仍然有赖于国家合法性被境内所有族群接受，唯有如此国家的控制力才能更强。

泰南地区频频出现的暴恐事件，事实上证明了泰国政府对南部各府的控制能力较弱且合法性不足。这着重体现在以下两个层面：其一，泰南分离组织至今仍不愿放弃独立这一目标，某种程度上说明"留在泰国"对其吸引力不够。因为从生存、发展计，随着多民族国家中的民族交往的深入，少数民族的最佳选择并非建立独立国家，而是在既定国家内争取最优的发展。① 从这个角度看，对于泰南马来穆斯林来说，如果留在泰国可以实现自我充分的发展，那么其不会选择以武装斗争的方式"分离"。直至今日，泰南分离组织仍不愿放弃独立这一政治目标，从反面说明了泰国政府在南部的治理是存在诸多问题的。尤其是缺乏来自多数马来穆斯林的坚定支持，这是泰国政府在南部诸府控制能力弱的最大原因。其二，国家政权的变动频繁，导致在泰南的政策缺乏连续性，因而泰南马来人对政权合法性的认同度较低。实际上，政府政策是国家治理地方的重要载体，惠及泰南的政策如果能长期实行，必将瓦解泰南分离组织存在的基础，从而极大缓解泰南紧张的局势。但是，泰国政权频频变更，因而很难在泰南推行始终如一的治理政策，这极大影响了当地民众对政权合法性的认知，同时也造就了泰南极端事件频发，但政府难以治理的困境。对于泰南走势，有分析人士就指出：由于未来一段时间泰国政府仍将由军人集团主导，以北大年民族革命阵线为代表的泰南分离组织可能会继续推迟与中央政府的接触，但同时他们仍然会偶尔发动强硬的暴力攻击，以向曼谷当局和国际社会提醒其存在与能力。② 未来，泰南地区很大可能将延续当前状态，而要真正地缓解或消除泰南分离主义，不仅需要泰国政府在南部地区实施连续性的治理政策，从根本上惠及当地民众、消解分离主义存在的民众基础，还需要泰国政府与分离组织之间进行实质性的接触，至少双方都应在对话中展现足够的诚意。

---

① 王建娥：《民族分离主义的解读与治理——多民族国家化解矛盾、解决分离困窘的一个思路》，《民族研究》2010 年第 2 期。

② Jason Johnson, "Thai Deep South Violence Could Signal Resurgent Conflict", Asia Sentinel, November 7, 2019, https：//www.asiasentinel.com/politics/thailand-deep-south-violence-resurgent-conflict/.

第三节　权力下放与菲律宾南部分离运动

自20世纪70年代产生以来，菲南摩洛分离运动已持续约半个世纪之久。直到2014年3月，菲律宾政府与"摩洛伊斯兰解放阵线"签署最终版本的《邦萨摩洛综合协议》，菲南摩洛分离问题才暂时告一段落。然而，尽管分离组织与菲中央政府就菲南棉兰老地区的"权力下放"①问题达成了一致，但协议的履行却迟迟没有进展，新的棉兰老自治实体始终未能建立。2019年1月，经过菲国会批准与地方公投等，新的"邦萨摩洛棉兰老穆斯林自治区"才得以建立。基于此，为何菲南摩洛分离运动以"权力下放"形式得以解决？未来，菲南和平进程能否持续推进？本节将对此进行分析。

一　菲律宾南部分离运动的新动向

早在马科斯独裁时期，菲律宾政府就尝试通过权力下放的形式，解决南部摩洛问题，但始终并未奏效。1996年《最终和平协议》协议的达成，标志着菲南第一次"权力下放"的实现。但由于仅有"摩洛民族解放阵线"与政府实现了和解，"摩洛伊斯兰解放阵线"并未宣布放弃独立，因而菲南摩洛问题事实上并未解决。此后，在有关各方的努力下，经过17年的和平谈判，摩洛伊斯兰解放阵线终于与菲律宾政府签订了《邦萨摩洛综合协议》，旨在结束菲南持续多年的武装冲突。2014年9月，时任菲律宾总统阿基诺三世向国会提交了《邦萨摩洛组织法》②（简称BOL）草案。③ 2015年8月，菲律宾国会参议院对BOL草案进行了审议、

---

① 在分离主义的研究领域，关于"权力下放"（Autonomy）的用词并不一致，如去中心化（Decentralisation）、地方分权（devolutionary）、权力共享（Power Sharing）、区域自治（Territorial Autonomy）等。对于以"自治"形式，解决分离主义问题的模式，本书以"权力下放"统称。

② 《邦萨摩洛组织法》又称《邦萨摩洛基本法》（Bangsamoro Basic Law，BBL）。在该法案最初生成时期，一直到审议阶段，菲政府在名称上使用的是《邦萨摩洛基本法》，而在最终签署为法令的版本中，更名为《邦萨摩洛组织法》。详见靳晓哲《〈邦萨摩洛组织法〉与菲南和平进程》，《国际研究参考》2018年第9期。

③ Andrero Calonzo," PNoy Personally Submits Draft Bangsamoro Law to Congress Leaders ", GMA News Online, September 10, 2014, http://www.gmanetwork.com/news/news/nation/378481/pnoy-personally-submits-draft-bangsamoro-law-to-congress-leaders/story/.

质询①，但由于其牵涉的内容较多，尤其是遭到了天主教团体的强烈反对，草案未能获得通过。

2016年6月，杜特尔特就任菲律宾新一届总统，但上任后他并未重视对菲南和平进程的推进，而是主要将精力用在了打击菲南的毒品贸易上，很大程度上忽视了南部摩洛问题。②直到2017年5月菲南马拉维危机的爆发，杜特尔特才逐渐开始重视摩洛问题，并着手推进南部和平进程。马拉维危机，系2017年5月至10月以穆特组织（Maute Group, MG）和阿布沙耶夫组织为首的恐怖组织，占据了菲律宾南部省份南拉瑙省首府马拉维市，并与政府军展开了长达5个月的激战与对峙。马拉维危机，是近年来东南亚规模最大、影响最为恶劣的恐怖事件，不仅严重冲击了菲南地区的安全秩序，而且对菲律宾政府的认知也产生了重大影响。马拉维危机后，杜特尔特明确指出：不解决棉兰老岛的问题，菲律宾将永远无法实现和平；而且，如果我们失败了，棉兰老地区的极端分子将会制造更大的混乱。③此后，杜特尔特开始着力推进延宕多时的菲南和平进程，并督促国会加快通过BOL。2018年5月29日，菲律宾国会参议院21票全票通过了BOL；5月30日，国会众议院以227票赞成、11票反对、2票弃权，通过了BOL；7月18日，经过多次修订，菲国会会议委员会（由参议院和众议院代表组成）28名委员，最终通过了BOL。④

2018年7月，杜特尔特正式签署BOL，并且同意就建立新的"邦萨摩洛"自治实体举行地方公投。2019年1月至2月，棉兰老各地先后举行了自治公投，组建了"邦萨摩洛棉兰老穆斯林自治区"（BARMM），并

---

① Ruth Abbey Gita, "Swnate BBL Debates to Start August 17", SunStar, August 13, 2015, https://www.sunstar.com.ph/article/25456/.

② Jason Gutierrez, "War on terror took backseat as Duterte focused on drug war, analysts say", Inquirer.Net, June 30, 2017, http://newsinfo.inquirer.net/909810/war-on-terror-took-backseat-as-duterte-focused-on-drug-war-analysts-say.

③ Christina Mendez, "Duterte Still Hoping for Peace with MILF, MNLF", Philstar Global, December 9, 2017, https://www.philstar.com/headlines/2017/12/09/1756977/duterte-still-hoping-peace-milf-mnlf.

④ 靳晓哲：《〈邦萨摩洛组织法〉与菲南和平进程》，《国际研究参考》2018年第9期。

明确了管辖范围。① 与此前的自治实体相比，BARMM 在地方财政权与议会权力方面，均有所扩大。同年 2 月 26 日，杜特尔特正式任命前摩洛伊斯兰解放阵线领袖哈吉·穆拉德（Al-Haji Murad Ebrahim）为邦萨摩洛过渡政府（Bangsamoro Transition Authority）主席，并于当天在自治区首府哥打巴托（Cotabato）举行了就职仪式。至 2022 年地方选举前，过渡政府将主导自治区事务。② 据悉，过渡政府由 80 名成员构成，其中 41 名来自摩洛伊斯兰解放阵线、39 名来自中央政府，除国防与外交，自治政府享有对地方事务的高度管理权。③ 新的自治政府的建立旨在终止菲南暴乱，但菲南地区的长治久安，需要以摩洛伊斯兰解放阵线为代表的穆斯林群体，真正理解地方治理的精髓。为此，2019 年 7 月海牙学院（The Hague Academy）和菲律宾德拉沙大学（De La Salle University）联合，为摩洛伊斯兰解放阵线等约 70 名代表进行了培训，其中包括多名自治政府的要员。④ 菲南棉兰老地区具有长期的反叛历史，长期处于冲突与动荡之中，新的自治实体的成立为菲南的和平与稳定创造了条件，但对于摩洛伊斯兰解放阵线等分离组织来说，管理一个约 350 万人的自治区将是一个巨大的挑战。尤其是，2022 年之后摩洛伊斯兰解放阵线能否从一个分离组织，逐步转型为地方政党，融入菲律宾国家治理体系，这将是未来菲南地区能否长治久安的关键。

与 1996 年建立的自治实体相比，2019 年的棉兰老自治实体更加开放与包容，同时得到的外部支持也更多。尽管过渡政府以摩洛伊斯兰解放阵线的成员为主，但菲南地区各方势力的代表，都有权参与此后正式政府的组建，比如摩洛民族解放阵线等。2019 年 10 月，在庆祝国家和平月

---

① "The Philippines: the Conflict in Focus", Conciliation Resources, http://www.c-r.org/programme/southeast-asia/philippines-conflict-focus.

② 因新冠肺炎疫情，菲南自治选举已推迟举行。2022 年是菲律宾大选年，杜特尔特之后的政府，是否会继续深化在菲南问题上的政策，有待进一步观察。

③ Ahmet Furkan Mercan, "Philippines: Muslim Autonomous Area Premier Rakes Reins", Anadolu Agency, February 26, 2019, https://www.aa.com.tr/en/asia-pacific/philippines-muslim-autonomous-area-premier-takes-reins/1403663.

④ "How to Govern and Sustain Peace in Mindanao, The Philippines?", The Hague Academy, July 25, 2019, https://thehagueacademy.com/blog/2019/07/how-to-govern-and-sustain-peace-in-mindanao-the-philippines/.

的系列活动中,摩洛伊斯兰解放阵线领导人穆拉德与摩洛民族解放阵线领导人密苏阿里实现了历史性的会面。在会面过程中,摩洛伊斯兰解放阵线、摩洛民族解放阵线与菲律宾政府三方都展现出极大的包容度,且明确表态愿意为实现菲南地区持久的和平而努力。菲律宾总统和平顾问(Presidential Peace Adviser)卡里托·贾维尔(Carlito Galvez)表示:这次会面是历史性的,因为这是各位领袖、政府期望"实现国家的持久和平"这一愿望的集体反映。摩洛民族解放阵线领导人密苏阿里表示,很期待和平进程取得成功……我相信这是一个非常合适的时机,让我们携起手来,把总统对和平进程的期望尽快落实。而 BARMM 过渡政府主席穆拉德则表示:自治政府是开放的,我们邀请所有的团体参与其中,因为和平进程的成功取决于每一个人的努力,我们不排斥任何团体,我们需要所有人的参与。① 从这些表态来看,不仅摩洛民族解放阵线与摩洛伊斯兰解放阵线之间结束了此前长达几十年的冲突,而且二者将携手组建新的自治政府。此外,贾维尔还特别强调:我们将以和平的名义、尽最大的努力,为当地民众和政府之间架起沟通的桥梁,以促进相互之间的理解与团结。从这个视角看,与 1996 年相比,2019 年的菲南自治实体不仅实现了分离组织之间的团结,而且得到了菲律宾中央政府的大力支持,因而菲南地区的和平与稳定,无疑是十分值得期待的。

在杜特尔特政府的大力推进下,菲南和平进程得以迅速推进。当然,这并不意味着菲南动荡可以立刻消失。事实上,自 2017 年马拉维危机以来,菲南地区的动荡局势并未得到显著缓解。因为以阿布沙耶夫组织、穆特组织以及"邦萨摩洛伊斯兰自由战士"(Bangsamoro Islamic Freedom Fighters,BIFF)为首的极端组织仍活跃在菲南地区。未来,菲南和平进程的持续推进,仍面临着多重障碍:其一,极端主义分子将长期盘踞在菲南地区。2017 年的马拉维危机曾聚集了东南亚乃至全球多个国家的极端分子,这是东南亚恐怖组织试图重现伊拉克"摩苏尔"图景的一次尝试。马拉维危机影响深远,因为尽管极端分子最终失败,但流散各地极端分子,将长期盘踞在菲南地区。比如,阿布沙耶夫组织在苏禄岛的长

---

① Ellie Aben, "Philippine Separatist Leaders' Embrace Hints at Thaw in Ties", Arab News, October 2, 2019, https://www.arabnews.com/node/1562781/world.

期盘踞、邦萨摩洛伊斯兰自由战士在棉兰老岛中部地区频繁制造暴恐事件等。其二，分离武装人员的安置问题。根据此前达成的协议，摩洛伊斯兰解放阵线在自治政府成立后将分阶段解散自己的武装：第一阶段，2015年上缴75支武器、解散145名武装人员①；第二阶段，BOL通过后，摩洛伊斯兰解放阵线解散武装人员总数的30%（已于2019年11月完成）；第三、第四阶段，预计2022年之前分两批，分别解散武装人员总数的35%和剩余部分。② 解散分离武装的工作是简单且必要的，但能否让这些武装人员平稳地"重归社会"，将是菲律宾政府与地方自治政府的巨大考验。因为"解甲归田"（Decommissioning）并非仅是放下武器，而是要保证这些武装人员能够顺利回归社会且正常谋生。这无疑需要大量的资金、技能培训、教育等的投入，并非易事。其三，自治实体的成立能否成为菲南"极端主义的解毒剂"（Antidote to Extremism）。长期以来，摩洛伊斯兰解放阵线领导层对中央政府拖延邦萨摩洛自治实体的成立，表达过诸多不满，并认为自治实体的成立，才是菲南"极端主义的解毒剂"。③ 早在BOL通过之前，摩洛伊斯兰解放阵线成员伊克巴尔（Mohager Iqbal）就明确表示：只有当我们成为政府的一部分，我们才具有打击恐怖分子的道义与法律权威。④ 现在，新的自治实体已经成立，但过渡政府能否在菲南治理上"立竿见影"，平息长久以来动荡的菲南局势，真正消除菲南极端主义、恐怖主义等的存在，尚未可知。

二 对菲南权力下放进程的反思

在各国分离主义的治理中，权力下放是化解族群不满、遏制族群冲突的重要方式之一。权力下放的制度基础是权力分享，即通过分享权力

---

① 这一阶段的解散工作仅是"象征性"的，即MILF向菲律宾政府表明诚意，因而人员较少。

② International Crisis Group, *The Philippines: Militancy and the New Bangsamoro*, Asia Report N° 301, June 27, 2019, p. 11.

③ Amy Chew, "Islamic State's Grip Widening in Southern Philippines, says MILF leader", Channel News Asia, November 5, 2017, https://www.channelnewsasia.com/news/asia/islamic-state-s-grip-widening-in-southern-philippines-says-milf-9341224.

④ International Crisis Group, *The Philippines: Militancy and the New Bangsamoro*, Asia Report N° 301, June 27, 2019, p. 12.

来遏制或降低族群冲突的风险。根据分享权力来源的不同，可以分为包容性权力下放与分散性权力下放。前者侧重于少数族群参与国家横向权力的制度，如保留议会席位、参与特定机关决策（中国的全国人民代表大会中的少数民族比例）等；而后者则是通过向地方或部门下放权力，主要以分配形式完成，如族群地方自治（中国的民族区域自治制度）等。① 在很多情况下，权力下放被视为一种遏制策略，是国家在承认某少数族群自治权的基础上，维护国家统一、主权完整的一种手段。② 政治、经济、文化等方面的权力下放，通常被认为可以缓解地区之间、央地之间的不平等感，是一种预防或减少分离主义冲突的制度安排。③ 菲政府解决菲南摩洛问题，即是通过权力下放的形式。整体来看，菲南权力下放的进程可以分为两个基本前提、四个关键节点。具体来看：

菲南权力下放进程的推进，有赖于两个前提：其一，菲南分离组织愿意放弃独立的目标，接受自治的解决方式。在分离主义治理中，分离组织是否愿意调整斗争目标，是影响治理进程与结果的重要变量之一。分离组织愿意调整独立的目标，这是权力下放实现的第一个前提。放弃独立，意味着分离组织不再直接挑战各国国家主权统一、领土完整。因为对于绝大多数主权国家来说，权力分享是一个可以讨论的问题，而主权分离则是一个不可讨论的问题。以斯里兰卡猛虎组织为例，斯里兰卡政府一度表示愿意给予泰米尔人更多的自治权力，但猛虎组织依然不肯放弃独立的斗争目标，最终于 2009 年 5 月被斯里兰卡军方剿灭。其二，菲律宾政府愿意通过权力下放的方式，缓和或遏制菲南地区的族群冲突与矛盾。早在马科斯独裁时期，菲政府就尝试通过和平谈判、自治等方式平息菲南冲突，但因种种原因并未实现。此后，纵观菲律宾各届政府，无论是阿基诺夫人、拉莫斯总统，还是阿罗约、杜特尔特总统，都表示

---

① Nils-Christian Bormann, Lars-Erik Cederman, Scott Gates, Benjamin A. T. Graham, Somon Hug, Kaare W. Strøm, Julian Wucherpenning, "Power Sharing: Institutions, Behavior, and Peace", *American Journal of Political Science*, Vol. 63, No. 1, 2019, pp. 84 – 100.

② 李捷、雍通：《权力下放与分离主义治理——基于亚齐与菲南的案例分析》，《东南亚研究》2019 年第 5 期。

③ David R. Cameron, Gustav Rains and Annalisa Zinn, *Globalization and Self-determination: Is the Nation-State Under Siege*, Routledge, 2006, p. 203.

愿意给予菲南地区自治地位,这无疑为菲南权力下放奠定了基础。

此外,菲南权力下放的时间顺序,大体分为两次,且有四个关键性的节点:第一,1989年11月菲政府单方在菲南13个省市举行了公投,旨在建立摩洛自治区。然而,此次公投遭到了摩洛民族解放阵线等分离组织的抵制,他们呼吁民众拒投或投反对票,因而最终的投票率仅55%,仅有南拉瑙、马京达瑙、苏禄和塔威塔威四省赞成加入自治区。[1] 1990年11月,尽管自治区宣告成立,但事实上菲南仍处于动荡与冲突之中。第二,在《最终和平协议》的共识下,1996年7月摩洛民族解放阵线领袖密苏阿里参加了第二届"棉兰老穆斯林自治区"主席的选举。[2] 尽管摩洛民族解放阵线接受了菲政府的权力下放提议,但由于摩洛伊斯兰解放阵线等分离组织并未参与和谈,而且密苏阿里主导的自治政府亦存在腐败、权力滥用等问题,因而菲南摩洛分离问题并未解决,甚至一度加剧。第三,2014年3月菲政府与摩洛伊斯兰解放阵线签署《邦萨摩洛综合协议》,并在建立新的自治实体等问题上达成了一致。但是,此后阿基诺三世向国会提交的BOL草案并未获得通过,菲南权力下放的进程被延滞。第四,2019年1月"邦萨摩洛棉兰老穆斯林自治区"及过渡政府得以建立,正式开启了第二次菲南权力下放的进程。根据BOL的规定,至2022年5、6月的地方议会与行政长官选举前,以摩洛伊斯兰解放阵线成员为主的过渡政府,将暂时扮演自治区的管理者角色。(因新冠肺炎疫情,时间延后)

通过简单回顾,菲南两次权力下放的进程及结果,对于研究权力下放与分离主义治理的关系,具有重要的启发意义:其一,确保所有分离组织的参与,是权力下放得以实现的重要条件。在菲南地区的第一次权力下放进程中,尽管摩洛民族解放阵线与菲政府达成了一致,但由于摩洛伊斯兰解放阵线并未参与其中,因而菲南分离问题并未解决。这就是一种无效的权力下放,因为权力下放并未实现分离冲突的平息。其二,

---

[1] 吴哲宇:《菲律宾南部分离运动与和平谈判(1968—2014)》,硕士学位论文,台湾大学,2016年,第96页。

[2] 张礼栋:《菲律宾摩洛人分离运动之研究》,博士学位论文,台湾政治大学,1999年,第165页。

任何单方的权力下放都不可能获得成功。在分离主义的治理中,权力下放必须征得分离组织与中央政府的双重认可,任何单方意愿都不会取得良好效果。比如1989年菲律宾政府主导了菲南地区的自治进程,但最终并无任何实际效果,反而加剧了分离组织对中央政府的不信任感。其三,权力下放是一个程序性过程,双方都应保持最大的耐心和信心。从2014年协议的达成,到2019年新自治实体的成立,如果菲律宾政府与摩洛伊斯兰解放阵线任何一方缺少信心和耐心,那么菲南第二次的权力下放都不可能实现。尤其是,在2017年马拉维危机中,摩洛伊斯兰解放阵线保持了最大限度的克制,并未参与到菲南极端分子的暴乱活动中,为此后菲南权力下放进程的推进奠定了基础。当然,以"权力下放"方式解决菲南摩洛分离问题已有前车之鉴,如何避免此次的"权力下放"不"重蹈"1996年的"覆辙",才是真正实现菲南长治久安的关键。①

2019年新的棉兰老穆斯林自治区的成立,不仅标志着菲政府与摩洛伊斯兰解放阵线之间的和解进程达到了顶峰,同时也意味着菲南几十年的分离冲突暂告终结。然而,这并不是摩洛分离运动研究的终点,相反是新的起点。因为从分离主义治理的视角看,菲南分离运动仅是开启了和平之路,但并不意味着菲南和平时代的到来。未来,能否从分离反叛组织成功转型为地方政党或地方治理的参与者,将是决定菲南地区能否重铸和平的关键。换言之,以摩洛民族解放阵线、摩洛伊斯兰解放阵线为代表的分离组织,只有真正担负起自治政府的责任,切实履行地方治理的职责,真正扮演中央政府与菲南民众之间的调节者,菲南地区才能实现长治久安。具体来看,自治区过渡政府至少应发挥以下三个方面的作用:

其一,地方权力的整合者。菲南地区存在诸多部族,不同地区之间的部族时常发生冲突,这就需要地方政府发挥地方权力的整合作用,从中协调冲突、实现团结与合作。从这个视角看,新的邦萨摩洛自治政府需要特别重视对内部权力的整合,尤其是要确保菲南各地区、各族群在自治政府中的代表性,即保证地方自治政府的包容性与代表性。这是过渡政府正常运转与发挥作用的基础。因为只有保证各组织、各族群的权

---

① 靳晓哲:《〈邦萨摩洛组织法〉与菲南和平进程》,《国际研究参考》2018年第9期。

力共享，才能最大限度地避免地方权力的腐败与独裁，避免重蹈1996年自治政府的覆辙。而且，过渡政府还应着力满足菲南民众对和平的期望，努力提升在教育、卫生、基础设施等方面的建设，将和平与发展视为治理的优先事项。① 只有如此，过渡政府才能得到其他地方势力的支持，获得菲南民众的认可，真正转型成为地区治理者。

其二，外部威胁的应对者。自2017年马拉维危机后，菲南地区的恐怖主义威胁不断上升。当前，阿布沙耶夫组织、穆特组织、邦萨摩洛伊斯兰自由战士等恐怖组织仍在菲南地区活动，给当地的稳定带来了巨大的威胁。自2014年"伊斯兰国"在中东崛起以来，菲南地区的恐怖主义威胁持续增强，马拉维危机即是其以马拉维为基地，企图建立"伊斯兰国棉兰老省"（IS *wilayah* in Mindanao）的一次尝试。尽管并未完全占据马拉维市，但作为菲南地区仅有的"伊斯兰城"，其象征意义巨大。② 据悉，2017年6月的马拉维之战中，菲律宾军方至少击毙了8名外籍武装分子，其中2名马来西亚人、2名印尼人、2名沙特人、1名也门人和1名车臣人。③ 这充分体现了马拉维危机对全球恐怖分子的吸引力，也证明了马拉维市对恐怖分子的重要性。此外，基于菲南地缘环境的复杂以及极端分子的重点经营，菲南地区的恐怖主义威胁将长期存在。比如，阿布沙耶夫组织长期活跃在苏禄、巴西兰地区，穆特组织长期活跃在南拉瑙地区，而邦萨摩洛伊斯兰自由战士长期活跃在棉兰老岛中部地区等。由此来看，菲南地区真正的和平，将有赖于对恐怖主义威胁的消除。曾有观点指出，彻底解决菲南恐怖主义的基本前提是，菲律宾政府与棉兰老两大分离组织（摩洛民族解放阵线、摩洛伊斯兰解放阵线）携手推进地区和平进程。当前，新的自治政府的成立为摩洛民族解放阵线、摩洛伊斯兰解放阵线与菲政府之间的反恐合作，提供了新的契机。未来，能否有效遏制地区恐怖主

---

① International Crisis Group, *The Philippines: Militancy and the New Bangsamoro*, Asia Report N° 301, June 27, 2019, p. 26.

② International Crisis Group, *The Philippines: Militancy and the New Bangsamoro*, Asia Report N° 301, June 27, 2019, p. 3.

③ Zachary Abuza, "Duterte Must Move Beyond Martial Law to Counter Terrorism in the Philippines," The Diplomat, June 10, 2017, https://thediplomat.com/2017/06/duterte-must-move-beyond-martial-law-to-counter-terrorism-in-the-philippines/.

义的蔓延，将是影响菲南地区治理成效的重要方面。

其三，穆斯林民众与菲律宾政府之间的调节者。菲南摩洛分离运动的爆发，本就是南部穆斯林群体与天主教群体之间长期冲突、矛盾累积的结果，而化解长期的族群矛盾与隔阂，并非简单的权力下放或自治就能实现的。新自治政府的成立，为穆斯林民众与中央政府之间架起了一座桥梁。新的自治机关成立后，自治政府就成为菲律宾国家治理机构的重要组成部分，因而就负有治理地方的责任和职能。换句话说，权力下放不仅指代权力从中央到地方的转移，也意味着治理责任的下放。因而，只有更好地发展地方政府的治理效用，扮演中央政府与穆斯林民众之间的调节者、润滑剂，才能真正推进不同族群之间的和解与和平。从国家治理能力的视角看，地方自治政府实质上扮演的是调节者角色，发挥的是保障少数族群参与地方权力建构的作用。因此，至2022年菲南地方选举之后，自治区过渡政府能否有效协调中央政府与穆斯林民众之间的关系，扮演好地方治理者的角色，将是决定其能否顺利转型地方政党的关键。当然，权力下放仅是菲南摩洛分离问题解决的起点，是实现菲南和平与稳定的第一步。正如有观点指出的那样，"一个成功的邦萨摩洛自治政府可能并不能完全根除菲南地区的激进主义，但一个失败的邦萨摩洛自治政府必将带来更多的暴力和冲突，从而破坏棉兰老地区的和平前景"。①

第四节　社会治理与印尼亚齐分离运动

2005年8月，在放弃独立目标的前提下，印尼政府与"自由亚齐运动"签署了谅解备忘录（简称MOU）。根据谅解备忘录的相关规定，在印尼政府撤军与"自由亚齐运动"交出武器、解散武装的基础上，双方将终止所有的敌对活动，且允许曾从事分离活动的人员组建地方政党。②

---

① International Crisis Group, *The Philippines: Militancy and the New Bangsamoro*, Asia Report N° 301, June 27, 2019, p. 29.

② Ben Hillman, "Power-sharing and Political Party Engineering in Conflict-prone Societies: the Indonesian Experiment in Aceh", *Conflict, Security and Development*, Vol. 12, No. 2, 2012, pp. 149 – 169.

由此来看，谅解备忘录通过扩大自治权的方式实现了亚齐分离冲突的终止，而且为亚齐地方参与国家政治提供了蓝图。然而，从分离主义的治理看，结束分离冲突仅是第一步。在现代民族国家建构的建构中，只有真正提高地方的社会治理水平，才能从根本上实现对族群矛盾的分歧管控与冲突治理，进而真正实现族群包容、社会和谐。鉴于此，本节重点探究亚齐地区和解后的整体社会发展状况，并以社会治理为基本视角，对其族群关系融合等问题进行反思。

一　印尼亚齐地区的新动向

2006年印尼政府通过《亚齐自治法》，赋予亚齐地区高度的自治权。同年12月，亚齐进行了省长与19名县市的选举，最终"自由亚齐运动"的前发言人伊瓦尔迪·优素福①（Irwandi Yusuf）以38%的得票率当选亚齐省长。地方选举是亚齐和平进程中的一个关键步骤，不仅标志着亚齐分离问题以制度内的方式得到了解决，而且意味着亚齐社会治理进程的开启。换句话说，随着分离组织与中央政府和解的达成，亚齐分离问题已经完全回归到印尼国家制度之内，由此亚齐的发展已不仅是政府治理的范畴，亦属于社会治理的重要内容。整体而言，经过十几年的发展，亚齐地区政局基本稳定，但经济发展与民众福利水平等仍有待提升，部分分离冲突的遗留问题有待进一步消解或吸纳，更加包容的社会治理体系有待进一步建立与完善。

在政治与安全层面，亚齐的地方选举制度逐步完善，分离组织逐步转型为地方化政党，且在此基础之上，亚齐地区的安全秩序逐步稳固，暴力水平持续降低。2006年地方选举后，前"自由亚齐运动"成员逐渐组建了"亚齐党"（Partai Aceh）及其他5个地方性政党，以便参与省级议会选举。在2009年的在地方议会选举中，亚齐党获得了亚齐地方议会69席中的33席。此后，在2014年、2019年印尼大选中，亚齐地区的地方性政党亦积极参与其中。逐步制度化的亚齐地方政治，为亚齐暴力冲突等的消除奠定了基础。根据相关的数据统计，1999年至2005年亚齐每

---

① 谅解备忘录规定"自由亚齐运动"可以组建地方政党，但此时尚未组建，因此伊瓦尔迪·优素福是以独立候选人的资格当选。

月有133人死于暴力，而2006年至2012年则仅有7人。① 从横向对比来看，亚齐地区的暴力水平在印尼诸多省份中属于较低行列。据统计，2006—2009年，在每十万人平均遭受暴力的比例（per capita incidents）等相关统计中，亚齐地区在印尼16个省份中排第13位；在暴力事件导致的平均死亡人数上，亚齐地区在16个省份中排第8位。② 暴力冲突数量的迅速减少以及暴力水平的持续下降，是亚齐恢复正常社会秩序的基础与前提。此外，经过一段时间的推进与实施，亚齐普通民众对于谅解备忘录等的落实及社会秩序的恢复等，整体较为满意。在亚齐的低度冲突地区，2012年的受访者中有70%表示对相关和解协议的落实感到满意，仅有18%的民众表示不满意；而在高度冲突地区，有60%的受访者表示满意，约34%的受访者表示不满意。整体而言，一半以上的受访者表示，谅解备忘录解决了过去冲突中的大部分问题，且亚齐人是和平协议的主要受益者。③ 从这个视角看，自分离组织逐步转型地方政党以来，亚齐地区的政治秩序整体较为安定。

在经济与社会层面，受到长期冲突与海啸灾难的影响，亚齐的经济发展水平不高，且贫困率高于全国平均水平。整体而言，近年印尼经济的发展速度较快，属于东盟地区经济最为活跃的国家之一。与此相比，由于长期以来遭受分离冲突等的影响，再加上2004年海啸灾难的巨大破坏，亚齐的经济增长在所有省份中位居下游，与国家的整体发展仍有一定距离。而且，因长期冲突与灾后重建，亚齐地区的资源优势正在慢慢消失，整体经济发展并不景气。从表8—1中可以看出，2011—2017年印尼全国的经济增长率，始终高于亚齐地区的经济增长率；而从贫困率看，亚齐地区的贫困率则高于印尼全国的贫困率。这一数据不仅体现了亚齐经济在印尼全国的位置，而且从侧面也可以反映出近些年亚齐地区的整

---

① 李捷、雍通：《权力下放与分离主义治理——基于亚齐与菲南的案例分析》，《东南亚研究》2019年第5期。

② Patrick Barron, Erman Rahman and Kahrisma Nugroho, "The Contested Corners of Asia: Subnational Conflict and International Development Assistance, The Case of Aceh, Indonesia", *The Asia Foundation*, 2013, pp. 12–15.

③ Patrick Barron, Erman Rahman and Kahrisma Nugroho, "The Contested Corners of Asia: Subnational Conflict and International Development Assistance, The Case of Aceh, Indonesia", *The Asia Foundation*, 2013, p. 30.

体社会发展状况。换句话说，尽管分离冲突已于2005年结束，但分离冲突给亚齐带来的"地区创伤"，仍然久久难以消除。从时间上看，1996年亚齐的贫困率为12.7%，列印尼34个省第23位；而到2011年贫困率为19.6%，列第28位。① 不可否认，海啸灾难对于亚齐的经济、社会等造成了巨大的破坏，以至于在未来十几年甚至几十年，亚齐的经济发展水平都较低。但上述数据仍然在某些方面，反映出亚齐的社会发展状况并不乐观。

尽管亚齐和解可以被视为暴力冲突妥善解决的例证或典范，但这并不意味着冲突或不满的完全消除。有学者指出，在后赫尔辛基协议时期，亚齐社会仍存在三种主要的冲突：第一，因经济竞争、政治争论等诱发的冲突，如选举暴力等；第二，前分离组织成员与分离组织精英之间的冲突，二者因获益程度的差异而产生对抗，如普通成员对精英权力腐败等的不满与愤怒等；第三，亚齐地区的主导族群与其他非主导族群之间的冲突，前者通常是"自由亚齐运动"的支持者，后者则通常反对"自由亚齐运动"。② 比如，亚齐地区的少数族群与亚齐族群之间就存在一定的权力与利益冲突，前者通常处于亚齐社会政治的边缘化地位，因而对亚齐族群多有不满。这种社会族群的裂痕，对于亚齐社会的治理与发展并不是一个小问题，而是事关地区可持续和平与有效治理的大问题。正因如此，后分离时代的亚齐社会应该更加注重建立包容、多元的社会治理体系，而不能仅靠政府治理等来促进社会发展。

---

① Riyana Miranti, "Provincial Poverty Rates in Indonesia, 2006 – 2011", *Support for Economic Analysis Development in Indonesia* (*SEADI*), 2013, p. 5. https://www.researchgate.net/publication/258537144_Miranti_R_2013_Provincial_Poverty_Rates_in_Indonesia_2006 – 2011_Report_prepared_for_the_TNP2K_Support_for_Economic_Analysis_Development_in_Indonesia_SEADI_USAID.

② Mohammad Hasan Ansori, "From Insurgency to Bureaucracy: Free Aceh Movement, Aceh Party and the New Face of Conflict", *International Journal of Security and Development*, Vol. 1, No. 1, 2012, pp. 31 – 44.

表8—1　　2011—2017年印尼全国及亚齐经济增长率、贫困率对比　　（%）

年份	2011	2012	2013	2014	2015	2016	2017
印尼经济增长率	6.17	6.03	5.56	5.01	4.88	5.03	5.07
亚齐经济增长率	3.28	3.85	2.61	1.55	-0.73	3.31	4.19
印尼贫困率	14.49	12.49	11.66	11.17	11.2	10.7	10.1
亚齐贫困率	19.57	19.46	17.6	18.05	17.08	16.73	16.89

资料来源：Reovasimulo Anakusara, Abd Jamal, Chenny Seftarita and Indra Maipita, "Economic Growth and Employment in Agricultiural Sector on Poverty in Aceh Province', *Trikonmika*, Vol. 18, No. 1, 2019, pp. 1 – 7; Adhiana and Asmawati, "Analysis of Poverty Level Finshermen Community Post Tsunami in Aceh, Indonesia", International Journal of Science and Research Publictions, Vol. 6, No. 8, 2016, pp. 596 – 602; World Bank, https://data.worldbank.org.cn/。

综上所述，尽管亚齐分离的和解已经实现，且分离组织也已经转型为地方性政党，但分离主义涉及的身份认同、族群矛盾、社会发展等问题，仍将长期存在。比如，有关和解协议的落实与推进工作，相关的遗留问题仍然存在，诸如亚齐地方旗帜、符号等。据悉，有关亚齐特别行政区的旗帜是否应该与"自由亚齐运动"的旗帜完全相同，亚齐人与中央政府等的认识不一致，亚齐内部的看法也不完全相同。[①] 再比如，有关亚齐历史上的人权侵犯等善后处理，依然是亚齐社会矛盾的焦点之一。如2019年7月，在亚齐地方议会大厦举行了为期两天的听证会，目的就是对苏哈托时期军政府在亚齐当地的暴行进行裁定。这是亚齐真相与和解委员会（The Aceh Truth and Reconciliation Commission）组织的第二次听证，去年11月他们曾举行了首次听证。[②] 从这个问题看，分离治理并非以和解协议为终点的，长期的分离冲突给亚齐留下的创伤，并非短时间内可以消除的。亚齐的分离运动已经终结，但亚齐的族群矛盾及其转

[①] Pizaro Gozali Idrus, "Indonesia, Aceh Celebrates 14th Peace Day", Anadolu Agency, September 25, 2019, https://www.aa.com.tr/en/asia-pacific/indonesia-aceh-celebrates-14th-peace-day/1594293.

[②] Galuh Wandita, "The Aceh Truth and Reconciliation Commission, Giving a Voice to Survivors", Justiceinfo.net, August 1, 2019, https://www.justiceinfo.net/en/justiceinfo-comment-and-debate/opinion/42061-aceh-truth-and-reconciliation-commission-giving-a-voice-to-survivors.html.

型后的地方政党,仍是以"亚齐"作为其身份认同基础的,因为族群身份并不会因"一纸和解"而马上消除。换句话说,亚齐虔诚的伊斯兰环境及众多的穆斯林对自我身份的认知与界定,与印尼国家相对世俗化、民主化的宗教氛围之间,仍然存在一定的隔阂,只是这种隔阂不再以"诉诸分离"的极端方式而存在。这种以身份为基础的族群问题及其裂痕必将长期存在,影响也是深远的。未来,要真正实现亚齐地区的族群和谐,不仅需要地方政府的努力,还有赖于对整个地区的有效治理。正如有学者所指出的"亚齐的民族和解道路还很漫长甚至会出现反复,亚齐社会对于印尼的国家认同,将有赖于亚齐和印尼中央政府的共同建构与努力"。[1]

二 对亚齐社会治理的反思

本质上,现代民族国家是一种政治社会,这种形态属性决定了国家并非通过亲情、习俗、宗教等来维系,而是通过公共意志、公共舆论以及制度体系等来维系,其使命是要将分散的个体和组织整合成为一个有机的整体。[2] 在这一基础上,分离冲突的终结与和解协议的达成乃至权力下放的实施等,均不是国家建构或国家治理的终点。权力下放是缓和、化解分离冲突的重要方式,但并非分离主义治理的最终目的。分离主义治理的最终目的,是通过权力下放等方式,实现各族群之间的融合与发展。换句话说,如果说权力下放是对少数族群身份的一种尊重,是在承认差异的基础之上,在承认国家主权统一的前提下的一种协调。那么,社会治理则是对权力下放的一种深化,是一种以地方政府治理为基础的,融合了社会其他力量的一种地方管理体系,目的就在于进一步促进族群融合与社会和谐。在后分离时代,亚齐地区能否真正融合于印尼整个国家的发展,将是决定亚齐后续发展与长治久安的关键。基于此,对分离主义的治理不能仅终结于权力下放,而应该着眼于更为宏观的社会治理、

---

[1] 张洁:《民族分离与国家认同——关于印尼亚齐民族问题的个案研究》,社会科学文献出版社2012年版,第190页。

[2] 付春:《族群认同与社会治理——以川、滇、黔地区十个民族自治地方为研究对象》,经济科学出版社2015年版,第21页。

乃至国家治理。

　　作为一个曾经发生过严重分离冲突的地区，只有在不断提升地方政府的治理能力的基础上，承认地方族群的特殊性、不断协调族群认同与国家认同的关系、建构一个包容与多元的社会治理体系，才能逐步消解亚齐地区长期累积的族群积怨，实现亚齐地区的永久和平、稳定与和谐。结合亚齐十几年的治理实践，未来亚齐地区的社会治理应重点关注以下四个方面：首先，提升地方政府的治理能力，这是保持亚齐社会稳定的基础。在和解之后，分离组织转型成为地方政党，并在亚齐的发展中扮演了关键角色。基于海啸灾难、分离冲突等，自治之后亚齐地方政府获得了国内、国际等的大量援助。尽管十几年来亚齐社会整体稳定，但很多民众认为，自治政府在落实改革与促进发展方面的能力略显不足，尤其是公共服务、民众福利等方面并没有得到显著改善。[1] 与权力下放相对应，地方政府将在亚齐社会的治理中扮演更多的角色、承担更多的责任。这就意味着亚齐地方政府不仅要执行印尼中央政府的国家发展政策，还要负责设计、协调、执行本地区的发展政策。比如，确定短期、中期和长期的优先发展事项，了解民众生活状况、削减贫困等。当然，从分离组织完全转型为地方治理者，并非一蹴而就，而是需要一个长期的学习、探索过程，但在此过程中，提升地方政府的治理能力是关键。

　　其次，承认差异性是亚齐社会治理的重要内容。在任何社会形态中，差异都是正常的社会现象。多元社会的族群差异，并不必然导致不可调和的矛盾和冲突。就像大卫·莱丁所言：族际分野固然是关于公共利益分歧与争端的一个重要因素，却并不具有导致暴力行为的特殊潜质。[2] 族群交往是一个具有弹性的实践活动，族群之间既可以和平共处、团结协作，又可以武力相加、恶性拼杀。族群关系是否和睦，主要取决于各族群对共同体性质的判断。基于地缘、历史、现实等因素，亚齐族群与印

---

[1] Iskhak Fatonie, *Decentralization and Local Governance in Post-Conflict Societies: Sustainable Peace and Development, The Case of Aceh*, Ph. D's Dissertation of University of Vienna, Austria, 2011, p. 184.

[2] David D. Laidin, *Nations, States and Violence*, New York: Oxford University Press, 2007, pp. 40–41.

尼其他地区的族群具有先天的差异性，而这种差异在现实因素的作用下，逐步被解读为不平等、敌意，进而造成了长期的分离冲突。这种分离冲突的出现，很大原因是亚齐族群没有感知到来自印尼国家的尊重。正因如此，在地方社会治理的实践中，应该充分尊重各族群间的差异性、承认并给予少数族群合法地位与发展空间。这就涉及社会治理的参与性问题。即，在具体的治理实践中，印尼政府应充分汲取和采纳多群体的建议，在尊重差异性的基础之上，真正建立一个多主体、多层次、多元化的社会治理体系。

再次，协调身份性是亚齐社会治理的关键要素。国家认同与族群认同之间的协调，是分离主义治理的重要内容。通常来说，分离主义的产生是国家认同出现危机的最突出表现，而国家认同危机本质上体现为国家治理能力的不足。从这个逻辑看，作为国家治理体系的重要组成部分，后分离时代的社会治理必然要解决的问题，就是国家身份与族群身份之间的关系问题。在现代民族国家中，国家是国内政治的绝对"中心"，而分离观念的产生就在于对这一"中心"地位的弱化，即国家认同的"去中心化"。[①] 与此同时，本来作为一种文化身份的族群认同，逐渐成为某族群的"中心"，从而导致了文化身份的政治化，由此导致了分离冲突的产生。当前，亚齐分离问题尽管已经和解，并通过权力下放的形式得到了进一步巩固，但在后续的社会治理中，仍要时刻关注族群身份之间的协调性。一方面，确立国家的中心地位、明确亚齐的地方属性，是保持亚齐社会长期稳定的根基。尽管基于宗教、族群等差异性，印尼中央政府对亚齐实行了高度自治，但自治的前提是承认国家的主体性，这一点必须在地方社会治理中予以突出。另一方面，在高度自治的前提下，印尼中央政府充分考虑亚齐地方发展的特殊性，给予必要的帮助与倾斜。目前，无论是亚齐地方政府还是印尼中央政府，在这一方面都付出了诸多的努力。比如，亚齐地区每年都会举行《赫尔辛基谅解备忘录》签订等一系列的和平庆祝与纪念活动，意在提醒民众珍惜来之不易的和平局面。与此相对，由于长期的冲突及灾后重建，亚齐地方发展的资金很多

---

① 沈晓晨：《分裂主义与国家认同研究——以新疆分裂主义为例》，社会科学文献出版社2018年版，第79页。

都由中央政府直接拨付。据亚齐地方人民代表委员会 2018—2019 年的统计数据，印尼中央政府为亚齐地区配备了一项特别自治预算，总计约 52 亿美元。① 这些内容都体现了，亚齐地区的社会治理等正在进一步的完善之中。

最后，建设包容性的社会治理机制，是亚齐分离主义治理的最终目标。包容性社会治理机制，是指通过制度安排实现对差异身份的包容，其前提是尊重并承认族群文化、身份等的多样性。在多族群国家，少数族群的存在及其文化得到国家法律的承认，是其拥有合法权利的首要前提。② 承认少数族群的身份与平等地位，就意味着赋予了其作为国家主人翁的地位，这是包容性社会治理机制建设的基础。在现代民族国家中，建构一种包容性的社会治理机制，以在既定的国家政治框架内容纳民族、宗教等的多样性，是一种双赢的选择。正如亨利·海勒所言：决定少数民族去留意向的一个重要因素，是国家和中央政府的性质是压迫性的还是平等协作性的；如果国家和中央政府愿意且能够满足民族地区的利益，那么少数民族就会发现留在既有国家内符合自己的利益。③ 包容性社会治理机制的建设，不仅能对多元社会族际冲突实施有效的管控，还是完善国家治理能力、提升国家管理水平的重要途径。就前者而言，通过政府及其他社会主体的参与，建立相应的冲突预防、协调、处理机制，可以充分实现分歧协调、矛盾缓和、冲突治理等效果，极大地增强对族群冲突的管控。而从后者看，包容差异、协调分歧不仅是维护国家主体性的重要方面，还是提升国家治理水平的重要内容。

---

① Pizaro Gozali Idrus, "Indonesia, Aceh Celebrates 14th Peace Day", Anadolu Agency, September 25, 2019, https://www.aa.com.tr/en/asia-pacific/indonesia-aceh-celebrates-14th-peace-day/1594293.

② 王建娥：《包容与凝聚：多民族国家和谐稳固的制度机制》，中国社会科学出版社 2018 年版，第 21 页。

③ Henry E. Hale, *The Foundations of Ethnic Politics, Separatism of States and Nations in Eurasia and the World*, Cambridge University Press, 2008, p. 72.

第五节　分离主义治理与国家治理能力建设

自 20 世纪 90 年代以来，世界范围内的族群冲突愈演愈烈，从缅甸、阿富汗、叙利亚、也门，到乌克兰，一波未平一波又起，且没有减缓迹象。[①] 作为族群冲突最为极端的方式之一，分离主义直接挑战的是国家的主权和领土完整。对分离主义进行有效治理，始终是民族国家建构进程中的重要课题之一。当然，分离主义的治理是一项长期性、系统化的工程。由于各国分离运动的具体表现不甚相同，各国的应对政策亦各有差异，但多国案例已经证明，短期性、单一化的治理政策很难应对分离主义的挑战。对于民族国家来说，只有增强自身的国家治理能力，才能应对国内外的各种挑战、灵活处理各种危机事件。基于此，本节以东南亚各国治理分离运动的实践为基础，对分离主义治理与国家治理能力建设等相关问题进行探究与反思。

一　东南亚四国分离主义的治理实践

作为一个多族群、多语言、多宗教的地区，东南亚地区的分离运动不仅是困扰各国的重大问题之一，也是影响地区和平与稳定的重要议题之一。[②] 本书以缅甸国内分离运动、泰南马来穆斯林分离运动、菲南摩洛分离运动、印尼亚齐分离运动等为案例，探究了当代东南亚分离运动的起源、发展与治理等问题。通过对四国分离运动进行分析可以发现，在分离主义的治理问题上，东南亚四国所处的阶段并不相同。从治理的基本状态看，缅甸国内冲突仍在持续，地方割据势力仍然存在，分离主义问题等仍未解决；泰国南部的分离运动与极端主义等有勾连，且始终未放弃独立的斗争目标；菲律宾南部的分离运动尽管已经与政府实现了和解，正处于向地方化政党转型的阶段，但未来仍存在诸多变数；印尼亚齐分离运动已完成了地方政党化转型，正处于后分离主义时代不断深化

[①] ［加］威尔·金利卡：《多元文化的公民身份——一种自由主义的少数群体权利理论》，马莉、张昌耀译，中央民族大学出版社 2009 年版，第 2 页。

[②] 施雪琴：《战后东南亚民族分离主义运动评述》，《世界历史》2002 年第 6 期。

的社会治理阶段,未来处理好地方与国家的身份认同问题是重中之重。当然,尽管分离主义的治理与各国政府的政策密切相关,但却并非仅是一种单方治理,而是在分离运动与各国政府不断博弈的进程中得以实现与完成的。从当前各国分离主义的基本状态看,缅甸国内分离运动、泰南马来穆斯林分离运动、菲南摩洛分离运动、印尼亚齐分离运动等存在一种内在的关系,即当前四国分离运动的治理状态并不相同,且在治理效果上依次由差到好。那么,各国分离主义的治理效果主要由什么决定呢?基于对四国分离运动起源、发展与治理的探究,本书认为一是与分离运动的意识形态及其分化程度有关,二是与各国的国家治理能力建设有关。

具体来看:一方面,分离主义的治理效果与分离组织的意识形态及其分化程度密切相关。有学者对1975年至2011年的93个分离主义案例进行了研究,初步发现约有33个案例完成了从反叛运动向地方政党的转型,约占总数的35.5%,而有大约三分之一的反叛组织则继续在法律政治框架内寻求实现其目标。[1] 对此,米米·科瓦奇(Mimmi S. Kovacs)和索菲·哈茨(Sophia Hatz)就指出,分离主义武装是否可以实现地方政党的转型,与分离主义运动是否采取地区主义立场及其内部的意识形态转变密切相关。分离运动的意识形态转变主要指的是,意识形态的去激进化过程,即态度与行为上从宣传分离(激进主义)到接受自治(温和主义)的转变。在此过程中,有两个因素影响着分离主义向地区主义的意识形态转变。[2] 第一个是组织分化,即同一分离运动内部不止存在一个分离组织,或在同一个分离组织内部存在不止一个意识形态取向(如强硬派、激进派、温和派);第二个是内部争论,即在分离运动内部存在一种"走向何处"的内部争论,尤其是在领袖能力

---

[1] Mimmi Soderberg Kovacs and Sophia Hatz, "Rebel-to-party Transformations in Civil War Peace Processes 1975–2011", *Democratization*, Vol. 23, No. 6, 2016, pp. 990–2008.

[2] 李捷、雍通:《权力下放与分离主义治理——基于亚齐与菲南的案例分析》,《东南亚研究》2019年第5期。

缺乏、传统领导力被削弱且不能控制内部宣传或政治话语的情况下。[①] 从这个视角看，依据分离运动是否分化与分化程度的高低，东南亚四国的分离运动可以分为两种类型：缅甸国内分离运动、泰国南部马来穆斯林分离运动属于意识形态与组织分化型，而与此相比，菲南摩洛分离运动与印尼亚齐分离运动属于意识形态与组织单一型。在前者的分离主义发展中，由于存在多个分离组织，且缺乏有号召力、影响力的领袖，分离运动的发展较为分散且意识形态较为顽固，不易转化。在缅甸国内冲突的背景下，尽管有诸多地方武装与中央政府实现了和解，但这种和解是较为脆弱的，且很多地区实际上处于割据状态。在泰国南部马来分离运动中，由于缺少权威领袖的凝聚力和号召力，分离运动中多目标性、多组织化导致了分离组织力量的分散，且始终不愿放弃独立的目标。与此相对，菲南摩洛分离运动与印尼亚齐分离运动在组织分化程度上较低，从而为其意识形态的转化奠定了基础。菲南主要存在摩洛民族解放阵线与摩洛伊斯兰解放阵线两大分离组织，亚齐则仅由"自由亚齐运动"一支分离武装组织，因此在意识形态与领袖权威上较为集中，由此在面对内外部不利局面时，易向地区主义进行转化，即通过降低目标来换取既得的利益。

另一方面，分离主义的治理效果亦与各国国家治理能力的建设有关。有研究对15个存在分离主义的案例进行了质性分析之后发现，影响分离主义实现路径或原因的组合分为两种。第一种要求同时具备"非民主政体""经济不发达""外部干预"和"国家统一时间短"四个条件，而第二种路径则要求同时具备"非民主政体""经济不发达""外部干预"和"分离主义组织的暴力化"四个条件。也就是说，分离主义成功实现其独立目标的主要机制是，政治与经济双重不发达的"脆弱国家"在面临外部冲击的情况下，主动放弃了分离运动主张地区的主权，从而让分离运动实现了独立。[②] 这一观点对本书的研究具有重要的启发作用。实际上，

---

① Gyda M. Sindre, "From Secessionism to Regionalism: Intra-organizational Change and Ideological Moderation within Armed Secessionist Movements", *Political Geography*, Vol. 64, 2018, pp. 23–32.

② 郝诗楠、高奇琦：《分离主义的成与败：一项基于质性比较分析的研究》，《世界经济与政治》2016年第6期。

在东南亚四国的分离运动治理中，国家治理能力是影响其治理效果的另一个重要因素。缅甸、泰国的国内政局并不稳定，属于"政治与经济双重不发达"的国家，因而在国家治理能力方面显得较为脆弱，尤其是冷战时期面对外部势力的介入，可采取的应对措施并不多。当然，这两个国家面临的外部干预程度都较低，而且本国始终并未放弃对分离地区的主权要求，因而并未造成分离地区的独立。而与此相对，菲律宾、印尼的国内政权则相对较为稳定。菲律宾在历经马科斯独裁政权之后，很快进入了民主转型时期，国内政权较为稳定且对菲南的政策延续性较强；而印尼在经历了长达近30年的苏哈托独裁后，也进入了民主转型时期，再加上后续的经济发展较为迅速，因而国家的治理能力相对较强。从这个视角看，经济、政治等组合而成的国家治理能力是有强弱之分的，而这种能力之别将是影响分离主义治理效果的重要因素。而与此相对，民主或非民主政体等要素在东南亚地区的影响并不显著。

二 对国家治理能力建设的启示

在当今世界，国家治理问题无疑是最受人瞩目的热点议题之一。面对国际社会不断出现的非传统安全，诸如恐怖主义、分离主义、极端主义、全球变暖、环境污染等世界性问题，世界各国改变了此前强硬的统治手段，代之以更为柔和的处理方式，以缓和矛盾、谋求发展，国家治理理念由此产生。[1] 从世界历史看，古往今来的大多数社会动荡、政权更迭，大都可归结为没有形成有效的国家治理体系与治理能力，从而使各种社会矛盾和问题日积月累、积重难返，并带来了严重的政治后果。[2] 分离主义的产生与发展，便是族群矛盾与冲突的极端化反映，由此加强国家治理能力的建设，对于分离主义的治理至关重要。

从东南亚四国分离运动的现实状况看，由于各国分离主义的现实走

---

[1] 叶中华、董鹏：《提升国家治理能力的理论思考与实践方向》，《国家治理》2019年第2期。

[2] 孔新峰：《习近平关于推进国家治理体系与治理能力现代化重要论述的历史逻辑与科学内涵》，《当代世界社会主义问题》2019年第1期。

向并不一致,未来四国需要重点解决的问题亦不相同。缅甸国内处于长期的冲突之中,各地方分离武装实际上处于割据状态,这与其国家权威性的不足密切相关。缅甸国家权威性的不足,是其长期以来的国家权力族群化及其社会整合不良的结果。以此为基础,缅甸对国内地方分离武装的治理应更加侧重于强制能力建设,即只有树立国家权威、夯实国家政权的基础,才能解决地方武装或割据问题。与缅甸不同,泰国南部的分离运动并非地方割据的问题,而是分离组织逐渐向极端主义靠拢的问题。因为泰南分离运动已经不具备进行武装斗争的实力,却始终不愿放弃独立的目标,由此为了维持分离的高成本,不得不向极端主义逐渐靠拢。与此同时,泰国政府在泰南分离问题上缺乏控制力,这与其国内政局的不稳定密切相关。未来,泰国政府需要加强对南部地区的控制能力,即借助泰南民众的支持,通过夯实国家合法性与政府稳定性,实现对泰南分离主义的彻底消解。

从分离主义的治理角度看,权力下放已经成为各国治理分离运动的重要方式之一。菲南摩洛分离运动与印尼亚齐分离运动,都是通过这种形式得以和解,只是有所不同的是,前者正处于权力下放的进程之中,而后者则已经进入了社会治理的阶段。具体而言,菲南地区的权力下放已经实现,但分离组织能否成功转型为地方政党,有待进一步观察。而影响这一进程的关键是,地方过渡政府或前分离组织精英能否发挥调节器的作用。即,作为国家治理能力建设的核心要素,政府治理与社会治理是国家治理能力建设的两个方面。对于菲南地区而言,能否有效将各种地方力量吸纳进地方政府的治理之中,将是菲南治理成败的关键。与菲南地区相比,印尼亚齐的权力下放早已完成,并且地方过渡政府也很好实现了对地方各种势力的吸纳。当然,这并不意味着分离主义治理的最终完成。因为作为民族国家建构进程中的一种反向力量,分离主义的治理是一项系统性、多层次的工程。在印尼中央政府和亚齐地方政府的共同努力下,亚齐已经积极融入到了印尼整个国家的发展进程之中。未来,只要建构更加包容性的社会治理机制,逐步增加社会治理在分离主义治理中的比重,将最大限度地消解亚齐分离主义思想等残留,推动稳定、积极、和谐族群关系的建立。

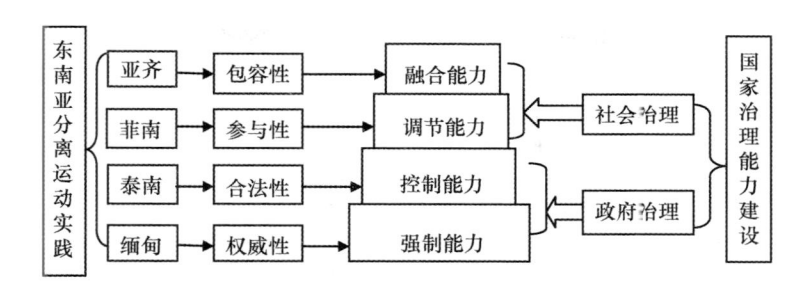

图 8—2　分离主义治理与国家治理能力建设的关系

资料来源：笔者自制。

综上所述，基于对东南亚四国分离运动治理实践的分析可知，当前各国面对的分离挑战不同，国家治理能力建设的重点亦各有差异。缅甸国内长期冲突的解决，需要从根本上加强国家权威性的建构，即增强国家强制力；泰南地区面临极端主义的挑战，说明泰国在泰南地区的合法性不足，应该着重增强国家的控制能力；菲南地区的分离冲突已经实现和解，但未来能否实现长治久安，将主要取决于分离组织能否成功转型为地方政党，即最大限度吸引地方力量参与到过渡政府之中，并在国家治理中发挥调节作用；亚齐地区已经完成了地方政党的转型，但仍然存在一些分离主义的遗留问题，为此建构更加包容的社会治理体系，增强族群之间的融合能力，将是未来国家治理能力建设的重点。鉴于此，从分离主义治理的角度出发，国家治理能力的建设应该主要包含两个方面：政府治理与社会治理。前者是后者的基础，而后者是对前者的深化。作为一项系统性较强的工程，分离主义的治理不能仅仅依靠政府的强制与控制能力，还应该包含社会的调节与融合能力。政府治理的重点是打击分离主义武装的有生力量，消解其暴力性与政治性，应对外部力量对本国内政的干预，而社会治理作为政府治理的有效补充，其重点在于深化各族群之间的认知，协调各族群之间的关系，以从根源上化解族群矛盾与冲突，最终夯实分离和解的成果。总之，对于分离主义的治理，只有集合政府与社会的力量，从思想上对其进行消解，才能从根本上实现不同族群间的和谐共处与长治久安。

结　　论

本书研究的主题是"当代东南亚分离运动的起源、发展与治理",旨在探究东南亚各国分离运动起源、发展与治理中的共性与不同。通过回顾相关的研究文献,发现国内外学术界对东南亚地区分离运动关注,多集中于整体的概括性研究与个别案例的多视角分析。这种总结性或个体化的探究,往往缺失了对地区环境及背景影响的研究,也缺乏对多案例的一般性解释,尤其是对于东南亚分离运动内在机理的理论分析显得不足。而且,尽管东南亚多个国家均面临分离主义的挑战,但几乎起源于同一时段的不同国家的分离运动,在现实发展与国内治理层面却出现了显著不同。比如,缅甸国内长期处于冲突状态,泰南分离主义则与极端主义有着诸多勾连,而菲南、印尼亚齐则正在或已经处于权力下放的进程之中①,等等。那么,是什么因素导致了这些相似与不同呢?基于此,本书从起源、发展、治理三个既相对独立,又联系紧密的问题出发,对相关的问题进行了理论与现实分析。

第一,东南亚各国分离运动的起源,是异质性与社会动员综合作用的结果。在东南亚地区,分离主义的起源绝非偶发性的,而是遵循着一定的发展路径或现实逻辑。"二战"结束后,东南亚各国都面临着现代化

---

① 这里需要说明的是,本书对四个案例现实走向的总结,均是基于分离主义的视角,而并非从各国整体。尽管东南亚各国情况差异显著,但从分离主义的视角看,各案例之间具有问题上的共通性。基于此,本书对东南亚各国分离运动的现实走向做出了大致研判。以缅甸为例,缅甸问题绝非仅仅是分离主义的问题,而是多重因素复杂作用的结果,但从分离主义的视角分析缅甸民族地方武装的存在,亦并非完全不可行。正因如此,缅甸国内分离运动属于"未解决"的一类情况,且民族地方武装将可能长期存在。换句话说,本书尝试从分离主义的视角探究相关的理论与现实问题,而并非全面、整体地把握各国状况。

与民族国家建构的双重挑战。在此进程中，横向差异导致了集体不满的累积，这是分离运动起源的现实性因素；而族群历史中厚重的本土观念刺激了概化信念的形成，这是分离运动起源的原生性因素。二者的相互融合与作用，刺激了族群之间的社会比较与社会类化，带来了族群异质性的扩大，进而催生了少数族群与主体族群之间的对立、矛盾与冲突。然而，族群冲突并不必然导致分离运动的产生，但少数族群精英对族群怨愤等的利用与鼓动，最终推动了族群冲突不断走向政治化，进而触发了分离运动的生成。在此过程中，少数族群精英通过"框架建构"将本族群的现实不满归因于主体族群的"有意为之"，并将其建构为一种歧视和剥夺，以此来激发本族群民众的反抗意识。通过强化本土观念与现实不满，族群精英建构出一套"只有脱离既有国家才能解决当前困境"的方案，不断将族群问题政治化。通过对族群异质性的利用以及对族群成员的社会动员，分离运动最终产生。

　　本书以缅甸国内、泰国南部、菲南摩洛、印尼亚齐等为案例，对上述观点进行了初步论证。通过研究，四国分离运动的起源，尽管在具体要素上并不一致，但在内在逻辑上却是共通的。具体而言，缅甸国内分离运动起源于克伦族对失去既有地位的恐惧，并且在昂山遇刺、国家独立等的刺激下，以武装反抗的方式谋求建国，随之诱发了缅甸国内多族群的分离运动；泰国南部分离运动起源于马来穆斯林对泰国同化政策的不满，在马来亚独立等因素刺激下，马来穆斯林逐渐将现实不满与历史记忆相结合，开始寻求独立或加入马来亚；菲南摩洛分离运动起源于摩洛人对菲律宾政府整合政策的不满，在雅比达屠杀事件等刺激下，摩洛人拿起武器、走上分离道路；印尼亚齐分离运动起源于中央与地方权力的竞争，在油气资源等分配不均的刺激下，现实不满与历史荣光等复杂交织，最终引发了武装分离运动。综上而言，尽管在具体表现上各异，但东南亚四国的分离运动，均起源于现实因素与历史因素相结合，进而在族群精英的动员下，扩大对族群异质性的解读，是将族群冲突不断引向政治化的结果。然而，需要说明的是，族群精英建构的分离起源逻辑实质上是"虚幻的"，因为利用历史记忆的本土观念建构的分离主张在根本上是站不住脚的。换句话说，历史上曾经的独立王国与现代民族国家完全是两种不同的概念。正如贾恩弗兰科·波齐所言：国家是一种"形成"的现实①；最终形成为国家领土的那片土地，是由许多块在历史上具有完全不同归属的土地合并而成的，居住着许多具有不同历史记忆的人口集团或历史民族②。由此来看，将历史上的本土观念异化为分离的合理性，在根本上是"虚幻的"，是站不住脚的。

第二，东南亚分离运动的发展，是一个与中央政府不断博弈的过程。相对的弱势性是东南亚分离运动发展的逻辑起点，因为其首要表现是对所在国家主权的排斥，此后在不对称的动态博弈中，地区化、国内化、国际化等是其三个主要的发展方向。在地区化方向上，影响分离运动发展的主要是领袖与运动的分化程度。分离运动的领袖权威性越强，则凝聚力越强，越不容易出现运动的分化；反之，领袖的权威性越弱或存在多个领袖，则出现多个分离组织的可能性就越高，分离运动的分化程度就越高、凝聚力就越差。在国内化方向上，能否动员到足够多的国内资源是其发展的关键。如果一国分离运动可以得到本族群民众的大力支持，则其在与所在国政府博弈的过程中就能获取更多"资本"；反之，则其内在的弱势性就会加剧。在国际化方向上，能否动员到足够多的国际支持是其发展的关键。如果分离运动可以借助国际社会中的国家和国际组织，获得其资金、意识形态等的明确支持，则其就能通过国际社会向所在国政府施压；反之，则国际支持较低。但是，需要说明的是，就一国分离运动的发展而言，地区化、国内化、国际化均是其发展的重要方向且同时进行，三者之间相互影响。简言之，地区化、国内化、国际化三个发展方向既相对独立、同时并存，但也存在一定的递进、继承关系，前者是后者发展的重要基础与前置性条件。

本书以缅甸国内、泰国南部、菲南摩洛、印尼亚齐等为案例，对上述观点进行了初步验证。通过研究，四国分离运动在地区化、国内化、国际化三个方向上的发展各不相同。缅甸国内分离运动的发展，始于克伦族的"发难"，此后在国内冲突的背景下，掸族、克钦族等先后提出了

---

① [美]贾恩弗兰科·波齐：《近代国家的发展——社会学导论》，沈汉译，商务印书馆1997年版，第95页。

② [美]贾恩弗兰科·波齐：《近代国家的发展——社会学导论》，沈汉译，商务印书馆1997年版，第98页。

分离或独立诉求；然而，基于各民族分离活动的分散化，缅甸国内分离运动在经过20世纪50—80年代的阶段化发展后，进入90年代逐渐转变了斗争方向，但缅甸国内分离问题始终并未解决。泰南分离运动的发展，主要受制于领袖权威不足与组织分化严重，由此国内外的动员成效都略显不足。在马来亚独立等因素刺激下，泰南分离运动在20世纪80年代曾掀起了短暂的高潮，但因国内动员的错位与低效、国际动员的不足等，至21世纪初逐渐与极端主义等勾连密切。菲南摩洛分离运动的分化程度较低，主要由摩洛民族解放阵线和摩洛伊斯兰解放阵线两大分离组织所领导。在雅比达屠杀事件的刺激下，20世纪70年代摩洛民族解放阵线领导菲南摩洛分离运动掀起了第一次高潮，并得到了南部民众和国际社会的诸多支持；至20世纪90年代，在摩洛伊斯兰解放阵线的领导下菲南摩洛分离运动掀起了第二次高潮。此后，伴随国际支持等的消失，逐渐转向国内。印尼亚齐分离运动的发展，始于20世纪70年代哈桑·迪罗领导的"自由亚齐运动"。由于亚齐仅存在一支武装分离组织，因此在国内动员、国际动员上都较为有效，并在80年代末、90年代末先后两次掀起了斗争高潮。在两个方向均取得一定支持的背景下，亚齐分离运动迅速发展，但至21世纪初，国际支持逐渐消失后，其不得不转向国内。当然，分离运动的发展是一个博弈过程，三个方向的发展主要是从分离组织的角度进行探究的，而其最终的发展进程与具体走向，还与各国政府的治理政策密切相关。

第三，东南亚分离运动的国家治理，是以主权逻辑为基础的、各国中央政府与分离组织之间的互动与调适过程。尽管从起源逻辑上看，将本土观念异化为分离的理由具有"虚幻性"，但分离运动对一国主权和领土完整的挑战确是真实存在的。由此，东南亚各国对分离运动治理的逻辑出发点是，国家主权的核心属性及其延伸。从对内最高性看，分离主义是对国家主权的直接威胁；而从对外独立性看，分离主义则是对国家主权的直接侵害。在东南亚，分离主义还对各国的国家稳定形成了严重的破坏，引发了诸多的国内冲突。主权国家如何应对分离主义运动带来的主权及国内秩序稳定等挑战，是各国政府治理分离运动的重要方面。基于此，各国应对分离主义挑战的动因和方式不尽相同，如政治上的国家声望与"强硬声誉"、经济上的成本与收益权衡、文化上的疆土依恋与民族情感等。与世界其他地区相比，东南亚各国的分离运动具有暴力冲突中等、外部力量介入程度不高等特点。与此同时，东南亚各国作为典型的发展中国家，在治理经验与国家能力上亦有所欠缺。因而，东南亚各国对分离运动的治理并非仅仅政府单方面的行为，而是一个双方不断互动、调适的过程。当然，由于各国国内、国际环境等存在较大差异，各国在分离主义的治理效果上十分不同。以暴力性的消除、政治性的消解、外部干预的应对三个方面为主，本书建构了东南亚分离运动治理评估的大致框架，从而为后续的个案分析与比较研究奠定了基础。

以缅甸国内、泰国南部、菲南摩洛、印尼亚齐等为案例，本书对上述内容进行了初步验证。从现实结果看，东南亚各国均未出现国家分裂的情况，应该说坚守了国家统一与主权完整的"底线"。从治理的具体方式上，尽管各国在不同时期、不同阶段采取的手段不同，但大致主要分为强硬与温和两种策略。从治理效果看，东南亚四国的分离运动治理则情况各异。在暴力性消除方面，缅甸国内情况最差，至今仍存在局部的地方冲突；泰南地区次之，尽管武装冲突已经消除，但偶发的暴恐袭击较多；菲南较好，但亦存在恐怖主义等诸多破坏活动；印尼亚齐的情况最好，已基本消除了分离主义的暴力性。在政治性消除方面，缅甸与泰南的效果较差，两国的分离组织均尚未完全放弃独立的斗争目标，且前者的部分地区仍处在对立之中；菲南的效果较好，目前分离运动的政治性已基本消解，正处在地方政党转型之中；印尼亚齐的效果最佳，目前分离组织已完全转型为地方政党，且较好地参与了国家的政治建设。在外部干预的应对方面，冷战时期四国普遍受到了国际环境的影响，都有直接或间接的外部干预力量，但冷战后随着国际环境的变化，尽管缅甸、泰南、菲南仍受到部分外部因素影响，但整体上这种影响并不深入。当然，对分离运动的治理并不是一个简单、单一的政策能够解决的，而是一个非常系统、整体的庞大工程。

分离主义的治理是一项系统性工程，并不能止于分离冲突的结束，而应延伸、纳入后分离时代国家治理能力建设的范畴。从现实状况看，与宗教、族群、语言等的多元化一样，东南亚分离运动的现实走向亦是十分多样的。目前，缅甸国内的地方冲突仍在持续，并未解决，分离主义等问题夹杂其中；泰南地区尽管大规模的分离冲突已经消失，但分离组织却始终不放弃独立的立场，与极端主义勾连较深；菲南地区经过几十年的分离冲突后，在马拉维危机的刺激下，和平进程再次开启，分离组织正在有序参与到地方政权的建设之中；印尼亚齐地区早在十几年前就实现了权力下放，当下正处于后分离主义时代的社会治理深化与族群融合的阶段。通过对东南亚四国分离运动实践的回顾，本书认为作为民族国家时代的一种重要的反国家力量，对分离主义的治理应该被纳入国家治理体系与治理能力的范畴之内。而且，单纯依靠政府治理并不能彻底解决分离主义及相关问题。换句话说，分离主义的治理不能止于冲突解决，而应该扩展、延伸至社会治理的层面。只有不断建设更加立体、全面的国家治理能力，从强制能力、控制能力、调节能力、融合能力等出发，建构更加具有整体性、系统性的治理体系，才能夯实国家应对分离主义风险的能力。唯有如此，才能从根本上实现不同族群间的和谐共处与长治久安。

参考文献

一 中文文献

（一）外文著作

［英］埃里克·霍布斯鲍姆：《民族与民族主义》，李金梅译，上海人民出版社 2006 年版。

［英］安东尼·吉登斯：《全球化时代的民族与民族主义》，龚维斌、良警宇译，中央编译出版社 2002 年版。

［英］安东尼·吉登斯：《现代性的后果》，田禾译，译林出版社 2011 年版。

［英］安东尼·史密斯：《民族主义：理论、意识形态、历史》，叶江译，上海人民出版社 2006 年版。

［加］奥尔特加·加塞特：《大众的反叛》，刘训练、佟德志译，吉林人民出版社 2004 年版。

［法］保罗·利科：《承认的过程》，汪堂家、李之喆译，中国人民大学出版社 2011 年版。

［比］布鲁诺·考比尔特斯、宋新宁主编：《欧洲化与冲突解决：关于欧洲边缘地带的个案研究》，法律出版社 2006 年版。

［美］C. E. 布莱克：《现代化的动力》，段小光译，四川人民出版社 1988 年版。

［英］D. G. E. 霍尔：《东南亚史》（下册），商务印书馆 1982 年版。

［美］戴维·K. 怀亚特：《泰国史》，郭继光译，中国出版集团 2009 年版。

［英］戴维·米勒、［英］韦农·波格丹诺：《布莱克维尔政治学百科全书》（修订版），邓正来等译，中国政法大学出版社 2002 年版。

［美］贾恩弗兰科·波齐：《近代国家的发展——社会学导论》，沈汉译，商务印书馆 1997 年版。

［美］克利福德·格尔茨：《文化的解释》，韩莉译，译林出版社 1999 年版。

［美］肯尼斯·华尔兹：《国际政治理论》，信强译，上海人民出版社 2008 年版。

［美］加里布埃尔·A. 阿尔蒙德、小 G. 宾厄姆·鲍威尔：《比较政治学：体系、过程和政策》，曹沛霖、郑世平、公婷、陈峰译，东方出版社 2007 年版。

［德］列奥波德·冯·兰克著、［美］罗格·文斯编：《世界历史的秘密——关于历史艺术与历史科学的著作选》，易兰译，复旦大学出版社 2012 年版。

［缅］《琉璃宫史》，李谋等译注，商务印书馆 2007 年版。

［美］卢西恩·W. 派伊：《东南亚政治制度》，刘笑盈、于向东、董敏、吴官杨译，广西人民出版社 1993 年版。

［美］鲁恂·W. 派伊：《政治发展面面观》，任晓、王元译，天津人民出版社 2009 年版。

［澳］米尔顿·奥斯本：《东南亚史》，郭继光译，商务印书馆 2012 年版。

［法］米歇尔·福柯：《安全、领土与人口》，钱翰、陈晓径译，上海人民出版社 2010 年版。

［新］尼古拉斯·塔林主编：《剑桥东南亚史Ⅰ》，贺圣运、陈明华、俞亚克、申旭、宋天佑等译，云南人民出版社 2003 年版。

［新］尼古拉斯·塔林主编：《剑桥东南亚史Ⅱ》，王士录、孔建勋、李晨阳、胡华生、朱振明等译，云南人民出版社 2003 年版。

［美］塞缪尔·P. 亨廷顿：《变化社会中的政治秩序》，王冠华、刘为等译，上海人民出版社 2008 年版。

［法］塞奇·莫斯科维奇著：《群氓的时代》，许列民、薛丹云、李继红译，江苏人民出版社 2003 年版。

［法］古斯塔夫·勒庞：《革命心理学》，佟德志、刘训练译，吉林人民出

版社 2011 年版。

［法］古斯塔夫·勒庞:《乌合之众:大众心理研究》,冯克利译,中央编译出版社 2000 年版。

［加］威尔·金利卡:《多元文化的公民身份——一种自由主义的少数群体权利理论》,马莉、张昌耀译,中央民族大学出版社 2009 年版。

［以］S. N. 艾森斯塔特:《现代化:抗拒与变迁》,张旅平等译,中国人民大学出版社 1988 年版。

［澳］约翰·芬斯顿主编:《东南亚政府与政治》,张锡镇等译,北京大学出版社 2007 年版。

［美］约翰·卡迪:《东南亚历史发展》,姚楠、马宁译,上海译文出版社 1988 年版。

［英］约翰·梅纳德·史密斯:《演化与博弈论》,潘春阳译,复旦大学出版社 2008 年版。

［美］詹姆斯·C. 斯科特:《弱者的武器》,郑广怀、张敏、何江穗译,译林出版社 2007 年版。

［美］詹姆斯·H. 米特尔曼:《全球化综合征:转型与抵制》,刘得手译,新华出版社 2002 年版。

［美］詹姆斯·N. 罗西瑙主编:《没有政府的治理》,张胜军、刘小林等译,江西人民出版社 2001 年版。

(二) 中文著作

蔡志强:《社会动员论——基于治理现代化的视角》,江苏人民出版社 2015 年版。

陈衍德:《对抗、适应与融合——东南亚的民族主义与族际关系》,岳麓书社 2004 年版。

陈衍德、彭慧、高金明、王黎明:《全球化进程中的东南亚民族问题研究——以少数民族的边缘化和分离主义运动为中心》,厦门大学出版社 2008 年版。

陈衍德主编:《多民族共存与民族分离运动——东南亚民族关系的两个侧面》,厦门大学出版社 2009 年版。

陈真波:《独立以来缅甸民族关系研究(1948—1998)》,吉林人民出版社

2014年版。

《辞海》，上海：上海辞书出版社2009年版。

《大美百科全书》，第24卷，光复书局1991年版。

冯仕政：《西方社会运动理论研究》，中国人民大学出版社2013年版。

付春：《族群认同与社会治理——以川、滇、黔地区十个民族自治地方为研究对象》，经济科学出版社2015年版。

葛公尚：《当代政治与民族》，中央民族大学出版社1995年版。

葛公尚主编：《当代国际政治与跨界民族研究》，民族出版社2006年版。

关凯：《族群政治》，中央民族大学出版社2007年版。

贺圣达：《缅甸史》，人民出版社1992年版。

贺圣达、王文良、何平：《战后东南亚历史发展（1945—1994）》，云南大学出版社1995年版。

贺圣达主编：《战后东南亚历史发展》，云南大学出版社1995年版。

江炳伦：《南菲律宾摩洛反抗运动研究》，中国文化大学法学院1999年版。

蒋海蛟：《民族冲突及其应对研究——以吉尔吉斯斯坦南部民族冲突为例》，社会科学文献出版社2019年版。

李捷：《南亚极端民族主义与民族分裂主义研究——以斯里兰卡为例》，兰州大学出版社2014年版。

李捷、杨恕：《分裂主义及其国际化研究》，时事出版社2013年版。

李文主编：《东南亚：政治变革与社会转型》，中国社会科学出版社2006年版。

梁志明主编：《殖民主义史·东南亚卷》，北京大学出版社1999年版。

林尚立：《当代中国政治形态研究》，天津人民出版社2000年版。

刘智峰：《国家治理论——国家治理转型的十大趋势与中国国家治理问题》，中国社会科学出版社2014年版。

《马克思恩格斯选集》，第1卷，人民出版社2012年版。

马戎编著：《民族社会学——社会学的族群关系研究》，北京大学出版社2004年版。

宁骚：《民族与国家：民族关系与民族政策的国际比较》，北京大学出版社1995年版。

潘一宁、黄云静、尤洪波：《国际因素与当代东南亚国家政治发展》，中国社会科学出版社 2004 年版。

庞海红：《泰国民族国家的形成及其民族整合进程》，民族出版社 2012 年版。

彭慧：《菲律宾穆斯林的"摩洛形象"研究》，华中师范大学出版社 2015 年版。

秦钦峙、赵维扬主编：《中南半岛民族》，云南人民出版社 1989 年版。

沈晓晨：《分裂主义与国家认同研究——以新疆分裂主义为例》，社会科学文献出版社 2018 年版。

史晋五：《缅甸少数民族地区的政治经济状况》，世界知识出版社 1960 年版。

宋顺明：《大众社会理论——现代社会的结构分析》，师大书苑有限公司 1988 年版。

王建娥：《包容与凝聚：多民族国家和谐稳固的制度机制》，中国社会科学出版社 2018 年版。

王剑峰：《多维视野中的族群冲突》，民族出版社 2005 年版。

王珂：《东突厥斯坦独立运动：从 1930 年代至 1940 年代》，香港中文大学出版社 2013 年版。

王受业、梁敏和、刘新生编著：《列国志·印度尼西亚》，社会科学文献出版社 2006 年版。

王伟光：《恐怖主义·国家安全与反恐战略》，时事出版社 2011 年版。

王文良、俞亚克编著：《当代泰国经济》，云南大学出版社 1997 年版。

韦红：《东南亚五国民族问题研究》，民族出版社 2003 年版。

厦门大学历史系编：《印度尼西亚简史》，商务印书馆 1978 年版。

谢岳：《社会抗争与民主转型：20 世纪 70 年代以来的威权主义政治》，上海人民出版社 2008 年版。

许章润主编：《民族主义与国家建构》，法律出版社 2008 年版。

阳阳、黄瑜、曾添翼、李宏伟著：《菲律宾文化概论》，中国出版集团 2014 年版。

杨恕、李捷：《分裂与反分裂：分裂主义研究论集》，社会科学文献出版社 2014 年版。

杨悦:《美国社会运动的政治过程》,社会科学文献出版社2014年版。

俞可平:《论国家治理现代》,社会科学文献出版社2014年版。

岳蓉:《东南亚地区民族国家研究》,中国社会科学出版社2016年版。

张洁:《民族分离与国家认同——关于印尼亚齐民族问题的个案研究》,社会科学文献出版社2012年版。

张锡镇:《当代东南亚政治》,广西人民出版社1994年版。

张友国:《后冷战时期民族分离主义研究》,首都师范大学出版社2011年版。

赵海英:《现代化进程中东南亚国家建构研究——基于族际整合视角》,中国政法大学出版社2016年版。

赵和曼主编:《东南亚手册》,广西人民出版社2000年版。

赵永胜:《缅甸与泰国跨国民族研究》,社会科学文献出版社2015年版。

中国现代国际关系研究所民族与宗教研究中心编:《全球民族问题大聚焦》,时事出版社2001年版。

中国现代国际关系研究所民族与宗教研究中心著:《周边地区民族宗教问题透视》,时事出版社2002年版。

钟志翔、李晨阳:《缅甸武装力量研究》,军事谊文出版社2004年版。

周鲠生:《国际法》(上册),商务印书馆1976年版。

周忠海主编:《国际法》(第三版),中国政法大学出版社2017年版。

祝湘辉:《山区少数民族与现代缅甸联邦的建立》,世界图书出版公司2010年版。

庄礼伟:《亚洲的高度》,广东旅游出版社1999年版。

(三) 论文

白宁丽:《菲律宾南部的穆斯林问题研究(1946—1999)》,硕士学位论文,贵州师范大学,2015年。

[英] 鲍勃·杰索普:《治理的兴起及其失败的风险:以经济发展为例的论述》,《国际社会科学》(中文版) 1999年第1期。

边燕杰:《理论导向的实证社会学研究》,《中国社会科学评价》2015年第2期。

蔡佳禾:《试论伊斯兰原教旨主义——对一种意识形态的分析》,《南京大学学报（哲学·人文科学·社会科学）》2003年第4期。

曹金绪：《实力与决心的较量——三方不对称均势威慑博弈分析》，《国家政治科学》2013年第2期。

[泰]差威汶·巴蜀莫、猜瓦·萨塔阿南：《泰国民族紧张关系受到控制下的错杂景况》，《民族译丛》1987年第4期。

陈端洪：《理解香港政治》，《中外法学》2016年第5期。

陈金：《印尼马鲁古和巴布亚地区民族分离主义运动研究》，硕士学位论文，厦门大学，2008年。

陈鹏：《泰国的马来人问题》，载葛公尚主编，《二十世纪世界民族问题报告：典型篇Ⅰ》，民族出版社2005年版。

陈衍德：《马科斯时期菲律宾的穆斯林问题》，《世界民族》2004年第3期。

陈真波：《基督教在缅甸的传播及其对缅甸民族关系的影响》，《世界民族》2009年第3期。

成汉平、宁威：《国家利益视角下的中缅关系——民盟执政时期中缅合作的机遇与挑战》，《亚太安全与海洋研究》2020年第1期。

丁春娟：《从社会动力学视域解读20世纪30—60年代泰南问题》，硕士学位论文，云南师范大学，2015年。

丁润霆：《巴布亚分离主义评析》，硕士学位论文，外交学院，2010年。

段宜宏：《菲律宾民族国家建构及其民族整合研究》，硕士研究生学位论文，云南大学，2017年。

方金英、马燕冰：《泰国南部动乱的来龙去脉》，《国际资料信息》2004年第7期。

封顺、郑先武：《中缅跨境安全复合体及其治理》，《国际安全研究》2016年第5期。

冯梁：《论21世纪中华民族海洋意识的深刻内涵与地位作用》，《世界经济与政治论坛》2009年第1期。

冯梁、王维、周亦民：《两岸南海政策：历史分析与合作基础》，《世界经济与政治论坛》2010年第4期。

付宗国：《群际冲突的社会心理实质、原因与对策探析》，《山东社会科学》2005年第4期。

傅增有：《泰国南部"4·28"事件的成因及其影响》，《东南亚研究》2005年第1期。

甘泉、骆郁廷：《社会动员的本质探析》，《学术探索》2011年第12期。

高金明：《印尼亚齐民族分离运动的原因及特点探讨（1966—2003）》，《东南亚研究》2005年第2期。

高金明：《伊斯兰国家内部的穆斯林反叛——以印度尼西亚亚齐分离运动为例》，《世界民族》2007年第2期。

[英]格里·斯托克：《作为理论的治理：五个论点》，《国际社会科学杂志（中文版）》1999年第1期。

郭雷庆：《聚居型多民族国家民主转型进程中的民族分离问题研究》，博士学位论文，山东大学，2017年。

韩志明：《利益表达、资源动员与议程设置——对于"闹大"现象的描述性分析》，《公共管理学报》2012年第2期。

韩志明：《行动的选择与制度的逻辑——对"闹大"现象的理论分析》，《中国行政管理》2010年第5期。

郝诗楠、高奇琦：《分离主义的成与败：一项基于质性比较分析的研究》，《世界经济与政治》2016年第6期。

何平：《西班牙入侵前菲律宾的巴朗盖社会》，《东南亚》1996年第1期。

贺圣达：《伊斯兰教与影响当代东南亚政治发展的三大问题》，《学术探索》2004年第10期。

洪邮生：《现实主义国际关系理论：一种经久不衰的主流范式》，《历史教学问题》2004年第4期。

洪邮生：《中国与国际体系的变革：西方学者的视角评析》，《现代国际关系》2010年第12期。

洪邮生、李峰：《变局中的全球治理与多边主义的重塑》，《欧洲研究》2018年第1期。

洪邮生、孙灿：《"一带一路"倡议与现行国际体系的变革——一种与"马歇尔计划"比较的视角》，《南京大学学报（哲学·人文科学·社会科学）》2016年第6期。

胡润忠：《多民族国家民族分离主义治理战略研究》，《学术探索》2011年第1期。

胡文秀、孟东伟：《发展中国家国内武装冲突终止的条件分析——以印尼亚齐问题的解决为例》，《东南亚研究》2010年第1期。

蒋炳庆：《马来西亚"分而治之"民族政策的内在逻辑》，《贵州民族研究》2016年第6期。

蒋炳庆：《马来西亚民族国家建构研究——基于东姑·拉赫曼到马哈蒂尔时期族群利益博弈的视角》，博士学位论文，云南大学，2017年。

靳晓哲：《〈邦萨摩洛组织法〉与菲南和平进程》，《国际研究参考》2018年第9期。

靳晓哲：《东南亚地区分离运动的发展路径与现实走向研究——以东帝汶、印尼亚齐、泰国南部为例》，《南洋问题研究》2019年第1期。

靳晓哲：《"东突"势力活动的新特点、内在逻辑及其应对》，《统一战线学研究》2019年第4期。

靳晓哲：《菲律宾南部摩洛问题的演进、症结与前景》，《南亚东南亚研究》2019年第2期。

孔新峰：《习近平关于推进国家治理体系与治理能力现代化重要论述的历史逻辑与科学内涵》，《当代世界社会主义问题》2019年第1期。

孔志坚：《他信执政时期对泰南马来穆斯林的政策及其影响》，《东南亚纵横》2007年第9期。

兰强：《越南民族问题浅析》，《广西民族大学学报（哲学社会科学版）》2008年第S2期。

李晨阳：《当前缅甸的政治力量与权力架构》，《世界知识》2018年第18期。

李晨阳：《缅甸的克伦人与克伦人分离运动》，《世界民族》2004年第1期。

李晨阳：《独立前缅甸民族主义精英对国家发展道路的探索》，《南洋问题研究》2006年第4期。

李贵梅：《缅甸克伦族分离运动研究》，博士学位论文，华东师范大学，2017年。

李海良：《泰南穆斯林分离运动研究》，硕士学位论文，云南大学，2010年。

李捷：《反分裂斗争中的认同政治：价值与制度视角》，《统一战线学研究》2019年第6期。

李捷、杨恕：《反分裂主义：共识与应对》，《国际政治研究》2019年第4期。

李捷、雍通：《权力下放与分离主义治理——基于亚齐与菲南的案例分析》，《东南亚研究》2019年第5期。

李捷、周鹏强：《泰南分离主义与极端主义——工具化与结合的趋势》，《南洋问题研究》2015年第1期。

李林贵：《马来西亚与泰国在泰南分离运动中的合作机制》，《荆楚学术》2017年第7期。

李龙海、刘旭：《康恩豪萨大众社会理论评述》，《理论探讨》2009年第6期。

李强：《韦伯、希尔斯与卡里斯玛式权威——读书札记》，《北大法律评论》，2004年第6卷第1辑。

李一平：《冷战后东南亚的民族分离主义运动——以印度尼西亚为例》，《当代亚太》2002年第9期；

李一平：《1999年以来印尼马鲁古地区民族分离运动探析》，《南洋问题研究》2011年第3期。

李一平：《亚齐民族分离主义运动评述》，《世界历史》2006年第4期。

李一平、吴向红：《冷战后泰南穆斯林分离运动的原因探析》，《南洋问题研究》2007年第3期。

梁炳猛：《越南西原地区民族分离主义问题研究》，《广西民族学院学报（哲学社会科学版）》2005年第3期。

梁茂春：《论族群内部的异质性：以广西大瑶山为例》，《广西民族学院学报（哲学社会科学版）》2004年第4期。

梁志明：《东南亚殖民主义史的分期与发展进程》，《东南亚研究》1999年第4期。

刘胜湘：《国家安全观的终结？新安全观质疑》，《欧洲研究》2004年第1期。

刘务：《缅甸1988年以来的民族国家建构研究》，博士学位论文，云南大学，2013年。

刘秀伦、叶新璐：《"港独"分离主义对青年国家认同的影响与应对策略》,《当代青年研究》2018 年第 6 期。

楼碧君:《理解政治冲突:大众社会和交叉压力的解说》,硕士学位论文,上海交通大学,2007 年。

卢光盛、李江南:《泰国南部恐怖主义发展的新态势:表现、原因及趋势》,《印度洋经济体研究》2019 年第 3 期,第 58 页。

鲁虎:《东帝汶问题的由来与演变》,《世界历史》2000 年第 2 期。

孟庆顺:《菲南和平进程的回顾与思考》,《南洋问题研究》2008 年第 4 期。

牛占奎:《浅析发达国家的分离主义》,《国际研究参考》2018 年第 11 期。

彭慧:《二战后菲律宾穆斯林民族构建的尝试——对摩洛分离运动的另一种解释》,《世界民族》2011 年第 3 期。

彭慧:《菲律宾南部穆斯林分离运动的缘由——反抗组织领导层与普通穆斯林的意识形态错位》,《南洋问题研究》2004 年第 2 期。

彭慧:《20 世纪以来泰国马来穆斯林民族主义的演化与发展》,《南洋问题研究》2009 年第 4 期。

彭慧:《伊斯兰复兴运动与菲律宾穆斯林分离运动》,《世界民族》2007 年第 6 期。

钱雪梅:《从认同的基本特性看族群认同与国家认同的关系》,《民族研究》2006 年第 6 期。

[日] 桥·本卓:《泰国南部国境诸府的问题与马来穆斯林的统一政策》,《民族译丛》1990 年第 2 期。

任若晗:《东南亚民族分离运动发生过程的精英动员研究——以亚齐及摩洛、泰南分离运动为例》,硕士学位论文,上海交通大学,2014 年。

施雪琴:《对全球化、边缘化与族群冲突的独到分析——评〈全球化进程中的东南亚民族问题研究〉》,《世界民族》2008 年第 6 期。

施雪琴:《战后东南亚民族分离主义运动评述》,《世界历史》2002 年第 6 期。

时殷弘:《民族主义与国家增生及伦理道德思考》,资中筠主编:《国家政治理论探索在中国》,上海人民出版社 1998 年版。

孙超:《国际干预、强力国家与分离冲突的升级——基于欧亚地区的考察》,《俄罗斯东欧中亚研究》2018 年第 1 期。

孙福生:《西方国家的东南亚殖民政策比较研究》,《厦门大学学报(哲社版)》1995 年第 1 期。

孙福生:《菲律宾南部穆斯林民族的形成》,《东南亚史论文集》,厦门大学,1981 年。

唐桓:《福音教与越南的民族分离问题》,《世界民族》2004 年第 5 期。

唐桓:《越南的下高棉民族分离主义问题》,《世界民族》2006 年第 2 期。

陶希东:《新时代中国社会治理现代化的内涵、特征与路径》,《治理现代化研究》2018 年第 3 期。

万明钢、王舟:《族群认同、族群认同的发展及测定与研究方法》,《世界民族》2007 年第 3 期。

王希恩:《民族形成和发展的三种形态》,《世界民族》1999 年第 2 期。

王欢欢:《缅甸克钦民族主义运动的起源、演变与发展趋势》,《印度洋经济体研究》2014 年第 3 期。

王建娥:《民族分离主义的解读与治理——多民族国家化解民族矛盾、解决分离困窘的一个思路》,《民族研究》2010 年第 2 期。

王建云:《案例研究方法的研究述评》,《社会科学管理与评论》2013 年第 3 期。

王伟:《殖民主义的历史遗毒:当代族群冲突的根源探析》,《探索》2018 年第 5 期。

韦红:《20 世纪六七十年代泰国经济开发中的民族矛盾》,《中南民族学院学报(人文社会科学版)》2002 年第 2 期。

乌小花、郝囡:《多民族国家整合视野下的缅甸民族政策》,《黑龙江民族丛刊》2017 年第 3 期。

吴杰伟:《菲律宾穆斯林问题溯源》,《当代亚太》2000 年第 12 期。

吴向红: 《泰南穆斯林分离运动研究》,硕士学位论文,厦门大学,2007 年。

吴哲宇:《菲律宾南部分离运动与和平谈判(1968—2014)》,硕士学位论文,台湾大学,2016 年。

吴忠民:《重新发现社会动员》,《理论前沿》2003 年第 21 期。

郗彩红:《西方大众社会理论中的"大众"概念的不同义域》,《学海》

2007 年第 4 期。

肖建明：《菲律宾南部和平进程的困境与前景》，《东南亚南亚研究》2012 年第 2 期。

谢涵冰：《试析国家分离发生的路径和动力》，《国际政治研究》2019 年第 5 期。

谢为民：《论菲律宾的"穆斯林问题"》，《东南亚研究》1990 年第 2 期。

徐康宁、王剑：《自然资源丰裕程度与经济发展水平关系的研究》，《经济研究》2006 年第 1 期。

徐明松：《"东突"势力的发展历史及现实危害》，《黑河学刊》2016 年第 6 期。

严庆：《民族分裂主义及其治理模式研究》，《国际安全研究》2015 年第 4 期。

阳藏廉：《泰南恐怖主义分离运动问题研究》，硕士学位论文，云南大学，2015 年。

阳举伟：《泰国整合马来穆斯林族群的困境与出路——基于影响民族同化因素的分析》，《印度洋经济体研究》2015 年第 6 期。

阳举伟、何平：《论泰国政治整合马来穆斯林族群的政策——以"后銮披汶时代"为中心的考察》，《世界民族》2018 年第 4 期。

杨进勐：《战后东南亚民族分离主义运动研究》，硕士学位论文，云南师范大学，2009 年。

杨灵：《社会运动的政治过程——评〈美国黑人运动的政治过程和发展（1930—1970）〉》，《社会学研究》2009 年第 1 期。

杨龙：《经济发展中的社会动员及其特殊性》，《天津社会科学》2004 年第 4 期。

杨梅：《"我缅人协会"研究》，硕士学位论文，云南大学，2010 年。

杨恕：《分裂主义产生的前提及动因分析》，《世界经济与政治》2011 年第 12 期。

杨恕、李捷：《分裂主义国际化进程研究》，《世界经济与政治》2009 年第 12 期。

杨陶：《论国际法下民族自决权与分离权的关系》，《广西民族研究》2016 年第 6 期。

叶中华、董鹏：《提升国家治理能力的理论思考与实践方向》，《国家治理》2019年第2期。

［日］玉置充子：《泰国南疆伊斯兰恐怖组织与他信政权》，《南洋资料译丛》2005年第4期。

［澳］约翰·芬斯顿：《马来西亚与泰国南部冲突——关于安全和种族的调解》，《南洋资料译丛》2011年第2期。

曾向红、杨双梅：《论"无公认非国家行为体"的大国承认》，《世界经济与政治》2017年第12期。

曾晓祥：《并非民族的差异性——对印尼亚齐独立运动的探讨》，《中国世界民族学第八届会员代表大会暨全国学术讨论会论文集（上）》，2005年。

占薇：《菲律宾摩洛人与泰南马来穆斯林的分离主义运动比较研究》，硕士学位论文，厦门大学，2009年。

张吉炎：《从民族主义与现代化的关系看民族主义的归宿》，《世界民族》1998年第2期。

张洁：《从亚齐分离运动看印尼的民族分离主义问题》，《当代亚太》2000年第7期。

张洁：《印尼亚齐问题政治和解的原因探析》，《当代亚太》2007年第1期。

张洁：《亚齐分离运动研究》，博士学位论文，北京大学，2002年。

张洁：《"自由亚齐运动"的形成发展及其影响》，梁志明主编：《面向新世纪的中国东南亚学研究：回顾与展望》，香港社会科学出版社2002年版。

张礼栋：《菲律宾摩洛人分离运动之研究》，博士学位论文，台湾政治大学，1999年。

张露：《西欧分离主义运动转型研究——基于地方权力的视角》，硕士学位论文，兰州大学，2019年。

张添：《缅甸罗兴亚人问题的视差——历史、现状与症结分析》，《南洋问题研究》2019年第2期。

张添：《缅甸新政中的民族和解问题》，《世界知识》2016年第8期。

张添、宋清润：《民盟执政以来缅甸政治转型挑战及其应对》，《国际研究参考》2018 年第 6 期。

张锡镇：《泰国军事政变频繁的原及其发展趋势》，《东南亚纵横》1992 年第 2 期。

张议尹：《泰国政府政策与泰南恐怖主义的演变》，硕士学位论文，广西民族大学，2018 年。

郑先武：《安全研究：一种"多元主义"视角——巴瑞·布赞安全研究透视》，《国际政治研究》2006 年第 4 期。

周光辉、李虎：《领土认同：国家认同的基础——构建一种更完备的国家认同理论》，《中国社会科学》2016 年第 7 期。

周光俊：《族群分离运动为什么会发生？——基于过程论的分析视角》，《国际政治研究》2019 年第 5 期。

周慧芝：《从认同角度分析 20 世纪末泰南问题进入高潮的原因》，硕士学位论文，清华大学，2012 年。

周俊华：《国家整合视角下印尼亚齐民族分离问题研究》，《云南民族大学学报（哲学社会科学版）》2016 年第 5 期。

周凯：《社会动员与国家治理——基于国家能力的视角》，《湖北社会科学》2016 年第 2 期。

朱锋：《大变局呼唤有行动力的大战略》，《环球时报》2019 年 12 月 31 日第 14 版。

朱锋：《中国周边安全局势：我们正在面临什么样的新变化？》，《当代世界》2016 年第 4 期。

朱锋、秦恺：《中国海洋强国治理体系建设：立足周边、放眼世界》，《中国海洋大学学报（社会科学版）》2019 年第 3 期。

朱永彪、武兵科：《结构压力、资源动员与极端组织的攻击策略》，《世界经济与政治》2016 年第 9 期。

祝湘辉：《抗争与适应：族际关系视阈中的缅甸大选》，《世界民族》2019 年第 4 期。

二　英文文献

（一）著作

Abdul Kalim, *The Rohingyas: A Short Account of Their History and Culture*,

Bangladesh: Arakan Historical Society, 2000.

Adrian Morel, Bryony Lau and Patrick Barron, *Indonesia—The State of Conflict and Violence in Asia*, Bangkok: The Asia Foundation, 2017.

Alberto Melucci, *Challanging Codes: Collective Action in the Information Age*, Cambridge: Cambridge University Press, 1996.

Amina Rasul (eds.), *The Road to Peace and Reconciliation: Muslim Perspective on the Mindanao Conflict*, AIM Policy Center, Asian Institute of Management, 2003.

Anthony Reid, Imperial Alchemy: Nationalism and Political Identity in Southeast Asia, Cambridge University Press, 2010.

Anthony Reid, *Verandah of Violence: the Background to the Aceh Problem*, University of Washington Press, 2006.

Antonio Cassese, *International Law*, Oxford University Press, 2001.

Ardeth Maung Thawnghmung, *The "Other" Karen in Myanmar: Ethnic Minorities and the Struggle Without Arms*, Lanham: Lexington Books, 2012.

Ashley South, *Mon Nationalism and Civil War in Burma: the Golden Sheldrake*, New York: Routledge Curzon, 2003.

Barbara F. Walter, *Reputation and Civil War: Why Separatists Conflicts Are So Violent*, Cambridge: Cambridge University Press, 2009.

Bertil Lintner, *Burma in Revolt: Opium and Insurgency Since 1948*, Chiang Mai: Silk Books, 1999.

Bertil Lintner, *The Rise and Fall of the Communist Party of Burma*, New York: Cornell University Southeast Asia Program Publications, 1990.

Bruno Coppieters, Introduction, in Brounp Coppietets and Richard Sakwa, *Contextualizing Secession: Normative Studies in Comparative Perspective*, Oxford University Press.

Cesar A. Majul, *Muslims in the Philippines*, University of the Philippines Press, 1978.

Cesar A. Majul, *The Contemporary Muslim Movement in the Philippines*, Mizan Press, 1985.

Chaiwat Satha-Anand, *Islam and Violence: A Case Study of Violent Events in the*

Four Southern Provinces, *Thailand*, 1976 – 1981, Department of Religious Studies, University of South Florida, 1987.

Charles Tilly, *From Mobilization to Revolution*, Addison-Wesley Publishing Company, 1978.

Charles W. Kegley Jr. and Eugene R. Wittkopf, *World Politics: Trends and Transformation*, New York: Worth, 1999.

Clinton Fernandes, *Reluctant Indonesians: Australia, Indonesia, and the future of West Papua*, Scribe Publications Pty Limitedm, 2006.

Dan G. Cox, John Falconer, and Brian Stackhouse, *Terrorism, Instability, and Democracy in Asia and Africa*, University Press of New England, 2010.

David D. Laidin, *Nations, States and Violence*, New York: Oxford University Press, 2007.

David R. Cameron, Gustav Rains and Annalisa Zinn, *Globalization and Self-determination: Is the Nation-State Under Siege*, Routledge, 2006.

Diosdado Macapagal, *Democracy in the Philippines*, Downsview: Ruben J. Cusipag, 1976.

Donald L. Horowitz, *Ethnic Groups in Conflict*, University of California Press, 2000.

Donatella della Porta and Mario Diani, *Social Movements: An Introduction (the second edition)*, Oxford, UK: Blackwell Publishing, 2006.

Doug McAdam, John D. McCarthy, and Mayer N. Zald, *Comparative Perspectives on Social Movements: Political Opportunities, Mobilizing Structures, and Cultural Framings*, New York: Cambridge University Press, 1996.

Doug McAdam, *Political Process and the Development of Black Insurgency, 1930 – 1970*, Chicago: University of Chicago Press, 1982.

Doug McAdam, *Political Process and the Development of Black Insurgency, 1930 – 1970 (Second Edition)*, Chicago: University of Chicago Press, 1999.

Edward Aspinall, *Islam and Nation: Separatist Rebellion in Aceh, Indonesia*, California: Stanford University Press, 2009.

Eric E. Morris, *Islam and Politics in Aceh: A Study of Center — Periphy Relations in Indonesia*, Cornell University Press, 1979.

Eric Gutierrez, Aijaz Ahmad (eds.), *Rebels, Warlords and Ulama: A Reader on Muslim Separatism and the War in the Southern Philippines*, Institute for Popular Democracy, 1999.

Eva-Lotta E. Hedman and John T. Sidel, *Philippine Politics and Society in the Twentieth Century: Colonial Legacies, Post-Colonial Trajectories*, New York: Routledge, 2000.

Guy J. Pauker, Frank H. Golay and Cynthia H. Enloe, *Diversity and Development in Southeast Asia*, New York: Magraw-Hill Book Company, 1977.

Hannah Arendt, *On Violence*, New York: Houghton Mifflin Harcourt, 1970.

Henri Tajfel, *Human Groups and Social Categories*, Cambridge University Press, 1981.

Henry E. Hale, *The Foundations of Ethnic Politics, Separatism of States and Nations in Eurasia and the World*, Cambridge University Press, 2008.

Hugh Tinker, *The Union of Burma: A Study of the First Years of Independence*, Oxford University Press, 1967.

International Crisis Group, *Aceh: Why Military Force Won't Bring Lasting Peace*, Jakarta: ICG, 2001.

International Crisis Group, *The Philippines: Militancy and the New Bangsamoro*, Asia Report N°301, June 27, 2019.

Jacques Bertrand, *Nationalism and Ethnic Conflict in Indonesia*, Cambridge University Press, 2004.

James A. Tyner, *Iraq, Terror, and the Philippines' Will to War*, Lanham, Md.: Rowman & Litterfield Publishers, 2005.

Jason Sorens, *Secessionism: Identity, Interest, and Strategy*, Montreal: McGill - Queen's University Press, 2012.

Jerome Davis, *Contemporary Social Movements*, New York: The Century Co., 1930.

John C. Turner and Michael A. Hogg, *Rediscovering the Social Group: A Self-Categorization Theory*, Basil Blackwell, 1987.

Joo-Jock Lim & Shanmugaratnam Vani. eds, *Armed Separatism in Southeast Asia*, Ashgate Pub Co., 1984.

Justin V. Hastings, *No Man's Land: Globalization, Terrority, and Clandestine Groups in Southeast Asia*, Ithaca and London: Cornell University Press, 2010.

Lee Khoon Choy, *A Fragile Nation: The Indonesian Crisis*, World Scientific Publishing Company, 1999.

Macpado Abaton Muslim, *The Moro Armed Struggle in the Philippines: The Nonviolent Autonomy Alternative*, Marawi City: Mindanao State University, 1994.

Marcelo G. Kohen, Introduction, in Marcelo G. Kohen (ed), *Secession: International Law Perspectives*, Cambridge University Press, 2006.

Martin Smith, *Burma: Insurgency and the Politics of Ethnicity*, The University Press, 1999.

Martin Smith, *Ethnic Groups in Burma*, Anti-Slavery International, 1994.

Mohd Azizuddin, *Dynamic of Ethnic Relations in Southeast Asia*, Cambridge Scholars Publisher, 2010.

Moshe Yegar, *Between Integration and Secession: The Muslim Commities of the Southern Philippines, Southern Thailand and Western Burma/Myanmar*, Boston: Lexington Books, 2002.

Nazaruddin Sjamsuddin, *The Republican Revolt: A Study of the Acehnese Rebellion*, Institute of Southeast Asian Studies Singapore, 1985.

Nicholas Tarling, Nationalism in Southeast Asia: 'If the people are with us', London: Routledge, 2004.

Peter G. Gowing, *Muslim Filipinos: Heritage and Horizon*, New Day Publishers, 1979.

Peter G. Gowing, *Understanding Islam and Muslims in the Philippines*, New Day Publisher, 1988.

Peter King, *West Papua and Indonesia Since Suharto: Independence, Autonomy or Chaos?*, UNSW Press, 2004.

Pippa Norris, *Electoral Engineering: Voting Rules and Political Behavior*, Cambridge: Cambridge University Press, 2004.

Raimuda J. Banico, *Matrix of Muslim-Christian Relational Studies in the Philippines, Western Mindanao State University, 1996.

Rajat Ganguly & Ian Macduff, eds. , *Ethnic Conflict and Secessionism in South and Southeast Asia: Causes, Dynamics, Solutions*, Sage Publications India Pvt Ltd. , 2003.

Ralph R. Premdas, *Secessionist Movements in Comparative Perspective*, London: Pinter Publishers, 1990.

Rohan Gunaratna, Arabinda Acharya, Sabrina Chua, eds. , *Conflict and Terrorism in Southern Thailand*, Singapore: Marshall Cavendish Academic, 2005.

S. P. Harish, *Changing Conflict Identities: The Case of the Southern Thailand Discord*, Working Paper No. 107, Institute of Defence and Strategic Studies Singapore, February 2006.

Sai Aung Tun, *History of the Shan State: From its Origins to 1962*, Chiang Mai: Silkworm Books, 2009.

Samuel K. Tan, *The Muslim Pilipino Armed Struggle, 1900 – 1972*, Filipinas Foundation, Inc. , 1977.

Sasiwan Chingchit, Megumi Makisaka, Patrick Barron and Victor Bernard, *Myanmar—The State of Conflict and Violence in Asia*, Bangkok: The Asia Foundation, 2017.

Shanti Nair, *Islam in Malaysian Foreign Policy*, Routledge, 1997.

Stephen M. Saideman, *The Ties That Divide: Ethnic Politics, Foreign Policy and International Conflict*, New York: Columbia University Press, 2000.

Ted R. Gurr, *Why Men Rebel*, Princeton: Princeton University Press, 1970.

The Asia Foundation, *The Contested Areas of Myanmar*, Yangon: The Asia Foundation, 2017.

The Commission on Global Governance, *Our Global Neighborhood: The Report of the Commission on Glibal Governance*, Oxford University Press, 1995.

Thomas M. Mckenna, *Muslim Ruler and Rebels: Everyday Politics and Armed Separatism in the Southern Philippines*, University of California Press, 1998.

Thomas Parks, *Thailand—The State of Conflict and Violence in Asia*, Bangkok: The Asia Foundation, 2017.

Tim Kell, *The Roots of Acehnese Rebellion, 1989 – 1992*, Cornell University

Southeast Asia Program Publicaitions, 1995.

U Nu, *U Nu Saturday's son*, New Haven and London: Yale University Press, 1975.

Vilfredo Pareto, *The Rise and Fall of Elites: An Application of Theoretical Sociology*, Transcation Publishers, 1991.

Viva Ona Bartkus, *The Dynamic of Secession*, Cambridge: Cambridge University Press, 1999.

Wallace W. Conroe, *A cross-national analysis of the impact of modernization upon political stability*, MS thesis. San Diego State College, 1965.

Wan Kadir bin Che Man, *Muslim Separatism: The Moros of Southern Philippines and the Malays of Southern Thailand*, Oxford University Press, 1990.

William Kornhauser, *The Politics of Mass Society*, New York: Free Press, 1959.

Zachary Abuza, *Militant Islam in Southeast Asia: Crucible of Terror*, London: Lynne Rienner Publishers, 2003.

Zan U. Shwe, Aye Chan, *Influx Viruses: The Illegal Muslims in Arakan*, Arakanese in United States, 2005.

(二) 论文

Ahsan I. Butt, "Why Do States Fight Some Secessionists but Not Others? The Role of External Security", *Journal of Global Security Studies*, Vol. 2, No. 4, 2017.

Albert Situmorang, "Bakti ABRI Di Aceh Merebut Hati Rakyat Melawan GPK", *Suara Pembaruan*, May 12, 1992.

Allen Buchanan, "Theories of Secession", *Philosophy and Public Affairs*, Vol. 26, No. 1, 1997.

Allen Buchanan, "Toward a Theory of Secession", *Ethics*, Vol. 101, No. 2, 1991.

Ananda Rajah, "A 'Nation of Intent' in Burma: Karen Ethno-Nationalism, Nationalism and Narrations of Nation", *Pacific Review*, Vol. 15, No. 4, 2002.

Andrew D. W. Forbes, "Thailand's Muslim Minorities: Assimilation, Secession, or Co-existence?", *Asian Survey*, Vol. 22, No. 11, 1982.

Andrew Selth, "The Myanmar Army Since 1988: Acquisitions and Adjustments", *Contemporary Southeast Asia*, Vol. 17, No. 3, 1995.

Andrew Tan, "Armed Muslim Separatist Rebellion in Southeast Asia: Persistence, Prospects, and Implication", *Studies in Conflict & Terrorism*, Vol. 23, No. 4, 2000.

Anthony J. Nownes and Grant Neeley, "Public Interest Group Entrepreneurship and Theories of Groups Mobilization", *Political Research Quarterly*, Vol. 49, No. 1, 1996.

Astri Suhrke, "Loyalists and Separatists: The Muslims in Southern Thailand", *Asian Survey*, Vol. 17, No. 3, 1977.

Astri Suhrke, "Southeast Asia: The Muslims in Sourthern Thailand", in *Protection of Ethnic Minorities: Comparative Perspectives*, edited by Robert G. Wirsing, New York: Pergamon Press, 1981.

Aurel Croissant, "Unrest in South Thailand: Contours, Causes and Consequences Since 2001", *Contemporary Southeast Asia*, Vol, 27, No. 1, 2005.

Barbara F. Walter, "Building Reputation: Why Governments Fight Some Separatists but Not Others", *American Journal of Political Science*, Vol. 50, No. 2, 2006.

Barry Desker, "Islam in Southeast: The Challenge of Radical Interpretations", *Cambridge Review of International Affairs*, Vol. 16, No. 3, 2003.

Ben Hillman, "Power-sharing and Political Party Engineering in Conflict-prone Societies: the Indonesian Experiment in Aceh", *Conflict, Security and Development*, Vol. 12, No. 2, 2012.

Bert Klandermans and Dirk Oegema, "Potentials, Networks, Motivations, and Barriers: Steps Towards Participation in Social Movements", *American Sociological Review*, Vol. 52, No. 4, 1987.

Bert Klandermans, "Mobilization and Participation: Social-Psychological Expansions of Resource Mobilization Theory", *American Sociological Review*, Vol. 49, No. 5, 1984.

Bert Klandermans, "The Demand and Supply of Participation: Social-Psychological Correlates of Participation in Social Movements", in *The Blackwell Companion to Social Movements*, edited by D. A. Snow, S. A. Soule and H. Kriesi Malden, MA: Blackwell Pub, 2004.

Bethany Lacina and Nils Peter Gleditsch, "Monitoring Tredns in Global Combat: A New Dataset of Battle Deaths", *European Journal of Population*, Vol. 21, No. 2, 2005.

Bob Edwards and John D. McCarthy, "Resources and Social Movements Mobilization", in *The Blackwell Companion to Social Movements*, edited by D. A. Snow, S. A. Soule and H. Kriesi, MA: Blackwell Pubishing Ltd, 2004.

Carla J. McCowan and Reginald J. Alston, "Racial Identity African Self-Consciousness, and Career Decision-making in African American College Women", *Journal of Multicultural Counseling and Development*, Vol. 26, No. 1, 1998.

Carrie Manning and Ian Smith, "Political Party Formation by Former Armed Opposition Groups after Civil War", *Democratization*, Vol. 23, No. 6, 2016.

Charles Tilly, "Repetoires of Contention in America and Britain, 1750 – 1830", in *The Dynamics of Social Movements: Resource Mobilization, Social Control, and Tactics*, edited by M. N. Zald and J. D. McCarthy, Cambridge: Winthrop Publishers, 1979.

Clark D. Nether, "Political Clientelism and Instability in the Philippines", *Asian Affairs*, Vol. 12, No. 3, 1985.

David A. Snow and Robert D. Benford, "Ideology, Frame Resonance and Participant Mobilization", in *From Structure to Action: Comparing Social Movement Research Across Culture*, edited by B. Klandermans, H. Kriesi and S. G. Tarrow, Conn.: JAI Press, 1988.

David A. Snow, "Framing Process, Ideology, and Discursive Fields", in *The Blackwell Companion to Social Movements*, edited by D. A. Snow, S. A. Soule, and H. Kriesi, MA.: Blackwell Pub, 2004.

David Brown, "From Periperal Communities to Ethnic Nations: Separatism in Southeast Asia", *Pacific Affairs*, Vol. 61, No. 1, 1988.

Dirk Oegema and Bert Klandermans, "Why Social Movement Sympathizers Don't Participate: Erosion and Nonconversion of Support", *American Sociological Review*, Vol. 59, No. 5, 1994.

Douglas R. Imig and Jeffrey M. Berry, "Patrons and Entrepreneurs: A Response to 'Public Interest Group Entrepreneurship and Theories of Groups Mobilization'", *Political Research Quarterly*, Vol. 49, No. 1, 1996.

Edward Aspinall, "The Construction of Grievance: Natural Resources and Identity in a Separatist Conflict", *Journal of Conflict Resolution*, Vol. 51, No. 6, 2007.

Edward Aspinall, "The Helsinki Agreement: A More Promising Basis for Peace in Aceh?", *Policy Studies*, No. 20, 2005.

Eleanor Dictaan Bangoa, "The Question of Peace in Mindanao Southern Philippines", in *Beyond the Silencing of the Gun*, edited by Chandra K. Roy, Victoria Tauli Corpuz & Amcmda Romero Medina eds, Tebtebba Foundation Inc., 2004.

Eric Eugene Morris, "*Islam and Politics in Aceh: A Study of Center-Periphery Relations in Indonesia*", Cornell University Ph. D Thesis, 1983.

Frances Stewart, Graham K. Brown and Arnim Langer, "Policies Towards Horizontal Inequalities", in *Horizontal Inequalities and Conflict*, London: Palgrave Macmillan, 2008.

Frances Stewart and Graham K. Brown, "Motivations for Conflict: Groups and Individuals", in *Leashing the Dogs of War: Conflict Management in Divided World*, Washington DC.: United States Institute of Peace Press, 2007.

Ganganath Jha, "Muslim Minorities in the Philippines and Thailand", *India Quarterly*, Vol. 34, No. 3, 1978.

Gerald M. Platt and Stephen J. Lilley, "Multiple Images of Charistmatic: Construcing Martin Luther King Jr.'s Leadership", in *Self, Collective Behavior, and Society: Essays Honoring the Contributions of Ralph H. Turner*, edited by Gerald M. Platt andC. Gordon, Greenwich, Connectticurt: JAI Press, 1994.

Gerard McDermott, "The 2013 Kuala Lumpur Talks: A Step Forward for Southern Thailand", *Peace Reasearch*, Vol. 46, No. 1, 2014.

Gerry Van Klinken, "The Maluku Wars: Bringing Society Back In", *Indonesia*, No. 71, 2001.

GudrunØstby, "Inequalities, the political environment and civil conflict: Evidence from 55 developing countries", in *Horizontal Inequalities and Conflict*, London: Palgrave Macmillan, 2008.

Gyda M. Sindre, "From Secessionism to Regionalism: Intra-organizational Change and Ideological Moderation within Armed Secessionist Movements", *Political Geography*, Vol. 64, 2018.

Harold A. Nelson, "Leadership and Change in an Evolutionary Movement: An Analysis of Change in the Leadership Structure of the Southern Civil Rights Movement", *Social Forces*, Vol. 49, No. 3, 1971.

Henry Hale, "Divided We Stand: Institutional Sources of Ethnofederal State Survival and Collapse", *World Politics*, Vol. 56, No. 2, 2004.

Hlbert O. Hirschman and Michael Rothschild, "The Changing Tolerance for Income Inequality in the Course of Economic Development", *The Quarterly Journal of Economics*, Vol. 87, No. 4, 1973.

Ian Lustick, "Stability in Deeply Divided Societies: Consociationism Versus Control", *World Politics*, Vol. 31, No. 3, 1979.

Iskhak Fatonie, *Decentralization and Local Governance in Post-Conflict Societies: Sustainable Peace and Development, The Case of Aceh*, Ph. D's Dissertation of University of Vienna, Austria, 2011.

Ivo K. Feierabend, and Rosalind L. Feierabend, "Aggressive behaviors within polities, 1948 – 1962: A cross-national study", *Journal of Conflict Resolution*, Vol. 10, No. 3, 1966.

J. A. Niels Mulder, "Origin, Development, and Use of the Concept of 'Loose Structure' in the Literature about Thailand: An Evaluation", in *Loosely Structured Social Systems: Thailand in Comparative Perspective*, edited by John F. Embree and Hans-Dieter Evers, New Haven: Yale University Southeast Asia Studies, 1969.

James C. Davies, "The J-Curve and Power Struggle Theories of Collective Violence", *American Sociological Review*, Vol. 39, No. 4, 1974.

James C. Davies, "Toward a Theory of Revolution", American Sociologocal Review, Vol. 27, No. 1, 1962.

James Ker-Lindsay, "Understanding state responses to secession", Peacebuilding, Vol. 2, No. 1, 2014.

Jan Penrose, "Nations, States and Homelands: Territory and Territorialism in Nationalist Thought", Nations and Nationalism, Vol. 8, No. 3, 2002.

Jay Solomon, "Manila Suspends Talks With Rebel Group After Allegations of Its Links to al Qaeda", The Wall Street Jounal (Eastern Edition), May 12, 2002, A22.

Jay Solomon, "Philippine Rebels Warn of Wider Conflict——Islamic Militants see Risks as U. S. Deploys Troops to Fight Abu Sayyaf", The Wall Street Journal (Eastern Edition), February 21, 2002, A14.

Jessica Harriden, " 'Making a Name for Themselves': Karen Identity and the Politicization of Ethnicity in Burma", Journal of Burma Studies, Vol. 7, No. 1, 2002.

Jhon R. Wood, "Secession: A Comparative Analytical Framework", Canadian Journal of Political Science/ Revue canadienne de science politique, Vol. 14, No. 1, 1981.

John D. McCarthy and Mayer M. Zald, "Resource Mobilization an Social Movements: A Partial Theory", American Journal of Sociology, Vol. 82, No. 6, 1977.

John Lofland, "Collective Behavior: The Elementary Forms", in Social Psychology: Sociological Perspectives, edited by Rosenburg and Turner (eds), New York: Basic Books, 1981.

John P. Roche and Stephen Sachs, "The Bureaucrat and the Enthusiast: An Exploration of the Leadership of Social Movements", The Western Political Quarterly, Vol. 8, No. 2, 1955.

John R. Wood, "Secession: A Comparative Analytical Framework", Canadian Journal of Political Science / Revue Canadienne de Science Politique, Vol. 14, No. 1, 1981.

Josef Silverstein, "Ethnic Protest in Burma: Its Causes and Solutions", edited by Rajeshwari Ghose, in *Protest Movements in South and South-east Asia: Traditional and Modern Idioms of Expression*, Hong Kong: Center of Asian Studies, 1987.

Josef Silverstein, "Fifty Years of Failure in Burma", edited by Michael E. Brown and Sumit Ganguly, in *Government Policies and Ethnic Relations in Asia and the Pacific*, Cambridge: MIT Press, 1997.

Joseph R. Gusfield, "Functional Areas of Leadership in Social Movements", *The Sociological Quarterly*, Vol. 7, No. 2, 1966.

Karl W. Deutsch, "Social Mobilization and Political Development", *The American Political Science Review*, Vol. 55, No. 3, 1961.

Kavi Chongkittavorn, "Thailand: International Terrorism and the Muslim South", *Southeast Asian Affairs*, Vol. 1, 2004.

Kavi Chongkittavorn, "Time to Acknowledge that 'Jihadism' is at Work in South", *The Nation*, May 17, 2004.

Kirstten E. Schulze, "The Free Aceh Movement (GAM): Anatomy of a Separatist Organization", *Policy Studies*, No. 2, 2004.

Lan Holliday, "National Unity Struggles in Myanmar: A Degenerate Case of Governance for Harmony in Asia", *Asian Survey*, Vol. 47, No. 3, 2007.

Lars-Erik Cederman, Niils B. Weidmann and Kristian Skrede Gleditsch, "Horizontal Inequalities and Ethnonationalist Civil War", *American Political Science Review*, Vol. 105, No. 3, 2011.

Lawrence M. Anderson, "The Institutional Basis of Secessionist Politics: Federalism and Secession in the United States", *Publius*, Vol. 34, No. 2, 2004.

Lian Sakhong, "The Dynamics of Sixty Years of Ethnic Armed Conflicts in Burma", *International Data Information*, No. 4, 2012.

M. Ladd Thomas, "Cultural Factors Affecting the Rural Development Interface of Thai Bureaucrats and Thai Muslim Villagers", *Contemporary Southeast Asia*, Vol. 7, No. 1, 1985.

Michael Vatikiotis, "Resolving Internal Conflicts in Southeast Asia: Domestic Challenges and Regional Perspectives", *Contemporary Southeast Asia*,

Vol. 28, No. 1, 2006.

Mimmi Soderberg Kovacs and Sophia Hatz, "Rebel-to-party Transformations in Civil War Peace Processes 1975 – 2011", *Democratization*, Vol. 23, No. 6, 2016.

Miriam Coronel Ferrer, "Framework for Autonomy in Southeast Asia's Plural Societies", *IDSS working Paper*, No. 13, Singapore: Institute of Defence and Strategic Studies, May 2001.

Mohammad Hasan Ansori, "From Insurgency to Bureaucracy: Free Aceh Movement, Aceh Party and the New Face of Conflict", *International Journal of Security and Development*, Vol. 1, No. 1, 2012.

Nathan Gilbert Quimpo, "Mindanao, Southern Philippines the Pitfalls in Working for Peace in a Time of Political Decay", edited by Rajat Ganguly, in *Autonomy and Ethnic Conflict in South and South-East Asia*, London: Routledge.

Nathan Gilbert Quimpo, "Options in the Pursuit of A Just, Comprehensive, and Stable Peace in the Southern Philippines", *Asian Survey*, Vol. 41, No. 2, 2001.

Nazaruddin Sjamsuddin, "Issues and Politics of Regionalism in Indonesia: Evaluating the Acehnese Experience", in *Armed Separatism in Southeast Asia*, edited by Lim Joo-Jock and Vani S., Singapore: Institute of Southeast Asian Studies, 1984.

Neil De Votta, "Control Democracy, Institutional Decay, and the Quest for Eelam: Explaining Ethnic Conflict in Sri Lanka", *Pacific Affairs*, Vol. 73, No. 1, 2000.

Nils-Christian Bormann, Lars-Erik Cederman, Scott Gates, Benjamin A. T. Graham, Somon Hug, Kaare W. Strøm, Julian Wucherpenning, "Power Sharing: Institutions, Behavior, and Peace", *American Journal of Political Science*, Vol. 63, No. 1, 2019.

Omar Farouk, "The Origins and Evolution of Malay-Muslim Ethnic Nationalism in Southern Thailand", in *Islam and Society in Southeast Asia*, edited by Taufik Abdullah and Sharon Siddique, Singapore: Institute of Southeast Studies, 1986.

Omar Farour, "Malay-Muslim Ethnic Nationalism: Southern Thailand", edited by Taufik Abdullah and Sharon Siddique, in *Islam and Society in Southeast Asia*, Singapore: Institute of Southeast Asian Studies, 1986.

Omar Farour, "The Muslims of Thailand — A Survey", in *The Muslims of Thailand: Historical and Cultural Studies*, edited by Andrew D. W. Forbes, Bihar, 1988.

Paridah Abdul Samad, "Internal Variables of Regional Conflicts in ASENAN's International Relations", *The Indonesian Quarterly*, Vol. 18, No, 2, 1990.

Patrick Barron, Erman Rahman and Kahrisma Nugroho, "The Contested Corners of Asia: Subnational Conflict and International Development Assistance, The Case of Aceh, Indonesia", *The Asia Foundation*, 2013.

Patthara Limsira, "Dialogue Process for Peace in the Border Provinces of Southern Thailand", *Journal of East Asia and International Law*, Vol. 6, No. 2, 2013.

Peter Chalk, "Separatism and Southeast Asia: The Islamic Factor in Southern Thailand, Mindanao, and Aceh", *Studies in Conflict & Terrorism*, Vol. 24, No. 4, 2001.

Peter K. Eisinger, "The Conditions of Protest Behavior in American Cities", *The American Political Science Review*, Vol. 67, No. 1, 1973.

Peter Searle, "Ethno-Reglious Conflict: Rise or Decline? Recent Developments in Southeast Asia", *Contemporary Southeast Asia*, Vol. 24, No. 1, 2002.

Philip Abbott, "Utopian Problem-solving: 'The Great Divorce' and the Secession Question", *The Journal of Politics*, Vol. 62, No. 2, 2000.

Priyambudi Sulistiyanto, "Whither Aceh?", *Third World Quarterly*, Vol. 22, No. 3, 2001.

Ralston Hayden, "What Next for the Moro?", *Foreign Affiairs*, Vol. 6, No. 4, 1928.

Rein Mullerson, "Soverignty and Secession: Then and Now, Here and There", in *Secession and International Law: Conflict Avoidance Regional Appraisals*, edited by Julie Dahlitz, ed. , T. M. C. Asser Press, 2003.

Richard L. Merritt, "Noncontiguity and Political Integration", in James N. Rosenau, ed. , *Linkage Politics*: *Essays on the Convergence of National and International Systems*, New York: The Free Press, 1969.

Rizal Sukma, "Ethnic Conflict in Indonesia: Causes and the Quest for Solution", edited by Kusuma Snitwongse and Willard Scott Thompson, eds. , in *Ethnic Conflicts in Southeast Asia*, Institute of Southeast Asian Studies, 2005.

Rizal Sukma, "Secessionist Challenge in Aceh: Problems and Prospect", in *Governance in Indonesia*: *Challenges Facing The Megawati Presidency*, edited by Hadi Soesatro & Anthony L. Smith eds. , Institute of Southeast Asian Studies Singapore, 2003.

Robert D. Benford and David A. Snow, "Framing Processes and Social Movements: An Overview and Assessment", *Annual Review of Sociology*, Vol. 26, 2000.

Robert D. McAmis, "Muslim Fillioinos: 1970 – 1972", in *The Muslim Fillipinos*, edited by Peter G. Gowing and Robert D. McAmis, Manila: Solidaridad Publishing House, 1974.

Rolf Gerritsen, Saut Situmorang, "Beyond Integration the Need to Decentralize Central-Regional / Local Relations in Indonesia", in *Central-Local Relations in Asia-Pacific*: *Convergence or Divergence*, edited by Mark Turner, New York: St. Martin's Press, 1999.

Russel Jones, " Earl, Logan and ' Indonesia ' ", *Archipel*, Vol. 6, No. 1, 1973.

Ryan D. Griffiths and Ivan Savi ? , "Globalization and Separatism: The Influence of Internal and External Interdependence on the Strategies of Separatism", *Perspectives on Global Development and Technology*, Vol. 8, No. 2, 2009.

Ryan D. Griffiths, "Between Dissolution and Blood: How Administrative Lines and Categories Shape Secessionist Outcomes", *International Organization*, Vol. 69, No. 3, 2015.

S. P. Harish, "Ethnic or Religious Cleavage? Investigating the Nature of the Conflict in Southern Thailand", *Contemporary Southeast Asia*, Vol. 28,

No. 1, 2006.

Sam Marullo, "Leadership and Membership in the Nuclear Freeze Movement: A Specification of Resource Mobilization Theory", *The Sociological Quarterly*, Vol. 29, No. 3, 1988.

Stephen M. Saideman, "Separatism as a Bargaining Posture: The Role of Leverage in Minority Radicalization", *Journal of Peace Research*, Vol. 44, No. 5, 2007.

Sugunnasil Wattana, "Islam, Radicalism, and Violence in Southern Thiland: Berjihad di Patani and the 28 April 2004 Attacks", *Critical Asian Studies*, Vol. 38, No. 1, 2006.

Sujit Choudhry, "Bridging Comparative Politics and Comparative Constitutional Law", in *Constitutional Design for Divided Societies: Integration or Accommodation?*, edited by Sujit Choudhry, Oxford and New York: Oxford University Press, 2008.

Sumanto AI Qurtuby, "Interethnic Violence, Separatism and Political Reconciliation in Turkey and Indonesia", *India Quarterly*, Vol. 71, No. 2, 2015.

Surin Pitsuwan, "The Ethnic Background of Issues Affecting Bilateral Relations Between Malaysia and Thailand", in *Ethnicities and Nations: Processes of Interethnic Relations in Latin American, Southeast Asia, and the Pacific*, edited Remo Guidieri, Francesco Pellizzi, Stanley J. Tambiah, Austin: University of Texas Press, 1988.

Syed Serajul Islam, "Ethno-Communal Conflict in the Philippines: The Case of Mindanap-Sulu Region", edited by Rajat Ganguly, Ian Macduff and Thousand Oaks, in *Ethnic Conflict and Secessionism in South and Southeast Asia: Causes, Dynamics, Solutions*, Calif.: Sage Publications.

Syed Serajul Islam, "The Islamic Independence Movement in Patani of Thailand and Mindanao of the Philippines", *Asian Surevy*, Vol. 38, No. 5, 1998.

Ted R. Gurr, "A Causal Model of Civil Strife: A Comparative Analysis Using New Indices", *The American Political Science Review*, Vol. 62, No. 4, 1968.

The Elections Observation Team, "2010 Myanmar General Elections: Learning and Sharing for Future", Siem Reap: the Center for Peace and Conflicts

Studies, April 2011.

Thomas M. Ladp, "Cultural Factors Affecting the Rural Development Interface of Thai Bureaucrats and Thai Muslim Villagers", *Contemporary Southeast Asia*, Vol. 7, No. 1, 1985.

Tiarma Siboro, "TNI Prepared Contingency Plan for Aceh Truce", *The Jakarta Post*, July 29, 2005.

Uthai Dulyakasem, "The Emergence and Escalation of Ethnic Nationalism: The Case of Muslim Malays in Southern Siam", in *Islam and Society in Southeast Asia*, edited by Taufik Abdullah & Sharon Siddique eds., Institute of Southeast Asian Studies Singapore, 1987.

Uthai Dulyakasem, "Muslim-Malay Separatism in Southern Thailand: Factors Underlying the Political Revolt", in *Armed Separatism in Southeast Asia*, edited by Lim Joo-Jock and Vani S., Singapore: Institute of Southeast Asian Studies, 1984.

Vidhyandika Moeljarto and Arya Budhiastra Gaduh, "Indonesia in Transition: Government responses to the reform demands in the state of uncertainty", *Indonesian Quarterly*, Vol. 26, No. 3, 1998.

William J. Tinney, Jr., "Collective Behaviors versus Social Movements: An examination of the differences", in 2013 *International Conference on Applied Social Science Research* (ICASSR – 2013), Atlantis Press, 2013.

三 网络资源

（一）中文资源

《联合国与东帝汶：大事记》，联合国网站，http://www.un.org/zh/peacekeeping/missions/past/etimor/chrono.htm。

《给予殖民地国家和人民独立宣言》，联合国网站，https://undocs.org/zh/A/RES/1514（xv）。

《泰国南部恐怖袭击两死五伤，总理保证和平解决》，中国新闻网，2005年4月24日，http://www.chinanews.com/news/2005/2005-04-24/26/566687.shtml。

《泰政府与分离组织谈判盼终结纷乱》，搜狐网，2017年9月18日，http：//www. sohu. com/a/192771174_ 402008。

《昂山素季此访泰为泰缅关系掀开了新的篇章》，新华网，2016 年 6 月 26 日，http：//www. xinhuanet. com/world/2016 - 06/26/c_ 129089603. htm。

《缅甸第三届 21 世纪彬龙会议开幕》，新华网，2018 年 7 月 11 日，http：//www. xinhuanet. com/world/2018 - 07/11/c_ 1123111712. htm。

《泰总理巴育访马来西亚》，环球网，2014 年 12 月 2 日，https：//china. huanqiu. com/article/9CaKrnJFUSg。

《泰国政府拒绝南部异动组织"BRN"撤军要求》，中国新闻网，2013 年 6 月 25 日，http：//www. chinanews. com/gj/2013/06 - 25/4968481. shtml。

《泰南势力最强叛军拒绝军政府和平协议》，联合早报，2017 年 4 月 11 日，http：//www. zaobao. com/news/sea/story20170411 - 747058。

任华、李江南：《泰南因何再起恐袭之声？》，联合早报，2018 年 2 月 5 日，http：//www. zaobao. com/forum/views/opinion/story20180205 - 832813。

《亚齐省举行盛大表演 欢庆印尼独立日》，联合早报，2019 年 8 月 17 日，http：//www. zaobao. com/realtime/world/story20190817 - 981741。

（二）英文

"How to Govern and Sustain Peace in Mindanao, The Philippines?", The Hague Academy, July 25, 2019, https：//thehagueacademy. com/blog/2019/07/how-to-govern-and-sustain-peace-in-mindanao-the-philippines/.

"Overview of Ethnic Conflict", Burma Link, October 10, 2014, http：//www. burmalink. org/background/burma/dynamics-of-ethnic-conflict/overview/.

"Security Risks in Southern Thailand: From Origins to Current Situation", Black Peak Group, June 4, 2019https：//www. blackpeakgroup. com/2019/06/security-risks-in-southern-thailand-from-origins-to-current-situation/.

"Statement by Ms. Yanghee LEE, Special Rapporteur on the Situation of Human Rights in Myanmar at the 34th session of the Human Rights Council", Human Rights Office of The High Commissioner, March 12, 2017, https：//

www. ohchr. org/EN/NewsEvents/Pages/DisplayNews. aspx? NewsID = 21355&LangID = E.

"Thailand to Invite BRN to Deep South Peace Talks", The National Thailand, January 4, 2019, https://www. nationthailand. com/national/30361648.

"The Philippines: the Conflict in Focus", Conciliation Resources, http://www. c-r. org/programme/southeast-asia/philippines-conflict-focus.

Ahmet Furkan Mercan, "Philippines: Muslim Autonomous Area Premier Rakes Reins", Anadolu Agency, February 26, 2019, https://www. aa. com. tr/en/asia-pacific/philippines-muslim-autonomous-area-premier-takes-reins/1403663.

Amy Chew, "Islamic State's Grip Widening in Southern Philippines, says MILF leader", Channel News Asia, November 5, 2017, https://www. channel-newsasia. com/news/asia/islamic-state-s-grip-widening-in-southern-philip-pines-says-milf-9341224.

Andrero Calonzo, " PNoy Personally Submits Draft Bangsamoro Law to Congress Leaders ", GMA News Online, September 10, 2014, http://www. gmanetwork. com/news/news/nation/378481/pnoy-personally-submits-draft-bangsamoro-law-to-congress-leaders/story/.

Christina Mendez, " Duterte Still Hoping for Peace with MILF, MNLF ", Philstar Global, December 9, 2017, https://www. philstar. com/headlines/2017/12/09/1766977/duterte-still-hoping-peace-milf-mnlf.

Clay R. Fuller, "Why Is Aung San Suu Kyi Silent on the Rohingya Atrocities?", Newsweek, september 11, 2017, https://www. newsweek. com/why-aung-san-suu-kyi-silent-rohingya-atrocities-662998.

Ellie Aben, "Philippine Separatist Leaders' Embrace Hints at Thaw in Ties", Arab News, October 2, 2019, https://www. arabnews. com/node/1562781/world.

Galuh Wandita, "The Aceh Truth and Reconciliation Commission, Giving a Voice to Survivors ", Justiceinfo. net, August 1, 2019, https://www. justiceinfo. net/en/justiceinfo-comment-and-debate/opinion/42061-aceh-truth-and-reconciliation-commission-giving-a-voice-to-survivors. html.

Jason Gutierrez, "War on terror took backseat as Duterte focused on drug war, analysts say", Inquirer. Net, June 30, 2017, http://newsinfo.inquirer.net/909810/war-on-terror-took-backseat-as-duterte-focused-on-drug-war-analysts-say.

Jason Johnson, "Thai Deep South Violence Could Signal Resurgent Conflict", Asia Sentinel, November 7, 2019, https://www.asiasentinel.com/politics/thailand-deep-south-violence-resurgent-conflict/.

Joseph Chinyong Liow, "Shifting Sands of Terrorism in Southeast Asia", *The Straits Times*, February 10, 2018, https://www.straitstimes.com/opinion/shifting-sands-of-terrorism-in-south-east-asia.

Michael Shannon, "Asia Watch: Fogotten but not gone", AIJAC, December 4, 2019, https://aijac.org.au/australia-israel-review/asia-watch-forgotten-but-not-gone/.

Mirco Kreibich, Johanna Goetz and Alice Muthoni Murage, "Myanmar's Religious and Ethnic Conflicts: No End in Sight", The Green Political Foundation, May 24, 2017, https://www.boell.de/en/2017/05/24/myanmars-religious-and-ethnic-conflicts-no-end-sight.

NyeinNyein, "Timeline: 70 Years of Ethnic Armed Resistance Movements in Myanmar", *The Irrawaddy*, February 1, 2019, https://www.irrawaddy.com/specials/timeline-70-years-ethnic-armed-resistance-movements-myanmar.html.

Philippa Payne, "Thailand: Insurgency In The Southern Provinces Must Be Linked To The Wider Human Right Narrative", The Organization for World Peace, July 25, 2019, https://theowp.org/thailand-insurgency-in-the-southern-provinces-must-be-linked-to-the-wider-human-rights-narrative/.

Pizaro Gozali Idrus, "Indonesia, Aceh Celebrates 14th Peace Day", Anadolu Agency, September 25, 2019, https://www.aa.com.tr/en/asia-pacific/indonesia-aceh-celebrates-14th-peace-day/1594293.

Riyana Miranti, "Provincial Poverty Rates in Indonesia, 2006 – 2011", *Support for Economic Analysis Development in Indonesia (SEADI)*, 2013, p.5. https://www.researchgate.net/publication/258537144_Miranti_R_

2013_ Provincial_ Poverty_ Rates_ in_ Indonesia_ 2006 – 2011_ Report _ prepared_ for_ the_ TNP2K_ Support_ for_ Economic _ Analysis_ Development_ in_ Indonesia_ SEADI_ USAID.

Rungrawee Chalermsripinyprat, "Time to Change the Parameters of Deep South Peace Talks", The National Thailand, November 1, 2018, https://www.nationthailand.com/opinion/30357703.

Ruth Abbey Gita, "Swnate BBL debates to start August 17". SunStar, August 13, 2015, https://www.sunstar.com.ph/article/25456/.

S. P. Harish, Changing Conflict Identities: The Case of the Southern Thailand Discord, Working Paper No. 107, Institute of Defence and Strategic Studies Singapore, February 2006, http://www.rsis.edu.sg/wp-content/uploads/2014/07/WP1076.pdf.

Sumeth Panpetch, "Suspected Rebels Kill 15 at Southern Thailand Security Posts", AP News, November 6, 2019, https://apnews.com/aab799841c6e42a1ace93b064f9d4b74.

Than Naing Lin and Zaw Goan, "Resources, Conflicts, and Challenges in Myanmar Ethnic Communities", Ecojesuit, September 30, 2014, https://www.ecojesuit.com/resources-conflicts-and-challenges-in-myanmar-ethnic-communities/7105/.

Vivian Tan, "UNHCR Seeks Equal Treatment for all Rohingya in Bangladesh", UNHCE, March 20, 2017, https://www.unhcr.org/news/latest/2017/3/58cfac434/unhcr-seeks-equal-treatment-rohingya-bangladesh.html.

World Bank, *Multi-Stakeholder Review of Post-Conflict Programming in Aceh: Identifying the Foundations for Sustainable Peace and Development in Aceh*, Washington, D.C.: World Bank, 2009, http://documents.worldbank.org/curated/en/716601468259763959/Full-report.

Ye Mon, "KIA Admits to Ambushing Police Convoy en Route to Hpakant", Myanmar Times, August 10, 2016, https://www.mmtimes.com/national-news/21866-kia-admits-to-ambushing-police-convoy-en-route-to-hpakant.html.

Zachary Abuza, "Duterte Must Move Beyond Martial Law to Counter Terrorism in the Philippines," The Diplomat, June 10, 2017, https：//thediplomat. com/2017/06/duterte-must-move-beyond-martial-law-to-counter-terrorism-in-the-philippines/.

后　　记

本书是在本人博士毕业论文的基础上修改、完善而成。首先感谢导师洪邮生教授。在与您的无数次交流、指导中，我才得以顺利完成此论文。自参加工作以来，从学生到教师身份的转变，并未使我有丝毫放松，反而愈加体会到为师者的不易，感叹不曾更加珍惜学生时代的过往。感恩洪老师，感谢您不辞辛苦的指导与帮助。

感谢丛书主编郑先武教授，没有您的支持和鼓励，本书难以顺利出版。在南京大学国际关系研究院求学时，几次进出您的办公室，最大感受是坚持与坚定。在本书完善过程中，您多次耐心的建议与指导，使本书增色不少。

在撰写过程中，曾经为我传道授业解惑的计秋枫教授、蔡佳禾教授、朱锋教授、冯梁教授、谭树林教授、宋德星教授、石斌教授、周桂银教授、李捷教授、郑安光教授、毛维准教授等，都曾给予我诸多帮助，在此一并致谢。当然，众多师兄师姐以及同学，亦是我学习道路上的榜样与伙伴。特别要感谢的是北京大学宋文志副教授、江苏省社科院孙灿老师、中央党校宋芳老师、南京大学李书剑博士，你们耐心的聆听、讨论与分析，对本书有莫大帮助。

感谢我的家人。漫长求学之路，没有父母、家人的支持，很难走到现在。是你们的爱，浇注了现在的我。特别要感谢我的妻子小董，没有你，我不可能在生活和工作中如此坚定。是你们一直以来的陪伴，助力我坚定地一步步向前。感谢你们！

最后，感谢为本书出版付出辛苦劳动的赵丽老师。没有你的辛勤工作，本书很难顺利付梓。

　　作为博士学习阶段的总结，本书还存在诸多不足，书中观点仅一家之言。不当之处，还请各位老师同学不吝批评、指正。